서강인문정신 | 020

한국 무교의 문화인류학

• 이 저서는 2010.12.01.-2015.11.30. 한국정부(교육부)의 재원으로 한국학중앙연구원의 한국학진흥사업 한국학세계화랩 지원을 받아 수행된 연구임(AKS-2010-DZZ-3104).

• 이 연구는 2004년 서강대학교 교내연구비 지원에 의한 연구임(200401017.01).

서강인문정신 | 020
한국 무교의 문화인류학

초판 발행일 2018년 8월 31일
3쇄 발행일 2021년 12월 20일

지은이 김성례
펴낸이 유현조
편집장 강주한
책임편집 온현정
디자인 박정미
인쇄·제본 영신사

펴낸곳 소나무
등록 1987년 12월 12일 제2013-000063호
주소 경기도 고양시 덕양구 대덕로 86번길 85(현천동 121-6)
전화 02-375-5784
팩스 02-375-5789
전자우편 sonamoopub@empas.com
전자집 blog.naver.com/sonamoopub1

ISBN 978-89-7139-621-6 93380

이 도서의 국립중앙도서관 출판예정도서목록(CIP)은 서지정보유통지원시스템 홈페이지(http://seoji.nl.go.kr)와 국가자료공동목록시스템(http://www.nl.go.kr/kolisnet)에서 이용하실 수 있습니다.(CIP제어번호: CIP2018025702)

서강인문정신 | 020

한국 무교의 문화인류학

김성례 지음

소나무

이 책을 나의 사랑하는 부모님,

(고)김동희 교수님과 (고)김순희 어머님께 바칩니다.

책을 펴내며

이 책은 한국의 무속과 무교를 문화인류학적으로 접근한 연구서이다. 문화인류학의 출발점은 연구자가 문화현상에 직접 참여하여 관찰하는 현지조사(fieldwork)와 그 경험을 토대로 문화를 기술하는 민족지(民族誌, ethnography)이다. 이 책은 필자의 박사학위 논문 작성을 위한 제주도 무교문화의 인류학적 현지조사(1984년 2월부터 1985년 8월까지 1차 조사, 1986년7월부터 8월까지 2차 조사, 총 20개월)에 대한 에스노그라피를 토대로 하며, 1990년대 이후에는 현지조사 현장을 신자유주의 경제와 글로벌 시대의 무교문화로 확장했다.

애초에 박사학위 논문을 위한 리서치의 제목은 "Continuity and Transformation of Cheju Shamanic Healing in Urban Korea"였다. 한국 도시의 의료 다원주의체제에서 전통적인 무교의 치유체계가 어떻게 지속되며 또한 변화하는가를 연구하기 위해 필드 지역으로 제주도를 선택한 것이다. 서구의 인류학자가 '이국적인 타자'를 찾아 멀리 바다 건너 비서구 문명세계로 들어가듯이, 필자도 제주에 대한 막연한 환상과 기대를 가지고 현지에 갔다. 처음에는 1980년 국가무형문화재 제71호로 지정된 제주칠머리당굿 기능보유자 안사인 심방과 보존회 회원 심방들을 따라다니며 제주심방의 굿의례에 대한 기본적인 지식을 터득했다. 1984년 9월부터 1년간 북제주의 고살미(가명) 마을의 당맨심방 문심방과 그 딸인 미조심방 집에 거주하며 가족의 일원이 되어 모녀 심방의 일상적 활동에 참여했다.

인류학 현지조사의 민족지적 방법론은 연구대상의 '생활세계'에 참여하여 정보 제공자 자신의 문화에 대한 해석 과정을 기술하는 것이다(마커스·피셔, 2005). 점구(占具)와 북과 장구를 챙겨 어깨에 메고 가는 심방의 행색으로 필자 또한 카메라· 녹음기·필드노트를 챙긴 가방을 어깨에 메고 심방이 가는 마을 본향(本鄕)당제, 요(-용[龍])왕맞이, 돗(豚)제 등 어디든 따라다녔다. 문심방은 이런 필자를 보고 "우린 화령공덕(活人功德)을 타고난 셈이다"라고 인류학자와 심방의 공동 운명을 예언했다. 심방은 자신의 일, 즉 '심방질'을 '죽어가는 사람 살리는 능력'을 타고났으며 신령과 조상에게 신원(伸寃, 가슴에 맺힌 원한을 풀어내는)하는 변호사 같은 일이라고 천명했다. 문심방의 무교인으로서의 이러한 사회적 정체성과 '활인공덕'을 베푸는 윤리적 자질은 필자의 인류학 연구의 윤리적 실천의 지침이 되었다.

필자의 현지조사 과정에서 제주도의 이국적 첫인상의 환상에서 깨어나는 '감각의 파열(break of senses)'은 심방이 들려주는 죽은 영혼의 '영게울림(laments of the dead)'에서 제주 4·3 사건의 폭력성과 국경을 넘은 가족 이산의 아픔을 알게 되었을 때 일어났다(Bourdieu, 1977: 3). 4·3 사건이 무엇인가 처음 가르쳐 준 것은 심방에게 들려서 억울한 죽음을 증언하는 죽은 희생자의 영혼이었다. "굿을 할 때 심방이 우는 것 같아도 영혼이 우는 거다. 자기가 어떻게 죽었는지 말하는 거다. 꿈을 꾸듯이 언뜻 생각이 난다"고 문심방의 딸 미조가 진술하듯이, 제주의 심방은 '망자와 피해자의 시각에서' 4·3의 대규모 죽음의 역사를 증언한다. 문화인류학자로서 필자의 작업은, 제주 무교의 본풀이 신화와 굿의 연행구조에 대한 전형적인 인류학적 지식의 탐구와 4·3의 원혼에 대한 윤리적 책무감 사이의 긴장을 창의적으로 견디어 내면서, 다른 한편 제주인들의 질병과 불행에 대한 관념에서 표현되는 사회와 역사에 대한 해석과 이해의 지평에 도달하는 '해석학적 분투(hermeneutical struggle)'라 할 수 있다.

시대 상황의 변화에 따라 연구의 주제와 방법론도 바뀌었다. 날마다 새로이 발전하는 첨단 미디어와 통신기술이 지배하는 사이버 문화와 투명하고 합리적인 시장경제 논리로 움직이는 자본주의 문화의 한가운데에서 여전히 성행하고 있는 '무속(shamanic folklore)'와 '무교(shamanic religion)' 현상을 어떻게 이해할 것인가? 한국의 무교를 '지속적이고 살아 있는 전통'으로 인식하고, 무속 혹은 무교를 통해서 전통문화의 재발견을 시도하는 현대의 문화 생산자들이나 그 향유자들에게 무속과 무교의 의미는 무엇인가? 이 책의 또 다른 목적은 무교와 무교문화를 과거 전통의 잔존하는 유산이 아니라 동시대성을 가진 현대적 종교문화로 접근함으로써 무교 연구의 전환점을 모색하는 것이다. 무교 연구의 새로운 과제는 현대 한국인이 자신의 현실적인 문제를 무교 사제자에게, 무당에게 의뢰하고 굿을 통해서 해결하려고 할 때 이들의 문제적 상황(problematic condition)에 대한 무교적 해석의 특성에 대한 이해일 것이다.

이 책의 인류학적 리서치는 미국 사회과학협의회(Social Science Research Council: SSRC)로부터 받은 박사논문연구기금(Dissertation Research Grant, 1984.2~1985.8) 덕분에 시작할 수 있었다. 제주 4·3과 굿의례에 대한 심도 있는 리서치(2010.12.01.~2015.11.30)는 한국 정부(교육부)의 재원으로 한국학중앙연구원의 한국학진흥사업 한국학세계화랩 지원을 받아 수행되었다(AKS-2010-DZZ-3104). 또한 2004년 서강대학교 교내연구비 지원을 받고(200401017.01), 2005년 서강대학교 인문과학연구소의 저서출판지원을 받은 연구이다.

이 책이 나오기까지 오랜 시간이 걸렸다. 그동안 격려와 지원을 아낌없이 베풀어주신 분들께 감사드린다. 서울대 인류학과 석사학위 논문을 지도해준 한상복 교수님, 제주도 연구자료를 제공해주신 선배 전경수 교수님, 미국 미시간 대학교 인류학과 박사학위 논문을 지도해준 미카엘 타우시히(Michael Taussig)·쉐리 오트너(Sherry Ortner) 교수님, 박사학위 논문의 심사위원 루스 비하르(Ruth Behar)·부르스 만하임(Bruce Mannheim) 교수님, 한국의 조상의례와 굿의 인류학 연구를 선도한 로저 자넬리(Roger I. Janelli)·

임돈희 교수님, 만신의 삶에 대한 여성주의 연구를 선도한 선배 로렐 켄달(Laurel Kendall) 박사님, 샤머니즘과 무교 연구의 지평을 넓혀준 다니엘 키스터(Daniel Kister, S. J.) 신부님, 임봉길·최정무(Chungmoo Choi) 교수님, 필자와 여성운동 동지이며 학문적 대화를 즐거이 나눈 조옥라·조혜정·조은·김은실·김현미·김혜순·김승희·최현무·낸 김(Nan Kim) 교수님, 제주도 굿의 인류학·민속학 연구의 선구자 (고)현용준·(고)장주근 교수님과 진성기 제주민속박물관장, 문무병·고광민·이수자 박사님, 제주 4·3 사건과 굿의 연관성에 대한 통찰을 준 한림화 작가님, 한국 무교 일반에 대한 선도적 인류학 연구자 조흥윤·최길성 교수님과 양종승 박사님, 대규모 학살을 결과한 비서구 탈식민 지역 아시아의 냉전의 경험에 대한 공동연구프로젝트 'Beyond the Korean War'라는 한국학세계화랩에 필자를 펠로우로 초대해준 연구책임자 권헌익(Heonik Kwon) 교수님과 제주 4·3 현지조사와 워크숍을 함께한 펠로우 브루스 커밍스(Bruce Cumings)·크리스티나 클라인(Christina Klein)·박명림 교수님과 권귀숙·윤정란 박사님께 감사드린다. 2010년 서강대 종교연구소에서 창간한 *Journal of Korean Religions*의 공동편집장 돈 베이커(Don Baker) 교수님, 저널 창간과 발전에 협조한 서강대 종교학과 길희성·김승혜·서명원·김재영·박종구·박병관·정소이 동료 교수님께 감사드린다.

필자를 가족으로 받아들여 인정을 베풀어준 (고)문춘성·서순실 모녀 심방님께 감사드린다. 제주 굿에 대한 일반적인 지식을 습득하도록 도와준 (고)안사인·(고)박인주·(고)강신숙·(고)고순안 심방과 김윤수 심방, 황해도 굿 행사에 늘 초대해주신 (고)김금화 만신과 서해안풍어제보존회 만신들, 1998년 제주 4·3 사건 50주년을 기념하는 '제주 4·3 희생자 진혼굿'을 (고)정공철 심방과 함께 서울 연강홀에서 개최한 정순덕 만신, 특강 요청에 기꺼이 응해준 이해경 만신과 이상순·김민정 만신에게 감사드린다.

이 책을 기획하고 편집하는 과정에서 필자와 함께하고 학술적 의견을 나눈 제자 김동규 박사에게 감사드린다. 이 책을 '서강인문정신' 시리즈로 출판할 기회를 주신 서강대학교 인문과학연구와 소나무 출판사에 감사드린다.

2018년 6월

김성례

차례

제2부 무교의 역사적 담론과 구원의 서사

제3부 신들림과 여성주의 서사

서론

문화현상으로서 한국 무교

이 책이 추구하는 '한국 무교의 문화인류학'은 무교를 '그 자체로 고립된 형이상학적인 현상이 아니라 한국 사회와 문화 속에서 형성된' 종교현상과 문화현상으로 접근한다는 것을 의미한다. 인류학적인 종교 연구는 종교의 교리나 경전 중심의 연구보다는 실천적 차원에 초점을 맞춘다. 따라서 사회구조, 경제체제, 역사 과정에 따라서 종교적 상징과 의미가 어떻게 형성되고 변화되는지에 대해 총체적 연구를 특징으로 한다.

'종교가 무엇이냐'라는 질문에 대해 인류학자가 제공한 대표적인 정의는 뒤르켐(Emile Durkheim)의 이른바 세속으로부터 분리되는 '성스러움(the sacred)'의 추구이다(Durkheim, 1912). 이에 덧붙여 라파포트(Roy A. Rappaport)는 '성스러움'의 모델, 즉 신성성(sanctity)을 종교적 '담론의 속성'으로 간주하고 있다(Rappaport, 1999: 281). '신성성'은 신앙의 대상이 되는 신격과는 완전히 별개의 개념으로서, 성스러움의 의미와 가치를 창출하는 담론 자체의 질적인 속성이다. 유일신 혹은 신령이나 조상령 같은 성스러운 대상 혹은 신격은 저절로 성스러움의 의미를 갖는 것이 아니다. 그 신앙 대상의 신성성을 선포하는 의례와 그 행위가 신성한 것이다. 종교는 신성성의 담론이 만들어지는 과정, 즉 신성화(sanctification)이다.

종교 전통에서 나타나는 신성성의 담론과 종교가 추구하는 종교적 진리가 무엇인가라는 질문에 대해 인류학자는 다음과 같은 해답을 제공할 수 있다. 우선 쉽게 제공할 수 있는 해답 중 하나는 현상학적인 것으로서 종교가 신앙인의 믿음과 실천을 통해 '인간적으로(humanistic)' 구성됨을 인정하는 것이다. 또 다른 해답은 종교현상의 사회적 실재를 인정하는 것이다. 인류학은 종교적 진리가 사회적으로 어떻게 실현되는지 상징적 세계의 창조 작용에 관심을 둔다. 어떤 종교도 관념체계에 머무르지 않으며 또한 부수적인 현상으로 볼 수 없다. 인류학에서는 종교가 문화와 사회의 매개 공간에 위치하여 성·속의 모순, 자연과 초자연의 분리, 신화와 역사의 괴리를 변증법적으로 연결시키는 활동을 한다고 이해한다(Lambek, 2003: 5).

한국 무교는 '지금 여기에서' 생성되고 있는 현대적 종교현상이다. 이 사실은 '한국 무교의 문화인류학'의 전제이다. 현대 한국 사회에서 무교는 우리에게 친숙하면서도 이질적이며, 한국의 전형적인 종교 전통인데도 불편한 속성을 가진다. 과거 한국 무당들은 전근대적인 미신 행위자로 사회적 질타를 받아왔으나, 오늘날 그들은 전통 문화에 대한 향수의 대상이며 시골생활에 대한 기념비적인 상징(celebrated icons)으로 새롭게 자리매김하고 있다.

미신과 전통이 근대화의 이행 과정에서 사라지지 않고 근대성의 이면에 위치하여 현대 한국인의 일상세계에서 작동하고 있다면 그 정당한 문화적 창조의 기능에 대해 달리 고찰해볼 필요가 있다(Kendall, 2009).[1] 근대화를 경험한 무당과 만신, 이들의 단골을 포함한 무교 신앙인은 도시에 살며 도시적 생활양식에 익숙해 있으며, 농촌의 대가족과 친족집단의 공동체적 유대를 추구하기보다는 개체적인 욕망의 실현과 자아 성취를 추구하며, 대중매체의 광범한 영향 아래 물질주의적 자본주의 문화를 향유하는 현대인이다. 다양한 무교 의례 가운데서도 재수굿과 치병을 목적으로 하는 환자굿 등 즉시적인 행운과 문제해결을 목적으로 한 개별적인 굿이 가장 빈번하다는 사실은 무교 신앙이 현대인과 현대적 삶의 맥락에 접목되어 있음을 시사한다(Kendall, 2008; Bruno, 2007).

현대적 무교 신앙인은 개체화되고 파편화된 물질주의적 현실세계를 이해하는 하나의 모델로서 '무교'를 선택한 것이다. 인류학자 기어츠(Clifford Geertz)는 종교를 '문화체계'로서 현실세계를 이해하는 모델로 작용한다고 정의한 바 있다(Geertz, 1973: 93). 즉, 종교는 개인과 사회의 관계 그리고 인간과 자연, 초자연적 존재 사이의 관계를 개념적으로 나타내는 '현실의 모델'이며 심리적·사회적 관계를 조직하는 '현실을 위한 모델'이다. 무교의 인류학적 연구는 무교가 현대 한국인에게 현실을 이해하는 모델로서 어떻게 작용하는가를 탐구한다.

기어츠의 '현실의 모델'과 라파포트의 '신성성의 담론'으로서 종교 정의를 종합하여 무교의 문화인류학 연구의 방향성을 모색하면 다음과 같다. 한국의 종교 전통으로서 무교는 신성성(sanctity)의 담론을 어떻게 만들어내며 또한 무교가 추구하는 종교적 진리는 무엇인가? 현실세계의 역사적 변화에 따라 신성성의 담론은 어떻게 변화하는가? 이러한 질문은 이 책이 추구하는 핵심 주제이다.

이 책은 한국 무교의 전통적 형태에 대한 탐구와 함께 현대적 변화의 양상을 탐색한다. 여기서 무교의 관념적 원형성보다 현재성(contemporaneity)과 일상성에 초점을 맞추어야 하는 이유가 있다. 무교 신앙인이 살고 있는 현실세계에 대한 성찰과 함께 이들과 세계와의 관계를 이해하는 사고의 틀로서 무교의 신앙체계가 얼마만큼 강력하고 포괄적으로 작용하고 있는지에 대한 구체적인 성찰이 필요하다. 무교에 대한 이와 같은 이해방식은 '무교는 이러한 것이다'라는 명목론적인 접근이 아니라 '무교는 무엇을 하고 있는가'라는 현재 있는 그대로의 실천적인 양상을 이해하는 현상학적인 접근이라 할 수 있다.

이 책에서 한국 무교는 두 가지 질문으로 구성된다. 무교는 무엇인가,

무교는 무엇을 하는가가 그것이다. 첫 번째 질문은 무교를 정의하고 개념화하는 분석틀에 관한 질문이며, 두 번째 질문은 한국 무교를 역사·종교·문화현상으로 접근하는 현상학적 이해와 관련된다. 제1부에서 첫 번째 질문에 대한 문제를 집중적으로 논의한다. 그리고 제2부·제3부·제4부에서는 지역적인 전통으로서 제주 무교의 인류학적(ethnographic) 현지조사 연구를 바탕으로 제주의 역사적 경험에 비추어 의례적 실천이 다양하게 전개되는 양상을 논의한다. 제5부에서는 대도시 서울에서의 현지조사를 바탕으로 대중매체와 사이버 공간, 포스트모던 소비사회의 맥락에서 재활성화되는 무교현상을 논의한다.

무교는 무엇인가: 개념 정의와 표상의 다양성

'한국 무교'는 학문적 입장에 따라 무(巫), 무속, 민속신앙, 샤머니즘 등으로 불리며 공통적으로 한국의 '고유한 전통적·기층적 종교'로 이해되어왔다.[2] 한국 무교의 고유성 및 전통성과 기층성은 어떻게 구성되는가. 그것은 역사적 문화적 실재인가, 아니면 하나의 분석적 개념인가. 이러한 질문에 대한 탐구는 한국 무교(이하 '무교')를 어떻게 이해할 것인가라는 무교 연구의 이론적 방법론적 입장과 경향에 따라 다양하게 전개되었다.

제1부에서는 지금까지 전형화된 이해의 방법론에 대해 문제를 제기하며, 기존의 무교 연구의 인식론과 방법론이 역사적으로 형성되고 변천되는 과정을 논의한다. 또한 이러한 무교 연구의 다양한 시각과 방법론의 차이에도 불구하고 무교를 '일관된 믿음체계와 실천행위'를 가진 종교 혹은 종교문화라 정의한다면, 무교의 종교성과 라파포트의 이른바 '신성성의 담론'은 어떻게 구성되는가, 한국의 역사와 문화에서 무교는 어떻게 존재하

며, 또한 무엇을 하는가라는 질문은 무교의 개념 정의와 실천의 규명에 관한 문제와 관련이 있다.

19세기 말부터 지난 100여 년 동안의 무교 연구 성과를 초기의 문헌고증학적 연구에서부터 현지조사를 토대로 한 실증적 연구에 이르기까지 역사적으로 개괄한 제1부에서는 무교 연구의 관습화된 논의방식의 경향을 발견할 수 있다. 우선 무교가 종교인가 미신인가, 무교가 샤머니즘인가라는 무교의 종교성에 대한 개념 정의와 문화적·역사적 기원의 문제가 중심을 이루고 있다. 두 번째로 무교 연구에서 주종을 이루는 정서는 과거 전통에의 향수이다. 국내에서의 무교 연구는 어떤 학문분야에서 접근하든 무교를 민족문화의 모태 혹은 원형으로서 인식하는 민족주의적 성향을 공통적으로 가지고 있다. 이러한 성향은 서구화·근대화의 과정에서 소멸되어가고 있는 한국적 정체성의 뿌리를 무교에서 찾으려는 한국 사회의 전반적인 근대적 자기성찰의 단면이기 때문에 무교 연구를 지속시킨 추진력으로 작용했다 할 수 있다.

'무교는 무엇인가?' 무교를 하나의 분석 범주로 개념화하는 이 질문은, 당대의 지배적 세계관 및 인식론과의 상호작용을 통해 무교를 문제화하는 방식으로 당대의 특정한 지식과 의식의 패턴을 반영한다. 한국의 무교 연구는 무교를 '무속', 민속, 민족, 민중, 전통, 문화의 심리적 원형(archetype) 등의 다양한 '이름'으로 호명하며, 그 이름의 상징성에 적합한 방식으로 표상했다. 무교를 지칭하는 용어의 다양성은 이러한 특정한 표상의 결과이다.

무교 용어와 개념의 역사적 변화를 살펴보자. 조선시대의 문헌에는 무술(巫術), 좌도(左道), 음사(淫祀), 무당(巫黨), 무격(巫覡)으로 묘사되었다. 그 후 반제국주의 의식을 가진 민족주의 역사가 신채호와 김교헌은 '민족혼(民族魂)의 근원으로서 신교(神教)', '단군시대의 수두교'라고 근대적 민족종교 개념을 적용했다. 또한 일제강점기에는 여성 중심 농촌의 사회적 습속이라는 뜻으로 '무속(巫俗)'이라 하여 식민지 근대화 과정에서 잔존하는 원시적 '토속신앙(土俗信仰)'으로, 해방 이후에는 근대화 과정에 걸림돌이 되는 '미신'으로 타파의 대상이 되기도 했다. 그러다가 1980년대 민중문화운동의 중심 상징으로 역사에 재등장한 '무교'는 한국의 토착적·전통적 고유문화를 전승한 '민속종교'·'민간신앙'으로서 '무형문화재'로 국가의 공인을 받으며 한국인 심성의 원형 혹은 문화의 모태(matrix)로 그 위상이 한층 향상되었다.

앞서 열거한 우리에게 익숙한 한국 무교의 다양한 '표상'은 무교의 행위자 주체의 위치가 아니라 무교현상을 거리를 두고 개념화하고 문제화하는 '타자화의 시선'을 그대로 반영한다. 일제강점기 아키바 다카시와 무라야마 지준 같은 식민주의자 민속학자들은 식민지 조선의 문화를 이해하는 관문으로서 '무속'을 선택했다. 이들은 미신에 의존하는 열등한 조선인을 일본이 근대화시켜야 한다는 교화적 시각을 가지고 주로 스펙터클한 공연 민속과 물질문화 요소에 연구를 집중했다. 또한 이들이 소개한 선진 학문인 토속학과 민속학의 영향을 받은 송석하·최남선·손진태 같은 조선인 문화민족주의자들은 식민주의자의 시선에 의해 타자화된 전통을 내면화하면서 거기에 대응하는 민족문화의 근간으로서 '무속 전통'을 재창출했다.

식민지 지식인들이 타자화된 '무속 전통'의 이미지를 자신을 비추는 거울로 인식하는 '식민지 모방'의 양상은, 해방 이후 탈식민 근대화를 지향하는 현대 한국 사회에도 그대로 존속하고 있다. 한국 무교는 여전히 전근대적 민속문화의 잔존물로서, 홉스봄의 이른바 '선택적 전통'으로 기능한다고 볼 수 있다(Hobsbawm and Ranger, 1983). 그러나 무교의 현실도 현대 사회의 상황 안에서 변화해왔다. '무교'는 미디어나 공공 영역에서는 '미신'이라는 오명을 감수하면서도 일상적 사회생활에 밀착된 신앙 형태로 한국 종교문화의 현실세계에서 엄연히 활약하고 있다(Choi, 1997; David Kim, 2005). 탈근대의 현대 사회의 한가운데에서 생존하고 있는 무교의 현상적 실재에 대한 탐구를 위해 어떤 문제의식을 가져야 할지 제5부에서 이 문제를 탐색해보려 한다.

무교는 샤머니즘인가: 엘리아데를 넘어 '무교적 종교현상' 연구로

한국 무교의 개념 정의와 역사적·문화적 정체성을 둘러싼 논쟁의 장에서 반드시 언급해야 할 부분이 무교와 '샤머니즘'의 관계를 규명하는 것이다(김성례, 1998. 이 문제는 제1부 제1장에서 중점적으로 다룬다). 무교 연구에서 드러나는 쟁점의 지형도에서 각 지점을 차지하고 있는 무교의 정의와 기원의 문제, 정체성의 문제, 종교적 본질의 문제에 이르기까지 엘리아데의 샤머니즘 정의와 종교형태론은 모든 쟁점의 핵심에 자리 잡고 있다.

엘리아데의 샤머니즘 정의는 한국 무교의 문화적 독자성론과 외래유입설 사이에 있었던 논쟁이나, 강신현상(엑스타시 혹은 신들림)의 유무를 기준으로 강신무와 세습무를 구분하는 무교 연구의 관습적인 유형론의 근거이기도 하다.[3] 엘리아데의 샤머니즘 정의는 학술적인 연구뿐만 아니라 대중문화에서도 무교의 특정한 의미를 창출하고 확산시키는 데 영향을 미친다. 신문이나 TV 등 대중매체와 영화에 등장하는 무교의 이미지는 작두 위에 서서 몰아경에 빠진 무교인이나 괴이한 표정으로 돼지 제물 위에 의례용 신칼을 휘두르는 무교인의 모습에 고착된 것같이 보인다.

지난 20년간 이루어진 최근의 인류학적 샤머니즘 연구의 이론적 경향에 비추어 볼 때 엘리아데의 정의를 한국 무교에 그대로 적용하는 데에는 어떤 문제가 있는지 살펴볼 필요가 있다. 엘리아데의 엑스타시 중심의 '샤머니즘' 정의를 문제화하는 최근의 샤머니즘 연구에서는 '샤먼'과 '샤머니즘' 용어를 시베리아에서 아마존에 이르기까지 세계 어느 곳에서나 발견할 수 있는 보편적 종교 형태로 인정하면서도 역사적·사회적·생태적 환경에 따라 지역적으로 다르게 발전한 문화 형태로 보고 있다(Vitebsky, 1995; Harvey ed., 2003; Znamenski ed., 2004). 이러한 맥락에서 한국의 무당·만신·심방 같은 무교인(巫教人)은 한국이라는 지역적 종교문화의 맥락에서 활동하는 샤먼의 한 부류라고 볼 수 있는 것이다.[4]

엘리아데는『샤머니즘』이라는 책에서 '고대의 망아경 기술(archaic technique of ecstasy)'이라고 샤머니즘을 정의한다. 인간이 신령과 소통하는 엑스터시 기술(technique)이라는 것이다. 이 정의는 '고대'라는 시대적인 규정과 '엑스터시 기술'이라는 퍼포먼스 성격을 강조하고 있다. 엘리아데는 불교가 아시아에 광범하게 전파되기 이전이라는 뜻으로, 그리고 역사적·문화적 상황과 상관없이 '원초적인 종교현상'으로서 구체적 역사에서 끝없이 되풀이되어 나타나는 '성현(거룩한 것의 드러남)'의 원초적 시간이라는 뜻으로 '고대'라는 말을 사용하고 있다. 엘리아데에 의하면 샤먼은 종교적 목적을 위해 엑스터시 기술을 통제하는 능력을 가진 사람이며, 고대의 원초적 샤머니즘은 하늘에 있는 초월적 존재에 대한 믿음과 샤먼의 엑스터시 기술에 의해 하늘과 대지 사이의 구체적인 소통이 가능하다는 믿음을 중심으로 하고 있다고 할 수 있다.

영국의 인류학자 험프리(Caroline Humphrey)는 엘리아데의 정의에서처럼 샤머니즘이 '고대의 종교'로 그 위치가 고정되어서는 안 된다고 주장한다(Humphrey, 1980). 샤머니즘의 믿음 형태와 샤먼의 기능도 시대적·문화적 조건에 따라 다양하게 나타나기 때문이다. 엘리아데는 샤머니즘을 인간 사회의 변화와 상관없이 영원히 존재하는 초역사적 현상으로 보았다. 그러나 실제로는 동북 시베리아 지역의 샤머니즘은 불교나 다른 종교의 영향하에서 발전한 역사적 현상으로 나타난다. 엘리아데의 정의에서 쟁점이 되는 또 다른 문제는 샤머니즘을 '엑스터시 기술'로 정의하고 있는 데 있다. '엑스터시'와 함께 '트랜스(trance)', '포제션(possession: 빙의, 신들림, 접신)' 현상은 샤머니즘을 정의하는 데 가장 빈번하게 사용되는 개념이다. 이들 세 개념은 사실 서로 구분하기 어려운 것으로, 일반적으로 말해 '일시적으로 신들린 상태'를 가리키는 분석적 개념이라고 이해하면 된다.[5]

프랑스의 인류학자 아마용(Roberte N. Hamayon)은 엑스타시·트랜스·포제션 개념이 샤머니즘 연구에 적절한가에 대해 문제를 제기했다(Hamayon, 1993.). 먼저 아마용은 샤먼의 트랜스 상태를 보고 신앙인들은 샤먼의 특정한 육체적·정신적 상태와 관련시키기보다는 '신령과의 관계'라는 견지에서 해석한다고 설명한다. 샤먼의 신들림 상태는 의식이 떠난 상태라고 할 수 있다. 똑같은 현상에 대해 그것을 어떤 입장에서 보느냐에 따라 '트랜스'라고 부를 수도 있고 '포제션'이라고 부를 수도 있다는 것이다. 트랜스 상태에 있는 샤먼에 대해 그 순간 신령과 만난다는 것을 인정해주는 신앙인들의 믿음이 뒷받침되어야 그 트랜스 상태는 '샤머니즘적'이라고 볼 수 있다. 따라서 트랜스가 진짜인가 가짜인가라는 문제, 즉 트랜스 또는 신들린 상태의 진실성 여부가 샤머니즘 의례에서 필수적인 것은 아니다. 트랜스 상태의 샤먼은 무대에 선 배우와 같이 자신이 맡은 배역의 캐릭터를 연행한다. 샤먼과 신령들의 관계는 오직 사회적으로 그렇게 용인되는 부분 안에서 또한 의례 과정의 틀 안에서, 그리고 공동체의 통제하에서만 존재하는 것이다. 결국 샤먼의 행동은 문화적으로 정의되고 사회적으로 제도화된 역할의 수행이라고 할 수 있다.

스웨덴의 종교학자 훌트크란츠(Ake Hultkrantz)는 샤머니즘을 엑스타시와 같은 샤먼의 종교적 경험과 종교공동체의 믿음체계와 의례적 연행 전체를 아우르는 하나의 '종교현상'으로 접근한다. 그는 '전문적 강신 매개자인 샤먼의 망아적(忘我的) 경험에 의해 영계와 접촉하는 방법을 취한다는 중심 사상'을 가지며 '하나의 구조 안에 통합되어 있는 종교적 행위와 신앙의 복합체'로서 샤머니즘을 재정의하고 있다(Hultkrantz, 1993). 이러한 정의는 앞에서 말한 엑스터시·트랜스·포제션을 모두 포괄하는 정의이다(훌트크란츠, 1992). 험프리, 아마용, 훌트크란츠 등과 같이 인류학적으로 샤머니즘을 연구하는 학자들은 개념 정의의 문제를 넘어서 샤머니즘의 역사적·사회문화적 실재와 종교적 현상에 대한 통합적 성찰을 요구하고 있다(Thomas & Humphrey ed., 1996; Hamayon ed., 2003).

무교의 종교문화론과 '무교학' 정립의 필요성

무교는 '무속'과 같은 용어로 쓰일 만큼 민속문화적 성격이 강하다. 그동안 무교는 교조에 의한 교리가 문서화된 경전이나 체계화된 조직이 없는 자연적 상황그대로의 자연종교, 민간층에서 전승되는 체계화되지 않은 종교관행으로서 풍수, 점복, 민간 의료, 금기, 주술, 자연물 숭배 같은 '민간신앙'으로 접근했다(Yong Bhum Yi etc. ed., 2015). 구술 전통에 의해 전승되는 무교의 경우 문헌 경전이 발달하지 않았다 해서 경전이 없다고 단정할 수는 없다. 구술자의 기억을 통해 전승되어온 무교 신화와 의례적 연행에서 무교의 사상을 발견할 수 있다. 불교나 유교·도교와 같이 문헌 경전을 토대로 한 역사종교와는 확연히 다른 무교의 연구는 구술문화학 내지 신화학의 연구방법론에 입각하여 접근할 수 있다(송효섭, 2000).

그러나 이러한 무교에 대한 '민속적' 이해는 고유한 신앙체계와 의례양식을 가진 한국인의 종교문화로서 무교의 전체성을 이해하는 데 한계가 있다. 무교는 신들림(spirit possession)을 연행하는 무당·만신·심방 등 다양한 이름으로 불리는 무교인 외에도 무교인에게 자신의 일상적 문제를 가져와 상담하는 단골 신도들, 그리고 무교인과 단골이 문제해결을 위해 합심하여 기도하고 제물을 바치는 신앙 대상인 신령들로 구성된 나름의 고유한 체계를 가진 종교현상이다. 무교의 만신전(patheon)에는 하늘신, 땅신, 산신 등의 자연신과 시조신, 조상들이 자리하고 있으며 이들은 우주와 자연 그리고 인간세계를 두루 지배하고 수호하며 인간의 세속적 삶에 질서와 조화를 회복시켜준다. 신도로서 단골들은 정기적으로 제의에 참여하고 일상적 고통과 윤리적 문제를 이들 신령의 힘으로 예방하거나 해결할 수 있다는 믿음을 가진다. 그리고 신도와 신도가 속해 있는 사회집단의 평안과 복덕을 위해 일정한 의례형식과 규칙에 따라 그 둘 사이의 중재적인 역할을 담당하는 무당이나 만신 같은 무교인으로 구성된 종교현상이 무교라 할 수 있는 것이다(키스터, 1997). 다시 말하여 무교는 한국인 일반대중이 일상생활 속에서 경험하고 탐구하여 정립한 인간·자연·우주에 대한 문화적 지식의 총체이며 초월적 힘에 대한 상징적 상상력의 구조라 할 수 있다 (Walraven, 2009; 김동규, 2017).

한국 문화의 고유한 표현을 빌려 덧붙인다면, 무교의 신앙은 인간의 행복과 불행이 인간에게 복을 시혜하는 신령의 '은덕'과 이에 보답하는 인간의 '정성'에 달려 있다는 믿음에 기초하며, 인간과 신령, 무당과 만신이 함께 굿 제의에서 만나 인간의 문제를 푼다는 '인본주의적' 관점을 견지하는 종교문화이다. 무교 연구의 범위를 무교인의 특별한 종교 체험을 넘어서 종교문화의 영역으로 확대·심화시켜나갈 근거가 여기에 있다. 과거 무교의 연구가 무당과 만신의 입무 체험과 신병 체험에 많이 비중을 두었다면, 이제는 굿을 의뢰하고 신령에 대한 믿음을 공유하는 단골들의 종교경험까지 아울러 관심의 폭을 넓히는 한국 무교의 '종교문화' 연구로 지평을 넓힐 필요가 있다. 불교학이나 유교학과 마찬가지로 독자적인 인식론과 연구방법론의 체계를 갖춘 '무교학'으로 발전할 수 있는 근거가 여기에 있다. 1993년에 창간된 *Journal of the International Society for Shamanistic Research*의 창간 멤버인 호팔(Mihaly Hoppal), 아마용, 홀트크란츠, 험프리 등 여러 학자 사이에서는 Shamanology라는 용어가 일반화되어 있다. 이런 세계적인 샤머니즘 연구 경향에 비춰볼 때 '무교학'이라는 용어는 시의적절하다.

이를 위해서는 지금까지 자명한 것으로 인식되어온 민족적·민속적 신앙으로서의 한국 무교의 위상을 한국의 '특수한 역사(particular history)'와 문화의 맥락에서 성찰해야 한다.[6] 샤머니즘은 샤먼의 믿음체계와 실천행위를 중심으로 하는 종교현상이지만, 실제로 "일관된 체계나 이데올로기가 아니라 다양한 표상이 집합된 것"으로서 "사회적인 상황에 따라 형성된 문화적 실천이고 담론"이며, 특정한 민족집단이나 국가정치가 가진 권력의 맥락에 따라 나타나는 "사회적 실재로 구성되는 것"이라 할 수 있다(Humphrey, 1996: 191-228).

험프리에 따르면, 동북아시아의 샤머니즘은 국가권력과의 관계에 의해 역사적·문화적 특성이 다르게 나타난다. 샤머니즘과 국가권력은 서로 모순적인 경우와 통합적인 경우로 나뉜다. 관료제 국가나 제국체제의 주변에 위치한 시베리아 소규모 유목사회에서 샤머니즘은 중앙집권적인 국가권력에 귀속되는 것을 거부하는 신앙체계로 존속하며 실용주의적이고 비교조적이며 개인주의적인 성격을 갖는다. 반면, 몽골제국과 만주제국에서는 샤머니즘이 오히려 국가의 핵심부에 위치하며 정치적 권위를 지지하는 데 활용되었다. 제국의 변방에서 활동하는 샤먼은 트랜스를 통해 영적인 권력을 표현하는 접신술(inspirational practices)을 써서 제국의 중심과 주변부를 연결시키며 아시아 내륙 지방 국가의 성립과 통합·쇠퇴의 전

과정에 참여했다.[7] 동북아시아의 샤머니즘과 국가권력의 관계에 대한 험프리의 연구는 한국 무교의 역사적·문화적 '특수성'을 파악하는 데 많은 시사점을 준다.

제주도 무교의 인류학 현지조사 과정: 4·3사건의 역사적 폭력과 의례적 표상

필자의 '무교학' 연구는 제주도 무교현상의 역사적·문화적 '특수성'에 대한 인류학적 해석에 기반을 두고 있다. '한국 무교'는 하나의 통일된 체계가 아니라 지역적 특성을 가진 다양한 복수의 무교현상으로 존재한다. 제2부·제3부·제4부에서 중점적으로 다루는 제주도의 무교현상은 섬이라는 독립적인 지리적 조건에서 생성된 독자적인 문화와 제주 공동체 사회의 표상이다. 역사적으로 제주도는 한반도의 중앙집권 국가체제에 속하면서도 지정학적으로 한반도의 '변방'에 위치했기 때문에 독자적인 문화·정치·종교적 공동체를 유지할 수 있었으며(박찬식, 2008), 중앙 국가권력에 귀속되는 것을 거부하는 신앙체계를 가졌다 할 수 있다. 제주도의 샤머니즘은 국가권력과 모순적인 관계를 갖는다.

이 책에서 제주의 무교는 '주변부' 변방(periphery)으로서 제주도의 역사적·사회문화적 실재에 대한 종교적인 성찰의 반영이며, 국가권력과의 모호한 이중적 관계—권력에 저항하거나 포섭되어 주변화되거나, 반대로 권력 중심부를 구축하는—를 매개하는 행위자(agency)로 접근한다. 제주 무교의 '주변부' 변방 의식은 신화(본풀이)의 서사구조와 의례형식에도 그대로 반영되어 나타난다(Kim, 2004). 필자가 인류학적 현지조사를 시작했던 1984년 당시 이러한 제주 무교의 '주변부' 인식이 실제로 1948년 제주에서 일어난

4·3 사건의 폭력적 경험과 트라우마의 기억과 밀접한 관련이 있음을 알게 되었다.

1984년부터 1985년 8월까지 제주도에서 18개월간의 박사논문 인류학 현지조사와 참여관찰은 '지금 여기 살아 있는' 종교로서 제주도 무교의 현대적 위상을 이해하는 데 중요한 계기가 된다. 필자가 1984년부터 이듬해 8월까지 18개월간 처음으로 박사논문 작성을 위한 인류학적 현지조사를 한 곳은 북제주군 고살미라는 역사적으로 오랜 규모가 큰 어촌마을이다. 마을에서 마을 주민이 임명하고 마을 공동의 제의를 주관하는 '당맨 심방'으로서 문씨 성을 가진 60대 중반의 여성 '큰심방' 집에 거주하면서, 같은 성을 가진 20대 초반의 딸 '미조'와 동무 삼으며 두 모녀가 수행하는 대부분의 의례에 참여하여 조사했다.[8] 밤낮으로 심방을 찾아와 '어려운 일'을 상의하는 마을 주민의 일상적 애환의 담론을 어깨 너머로 들으며 제주 무교의 종교적 언어와 문화적 감정세계에 친숙해졌다.

당시만 하더라도 제주 4·3에 관한 증언은 사적인 자리나 공적인 자리에서 직접 듣지 못했기 때문에 4·3에 대해 전혀 모른 상태에서 주로 굿의례를 중심으로 제주도 무교현상에 대한 전반적인 현지조사 연구를 했다. 그러나 4·3 사건이 무엇인지 처음 가르쳐준 것은, 4·3 사건 희생자의 영혼이었다. 제주 심방은 굿을 의뢰하러 오는 사람이 방문하기 전에 미리 선몽을 꾼다. 심방의 꿈에 창에 찔리고 총에 맞아 피를 흘리는 모습으로 나타나고, 굿에서 심방에게 실린 영혼이 자신의 죽음의 억울함을 호소하는 넋두리, '영게울림(lamentations of the dead)'을 통해 4·3 사건의 역사적 폭력성을 알게 되었다.[9]

제주 4·3 사건은 냉전체제가 형성되는 시기이자 한국의 근대 국가 형성기에 일어난 대표적인 대량학살 사건이었다. 제주 4·3 사건 진상 규명 및 희생자 명예회복위원회가 2003년에 펴낸 『제주4·3사건진상보고서』에 의하면, 4·3 사건은 해방 후 미군정기인 1947년 3·1절 발포 사건 이후 조성된 경찰 및 서청과 제주도민의 갈등, 그로 인해 빚어진 긴장 상황을 남로당 제주도당이 5·10 남한 단독선거 반대투쟁과 접목시켜 미군정에 저항하는 반미구국투쟁을 목표로 1948년 4월 3일 일으킨 무장봉기에서 비롯된 사건이다(제주4·3사건진상조사위원회 편, 2003: 543-544). 350명의 무장대가 12곳의 경찰지서를 지목하여 공격한 남로당의 무장봉기에 대한 미군의 진압작전은, 1948년 8월 15일 남한 단독정부 수립 이후에는 단순한 지방의 공산폭동 사건이라는 의미를 넘어 이승만 정권의 정통성에 대한 도전으로 인식되어 강경하게 실시되었다.

이승만 정권에 의한 4·3 양민학살은 1948년(戊子年) 11월 중순 계엄령이 선포된 이후 1949년(己丑年) 3월까지 4개월간 군경에 의한 초토화 작전 시기에 중산간 지역에서 집중적으로 일어났다. 해안선에서 5킬로미터 지점부터 한라산 정상까지 적성 지역으로 선포되어 군경 토벌대의 초토화 작전이 수행되는 동안 중산간 지역의 130개 마을이 불태워지고 남녀노소 가릴 것 없이 대부분의 주민이 '빨갱이' 혹은 '폭도가족'이란 혐의를 받고 무차별적으로 학살당했다.[10] 그때 학살을 피해 수만 명이 일본으로 밀항했다(제11장 문씨 집안의 조상굿에서 상세하게 논의한다). 1950년 한국전쟁이 발발하자 4·3의 죽음의 광풍에서 살아남은 사람들은 보도연맹사건으로 학살의 피해를 당했다. 공식적으로 4·3 사건은 1947년 3월 1일 미군정 경찰 발포 사건부터 1948년 4월 3일 무장봉기가 촉발되고 1954년 9월 21일 한라산 금족령이 해제될 때까지 7년 7개월을 지속한 국가폭력과 이에 대응하는 민중항쟁의 결과로 양민학살이 자행된 역사적 국가폭력 사건이라 할 수 있다.

1990년대 이후 탈냉전시대에도 세계에서 유일하게 냉전체제를 유지하고 있는 한국 사회는 반공정치의 '지속적인 위기 상태'로 남아 있다. 4·3 이후 70여 년이 지난 지금도 제주 사람들은 4·3에 대한 공포와 피해의식을 가지고 있다. 4·3 특별법이 2000년 제정되고 4·3 진상 규명 운동과 희생자의 명예회복이 진행되는 동안 제주도 사람들은 과거 '폭도'의 낙인으로부터 '희생자'로 새로운 시민권을 얻게 되었다(Kim, 2013; Koh, 2018; Park, 2018). 4·3의 명칭 또한 공산폭동에서 양민학살, 민중항쟁, 민주화와 평화인권 운동으로 변화해왔다. 그러나 아직 그 어느 것도 4·3의 정명(正名)이 정해지지 않았기 때문에 그냥 4·3으로 남아 있다(제주4·3연구소·한국역사연구회 편, 1999). 그러나 4·3의 역사적 진실이 공식적으로 규명된다 할지라도 4·3 이전과 이후의 정치·사회적 구조가 반공주의 이념에 기반하고 있는 한 4·3으로 인한 복합적인 비극적 정서는 쉽사리 해소되지 않으리라고 본다(양정심, 2008). 4·3 사건 이후 70년간 '폭동', '항쟁', '학살' 가운데 아직도 그 역사적 성격이나 진상이 분명하게 규명되지 않고 있는 4·3은 '분명하게 드러나지 않고 어떤 이념이나 실천 그리고 감정으로 결코 천착할 수 없는 모호한 의식의 형태'로 나타나는 무교적 기억 양식—꿈, 영혼의 울음, 신들림, 굿의례—을 통해 지속적으로 드러난다.

제주도의 무교는 '무자년·기축년 시국'에 일어난 제노사이드—집단학살과 사회적 파괴—를 '증언'한다.[11] 제주에서는 집에 궂은일이 생기면 죽은 조상 영혼을 청하여 저승길을 닦아주는 '질침'굿을 한다. 심방에게 들린 4·3의 원혼들은 영게울림을 통해 4·3의 진실을 부분적으로 전달해줄 수 있을 뿐이었다. 이러한 굿을 '4·3내력굿'이라 명명한 제주 심방은 1980년 제주도 칠머리당굿이 국가무형문화재로 지정되어 공공연하게 굿을 할 수 있게 될 때까지 4·3으로 인한 죽음에 대해 사실대로 말하지 못했다고 증언한 바 있다.[12] 영게울림, 곧 영혼의 울음조차도 자유롭지 못했다는 뜻이다. 1984년 현지조사 당시에는 어느 누구도 4·3을 정확하게 말할 수 있는 형편이 아니었고 4·3은 공공연한 비밀이었다. 학살의 피해자와 희생자가 있다는 사실만이 분명할 뿐, 왜 그런 폭력적 비극이 일어났는지 역사적 진실이 아직 밝혀지기 전이었다.

이 책의 제2부·제3부·제4부에서는 제주도의 지역적인 특성을 가진 무교현상에 초점을 맞춘다. 제주도 샤먼, 심방의 구술생애사와 굿의례의 서사구조와 과정이 표상하는 제주 4·3 사건의 비극적 폭력성에 주목하여 제주 무교가 제주도의 역사적·사회적 실재를 이해하는 모델로 어떻게 작용하는지를 분석한다.

제2부에서는 제주 심방의 입무(入巫) 체험, 의례적 무가 구송의 서사양식, 특히 '영혼의 울음('영게울림')'에 초점을 맞추어, 제주의 무교현상이 제주도와 육지 국가의 권력관계에 대한 역사를 기억하는 아카이브로서 권력에 대한 대항과 종교적 구원을 상상하는 담론을 어떻게 구성하는지 살펴본다.

제3부에서는 4·3 사건의 생존자로서 제주 샤먼, 심방이 된 '홀어멍'(과부)의 "죽어도 썩지 않을" 생애 이야기를 '바리공주'와 '자지명아기씨' 같은 여성 신격 무조(巫祖) 신화의 서사구조와 비교하여 한국 무교가 여성 중심의 종교문화로 구조화되는 과정을 서술한다. 신화와 역사를 동질적으로 연결시키는 여성주의 구술사 방법론의 윤리적 젠더정치학을 분석한다.

제4부에서는 제주 무교의 신화인 '본풀이'와 이를 사회극의 형식으로 공연하는 의례의 연행구조를 분석하여 신성성(sanctity) 담론을 만들어내는 제주 무교의 특징은 무엇인지 규명한다. 가족과 친족의 영혼에 의한 신들림의 의례적 연행을 통해 어떻게 무교 신앙인의 인격이 윤리적으로 형성되고 생사관이 정립되며 역사적 정체성이 형성되는지, 무교의 사회적 실천과정을 분석한다.

무교의 현재성과 일상성: 초현실적 공공성과 세속화 현상

제5부에서 다룰 근대성의 주술과 신샤머니즘 현상은 무교의 현재성과 일상성을 반영한다.

1970년대 근대화 과정에서 배제의 대상이었다가 1980년대 민중문화의 중심 상징으로 역사에 재등장하면서 무교는 공공영역에서 대중매체를 활용하여 '세속화'가 이루어졌다. '세속화' 개념은 서구 문명의 중심 종교인 기독교의 쇠퇴를 설명하기 위해 종교사회학에서 창안되었다. 종교가 기존의 사회통합적 기능을 상실하고 사사화(privatization)·물질화·상품화되는 현상을 '세속화'라고 보고 부정적으로 인식하는 경향이 있어왔다. 그러나 실제로 '세속화'는 종교가 전통적 규범을 떠나 공론장 혹은 공공영역에서 지속적으로 활성화되고 있는 현상이라고 지적하는 카사노바(Jose Casanova)는 이 현상을 종교의 탈사사화(de-privation) 개념으로 설명한다. 카사노바에 의하면 종교의 세속화 과정은 종교의 쇠퇴가 아니라 오히려 종교가 자신의 영역을 활성화하는 증거로 볼 수 있으며, 공·사 영역 구분을 넘어서는 범사회적인 보편성을 획득한다고 보았다(Casanova, 2000).

1990년대에 매스컴 상업주의에 영합한 무녀 심진송의 예언이나 나랏만신 김금화의 자서전 『복은 나누고 한은 푸시게』(1995)를 비롯한 무교인들의 자서전이 다큐드라마나 영화 같은 대중적인 미디어로 재현되면서 무교가 사회적 공론장에 들어온 것은 흥미로운 사건이다.[13] 카사노바의 '세속화' 논의를 무교에 적용시켜보자. 무교의 '전통성·원형성·기층성'이라는 규범을 떠나 무교인들의 신비로운 종교 체험이 공공영역에서 일상적 사건이 되고, 무교의 신들림이나 작두거리 같은 신비한 굿의 연행이 인터넷이나 영화와 텔레비전 등의 미디어를 통해 문제시되고 '이해 가능한' 담론으로 활성화되는 현상은 무교 안에서 일어나고 있는 '세속화' 현상이라 할 수 있다.[14] 무교의 '세속화' 현상을 비판하면서 한국 사회가 여전히 '미신적인 사회'라고 판단하기보다는, 오히려 이러한 현상이 근대성 자체의 '합리성을 가장한 비합리성'을 드러내는 증거라고 볼 수도 있지 않을까?

일찍이 벤야민(Walter Benjamin)은 '초현실주의'를 유럽의 대도시에서 "낡은 것이 되어버린 사물 속에 은폐되어 있는 '분위기(Stimmung)'의 거대한 힘을 발견하는 범속한 깨달음(profane illumination, profane Erleuchtung)"이라고 해석한 바 있다(Benjamin, 1979: 190). 한국의 대도시 한복판에서 열리는 굿판이야말로 도시의 적나라한 초현실주의가 아닌가? "어떻게 일상생활의 맥락에서 초월성과 신성에 대한 종교적 전망이 구체적으로 표출되는가"라는 프랑스 사회학자 마페졸리(Michel Maffesoli)의 질문은 여기서 유효하다. 모더니티가 '미신'이라는 오명을 씌운 무교의 현재성과 일상성은 프랑스 사회학자 마페졸리가 포스트모더니티의 미학이라고 추켜세운 상상력과 상상계의 맹렬한 복귀를 입증하는 증거이다(마페졸리, 1997).

여기서 굿의 충동과 의존 감정을 재생산하는 사회적 원인과 조건에 대해서 생각해볼 필요가 있다. 현대 한국인이 길흉화복에 대해 가지는 문제의식은 예전과 다른 삶의 조건에 살고 있는 만큼 전통적인 무교의 이해와는 다르게 접근해야 할 것이다. 1998년 IMF 위기로 인해 파산에 이르게 된 기업과 상인에게 문제의 원인을 조상에게 지은 죄책이 원인이라고 해석하는 무교인은 점술과 굿을 통해 현대 한국인의 당면한 삶의 상황에 대해 초현실적인 해석을 제공한다(제15장). 이러한 무교인의 새로운 해석을 통해 무교가 재생산되는 양식의 특징은 무엇인가? 현재 보이는 무교현상은 모든 가치가 물상화되고 있는 현대 한국인의 문화적 상황의 한 단면이다. 점술과 굿이 제시하는 당면한 문제에 대한 초현실적인 전망은 현대 한국인의 존재론적 불확실성에 대한 무교적인 해석이라 할 수 있다.

이 책이 전제로 한 것은 무교가 현대 한국인에게 현실을 이해하는 모델로서 작용한다는 점이다. 무교의 신앙인은 포스트모던 현실세계를 이해하는 하나의 모델로서 여러 종교 가운데 무교를 선택한다. 어떤 부류의 사람들이 무당이나 만신이 되고 단골 신도가 되는가? 이들이 굿을 통해 표현하고 추구하는 신성성의 담론은 어떤 상징적 효과를 기대하는가? 여기서 무교인의 현실 인식의 한계를 넘어서는 '상황'에 대한 맥락적인 이해가 필요하다.

무교인과 단골 신도가 천지신명과 일월성신, 산신대감에게서 자신의 문제해결의 신통력을 기대하는 신앙태도는 전통문화에 대한 친숙함에서 비롯되는 것이라 할 수 있다. 그러나 무교인이 굿을 하는 현대의 신당은 기대되는 어떤 원형적 전통무교와 매우 다른 상황이다. 마을 안에서 상시적으로 굿을 할 수 있었던 공동체 소유의 신당은 1970년대에 근대화 과정에서 미신 타파의 대상으로 지목되어 없어졌다. 대신에 마을이나 도시 외곽에서 상업적인 굿당이 번성하고 있다. 서너 개에서 열 개의 방을 가진 개인 소유의 굿당에서 장소 사용료를 지불한다. 단골 신도와 그의 가족 앞에서 이들이 주문한 굿을 미리 약속한 경비의 한도 내에서 제한된 시간 안에 적당히 생략된 형태로 연행한다. 무당과 만신은 악사와 함께 봉고차를 타고 다니며 이 굿당에서 저 굿당으로 옮겨 다니며 자신의 엑스타시 기술을 적절한 값에 흥정하는 영적 비즈니스맨 같다. 굿판에는 굿을 보러 오는 이웃의 구경꾼이나 같이 정성을 들이는 친지도 없이 무당과 신도만 참가하여 개인적인 특정 목적에 맞추어 비밀스럽게 일을 치른다.

또한 굿당의 전경을 보면 입구에 굿당의 성스러운 공간을 지키는 서낭신(나무)이 서 있고 용신(우물)이 나란히 터 잡아 있고 굿이 벌어지고 있는 각기 다른 방 안에서는 대감신과 조상신이 춤을 추며 노는 한편, 잡귀들은 밖으로 내쫓긴다. 마당 한귀퉁이에는 대감신에게 제물로 바쳤던 돼지머리 서너 개가 쓰레기처럼 라면박스 안에 담겨 있다. 오래된 무구는 녹이 쓴 상태로 처마 밑 사과상자 안에 아무렇게나 처박혀 있다. 굿당은 엑스타시 기술과 돈이 거래되고 신령의 영험이 제물과 흥정되는 곳, 무당과 만신, 신도들뿐만 아니라 신령들이 분주하게 드나드는 '장터' 같다.

그러나 성스러운 분위기와 전혀 다른 상업적 굿당의 이러한 모습은 현대의 무교가 처해 있는 현실적 상황을 이해하는 하나의 열쇠가 된다. 바로 이 '장터 같은 굿당'에서 현대 한국인은 자신과 세계를 이해하는 모델을 찾는다. 한국 무교의 문화는 '영성의 장터'라는 지극히 현대적인 상황의 상징 공간에서 전개된다. 굿당 안에 모인 무당과 단골이 신화를 구송하며 하늘과 땅의 문을 열고 우주적 신령을 불러들이고 산과 바다의 문을 열어 자연의 신령을 제상위에 초대할 때, 타계한 집안 조상령이 이들 존엄한 신령의 인도로 굿당에 들어설 때, 우주와 자연 그리고 인간이 함께 소통하고 어우러지는 종교적 시간과 공간이 임시적으로 구성된다.

무교 신앙인 개개인이 경험하는 삶과 죽음, 행복과 불행, 죄와 벌과 같은 형이상학적·윤리적 문제, 그리고 부요와 궁핍, 건강과 질병 같은 실제적인 문제들은 신령과의 관계를 통해서 초월적 의미를 갖게 되며, 굿은 그러한 문제를 춤과 음악, 무가 구송 같은 의례적 연행을 통해 실제보다 더 현실감 있게 인지될 수 있도록 구체화한다. 굿덕(德)을 보고 무당과 만신 그리고 단골 신도의 사회적 관계가 지속되면 그 임시적인 종교 체험은 체계적인 신앙형태를 갖추게 되며 무교 신앙인들이 '장터'의 현실세계를 이해하는 지배적인 모델로서 작용하게 될 것이다.

'영성의 장터' 같은 굿의 현장에서 재수(財數)와 복(福)의 개념이 어떻게 정의되고 있는지 살펴볼 필요가 있다. 종교학자 박일영은 재수 개념을 '포괄적·종교적 구원'의 의미를 가진다고 해석하고 있으나, 재수와 복을 어떻게 믿느냐 하는 신앙인의 실천이라는 맥락에서 보면 그 의미에 대해서도 다양한 해석이 가능하다(박일영, 1999). 또한 재수나 복과는 상반되는 의미를 가진 개념들, 즉 한(恨)·탈·살(煞)은 실제 점술과 굿의례의 과정에서 어떻게 해석되고 있는가? 이것도 새로운 문제가 된다. 무교 연구의 새로운 과제는 현대 한국인이 자신들의 현실적인 문제를 무당에게 의뢰하고 굿을 통해 해결하려고 할 때 이들의 문제적 상황(problematic condition)에 대한 '무교적' 해석의 특성에 대한 이해일 것이다.

결론적으로 말하여 현대 종교로서 무교를 이해하기위해서는 이와 같이 무당이나 만신 같은 무교인과 단골 신도가 살고 있는 '지금 여기에서'의 현실세계에 대한 성찰과 함께, 이들 자신과 세계의 관계를 이해하는 사고틀로서 무교의 신앙체계가 얼마만큼 강력하고 포괄적으로 작용하고 있는지에 대한 문화인류학적 성찰이 필요하다.

각 장의 출처와 구성

이 책에 수록된 대부분의 글은 필자가 1990년부터 최근까지 국내외 학술지에 게재한 것이지만, 책의 저술을 위해 제목과 내용을 변경했거나 비슷한 논문을 결합하거나 하나의 논문을 두 개의 장으로 나뉘어 확장하기도 했다. 어느 글은 학술대회에서 발표는 했으나 논문으로 출간되지 못한 상태로 있다가 이번 기회에 완성한 것도 있다.

제1부 '무교 연구의 쟁점과 과제'에 해당하는 논문들이 처음 발표되었던 지면은 다음과 같다.

①「한국무교의 정체성과 종교성: 쟁점분석」, 《샤머니즘연구》 4권, 2002, 359-394쪽.

②「일제시대 무속 담론의 형성과 근대적 재현」, 윤해동, 이소마에 준이치 엮음, 『종교와 식민지 근대: 한국 종교의 내면화, 정치화는 어떻게

진행되었나』, 책과함께, 2013, 347-390쪽.

③「한국무교 연구의 역사적 고찰」, 《한국종교연구》 1집, 1999, 115-179쪽. 이후 『한국 종교문화연구 100년』(청년사, 1999), 139-207쪽에 재수록.

이 책에서는 상기 수록된 논문들을 연대기적 기술방식과 패러다임 변천방식이라는 두 가지 서술방법을 적용하여 19세기 말부터 현재까지 한국 무교가 어떻게 연구되어왔는지를 소개하고 분석한다. 시기적으로 ③이 가장 먼저 발표되었지만, 제1부에서 제기한 문제의식과 이 책 전체가 제시하는 주제의 일관성을 위해서 무교 연구에서 드러나는 쟁점들을 비판적으로 소개하는 ①을 제1장으로 배치했다. 또한 일제강점기부터 현재까지의 100여 년에 해당하는 시기의 무교 연구를 검토하고 분석했던 ③을 해방 이전과 이후로 세분하고 그에 적합한 제목을 붙여 제2장과 제3장으로 재배치했다. ②는 「무속전통의 담론분석-해체와 전망」이란 제목으로 1990년 《한국문화인류학》 22집의 '특집: 한국무속의 현재적 접근'에 처음 수록되었고, 이후 다른 지면에 수록된 적이 있다. 이 책에 실린 내용은 최종 수정본이다.

제2부 '무교의 역사적 담론과 구원의 서사'에 수록된 글들은 다음과 같다.

④「제주무속: 폭력의 역사적 담론」, 《종교신학연구》 4권, 1991, 9-28쪽.

⑤"The Iconic Power of Modernity: Reading a Cheju Shaman's Life History and Initiation Dream," *South Korea's Minjung Movement: The Culture and Politics of Dissidence*, Honolulu: University of Hawaii Press, 1995, pp.155-166.

④는 필자의 박사학위 논문("Chronicle of Violence, Ritual of Mourning: Cheju Shamanism in Korea," University of Michigan, Ann Arbor, 1989)의 주요 관점들을 요약한 것으로, 처음 발표되었을 때와 동일한 제목으로 구성되었지만 내

용에서는 이 책에 수록된 다른 논문들과의 일관성을 위해 세부적인 용어들을 수정하고 보완했다. ⑤는 '제주 4·3 진상규명과 화해를 위한 종교인 대회'(1998년 성공회 대성당)를 위해 국문으로 번역하여 발표한 적이 있다.

제3부 '신들림과 여성주의 서사'에 해당하는 논문들 가운데 이미 국내 학술지에 발표되었던 글들의 출처는 다음과 같다. 이 책의 장에는 제목을 변경하여 수록했다.

⑥「신들림 체험과 은총에의 추구」, 《한국문화인류학》 16권, 1984, 73-86쪽.

⑦「한국 무속에 나타난 여성체험: 구술 생애사의 서사분석」, 《한국여성학》 7권, 1991, 7-42쪽.

⑧「여성주의 구술사의 방법론적 성찰」, 《한국문화인류학》 35권 2호, 2002, 31-64쪽.

⑨'무조 신화의 여성공간과 젠더주체성에 대한 문화적 해석」, 2009년 6월 한국여성학회 발표문.

⑥은 1984년의 영어 원문은 한글로 번역한 것이지만, 20년 후 자료를 보강하여 "The Psychology and Aesthetics of Spirit Possession"란 제목으로 《한국무속학》 9권 2호(2005, 181-209쪽)에 게재했는데, 이번에 제6장을 쓸 때 2005년 논문과 부분적으로 결합했다. 제9장 '무조신화의 여성공간성과 윤리적 과업'은 ⑨를 이 책에 적합하게 수정·보완하여 수록한 것이다.

제4부 '무교신화와 의례의 신성성과 연행성' 중 제10장과 제11장은 ⑩·⑪「무교 신화와 의례의 신성성과 연행성」, 《종교신학연구》 10권(1997, 109-157쪽)을 신화와 의례 부분으로 각각 구분하여 확대한 글이다. 특히 제11장에서는 필자가 박사학위 논문 작성을 위해 당시 현지조사했던 문씨 집안의 조상굿이 어떤 배경을 가지고 있으며 굿이 어떻게 진행되었는지 전 과정을 상세히 소개하고 분석했다.

제12장은 ⑫「한국 무속의 인격 이해」, 《사목》 192호(1995, 65-104쪽)에 수록된 글을 수정·보완한 것이며, 제13장은 ⑬ "Dances of Toch'aebi and songs of exorcism in Cheju shamanism," *Diogenes* 158(1992, pp.57-68)에 수록된 글을 한국어로 번역한 것이다. 이 글에 소개된 굿은 필자가 제주도에서 1984년 처음으로 현지조사했던 굿이며, 박사학위 논문에 보다 자세하게 분석되어 있다. 이 책에서는 지면의 한계 때문에 ⑬에서 상술할 수 없었던 '추는굿'의 전 과정을 필자의 현지조사노트와 녹음테이프, 박사학위 논문(1989년)을 참고하여 꼼꼼하게 서술했으며, 각 섹션의 순서와 내용을 재구성하여 보완했다. 아울러 당시에 필자와 함께 동일한 굿을 조사했던 고광민의 보고서(고광민·강정식, 2007)를 필자의 현지조사노트와 비교하여 굿 연행 현장을 최대한 정확하고 상세하게 서술하고자 했다.

제5부 '근대성의 주술과 샤머니즘'을 구성하는 제14장은 ⑭《한국종교연구》 2집(서강대학교 종교연구소, 2000, 123-157쪽)에, 제15장은 ⑮《종교연구》 27권(한국종교학회, 2002, 61-86쪽)에 각각 같은 제목으로 수록되어 있다. 제16장은 ⑯ "Korean Shamanic Heritage in Cyber Culture," 《샤머니즘연구》 3집(2001, 269-295쪽)의 내용을 번역하고 보완하여 수록한 것이다.

제1부

무교 연구의 쟁점과 과제

제1장 한국 무교의 정체성과 종교성

제2장 식민지 근대성과 '무속' 담론의 형성

제3장 해방 후 무교 연구의 원형론, 기능론, 실천론

제1부에서는 구한말 역사적 격변기부터 현대에 이르기까지 지난 100년 동안에 이루어진 한국 무교에 대한 국내외 연구 성과를 총괄적으로 고찰하고, 현 단계에서 나타나는 한국 무교 연구의 쟁점 소재를 파악하고 주요 쟁점을 분석한다.[1] 역사적 혹은 문화적 실재로서의 무교 현상에 대한 논의보다는, 해방 이후 현대까지의 무교 연구사를 '연대기적인 기술' 방식과 '패러다임 변천의 기술'을 적용하여 고찰해보고자 한다. 일반적으로 연구사 기술에서 사용되는 방식인 '연대기적 기술'은 대체로 시간의 움직임에 따라 문제의식의 기원에서부터 출발하여 단계적으로 문제의식이 성숙·진보되는 방향으로 기술한다. 그러나 이러한 기술 방식은 '최선의 것이 아직 도달하지 않았다'는 것을 대전제로 하고 있기 때문에 최근의 연구를 최선의 결과물로 기술하기 마련이며, 최근의 연구를 기준으로 단계별로 이루어진 연구 성과에 대해 편향적인 평가를 하게 된다(Capps, 1995: 54). 그러나 각 단계에 따라 특정한 지식과 의식의 패턴이 구성되기 때문에 특정 기준에 대한 접근 정도를 가지고 연구 성과를 규정짓는 것은 타당하지 않다. 연대기적 기술은 패턴의 비교와 대비에 중점을 두어야 하며 연구 성과에 대한 평가도 특정 기간에 주목하여 패턴의 연속성이나 불연속성에 대한 평가이어야 한다. 달리 말하면 과거 연구 방식의 행태에 대한 평가는 당대의 관점을 기준으로 검토해야 하는 것이다.

'패러다임 변천의 기술' 방식은 연대기적 기술의 이러한 문제점을 보완한다. 패러다임의 개념은 과학을 본질적으로 과학적 지식을 창출하고 활용하는 연구 집단의 공통된 속성이며 집단 구성원의 심리학적 틀 안에서 양육되고 훈련됨으로써 형성되는 활동으로 보는 토마스 쿤의 과학론의 중심 개념이다. 과학의 발전을 패러다임의 위기와 경쟁 그리고 혁명의 역학 과정으로 설명한 쿤의 과학론에 의하면 패러다임의 개념은 연구 주제와 이론, 방법론에서 과학자 집단이 공유하는 개념체계뿐만 아니라 표준화된 연구 습관, 사회적·집단적 의미에서 공유된 가치와 신념을 총체적으로 일컫는 개념이다. 따라서 패러다임이 달라지면 전체 개념체계의 구성이 달라지고 문제를 파악하는 방식이 달라지며 심지어 동일한 개념이 지칭하는 대상조차 달라져 세계관에 변화를 일으킨다. 쿤의 패러다임 개념은 주로 자연과학의 연구사에 적용한 것이지만 인문과학 분야에도 그 개념을 원용할 수 있다(정병훈, 1994: 21-22; 쿤, 1980).

이러한 전제하에 무교 연구를 무교 연구자 집단의 학술적 활동과 그 성과라고 보았을 때 지난 100여 년간의 한국 무교 연구사는 연대기적 단계에 따라 다섯 개의 패러다임으로 구분해 볼 수 있다. 패러다임의 변천과 연대기적 단계가 반드시 일치하는 것은 아니지만 연구 활동 내에서 일어나는 패러다임의 변천과 지성적인 분위기의 시대적 상황 사이에는 밀접한 상호연관성이 있다.

① 민족종교론과 역사주의적 관점: 19세기말에서 1920년대까지
② 민속종교론과 실증주의적 관점: 1930년대에서 1950년대까지
③ 원형적 종교형태론과 심리주의적 관점: 1960년대에서 1990년대
④ 사회기능론과 구조기능주의적 관점: 1970년대에서 1980년대
⑤ 민중문화론과 사회적 실천적 관점: 1980년대에서 현재까지

여기서 무교 연구의 패러다임을 연대기적으로 구분하고 있으나, 지금까지 무교 연구사 기술의 경우와 같이 무교를 바라보는 시각의 다양성을 연대기적 단계에 따라 열거하는 방식이 아니라, 무교가 무엇이냐라는 무교의 개념이 당대의 지배적 세계관과 인식론의 상호작용을 통해서 문제화되는 방식과 무교를 이해하는 하나의 이론적 방법론적 모델이 형성되는 과정을 기술하려 한다.[2] 무교의 개념은 무교 현상을 이해하고 서술하는 관점에 따라 각 시대마다 다르게, 즉 민족·민속·원형·전통·민중의 상징으로 대상화되어왔고 그 의미도 각기 다르게 규정되었다. 무교 연구의 패러다임 변천은 패러다임의 내적 위기와 한계에 대한 인식과 함께 사회문화적인 상황의 변화와 같은 외적 충격에서 제기

되는 문제들을 성공적으로 해결하려는 문제풀이의 모델이 되었을 때 가능해진다. 이러한 기본적인 전제하에 패러다임의 정립과 변천에 중요한 계기가 되는 대표적인 연구서와 연구논문을 주로 대상으로 했다. 다섯 가지 패러다임 가운데 첫 번째와 두 번째 패러다임은 제1장과 제2장에서 다루고, 제3장에서는 1960년대 이후의 패러다임의 변천을 중심으로 살펴본다.

제1장

한국 무교의 정체성과 종교성

지금까지 한국 무교에 관한 연구는 연구자의 전공분야에 따라 무교를 종교현상·역사현상·민속문화현상으로 각기 다양한 관점에서 산발적으로 이루어졌기 때문에 쟁점의 소재가 분명하게 드러나지 않았다. 그러나 초기의 문헌고증학적 연구에서 근·현대의 현장조사 연구에 이르기까지 일반적인 연구경향을 살펴보면 몇 가지 쟁점을 추출해낼 수는 있다.

첫 번째 연구경향은 민족주의 경향이다. 민족주의 경향은 한말 민족주의 지식인들의 무교 연구에서 최근의 민중문화론자에 이르기까지 면면히 지속되어온 연구자들의 집단적 성향이다. 이러한 성향은 서구 문명의 우세한 지위와 문화적 식민화에 대응하는 저항의식에서 발단한 것으로서 한국 고유 신앙과 문화의 독자성을 재발견하려는 의지의 실천이라고 할 수 있다. 어느 전공분야에서 접근하든 이러한 민족주의적 연구에서는 무교의 기원과 문화적 정체성의 문제가 주요 쟁점으로 나타난다.

두 번째 연구경향은 유형론적 비교문화론의 경향이다. 무교 연구서에 빈번하게 등장하는 항목이 한국 무교와 시베리아·일본을 비롯한 인근 동북아시아 샤머니즘의 비교론이다. 무당의 입무과정을 탈혼형·빙의형·세습형으로 유형화하고 각 지역 샤머니즘의 문화적 특성을 상호 비교하는 방법이 대표적인 예이다. 이러한 유형론적 비교문화론은 한국 무교의 문화적 정체성에 대한 탐구에서 비롯된 것이라 할 수 있다. 특히 한국 무당의 유형을 한강 이북과 이남의 지역적인 분포에 따라 강신무와 세습무로 구분하는 방법은 거의 관행이 되다시피 했다. 한국 무교의 유형을 시베리아 샤머니즘의 엑스타시(ecstasy) 유형이나 남방 샤머니즘의 포제션(spirit possession) 유형과의 근접성이라는 기준에 따라 정의하는 이러한 연구관행은 한국 무교를 샤머니즘으로 번역할 수 있느냐 하는 한국 무교의 정의와 유형론의 문제를 쟁점화하고 있다.

세 번째 연구경향은 무교의 원형에 대한 집착과 사변화 경향이다. 무교를 민족사의 기원에, 민족문화의 기층에, 민족심성의 무의식에 위치지우고 한국인의 민족성과 종교성이 '그곳'에서 발생한 것으로 보는 관점이 원형론이다. 경험적 차원보다는 관념적 차원에서 무교의 '원형'을 탐색하는 원형론은 무교 연구를 사변적인 논의에 머물게 했다. 무교 원형론은 무교의 원형을 단군신화와 신앙에서 찾는 역사적 원형론과 무교에서 한국 문화의 기층과 심성 구조의 원형을 모색하는 심성적 원형론으로 대별할 수 있다.

신채호를 비롯한 한말 민족주의 지식인들의 민족종교론이나 일제강점기의 이능화·최남선·손진태 등이 시작하여 해방 후까지 이어진 종교학적·민속학적 연구는 단군신앙에서 무교의 역사적 원형을 찾는 공통점이 있는데, 무교의 민족적 독창성과 문화적 자율성에 대한 자민족중심주의적인 태도를 반영하고 있다. 무교의 역사적 원형에 대한 탐색은 일상적인 경험세계에서 유리된 고대의 원형적 민족종교로서 무교를 신화화함으로써 사실상 탈역사화를 꾀한다.

한편 심성적 원형론은 무교를 한국 문화의 핵이며 심층에 자리 잡고 있는 집단무의식으로 간주하며 한국문화를 창조하고 한국인의 가치관과 도덕률을 정립한 성역으로 재현한다. 무교의 세속화와 전통의 단절을 한탄하며 무교의 본질을 규명하고 전통을 복원해야 한다는 사명감에 의해 촉발된 심성적 원형론은 실제로 오랜 현지조사와 치밀한 자료 분석의 성과임에도 불구하고 일상적인 경험세계에서 실천되고 있는 무교의 현장성

(immediacy)에 대한 기술보다는 무교의 원형성의 탐구에 치중함으로써 이들의 연구가 재현하는 무교를 현실적이기보다는 허구적으로 보이게 한다.

이와 같이 두 원형론에서 나타나는 무교의 원형성에 대한 추구는 무교의 종교적 본질의 문제, 즉 종교성 문제와 직결된다. 무교를 신화시대로부터 현대에 이르기까지 면면히 존속해온 불변의 민족종교, '한국적 원형종교'로 재현하는 원형론은 한국의 종교문화 기층에 '무교적 종교성'이 있다는 주장으로 이어진다. 그러나 무교의 불변성과 민족성(또는 한국성)·원형성이 무교의 종교적 본질인가, 현상적인 실재인가, 아니면 담론적 형성물인가라는 문제는 연구의 쟁점이 될 수 있는 것이다.

이 장에서는 이러한 세 가지 연구경향에서 드러나는 한국 무교 연구의 쟁점을 ① 무교의 정의와 기원 문제, ② 무교의 유형론적 비교 문제, ③ 무교의 종교적 본질 문제로 압축하여 분석하고자 한다.

1. 무교의 정의와 기원: 정체성의 문제

무교 연구에서는 1970년대와 1980년대를 걸쳐 제기된 쟁점들이 여전히 중심적 위치를 차지하고 있다. 왜냐하면 이 시기에 와서 한국 무교 연구는 비로소 현장조사 연구, 고전문헌 연구, 외국 샤머니즘 연구로 다변화되었고 무교 연구의 학문적 사회가 형성되면서 그 안에서의 상호 비판적 교류가 가능해졌기 때문이다. 주로 국문학, 민속학, 인류학, 종교학 계열에서 각기 학문적 입장에 따라 무교 연구를 진행하면서 그 안에서 쟁점이 자연스럽게 구체화되었다. 대표적인 쟁점은 '한국 무교는 무엇인가'라는 정체성의 문제이다. 구체적으로는 무교의 다양한 명칭과 정의, 그리고 역사적 기원에 관련된 논쟁으로 나타났다.

'무교'는 그리스도교나 불교처럼 하나의 통일된 종교체계를 이루고 있지 않기 때문에 무교현상을 어떤 시각에서 보느냐에 따라, 그리고 시대적 상황이나 지성적인 분위기에 따라 무교는 다양한 명칭으로 정의되어왔다. 예컨대 유교문화가 지배적인 조선시대에는 음사(淫祀)·좌도(左道)로, 한말에는 열강의 제국주의 세력에 대항하는 민족주의적 기운에 따라 민족혼의 근원인 신교(神敎)로, 일제강점기에는 일본의 학풍을 따라 무속(巫俗) 또는 살만교(샤머니즘)로, 해방 후에는 국학 부흥의 기운에 힘입어 독자적인 고유 종교로서의 무교(巫教) 또는 무(이즘)로, 1970년대 이후에는 근대화의 물결에 사라져가는 민속신앙 또는 민간신앙·민중신앙으로 정의되었다.

무교의 명칭은 각기 함축하는 의미가 다른 만큼 무교에 대한 정의는 무교 연구에서 항상 중요한 쟁점이 되었다. 명칭과 관련된 쟁점은 두 가지 차원에서 접근할 수 있다. 첫 번째 쟁점은 무교 연구에서 통상적으로 가장 많이 사용하는 무속, 무교, 무(이즘) 가운데 어느 명칭이 무교현상을 이해하고 기술하는 데 대표성을 갖느냐 하는 문제이다. 두 번째 쟁점은 무교와 샤머니즘의 상관관계에 관한 것이다. 즉, 종교학자 엘리아데(Mircea Eliade)의 샤머니즘 정의와 관련해 한국 무교를 '엑스타시' 현상으로 정의할 수 있느냐 하는 것이다. 한국 무교가 시베리아에 뿌리를 둔 샤머니즘과 동일한 현상이냐 아니냐 하는 문제는 명칭과 관련된 쟁점과 밀접한데, 두 쟁점 모두 무교의 문화적 독자성과 정체성에 대한 탐구를 반영하고 있다.

1) 무교의 명칭과 정의: 무교, 무속, 민간신앙, 미신

먼저 가장 널리 사용되는 명칭인 '무속(巫俗)'의 유래를 살펴보자. 이능화의 『조선무속고』(이능화, 1927)에서 민간의 사회적 습속이란 뜻으로 처음 사용된 무속이란 명칭은 무교를 하나의 체계를 갖춘 종교로 보기보다는 민속현상으로 간주하려는 의도를 담고 있다. 이 명칭은 일제강점기 일본인 학자 아키바 다카시(秋葉隆)와 아카마스 지조(赤松智城)의 저서를 비롯해 해방 이후 민속학적 연구나 기타 인류학적 연구에서 가장 광범하게 사용되었다.

민속학자 김태곤은『한국 무속의 연구』에서 무속을 "무당을 중심으로 한 민간층의 전승적인 종교적 현상"(김태곤, 1980: 18)이라고 정의하고, 가신신앙·이처럼 마을공동체신앙을 포함한 민간신앙의 한 범주로 해석한다. 이처럼 그는 무속을 민간신앙(folk belief)으로 정의함으로써 무속의 문화적 광의성을 강조하는데,[1] 그는 이러한 무속의 문화적 광의성이야말로 무속을 샤머니즘과 구별하는 것이라고 보고 있다. 즉, 무당의 범주에는 강신무와 세습무 그리고 박수와 판수 등 다양한 형태의 무속인이 포함되는데, 소수의 강신무 제외한 무당은 샤먼과 같은 엑스타시 현상을 보이지 않기 때문에 엑스타시를 핵심으로 하는 샤머니즘보다 무속이 광의의 개념이라는 주장이 1960년대 말부터 제기되어왔다.

최길성도 이와 같은 주장을 하는데, 그는 엑스타시를 근거로 샤머니즘과 무속을 구분해야 한다고 보았다. 그에 의하면 "무속이라는 말은 전통적으로 사용해왔던 한자어 '무(巫)'를 중심으로 하는 뜻이 강하고 샤머니즘이라는 말은 주로 서구인들이 시베리아를 중심으로 한 원시신앙을 의미하는 말로 써온 것"(최길성, 1979b: 11)이기 때문에 무속을 샤머니즘으로 번역할 수 없다고 주장한다.

김태곤의 정의에 의하면 무속은 '교조에 의한 교리가 문서화된 경전이나 체계화된 조직이 없는 자연적 상황 그대로의 자연종교'를 뜻하는 민간신앙의 하나로 독자적인 전통과 역사를 지닌 종교가 아니라 '과거의 잔존물'에 지나지 않는다. 이 문제를 지적하면서 종교학자 유동식은『한국 무교의 역사와 구조』에서 무교를 "단순한 사회적 습속 이상의 종교적 현상"

으로 정의하고 '무교' 명칭을 '무속'과 분리된 개념으로 사용한다. 그는 무속이 "고대 종교의 잔류 현상, 현재의 민간신앙"이라면, 무교는 "고대의 신화와 제례로부터 현대의 무속에 이르기까지 일관해서 한국 문화사 속을 흘러온 역사적 종교현상"으로서 "현재 무속으로 알려져 있는 민간신앙 현상 전체를 포함한 포괄적 개념이다"(유동식, 1975: 16)라고 주장한다.

무교의 개념을 무속보다 포괄적으로 정의하는 유동식에게 무속은 무교의 하위 개념이다. 무속이 민간신앙이라는 문화현상이라면, 무교는 고대에서 현재에 이르는 문화현상의 배후에 깔려 있는 본질적·정신적 맥의 실체이다. 그는 그것을 화합의 정신, '풍류도(風流道)'라고 부르고 있다(유동식, 1975: 91). 고대 신화와 제의를 분석하면 한국 무교의 원초적 형태를 찾을 수 있다고 가정한 유동식은 종교사가인 엘리아데의 종교 형태론에 입각해 무교를 코스모스 이전의 카오스를 지향하는 디오니소스 문화이며 한국 문화의 창조 에너지라고 이상화하고 있다. 또한 무교의 역사성을 강조하는 유동식은 '무교'를 동북아시아와 내륙 유라시아 일대에 퍼져 있는 원시 종교현상인 샤머니즘의 일부로서 "한국적 샤머니즘에 대한 고유명사"(유동식, 1975: 16)로 사용해야 한다고 주장한다.

한국 무교의 고유한 역사성과 본질적인 종교성을 강조하는 유동식의 주장을 따르면서도 그와는 달리 무교를 샤머니즘과 신앙체계가 다른 '무(이즘)'로 보는 조흥윤은 한국 무교의 문화적 독자성을 강조한다.[2] 조흥윤은 일반적으로 사용되어온 무속이나 무교라는 용어 대신 '무(巫)'를 사용하는 이유를 다음과 같이 설명한다. "한국의 무는 '한국 고유의 민족적 종교'로 시베리아의 샤머니즘과 다르다. 일본인이 사용하는 명칭인 무속은 비하의 뜻이 있고 종교학자들이 사용하는 명칭인 무교는 서구 종교의 기준을 따르는 것으로, 그러한 명칭 대신에 한국 내에서 옛날부터 사용해온 용어로 '무'를 사용한다." 이러한 명칭 사용의 원칙이나 무의 연구에서 나타나는 일관된 정서는 '무'의 문화적·종교적 정통성에 대한 주장이다(조흥윤, 1992: 223-226).

조흥윤은 "'무'는 아주 옛날부터 한국의 종교이다. 초기에는 정치권과 제사권이 번번이 무당의 손에 놓여 있었다. 국가 조직이 성립되면서 한국 '무'에는 두 가지 성격이 두드러지게 나타났다. 나라무당과 일반무당의 분화가 그 하나이고, '무'가 중국에서 수입된 유교·불교 및 도교와 종교적 습합을 취하는 것이 그 두 번째이다"(조흥윤, 1993: 143)라고 말한다. 일찍이 무교를 "한국 민족 공유의 고유한 집단적 요소로 구성된 신앙체계"로 정의한 임석재[3]를 계승하여 조흥윤은 문화사적 변동과 문화의 복합성이라는 시각에서 한국 무교의 역사와 현상을 규명하려고 했다.

'무' 명칭은 옛 문헌에서는 사제의 뜻으로만 쓰였으나, 조흥윤과 임석재는 의도적으로 샤머니즘과 구별하기 위한 방법으로 무당뿐만 아니라 신도를 통틀어 일컫는 집단적 문화체계라는 뜻으로 '무'를 사용한다. 굳이 샤머니즘과 대비하여 정의할 경우에는 '무이즘'이란 용어를 사용하기도 한다. 조흥윤은 무교를 샤머니즘과의 관련성을 전제로 연구하기보다는 "무당, 신령, 신앙민 세 가지 요인으로 구성된 살아 있는 역사적 현상으로서 그 자체의 고유한 체계를 가진 종교"(조흥윤, 1984)로 접근해야 한다고 주장한다.

무를 한국 고유의 문화환경 안에서 발생한 종교로 이해하려는 이러한 입장은 민속현상 이상의 민족문화인 무의 독창성을 강조하는 것이라 볼 수 있다. 더 나아가 무당·신령·단골이라는 세 요인이 굿이라는 만남의 사건, 즉 의례적 실천을 통해 모든 문제를 풀어버리는 경험 구조를 갖는다고 보는 조흥윤은 무교의 문화적 복합성을 규명하는 데 초점을 맞춘다.

2) 무교의 기원 문제: 문화적 정체성의 탐구

'무속·무교·무'라는 명칭을 둘러싼 논쟁이 '한국 무교는 무엇인가'라는 정의의 문제와 관련된 것이라면, 한국 무교의 기원에 관한 문제는 한말 미국 선교사들의 연구나 일제강점기 일본인 식민주의자의 연구에서 중심 주제로 나타날 뿐만 아니라 식민주의에 저항하는 민족주의자의 지적 각성에서 발단하여 해방 이후 서구적 근대화의 물결에 대응하는 국학자들에 의해 지속적·반복적으로 제기되었다.

논쟁은 무교를 외래 종교가 유입되기 이전 한민족 고유의 토착 종교의 이미지와 문화적 고유성으로 강조하는 입장과, 동북아 지역과의 문화적 연계성 및 외래 종교와의 혼합을 강조하여 무교의 보편적 성격과 역동적 적응성을 강조하는 문화혼합설의 입장 사이에서 일어난다. 이 논쟁은 무교가 한국 고유의 자생 종교라는 독립발생설과 샤머니즘에서 기원을 두고 있다는 외부유입설이 경합하는 양상으로 나타난다(황필호, 1997: 144). 무교의 기원 논쟁은 한국 무교가 중국이나 시베리아 등 외부에서 전래되었는지 또는 한반도에서 자생했지만 북방 샤머니즘과 어느 정도 유사점을 가지고 있는지 같은 한국 무교의 문화적 정체성(cultural identity) 문제를 쟁점화하고 있기 때문에 주목할 필요가 있다.

무교의 문화적 고유성과 독립발생을 강조하는 첫 번째 입장에는 한말 계몽적 민족주의 학자인 김규헌·박은식·신채호 등의 견해, 일제강점기의 문화적 민족주의자 최남선의 불함문화론, 해방 이후 임석재와 조흥윤의 주체적인 '무' 문화론 등이 포함된다. 무교의 외부유입설에 기울어지는 두 번째 입장은 무교와 샤머니즘의 역사적 관계에 초점을 맞추고 있는데, 역사적 배경과 한민족의 한반도 유입 경로 및 이후 타종교와의 혼합에 의한 의식화 과정을 고려해보면 무교는 샤머니즘 현상으로 볼 수도 있다는 주장이다. 무교를 시베리아 샤머니즘과의 지리적·역사적 연관성에 입각해 연구하는 경향은 한말 선교사와 일제강점기 최남선의 살만교 연구에서도 확인할 수 있는 보편적인 현상이다.

한국 무교 연구사에서 기원론에 관한 한 외부유입설이 우세하게 나타나는데, 초기 무교 연구가 한말 서양 기독교 선교사나 일제강점기 일본인 연구자들에 의해 선도되었고 그들의 관점이 서구 제국주의와 일제 식민주의를 반영하고 있기 때문이다. 그들은 한국을 진화론적인 관점에서 미개한 사회로 보았기 때문에 한국에 문화가 있다면 그것은 외래 문명의 영향으로 간주했다. 미국 선교사 헐버트(H. B. Hulbert)는 한국 무교를 '무당종교'라고 칭하고 그 기원을 중국으로부터 전래된 것으로 보고 있다(Hulbert, 1903: 146; 최길성, 1990에서 재인용). 그는 중국인 기자(箕子)가 고조선에 왔을 때 강령술이 함께 도입되었다는 문헌 기록을 언급하면서 "점술과 강령술을 전문으로 하는 무당이 중국에 그 당시 이미 존재했기 때문에 기자와 함께 중국 풍습인 무당종교가 조선에 들어온 것은 의심할 바 없다"고 주장한다.[4]

헐버트가 한국 무교의 기원을 중국에서 찾았다면, 클라크(Charles Allen Clark)는 북방 샤머니즘과의 연관성에 비중을 두고 있다(Clark, 1932: 182). 그는 한국의 무당과 판수가 직접 시베리아의 샤먼과 연결되는 것으로 보았다. 특히 한국에서는 여성 샤먼이 중심이고, 여성 샤먼이 남장을 하거나 남성 샤먼이 여장을 하는 등의 성적 전환의 풍습, 굿이 주로 밤에 행해지는 것, 악신을 달래어 병을 치료하는 점, 시베리아 샤먼이 양의 대퇴골로 점치는 데 비해 한국 샤먼은 재를 가지고 점을 치는 점 등을 대비시켜 한국 샤머니즘이 시베리아 샤머니즘과 유사하다고 주장했다.

다른 한편 언더우드(Horace Underwood)와 그리피스 (Williams Griffis)는 한국 무교의 기원을 부여의 영고, 고구려의 동맹 등에서 볼 수 있는 고대 신앙 및 제천의식(worship of heaven)과 연관시키며 시베리아 샤머니즘과는 다르다고 보았다(Griffis, 1911; Underwood, 1910. Oppenheim, 1995 참조). 특히 신앙 대상인 하늘님 또는 옥황상제는 기독교 하나님의 하위 범주로 간주하고 한국인은 본래 하늘님에 대한 신앙을 가지고 있으므로 기독교로의 개종 가능성이 있는 '쌀 그리스도인(rice Christians)'이라고 보았다. 이러한 관점은 한국 무교의 문화적 고유성을 인정하는 것처럼 보이지만, 기본적으로는 한국인을 기독교 개종과 선교 대상으로 간주하는 관점으로 헐버트나 클라크와 마찬가지로 제국주의적 동기에서 큰 차이가 없다고 할 수 있다.

이와 같이 미국 선교사들의 연구에서 정립된 무교의 외부기원론은 일제강점기에 이르러 당시 유행하는 문화전파론에 따라 북방기원론과 남방기원론으로 이원화되었다. 아카마스 지조와 아키바 다카시는 『조선 무속의 연구』에서 무교의 기원을 북방 샤머니즘의 지역적 분화, 남방 종교와의 혼합과정으로 설명하고 있다(赤松智城·秋葉隆 共編, 1937·1938; 심우성, 1991). 이들은 한국 무교가 북방의 원시 종교에서 보다 발전된 형태로 진화했다고 가정하고 그 과정을 지역적 문화전파의 경로를 따라 설명한다. 즉, "동아시아의 원시적 북방민족이 조선으로 이주할 때 원시 샤머니즘을 전래시키고, 후에 불교와 도교 같은 고급 남방 문화가 조선에 수입되었다"(최길성, 1990: 13-14에서 재인용)고 보았다.

이들은 조선과 마찬가지로 당시 일제의 식민주의 영향을 받았던 만주와 몽고 등 동북아 지역의 종교에 대한 광범위한 비교문화 연구를 수행하며 이 지역의 샤머니즘이 동일하게 불교의 영향을 받았다는 사실에 주목하고 이와 유사한 현상을 한국 무교에서도 찾으려고 했다. 한국 무속의 신령관, 무구와 무장, 신앙의례에서 나타나는 불교와 도교의 영향을 분석한 아카마스와 아키바는 한국 무교의 기원을 원시 종교 형태인 북방 샤머니즘의 기초 위에 고급 남방 문화, 즉 중국이나 인도의 불교·도교와의 종교혼합을 통해 현재의 모습으로 발전했다고 주장했다.

아카마스와 아키바는 조선 무속의 기원과 관련해 북방 샤머니즘의 전파 이외에 당시의 조선 무속에서 나타나는 특징으로 남방 문화와의 교착에 의한 무속문화의 복합체(shamanistic complex) 구성을 강조했는데, 이는 남방 문화의 하나인 일본에 의한 조선의 식민화를 당연시하는 논리로 볼 수 있다. 이들의 식민주의적 입장은 조선 무속의 기원을 '무조 전설'을 중심으로 논하는 데서도 잘 드러난다. 무조(巫祖)의 기원을 중국이나 인도에 두거나 보편화된 무속 신화라는 개념 대신에 '전설'이라고 이름 붙이는 것은, 조선에는 민족 고유의 신화가 없다는 식으로 조선 문화를 가치 절하한 것이며, 조선 문화는 외부 세력에 의한 '식민화(colonization)'의 대상이 될 뿐이라는 전형적인 식민주의자의 시각을 반영하고 있다.

총독부의 후원을 받은 관학자인 아카마스와 아키바의 조선 무속의 연구는 일제 식민지 정책의 일환으로 수행되었기 때문에 그러한 목적에 의한 시각의 편협성과 사실의 왜곡 가능성은 부인할 수 없을 것이다.[5] 아키바와 아카마스는 조선 문화의 지배적 특징을 '무속적' 이라고 평가하고, 바로 그러하기 때문에 한국 문화는 원시적이고 전근대적이고 여성적이며, 도시화와 근대화를 이루지 못하고 정체되어 있다고 주장했다. 이와 같이 이들은 무교 연구를 식민화 정책을 합리화하는 데 이용했다(김성례, 1990).

한말 미국 기독교 선교사들과 일제강점기 관학자들이 주장하는 한국 무교의 외부도입설은 충분한 실증적 분석에 기초했다기보다 대부분 무속을 구성하는 몇몇 요소들인 무당의 성별과 기능, 무고와 무장, 의례 형태의 유사성과 차이성에 근거하여 또는 문헌자료에 의존하여 문화전파의 시기와 경로를 추정하는 수준에 그치고 있다. 그러나 1990년대 소련의 와해 이후 해외 답사가 자유로워지면서 러시아와 북아시아 지역의 샤머니즘에 대한 실제적인 현지조사의 성과를 토대로 샤머니즘 문화를 구성하는 요소의 비교연구가 축적되면서 새로운 시각에서 기원 문제가 다시 제기되었다. 김태곤과 일군의 민속학자들은 시베리아의 야쿠트 샤머니즘을 현지조사한 후 한국 무교의 북방기원설을 강하게 주장했다.[6] 이러한 북방기원설은 국제화 시대에 한국 문화의 뿌리에 대한 관심이 고조되는 가운데 제기된 것으로 한국인에게는 아직 미지의 세계인 북방 대륙에서 문화적 친연성을 발견하는 일종의 자아 정체성 탐구의 반영이라고 할 수 있다.

이와 같이 무교를 문화전파와 종교혼합의 역사적 결과로 보는 외부유입설은 담론 정치학의 지평에서 형성된 것으로서 한말과 일제강점기의 신채호나 최남선 같은 민족주의 성향의 연구자들과 해방 이후 김태곤·최길성·유동식·임석재·조흥윤 등이 대표하는 문화주체적인 무교 연구에 의해 도전을 받는다. 한국 무교의 문화적 뿌리를 외부에서 찾지 않고 민족문화와 민속문화의 내부 전통에서 모색한다는 의미에서 이들의 주장은 독립발생론이라 할 수 있다.

무교의 독립발생론은 발생 시기를 언제로 추정하느냐에 따라 이견이 있다. 한말 신채호와 김교헌을 비롯하여 일제강점기의 이능화·최남선은 단군신화에서 그 기원을 찾았고, 해방 후 유동식은 제천의식이 시작된 선사시대에서, 김인회는 무당과 무속에 대해 직접적으로 언급한 역사적 문헌기록을 토대로 무교의 기원을 고려시대로 잡고 있다.[7] 이 경우 대부분 한국 무교의 기원을 고대 신화와 제천의식에서 찾고 고대 종교를 무교와 동일시하는 경향이 있다. 이 경향에 대해 정진홍은 고대 종교로서의 하늘 숭배와 제천의식은 무속과 다르다 주장하며, 무속은 '지금 여기'의 현실적 문제를 해결하는 데 치중하는 현세적 휴머니즘이라고 하여 무속 자체의 현재성을 강조하며 민족주의 색채를 부정한다(정진홍, 1985).

무교의 독립발생론이 무교의 문화적 독자성과 자생성을 강조한다고 해서 무교와 샤머니즘의 연관성을 부정하는 것은 아니다. 최남선은 「살만교차기(薩滿教箚記)」에서 무속을 조선의 오래된 종교적 전통으로 민족적으로 특수하게 발달한 것으로 보면서도 북동아시아의 공통된 원시 종교, 즉 샤머니즘의 한 형태로 인정했다(최남선, 1927a). 그러나 그는 샤머니즘의 문화전파 경로에 대해서는 외부유입설과 정반대의 해석을 하고 있다. 최남선은 「불함문화론(不咸文化論)」에서 단군신앙과 광명신앙을 핵심으로 하는 한국적 무교문화가 중앙아시아와 시베리아로 확대되었다는 국수주의적인 주장을 하기에 이른다(최남선, 1927b).

그러나 무교의 독립발생론은 최남선의 '불함문화론'처럼 국수주의적인 오류에 빠지지 않고 오히려 샤머니즘과의 상대적인 차이를 부각시킴으로써 한국 무교의 문화적 독자성을 정립하려고 한다. 문화의 원류와 지류 사이의 원심적인 문화전파론의 패러다임이 아니라 한국 무교와 샤머니즘 양자 모두 각기 다른 역사적 경험과 문화적 환경에서 발생하여 개별적으로 발전해왔다는 문화상대주의적인 관점에서 접근한다. 한국 무교의 독립적 발생과 문화적 독자성에 대한 이들의 믿음은 무교를 자기충족적인 종교체계로 접근하도록 이끌었다. 특히 1960년대 이후 전문적인 학문분야에서 치밀한 문헌분석과 현장조사 연구를 토대로 이루어진 문화주체적인 독립발생론은 단군신화의 신비와 감정적 민족주의의 명분으로 흐르기 쉬운 기원론을 무교의 문화적 정체성 문제로 쟁점화하고 세련되게 하는 데 기여했다고 볼 수 있다.

2. 무교의 유형론적 비교의 문제

해방 이후 국학의 부흥과 더불어 1960년대를 전후하여 한국학 제분야에 대한 관심이 크게 고조됨에 따라 무교에 대한 논의는 역사학이나 민속학뿐만 아니라 종교학, 문학, 인류학, 정신분석학, 연극학, 음악 등 광범한 분야에 걸쳐 연구주제와 방법론이 다양화되었다. 이제는 문헌에 의존하기보다는 무가의 직접적인 현장수집과 채록을 통해 많은 실제적인 자료집이 나왔으며 무교에 대한 특정 학문의 연구방법론에 따른 체계적인 연구가 이루어졌다. 이러한 연구방법론의 변화는 무교 연구에서 과거의 모습보다는 현재의 모습으로 연구주제를 이동시켰고 무교의 종교 형태에 대한 논의로 나아갔다. 이러한 논의는 무교의 유형론 논쟁을 통해 구체화된다.

무교의 유형론은 두 가지 쟁점으로 나타난다. 하나는 한국 무교가 시베리아 샤머니즘에서 볼 수 있는 '엑스타시 유형'인가 아니면 남방 샤머니즘의 특징인 '포제션 유형'인가라는 종교 형태론을 쟁점화하는 연구이고, 다른 하나는 무당의 성무과정에 초점을 맞추어 무당의 유형을 '강신무(降神巫)'와 '세습무(世襲巫)'로 구분하고 한강을 기준으로 무당의 활동영역에 따라 한강 이북의 '강신무권', 한강 이남의 '세습무권'으로 구분하는 연구이다. 무교 유형론의 두 쟁점은 엘리아데의 정의와 관련 있다는 데 공통점이 있는데, 먼저 엑스타시 경험의 유무에 따라 무당을 강신무와 세습무로 분류하고 이러한 분류 도식에 의거해 한국 무교 전체를 엑스타시 유형이라고 하느냐 포제션 유형이라고 보느냐 하는 비교종교학적인 형태론으로 확대된 것이라고 할 수 있다.

1) 샤머니즘 유형론: 엑스타시 유형과 포제션 유형의 구분

엘리아데가 샤머니즘을 엑스타시 현상으로 정의한 이래로 샤머니즘의 유형론은 그 구성 요인이 엑스타시냐 포제션이냐 하는 문제를 중심으로 전개되었다. 샤머니즘의 여러 요소들이 각각의 샤머니즘 문화에서 어떤 위치에 있는가, 즉 중심 요인인가 주변적 요인인가에 따라 엘리아데의 샤머니즘 정의에 대한 찬성과 반대 또는 수정주의적 견해가 출현하면서 샤머니즘 유형론이 쟁점화되었다. 여기서 먼저 엘리아데의 샤머니즘 유형론을 살펴보자.

엘리아데는 엑스타시 현상과 포제션 현상을 구분하며 샤머니즘의 지역적 유형론을 주장했다. 그는 시베리아 퉁구스족의 종교문화에 대한 기록물들에 대한 탐구에서 시작하여 어원학적으로 거슬러 올라가는 방법으로 샤머니즘을 연구했다. 그에 의하면 샤먼은 '신령과 소통하는 특별한 엑스타시, 즉 망아경의 기술을 터득한 자'이며 '엑스타시의 트랜스 상태에서 영들에 의한 영감에 고무되어 하늘로의 신비한 여행을 떠나는 사람'이다. 샤먼의 천상여행이 천상의 신령과의 통교를 목적으로 하는 반면, 포제션 현상은 샤먼이 신령들과 합일되는 현상(incorporation)으로서 엑스타시 현상과 구별된다. 포제션이 비록 보편적으로 발견되는 현상이긴 하지만 엄밀히 말하면 샤머니즘에 속하는 것은 아니다.

엘리아데에게 샤머니즘의 핵심 요소는 여전히 '엑스타시'이다. 샤먼의 '천계로의 상승'과 '탈혼(soul-flight)' 현상은 과거의 모습과는 많이 달라졌고 때로는 없어지기도 했지만, 여전히 전해지고 있는 고대의 종교적 이데올로기이다. 지하계로의 하강, 악령과의 싸움, 신들림, 신령과의 친밀한 관계 형성 등 포제션 현상은 고대의 천계로의 상승이 변형되거나 새롭게 덧붙여진 혁신에 지나지 않는다. 엘리아데는 엑스타시 유형과 포제션 유형의 차이를 샤머니즘 현상의 진화 단계로 설명하고 탈혼과 천계로의 상승을 기본 요소로 하는 엑스타시 유형의 샤머니즘을 '진정한 샤머니즘(authentic shamanism)'으로 규정하고 역사적으로 이러한 요소가 희석되었거나 변형된 경우를 '유사 샤머니즘(inauthentic shamanism)'이라 구별했는데, 포제션 유형의 샤머니즘을 진정한 샤머니즘의 부차적 현상으로 보았다(Eliade, 1964).[8]

요약하면 엘리아데의 유형론은 샤머니즘을 고대적 종교현상으로 전제하고 그 역사적 진화과정을 순수한 엑스타시 유형에서 보다 복합적인 포제션 유형으로 변화한다는 주장으로 볼 수 있다. 더 나아가 엘리아데는 시베리아 계통의 북방 샤머니즘을 엑스타시 유형으로, 남아시아 계통의 남방 샤머니즘을 포제션 유형으로 대별하는데, 한국 무교의 유형론은 이러한 엘리아데의 유형론적 구분법을 그대로 적용했다. 한국 무교의 유형론 논쟁은 무교의 기원을 북방 샤머니즘에 두느냐 남방 샤머니즘에 두느냐 하는 기원론과 밀접한 관련이 있으며, 특히 김태곤과 최길성의 무교 연구에서 유형론은 중심 주제로 다루어진다. 이들은 한국 무교의 형태적 특성에 대한 연구를 토대로 거의 공식화된 샤머니즘 유형론과 엘리아데의 샤머니즘 정의를 비판적으로 수정하는 등 과감한 시도를 하고 있어서 주목할 필요가 있다.

김태곤과 최길성은 엑스타시 유형와 포제션 유형이 혼재하는 한국 무교의 유형적 특성을 치밀하게 규명하면서 샤머니즘의 유형론에 대한 새로운 전망을 모색했다(김태곤, 1995: 5-26; 최길성, 1981; 1990: 177-210; 1999: 3-30). 김태곤은 무당의 무병에서 볼 수 있듯이 샤먼의 입무과정에서 경험하는 의식상태의 변화인 트랜스 현상에 주목하여 엘리아데의 샤머니즘 정의를 수정하려 시도했다. 트랜스는 엑스터시와 포제션의 상호관계에서 주목되는 샤머니즘을 특징짓는 중요한 요소이다. 트랜스 상태에서 샤먼의 영적 여행이나 포제션 현상, 즉 강신이 일어나기 때문에 트랜스는 엑스타시나 포제션의 기틀이 된다.[9] 김태곤에 의하면, 엑스타시와 포제션은 트랜스 상태에서 일어나는 서로 상반된 양극적 현상에 지나지 않기 때문에 엑스타시 유형과 포제션 유형의 구분은 사실상 동일한 의식 변화의 상태를 어느 한 측면만을 강조함으로써 입장이 서로 엇갈리게 되는 결과에서 나온 것이라고 보았다.

여기서 김태곤은 샤머니즘의 중심 현상을 포제션이라고 보고 샤머니즘을 트랜스-포제션(trance-possession)이라는 포괄적인 개념으로 재정의하고 있다(김태곤, 1995: 9). 포제션의 개념을 샤먼이 트랜스 상태에서 신령을 포함한 초월적 존재와 접촉할 수 있는 영력의 소유라고 한다면, 엑스타시는 포제션에 포괄되는 다양한 포제션의 한 양상이라는 것이다. 즉, 샤먼의 영력 소유현상인 포제션 상황에서 샤먼의 혼이 신령과 대화도 하며 신령계를 탐지하기도 하는데 영적 여행은 바로 트랜스 상태에서 샤먼의 혼이 변신하여 천상계로 오르는 상황이기 때문에 영적 여행에 기준을 둔 엑스타시 개념은 트랜스를 기반으로 한 포제션인 트랜스-포제션의 범주 안에서 일어나는 하나의 현상으로 볼 수 있다는 것이다. 이어서 김태곤은 한국 무당은 샤먼의 특성인 전문적인 트랜스-포제션의 기능을 소유하기 때문에 한국 무속은 '샤머니즘의 범주 안에 포함되는 한국의 전통적인 자연종교적 현상'이며 한국의 무속을 '한국의 샤머니즘', 무당을 '한국의 샤먼'이라고 불러도 큰 무리가 없을 것이라고 결론지었다(김태곤, 1995: 11).

김태곤과 마찬가지로 최길성 또한 한국 무교는 엑스타시보다 포제션이 중심적인 특징이라고 보고 있다. 한국 무당을 대표하는 강신무의 경우에도 입무과정에서 겪는 무병은 모두 포제션 타입이라는 것이다. 최길성은 무병(巫病)과 신병(神病)을 구분하고 있는데, 무병이 신의 부름을 받은 증거라면 신병은 그러한 신의 의지를 거역했을 때 신으로부터 받는 벌의 한 종류라는 것이다. 그의 구분법에 의하면, 무병은 자신의 의지와는 상관없이 신에 의해 선택된 증거로서 일종의 포제션 현상이다(최길성, 1999: 8). 최길성에 의하면, 포제션은 입무과정뿐만 아니라 굿의례 과정에서 특히 공수(oracle)와 도무(跳舞)의 형태로 나타난다.

그러나 한국의 무당 가운데에는 포제션의 종교적 경험 없이 무당 역할을 하는 세습무(family succession type)가 존재한다. 이들은 트랜스 없이 가무에 의해 연극적인 굿을 행하는 사제자 유형의 무당이라 할 수 있다. 무병을 필수조건으로 하는 강신무와 그것을 조건으로 하지 않는 세습무를 모두 포함하는 한국 무교는 엑스타시와 포제션 유형이 공존하는 복합적이고 포괄적인 샤머니즘이다. 이러한 사례는 한국뿐만 아니라 일본이나 오키나와에서도 공통적인 현상으로 나타난다.

한국 무교의 기원론에서 대표적인 남방 문화 기원론자라 할 수 있는 최길성의 입장은 한국의 무교를 '포제션 유형'으로 보는 관점으로 기울어진다. 한국 무교에서 나타나는 '엑스타시 유형'과 '포제션 유형'의 공존에 대해 최길성은 엘리아데와 다른 해석을 한다. 엘리아데가 엑스타시 유형의 샤머니즘이 고대형이고 그로부터 포제션 유형의 남방 샤머니즘이 부차적으로 발생한 것으로 역사적 변화과정을 해석했다면(엘리아데, 1992), 최길성은 이와 반대의 해석을 하고 있다. 최길성은 한국 무교는 남방 샤머니즘과 마찬가지로 농경문화의 토대 위에서 먼저 자생적으로 형성되었으며 나중에 3세기경 엑스타시를 중심으로 하는 시베리아의 샤머니즘이 수용되어 혼합되었다고 보았다(최길성, 1979b).

김태곤과 최길성의 무교 유형론에서 보듯이, 유형론은 북방 샤머니즘과 남방 샤머니즘의 역사적 관계에서 한국 무교의 기원을 모색하는 기원론과 밀접한 관련을 갖고 있으며, 기본적으로 한국 무교의 문화적 정체성에 대한 탐구에서 비롯되었다고 하겠다. 한국 무교의 현상적 특징을 인접지역 샤머니즘과의 유형론적 비교를 통해 규명하려고 하는 김태곤과 최길성의 유형론은, 사실상 해방 이후 정치적 독립과 함께 이루어진 문화적 주체성에 대한 자각과 자신감에서 비롯된 것이라 볼 수 있다.

2) 강신무와 세습무의 유형적 구분

'강신무'와 '세습무'라는 개념은 한국 무교 연구사에서 엑스타시와 포제션 개념만큼이나 중심적인 위치를 차지하며, 무당의 유형, 무교의 지역적 분포와 차이, 무교와 샤머니즘의 관계를 설명할 때 항상 논의의 초점이 되어왔다. 강신무와 세습무 개념은 일제강점기 아키바와 아카마스의 『조선무속의 연구』에서 처음 나타났으며, 이후 무당의 유형을 설명하는 중심 개념으로 자리 잡았다. 아키바와 아카마스의 강신무와 세습무 구분법은 입무과정의 특성에 따른 것으로, 신령의 의지에 따라 무병 경험을 통해 무당이 되는 경우가 강신무이고 무업을 가계 계승한 경우가 세습무이다.[10]

강신무와 세습무의 유형적 구분에서 입무과정의 무병 경험 유무라는 기준 외에도 최길성은 접신한 상태에서 보이는 의례 수행방식에서 도무와 공수 여부를 중요한 또 다른 기준으로 제시한다(최길성, 1980). 최길성은 강신무의 경우 신령과 합일되는 상태에서 도무하고 신의 말을 전달하는 공수가 핵심 요소라고 본 반면, 세습무의 경우 강신 경험 없이 의식을 수행하는 의례 수행능력이 핵심 요소라고 보았다. 최길성은 강신무와 세습무의 이러한 차이를 샤먼과 사제의 차이로 설명한다.

대체로 강신무와 세습무의 유형적 구분은 입무 당시의 강신 체험 한 가지 기준에 지나치게 의존하고 있는데, 강신 체험의 유무에 따라 세습무는 '강신 경험이 없는' 경우로 설명된다. 그러나 이용범은 무속의 현실을 제시하면서 강신무와 세습무의 이분법적 유형론의 효용성에 문제를 제기한다(이용범, 2006). 그에 의하면 강신과 세습은 대립적인 것이 아니라 동시적인 현상이다. 강신무는 대부분 '신부리'라고 하여 집안에 무당이 되는 뿌리, 즉 무업의 집안 내력을 가지고 있다. 세습무라고 알려져 있는 무당도 집안에 개인 신당을 가지고 있는 사례가 있으며 신에 대한 분명한 의식을 가지고 있다. 굿이 신령과의 일대일 커뮤니케이션을 목적으로 하는 개별 거리로 구성되어 있기 때문에 세습무라고 해서 신에 대한 인식이 없다고 보는 것은 무리이다. 세습무는 신의 역할을 하지 않고 그래서 공수도 없으며 오로지 신을 향해 축원만을 하는 사제의 역할을 할 뿐이라고 설명되어왔으나 강신무의 공수처럼 직접적이지는 않으나 세습무의 굿에서도 공수의 모습이 나타난다. 세습무의 '대내림'은 직접적인 형태는 아니나 신의 의사를 확인하는 절차라는 점에서 강신무의 공수와 질적으로 다른 것은 아니다. 또한 무당의 직분을 수행하는 굿의례에서 강신무와 세습무 모두 신령에게 축원하고 신령의 말을 전달해주는 사제로서 역할을 수행한다고 볼 수 있다.

요약하면, 입무과정에서의 강신 체험을 기준으로 강신무와 세습무를 구분하는 유형론은 지역적 분포의 현상을 단순히 기술하는 데는 유용하지만, 무당 개인의 생애사 과정이나 무당의 의례적 기능 수행의 양상에서 강신 체험이 반드시 지배적인 위치에 놓이지 않으며 강신 체험은 의례과정에서 필요에 따라 동시에 활용되는 연행기술에 지나지 않는 실제 상황에 비추어보았을 때 무용한 논쟁으로 보인다.

현대 무속의 현실은 1930년대 아키바와 아카마스가 강신무와 세습무 개념을 사용하여 무당의 유형을 구분했을 때의 현실과 현격한 차이가 있다. 이용범이 제시한 바와 같이 한 무당에게서도 강신과 세습의 유형이 동시에 나타나는 현상은 한국 사회의 변화와 밀접한 관련이 있다고 여겨진다. 해방 이후 한국 사회의 도시화와 인구의 도시 집중은 과거 농촌 사회에서 사회적 천대를 받으며 대대로 무업을 계승하던 세습무의 도시 이주를 용이하게 함으로써 전반적으로 세습무의 영향력을 쇠퇴하게 만들었고, 남북 분단 이후 월남한 한강 이북의 강신무의 세력은 도시의 개인주의적인 문화세계에서 더욱 확산될 수 있었다. 그리하여 도시의 세습무도 강신무의 특성을 갖게 되지 않았을까 추정한다.

그럼에도 불구하고 여전히 한국 사회에서는 강신무와 세습무의 구분 또는 유형론적인 무속 연구가 지배적인 경향을 띠고 있다. 따라서 이러한 경향에 대한 비판적인 논의가 필요하며, 필자는 다음과 같이 비판적 기술을 해보고자 한다.

3) 무속 유형론에 대한 비판

샤먼 유형의 지리적 구분은, 어떤 유형이 특정한 지역에서 더 많이 나타나는가라는 분포의 통계학에 기초를 두고 있다. 그러나 '왜' 그리고 '어떻게' 이러한 지역적 다양성이 형성되었는지에 대한 설명은 거의 없다. 김태곤은 보다 역사적이고 사회생태학적인 설명을 제시했다. 그러나 스스로 밝히고 있듯이 그의 설명은 강신무와 세습무의 기본적 유형론을 반복하고 있을 뿐이다.

아키바에 동의하면서 최길성은 세습무 지역의 무속이 남방 문화, 즉 중국과 인도를 포함하는 남아시아의 영향을 받았다고 주장한다. 그는 종교혼합주의적 관점에서 취하면서 한국 무속이 도교와 불교를 포섭했다고 이야기한다. 그가 북방 문화와 남방 문화를 구별하는 이유는 한국 무속의 지역적 변이에 대한 진화론적 설명에서 기인한다. 남방 문화와 거기에서 파생된 현상인 당골 및 남부 지방의 사제 중심적 무속은 한국 문화와 종교의 기원이라는 것이다. 무속과 주변 민족의 샤머니즘의 유사성에 기초하여 그 연원과 계통을 탐구하는 연구방법은 최길성이나 특히 일본의 비교문화론적 연구의 영향을 받은 연구자들에게서 공통적으로 나타난다(현용준, 1986).[11]

무속은 복합적인 종교적 현상으로서 신화, 역사, 그리고 기억들이 융합되어 있으며 환경에 맞춰서 스스로 재창조된다. 최길성의 주장에 부분적으로 동의하면서 다른 주제로 옮겨가보자.

강신무나 세습무는 불교나 기독교처럼 매우 교의적이고 의례적인 종교체계로부터 영향을 받기 쉽다. 신앙체계와 의례 구조 내에서의 변화는 무당 혼자만이 아니라 단골들에 의해서도 일어날 수 있다. 그러므로 무속의 원형이 어디에서 비롯되고 어떻게 전파되었는지는 실제로 추적 불가능하다. 강신무와 세습무로 무당을 구분하거나 무속 전통을 남방과 북방으로 나누는 지역적인 유형론으로는 한 지역에 두 유형의 무당이 서로 갈등하고 보완하면서 공존하는 현상을 설명할 수 없다. 이러한 유형론은 결국 통계적 추론에 지나지 않는다고 볼 수 있다. 더욱 중요한 것은 지역적 변이를 재맥락화하는 것이다. 따라서 필자가 제안하고자 하는 것은, 무속이 사람들의 일상생활과 구체적인 역사적·사회적 조건과 어떻게 직접적인 관계를 맺고 있는지를 검토해야 한다는 점이다.

무속 유형론과 관련해서 한 가지 더 언급할 중요한 개념은 무당의 영적인 능력, 즉 영험이라 할 수 있다. 신비한 개인적 체험, 즉 엑스타시를 경험했을 때 무당은 영험을 가지게 될 것으로 흔히 생각한다. 그러나 무당의 영험은 개인의 내적인 자질에서 비롯될 뿐만 아니라 문화적·사회적으로 구성된다(Hamayon, 1993: 3-25). 무당의 능력은 단골과 신도들이 인정하는 권위와 그들이 자신들의 이해관계에 따라 할당하는 지위(prestige)에서 비롯된다. 신앙체계뿐만 아니라 단골의 요구에 부합하는 의례의 맥락에서 나타나는 영적인 힘의 연행은 영험의 비교와 판단을 위한 필수조건이다.

제주도에서 심방의 영험은 심방 자신의 타고난 능력이 아니라 전문적인 연행능력(修德)에 따라 판단된다. 더욱이 심방의 영험은 개인적 자질이 아니라 집단적 자질로 간주된다. 왜냐하면 사람들의 일상생활에 영향을 주는 힘을 가진 자가 본향당신이기 때문이다. 본향당신이 사제를 선택하고 영적인 힘을 부여한다. 그래서 세습무의 경우에서조차 신들림이 발생하고 본향당신의 '분부사룀'이 정기적으로 심방에게 내려진다. 그래서 제주도 심방은 '당메인심방(shrine-bound simbang)'이라고 불린다(현용준, 1986).

심방은 정기적인 당제 연행을 통해 마을 전체의 안녕과 번영을 비는 데 본향당신의 영적인 힘을 이용한다. 마을 구성원이나 자손들이 마을 밖이나 해외로 나갔을 때에도 본향당신의 영험한 힘은 그들의 일상적인 일에, 특히 곤경에 처했을 경우에도 지속적으로 영향을 미친다. 이것이 바로 영험의 일상화(routinization)이다.

임석재 역시 필자와 같은 생각을 제안한 바 있다. 그는 비록 강신무와 세습무의 유형론적 이분법을 따르고 있지만, 어떤 유형의 무당이 더 많은 영험을 가지고 있는지는 판단할 수 없다고 주장한다. 그에 의하면 두 유형의 무당 모두 특정한 조건에서 형성된 문화적 산물이다. 임석재는 다음과 같이 주장한다.

> 세습무를 정상인이라 하고 신들린 무를 비정상인이라고 규정하고 위의 논술을 양자에 적용시켜서 그들의 우열을 가려보면 양자가 어떠한가를 알게 될 것이다. 신들린 무가 신과 통하여 신의를 끄집어낼 수 있다는 점으로는 세습무보다 우월하다고 하겠으나 신봉자에게 전달하는 힘은 퍽 열세하다. 세습무는 신과 통하여 신의를 끄집어내는 힘은 신들린 무보다 졸렬하나 신봉자와의 관계에서는 훨씬 월등하다. 종교와 신앙은 신과 신봉자 사이에 걸쳐진 인간행위이기 때문에 이 양자 간의 원만한 교류가 있어야 한다. 그러나 세습무도 신들린 무도 이런 소임을 올바르게 하지 못하는 데 안타까움이 있다(임석재, 1971: 197).

결론적으로, 영험이 어디에서 비롯되는지보다는 어떻게 그것이 표현되느냐에 관한, 즉 영험의 작용에 대해 검토하는 것이 훨씬 더 바람직하다고 볼 수 있다.

다음으로 샤먼의 영적인 힘이나 엑스타시의 기술과 관련해 생각해볼 질문은 다음과 같다. 먼저, 샤먼의 개인적인 권위가 의례의 공동체, 즉 샤먼의 개인적인 단골 집단이건 또는 마을 공동체이건 간에 그 안에서 어떻게 이 공동체를 조직하는 요소로 작동하는가? 또한 샤먼의 연행이 신령에 대한 비의적 지식을 포함한 외래적 자원에 어떻게 접근하고 그 자원을 이용하기 위해 감추어진 존재들에게 어떻게 접근하는가? 필자가 이런 질문을 통해서 추구하는 것은 한국 무속과 샤머니즘에 대한 보다 맥락화된 사회적 분석이다. 이런 문제의식을 가지고 필자는 제주도 4·3을 비롯한 탈식민·탈근대 한국 사회라는 맥락 안에서 전개된 무교현상을 이 책의 다른 장들에서 구체적으로 다루고 있다.

지금까지 한국 무교의 쟁점 가운데 무교의 정의와 기원 문제, 무교의 유형론적 비교의 문제를 다루었고, 다음에는 무교의 종교적 본질 문제를 다루려고 한다.

3. 무교의 종교적 본질 문제

무교의 종교적 본질에 관한 문제는 무교의 종교성과 종교적 특성에 대한 문제를 중심으로 쟁점화되었다. 이 문제는 아직도 한국 사회에서 무교가 종교냐 미신이냐를 두고 전개되고 있는 진부한 논쟁의 중심에 위치하고 있기 때문에 주목할 필요가 있다. 무교의 종교성에 대한 본격적인 논의는 항상 '무교는 종교인가'라는 무교의 종교적 실재를 부정하는 사회적 편견에 대한 나름대로의 응답을 중심으로 이루어졌다. 그 이유는 무교가 한국 문화의 주변부에서 민간신앙의 형태로 존속해왔기 때문이기도 하지만, 역사적으로 불교나 유교 또는 기독교 등 외래 종교에 혼합되어 제도적인 종교로서 공식적으로 인정받지 못하고 미신 또는 주술신앙으로 폄하되어왔기 때문이다.

이러한 무교에 대한 사회적 편견을 극복하고 무교의 종교성에 대한 종교학적 논의가 시작된 것은 서구적 근대화의 조류에 상실된 '한국인의 문화적 정체성'을 재발견하려는 노력이 집중되었던 1970년대의 지성적인 분위기에 의해서였다. 『한국의 종교, 문화로 읽는다』에서 최준식이 무교를 "한국인의 원초적인 종교심성을 결정한 종교"라고 정의하고 있듯이(최준식, 1998), 한국 문화와 한국적 종교성의 원형을 찾으려는 일련의 종교학적 관심은 종교로서의 무교에 대한 탐구를 심화시켰다 할 수 있다.

1) 무교는 종교인가

'무교는 종교인가'라는 문제는 '어느 것이 종교인가'라는 종교의 정의 문제와 관련해 논의되어왔다. 황필호는 한국 무교를 세계 보편적인 샤머니즘 현상으로 간주하고 샤머니즘, 즉 '무교'를 '무속'이나 '미신'이 아니라 '무교'로 불러야 하는 이유를 종교의 가족유사성이라는 10가지 기준으로 설명하고 있다(황필호, 2001: 87-89). 요약하면 다음과 같다. 많은 종교인이 샤머니즘을 종교적 신앙으로 간주하고 있으며(인지도), 일상적인 삶에 만족하지 않고 '귀신과의 원만한 관계'를 유지함으로써 초일상적 삶을 추구하며(초일상성), 인간의 삶을 귀신의 존재에 의존하는 대한 감정을 가지며(초월성), 귀신에 대한 믿음으로 모든 사람이 행복한 삶을 영위할 수 있다는 구원관이 있으며(완성 가능성과 보편성), 굿을 통해 소원성취하고 집단적인 신명을 추구하며(의식성), 공식적인 교단은 없지만 무당·신도가 참여하는 제의 공동체를 구성하며(공동체성), 귀신까지도 인간의 행복을 위해 이용할 수 있다고 믿는 인간 존엄성사상이 있으며(인간 존엄사상), 재해를 물리치고 복락을 추구하는 평화사상이 있다는 것이다. 그러나 황필호는 샤머니즘에는 오토(Rudolf Otto)의 이른바 신성사상이 결여되어 있다는 점이 아쉽다고 결론을 짓는다.

무교의 종교성을 일반적인 종교 정의의 최소한의 충족조건을 기준으로 증명하려는 이러한 시도는 한국에서 무교를 하나의 종교로 취급하지 않고 종교 이전의 단계인 주술이나 더 혹독하게 미신으로 간주하는 보편적인 인식에 대한 비판으로 볼 수 있다. 황필호는 무교를 주술신앙으로 폄하하는 일반적인 태도의 배경에는 한국 종교인의 '제도 종교 우월주의'가 있다고 분석한다. 대부분의 종교인이 확산 종교보다는 제도 종교, 비경전 종교보다는 경전 종교, 의례 중심의 종교보다는 교리 중심의 종교를 진정한 종교로 여기는 경향이 있기 때문이라는 것이다(황필호, 2001: 95).

그러나 '무교는 종교인가'라는 질문은 황필호를 비롯한 종교학자들에게 '무교는 종교이다'라는 긍정적인 해답을 논증하기 위한 방편으로 제기된 것이지, 실질적으로 무교의 종교성을 의문시해서 나온 것은 아니다. 이와 같이 한국 종교문화에서 무교가 차지하는 위치와 중요성은 널리 인지되고 있다.

그레이슨(James H. Grayson)은 『한국 종교사』에서 한국 종교문화에서 무교의 영향을 강조하면서 무교는 "한국 종교 전통 가운데 가장 본래적이고 오래된 종교 전통"이며 고대의 원시 종교로서, "한국인의 종교심성의 기층"을 형성하며 외래 종교의 역사적 전개에 영향을 미친다고 보았다(그레이슨, 1995: 347-348).[12] 이러한 이유에서 그는 한국 종교사의 맨 마지막 장에 이르러서야 무교를 '현대 사회의 민간신앙'으로 다루고 있다. 기존의 한국 종교사 연구에서 무교를 한국 종교사의 출발점, 즉 고대 종교의 위치에 두었던 연대기식 기술방식과는 파격적으로 다른 정반대의 기술방식을 취한 그레이슨은 무교를 현대 한국인의 삶의 맥락에서 '현재 살아 있는 종교현상'으로 보는 관점을 분명히 하고 있다. 그렇다면 과연 무교의 종교적 특성은 무엇인가.

2) 무교의 종교윤리론: 현세적 기복신앙과 구원관

무교의 종교적 특성에 대한 문제는 무교를 일정한 신앙대상과 신앙형태를 가진 체계적인 종교로 보느냐 아니면 현실적인 문제를 해결하기 위한 비체계적인 신앙으로 보느냐 하는 무교의 종교성 자체를 논의하는 것이라 할 수 있다. 무교 연구에서 이러한 논의는 구체적으로 무교가 현세적 기복신앙인가라는 문제와, 모든 종교의 궁극적 관심이라고 볼 수 있는 구원관이 무교에도 있는가라는 문제로 쟁점화되었다. 이 문제는 한말 서양 선교사의 무교 연구나 현대 종교학자들의 무교 연구에서도 활발하게 전개되고 있는 중요한 쟁점이다.

무교의 현세적 기복신앙론은 그 신앙이 주어진 현실과의 조화를 회복하려는 의지적이고 윤리적인 덕목을 추구하는 것이냐 아니면 비윤리적인 이기주의와 물질주의적 추구이냐라는 논쟁으로 분화되어 나타난다. 김인회는 무교의 궁극적 목적은 살아 있는 사람의 제액초복(除厄招福)에 있으며, 이를 '현세주의적 가치관'으로 평가한다(김인회, 1987). 이 가치관은 춤과 노래를 중심으로 한 놀이 형식으로 의례가 진행되는 방식이나 재수와 복을 받기 위해 신령과 거래하고 타협하는 의례과정에서 드러나는데, 이러한 과정이 관권에 대한 백성의 대응방식과 유사하다고 지적한다. 그러나 그는 무교의 궁극적 목적이 종교적 구원에 있지 않고 '현세적 복락'에 있으며, 엘리아데의 이른바 본향에의 환원사상이나 내세사상도 결여되어 있다는 점을 들어 무교 자체의 종교성에 대해서는 유보적인 입장을 견지했다(김인회, 1987: 191-192). 김인회의 입장은 기독교 신학자들이 기독교 내의 물질주의적 성향을 '무교적' 기복신앙에 혐의를 두고 무교의 현세적 신앙을 비윤리적이라고 비난하는 것과 크게 다르지 않다.

김인회와 마찬가지로 정진홍은 현세적 휴머니즘에서 무교의 '종교다움'이 드러난다고 보면서도 그것을 다소 부정적으로 평가한다(정진홍, 1985). 무교는 기독교나 불교처럼 이념이나 공동체로 다듬어지지 않은 '거친 종교'로서 때로 미신으로 오해받지만, '규범적인 기층'으로 현대 문화의 뒷전에 살아 움직이는 종교이며 또한 한국인의 의식 속에 내재하는 본연적인 경험적 실재로서 "우리 '나름대로'의 구원의 논리"라고 주장한다. 그는 무교가 초월적인 존재나 궁극적인 가치에 대한 경험을 추상화하지 않고 그 힘의 위력을 지금 여기의 직접적인 현실에서 추구하는 의례 중심의 관습화된 생활양식으로 그 종교성을 유지해왔으며, 바로 그 이유 때문에 궁극적인 관심보다 현실적인 기능이 우선되는 현실주의적인 성격을 갖는다고 설명한다. 나아가 그는 바로 이러한 현실주의가 무교를 주어진 현실에 안주하는 소극적인 신앙으로 만들었다고 다소 비판적으로 보고 있다.

다음에 다룰 무교의 구원관에 대한 논의는 현세적 기복신앙론이 가지는 무교의 종교성에 대한 의혹을 해명하기 위한 뚜렷한 목적성을 가지고 전개되었다. 일반적으로 구원관에 대한 종교학의 관심은 기독교의 구원론에서 출발하여 불교·이슬람 등 이른바 세계 종교에 제한된 경향이 강하기 때문에 샤머니즘을 비롯하여 세계 각 지역의 원주민 종교에 대한 연구에서는 구원관이 다루어지지 않았다. 한국 무교 연구에서도 이러한 문제가 있음을 지적하면서 조흥윤과 박일영은 각기 문화상대론과 비교종교학의 입장에서 무교의 구원관을 규명하려 했다. 조흥윤은 한국의 '무(巫)'가 '조화(調和)'를 구원으로 삼는 종교라고 보았고,[13] 박일영은 '재수(財數)'가 무교에서 추구하는 구원이라고 보았다(조흥윤, 1995a; 박일영, 1999). 이들의 무교 구원론은 무교의 종교성을 보다 긍정적으로 부각시키려는 입장을 취한다.

조흥윤은 1990년부터 나온 일련의 저서에서 한국의 전통 종교로서 '무(巫)'의 역사와 구조를 규명하고 '조화의 원리'를 무의 구원관으로, 더 나아가 한국 종교의 원형적 도덕률로 확대하여 부각시키고 있다. 연구자로서 조흥윤이 취하고 있는 '무(巫)의 안목'은 철저하게 무의 종교적 현실에 대한 이해에서 출발하며 문헌자료와 현지조사 자료를 적절하게 사용하여 무의 전통성을 복원하고 또한 무의 한국 전통 종교로서의 정통성을 확립하는 데 집중했다.[14] 그는 무를 "인간과 신령과 무당이 함께 굿이라고 부르는 제의에서 만나 인간의 문제를 풀어버리는 종교현상"이라고 정의하며, 무의 종교성을 종교체험과 종교적 표현의 순환관계의 틀로 설명한다(조흥윤, 1997: 60-61).

조흥윤은 균형 잡힌 삼각형 구도로 이루어진 '한국 무의 구조'를 창안했는데 그 구조의 원리가 바로 '조화'이다. 그의 표현을 따르면, 조화의 원리란 초월자와 인간과 사제가 신내림의 체험을 통해 하나가 되는 원리로서, 초월자에게 절대적인 권위를 두지 않고 "어느 한 면, 한 부분에 치우침이 없이 온 구석 모든 부분을 망라하여 '고루 어우러지게' 해주는 것"(조흥윤, 1997: 62)이다. 인간의 문제는 조화가 깨어진 상태를 말하며, 조화를 회복하는 것이 굿의 기능이다. 삶을 부조화의 연속으로 보고 그 상태를 인간의 정성으로 극복하려는 조화의 원리가 바로 무의 구원관이라는 것이다. 조화의 원리는 다원적 종교문화의 윤리에도 확대 적용되어 현대 사회에서 나타나는 종교 간의 갈등과 부조화를 극복할 수 있는 한국 사회의 '원형적 도덕률(原形的 道德律)'이라고 주장한다(조흥윤, 1995b).

여기서 조흥윤은 무교의 조화 개념을 구원관과 한국 종교문화의 윤리에 포괄적으로 적용함으로써 무교의 문화적 힘을 입증하려 했다. 그러한 노력의 배경에는 무교에 대한 부정적인 인식을 대표하는 기복신앙론을 극복하려는 의지가 있다. 그에 의하면, "무는 본시 기복의 종교가 아닌데 오늘날의 무가 기복성을 보이고 있는 것은 오랜 세월 천대와 억압 속에 잔명을 보존해오면서 불가피하게 세속화된 모습"(조흥윤, 1995a: 95)이라고 한다. 그러나 조흥윤은 무의 세속화 현상이 서구화와 상업화로 줄달음쳐온 한국 사회의 전반적인 부조화 때문이며, 무의 구원관 또한 근본에서부터 흔들리고 있음을 비판적으로 보고 있다. 그는 단골들에게 구원의 확신을 주지 못하는 무가 끝내 한갓 민속으로 떨어져버리게 되는 것이 아닌가 하는 우려와 연민을 감추지 못하고 있다(조흥윤, 1995a: 96).

3) 무교적 구원론: '신바람의 영성'

이와 같이 조흥윤이 현대에 이르러 나타난 무의 세속화에 비관적인데 비해 박일영의 무교 구원론은 보다 긍정적이다. 그는 비록 세속화되었으나 현대까지 전승되어 한국 종교문화의 기층에 살아남은 무교의 문화적 힘을 '무교적 종교성'이라고 정의한다. 여기서 '무교적 종교성'은 "내면적이고 심리적·인격적 움직임과 성품 전체"로서 "고정불변으로 정체된 모습이 아니라 한국 종교사 전체를 통하여 복합적으로 수용되고 변용하면서 상호작용을 거듭하여 이루어져온 것"(박일영, 2000: 70)을 이른다. 그러므로 '무교적 종교성'은 무교뿐만 아니라 한국 역사와 문화의 맥락에 존재하는 다른 모든 종교의 기층에 자리 잡고 있는 포괄적인 종교성을 의미한다.

박일영은 무교적 종교성의 구조를 공동체적 심성, 초인간적인 힘의 형상화, 현실적이고 구체적인 관심의 표명이라는 세 가지 측면에서 접근한다. 사실 이 세 가지는 앞서 조흥윤·유동식·김인회가 피력하는 무교의 종교사상론을 종합한 것이라고 볼 수 있다. 박일영은 무교의 종교성이 한국의 종교문화 속에서 오랜 지속성, 융합적인 조화성, 생명에 대한 존중, 신바람의 영성으로 표현되어왔다고 보고, 그중에서도 '무교적 종교성'의 요체는 '신바람성' 내지 '신바람의 영성'이라고 주장한다(박일영, 2000: 74). 신바람의 영성은 무교의 종교적 열정의 자산이라고 까지 말한다. 물론 박일영도 지나친 현세적 성향, 가족 중심의 소집단주의, 사회적인 윤리성의 부족 등 역기능을 간과하는 것은 아니다. 그러나 무교적 종교성에 내재하는 종교사상과 종교적 열정은 한국 종교문화를 오히려 더욱 풍요롭게 하는 긍정적인 측면을 지니고 있다고 강조한다.

또한 박일영은 이러한 무교적 구원관을 상징하는 개념으로 '재수'를 제시한다. 그의 '재수' 개념은 조흥윤의 '조화' 개념에 대응하는 것이다. 재수의 의미는 단순히 '금전이나 건강·장수를 위한 좋은 운수'를 나타내는 말에 국한되는 것이 아니라 오히려 삶 전체의 안전, 보호, 생존의 보장 등을 의미한다. 즉, 재수는 '총괄적인 구원'이라는 의미를 내포한다. 무교의 맥락에서 말하는 '재수'는 바로 한(恨), 살(煞), 탈(頉), 역(疫) 등으로 표현되는 잃어버린 조화 또는 부조화를 제거하고 새로 얻은 조화로 말미암아 실현되는 궁극적이고 총체적인 구원을 뜻한다는 것이다(박일영, 1999: 189).

박일영은 '무교에도 구원이 있다'고 주장하며 그리스도교와 무교의 구원관을 동등한 차원에서 비교하는 시도를 할 뿐만 아니라, 재수의 의미를 엘리아데의 이른바 '영원으로의 회귀'를 실현하는 모든 원시 고대 종교와 샤머니즘에서 공통적으로 발견할 수 있는 구원관이라고 확대 적용하고 있다. 더 나아가 그는 무교의 구원관이 세속화로 변질되고 탈종교화된 한국과 세계의 종교문화를 재건하는 데 기여할 수 있다고 내다보고 있다(박일영, 1999: 194).

무교의 구원관에 대한 박일영의 해석은 조흥윤의 그것과 매우 대조적임을 알 수 있다. 조흥윤이 현대 사회에서 무교의 전통적 종교성이 사라지고 세속화되는 현실에 부정적인 시각을 가지고 있다면, 박일영은 세속화된 현실에도 불구하고 그 안에 변하지 않는 영속적인 종교성을 재발견하고 현대 사회의 문제를 해결하는 데 그 활용성을 강조하고 있다. 조흥윤의 구원론이 세속화되기 이전의 조화로웠던 무교의 원래 모습을 복원하는 데 치중하는 반면, 박일영은 무교적 종교성의 현대적 의미를 부각시키고 있다. 여기서 박일영이 시도한 '무교적'이라는 형용사적 용법은 '무교의 종교성' 개념보다 훨씬 적용 가능성이 높다. '무교적 종교성'은 무교에서 생성되는 것이지만, 한국의 다른 종교문화에도 그러한 종교성이 기층에 존재할 수 있기 때문이다.

박일영과 비슷하게 그레이슨 또한『한국 종교사』에서 무속신앙의 기층성에 대해 현실적인 평가를 하고 있다. 그는 한국인의 종교적 심성을 어느 특정 종교전통을 지목하여 설명하기보다는 전반적인 한국 종교문화의 특성으로 지적하는데, 그것은 '보수성'과 '현실성'이다(그레이슨, 1995: 349). 여기서 '보수성'은 불교·유교·기독교 등 한국 종교의 근본주의 성향, 즉 한번 정립된 신앙의 관행을 고수하는 경향을 의미하며, '현실성'은 기독교 등 다른 한국 종교에서 볼 수 있는 현세 중심적이고 세속적인 특성을 말한다. 그레이슨의 이러한 평가는 한국 종교문화의 현실을 있는 그대로 솔직하게 인정하는 것으로 무교의 종교성에 대한 기존의 편견을 해소하는 데 기여한다고 볼 수 있다. 한국 종교문화의 현세 중심적이고 기복신앙적인 특성을 부정적으로 인식하고 그러한 부정적인 특성의 출처를 오로지 무교에 혐의를 두었던 기존의 관점은 이제 수정되어야 할 것이다.

4. 무교 연구의 쟁점들

한국 무교 연구의 주요 쟁점은 '무교란 무엇인가', '무교는 어떤 종교인가'라는 두 가지 질문을 중심으로 구성되어 있다. 달리 말하면 두 질문은 무교의 문화적 정체성과 종교성에 대한 물음이라고 할 수 있다. 질문이 무엇이냐에 따라 무교의 의미가 파악된다. 그것도 부분적으로 파악할 수 있을 따름이다. 무교의 의미는 무교를 이해하려는 연구자와 그 이해의 대상

사이의 질문과 대답이라는 담론적 상황에서 창출되기 때문에 다양한 해석이 가능해진다. 또한 그만큼 다양한 연구자의 입장이 형성되며 그 어떠한 입장도 다른 것보다 우월하거나 덜하지 않다. 지금까지 제시한 무교의 문화적 정체성과 종교성에 대한 담론들은 주로 서로 대립하거나 경합하는 담론 정치의 틀에 맞추어 논의되었다.

지금까지 논의한 무교 연구사의 쟁점 분석을 통해 한국 무교에 대한 일련의 상반된 이해방식을 발견할 수 있었다. 무교를 한국 고유의 종교로 보는 방식과 샤머니즘의 한국적 변용으로 보는 방식이 서로 대립된다면, 무교를 한국인의 종교적 심성의 모태 또는 원형으로 보는 방식은 문명화와 함께 극복해야 할 미신으로 보는 방식과 상반된다. 무교를 '원초적 종교성', '조화의 원리', '무교적 종교성' 또는 '현세적 기복신앙' 등 다양하게 명명한다 할지라도 무교 자체의 현상적 실재는 예나 지금이나 그 자리를 지키고 있으며, 또한 지속적으로 변화할 것이다. 무교 신앙의 기복신앙화와 세속화로 인해 무교의 종교성이 소멸되어감을 한탄하며 그 종교적 전통을 복원하는 데 주력하는 입장이 있다면, 오히려 이러한 과정에서 소멸의 운명을 극복하고 불사조처럼 다시 살아나 신바람을 불러일으킬 새로운 영성으로 그 의미를 재발견하는 데 주력하는 입장도 있다.

무교 연구의 쟁점들을 분석한 결과 무교를 사회문화 현상의 부정적인 부산물이나 과거 역사의 잔존물로 보는 일반적인 인식을 교정하여, 무교를 한국인의 고유한 종교전통으로 재정립하려는 지적인 의지가 공통적으로 발견된다. 이러한 지적 의지는 때로 무교에 대한 고정관념을 형성하고 규범적 선언에 그칠 수 있는 위험을 안고 있지만, 한국 사회의 가속적인 근대화와 합리화의 흐름 속에서 '사라져가는 세계'를 복원하고 전통을 재창출하는 탈근대적 자기반성의 발로라고 할 수 있다.

무교가 본래 무엇인가라는 질문은 사실상 무교는 앞으로 무엇이어야 하는가라는 미래 지향적인 질문에서 발단한다. 종교를 정의하려는 모든 시도는 종교를 본질화시킨다고 비판하는 인류학자 아사드(Talal Asad)는 종교는 역사와 문화를 관통하여 변화하는 현상이라고 설명한다(Asad, 1993: 28). 종교는 지식권력으로서 각기 특유한 역사성을 가지며 또한 역사적 산물이라는 것이다. 한국의 무교를 구성하는 것에는 순전히 무당이나 신도의 특유한 신앙체계와 행위의 전통뿐만 아니라 무교에 대한 시대적·사회적·지성적 인식에 따른 역사적 변화도 포함된다. 한국의 무교를 어떻게든 정의하려는 시도는 무교현상에 대해 권위적 해석을 주장하려는 정치성을 내포하고 있다. 물론 이러한 정치성은 무교에 대한 이해의 필연적인 과정이다.

이런 관점에서 보았을 때 한 가지 재미있는 사실은 무교 연구의 쟁점 지형도에서 각 지점을 차지하고 있는 무교의 정의와 기원 문제, 유형론 문제, 종교적 본질 문제에 이르기까지 엘리아데의 샤머니즘 정의와 종교 형태론이 모든 쟁점의 핵심에 자리 잡고 있다는 점이다. 한국 무교의 연구에서 엘리아데의 샤머니즘론은 고정불변의 신화적 메타포로서 광범하게 영향을 미치고 있다. 학술적인 연구뿐만 아니라 대중문화에서도 엘리아데의 샤머니즘론은 한국 무교의 담론을 창출하고 확산시키는 데 근본적인 은유(root-metaphor)로 활용되고 있다. 좀 더 구체적으로 말하면, 한국 무교를 샤머니즘, 즉 엑스타시 기술로 이해하는 연구자들의 권위적인 담론이 일반 대중의 무교의 이해에 그대로 답습되고 있다. 대중적으로 무교는 무당의 엑스타시 체험을 중심으로 하는 신비한 원시 종교로 인식되고 있다. 신문이나 TV 등 대중매체에 등장하는 무교의 이미지는 작두 위에 서서 망아경에 빠진 무당이나 동자 신령에 들려 어린아이의 목소리로 점사를 말하는 무당의 모습에 고착된 것같이 보인다. 그리고 무교에 대한 대중적인 논의도 그러한 신비한 엑스타시 기술이나 초능력의 진위를 가린다든지 과학적 근거를 찾는 등에 집중하고 있다.

앞으로의 한국 무교 연구는 엘리아데의 샤머니즘 정의가 함축하고 있는 메타포의 힘—고대성, 원시성, 주술성, 엑스타시—에 의존하지 않고, 한국의 종교사적 맥락뿐만 아니라 현대 한국인의 일상적 삶의 맥락에서 '지금 여기서' 실제로 작용하는 현대적 종교로서의 무교에 대한 이해에 초점을 맞추어야 한다.

제2장

식민지 근대성과 '무속' 담론의 형성

제1장에서 다루었던 한국 무교현상은 일제강점기 이래 '무속'이라는 용어로 일관되게 설명되었다. 그런데 '무속'이라는 개념은 단순한 명칭 이상의 근대적·역사적 현상을 함축한다. 이 장에서는 실제 무교현상과 담론화된 '무속' 개념을 구별하여 '무속'이 민족종교, 조선 민속, 한국의 고유 신앙으로 개념화되어온 담론 정치학의 역사를 일제강점기 식민지 근대의 시공간적 틀 안에서 살펴본다(이 장에서는 실제 무교현상으로서 무속과 담론화된 '무속'을 구분하기 위해 따옴표를 사용한다).

여기서의 목표는 식민지와 제국주의의 상호관계 속에서 창출된 식민지 근대의 특정한 재현물로서 상상되고 서사화된 '무속'을 해체하는 것이다. 한말에서 일제강점기 '무속'을 '가장 고유하고 지속적인 한국 종교'로 재현하는 민족주의 담론과 식민주의 담론의 경합 및 재현의 정치학을 바바(Homi K. Bhabha)의 '식민 담론의 양가성(ambivalence of colonial discourse)' 이론과 오트너(Sherry Ortner)의 '문화 프로젝트의 행위자(agency of cultural project)' 이론을 적용하여 고찰한다.

1. '무속'은 한국의 고유한 종교인가

2005년에 발간된 『종교 백과사전(Encyclopedia of Religion)』에 수록된 '한

국 종교(Korean Religion)' 항목은 "한반도의 가장 오래된 종교는 한국어로 '무속(musok)'이라고 하는 시베리아 샤머니즘의 한 형태"라는 문장으로 시작한다(Jones ed., 2005: 5228-5237). 겨우 8쪽에 지나지 않는 항목의 대부분을 무당의 유형, 무교의례에 대한 기술로 채우고 있는 저자 프란시스카 조(Francisca Cho)는 '무속'을 4천 년 전 신석기시대부터 현대 사회까지 살아남은 "가장 고유하고 지속적인 한국 종교(the most native and persistent religion of Korea)"로서 한국 종교사의 기원적 시점에 위치시키고 있다. 또한 '무속'이 불교와 유교 등 중국 종교와 그리스도교 등 외래 종교의 유입과 지배적 영향에 적응하여 내적 혁신을 감행하면서 전통을 유지하고 있으며, 오히려 외래 종교가 '무속적인 기층'에 토착화하는 현상을 무속의 '보수성'과 '혁신성'으로 설명하고 있다. 더 나아가 '태양'과 '하늘'에 대한 샤머니즘적 자연신앙에 토대를 둔 무속신앙이 건국 신화인 단군신화를 성립시켰으며 현대 한국의 민족정체성의 정치에도 깊이 관여했다고 주장한다. 여기서 '무속'의 고대성과 건국 신화의 정치적 상징성이 결합하여 '무속'은 '한국 종교'를 대표하는 특별한 역사적 권위를 부여받는다.

이와 같은 방식의 서술은 오늘날 한국 종교사 기술의 전형적인 방법으로서 의심할 바 없는 사실로 당연하게 인식되고 있다.[1] 필자는 바로 이러한 당연한 사실에 문제를 제기한다. 여기서 문제 삼고자 하는 것은 무속의 실체가 아니라 어떻게 '무속'이 한국인에게 최초로 의미 있는 범주가 되면서 고유한 한국적 종교로 재현되는가이다. 이러한 재현이 일어나는 시간과 장소를 일제강점기 식민적 근대의 맥락에 국한한다.

먼저 두 가지 질문에서 출발한다. 하나는 한국 종교로서 '무속'이 갖는 권위적 대표성에 관한 것이고, 다른 하나는 왜 단군이 한국 종교의 기원과 민족정체성의 근원으로 설정되느냐이다.

한국인의 일상적 가치관과 조상숭배 의례를 비롯한 생활규범의 근간을 이루는 유교전통과 불교의 문화적 유산, 현대 한국 사회에서 정치적·문화적 영향력이 큰 그리스도교의 종교권력을 인정한다면 이른바 한국 종교로서의 무속의 대표성은 비역사적으로 보인다. 무속은 일제강점기부터 지금까지 전근대적인 과거의 잔존물로 인식되어 지속적으로 미신 타파의 주요 대상이 되었고, 한국인의 종교문화 맥락에서 제도화되지 않았기 때문에 실체가 공공영역에서 명확하게 보이지 않는 신앙 형태로서 통계상 '종교'로 분류되지도 않았다(Kendall, 2001: 28-29).[2]

한말과 일제강점기의 신문 자료를 분석하여 이른바 무속의 '미신론'이라고 지칭되는 근대 한국 사회의 무속에 대한 부정적 시각이 역사적으로 형성되는 과정을 고찰한 이용범의 연구에 의하면, 무속을 비과학적이고 불합리한 미신으로, 문명화된 새로운 사회의 건설을 위해서 부정되어야 할 폐습으로 간주하는 일제강점기의 미신 타파 운동으로 인해 한국 민간신앙의 전면적인 부정과 한국인의 생활문화에 대한 부정적 시각이 형성되었다. 무속의 '미신론'이 근·현대 한국 사회에서 무속을 바라보는 지배적인 시각으로 고착된 것이다(이용범, 2005: 151-179). 이와 같이 무속의 '미신론'이 지배적인 현대 한국 종교문화의 지형에서 보았을 때 무속에게 부여한 '한국 종교'의 중심적 재현물이라는 권위는 특정한 이념을 목표로 하는 상상된 허구가 아닌가 하는 의문을 들게 한다.[3]

두 번째 질문은 왜 단군이 한국 종교의 기원과 민족정체성의 근원으로 설정되느냐이다. 단군신화에서 단군은 천신의 자손이고 사후에 산신이 된다는 것에서 유추하여 단군을 무속의 신격으로 간주하는 경향이 있다. 하지만 단군신화는 굿에서 구송되지 않는 문헌 신화이다. 송효섭에 의하면, 단군신화는 무속 원리에 바탕을 둔 신화라 할지라도 무속적 제의와 상관이 없다(송효섭, 1998).[4] 무속의 기층성과 민중성을 인정한다 할지라도 무속의 역사적 기원과 종교정체성을 단군신화와의 관련성을 중심으로 기술하는 방식은 한말의 민족주의 역사 서술과 일제강점기 식민지 조선의 무속 담론에서 비롯된 근대적 현상이다. 20세기 초 민족주의 역사학자들은 "나이, 성, 신분상의 차이와 관계없이 모든 한국인을 포함하는 범주"(Em, 1999: 339)로서 집단적 정체성을 '민족' 개념을 통해 표상하고 한민족의 기원을 찾아 신화적 인물인 단군까지 거슬러 올라가 단군에서 출현한 한민족의 인종적이고 종족적인 계보를 확립했다(한영우, 1993). 신기욱이 '종족적 민족주의(ethnic nationalism)'(Shin, 2006)라고 부른 이 현상은 '민족'이 문화 발전의 주체가 되며 신화적 단군을 '담론적 실재'로 재발명하여 독자적으로 신문명을 건설한다는 근대적 기획의 일환이었다.[5]

'무속'이 '한국 고유의 민족적 종교(native and national religion of Korea)'로서 상상되고 허구적인 권위를 갖게 되는 근대의 조건은 무엇이었는가? '단군'과 '무속'의 고대적·민족적 상징성은 식민지 조선에서 근대화와 식민화가 동시적으로 작동하는 근대의 기획에 적극 활용되었다. 단군과 무속을 담론적으로 창출하고 그 지식을 전유하는 주체는 무엇인가? 담론 주체의 권력을 규정하는 주체-위치는 어떻게 설정되는가? 주체-위치에서 발생하는 담론권력의 효과는 식민 지배와 저항의 이원적 구조를 어떻게 구축하고 또 해체하는가? 이러한 일련의 질문을 중심으로 한말과 일제강점기에 '무속'을 '가장 고유하고 지속적인 한국 종교'로 재현한 담론들의 경합과 정치적 효과를 고찰해보자.

필자는 '무속'을 근대의 담론현상이며 식민지와 제국주의의 상호관계 속에서 창출된 것으로 접근한다. 특히 일제강점기의 지성사적 정치 상황은 민족주의적 열정에 기반한 민속과 무속에 대한 연구를 촉발시켰다. 그리고 이런 경향이 현대의 민속학에도 지속되고 있다고 자넬리(Roger Janelli)는 이미 1980년대에 지적했다(Janelli, 1986: 24-49). 필자 역시 자넬리의 시각을 따르고 있다.

무속을 한국 종교의 '고유한 전통'으로 상상하고 재현하는 시도들은 근대의 기획이다. 전통과 근대는 대립적인 것이 아니며, 근대가 전통을 대체한 것도 아니다. 전통은 정체성 형성의 또 다른 원천으로서 근대성에 대한 반작용으로 복원되거나 재창출되기도 한다. 식민지배하에서 한국의 민족정체성을 재형성하기 위해 고유한 문화를 찾아내는 일련의 과정에서 '무속'과 '단군'이 '선택된' 것이다. 다시 말해서, 전통의 특수한 문화적 양식이 근대적 보편성 앞에서 배타적 경계를 확립하고 전통의 재현을 통해 자신들만의 보편을 만들어가는 과정, 즉 구별짓기(boundary making)를 통해 담론적 장이 형성되었던 것이다. 중요한 것은 전통적 양식이 근대적 과정을 통해 어떻게 상상되고 실재하는 것으로 만들어지느냐이다(Hobsbawm and Ranger eds., 1983: 4).

윌리엄스(Raymond Williams)에 의하면 전통은 과거에 대한 특별한 이미지가 현재의 특정 상황과 사회구조와의 관계를 통해 형성되는 '문화 창조의 과정'이기 때문에 '선택적인' 것이 된다(Williams, 1977: 115). 여기서 '선택적 전통'은 어느 특정한 의미와 관행이 특별히 강조되고 선별되며 따라서 다른 의미와 관행은 무시되거나 제외되는 헤게모닉 과정을 이른다. 윌리엄스에 따르면, 이른바 '무속전통'은 어느 특정한 헤게모니 안에서 그 결정과정의 하나로서 선택된 전통인데, 여기서 어느 특정한 헤게모니는 '한국 민족문화의 정체성 탐구'라는 프로젝트이다. '무속전통'은 식민적 근대화와 문화적 서구화 과정에서 주변화되고 상실되었다고 믿는 고유의 '한국적인 것'의 재발견이자 '민족적인 것'의 재창출로서 현대적 의미를 갖는다.

이와 같이 '한국의 고유한 민족적 종교'로서 무속에 부여된 역사적 실재성은 한말과 일제강점기 이래로 지금까지 무속 연구에서 지속적으로 인정되었다. 여기서 무속의 고유성은 내재적 가치가 아닐 뿐만 아니라 그러한 가치를 담론화하는 문화적·사회적 권력과 깊이 연루되어 있다. 무속 연구사는 무속을 선택적으로 문제화하는 방식, 즉 재현의 정치학의 역사라고 할 수 있다.

'무속'이 한국의 민족정체성과 문화정체성에 대한 담론의 장에 처음으로 등장한 한말 이후 일제강점기의 무속 연구사에서 '무속'이 '선택'되는 담론 정치와 그 전략적 양식의 발전과정을 세 가지 패러다임으로 구분할 수 있다.[6] ① 민족종교론, ② 무속문화론, ③ 토속문화론과 조선무속론이다. 무속 연구사에서 패러다임의 변천과 연대기적 단계가 반드시 일치하는 것은 아니며, 한 시기에 여러 연구경향이 공존하기 때문에 패러다임이 혼재한다. 그러나 연구사를 거시적인 시간 틀로 구획하여 보면 특정 시기의 담론적 지형에 '무속'을 재현하는 지배적인 지식 유형이 존재하는 것을 볼 수 있다.

2. 무속의 민족종교론: '신교(神敎)' 담론과 단군민족주의

종교·민족·국가의 범주를 결합하여 새로운 사회질서를 상상하는 것은 근대적 현상이며, 이른바 '종교민족주의' 현상이다. 반 더 비어(Peter Van der Veer)에 의하면, 근대적인 종교정체성의 재구성을 통해 민족국가를 건설하는 것이 종교민족주의자들의 기획이다. 그는 종교민족주의는 앤더슨(Benedict Anderson)의 '상상의 공동체(imagined community)'임을 전제하고, 식민지 인도에서 형성된 힌두 국가를 '종교정체성을 통해 상상된 공동체'라고 하여 서구의 근대적 민족국가와 구별하고 있다(Van der Veer, 1994).[7] 여기서 근대적 종교정체성은 완전한 허구는 아니며, 그렇다고 고전적인 양식(classical style)이라는 것—예컨대 단군신화 같은 건국 신화—이 있어서 그것이 변형되는 것이 아니라 근대적인 기제에 의해 상상되고 구조화된다고 본다. 새롭게 구성된 민족적 종교가 이상적 문화질서의 모델로서 근대적 세계관과 에토스로 작용하는 과정은 식민주의와 오리엔탈리즘의 영향으로 시작된다.

'무속'을 한국의 '고유한 정신'으로 또한 근대적·종교적 정체성으로 형성하는 종교민족주의 담론의 과정은 서구에서 유입된 그리스도교뿐만 아니라 과거 왕조 사회의 지배 종교였던 불교나 유교조차 '외래 종교'로 구별하는 경계짓기를 통해 전개되었다. 경계짓기를 통한 자아정체성의 확립은 타자를 규정함으로써, 즉 무속과 다른 종교를 구별하는 대립구도를 만들어내는 담론의 창출을 통해 가능해진다. 단군신화와의 연관성을 통해 '민족종교'로 재현된 무속의 근대적 종교정체성은 '단군민족주의'라고 부를 수 있을 것이다.

'단군'을 포함하여 '무속'을 한국의 종교전통으로서 '선택한' 최초의 지성적 관심은 19세기 말 서구와 일본이라는 제국주의 열강에 의한 문화적·정치적 식민화에 대응하는 근대적 지식인의 민족적 자의식에서 발단한 '민족종교론'이다. 근·현대의 종교민족주의는 일제 식민주의와 언어·주제·역사관에서 공유하는 바가 많다. 19세기 말에서 1920년대 이능화의 조선무속론에 이르기까지 이 시기에 형성된 무속 담론의 핵심 개념은 '신교(神教)'이며, 역사적 단군의 재발견이 중요한 성과이다. '신교' 개념은 조선시대에 민간의 저급한 미신적인 풍습으로 인식되었던 무속을 한민족의 고유신앙과 민족적 종교로 새롭게 '선택'한 것으로서 1905년 을사조약으로 인해 국권이 상실된 이후에는 독립 회복과 민족정신의 계승과 보존을 위한 민족주의 운동 차원에서 창안된 개념이다.

한말 제국주의와 식민주의의 위협 속에서 급박하게 전개된 민족종교 운동은 민족주체성과 정체성에 대한 탐구를 중심으로 이루어졌다. 이 시기에 '민족'이라는 개념은 '국가'를 상실한 한민족에게 '국가'를 대신하여 개인과 집단을 하나로 통합시켜줄 수 있는 상상의 공동체이며, 동일한 기원과 역사적 경험을 가진 실체이자 문화 창조의 주체로 부상했다(Robinson, 1986: 35-53). 열강에 의해 조선의 왕조체제가 무너지고 새로운 정치체제가 수립되지 못했을 때 단군이 민족감정의 상징적 구심체로서 역사에 되살아난 것이다. 민족 주체의 기원으로서 단군을, 최초의 민족 공동체로서 단군조선을, 단군을 교조로 한 최초의 민족종교로서 신교 또는 수두교를 설정한 민족주의자들은 문헌적 고증을 통해 신화적 존재로 머물러 있던 단군을 역사적 존재로 재창조했다.[8] 민족 역사의 종교화가 이루어진 셈이다.

이와 같이 무속을 단군이라는 교조와 일정한 교리를 갖춘 체계화된 한 민족 고유의 종교인 신교로 재현하는 무속의 민족종교론은 항일독립운동에 투신하고 단군을 교조로 하는 대종교에 참여한 김교헌의 『신단민사(神檀民史)』, 박은식의 『한국통사(韓國通史)』, 신채호의 『조선상고사(朝鮮上古史)』의 문헌고증학적 역사 연구로 심화되었다(김교헌, 1923; 박은식, 1915; 신채호, 1931).

이외에 한말 지식인으로만 알려진 난곡의 『무당내력(巫黨來歷)』[9]은 서울 지역 12거리 굿의 의례 절차를 묘사한 채색화와 더불어 이에 대한 설명을 첨부한 필사본으로 무속의 기원을 단군에서 구하는 최초의 무속 관계 문헌이라 할 수 있다. 이 책은 위서로 알려져 있으며, 1910년대에서 1930년대 사이에 저술된 것으로 추정된다.[10] 이 책의 서문에서는 무속을 요임금 시절 태백산 박달나무 아래에 강림한 신 단군이 창설한 '신교(神教)'라고 명명하고 있다. 신교는 교조 단군의 장자 부루(扶累)가 제사장이 되어 매년 시월에 많은 무당을 데리고 치성 기도하는 종교이다. 『무당내력』의 저자는 무속을 단군이 창설하고 시조 단군에서 태자 부루로 부계 전승된 전통성을 가진 종교이며, 불교와는 별개의 고유 신앙으로서 독립 발전된 것으로 재현하고 있다.

『무당내력』 서문에서 "불가(佛家)에서 이르되 신라 중엽 함양 등지에 법우화상이란 사람이 딸 여덟을 낳아 팔도에 나누어 보내 무당이 되었다고 말하고 있는데, 이는 근거가 없는 와언으로 이에서 더 심한 것은 없다"라며 강력하게 신교의 독립 발생을 주장하는 저자 난곡의 입장은, 정교한 논리와 방증자료를 제시하며 단군신화를 '승려들에 의한 날조'이며 일개 전설이라고 폄하하는 시라토리 구라키치(白鳥庫吉) 등 당시 식민주의자 일본인 학자들의 주장에 대한 대항 담론의 성격을 가진다.[11]

1894년에 「단군고(檀君考)」를 저술한 시라토리 구라키치는 '승려의 망설' 담론의 대표주자인데, 그가 단군을 부정한 것은 문명화되지 않은 조선의 이미지를 창출하기 위한 전략이었다. 이와 같은 주장은 1929년 이마니시 류(今西龍)의 「단군고(檀君考)」에 이르기까지 고대 국가로서 단군조선의 역사적 실재성을 부정함으로써 조선의 근대적 민족국가 성립의 가능성을 부인하는 제국주의 이념을 드러낸 것으로 보인다. 단군신화가 고대 국가의 이야기가 아니라 12세기 고려시대에 『삼국유사』의 저자 일연에 의해 창작된 것이라는 주장이나 조선의 신화들을 체계성과 자율성이 없는 민간설화로 폄하한 일제강점기 초기 일본인 학자들의 연구에 이어서 1930년대 무라야마 지준(村山智順)과 아키바 다카시(秋葉隆)의 '조선무속론'에 이르면 무속 담론에서 단군신화는 완전히 사라진다.

『무당내력』에서는 단군을 신교의 교조로 추정하고 있을 뿐, 역사적 분석 개념인 '민족'이라는 개념을 적용하여 설명하거나 단군신앙을 민족국가의 이상과 연관시키고 있지 않다. 그러나 단군에 대한 문헌적 고증을 중심으로 이루어진 김교헌과 박은식·신채호의 무속적 민족종교 연구는 1905년 국권 상실 이후 항일독립운동을 뒷받침할 수 있는 정신적 기반 내지는 민족정신의 원천을 발견하려는 민족주의 의식에서 비롯된 것이었다. 김교헌과 신채호를 비롯한 '신교' 개념을 중심으로 한 민족종교 담론은 '민족' 범주를 "단 하나의 순수혈통으로 이어진…사람들의 정신에서 형성된 유기체"로서 정치적 주권이 상실된 상태에서 민족을 소생시킬 수 있는 초역사적·종교적 존재로 간주한다.

김교헌은『신단민사』에서 한민족을 '신단(神檀)민족'으로, 한민족의 문화를 '신교(神敎)문화'로 명명하고 신화시대부터 조선시대 그리고 만주로 망명하기까지의 민족사와 민족문화의 발달과정을 면면히 이어온 신교 전통의 민족적 정통성을 중심으로 설명하고 있다(김교헌, 1923). 한편 신채호는『조선상고사』에서 한민족 문명의 기원을 단군왕검이 건국한 '수두시대'로 설정하고 그 시대 이래로 민족의식이 쇠퇴했다고 진단하면서, 그가 '수두교'로 명명한 무속을 쇠퇴한 민족의식을 재활성화할 수 있는 유일한 대안으로 보았다(신채호, 1931). 국권이 상실된 상황에서 현실적인 국가 건설이 불가능하게 되자, 대신에 수두교가 '국민 혼(魂)'의 저장소로서 '정신적 국가'를 수립하는 중심 상징으로 만들어진 것이다.[12] 단군을 민족적 상징으로 하는 종교 공동체를 상상하는 이러한 근대적 인식을 '단군민족주의'라 부른다(정영훈, 2000: 183-209).

한민족의 민족적 정체성의 상징으로서 '단군'을 재발견하는 민족주의적 자아 인식은, 슈미드(Andre Schmid)가 지적하듯이, 단순히 식민주의에 대응하는 것 이상으로 "그것이 저항을 하든, 흡수를 하든, 때로 그 둘을 결합한 형태이든" 일제 식민주의자의 한국의 문화와 역사에 대한 지식과 담론에 깊이 연루된다(Schmid, 2002: 13). 한말에 형성된 일본인들의 한국에 대한 지식과 담론은 당시 민족주의자들의 서구적 사회진화론에 바탕을 둔 '애국계몽주의' 담론과 문명화에 대한 동일한 언어의 틀을 공유한 것이었다. 슈미드는 이러한 담론적 언어와 논리의 유사성을 민족주의 담론이 일본의 식민주의에 '공모'한 것으로 보기보다는 상호보완적으로 '근대적 계몽'을 위한 '공유된 평행적인' 추구라고 보아야 한다고 주장한다(Schmid, 2002: 14).

그러나 계몽과 문명화 담론은 1905년 을사조약으로 조선의 국권이 상실되면서 민족주의적 명분을 잃고 오히려 일제에 의한 조선의 식민화를 정당화하는 데 복무한다. 이후의 민족주의 무속 담론은 1919년 3·1 운동을 기점으로 식민주의 담론과 보다 첨예한 정치적 갈등관계 속에서 '저항'이냐 '적응' 사이에서 '선택적'으로 전개된다. 저항성이 선명한 민족주의 담론이 김교헌·신채호·난곡의 무속론이라면, 1920년대 후반에 형성된 이능화의 '조선무속문화론'과 최남선의 불함문화론은 식민주의자의 단군론과 제국주의 샤머니즘 문화론을 '흡수(co-option)'하여 결합한 형태로 저항성보다는 식민주의에 '적응'하는 입장을 취했다.

3. 무속의 문화전파론: 범아시아 샤머니즘 문화권과 동화주의

1919년 3·1 운동 이후 일제는 무단정치에서 선회하여 종교·출판·언론·단체결성의 자유를 허용하는 문화동화정책을 폈다. 일제의 문화통치는 식민 지배 본국인 '내지'와 제국의 외곽에 위치한 조선과 중국·만몽 식민지를 연결하는 범아시아주의를 내세우면서 각 식민지의 주민에게 '제국주의 신민'이라는 새로운 정체성을 부여하는 식민지 인종주의(colonial racism)와 동화주의가 동시에 작동하는 프로젝트였다(Shin, 2006: 42).

여기서 식민지 인종주의와 동화주의가 교묘하게 결합된 지적 양식이 범아시아주의를 이데올로기로 하는 '동양학'이다. 범아시아 동양문화권론은 일본 제국주의 질서가 형성되는 초기에 전개된 이데올로기인 '아시아주의'가 학문적으로 실현된 사례이다. 일본이 메이지 초기인 1880년대부터 일본을 중심으로 하는 일·청(淸)·한 동아시아 3국의 황인종 연대를 기치로 하는 '아시아주의'를 선전하면서 '동양학'·'동양사'이 창출되었다.

스테판 다나카(Stephen Tanaka)에 의하면, 일본을 아시아의 선진국이자 서구와 대등한 나라로서 중국과는 '다른 동양'으로 분리시키고 서양인의 동양 인식을 대체하는 '동양인이 만드는 동양'을 주창하는 일본의 동양문화론은, 궁극적으로 일본 중심의 범아시아 문화권과 문화적 동원론(同源論)을 창출하려는 제국주의 담론이다(다나카, 2004).

이능화와 최남선은 중국·일본·만주와 몽고를 비롯한 북동아시아 및 중앙아시아를 포함하는 '범아시아적 동양의 샤머니즘 문화권'이라는 개념으로 '무속'의 문화적 성격을 규명하는 데 주력했다. '무속(巫俗)'이란 명칭을 처음으로 사용한 이능화의 「조선무속고(朝鮮巫俗考)」(이능화, 1927)는 조선 무속의 유래를 고조선으로부터 조선시대에 이르기까지 문헌에 나타난 기록을 중심으로 기술하고 무속의 지역적인 특성을 '무풍(巫風)'이라 하여 따로 언급하고 있는 무속에 관한 본격적인 최초의 학술적 연구라 할 수 있다(서영대, 1993). 이능화의 무속 연구는 조선의 무속을 중국·일본의 역대 무속과 비교하는 비교문화론적인 시도로서 주변 민족의 무속과의 공통성을 강조하고 있다. 예컨대 조선의 무(巫), 일본의 신궁(神宮), 만주의 살만(薩滿) 등은 모두 의례에서 방울을 사용하고 있다고 해서 근원이 같은 것으로 보고 있다. 이능화가 한 가지 유사성을 가지고 조선·일본·만주를 하나의 문화권으로 설정하고 문화적·종교적 친연성을 추론하는 방식은 아시아 문화의 동원론과 인종의 이동을 통한 문화전파론을 적용한 것이다.

아시아 문화의 동원론은 일찍이 비교언어학적 입장에서 시라토리 구라키치가 1907년 몽고민족의 기원을 논하며 우랄알타이어의 동일한 언어계통론을 내세운 데에서 발견된다. 그는 몽고민족의 기원에서 불함산(장백산)과 천(天)을 연결시키고 몽고어의 하늘을 나타내는 텡그리(tengeri) 개념을 사용하여 우랄알타이어계통의 인종적 동원성을 제시했다(전성곤 2005: 67). 인류학자 도리이 류조(鳥居龍藏)는 1917년 아시아의 동북부와 아이누, 류큐, 조선, 만주, 몽고, 그리고 중앙아시아의 동부까지를 우랄알타이 민족으로 분류하고 이들의 공통된 특성으로 제정일치사회, 정령신앙(animism)과 샤먼교 등을 꼽고 특히 태양신에 대한 신앙은 야쿠트의 백신과 일본의 아마테라스 신화와 동일하다고 주장했다(전성곤 2005: 75).

이와 같이 아시아 인종의 '동일한 기원'뿐만 아니라 '인종의 이동'을 가정한 범아시아주의와 동양문화권 담론은, 일본을 중심으로 하고 아시아 여러 민족을 주변으로 하는 제국의 질서를 확립하고 또한 정당화하는 이데올로기로 작동했다(사아러, 2008: 135-157). 메이지 초기부터 다이쇼기에 이르기까지 현저하게 발전한 '아시아주의'는 초기에는 연대의 감정으로 시작되었지만 1910년대에 이르러 객관적이고 체계적인 사상 내지 이데올로기로 전개되면서 제1차 세계대전 전후로 유행했다.[13]

그러나 1920년대 이후 이능화를 비롯한 최남선·이광수 같은 근대적 식민지 지식인들에게 열려진 사상적 자유의 기회는 동시에 일제와의 협력이라는 양면성을 가졌다(朝鮮總督府, 1914: 242; 로빈슨, 1990: 72에서 재인용). 일제의 동화주의에 타협하면서 정치적으로 '안전한' 길을 택했던 문화 민족주의자들 가운데 최남선은 '조선인에 의한 조선학'을 제창하고 조선적 정체성을 탐구하는 민족주의적인 지향을 지속적으로 견지했다.[14] 최남선 외에 안재홍, 정인보, 최현배 등이 전개한 '조선학' 운동은 실체적 민족이 존재하지 않는 식민지 상황에서 '정신적 존재'로서 '민족'을 상상했고, 이러한 상상력은 대부분 조선의 영역을 넘어 범아시아 문화권으로 확장되었다(한영우, 1993).[15]

최남선의 「불함문화론(不咸文化論)」(최남선, 1927b)과 「살만교차기(薩滿教箚記)」(최남선, 1927a)는 당시 일본에서 풍미한 신화학과 민족학 논의를 수용하여 단군신화를 동북아 일대의 원시 종교와의 비교문화적 방법으로 새롭게 분석하여, 무속을 유구한 민족 전승으로 재창출하는 한편 제정일치시대 단군조선의 민족문화를 복원하려는 시도였다. 최남선이 일본어로 쓴 「불함문화론」에는 "조선을 통하여 본 동방문화의 연원과 단군을 계기로 한 인류문화의 일부면"이라는 부제가 붙었는데, 그의 불함문화론은 단군이 중심이 된 동양문화론임을 알 수 있다. 조선의 무속과 동방—불함문화권—의 샤머니즘 문화권의 동원성을 추구하는 최남선의 연구는 앞서 전개된 일본의 범아시아주의 동양학 담론을 수용한 것이다.

류큐·일본으로부터 동북아, 지나(중국), 몽고 중앙아시아, 발칸반도까지 걸치는 방대한 지역을 공통의 신앙영역으로서 '불함문화권'으로 묶고 그 중심지를 '조선'으로 설정하여 불함문화의 중심 신앙은 천신(天神)이며 태양신인 단군에 대한 신앙이라고 주장하는 최남선의 불함문화론은 일본 신도(神道)와의 비교를 통해서 이루어진 것이다. 본래 민간신앙에 기반을 둔 일본의 신도가 메이지 유신 이후 국가에 의해 조직적으로 국가신도(國家神道)로 결성되어 천황을 중심으로 하는 일본의 민족국가를 통합하는 구심점 역할을 한 것처럼 조선의 무속도 국조(國祖)인 단군에 대한 신앙에서 더 발전하여 조선의 민족국가를 재건하는 구심점 역할을 할 것을 기대했던 최남선은, 단군신앙의 광명사상을 조선신도(朝鮮神道) 또는 고신도(古神道)라고 부르기도 했다(임돈희·자넬리, 1995).

여기서 최남선은 단군을 조선 민족의 시조일 뿐만 아니라 아시아 일대의 보편적인 천신신앙의 교조로 부각시킴으로써 조선의 식민 지배를 정당화하는 일선동조론(日鮮同祖論)의 논지를 수용하되 교묘하게 전복하여 오히려 조선 민족이 중국(지나) 민족이나 일본 민족의 선조임을 주장한 것이다. 또한 불함문화권의 중심지를 조선에 두는 것은 제국의 중심인 일본을 주변화시키는 담론적 전략효과라 할 수 있다. 더 나아가 단군을 교조로 하는 '조선신도'는 일본의 국가신도보다 시대적으로 고대이고 더 광대한 문화영역을 포괄하는 '고신도'라고 주장한다. 조선신도를 일본의 신도와 대등한 입장에서 재현하는 최남선의 '고신도론'은 제국의 중심과 주변의 위계 질서를 혼란시키는 담론 효과를 인정할 수도 있으나, 바로 그 지점에서 일제의 범아시아주의와 동화주의를 정당화시키고 그것에 협력한다는 혐의를 피할 수 없다. 신기욱에 의하면, 최남선과 같은 식민지 조선의 주민에 의한 범아시아주의는 애초부터 실패할 운명이었다(Shin, 2006: 57).

이와 같이 최남선의 불함문화론이 태생적으로 갖고 있는 양면성에도 불구하고 불함문화론을 '민족주의 담론'으로 보는 이유는 단군을 민족적 자아정체성인 '조선심(朝鮮心)'·'조선혼(朝鮮魂)'의 상징으로 확립하고, 이 상징을 숭배하는 '조선신도'라는 상상의 공동체를 설정하여 일본 제국의 국가신도와 경계를 짓는 담론적 전략을 수행하고 있기 때문이다. 경계짓기를 통한 자아정체성의 확립은 타자를 규정함으로써, 즉 '조선신도'를 시공간적 중심에 두고 일본의 국가신도를 주변화시켜 구별하는 대립구도를 만들어냄으로써 민족주의 담론의 창출을 가능하게 한다. '고대'는 한 민족의 정체성을 확립하는 데 불가피한 원천이며 또한 '선택'이다.

물론 최남선의 '조선신도'는 '조선 무속'과 동일하지 않으며 불함문화권 안에 조선 무속을 포섭한다. 최남선의 단군을 숭배하는 조선신도론은 당시의 이나마시 류를 포함한 식민주의 단군론자들과 약간의 차이를 보인다. 고대 문헌에 나오는 '단군왕검'이 실재하는 샤먼왕이냐 아니면 특정한 평양지역에서 봉사하는 무당을 지칭하는 것이냐를 둘러싼 식민주의자들의 주장을 보면, 단군의 샤먼왕의 신분보다는 특정 지방의 종교사제로서의 특성을 강조하는 경향이 있으며 신도와 무속을 구별하고 있다(今西龍, 1929; 신종원 엮음, 2009: 49-120). 반면, 최남선의 불함문화론에서 조선 무속은 단군 신화와 '조선신도'를 재현하는 역사적 잔존물이다. 불함문화론에서 단군 상징과 결합한 조선 무속의 근대적 종교정체성은 '단군민족주의'이며 동시에 '무속민족주의'라 부를 수 있을 것이다.[16]

최남선의 불함문화론은 정치적 민족주의라기보다 '문화적 민족주의' 담론으로 평가된다. 그 이유는 최남선의 민족주의 개념이 종족적(ethnic) 의미를 가지며 일본 제국주의의 변방에 있는 지방적 특수성을 갖기 때문에 일제의 동방문화권과 제국주의 문화 범주의 보편성에 종속되는 하위 민족주의라 할 수 있기 때문이다. 조선 민족의 특수성을 떠나 동방문화권의 시조로 위치한 '단군'은 초역사적인 보편적 존재로 변형되며, 동방문화를 창조한 '한얼님'으로 새로운 권위가 주어진 단군은 주권을 상실한 식민지 조선을 구원할 메시아로 종교화된다(Pai, 2000: 8-9). 최남선이 당시 민족주의 역사가들이 1909년 창도한 대종교의 종교적 교의에 동조하고 있음은 의심할 바 없다.

이와 같이 조선 민족의 국조가 초역사적인 신성한 존재라면, 그 후손인 조선 민족은 당연히 '신성 종족(sacred race)'이 된다. 신성한 문화 공동체로서 식민지 조선은 당대의 식민지 상황을 넘어 미래의 독립된 민족국가로 발전할 수 있다는 민족주의적 종교신앙을 내포한 불함문화론의 판타지는 손진태를 비롯한 당대의 지식인들뿐만 아니라 후대의 역사가에게 동조를 받지 못하고 실증적 객관성이 결여된 신비주의라고 비난을 받는다.[17]

그러나 '민족'보다 '문화'를 우선시한 최남선의 범아시아 샤머니즘 문화권 담론은, 1931년 만주사변을 시작으로 일제 말기까지 15년 전쟁을 목격한 최남선을 민족주의자에서 제국주의자로 변모시키는 논리적 계기가 된다. 최남선은 만주제국대학의 교수로 복무하는 1936년 이후 만주에서 일제가 세운 대륙 신도를 칭송하면서 자신이 상상하던 동방문화, 즉 불함문화가 실현되었다고 흥분하는 제국주의자가 되었다(류시현, 2009: 219-230). 일본 제국주의자의 시각에서 노쇠한 대국 중국과 만주·몽고·대만·조선을 아우르는 일제의 대동아공영권의 권역에서 단군 중심의 불함문화를 스스로 해체시킨 후 제국 아이덴티티를 구축하고 '제국 의식(imperial consciousness)'

의 정점을 이룬 것이 최남선의 「만몽문화(滿蒙文化)」(1941)라는 것은 역사의 아이러니한 귀결이다.[18] 식민지 조선의 근대적 지식인에게 '민족'은 영토와 주권이 없는 상상의 공동체이기 때문에 그는 민족주의와 제국주의 사이에서 불안하게 흔들릴 수밖에 없다. 마찬가지로 식민지 조선에서 '단군'의 '불함문화'는 제국주의 질서의 틀 안에 뿌리를 내리지 못하고 경계적 위치성(liminality)만을 가질 뿐이다.

4. 무속의 '토속'문화론과 식민주의 '조선무속론'

1920년대부터 해방 직후까지 손진태(孫晋泰)와 아키바 다카시가 대표하는 무속의 민속문화론은 민속학과 사회인류학의 학문적 훈련을 받은 전문 학자들의 실제 현장조사와 채록 자료를 이용하는 실증주의적 관점에서 이루어졌다. 민속문화론은 무속을 '민족'이 아니라 '민중의 사회적 습속'이라는 뜻의 '민속' 개념과 토착적인 것이라는 뜻의 '토속' 개념으로 결합시킴으로써 비민족주의적인 무속 연구의 학풍을 개진했다.

'민족'이 엘리트 민족주의 지식인의 정치적 담론의 중심 개념이라면, '토속'과 '민속'은 구체적 역사성과 사회성을 가진 일반 대중의 종교적·문화적 실천을 이해하는 지시 개념이다. 무속의 토착성(indigeneity)이란 개념은 한국의 무속을 포함한 현대 샤머니즘 연구에서 별다른 논란 없이 '민간신앙' 또는 '고유 신앙'의 뜻으로 이해되어왔다. 특히 인류학에서 '토착성'은 근대성(modernity)과 대항을 이루는 개념으로서 인류 사회의 역사적 변화 및 문화적 다양성과 무관하게, 변하지 않는 보다 공동체적이고 전통적인 사회의 이미지와 결부되어 활용되었다(Graham, 2003: 6).

그동안 한국의 무속·민속 연구사에서 '무속'·'토속'·'민속' 개념은 문화의 '토착성'을 의미하는 개념으로 혼용되어왔으나, 식민지 조선의 특수한 역사적 상황에서 연구자의 담론적 주체-위치에 따라 각각 다른 의미로 정의되며 활용되었다. 손진태는 '토속'과 '민속' 개념을 구별하여 사용했는데, 식민지 시기에서 해방 후까지 장기간 지속된 그의 학문이 '토속'과 '토속학'에서 출발하여 '민중'과의 만남을 통해 '민속'으로 교체되었다는 사실에 비추어보면 정밀하게 개념적 의미의 차이를 규명할 필요가 있다.[19]

어떠한 민속현상도 동일하지 않다. 특정한 개념을 통해 그 실재성과 의미가 도출되기 때문이다. 민속현상에 어떤 의미를 부여하느냐 하는 언술작용 또는 담론작용에 따라 민속현상은 역사적으로 실재하게 되는 것이다. 의미작용과 담론작용의 맥락에 따라 민속현상은 때로는 상상의 실재로 또는 역사적 실재로 다양한 존재양식을 갖게 된다. 손진태는 '현재 있는 그대로 실행되고 있는 토속 및 민속'의 탐구하여 조선 무속의 문화적 유형을 규명하고자 했다. 그의 궁극적인 목적은 현재의 토속문화에 대한 이해를 통해서 조선의 고대 민족문화를 규명하는 것이었다. 이와 대조적으로 아키바 다카시는 무속을 '원시적 (종교)습속'으로 접근하고 있는데, 이러한 입장은 무속을 근대의 시간성 구조에서 탈각시켜 결국 무속의 동시대성(coevalness)을 부정하는 식민주의 담론을 창출했다.

손진태와 아키바 다카시는 인류학적 현지조사와 민족지 방법론(ethnographic method)이라는 동일한 연구방법론으로 무속현상에 접근했지만, 그 해석과 지식의 권력효과에서 근본적인 차이가 있는 토속 담론과 식민 담론의 혼종과 경합이라는 양상으로 나타났다.

1) 손진태의 '토속'문화론

손진태의 무속에 대한 관심은 조선의 고대 종교가 샤머니즘인가라는 질문으로 시작하는 「조선 상고문화의 연구: 조선 고대 종교의 종교학적·토속학적 연구」에서 비롯되었다(손진태, 1927). 그는 인류학적 근거를 제시하면서 조선의 토속신앙을, 시베리아의 샤머니즘적 요소를 가지고 있긴 하지만 그것과 동일한 것이 아니며, 종교학적으로 보면 다신교적 신앙과 주술적 종교로 구성된 원시 종교이며, 사회학적으로는 사제로서의 무격을 중심으로 한 '무격 종교'라고 보았다. '자주독립 민족으로서의 장래의 조선학'이 강성할 것을 기대하면서 1923년부터 쓴 논문을 모아 1948년에 출간한 『조선민족문화의 연구』의 머리말에서 손진태는, 자신이 천착해온 민속학을 '민족문화를 연구하는 과학'으로 정의하고 자신의 입장을 기존의 민족주의적 입장으로부터 분리시켜 '과학적 민속 연구가'로 객관화시키고 있다(손진태, 1948).

여기서 손진태가 뜻하는 '과학적 민속 연구'는 두 가지 측면에서 의의가 있다. 먼저 기왕의 민족주의자들의 무속 연구가 전제하고 있는 '민족' 개념의 비역사성을 비판하고 역사적 실재로서의 '민중'의 민속을 연구한다는 것이다. 손진태에게 '민중'은 민족의 대다수를 구성하는 농민과 상·공·어민 및 노예 등 피지배계급을 의미한다.

최초의 '민중' 발견자로 부각되고 있는 손진태의 민중적 무속문화 연구는 당대 영국의 기능주의 인류학과 비교문화 방법론의 영향을 받았다.[20] 1920년대 손진태는 스승인 니시무라 신지(西村眞次)의 인류학과 민속학을 학습하여 검줄, 소도(蘇塗), 입석, 돌멘, 서낭당, 장승 등 종교적 의미를 가진 민속적 문화 항목에 대한 답사를 시도했다. 민중의 실생활에 남겨진 '민속적 잔재'를 중심으로 이루어진 손진태의 토속학은 철저하게 자료 수집과 객관적 사실로서의 민속·종교·문화의 재구성에 초점을 맞춘 것으로 '단군'과 '단군신화'를 중심으로 하는 최남선 부류의 정서적 민족주의 민속론과의 차이를 분명히 했다.[21]

그러나 손진태의 관심과 연구방법이 민족주의를 표방하지 않았다 할지라도 그의 조선 민속에 대한 관심은 조선 민중의 고유한 신앙의 유형을 발견하고 그 문화적 독자성과 함께 조선의 고대 민족문화를 규명하고자 한 민족주의적 토속문화 담론으로 평가할 수 있다.

2) 아키바 다카시의 식민주의 '조선무속론'

손진태와 동시대의 일본인 학자 아카마스 지조(赤松智城)와 아키바 다카시가 함께 펴낸 『조선무속의 연구』와 아키바 다카시의 『조선무속의 현지연구』는 모두 총독부 조사자료 시리즈로 발간된 것으로 무속의 민간신앙적 측면에 집중되어 있으며, 연구자의 직접적 관찰과 무가(巫歌)와 무경(巫經)의 채록을 중시하는 현장연구방법론을 채택하고 있다(赤松智城·秋葉隆 共編, 1937·1938; 秋葉隆, 1950). '무속'을 식민지 조선의 '민간전승'·'민간신앙'으로 간주하는 연구태도는 총독부 관료인 무라야마 지준과 동일하다. 『조선무속의 연구』에서 아카마스 지조와 아키바 다카시는 민간전승에서 실제 무당의 의례활동이나 사회활동뿐만 아니라 일반 민간인의 가정과 마을에서의 무속적 신앙과 의례에 이르기까지 총체적인 사회 연구의 민족지 방법론을 따르고 있다.

1921년부터 10년간 추진된 중추원의 풍속조사에서 '미신', '무격', '향약', '계' 등 각각 개별 항목으로 조사되기 시작하여 조선의 민속신앙에 대한 집중적인 조사가 이루어졌고 그 결과는 조선총독부 조사자료 시리즈로 연속 발간되었다. 이러한 조선의 풍속 조사의 중심에 무라야마 지준, 아카마스 지조, 아키바 다카시가 있다. 1927년 조선총독부 조사자료 20집으로 발간된 『조선인의 사상과 성격(朝鮮人の思想と性格)』에서 총독부 촉탁 연구 관료 무라야마 지준은 무격신앙이 불교나 유교와 같이 외래에서 전래

되지 않은 고유 신앙으로서 일본의 『고지키(古史記)』에 표현된 것과 유사하며, 무속과 일본의 신교가 상호 우열이 없기 때문에 조선의 민간신앙을 일본의 고신도(古神道)와 같은 맥락으로 파악하고 식민정책에 반영할 것을 제시했다(村山智順 編, 1927).[22]

이와 같은 관제 민속 연구의 목적은 조선의 정신생활을 지배하는 고유신앙으로 '민간신앙'을 부각시키면서 포괄적으로 일본의 고신도 영역 안에 포함시키려는 것으로서, 1930년 이후 신사정책(神社政策)의 확대 과정에 전적으로 수용되었다. 『조선의 귀신』 서문에서 무라야마 지준이 서술하듯이(村山智順 1929), 일제가 무속과 민간신앙에 대한 조사연구를 '긴급'한 과제로 삼게 된 것은 민간신앙을 통해 조선인의 사상과 문화에 대한 이해가 가능하다는 전제 때문이다. 무라야마 지준은 민간신앙의 조사를 통해 이해한 조선인의 사상과 사회적 특징을 귀신을 쫓는 양귀법을 통해 인생의 행복을 찾는 소극적인 삶의 자세, 즉 의타주의, 그리고 명당·발복의 풍수사상에 의지하는 저급한 가족주의 사회, 현세적인 복락을 추구하는 무격신앙 등이라고 지적하며 이를 통틀어 '유치한 운명관과 의타주의'라고 서술했다. 식민지 조선의 문화적·사상적 '전통'에 대한 무라야마 지준의 이러한 부정적 관점은 식민주의 담론의 전형으로서 다음에 다룰 아키바 다카시의 '조선무속론'에서 심화되어 나타난다(남근우, 2008: 123-127).

조선 민속과 무속에 대한 식민주의 연구자들의 시선은 글을 모르는 농민과 여성의 사회적 습속에 중점을 두고 있다. 조선의 민간신앙에 대한 이들의 관점은 신채호를 비롯한 민족종교론자들의 종교민족주의나 최남선의 불함문화론과는 담론 전략 면에서 확연히 구별된다. 두 가지 차이점을 들자면, 하나는 조선 무속의 기원에 관한 논의이고 다른 하나는 성무동기(成巫動機)를 기준으로 한 무당 유형론이다.

먼저 무라야마 지준, 아키바 다카시, 아카마스 지조는 고대 국가인 고조선이나 단군신화 같은 조선 무속의 '민족적 기원'에 대한 논의를 완전히 제거하고, 대신에 조선 무속의 기원을 민간전승인 '무조 전설(巫祖傳說)'을 중심으로 논하고 있다. 무조에 대한 해석에서 무조의 기원을 중국이나 인도와 같은 외국 출생의 고귀한 신분의 여성에 있다고 보고 이것을 조선인의 사대주의적 태도에 연유한다고 설명한다. 조선 무속이 자생적인 신앙 형태가 아니라는 것이다. '무속 신화'라는 용어 대신에 '무조 전설'을 선택하고 무속의 기원을 고대의 정치적 수장인 왕의 신분을 가진 남성이 아니라 외국 출생의 왕녀 신분 여성에게서 찾는 이들의 '조선무속론'은 결국 조선에는 단군신화와 같은 건국 신화를 가질 만한 독립적인 정치체제가 근본적으로 결여되어 있다는 식민주의자의 인식을 드러내는 것이다.

둘째, 조선 무속을 '성무동기'와 무당의 명칭을 기준으로 무당의 문화적 유형론을 중심으로 기술하고 있다. 조선 무속의 '민족적' 성격은 소거되고 '민속문화적' 특성만 강조한 것이다. 지금까지도 무속 연구자들에게 당연한 사실로 인식되고 있는 강신무와 세습무의 유형적 구분은 무라야마 지준과 아키바 다카시에 의해 처음 시도되었다(최길성, 2011: 193-214). 강신무와 세습무의 구분은 성무동기로서 신병(神病)의 유무를 기준으로 삼는다. 이와 같이 무당과 샤먼의 특별한 심리적 고통의 경험이라는 개념을 중심으로 조선 무속의 정체성을 논의하는 것은, 최길성이 평가하듯 독창적인 이론이라기보다는 식민주의와 결합된 근대적 담론의 한 양상으로 볼 수 있다.

18세기 유럽의 계몽적 근대성과 종교의 세속화의 상호연관성을 연구한 아사드(Talal Asad)에 의하면, 샤먼이 되는 과정에서 겪는 고통스런 접신경험인 신병과 입무의식이 서구 지성사의 관심거리로 등장한 것은 '고통' 개념의 세속화와 같은 것으로서 근대적 담론의 유산이다(Asad, 2003: 45-46).[23] 환각제를 통한 엑스타시 상태에서 고통을 자연적·초자연적인 원인론으로 설명하고 무가 사설과 노래 같은 의례적 연행방식으로 고통을 치유하는 샤먼의 능력은 자연세계와의 영적인 공감능력과 비의적(occultic) 감각에서 나온다고 해석한 18세기 유럽의 선교사와 여행자를 비롯한 근대적 지식인들은 이제는 '고통'을 그리스도교의 원죄(original sin) 개념이 아니라 '자연적인 신체'의 통제—의례적 퍼포먼스에 의하든 과학적 의술에 의한 것이든 신체 외적인 방법으로 내면의 상태를 변화시키는—를 통해 해결할 수 있다는 새로운 인식을 하게 된 것이다. 아사드는 이것을 '고통의 세속화(secularization of the pain)'라고 주장한다. 부연하면, '샤머니즘'이 고대의 원시적 습속이나 미개한 신앙이 아니라 '자연적 신체의 통제'라는 다분히 세속적이고 근대적인 개념으로 새로운 담론적 지위를 얻게 되었다는 것이다.

'샤머니즘'은 인류학에서 원시 사회와 문화를 설명하는 핵심 개념이다. 즉, 원시 사회를 구성하는 원리를 정령숭배·조상숭배·토테미즘 등 종교 개념으로 설명한다. 1910년대 초 신생 학문분야로서 유럽과 미국에서 부상하고 있던 사회학과 인류학의 이론과 방법론을 접한 무라야마 지준과 아키바 다카시 등 일본의 연구자들도 서구인과 마찬가지로 동일한 '식민지 근대'의 시각으로 조선의 '원시 종교'로서 무속과 민간신앙에 특별한 관심을 가진 것으로 볼 수 있다.

아키바 다카시는 1926년부터 경성제국대학교 교수로 재직하면서 전국적으로 무당 연구를 시작했고 1941년 도쿄대학교 박사학위논문으로 『조선무속의 현지연구』를 저술(1950년 일본에서 단행본으로 출간)했다. 『조선무속의 현지연구』에는 조선 무속의 전통과 식민지 조선 사회에 대한 식민주의적 관점을 여실하게 드러내는 몇 가지 모티브가 있다. 그는 조선 무속의 특징으로 여성성, 농촌사회성, 평화주의, 가족주의를 지적한다.

무조신 바리공주가 여성이고 무업이 신어머니에서 신딸로 계승될 뿐만 아니라 무속굿이 집안의 안녕과 건강 같은 여성의 관심사에 제한되고 주로 여성들 중심으로 행해진다고 하여 무속을 '여성적' 종교로 보았다. 또한 무속굿이 가제(家祭) 중심이며 동제(洞祭)인 경우에도 마을의 공동체적 경계 안에서 이루어짐을 '가족주의'로 해석하고, 이러한 무속의 가족 중심적 기능을 농촌의 동질적·비유동적 성격과 결부시켜 무속을 '농촌적' 종교라 정의했다. 여기서 '농촌성(rurality)'은 곧 여성적이고 수용적이며 변화를 싫어하는 정체된 상태를 의미한다. 아키바는 '조선 무속의 농촌성'을 '조선 사회의 농촌성'으로 확대 해석하면서 식민지 조선의 '농촌성'은 농민의 보수주의와 평화주의 정신에서 비롯된다고 보았다. 그 증거로 무조 전설에 도교·불교 등 외래 종교적 요소가 무작위적으로 수용되고 있음을 제시하고 있는 아키바는 서로 다른 종교 간의 투쟁보다는 관용을 취하는 농민의 평화주의적 마음의 반영이라고 해석하고 있다.

이러한 일련의 의미 연합을 시도한 아키바의 '조선무속론'은 사회 유형을 농촌형과 도시형으로 이분화해서 보는 당시 미국에서 유행했던 농촌사회론을 적용한 것으로 일제하 조선 사회를 '농촌형 사회집단'으로 규정하고 있다. 먼저 아키바는 식민지 조선의 전원성(pastorality)과 전근대적 측면을 강조한다. 즉, 농민은 변화를 싫어하고 외부의 도전에 무저항적이며 상황을 계산하는 현실감각과 분석능력이 없기 때문에 식민지 치하의 '농촌형' 조선 사회는 정체될 수밖에 없으며, 결국 조선인은 민족국가로 독립할 의지가 원천적으로 결핍되어 있는 식민지 속국민의 운명에 빠진다는 것이다. 더욱이 아키바는 식민지 치하 농촌형 사회가 전원적 평화주의를 추구한다고 추정하는데, 이는 전원적 평화주의를 무속의 '여성적' 성격과 결부시킴으로써 식민지 조선이 '정치적으로 위험하지 않다'는 결론을 유도한다. 이와 같이 조선 무속을 여성성, 가족주의, 평화주의, 보수주의, 농촌성 등과 같은 모티브로 설명하는 아키바의 조선무속론은 식민지 조선의 문화적 열등성과 사회적 후진성을 실제보다 과도하게 강조하여 식민지 조선의 피식민 주체를 제국주의 질서를 온전히 실현하기 위한 규율의 대상으로 재현한다(김성례, 1990, 211-243).[24]

아키바 다카시의 식민주의를 생애사적 관점에서 조명한 최길성은 아키바의 조선 무속 연구가 1940년대 전시체제하에서 전개된 내선일체 정책을 뒷받침하고 대동아공영권을 적극 찬성한 전형적인 식민주의자의 산물이었다고 평가한다(최길성, 2004: 509-536).[25] 마찬가지로 남근우는 무라야마 지준과 아키바 다카시의 조선 민간신앙에 대한 깊은 관심은 조선의 정체된 농촌문화와 원시적 습속을 '있는 그대로' 존중하면서도 '고상하고 진보적인 다른 신앙 관념'으로 대체시키는 식민주의 프로젝트를 목표로 한다고 지적한다. 여기서 이들 식민주의 조선 무속 담론이 제시하는 '진보적인 신앙'은 1930년대 중반 이후 전시체제에서 강화된 내선일체와 식민지 지배 정책의 일환으로 전개되었던 '심전(心田) 개발'의 중심 개념인 '심전' 바로 그것이다(남근우, 2008: 129).[26]

5. 제국주의 질서와 무속 담론의 경합: 식민적 담론의 양가성

종교를 정의하려는 모든 시도는 종교를 본질화시킨다고 비판하는 인류학자 아사드는 종교는 역사와 문화를 관통하여 변화하는 현상이라고 설명한다(Asad, 1993: 28). 종교는 지식권력으로서 각기 특유한 역사성을 가지며 또한 역사적 산물이라는 것이다. 마찬가지로 무속을 구성하는 것은 순전히 무당이나 신도의 특유한 신앙체계와 행위의 전통뿐만 아니라 무속에 대한 시대적·사회적·지성적 인식에 따른 역사적 변화도 포함된다. 무속을 어떻게든 정의하려는 시도는 무속현상에 대해 권위적 해석을 주장하려는 정치성을 내포하고 있다.

지금까지 살펴본 한말과 일제강점기에 이루어진 조선 무속에 관한 연구는 민족 담론과 식민 담론으로 대별할 수 있다. 한말 근대적 민족국가의 이상 실현을 위해 단군신화를 민족종교로 창조하여 민족문화를 창출하려 했던 민족주의 지식인의 민족주의 무속 담론이 일제강점기 문화통치의 검열에 의해 순화과정을 거치면서도 이능화와 최남선의 무속문화론과 손진태의 '토속'문화론으로 맥을 이어가는 역사적 과정은 '무속'이 식민지 조선의 고유한 민족문화의 지배적 상징으로 자리 잡게 되었음을 입증한다. 다른 한편 인류학과 민속학의 객관적·과학적 방법론에 의한 조사연구라는 권위적 지식의 위치성을 가진 아키바 다카시의 '조선무속론'은 무속에서 식민지 문화의 정신적 열등성과 전근대적 후진성을 도출해냄으로써 조선에 대한 제국주의 지배를 정당화하는 식민 담론의 성격을 가진다.

이제부터 한말과 일제강점기의 특별한 상황에서 창출된 조선 무속의 민족 담론과 식민 담론이 식민적 지배와 저항의 변증법의 맥락에서 어떻게 경합하고 전개되는지 담론 정치의 과정을 살펴보자.[27]

제국과 식민지 사이에서 나타나는 '지배'와 '저항'의 변증법은 일본 제국주의 질서가 존립하기 위해서 만들어내는 이데올로기이며 또한 그 질서의 역사적 실재이다. 조선 무속의 식민 담론과 민족 담론은 이러한 제국주의 질서를 반영하고 또한 그 질서를 창출하는 재현의 정치학이다. 제국주의는 '지배'의 대상으로 '피식민 주체'를 창출하여 그 위치를 제국의 범위 안에 포섭하는 프로젝트를 지속적으로 수행함으로써 질서를 유지한다. 이러한 제국주의 지배의 대상으로 식민지의 '무속'을 선택하여 담론화하는 프로젝트가 조선 무속의 식민 담론이다. 민족 담론은 식민주의 무속 담론의 틀에 협력하거나 저항하면서 제국주의 질서 안에서 형성된다. 실제로 두 담론이 형성되는 시공간적 차이에도 불구하고 모두 '무속'을 식민지 조선의 역사와 문화를 대표하는 기호로 재현하고 있다는 점에서 일치한다.[28]

두 담론은 피식민 주체를 어떻게 표상하며 식민지 조선의 종교와 문화를 어떻게 '무속'과 결합시키느냐라는 전술적 문제에서 상호 반사적이며, 담론의 정치적 효과에서도 단순히 대립적이기보다는 양가적이며 분열적인 관계의 특성을 가진다. '조선 무속'을 문제화하는 지배와 저항의 변증법적 담론 정치의 장에 제국이 어떻게 투영되고 있는지, 권위적이고 인위적인 담론 양식을 통해 제국과 '조선 무속'의 관계성이 어떻게 표상되는지, 바바의 '식민적 모방(colonial mimicry)'과 '식민 담론의 양가성' 개념으로 설명해보고자 한다(Bhabha, 1994: 92).

바바는 사이드(E. Said)의 『오리엔탈리즘(Orientalism)』을 인용하면서 자신의 '식민적 모방'이 "동일성(identity)과 항구성(stasis)을 요구하는 식민 지배와 그 안에서 변화와 차이를 추구하는 역사적 압력 사이의 긴장"이라고 묘사한 식민 담론의 갈등적인 상황을 전제로 한다고 보았다. 여기서 '식민적 모방'은 변형되긴 했으나 인식 가능한 타자, 즉 "거의 동일하지만 꼭 같은 것은 아닌 것으로서 차이성을 가진 주체(as a subject of a difference that is almost the same, but not quite)"에 대한 욕망이다((Bhabha, 1994: 86). 이와 같이 모방의 담론은 양가성을 중심으로 구성된다. 그리고 모방의 효과는 지속적인 어긋남, 과도함, 차이를 만들어냄으로써 유지된다. 모방은 권력을 가시화하는 타자를 '전유(appropriate)'하기 위해 타자를 변화시키거나 규제하거나 규율로 다스리는 복합적인 전략을 활용한다. 그러나 다른 한편 모방은 식민 권력의 지배 전략에 밀착하여 감시함으로써 권력을 내부적으로 위협하는 부적합성과 반항과 차이의 기호이기도 하다. '식민적 모방'은 물신(fetish)과 같이 기존의 정상적인 인종관과 역사관의 급진적인 재평가를 요구하는 부분 대상물(part-object)이다.

제국과 식민지는 하나의 제국주의 질서 안에 갈등적 관계로 존재하는 이중적 현존이다. 일제강점기에 창출된 '조선 무속'은 타자를 향한 욕망을 표출하는 식민주의 담론의 부분적 대상이자 동시에 식민주의 권력을 해체하는 저항의 기호로서 양가성을 가진다. 조선 무속의 식민 담론과 민족 담론은 담론 주체의 위치가 중첩적이며 제국과 식민지의 협력과 저항의 양면성을 재현한다. 두 담론의 관계는 식민 담론이 앞서고 그에 대항하는 민족 담론이 뒤따르는 시간적 선후관계가 아니라 동시대적인 '식민지 특수사정'의 맥락에서 병존하는 '현존의 정치'라는 관점에서 다루어져야 한다. 또한 민족 담론이 식민 담론을 모방하는 그런 것이 아니다. '모방(mimicry)'은 두 담론의 존재양식의 항구성을 교란하는 담론 전략이다.

먼저 아키바 다카시의 조선무속론을 중심으로 식민 담론의 양가성이 구축되는 담론 형성과정을 살펴보자. 식민지 조선을 정체적이고 사대적이고 전원적이고 여성적인 사회로 재현하는 아키바의 무속 담론은 서구 제국주의의 '동양' 인식과 유사한 방식으로 작동한다. 문명화와 진보의 기치 아래 정당화된 서구 제국주의는 식민지 고유의 문화전통에 대한 가치절하와 인종적·문화적으로 위계적 차등화를 실행한다(Mitchell, 1988). 1889년 파리 세계박람회에 전시된 '작은 카이로 거리' 모형이 식민지 이집트의 실재를 재현하는 식민주의 권력의 효과에 대해 분석한 미첼(Timothy Mitchell)의 연구는 아키바가 조선 무속을 통해 식민지 조선을 재현하는 제국주의 인식의 논리적 과정을 파악하는 데 적합한 예시이다. 박람회에 전시된 작은 카이로 거리 모형은 마치 실제로 카이로 시내에 있는 것 같은 느낌을 주도록 "건물에 지저분하게 더러운 얼룩이 묻어 있는 것"처럼 꾸몄다 한다. 모형 거리의 '벽에 묻은 얼룩'은 식민지 이집트의 시뮬라크르(simulacre)이다. 이 모형을 통해 '동양' 이집트를 발견하고자 하는 유럽 관람객의 집요한 시선은 바로 그 얼룩에 멈추었다. 이 얼룩 모형은 박람회의 주요 관람객인 유럽인들이 '저급한 식민지 동양 이집트'를 경멸해도 되는 지표로서 기능한다. 재현의 메커니즘 중 하나인 지표는 기존의 심상을 포획하는 '틀짜기

(enframing)' 효과를 가진다.

신체적 위생을 중시한 당시 유럽 사회 부르주아계층의 근대적 취향에 비추어보았을 때, 모형 '카이로 거리의 건물 벽에 묻어 있는 얼룩'은 식민지 이집트를 위생 관념이 없는 낮은 수준의 문명으로 인식하는 지표로서 이집트에 문명화를 위한 제국주의 질서의 이식을 정당화하는 기능을 한다. 여기서 모형 건물의 얼룩과 식민주의 질서는 실제로 어떤 유사성이나 관련성이 없는 추상적이고 인위적인 관계이다. 파리 박람회에 전시된 '식민지 이집트' 모형은 제국주의 시선이 식민지의 실재를 고착화시키는 재현 정치의 효과를 가진다. 위생적 유럽과 더러운 식민지 이집트, 이런 식으로 제국과 식민지 '동양'의 '절대적 차이'를 구축함으로써 사실상 서구 제국의 단일한 자기정체성이 정립되는 것이다. 식민지의 존재가 없으면 제국도 성립되지 않기 때문에 '동양' 이집트는 제국의 정체성과 권력에 통합된 일부분이며, 결국 식민지는 제국의 외연에 '타자'로 새롭게 그 위치가 설정된다(Mitchell, 1988: 166). 여기서 중요한 것은 '차이의 효과(effect of difference)'를 통해서 제국과 식민지의 위계적 질서와 경계짓기(boundary making)가 중심과 주변, 문명과 미개의 이분법 구도로 정착되는 것이다.

식민 지배 담론의 전략은 제국주의 문화와 식민지 문화의 '절대적 차이'를 창출하는 것이다. 식민지 이집트를 식민지 조선의 무속 담론의 장에 대입해보면 흥미로운 통찰을 얻게 된다. 총독부 산하 조선 무속 연구 관료 무라야마 지준, 경성대학교 교수 아키바 다카시 등이 조선 사회의 성격을 규명하기 위해 농촌과 여성의 민간신앙인 '무속'과 관련된 민속에 관심을 집중한 배경은 무엇일까? 그것은 '무속'을 파리 박람회의 이집트 전시물인 '벽에 묻은 얼룩' 모사물과 같은 위치에 놓고 조선의 '식민성'의 차이를 창출하는 식민 지배의 담론적 정치의 전략으로 볼 수 있다.

난곡, 이능화, 최남선 등과 같은 민족주의적 조선 무속 연구자들이 단군신화를 조선 무속의 중심 상징으로 만들어낸 것과는 달리, 1890년대의 시라토리 구라키치에서 1930년대의 아키바 다카시에 이르기까지 식민적 단군 담론을 창출한 식민주의 일본인 학자들은 일관되게 단군신화의 역사성을 부인하고 중국이나 인도에서 유입된 여성 무조 전설, 무속적 신관과 의례의 불교 영향설을 주장한다. 인류학적 연구를 시도한 아키바의 '조선무속론'은 이에 더해 무속을 정체된 농촌 사회의 여성 중심 민간신앙으로 표상한다. 식민 담론이 대상화하는 조선 무속은 파리 박람회의 이집트 전시물에 재현된 '벽에 묻은 얼룩'과 같이, 식민 지배자가 집요하게 응시하는 식민지의 시뮬라크라이다. 식민지 조선의 문명화 기획은 시뮬라크라 '조선 무속'이라는 물신을 통해 조선 문화와 조선 정신의 인식과 통제가 이루어지도록 만드는 것이다.

식민지 조선의 궁극적인 동화와 내선일체를 기대하는 식민 지배자의 시선과 피식민자의 응시가 교차될 때 '조선 무속'이라는 실재와의 만남이 이루어진다. 오리엔탈리즘 논의에서 식민 지배자의 시선이 인식론적으로 완전히 지배할 수 없는 부재 영역에 이질적인 존재로 살아남은 피식민자의 눈은 식민주의자의 시선을 혼란시키는 응시로 대응한다. 식민주의적 시선은 피식민자를 오리엔탈리즘에 포박하여 문명의 담론에 동일화시키는 데 실패함으로써 양가적으로 분열된다(Bhabha, 1994: 91).

'이것이 바로 조선 무속이다'라는 언표작용을 통해 조선 무속의 문화적 정체성이 구성되며 상징적 의미가 생성되지만, 그것은 부분적이고 불완전하기 때문에 식민 지배자의 시선과 피식민자의 응시가 양가적으로 분열하는 순간에 뭔가를 깨닫는 조선 무속 담론의 장이 진행된다. 양가적 분열이 일어나는 담론의 장은 조선 무속 정체성의 상징과 실재 '사이에 낀' 위치이다. '사이에 낀' 공간은 식민 지배자와 피식민자 사이에 문화적 혼성성 또는 혼종성(hybridity)이 일어나고 상호 교섭하는 곳이다. 어느 한쪽의 시선을 통해 구성된 조선 무속의 정체성은 다른 쪽의 시선에는 부재의 영역이다. 바로 이 '사이에 낀' 영역에서 '이것이 조선 무속이다'라는 언술로 대변되는 상징적 언어 구조를 부정할 때('이것은 조선 무속이 아니다') 식민 지배에 대한 저항의 힘이 생성된다.

식민 담론과 토속 담론 또는 민족 담론은 '식민지 조선'이라는, 제국과 식민지 '사이에 낀' 제3의 공간에서 조우하고 또 분열된다.[29] 식민주의자와 피식민 주체 쌍방의 상호관계를 통해 창출하는 '조선무속론'은 일상생활의 단편적인 조각—이미지, 표상, 관습, 기술—들을 일관된 제국주의 문화의 기호와 서사로 재현하는 수행행위이다. 담론적 수행의 전략에 따라 원주민 또는 토착민의 민속과 무속행위는 그것의 실재에서 분리되어 토속적·민속적 담론과 식민적 담론이 경합하는 담론 정치의 맥락에서 조선의 '민족종교'·'민간신앙' 또는 '미신'으로 다원적으로 재구성된다.

6. 무속 행위자의 불온한 주체성

흥미로운 것은, 무라야마 지준과 아키바 다카시의 '조선무속론'이 무속을 조선의 고유 신앙으로 부각시키고 있을 때 동시에 무속에 대한 단속과 탄압이 '미신 타파'와 풍속 교화를 목표로 한 식민 통치의 일환으로 이루어졌다는 점이다. 이용범에 의하면, 무속에 대한 일본 제국주의의 단속과 억압은 한말부터 일제강점기 말까지 지속된다(이용범, 2005: 141).[30] 일제는 경무청과 각도 관찰부 내부의 훈령과 「경찰범처벌규칙」 같은 법규를 통해 무당과 점쟁이의 활동을 억압했다.

'혹세무민'하는 치료행위, 위령초혼의례, 마을 단위 성황제 등을 중심으로 하는 무속행위에 대한 단속의 목적은 무속 자체의 완전한 소멸이 아니라 '통제'에 초점을 두고 있었다. 즉, 단속은 하되, 일정한 한계 내에서 활동의 여지를 인정하는 조건부 허가 정책을 시행한 것이다. 무당을 강압하면 도리어 피해가 있을 것을 우려해서 종교 유사단체와 같은 조합 형식의 단체(예를 들어 숭신인조합[崇神人組合])를 각 지역에 만들어 탈선행동을 못하도록 통제했는데, 일정한 장소 외의 옥외활동을 금하고 시간을 제한하는 등 경찰의 단속은 1940년대까지 지속되었다. 무속에 대한 식민 당국의 금지와 단속·처벌 사례는 독립신문, 황성신문, 대한매일신보, 동아일보 등에 보도되어 대중적인 '미신 타파' 운동이 전개되었다.

이와 같이 조선 무속을 식민지 조선의 고유한 민간신앙으로 인정하면서 동시에 미신으로 단속하는 이중적인 식민 정책은 전형적인 식민지 규율권력의 행사이다. 여기서 주목할 것은 경찰의 단속을 받으면서도 일제 강점기 내내 소위 '미신행위'가 지속되었다는 사실이다. 1933년 무속의 경찰 단속에 대한 중추원 회의의 자문 결과 "무당을 강압하면 도리어 피해가 있을 것을 우려"하지만 "내버려두면 미신만 늘어 사회 각 방면에 해독을 끼친다"(《동아일보》 19929년 10월 3일)고 보아 엄중한 단속보다는 풍속 교화를 목적으로 했다. 그러나 이러한 풍속 교화의 대상이 된 조선의 식민지민은 단속과 통제·교화에도 불구하고 '미신적' 무속행위를 지속했다.

중요한 것은 이들 '무속 행위자'는 조선 무속의 식민 담론이나 민족 담론이 경합하는 담론 정치의 장에 참여하지 않는 독자적인 행위자라는 사실이다. 인류학자 오트너는 이와 같이 제국주의 질서에서 통합되지 않고 자신의 독자적인 '진지한 게임(playing serious games)'을 수행하는 행위자를 '문화 프로젝트의 행위자(agency of cultural project)'로 보고 '[식민]권력의 행위자(agency of [colonial] power)'와 구별한다(Ortner, 2006: 152).

무속의 식민 담론과 민족 담론이 '권력의 행위자'라면, '미신적' 무속 행위자는 식민주의 시선으로부터 온전히 자유로운 주체도 아니며 또한 제국의 기획에 복무하는 신민도 아니다. 그러나 이들은 '식민지 상황임에도 불구하고' 위령과 주술적 치료, 마을공동체의 안녕이라는 문화적으로 정상적이며 관습적으로 용인되는 '미신행위'를 적극적으로 수행하는 문화 프로젝트의 행위자이다. 이러한 무속 행위자의 '무속' 문화 프로젝트에는 사실상 '단군을 교조로 하는 민족종교'나 '조선 무속'이라는 이상화된 고유 신앙도, 부정적인 의미를 가진 '미신'도 포함되지 않는다.[31]

식민 지배와 저항의 변증법 체계는 식민 지배자이든 피지배 식민지민이든 행위자의 프로젝트, 문화적으로 구성되는 의도와 욕망, 그리고 목표의 충돌을 통해서 작동한다(Ortner, 2006: 151). 윤해동에 의하면 "식민지 지배체제는…식민지민의 자율성에 대해 인정하기를 거부하고, 식민지민은 그들이 수용하고 내면화한 합리성에 대해 인정하기를 거부한다.…그것은 기본적으로 식민지민이 통치 담당자로 식민지 권력을 인정하지 않는다는 근본적인 조건으로부터 주어지는 것이었다"(윤해동, 2007: 80).

권력의 입장에서 보면 식민지민은 규율권력이 작동하지만 그 효과가 다르게 나타날 수 있는 불안한 존재이다. 또한 불온한 존재이다. 일제강점기 식민지 근대의 거대한 문명화 담론 프로젝트 안에서도 소위 '미신 숭배'를 멈추지 않은 무속 행위자는 '미신 타파'라는 식민지 규율권력에 "잠정적으로 그리고 전략적으로" 저항하는 힘을 가진 "불온한 대항 주체(insurgent counter-subject)"로 볼 수 있다(Bhabha, 1994: 91).

그렇다면 무속 행위자가 어떻게 '주체'가 될 수 있는가? 주체성(subjectivity)과 행위성(agency)의 관계에 대해 오트너는 다음과 같이 말하고 있다. "주체성은 행위성의 토대로서 사람들이 세계 속에서 어떻게 특정한 방식으로 행동을 수행하는지 이해하려고 할 때 필요한 개념이다. 행위성은 자연스러운 의지가 아니라 문화적으로 구성되는 감정·사고·의미, 즉 주체성의 맥락 안에서 특정한 욕구와 의도의 형태를 취한 것이다"(Ortner, 2006: 110).

이 불온한 주체가 실천하는 문화 프로젝트가 바로 실제 무교현상이다.

이 장에서는 실제 무교현상과 담론화된 '무속' 개념을 구별하여 '무속'이 '민족종교', '조선 민속', '한국의 고유 신앙'으로 개념화되어온 역사를 식민지 조선의 근대의 기획이라는 큰 틀 안에서 살펴보았다. 여기서 목표로 한 것은 식민지와 제국주의의 상호관계 속에서 창출된 식민지 근대의 특정한 재현물로서 상상되고 서사화된 '무속'을 해체하는 것이었다. 결론적으로 현대 한국 사회와 학계에서 통용되는 '무속' 개념은 원시적 종교도 과거 전통의 잔존물도 아니며, 일제강점기 제국주의 질서 안에서 창출된 '근대적' 개념이자 실제 무당과 신도의 종교적 실천과 경험세계와는 이중적으로 존재하는 또 다른 '역사적 실재'라고 말할 수 있다.

제3장

해방 이후 무교 연구의 원형론, 기능론, 실천론

제2장에서 '무속' 또는 무교의 개념으로 인식된 사회문화적 현상인 무교를 일제식민지 조선과 근대의 기획이라는 맥락에서 살펴보았다. 해방 이후 국학의 부흥과 더불어 1960년대를 전후하여 한국학의 여러 분야에 대한 관심이 크게 고조됨에 따라 무교 연구도 역사학이나 민속학뿐만 아니라 종교학, 문학, 인류학, 정신분석학, 연극, 음악 등 광범한 분야에 걸쳐 연구 주제와 방법론이 다양화되었다. 역사적 문헌의 고증보다는 무가의 직접적인 채록과 굿의례의 직접적인 현장조사에 의해 무교 자료집이 출판되고 특정 학문의 연구방법론에 따른 체계적인 연구가 이루어졌다.

연구방법론의 변화는 무교 연구에서 과거의 모습보다는 현재의 모습으로 연구 주제를 변화시켰고 특히 무교를 구성하는 요소 가운데 굿 제의와 무당의 종교체험을 중심으로 무교의 종교 형태에 대한 논의가 이루어졌다. 1950년대에서 1960년대까지 현장조사와 자료 수집으로 축적된 무교 연구는 1970년대에 들어 이론적인 논의가 본격화되었고 1980년대에 이르러 한국 무교의 문화적 특성과 구조에 대한 심화된 연구서가 나오기 시작했다.

1. 무교의 원형적 종교 형태론과 심리주의적 관점: 1960년대~1990년대

이 시기의 새로운 관심은 한국 무교의 문화적 고유성을 문화집단의 심리적·종교적·사회적 특성에서 찾아보려는 노력에서 촉발되었다. 무교의 문화적 고유성에 대한 첫 번째 이해방식은 무교를 고대로부터 현대에 이르기까지 한국 문화의 기층에 자리 잡고 면면히 이어온 역사적 종교현상으로서, 그리고 동북아시아와 유라시아 일대에 퍼져 있는 원시 종교현상인 샤머니즘의 일부로 본다. 고대 사회의 신화와 종교적 제의 분석을 통해 한국 무교의 원초적 형태를 모색하는 이러한 접근방식은 무교를 한국 문화사의 시원에 위치시킴으로써 현대의 무교를 고대 무교의 잔존물로 간주한다. 두 번째 이해방식은 종교경험의 심리학적 측면에 초점을 맞추어 무교를 한국인의 원형적 집단무의식 또는 종교적 심성의 원본이라고 본다. 이러한 이해방식에 의하면, 현대 무교는 원형적 심리 구조의 표면적인 재현으로 인식된다.

한국 무교의 문화적 고유성에 대한 두 가지 이해방식은 무교 연구에서 '문화적 유형론'과 '원형적 종교 형태론'으로 구체화되어 나타난다. 먼저 한국 무교의 문화적 유형론은 한국 무교와 시베리아 샤머니즘의 형태적 관계에 대한 논쟁에 잘 나타난다. 이러한 논쟁은 엘리아데의 샤머니즘 정의와 관련해서 촉발되었는데, 이에 대해서는 제1장의 '무교의 유형론적 비교의 문제'에서 심도 있게 다루었다.

무교를 통해 한국인의 종교적 심성의 뿌리를 탐구하고 한국 문화의 심층 구조를 탐색하는 '원형적 종교 형태론'은 이 시기의 연구에서 주축을 이룬다. 그것은 1970년대 서구적 근대화의 조류에서 상실된 '한국인의 종교적·심리적·문화적 정체성' 탐구에 집중되었던 당대의 지성적인 분위기의 산물이었다. 원형적 종교 형태론에서 무교를 이해하는 전형적인 방식은 심리주의적 관점이라고 할 수 있다. 즉, 연구자의 주된 관심이 무교의 내면적 특성과 숨겨진 차원에 있었고, 한국인의 종교적 신앙과 심성의 원형을 발견하는 데 집중되었기 때문이다. 다시 원형적 신앙 형태와 심성론으로 나눌 수 있는 무교의 원형적 형태론은 해방 이후 종교학, 정신분석학, 민속학, 교육학, 인류학 등 여러 학문분야에서 이루어진 무교 연구의 성과를 대표하는 것으로서 학술적 공헌이 매우 크다.

1) 신앙 형태의 원형론

한국 종교문화의 기원과 전승에 대한 종교사 기술에서 유동식과 정진홍이 종교현상의 의미 탐구에 중점을 두는 현상학적 접근을 시도하고 있다면, 이은봉은 고고학적 자료와 문헌자료를 활용한 문헌 실증적인 연구에 집중하고 있다.

'무속' 대신에 '무교'라는 용어를 처음 사용한 종교학자 유동식은『한국 무교의 구조와 역사』에서 무교를 단순한 사회적 습속 이상의 종교적 현상으로, 고대부터 현대에 이르기까지 일관되게 한국 문화사 속을 흘러온 '역사적' 종교현상으로 보고 있다(유동식, 1975). 특히 무교를 동북아시아와 내륙 유라시아 일대에 널리 퍼져 있는 원시 종교 형태인 샤머니즘의 일부이며 한국적 특수성을 지닌 '한국적 샤머니즘'으로 정의하는 유동식에게 '한국 무교'라는 용어는 무교의 보편성과 특수성을 모두 포용하는 것이 된다.

유동식의 무교 연구에서 보이는 특징은 다음과 같다. 그는 무교의 역사와 그것을 관류하는 구조를 '신앙의 원형적 형태와 그 변용'이라는 관점에서 파악하면서 무교와 무격신앙(巫覡神仰)을 따로 분류하고 있으며, 비교종교의 관점에서 그리스 신화의 개념을 빌려서 무교의 성격을 유교와 비교하고 더 나아가서 한국 무교를 퉁구스족이나 일본의 샤머니즘과 비교하고 있다.

유동식은 단군신화를 비롯한 고대 국가의 시조 신화 및 공동체 제의의 분석을 통해 한국 무교의 원초적 형태를 찾을 수 있다고 보았다. 한국 무교의 원형을 『삼국유사』와 『삼국사기』에 나오는 단군·주몽·혁거세 등 고대 국가의 시조 신화에서 도출하고, 거기에서 크게 세 가지 원형적 신앙 구조를 찾아냈다. 즉, 하느님의 아들이 산이나 숲속에서 강림한다는 '천신강림(天神降臨)', 땅의 여신이 자기부정 또는 죽음을 매개로 재생함으로써 성화된다는 '지모신(地母神)과 이중탄생(二重誕生)', 강림한 천신과 성화된 지모의 결합으로 생명이 탄생하고 문화가 창조된다는 '천지융합(天地融合)과 창조(創造)', 이 세 가지가 고대 신앙의 기본 구조이다.

이러한 기본 구조는 단순전승·변용전승·복합전승의 형태로 계속 이어져 내려왔다는 것이다. 천신강림 신앙이 공공성과 남성 중심의 제례 형식 ―천지신명과 산천, 조상에 제사지내는 것―으로 단순전승되었고, 지모신 신앙은 용신신앙을 비롯해서 서민층이나 주로 여성을 중심으로 한 현재의 무격신앙으로 변용전승되었으며, 천지융합에 대한 신앙은 외래 종교와의 혼합을 통해 복합전승 되었다고 보았다.

한편 유동식은 부족적이며 집단적인 성격의 고대 무교와 개인적이며 주술적인 성격의 무격신앙을 구분하는데, 고대 무교가 오늘날의 무격신앙으로 변화된 것을 문헌을 제시하며 설명하고 있다. 즉, 신라시대에 불교문화가 번성하면서 개인적 실존에 대한 자각과 더불어 사회적 불안을 해소하기 위한 방편으로 제화치병(除禍治病)·벽사진경(辟邪進慶)의 주술적 기능을 하는 무격신앙으로 변했다는 것이다. 또한 그리스 신화의 개념을 빌려서 유교문화와 무교문화를 각각 아폴로적 문화와 디오니소스적 문화로 범주화하고 무교문화를 이성과 질서·안정보다는 창의적 자유의 카오스와 정열을 선호하는 엑스타시 문화이자 원시적인 창조적 역동성의 잔존물로 보았다. 유동식의 한국 무교에 대한 관점을 요약하면, 무교는 "노래와 춤으로써 하늘과 땅, 신령과 인간이 하나로 융합되어 새로운 생명과 문화를 창조하는 원초적 종교현상"이다. 여기서 그는 고대 무교가 시대에 따라 다른 종교와의 결합을 통해 새롭게 변형하며 전승되어온 역동성을 한국 문화의 창조적 에너지원이라고 보고 있다.

이은봉은 유동식과 마찬가지로 고대 무교의 성격을 단군신화나 국조 신화에 나타난 신관(神觀)을 중심으로 구명하고 있다. 이은봉은 『한국고대종교사상』에서 『삼국유사』에 나온 문헌적 신화의 내용 분석을 통해 천신·지모신·조상신의 삼신신앙의 구조와 역사적 전개를 기술하고 있다(이은봉, 1984). 고대 무교의 신앙을 삼신 구조로 보고 있는 점 등 이은봉의 기본 분석틀은 유동식의 연구를 따르고 있으나, 보다 정확한 문헌자료의 제시와 분석, 고고학적 유물자료의 활용, 중국이나 시베리아의 퉁구스족 신관과의 비교 등을 통해 고대 무교의 신 관념의 총체적 모습을 제시했다.

유동식이나 이은봉으로 이어지는 한국인의 종교적 신앙과 의례의 원형을 무교에서 모색하는 입장은 정진홍의 '전통적 신앙 원형'의 모색에 그대로 이어진다. 무교를 '무속종교'라 칭하는 정진홍은 『한국종교문화의 전개』에서 무교를 한국인의 의식 속에 내재하는 본연적인 경험적 실재로서, 즉 한국 종교문화의 '원형적 표상'이라고 주장하며 '무속의 종교다움'을 규명하려 했다(정진홍, 1985).

정진홍은 무속종교의 연구가 '우리 나름대로'의 종교적 구원의 논리를 서술하는 한국 종교사의 목적을 달성하는 데 출발점임을 지적하고 무속종교의 원형성에 대해 고찰하고 있다. 여기서 원형은 '한국인의 종교적 경험의 내재적 구조'를 의미한다. 정진홍은 무속신앙의 원형을 ① 하늘님을 정점으로 산신신앙과 조령(祖靈)신앙으로 전개·분화되는 천신현상, ② 성속

(聖俗)의 경계가 '지금 이곳'의 놀이마당에서 변증법적으로 합일되는 통과의례적 신앙 구조, ③ 인간을 위한 신이 아니라 인간 위주의 신앙이 지배하는 '현세적 휴머니즘'에서 찾고 있다.

정진홍은 무속종교의 종교성이 초월적 존재나 궁극적 가치에 대한 경험을 추상화하지 않고 그 힘의 위력을 '지금 여기'의 직접적인 현실에서 추구하는 의례 중심의 관습화된 생활양식을 통해 유지되어왔으므로 무속을 원시적 역현종교(kratophany)로, 무속의 신령을 '사라진 신'으로 보았다. 여기서 그는 '원시적 종교'의 의미를 역사의 단계적 현상이나 문화적 잔여물이 아니라 기독교나 불교처럼 이념이나 공동체로 다듬어지지 않은 '거친 종교'로서, 때로 미신으로 오해받지만 '규범적인 기층'으로 현대 문화의 뒷전에 살아 움직이는 종교라고 해명하고 있다. 또한 궁극적인 관심보다 현실적인 기능을 우선하는 무속의 현세적 휴머니즘은 어떤 외래 종교의 신도가 되든 간에 한국 종교인의 일반적인 신앙태도에서 쉽사리 권위에 종속될 수 있는 경향성을 초래한다고 보았다.

정진홍의 전통 신앙 원형론은 유동식이나 이은봉과 마찬가지로 단군신화에서, 그리고 사라진 신이지만 잠재적 권력을 가지고 있는 천신신앙에서 무교의 원형을 찾고 있다. 그러나 그 원형이 한국 문화사에서 전승되는 과정과 성과에 대한 평가에서 약간의 차이를 보인다. 무속종교의 전승과 현대적 의미와 관련하여 보수성과 창조성에 초점을 두어 이들의 견해를 비교해보면, 유동식이 무교의 천지신앙의 융합이 자아내는 진화적 창조의 측면을 강조한다면, 정진홍은 사라지고 잊힌 신에 대한 기억에 의존하면서 역사 창조의 참여보다는 엘리아데의 이른바 '근원에의 회귀(eternal return)'라는 명목 아래 침체적이고 소극적인 신앙의 특성을 강조한다. 한편, 예수회 신부이자 영문학자인 키스터(Daniel Kister)의 『무속극과 부조리극: 원형극에 관한 비교연구』는 굿의 종교성을 연극학의 입장에서 탐구하고 있다

(키스터, 1986). 그는 무당굿의 강신 의식이 자유와 조화를 지닌 낙원의 상태를 재현하는 종교적 원형극이라고 보았다.

2) 신화의 무속적 원형론

김열규의 『한국신화와 무속 연구』는 한국의 신화가 북아시아 샤머니즘과 많은 유사성을 가지고 있다는 대전제에서 건국 신화와 무속 신화 모두에서 그 안에 내포되어 있는 무속적 원리를 추출해내어 보여준다. 또한 일본 신화와의 비교에서도 비슷하게 설명될 수 있음을 주장하고, 나아가 한국 신화와 일본 신화에서 보이는 무속적 원형 구조가 북아시아 샤머니즘과 유사함을 입증하고자 했다(김열규, 1977).

김열규는 상고대 신화는 상고대 왕조의 왕권이 무속 원리에 의해 신성화된 이야기이며, 오늘날의 무속 신화가 무신의 본풀이라면 상고대 신화는 무속적 원리를 지닌 신성왕권의 본풀이가 된다고 보았다. 신화는 신성이 확립되어가는 과정을 이야기하는 서사문학으로서 신성 현현의 이야기라고 전제하고 한국 신화의 중핵적 원리가 무속신앙에 있다고 보았다. 그는 그것을 한국 신화의 '무속소(巫俗素)'라고 불렀다. 그는 단군신화를 비롯한 국조 신화와 무속의 바리데기 신화에서 한국 신화의 무속소를 분석하며 탈영(脫靈, soul-flight) 모티브와 천신강림 모티브를 찾아내고 일본 신화의 천손(天孫)강림 모티브와 더불어 시베리아 샤머니즘과의 친화성을 입증하려 했다.

이와 같이 김열규는 한국 신화의 무속적 원형을 시베리아 북방 샤머니즘과의 친화성을 통해서 무리하게 추론하다보니 한국 무속의 문화적 특유성에 대한 성찰을 상대적으로 놓치고 있다. 이러한 문제점은 특히 그가 한국 무속에서 일반적으로 나타나는 빙의(憑依)현상을 탈영현상에 비해 상대적으로 중요성을 갖지 않는 것으로 본 것에서 잘 나타난다. 김열규는 일본 신화를 이야기하는 장에서 자신의 논지가 북방에 치우친 듯한 것은 일본 학자들이 남방 문화의 영향에 대해 치우친 것을 보완하기 위해서라고 해명하고 있다.

3) 심층심리적 원형론

이부영은 무교의 분석심리학적 연구방법론을 정립한 중요한 연구자로서, 여기서는 그의 주요 논문을 중심으로 평가하고자 한다(이부영, 2012).[1] 이부영은 융의 분석심리학 방법으로 빙의현상을 분석하여 집단적 무의식으로 규정된 한국인의 정신적 태도의 원형을 추적하는 연구를 했다. 유동식·정진홍·김열규가 무교의 원형적 신관이나 신앙 형태에서 나타나는 원형적 특징을 엑스타시와 탈혼현상을 중심으로 논의하고 시베리아 샤머니즘과의 현상적 친연성을 강조하고 있다면, 이들과 달리 이부영은 빙의현상을 무속의 지배적 현상으로 보고 있다. 이러한 관점의 차이는 종교학자와 신화 연구자들은 학문적 특성상 문헌 신화의 고정불변한 텍스트에 신뢰를 두지만, 임상적 관점에서 무교에 접근하는 정신의학자들은 실제 굿의 현장에서 빈번하게 나타나는 현상에 대한 관심이 더 많기 때문이라고 보인다.

이부영은 「귀령현상의 분석심리학적 이해」에서 귀신은 마음의 반영이며 무의식의 내용 가운데 하나로서 여러 감정적 콤플렉스가 외계로 투영되어 나타난 심리적 현상으로 보았다(이부영, 1976).[2] 특히 무속에 원귀(怨鬼)가 많이 등장하고 때로는 무당에게 영험을 주는 몸주신이나 강력한 힘의 무신(巫神. 단종, 최영장군, 사도세자 등)으로 숭배되는 것은 인간의 원시적 감정체험으로서의 한(恨)과 죽음에의 외경 심리를 투사한 것으로 보았다. 또한 귀신이 몸에 들어와 자아가 신과 일체가 되는 빙의는 무의식의 콤플렉스로 말미암은 자아의식의 전적인 지배로 일어나는 정신적 현상이며, 의식과 무의식의 구별이 상대적으로 뚜렷하게 나타나는 이러한 현상은 자아의식의 발달이 어느 정도 진행된 단계에서 일어난다고 보았다. 그리고 한국 무속은 엑스타시 체험을 중심으로 하는 시베리아 샤머니즘보다 심리적으로 더 발달된 종교 형태인데, 탈혼에 의한 엑스타시가 중심이 되는 시베리아 샤머니즘에는 의식과 무의식의 긴장이나 대립이 적은 반면 '신들림'으로 표현되는 신병 체험과 빙의현상이 중심을 이루는 한국 무속은 무의식을 상징하는 신 또는 귀신의 개념이 발달한 보다 종교적 성격을 갖는다고 보았다.

이와 같이 인간의 근원적이고 보편적인 요소로서 집단적 무의식을 설정하고 이를 구성하는 선험적 조건을 원형(Archetypus)이라고 정의하는 융의 심층심리학적 가설에 따라 한국 무속의 원형적 심성을 귀령현상에서 발견하려 했던 이부영의 연구는, 미신이나 주술적 원시 종교로 인식되고 있는 무속을 보다 발달된 정신현상으로서 그 종교성을 규명하고 있다. 이부영은 종교적 경험에 나타나는 심리적 현상의 비교를 통해 한국 무교와 샤머니즘의 차이성을 설명함으로써 두 종교 전통의 관계에 대한 기존의 문화전파론적 접근과는 다른 차원에서 이 문제를 중심으로 한 논쟁에 새로운 연구 과제를 제시했다.

이부영이 융의 분석심리학적 방법에 입각해 무속적 종교체험의 상징적 의미를 규명했다면, 김광일은 『한국 전통 문화의 정신분석』에서 프로이트의 정신분석학적 방법에 입각해 신화와 무속적 종교체험에 내재되어 있는 성적 상징과 오이디푸스 콤플렉스를 추적하고 문화정신의학적 방법으로 병굿, 신병, 무녀의 강신몽(降神夢), 신비체험에 대한 임상학적 의미를 규명했다(김광일, 1984).

1960년대 말부터 시작한 현지조사와 문헌조사에 기초한 김광일의 연구 목적은 무속을 통해 한국인의 원초적 형태의 성적 복합심리를 추적하고 무속에서 원시적 정신치료의 원리를 발견하는 데 두었다. 무속의 존재의미를 인간 정신의 갈등과 불안을 해소하는 치료적 기능에 있다고 전제하고, 무당의 강신몽 분석과 신병 체험의 내용 분석을 통해 정신적 갈등과 불안의 원인이 유아기 친족 상간 욕구, 즉 오이디푸스 콤플렉스에 있으며, '신들림 현상'은 신과의 결혼 또는 성적 접촉을 통한 콤플렉스의 환상적 성취(또는 오이디푸스 승리[Oedipus triumph])라고 보았다.

신병을 성적 억압이 무속적 가치관에 투사되어 생긴 정신병리 현상이자 동시에 현실의 심리적 고통을 신령이나 귀신 같은 초자연적 존재의 빙의에 투사하여 해결을 모색하는 적극적인 정신적 치료법으로 분석한 김광일은 무속적 정신치료가 한국인의 정신문화에 공헌하는 것이 무엇인가를 모색했다. 그는 신병을 무당이 되기 위한 필수적인 과정으로 인식하는 무속 사회의 윤리는 무당이 되어 다른 사람의 정신적 갈등을 치료하는 치료자가 됨으로써 자신의 신병도 치유하는 '인도주의(人道主義)'라고 본다. 다시 말하면 정신적 문제를 초자연에 투사하고 무당의 개인적 고통을 환자의 고통에 투사하여 치료하는 무속적 정신치료법은, 신령과의 공생적 상호의존과 무당과 환자의 정신적 고통의 공유를 중심적 윤리로 하는 인도주의적 실천이라는 것이다.

이부영과 김광일의 심층심리학적 무교 연구는 무교현상 자체의 연구보다도 심층심리학의 분석적 훈련이나 정신의학적인 임상적 관심에서 비롯된 것으로, 무교의 병리적인 측면보다는 치유적 기능과 인도주의적 윤리에 초점을 맞추고 무교의 문화적 공헌을 해명하는 데 기여했다.

4) 사고 구조의 원본론

김태곤은 『한국 무속 연구』에서 무교 신화와 의례의 분석을 통해 한국 문화의 원형적 심성 구조를 발견하려 했다(김태곤, 1981). 그는 서문에서 '발로 더듬은 무속현상'을 손이 대필해준 것에 불과하다고 밝히고 있을 만큼 현장조사의 중요성을 강조하는데, 1960년부터 1979년까지 근 20여 년간의 현장조사에 공들인 열정과 의지의 결정체가 이 책이다. 그는 무속현상을 '있는 그대로' 충실하게 기술하기 위해 특정한 이론이나 방법론을 배제한다고 전제하고 무속적 사고 구조에 대한 독창적인 철학적·심리학적 해석을 제시하고 있다.

김태곤은 '한국인이 무엇 때문에 왜 굿을 하는가'라는 실용적인 의문에서 출발하여 '무엇이 무속인가'라는 무속의 존재론적인 질문으로 옮겨가면서 무속의 종교 인식에 '잠재하는 원형'을 이론적으로 탐색하려 했다. 여기서 '무속적 사고 구조'는 외래 종교가 들어오기 전 상고대부터 형성된 한국인의 종교의식이 집약·조직화된 것으로 한국 문화의 에너지원으로 작용하는 것이다. 김태곤은 이것을 '원본(原本, arche-pattern)'사고라고 불렀다. 김태곤은 이 개념이 무속현상에 대한 분석에서 도출된 것이지만, 모든 민속적 현상에 동일하게 나타날 뿐만 아니라 현대인의 심성에도 나타나는 인간의 존재 근원에 대한 원형적 사고라고 보고 있다.

그런데 당시 널리 사용되던 원형 개념인 엘리아데의 '원형(archetype)'이나 융의 '원형(archetypus)' 대신에 김태곤이 '원본'사고라는 새로운 개념을 사용한 이유는 무엇인가? 그리고 새로운 개념 사용이 무속현상을 설명하는 데 얼마나 유용한가? 앞서 언급했듯이 그는 무속현상을 '있는 그대로' 충실하게 기술하기 위해 특정한 이론이나 방법론을 배제한다고 전제한다. 그는 엘리아데의 원형 개념에 중심이 되는 천지창조 신화가 한국의 무속 신화에는 없다고 보았기 때문에 엘리아데의 원형 이론이 한국 현실에 맞지 않는다고 보았다. 대신에 신의 도그마가 개입함이 없이 혼돈 상태의 천지가 스스로 열려 우주가 생성되었다는 천지시원(天地始原) 신화와 천지개벽(天地開闢) 신화에서 나타나는 한국의 무속적 사고의 특이성을 규명하기 위해 '원본'사고의 개념을 만들어냈다고 설명하고 있다.

김태곤은 '원본'사고를 "존재의 영구 지속을 위해 공간과 시간의 제약을 벗어나 그 존재 근원인 카오스의 영원으로부터 존재를 보는 사고"라고 정의하고 있다. 대단히 모호하지만 이를 풀이하면, 존재 근원이 카오스이고 카오스는 바로 영원이며 영원에의 회귀가 바로 '원본'사고이다. 원본은 신의 창조 이전에 이미 존재하는 '존재의 근원'이며, 그것은 우주의 질서 즉 코스모스 이전의 카오스이며, 달리 말하면 '자연적 상황의 미분성' 그 자체를 의미한다.

'원본'사고는 이러한 미분화된 자연적 상황의 영구 지속을 기원하도록 만드는 정신적 에너지원으로서 자연이 순환운동을 통해 영구 지속하듯이 존재의 영원한 순환을 지속시킨다. 신성한 것은 미분화된 상태로 세속적인 것은 분화된 상태로 보고 가난에서 부로, 불행이 행으로, 속박에서 자유로, 무에서 유로의 이행을 분화된 상태에서 미분화로의 이행이라고 보고 있는데, 무속적 민간인의 심성 구조에서는 부·행운·자유 등의 욕구 충족이 신성한 것으로 인식되고 있다고 설명한다. 이와 같은 김태곤의 '원본'사고론은 제액초복을 목표로 하는 기복신앙으로 압축되는 무속적 신앙 형태를 '있는 그대로' 현장과 민간 신앙인의 입장에서 이해하려는 것이라 할 수 있다.

또한 김태곤은 종교현상에 대한 모든 설명을 '카오스' 개념으로 환원시키고 있다. 즉, 카오스가 말로 나타난 것을 신화로, 그것이 행동화된 것을 제의로, 거기서 나온 사고를 우주관으로, 신은 카오스의 의인적 상징화로 설명한다. 그뿐만 아니라 강신과 신병의 의미와 기능도 카오스로의 근원 회귀로 설명한다. 그러나 이러한 설명방식은 엘리아데의 성현(聖顯) 개념과 크게 다르지 않다. 사실상 '원본'이나 '원형'이나 명칭은 다르지만 그 의미가 거의 동일하기 때문에 김태곤은 특별히 개념 규정을 해야 할 때를 제외하고는 자신이 만들어낸 개념인 '원본'사고 대신에 자주 원형이란 개념을 사용하고 있다.

무속 현장의 실태에 대한 민속학적 연구를 종교현상학적 연구와 접목시키려 한 김태곤의 시도는 사실상 특정 이론이나 방법론과 용어를 공공연히 거부하면서도 엘리아데가 주장하는 신성한 모델로서의 원형 개념 또는 카오스와 코스모스, 영원회귀성의 개념에 상당한 근거를 두고 있다. 그의 '원본'사고 이론은 일관성 있는 체계를 갖추고 있어서 독창적인 민속학적 이론으로 새로운 관심을 불러일으켰다(이정재, 1997).

5) 원형적 가치관: 현세주의와 인간중심주의

김태곤이 한국인의 심성 구조를 무속의 사고체계에서 모색했다면 김인회는 『한국 무속사상연구』에서 한국인의 원형적 가치관과 인간관을 무속문화에서 찾고 있다(김인회, 1987). 김태곤과 달리 김인회는 본향에의 환원사상이나 내세와 구원에 대한 관념이 무속에는 없다고 보았다. 그는 현세의 인간 사회에서 천·지·인의 신성한 합일과 조화를 지향하는 현세주의적 세계관과 조화론적 사고방식 및 인간중심주의가 무속의 '원형적 가치관'이라고 보고 있다. 또한 굿의 궁극적인 목적이 살아 있는 사람의 재액초복에 있다고 보았다.

구체적으로 춤과 노래를 중심으로 한 놀이 형식으로 의례, 재수와 복을 받기 위해 이루어진 신령과의 거래 및 타협 과정이 조선시대 관료에 대한 백성의 대응방식과 유사하다고 지적하면서 무속종교의 가치관을 현세주의적이라고 평가한다. 그리고 그러한 무교의 가치관의 원형을 단군신화의 홍익인간과 신성한 거주지인 소도에서 행하는 강렬한 집단적 음주가무 의식에서 찾고 있다. 그는 고대 무교에서 발견되는 성역관(聖域觀)과 신성족(神聖族)으로서의 선민의식이 삼국시대 외래 종교 및 선진 사상과의 복합과정에서부터 지금에 이르기까지 쇠퇴했음을 탄식하면서, 고대 무교의 원형적 가치관을 복원하여 민족적 자존심의 회복과 공동체의식의 함양 같은 교육적 목표를 달성하는 데 활용해야 한다고 역설하고 있다.

김인회가 무교의 가치관을 현세주의적 인간중심주의로 보는 관점은 무교에서 교육적으로 긍정적 가치를 발견하려는 의도에서 비롯되었다. 특정한 목적의식을 가지고 무교를 연구하는 태도는 김태곤이나 다음에 다룰 조흥윤에 이르기까지 일관되게 나타난다. 김인회의 현세적 인간중심주의론, 김태곤이 무속을 '자연적 있는 그대로'의 현재적 종교현상으로 파악하는 관점, 조흥윤이 무(巫)의 원리를 조화로 보는 관점 등에 공통적으로 나타나는 긍정적 무교관은 무교를 미신적인 사회적 관습으로 인식하는 대중의 부정적 관점을 교정하려는 의도에서 비롯된 것이라 볼 수 있다.

6) 원형적 원리론: 조화의 원리

조흥윤의 『무와 민족문화』, 『한국 무의 세계』, 『무—한국 무의 역사와 현상』은 한국의 전통 종교로서 그리고 민족문화의 뿌리로서 무의 역사와 구조를 구명하고 조화의 원리를 한국 종교의 원형적 도덕률로 부각시키고 있다(조흥윤, 1990; 1997a; 1997b). 연구자로서 조흥윤이 취하고 있는 '무의 안목'은 철저하게 무의 종교적 현실에 대한 이해에서 출발하며, "무가 민족문화의 성격 형성과 그 전개에 바탕이 되고 그것을 신봉하는 종교 전통과 사제로서의 무당이 있건만 유교 및 서양식 가치관에 기울어져서" 무를 천대하고 오해하는 '남의 안목'에 대한 교정의 목적이 있다(조흥윤, 1997b).

제1장에서 언급했듯이, 조흥윤은 '인간과 신령과 무당이 함께 굿이라고 부르는 제의에서 만나 인간의 문제를 풀어버리는' 종교현상을 무속의 특징으로 정의하고 이를 '조화'의 원리로 규정한다. 조화의 원리는 굿의 짜임새와 신령의 성격뿐만 아니라 굿의 사회적 기능과 한국 종교문화의 전통에도 확대 적용된다.

굿은 준비과장(請神)--본과장(娛神)-종결과장(送神)의 완결된 3부로 구성되어 있으며, 어느 굿거리에서도 어느 한 감정에 치우침이 없이 희로애락을 모두 담아내는 감성적 조화를 꾀한다. 신령의 성격에서도 하늘과 땅이나 산과 바다 등의 자연, 역사적 영웅이나 시조신 같은 인물, 도교 및 불교 신령까지 모두 인간에게 덕을 끼친다면 올바른 신령(正神)으로 받들며, 유교 제사를 받는 집안의 혈연조상은 물론 잡귀·잡신까지도 대접하는 포괄적인 신관이 바로 조화의 원리를 반영한다. 또한 굿에는 굿을 의뢰한 제가집을 위시하여 외가·처가, 심지어 출가한 딸까지도 참여한다. 무당과 악사가 공동으로 의례를 주관하며, 마을굿의 경우 마을사람들이 모두 물질과 정성으로 참여하는 등 혈연·지연 공동체를 아우르는 조화의 정신을 엿볼 수 있다.

한국인의 인성에도 조화의 원리는 적용되어 음주가무를 즐기고 신들림 체험을 추구하는 "한국 사람은 사물을 분석하여 논리적으로 따지지 않고 한순간의 총체적·직관적 이해로써 파악하고 표현"하는 인성적 특징을 가진다(조흥윤, 1997b: 22). 더 나아가 조화의 원리는 조선조 성리학의 대두로 무가 천대받고 미신화되기 이전까지 불교·도교와 함께 평화롭게 공존해 온 종교 전통의 근간이라고 보았다. 현대 사회의 다종교 상황에까지 적용할 수 있는 이러한 조화를 한국 사회의 원형적 도덕률이라고까지 주장한다(조흥윤, 1995).

이와 같이 조화의 원리를 굿의 구조뿐만 아니라 한국인의 인성, 한국의 종교 전통 및 사회적 도덕률에 이르기까지 확대 적용하는 것은 종교를 문화라고 보는 '총체론적 문화론(holistic culture)'의 관점에서 출발하기 때문이다. 조흥윤의 이러한 관점은, 굿 본과장의 각 거리가 전체 굿과 같은 구조로 짜여져 있는 '중층적 구조'를 고려시대 불교와 도교·유교가 무와 함께 공존했던 다종교 공존의 면모를 반영한다고 해석하는 데서 극명하게 드러난다. 조화의 원리가 한국인의 삶을 '고루 어우러지게' 해주는 역동적인 원리라고 보는 그의 관점은 종교를 문화의 핵으로 보는 것으로, 기어츠(Clifford Geertz)가 '종교적 관점(religious perspective)'이라고 묘사한 것과 같다(Geertz, 1968: 95-112). 기어츠가 말하는 종교적 관점은 공식적 문화의 장에서 지배적인 힘으로 작용하는 경우를 뜻한다. 예컨대 서구 문화에서의 그리스도교, 이슬람 문화권에서 이슬람, 조선 사회에서 유교가 행사하는 영향력처럼 한국 문화의 구조와 한국인의 사회적·종교적 생활의 차원에서 '무'가 그만큼 지배적인 힘을 행사했음을 주장하는 것이다.

2. 무교의 사회기능론과 구조기능주의적 관점: 1970년대~1980년대

지금까지 살펴본 무교 연구는 '무교가 무엇이냐'라는 본질 문제에 초점을 맞추었기 때문에 무교의 의미는 그러한 질문을 하는 연구자의 특수한 가치와 개념으로부터 벗어날 수 없었다. 역사주의적 관점에서든 심리주의적 관점에서든 한국 무교의 정의는 특정한 신앙 형태나 제의 형태로 일반화되는 경향이 있었고, 그것을 원시 종교라 하든 원형적 심성이라고 정의하든 형태적인 유형화를 위한 소재적 중요성을 가질 뿐이었다. 이와 같이 한국인의 종교적 심성과 가치관의 기원과 기층에 위치한 실체로 객관화되는 무교는 '한국적인 무엇(Koreanness)'을 복원하고 설명하는 개념적 고안물이다.

그러나 무교가 '무엇을 하느냐'라는 기능의 문제에 초점을 맞추는 구조기능주의적 관점은 실제 사회생활의 구조 안에서 그리고 구체적인 사회관계 속에서 작용하는 무교의 실천적 측면에 대한 기술에 역점을 둔다. 무당이나 단골 같은 신앙인을 사회적 지위와 역할을 가진 사회의 구체적 구성원으로 접근하는 구조기능주의적 무교 연구는 무교를 종교적 경험과 행위주체의 주관적 시각에서 역사적·사회적으로 구성되는 것으로 본다. 이러한 입장은 무교에 대한 기술에서도 사례들의 일반적 유형화를 목표로 한 개념적 추론보다는 연구자가 무교 현장의 직접적인 참여와 관찰에서 얻은 사례들 안에서 일반화하는 임상적 추론에 의존한다.

1980년대에 본격화된 무교에 대한 구조기능주의적 연구의 기초는 1950년대부터 1970년대까지의 민속학적 현지조사와 자료 집성 과정을 통해 다져졌다. 1954년 한국민속학회, 1957년 국문학회, 1958년 한국문화인류학회의 창립은 무교의 기능주의적 연구로의 전환을 마련하는 토대였다. 1968년 한국문화인류학회지가 출간되고 1969년부터 문화재관리국의 위촉으로 전국민속종합조사가 실시되면서 무속에 대한 기초조사 보고서와 함께 현장연구 결과가 출판물로 나오기 시작했다. 매년 도별로 1권씩 출간된 『전국민속종합보고서』는 자료집의 성격이 강하며, 1960년대부터 1970년대까지 무속에 대한 현장연구에 바탕을 둔 결과물들 역시 주로 무가집의 형태로 출판되었다.[3]

그러다 한국문화인류학회 초대 회장으로 학회를 10년간 이끈 임석재의 「한국 무속연구 서설 (I)·(II)」을 필두로 인류학적 개념과 방법론에 입각하여 무교의 문화적 특수성과 사회적 기능에 대한 이론적 연구가 활발하게 이루어졌다(임석재, 1970·1971). 임석재의 연구는 앞으로 전개될 인류학적 무교 연구의 기틀을 세우는 중요한 계기였다.

임석재는 무속을 "일반 민중이 현세적 생활 속에서 경험하고 탐구하여 얻어진 각종의 지식과 기술과 사고로써 만든, 말하자면 인간의 모든 경험 내용이 침전된 민족 고유의 집단적 요소로 구성된 신앙체계"로 정의하고 "생활에 효과적인 것은 그 효용이 더 높아가고 그런 요인들은 종합되어 시대를 거듭함에 따라 특수한 구조로 체계를 이루어 무속으로 발전"한 것으로 보았다(임석재, 1970; 김택규·성병희 공편, 1986: 7).

이와 같이 민중의 일상적 사회생활에서 실행되는 신앙으로서 무속의 현재적 양상을 중시하는 임석재는 무속의 역사적 기원을 고대 단군신화와 국조 신화에서 찾는 것을 당연시했던 당대의 역사주의적 무교 연구를 '부질없는 노고'라고 비판했다. 그리고 무속은 "특정 개인이나 특정 권위자의 창도로서 기원한 것이 아니고 민족집단 전체의 힘으로 이루어진"(김택규·성병희 공편, 1986: 6) 것으로 정의하고 있다.[4] 그가 말하는 '민족집단' 개념은 민족주의적인 의미를 갖는 것이 아니고 인류학에서 사용하는 '민족집단(ethnic group)'을 가리킨다. 따라서 그는 한국인이라는 민족집단의 고유한 신앙체계인 무속은 시베리아 민족집단들의 신앙체계인 샤머니즘과 다를 수밖에 없고, 한국의 무당은 샤먼이 아니라고 주장한다. 또한 무속이 샤머니즘의 범주에 들기는 하지만 "원류가 같다고 발달상이 달라진 것을 동일의 것으로 본다는 것은 억지"라고 말한다.

임석재의 한국 무속의 독자성론은 이후 유동식을 비롯한 종교학자와, 최길성·현용준·조흥윤 등의 사회인류학자들 사이에 논쟁을 불러일으키는 계기가 되었으며, 무교의 사회기능론적 연구 방향에 지대한 영향을 미쳤다.

무교의 사회기능론은 두 가지 방향으로 전개되었다. 먼저 일본에서 학문적 수련을 받은 국내 사회인류학자들에 의한 한국 무속의 지역적 특수성에 관한 연구로는 최길성의 『한국 무속의 연구』와 현용준의 『제주 무속의 연구』가 있다(최길성, 1978; 현용준, 1986). 이들 저서는 각기 동해안 무속과 제주도 무속에 대한 인류학적 연구로 각 지방의 문화적·사회적 배경에 대한 이해를 토대로 한국 무교의 문화적 특수성과 사회적 기능에 대한 논의를 구체화한 중요한 연구 결과이다. 또 다른 방향은 임돈희와 자넬리(Roger Janelli), 켄달(Laurel Kendall), 하비(Youngsook Kim Harvey) 등 미국에서 인류학 훈련을 받은 학자들에 의한 무교연구이다. 이들 인류학자들은 전통 사회의 사회구조와 문화체계 안에서 무교의 사회적 기능을 분석하고 있다. 이들의 연구서의 구성이나 기술방식은 기존의 민속학적 기술과는 다른 민족지적 기술(ethnographic description) 방식을 취하고 있다. 전자가 종교현상으로서 무당·신령·굿의례·무가 등에 관한 개별 기술 또는 종합적 기술에 치중했다면, 후자는 그러한 종교현상을 가족·친족·마을공동체 등과 같은 사회적 제도 및 구조와의 관련성 안에서 총체적으로 분석하면서 주로 무교의례의 사회적 기능에 초점을 맞추고 있다.

1) 한국 무교의 지역적 특수성에 관한 연구

최길성은 『한국 무속의 연구』에서 동해안 지역의 사제무(司祭巫)인 '당골' 집단의 사회조직과 무의(巫儀)에 관한 현지조사 자료를 기초로 사회인류학적 분석을 하고 있다. 그는 실제 무당 사회의 일상생활에 가족 같은 인간관계를 형성하여 의례나 행사 때 직접 참여관찰하는 현지조사 방법을 통해 자료를 수집했다.

이 책의 제1부에서 무당 집단을 대상으로 무당들이 어떻게 집단을 형성하고 유지하는가, 사회계층으로서 무당의 특징은 무엇인가, 무당의 사회적 기능은 무엇인가 등에 관한 문제를 무당의 가족체계와 상속제도, 무당

사회의 혈연과 혼인관계, 무업의 전승과 보전 문제, 무당의 마을 내에서의 사회적 지위와 역할 등에 대한 분석으로 규명하고 있다. 여기서 그는 무당 사회를 예외적인 것이 아니라 한국 사회의 전체 구조 안에서 특별한 기능을 하는 하나의 '사회집단'으로 접근하고 있다.

제2부에서는 동해안 무당의 굿을 의례의 사회적 기능과 참여집단의 사회적 성격에 따라 가제(家祭)와 부락제로 나누고 가제(재수굿, 우환굿, 사령굿) 가운데 사령제인 오구굿과 부락제인 별신굿을 중심으로 굿의례의 상징적 의미 구조와 사회적 기능을 분석하고 있다.

무당 집단의 분석에서 최길성이 전제하는 것은 무당과 '당골'의 지역적인 구분이다. 중부 이북 지방에서는 무병경험과 개인적인 신당, 무의(巫儀) 수행능력을 형성 조건으로 하는 무당이 주류를 이루고, 전라·경상·제주 등의 남부 지방에서는 마을이나 지역의 전문적인 사제로서의 직분을 갖는 '당골'과 사적인 활동을 하는 샤먼 점쟁이가 있다고 보았다. 또한 최길성은 한국 무속신앙의 원초적 형태를 샤머니즘이라고 단순히 말할 수 없으며, 우리 문화의 원형으로서 '당골'과 같은 사제를 중심으로 한 무속신앙 위에 북방 샤머니즘이 흘러들어와 복합·습합되었다는 가설을 제시했다.

'당골'은 혈연에 의한 특수 사회계층으로서 학습에 의해 무업을 전승하고 민간신앙 의례를 집행하는 사제의 역할을 한다. 이와 같이 '당골'은 마을의 안전과 풍년을 위한 신사(神事)에 종사하면서 마을에서 보수를 받으며, 마을 주민의 통합과 조직화를 도모하는 사회적 역할을 담당하는 사제로서의 역할을 수행한다. '부락제'[5]를 위한 사제무의 선정은 그러한 사제로서의 역할의 사회적 효과에 따라 결정되고 계약을 따르기 때문에 당골들 사이에는 경쟁적 관계가 형성된다. 무당은 사회적으로 마을 사람들보다 하층에 속하며 마을 사람들은 경제적으로 무당을 지원하는 당골 조직을 형성한다. 무당의 무업은 무당 사회 내의 혼인을 통해 계승되는데 혼인은 무당의 입문의식이 된다. 무당은 소수집단으로 결혼 범위가 극히 한정되어 있으나 혼인에 의한 친족집단은 동업자로서의 무업집단 형성에 기초가 된다. 달리 말하면 무당 집단은 한국 사회의 조직 원리인 부계 혈연 계승 원리를 따르지 않고 굿 수행능력과 직업적 동류의식에 기초한 연행(演行) 집단의 성격이 강하기 때문에, 실제로 집단적 연속성이 매우 약하지만 혼인에 의한 친족의식을 통해 그 연속성을 유지한다.

한편 별신굿은 지역공동체의 감정적 연대와 경제적·사회적·정치적 협력을 도모하는 기능을 하는 종교적 제의로 의례 집행과정에서 사회 내의 사회적 지위와 역할관계를 드러냄으로써 사회구조를 반영한다. 별신굿의 효과는 마을 조직을 강화하여 협동심과 조직력을 함양하고 마을의 경제력을 인식시키며, 새로운 동기를 부여하는 기회가 되고 제의 참여를 통해 인간관계를 확대·심화시키며, 마을 주민을 감정적으로 통합하는 데 있다.

무당 집단에 관한 사회 분석과 별신굿과 같은 공동체 의례의 사회적 기능에 대한 분석을 시도한 최길성의 무교 연구는 인류학적 연구방법론을 적용한 최초의 연구서라는 데 의의가 있다.

현용준은 1959년부터 수행된 20여 년간의 제주도 무속에 대한 현지조사 자료를 1980년 『제주도 무속자료사전』으로 출판했고(현용준, 1980) 그 후속편으로 『제주 무속의 연구』를 펴냈다. 처음에는 서사문학의 원류로서 제주도의 무속 신화, 즉 본풀이에 관심을 가지고 현지조사를 시작했고 점차로 무속의례에 대한 민속학적 연구와 동아시아 샤머니즘과의 비교문화론으로 연구 주제를 바꾸어갔다. 현용준의 연구는 일관되게 제주도 무속에 집중되어 있는데 이러한 연구 태도는 한국 무교를 하나의 전체로 접근하기보다는 지역적 특수성을 규명하는 것으로 한국 무교 연구의 한 전기를 마련했다고 평가할 수 있다.

사실상 각 지방의 무속에 대한 연구는 1960년대 무가 수집과 현장연구 중심의 연구가 유행하면서 비롯되었고 실제로 많은 민속학적 무속 연구의 성과가 이러한 노력에서 이루어졌다. 제주도 무속의 경우에도 장주근의 『한국의 민간신앙—제주도의 무속과 무가』가 있으나(장주근, 1973), 무가의 문학적·신화학적 연구에 주력했기 때문에 지역적 종교문화의 핵심으로서 제주도 무속 그 자체의 지역적 특성에 대한 구명은 현용준에 이르러 본격적으로 이루어졌다.

현용준은 제주도 무속의 유형적 특징을 구명하는 데 역점을 두고 있다. 그의 저서는 제주도 무격, 즉 심방의 입무 동기와 성무 과정, 심방의 직능, 신령의 형성과 성격, 신령의 위계와 직능, 무교의례의 유형과 형식, 무구 등에 대한 상세한 기술과 구조적 관련성을 분석하고 있다. 따라서 그의 저술은 무격·신령·무교의례로 구성되는 제주 무속의 총체적 이해를 위한 충분한 자료집이라 할 수 있다. 또한 각 항목별로 한국 본토와 시베리아, 만주, 일본 본토, 오키나와의 샤머니즘의 비교 고찰한 것은 제주도 무속의 지역적 특성을 세계적 맥락에서 이해하는 데 충실한 길잡이가 된다.

심방의 직능을 사제적 직능, 점사적 직능, 영매적 직능, 주의적(呪醫的) 직능, 연예인적 직능의 다섯 가지로 보는 관점은 무격의 유형을 사제형과 샤먼형으로 이분화했던 기존의 관점이 간과하고 있는 무격의 의례 수행자로서의 연행적 측면을 중시하고 다양한 역할 수행을 인정하는 포괄적 관점이라 할 수 있다. 일반신·당신·조상신으로 분류한 신령의 형성과 성격에 대한 논의에서도 신격의 성격이 친족집단이나 마을공동체를 구성하는 신앙인 사이의 사회적 관계의 맥락에서 규정된다고 보는 맥락적 관점을 보여준다.

이러한 무속의 '맥락적 접근'은 제주도 무속 신화의 사회적 기능을 좀 더 면밀하게 분석한 또 다른 저서 『무속신화와 문헌신화』에서 두드러지게 나타난다(현용준, 1992). 현용준은 무속 신화의 국문학적 연구에 부합하는 문헌적 가치보다는 구비전승으로서의 문화적 가치를 더 중요하게 보고 있다. 그는 무속 신화를 전승 주체인 제주도 사회 및 문화와의 관련성을 통해 분석했다. 무속 신화를 통해 제주 사회의 세계관을 알아보고 그 사회구성원의 가족생활과 마을생활의 양상을 이해하는 시도는 '현재 살아 있는 것'으로서의 신화의 모습을 보여준다는 데 의의가 있다. 예컨대 신화에 나타난 신들의 혼인관계 양태는 제주도의 과거 혼인 습속을 반영하고 있는 것으로서 외혼(外婚) 부처혼제(夫處婚制), 외혼 일시적 처처혼제(妻處婚制), 일부다처제 등 다양한 혼인 습속의 공존에 대한 사실을 알려준다. 신화는 향유자들에 의해 신성하게 받아들여짐으로써 종교적 의의를 지닌다. 마을 수호신으로 모시는 당신 또는 '본향당신'의 내력에 대한 당신본풀이가 마을 공동체의 안녕을 위한 당굿에서 구송됨으로써 참가자들에게 당신의 자손임을 확인시키고 마을의 안녕에 대한 확신을 갖게 해줌으로써 신화는 마을 사람의 결속과 단합을 공고히 한다.

인류학자 말리노브스키(B. Malinowski)의 견해처럼 신화는 신앙이나 도덕, 사회적 생활의 헌장으로서 중요한 사회적·심리적 기능을 한다는 사실을 부각시킨 것은 무속 신화의 사회적 기능에 대한 분석으로서 그 학술적 의의가 크다. 하지만 스스로 '무속지(巫俗誌)'[6]라고 명명하는 현용준의 제주 무속 연구는 무교의례의 구성 체계와 논리, 무교의례 속에서의 본풀이 위치에 대한 기술에 초점을 맞추고 있다. 그래서 스스로 연구의 한계에 대해 밝히고 있듯이, 무속의 기능을 제주도 주민의 사회생활 구조와 연결시켜서 체계적으로 논하지 못한 아쉬움이 있다.

2) 한국 사회의 이중 구조와 성별 종교문화의 민족지적 연구

최길성과 현용준의 연구서가 무속 자체에 대한 기술에 치중하는 '무속지'라면, 미국 인류학자들의 무교 연구는 '민족지'라고 할 수 있다. 민족지(ethnography)는 무속현상을 문화현상으로 접근하며 경제·정치·사회 조직 등 다른 차원의 문화현상과의 상관관계에 대한 분석에 치중하여 종교를 총체적 구조의 관점에서 기술하는 것을 말한다. 이러한 민족지적 무속 연구는 어느 특정 지역의 무속에 대한 자료적 기술보다는 무속의 사회적 기능과 상징 구조의 분석에 연구를 집중한다.

임돈희와 자넬리의 『조상의례와 한국 사회(Ancestor Worship and Korean Society)』와 켄달의 『무당, 여성, 신령들(Shamans, Housewives, and Other Restless Spirits)』은 무교에 대한 본격적인 민족지적 연구들이다(Janelli and Janelli, 1982; 켄달, 2016). 이들은 기존의 무교 연구에서 당연시 되어온 조상신 신앙과 의례를 농촌 사회의 가족·친족을 중심으로 한 사회조직의 특성과 관련시키면서 무교의 사회적 기능을 기술했다. 사회인류학적 연구는 종교를 현실생활의 반영으로 보기 때문에 신·조상신·귀신 등 초자연적 존재에 대한 개념이나 종교의례의 의미에 대한 이해는 가족과 친족·마을 같은 사회적 집단의 실제적 생활문화의 차원에서 이루어지며 신앙인의 특정한 사회적 지위와 역할이라는 관점에서 접근한다.

위의 두 민족지는 한국 사회의 문화 구조를 '남성 중심의 유교문화'와 '여성 중심의 무교문화'라는 이중 구조로 전제하고 두 문화 구조의 역학관계를 통해서 무교를 이해한다. 이러한 관점은 일본 학자 아키바 다카시로부터 시작하여 그 후 많은 국내외 학자들에 의해 한국 종교문화의 분석 틀로 활용되었다(임돈희, 1988).[7] 앞서 소개했듯이, 아키바는 여성적 무교문화가 유교문화보다 더 오래된 것으로 주로 농민층이나 평민계층의 문화를 형성했다면 유교문화는 보다 뒤에 형성된 사대부계층과 상류 지배계층의 문화로 보았다(秋葉隆, 1933). 아키바의 분석 틀은 1980년대에 들어서면서 사회인류학적인 관점에서 두 문화를 계층적 분화뿐만 아니라 심층적 구성

원리의 차이로 보는 논의로 발전되었다. 최길성은 무교의 원리를 지연성에, 유교 원리를 혈연성에 두고 있으며 여성이 집을 중심으로 한 지연성을 강화하는 무교의례를 발전시킴으로써 유교의 조상의례에 대항한다고 보았다(최길성, 1989).

경기도 평택군 내아리 마을로서 뒤성뒤라고 하는 안동 권씨 동족 마을의 조상숭배 의례에 관해 연구한 임돈희와 자넬리는 유교적 관념으로 대표되는 조상숭배와 무교적 양식의 조상굿을 구별하고 있다(임돈희, 1988). 양자의 차이는 먼저 조상의 양면적인 이미지로 나타난다. 유교의 조상의례에서 조상은 은퇴한 노인의 이미지와 일치하는 것으로 자손에게 덕을 베풀어주는 존재인 반면, 무교에서는 조상이 이기적이고 자신의 욕구를 충족시키기 위해 자손에게 고통을 주는 존재로 나타난다. 임돈희와 자넬리는 조상의 인상과 성격을 비교하여 두 의례 간 상이점의 형성과정과 원인을 조상에 대한 자손의 이중적 감정의 갈등으로 해명하려 했다.

유교의 기제사의 핵심은 자손들이 돌아가신 조상으로부터 은혜와 덕을 얼마나 입었는가를 강조하는 데 있으며 유교의 조상은 초대받고 환영받는 존재이며 제사의 대상이 확실하고 제삿날이 정해져 있다. 유교 제사의 조상이 자손에 대해 항상 걱정하고 덕을 베푸는 조상이며 자식의 초대와 대접에 만족해하는 조용하고 수동적인 모습이라면, 무교의 조상거리에 등장하는 조상은 정반대의 인상과 성격을 보여준다. 즉, 자손에게 재앙을 내리며 떼를 써서 굿을 강요하는 조상의 모습이다. 그들은 유교의 조상처럼 수동적이며 조용하지 않고 불평불만을 늘어놓는 등 적극적인 성격으로 나타난다. 그리고 조상거리와 같은 굿은 안택굿과 재수굿처럼 집안의 무사와 평안을 위해 하는 경우도 있으나 대개 집안에 우환이 있거나 흉사가 있을 때 행한다.

집안의 우환이나 재앙은 모두 조상이 노여워서 자손에게 내린 벌로 간

주된다. 노여움을 풀게 하는 것이 조상굿의 목적인데 굿을 하면 제사처럼 특정한 조상만이 초대받는 것이 아니라 초대가 없어도 조상의 의지대로 온다. 따라서 조상거리의 조상들은 집안에 우환과 재앙을 가져다주는 정체불명의 귀신들이기 때문에 설사 굿거리에서 좋은 대접을 받고 위로를 받는다 하더라도 기피의 대상이 된다. 특히 살았을 때 불행했던 조상들이 가장 적극적으로 등장하는데 자손의 번영과 행복에 질투하는 신들이다.

이와 같이 조상에 대한 자손의 감정이 이중적으로 나타나지만, 마을 사람들은 유교의례와 무교의례 가운데 양자를 선택적으로 택일하지 않으며 조상들에 대한 태도나 관념도 쉽게 구분해서 말하지 않는다. 조상숭배와 조상굿의 조상이나 사자(死者)에 대한 생각들은 의례과정에서도 복합적으로 나타나는데, 실례로 조상굿을 하면서도 조상이 자신을 괴롭히기 위한 존재라는 것을 쉽게 인정하지 않는다. 조상굿의 조상도 자비로운 면모를 가진 조상이다. 선한 조상과 자기 중심적 조상의 이미지 차이는 대개는 조상의 사회적 의미의 차이에서 온다. 조상숭배의 조상은 생존 시 일정한 계보관계로 맺어진 자손이 있는 선조로서의 사자이다.

따라서 조상숭배는 조상에 대한 자손들의 일련의 종교적 신념과 의례로 정의 내릴 수 있으며, 조상은 반드시 단순한 사자가 아니라 '일정한 자격이 있는 사자'이다. 이 자격은 남계 친족의 사회적 질서에서 유래한다. 선한 조상은 남계 친족집단에 속한 은퇴한 원로의 모습과 일치한다. 반면 무속에서는 남계 친족 계보에 국한되지 않고 보다 광범위한 사회적 관계의 조상을 포함한다. 유교적 조상숭배는 죽은 자, 즉 조상과 숭배자가 의례를 통해서 함께 음식을 먹으면서 같은 식구의 연대와 연속성을 유지하는 기능을 한다. 생자(生者)의 사회적 주기와 사자의 주기는 결코 유리되지 않으며 그 만남도 특별히 다른 형식을 취하지 않는다. 반면 무교의 조상거리는 대개는 부정기적이고 자기 중심적인 사자라 할지라도 생자에 의존하는 연대성은 유지한다.

여기서 임돈희와 쟈넬리는 조상에 대한 자손의 신앙이 이중적인 감정의 갈등에도 불구하고 '조상의 선함'에 대한 규범적 인식이 보다 지배적으로 작용하며, 그 이유는 생자와 사자의 사회적 지위의 연속성에 대한 문화적 인식에서 유래한다고 설명한다. 그러면 무교의 굿에서 나타나는 '조상의 적대감'을 어떻게 설명할 것인가? 임돈희와 쟈넬리는 조상의 적대감을 설명하는 데 인지적 모델을 따르고 있다. 이들은 정신분석학적 모델의 문제점을 다음과 같이 지적한다. 정신분석학적 모델에 의하면 의식작용으로 나타나는 사회적 관계는 항상 무의식적 적대감의 반영이라고 보기 때문에 무의식적인 적대감은 죄책감을 낳고 이런 죄책감을 해소하기 위한 기제로서 조상에게 적대감을 투사한다는 것이다. 그러나 무의식의 영역을 끌어들이지 않는 인지적 모델은 제보자들(informant)이 표현하는 견해에 좀 더 가깝게 접근할 수 있으며 조상의 은덕이나 고통에 대한 견해의 차이에 대해서도 의식적 작용의 결과로 설명할 수 있다고 보았다.

임돈회와 쟈넬리는 조상숭배 의례와 조상굿에서 나타나는 조상에 대한 자손의 이중적 감정의 갈등을 의례 참여자의 가족과 친족관계의 사회적 체험과 관련시켜 설명한다. 부계 가족제도에서의 남성과 여성의 상이한 가족관계 체험은 조상으로부터 재산과 신분을 물려받는 남성들로 하여금 '조상 덕'을 기리는 유교적 조상의례를 행하도록 했다면, 시집와서 특별한 혜택도 없이 남편의 친척들에 대한 의무만을 강요당하는 여성의 입장에서는 남편의 친척들은 짐만 되는 대상이며 시가의 조상들은 자손에게 재앙을 내림으로써 얻어먹는 존재로 인식된다는 것이다. 즉, 남녀 간의 가족·친족경험 차이가 유교의례와 무교의례에서 상반된 조상의 이미지로 반영되어 나타난다는 것이다. 한마디로 조상의 은덕이나 적대감은 남녀의 사회적 지위와 역할, 사회적 관계에 대한 상반된 의식의 반영인 것이다.

켄달의 『무당, 여성, 신령들』은 한국의 조상신앙에 나타나는 유교의례와 무교의례의 구조적 차이를 여성의 주관적 입장에서 그리고 여성의 사회적 경험의 성격에 대한 현지조사 연구를 통해 구명하고 있다. 켄달은 임돈희와 쟈넬리와 마찬가지로 유교의례와 무교의례의 신앙체계의 차이를 남성과 여성의 사회적 관계의 대립과 갈등 구조라는 구도에서 조명한다.

그러나 몇 가지 상이점이 있다. 임돈희와 쟈넬리가 양반 동족 마을에서 남성 중심으로 행해지는 유교의례에 초점을 맞추었다면, 켄달은 서울 근교 경기도 양주군 영송리에 있는 한 평범한 농촌의 각성받이 마을에서 가정주부나 무당과 같이 주로 여성이 참여하는 무교의례에 초점을 맞추었다. 의례 행위자의 사회적 관계와 정서의 관점에서 분석하는 연구방법론에서는 동일한 전제에서 출발하지만 연구 대상은 대조적이다. 임돈희와 쟈넬리가 지배 문화인 유교문화의 주요 행위자 집단인 남계 친족집단의 의례를 주요 연구 대상으로 했다면, 켄달은 주변 문화에 속하는 무속문화의 행위자 집단인 여성과 무당의 가정의례를 중점적으로 연구했다. 또한 종교의례의 사회적 기능에 대한 해석에서도 임돈희와 쟈넬리가 유교의례의 수행자인 남계 친족집단의 입장에서 조상신앙의 규범적 성격을 강조하고 있다면, 켄달은 무교의례의 수행자인 가정주부와 여성 무당의 입장에서 조상신앙의 이중적 구조를 강조하고 있다.

이러한 연구 대상과 해석의 입장 차이는 두 연구에서 종교의례의 사회적 기능에 대한 해석의 차이를 가져왔다. 켄달은 무교의례를 '여성의례'로 규정하며 한국의 가부장제 사회에서 여성 중심으로 이루어지는 의례생활의 문화적 독자성을 부각시키려 했다. 켄달의 무교에 대한 여성 중심적 시각은 무교를 남성 중심적인 유교의 주류 문화에 대해 주변적이고 종속적이기보다는 그 자체가 독자적 문화세계를 구축하는 것으로 보았다.

그동안 한국 사회에서의 여성문화의 위치에 대한 일반적 관점은 여성

문화를 주류 문화로서의 남성문화에 비해 주변적 위치에 속한 것으로서 보는 것이었다. 그러므로 여성들의 의례는 자신의 피지배적 위치를 인정하는 행위임과 동시에 남성의례는 여성의 사회적 권리를 구속하는 장치로 이해되어왔다. 그러나 켄달은 이러한 치우친 견해에 이의를 제기한다. 여성과 무당의 종교적 의례가 반드시 주변적 위치만을 차지하고 있지 않으며 오히려 여성의례가 동등한 입장에서 남성의례를 보완해주는 사회적 의미를 함축하고 있다는 것이다. 켄달은 유교의례와 무교의례의 구조적 관계는 지배와 피지배 또는 중심과 주변의 위계적 관계라기보다는 상호 보완적 관계라고 보았다.

켄달은 유교의례와 무교의례의 상호 보완성을 남성 중심적인 가족의례와 여성 중심적인 가정의례의 이중 구조로 설명한다. 남성과 여성은 각기 다른 중심가치와 목표를 가진 가족의례와 가정의례의 전통을 가진다. 여성은 가정신을, 남성은 조상을 숭배한다. 가족의례는 조상숭배 의례로서 부계 친족 사이의 계급관계를 정당화하며 유교 이념인 효의 실천으로 규범화되어 있다. 반면 가정의례는 효와 같은 분명한 실천윤리를 제시하고 있지는 않지만 가족구성원의 사회적 정체성을 집과 마을이라는 지연공동체 차원에서 확인하고 강화하는 역할을 한다. 마루, 화장실, 부엌, 대문, 안방 등 집의 모든 공간에 모셔진 신령에 대한 가신(家神)신앙은 집 외부의 귀신들로부터 집과 그 집에 살고 있는 구성원을 지키는 신령의 역할에 대한 믿음을 표현한다. 그래서 조상굿에서 여성은 자신의 친정집 조상들을 남편의 집 조상들과 함께 모신다. 이때 조상굿은 가족이라는 관점이 아니라 가정의 관점에서 행하는 가정의례이다.

켄달은 한국 사회에서의 여성의 의례적 역할을 공적으로는 힘이 없지만 사적 영역인 가정 내에서 긍정적인 힘을 발휘한다고 하여 무속을 '여성의례'라고 정의한다. 여성의례는 과거의 잔존물이거나 여성들만의 카타르시스를 위한 것이라기보다는 남편의 집안과 자신의 집안을 중재하는 사회적 기능을 수행하며, 가정의례를 집전하는 의례 주재자로서 주부가 가정과 집안에서 가지는 폭넓은 권위와 책임감을 반영한다고 보았다. 이와 같은 여성의 의례적·종교적 역할에 대한 긍정적인 이해는 무교에 대한 여성주의적 이해의 방법론을 정립하는 데 중요한 공헌을 했다 할 수 있다.

여성주의적 방법론에 의한 무교 연구는 일찍이 한국 여성 무당의 생애사를 연구한 하비의 『여섯 명의 한국 여성: 무당의 사회화』에서 시도된 바 있다(Harvey, 1979). 미국의 심리인류학자 하비는 무당을 남성 중심의 사회에서 여성이 전문인으로서 할 수 있었던 유일한 역할로 보고, 가정 내로만 활동영역이 제한되었던 시대에 여무(女巫)들이 가정주부와 전문인의 이중적 역할에서 비롯되는 갈등에 어떻게 대처해나갔는지를 알아보았다. 이러한 무녀의 생애사에 대한 심리학적 분석은 두 역할을 동시에 수행하는 한국의 현대 여성을 이해하는 데 유용한 통찰력을 주는 것이었다(Kendall, 1988).[8]

하비는 무녀의 역할이 전통적으로 '뛰어난 여성들'에 의해 수행되었음을 전제로 하고 그들의 공통점으로 높은 지적 수준, 뛰어난 창의적 대응력, 능란한 말솜씨, 뚜렷한 목표지향성, 예리한 민첩성, 다른 사람과 관계를 맺는 사회적 능력, 정의감, 춤과 노래 같은 뛰어난 예술적 능력 등을 꼽았다. 그러나 전통적 가부장제 사회에서 여성의 역사는 자기부정의 역사였으며, 무녀가 되기 전 그들은 이와 같은 개인적 자의식과 그들이 담당해야 했던 가정 내에서의 역할 사이에서 심한 갈등을 겪게 된다. 신병은 이러한 구속에 처한 가정주부들이 여성으로서 주어진 한계를 극복하고 가정 일과는 독립적으로 사회적 지지를 받으며 경제능력을 발휘하고 사회에서 직업인으로 인정받게 되는 '무녀'로 변신하게 하는 탈출구, 즉 '궁지로부터의 탈출구(pathway out of impasse)'라고 하비는 보았다.

이러한 해석은 신병을 정신병리적 현상으로 간주하는 심층심리학자들의 분석과 대조를 이룬다. 신병에 대한 이부영과 김광일의 심층심리학적 분석은 신병을 집단적 무의식이나 오이디푸스 콤플렉스를 반영하는 병리적 현상으로 본 것이라면 하비의 사회심리학적 분석은 신병을 반대로 사회적 억압을 극복하는 심리적 기제로 보았다.

이와 같이 동일한 현상에 대해 상반된 해석이 나오는 것은 단지 학문적 관점의 차이에서 비롯되는 것이 아니라, 그러한 심리적 현상을 경험하는 연구 대상의 성별 정체성과 경험의 사회적 성격에 대한 복합적 이해의 정도와 연구자 자신의 성별 정체성으로부터 오는 관점의 차이에서 야기되는 것이라 본다. 하비와 켄달의 연구는 여성주의적인 시각을 가지고 여성 행위자의 입장에서 무교현상을 연구하는 의도적인 편향성을 취함으로써 무교현상에 대한 이해의 범위를 젠더 연구로 확장시켰다.

3. 무교의 민중문화론과 사회적 실천의 관점: 1980년대~현재

1980년대에도 무교를 민족문화의 뿌리이며 민속의 중핵으로 간주하는 민속학적 연구가 여전히 진행되었지만, 개별적인 무교현상에 대한 자료수집과 보고 형식의 저술을 지양하고 무교의 창조 주체로서 '민중'계층의 종교문화와 사회적 실천의 상관관계에 초점을 맞춘 연구가 이 시기에 등장한다. 민중 중심의 무교 연구는 '마당굿'·'민족굿' 운동을 주도한 민속예술가 채희완·임진택 등의 문화운동론이며, 1990년대에 이르러 진보적 색채를 띤 소장파 민속학자와 역사학자들을 중심으로 결성된 '역사민속학회'의 활동으로 발전한다.

이들 민중문화론적 무교 연구는 무교를 순수하게 학술적 탐구의 대상으로 하기보다는 정치적 저항의 도구와 중심 상징으로 활용하는 실용주의적 태도를 가진다. 또한 외부자의 객관적 관찰과 면밀한 자료 분석에 치중하기보다는 연구자 자신을 무속의 전유계층인 '민중'과 동일시하여 내부자적 시각에서 무교의 역사적 현장에 참여하는 사회적 실천의 관점을 표방하고 있다.

민중문화론의 사회실천적 지향은 1970년대 초 반독재 학생운동의 일환으로 대학 연극인을 중심으로 한 마당극운동에서 형성되었다. 그러나 1980년대 들어 무속굿의 틀을 연극적 양식으로 변화시킨 '마당굿'과 '민족굿'이 반독재와 민주화운동의 정치적 상징으로 활용되면서 그 이념성은 더욱 강화되었고(김광억, 1991), 1990년대 들어서는 '민중사의 재구축'이라는 대명제 아래 기존의 민속학이 구태의연한 식민지적 전통을 답습하고 있다고 비판하면서 진보적 학술운동으로 발전되었다(한국역사민속학회 엮음, 1990: 4).

굿의 미학과 대동제의 같은 의례 형식을 자주적이고 평등한 이상적 공동체 형성을 위한 상징적 모델로 삼고 무속의 민중적 전통성을 재구축한다는 일련의 학술적 탐구는, 서구적 근대화의 부정적 산물로서 군사독재와 압축적 경제성장의 혼란 속에서 상실된 '우리 것'에 대한 절박한 위기의식과 향수의 정서를 반영하고 있다. 이러한 위기의식은 19세기 초 일제에 의해 식민화가 전개되는 과정에서 민족주의적 지식인들이 가졌던 의식과 동일한 성격을 가진다. 이와 같이 1990년대의 '우리 것'에 대한 새로운 성찰은 일제강점기 무교에서 '한국적' 민족문화의 뿌리를 찾으려는 노력과 동일하게 볼 수도 있지만, 민족문화의 근간을 단군신화와 국조 신화 같은 신화적 역사가 아니라 생동감 있게 살아 숨 쉬는 현재의 무속에서 재발견하려는 전통 재발명의 담론 정치로서의 특징을 갖는다(김성례, 1990).

1987년 민족굿회가 펴낸 『민족과 굿』은 '굿은 우리에게 어떤 의미를 지니는가'라는 질문에서 출발한 공동체적 작업의 첫 번째 산물이다(민족굿회,

1987). 1970년대와 1980년대의 문화운동가들이 주축이 되어 결성한 '민족굿회'는 굿을 무당이 중심이 되는 민간신앙으로 접근하는 시각을 제국주의적 시각이라고 비판하면서 "우리 민족의 굿을 민족 자주의 실천적 시각으로 정리하려" 했다고 머리말에서 밝히고 있다. 이처럼 이들의 무교 연구는 시초부터 이념적 목표를 명백하게 밝히고 있듯이, '굿이 무엇인가'라는 무교 자체의 정체성에 대한 질문이 아니라 '연구자들 자신에게' 굿은 무엇인가라는 자의식적 성찰에서 출발했다. '민족굿회'의 연구 대상은 종교적 제의로서의 굿이 아니라 이념적으로 상정된 '진정한 굿'으로 제한되었다. '진정한 굿'은 "민중의 조직이요, 놀이요, 소망체계이면서, 동시에 억압의 사슬을 깨는 싸움의 방식"이며 동학굿에서처럼 "혁명적 에너지의 저수지"이자 "동학농민혁명 이래 계속되어온 민중해방운동의 일맥"으로서, "반민족·반민중적 삶의 고리를 깨뜨리고 해방과 통일의 열림으로 전진하는 굿"이어야 하기 때문에 주로 마을 공동체 의례인 대동굿과 풍물굿 등이 연구 대상이 되었다.

이미 정해진 틀 안에서 주로 굿의례의 사회적 실천에 연구를 집중하는 풍조는 '민족굿회'의 후속인 '역사민속학회' 활동에서도 지속적으로 나타난다. 그러나 1990년 공식적으로 창립된 '역사민속학회'는 굿에 대한 연구에서 '민의 풍습과 민중생활사'에 대한 학제 간 연구로 민족굿회보다는 연구 역량이 확장되었고, 그 사회적 영향력은 학회 회원이 저술한 '한국의 생활과 풍속 시리즈'가 누린 대중적 인기가 입증하고 있다. 주강현의 『굿의 사회사』와 『마을신앙의 사회사』는 한국의 생활과 풍속 시리즈 중에서도 무교와 특별히 관련된 저서로 연구 주제나 서술방식에서 기존의 국학이나 한국학의 학문적 전통에서 상당히 벗어난 대중적 글쓰기의 전형으로 꼽을 수 있다(주강현, 1992). 그야말로 글쓰기의 민중화라고 할 수 있겠다.

한편 '역사민속학회'에서 추구하는 역사학, 민속학, 인류학, 국문학, 종교학, 지리학, 예술사 등 여러 학문 분야를 망라하는 학제 간 연구는 자칫 하면 잡동사니 집합체가 되기 쉬우나, 이 학회의 경우는 10여 년의 조직화 활동을 통한 동지의식으로 결집되어 있어서 지식이 바로 권력이라는 푸코(Michel Foucault)의 명제가 실천되었던 사례라고 볼 수 있다. 이러한 맥락에서 필자의 제주도 무속의 역사적 실천에 대한 연구도 민중문화론의 범주에 들어갈 것으로 보인다(김성례, 1991a).

다른 한편 이러한 '굿운동'의 시대적 배경에는 1970년대의 서구적 근대화와 도시화 과정에서 사라지고 있는 '우리의 것'에 대한 절박한 위기의식과 향수의 정서가 있다. 발굴·복원·재현을 통해서 사라질 위험에 있는 전통을 구제해야 한다는 명분은 거의 종교적 진정성을 갖게 되었다. 무속은 이러한 민중적 민족주의 운동이 지향하는 새로운 이상향인 '자주적이고 평등한 사회'의 핵심적 상징으로서 선택되었다. 특히 도시화와 산업화 과정에서 사라진 농민문화를 이상적인 문화로 상정하는 민중적·민족적 굿문화의 부활 운동은 진정한 전원적인 것을 찾아 과거를 구제하려는 낭만적 근대성의 징후를 보였다. 따라서 현대 한국에서의 무속에 대한 관심은 클리포드(James Clifford)가 묘사한 '인공적이고 미학적인 근대성의 추구'일 뿐만 아니라 민족문화의 정체성 회복이라는 정치적 근대성의 추구로 볼 수 있다(Clifford, 1989: 4).

사라져가고 있는 민족문화에 대한 위기의식과 향수는 19세기 초 일제 식민시대의 민족주의적 지식인들과 유사한 시대의식을 반영한다. 탈식민 시대의 '우리 것'에 대한 새로운 성찰은 일제강점기에 무속에서 '한국적' 민족문화의 본질을 모색했던 노력과 일맥상통한다. 굿의 전통적 미학과 대동제의 형식을 자주적이고 평등한 이상적 민족 공동체의 재창조를 위한 상징적 모델로 삼는 '민족굿'은 홉스봄의 '전통의 재발명'이라고 할 수 있다. '무속 전통'은 식민시대에 이어 해방 이후 탈식민시대에도 선택적으로 재창조되어 민족문화의 정체성을 정립하는 데 원용되었다. 소렌슨(Clark Sorensen)이 지적하듯, 한국에서 다른 나라와 달리 민족정체성을 구성하는 데 종교가 특별히 지배적인 역할을 하지 않는다 할지라도 1970~1980년대의 정치적 저항의 공연에서 굿 형식을 선택한 것은 한말과 식민시대와 마찬가지로 탈식민시대에도 무속이 한국 민족문화의 근간으로서 갖고 있는 권위가 유효함을 입증한다(Sorensen, 1995: 327).

탈식민시대의 민중전통론은 한말에서 지금까지 이루어진 민족정체성에 대한 논의에서 일관되게 나타나는 무속의 민족 담론을 계승하고 있다. 여기서 민중 전통 담론과 식민시대의 민족 담론의 중요한 차이점은, 민족문화의 '한국성'의 근간을 현재의 민중문화 전통에서 모색하는 '현재주의적' 연구 태도이다(남근우, 2003: 191-220).[9] 또한 전통재현의 서사적 전략에서 식민시대와 세부적인 단절이 있다. 일제강점기의 민족 담론이 비록 식민 지배에 저항하는 목적으로 구성되었음에도 불구하고 '식민주의 시선(colonial gaze)'에서 자유롭지 못한 음울한 서사였다면, 탈식민시대의 민족담론은 산업화·근대화 과정에서 상실의 위기에 놓였으나 '우리 것'이라는 소유의식이 자주적 민족문화와 민족국가의 이데올로기를 창출하는 데 기여했다. 무속은 '민속문화' 연구의 핵심 주제가 되었으며 또한 문화재로 지정받아 국가 차원에서 지속적으로 복원·보존하는 대상이 되었다(임재해, 1986). 그러나 1970년대 국가 주도의 새마을운동 과정에서 무속이 근대화의 장애물로 파괴되는 한편, 민족문화의 불멸성을 상징하는 무형문화재로 부활했다는 것은 역사의 아이러니이다.

무속이 '한국적' 민족문화로 재발견되는 과정에도 미묘한 담론 정치적 알력이 존재한다. 1970~1980년대에 반체제적인 문화운동에서 촉발된 무속의 민중전통론은 1960년대 「문화재관리법」과 무형문화재 지정제도에 의해 무속을 표준화·박물관화하는 국가 권력에 저항하는 정치성을 담보하고 있다. 무속을 정치적 저항의 미학으로 담론화하는 민중전통론 역시 무속적 구비전승의 텍스트를 해석하는 과정에서 누리게 되는 특권적 권위에 의해 무속을 추상화·본질화하는 위험이 있다. 달리 말하면 무속에 부여된 문화적 고유성의 가치도 사실은 텍스트상의 가치에 머물게 된다.

사이드가 서양의 오리엔탈리즘, 즉 동양에 대한 서구적 인식에 대해 비판한 것처럼 민중적 무속 전통은 '사라져가고 있는 위험'에 처한 원형적 상징으로서의 원형에 대한 향수와 그것을 텍스트화하여 복원하려는 근대적 열정에 의해 각별하게 특권화된 지식체계를 구성한다(Said, 1978). 실제로 많은 무속 민중전통론 연구자들이 문화재 위원이라는 공식적 위치에서 무속적 문화재의 보호자 역할을 하고 문화재를 발굴·보존·재현하는 책임 관리자로 기능하고 있다. 몇몇 무당은 그 전문가들의 권위에 의존하여 인간문화재로서 명예가 주어지고 그들에 준하여 무속 전통의 전형성과 원형성이 정립되었다(정수진, 2003).[10] 무속굿의 문화재 지정은 무속이 국가의 문화정책 차원에서 그리고 대중문화의 차원에서 공식적으로 인정받는 계기가 되었고 사실상 무당의 활동이 동시에 활성화되었다. 그러나 문화재 지정은 무속을 문화적인 공연으로 부각시킴으로써 무속의 종교적 특성을 축소시키는 결과를 가져왔다(주영하, 2003: 183-230).

한편으로 무속에서 '민중적 순수성'을 확보하려는 저항적 민중문화론은 신앙과 의례의 주체를 '민중'이라는 통일된 단일 범주로 개념화한다. 그러나 과연 탈식민시대·탈근대의 현실에서 민중의 실체는 무엇이며 민중문화의 소재지는 어디에 있으며 무속신앙의 주체가 민중에 한정되는가와 같은 일련의 질문이 제기된다. 민중전통론에서 무당은 민중의 상징일 뿐 종교 직능자로서의 지위는 문제되지 않는다.

농어민의 마을 공동체 문화가 해체되기 시작하던 시기에 무속의 민중전통론에서 재현되는 '민중'은, 역사민속학의 인식론에 의해 과거 농촌 사회와 상상의 이상적 공동체에만 존재하는 허구적 개념이라 할 수 있다. 민중이 살던 농촌은 피폐화되었고 그 민중은 도시로 이주하여 후기 산업자본주의 사회에 살고 있다. 오히려 무속의 민중성이 과도하게 상징화되면서 무속은 현재의 상황에서 분리된 거의 '이국적(exotic)'·'환상적' 문화 범주로 재창조되었다. 한국인의 심성과 한민족의 정체성을 복원하려는 의도에서 재발명된 무속적 민중 전통 담론은 역설적으로 무속에 '이국적'이라는 반대 의미를 부여하게 되는 결과를 가져왔다.

4. 무교 연구의 회고와 전망

지난 100여 년간의 한국 무교 연구는 시대적 과제에 부응하면서 무교 현상을 바라보는 관점을 변화시켰고, 관점의 변화에 따라 연구주제나 연구방법에서 패러다임의 개발과 변천이 이루어졌다고 할 수 있다. '무교 연구'는 무교를 어떻게 이해할 것인가 하는 해석의 관점에 따라 시대적 특성이나 패러다임의 구조가 결정된다고 볼 수 있다. 무교의 주체가 스스로 모든 것을 말할 수는 없다. 질문이 무엇이냐에 따라 무교에 대해 말할 수 있을 따름이다.

제1부에서 시도한 무교 연구의 평가는 연구자들에게 '무교가 무엇이냐'라는 무교의 본질과 정체성의 질문과, 연구자들이 '무교가 무엇을 하느냐'고 보았는지 같은 무교의 기능에 대한 질문을 다룬 연구 업적을 중심으로 이루어졌다. 제1부의 연구가 무교에 대한 이해방식의 패러다임 개발과 변천에 중요한 계기가 되거나 무교의 개념화에 기여한 연구들을 중심으로 이루어졌기 때문에 각 학문분야에서 중요하게 간주되는 연구들을 불가피하게 제외했다.

무교 연구는 무교에 대한 각양각색의 명칭만큼이나 다양한 연구주제와 관점에 따라 이루어졌다. 지금까지의 연구 성과들에 대한 평가를 통해서 우리는 다음과 같은 일반적인 문제점을 발견할 수 있다.

① 연구 분야가 치우쳐 있다. 각 학문분야에 따라 관심사와 주제의식이 다르다는 것을 인정하고 무교를 종교현상이나 민속현상으로 각기 다양한 관점에서 접근한다 해도 연구 분야가 무당·신화·무가 연구에 치우쳐 있다는 것을 부인하기 어렵다.

그것도 무당의 유형(강신무와 세습무의 구분)에 대한 탐구나 문헌 신화와 구술 신화(무가 또는 본풀이)의 내용 분석이 중심을 이루고 있으며, 무당의 사회적 기능과 신화의 연행적 기능에 대한 연구는 1970년대 이후에서야 이루어졌다. 무교의 종교적 측면에 관한 연구에서도 신관에 치중하고 무교의례와 신앙집단의 관계, 종교사상(우주관과 세계관)에 관한 연구는 드물다. 무교와 무속의 전통성을 규명하는 데 치중한 나머지 현대적 종교문화 현상으로서의 무교의 성격과 의미에 대한 탐구는 미미하며 그것도 전통적 무교의 전승이라는 관점에서 이루어지고 있다. 종교학적인 차원에서도 무교를 한국 전통 종교 또는 고유 신앙이라 한다면 그 전통성과 고유성이 불교·도교·유교·기독교 같은 외래 종교와의 습합과정에서 어떻게 유지 또는 변화되었는지, 그리고 해당 종교와의 관계에 대한 규명이 이루어져야 할 것이다. 앞으로 무교에 대한 종합적인 이해를 위해서는 연구대상의 범위를 무교의례, 종교사상, 무교의 사회적 기능과 역사적 실천, 무교의 현대적 의미에 대한 연구로 넓혀야 할 것이다.

② 무교에 대한 이론적 연구가 필요하다. 한말에 시작된 무교에 대한 학술적 관심은 시대적 과제와 당대의 지성적 분위기에 따라 그리고 연구자들의 전공 학문의 주제의식에 따라 다양하게 가지를 치며 나름대로의 성과를 거두었다. 초기의 문헌고증적 연구부터 현재의 현지조사를 토대로

한 연구에 이르기까지 무교 연구의 경향은 연구자들의 특정한 연구목적에 부합하는 수준의 산발적인 연구에 그쳤다. 무교가 무엇이냐 또는 무교가 무엇을 하느냐 하는 기본적인 질문에 대한 이론적인 탐구는 많지 않다. 수십 년의 현지조사 경험은 자료집으로 정리하는 수준에 머물고 있으며 몇몇 이론적인 연구도 주장을 납득시킬 수 있을 만큼의 논리적 정합성이 필요하다. 다시 말하여 현지조사의 결과를 자료집으로 내더라도 서술에서 현장성이 결여되는 경우가 있으며 무교의 사실에 대한 서술 내용과 해석의 논리가 접목이 안 되어 논리적 일관성이 없는 경우가 많다.

무교의 현실에 대한 이론적·맥락적 해석의 부족은 어디에서 기인하는 것일까? 한국 지식인들이 가지는 민간신앙이나 민속문화에 대한 편협한 의식 때문이다. 이것은 조선시대 유교 이념이 가졌던 민간신앙과 민속에 대한 평가절하적인 관념에서 유래한다. 물론 제1부에서 언급한 연구자들은 조선시대 지식인과 달리 무교에 대한 긍정적인 관념에서 출발하고 있다. 무교를 한국인의 고유 신앙과 원초적 심성으로 그리고 소중한 문화유산으로 간주한다. 그러나 이러한 긍정적 관념은 100여 년의 근대화 과정에서 상실한 '우리의 것'을 복원하고자 하는 의지의 산물로 무교 연구의 발전에 기여한 바가 있지만 기존의 무교에 대한 부정적 관념의 벽을 넘지는 못하고 대체로 향수의 정서와 취향에 머물러 있으며, 결과적으로 명철한 이론적 파악을 부실하게 만들었다.

굳이 '과학적'이란 수식어를 붙이지 않더라도 각 학문분야에서 특히 종교학 분야에서 불교학·유교학과 같이 '무교학(shamanology)'이 정립되려면 무교 연구의 이론화가 시급하다. 인식론과 연구방법론의 체계가 갖추어진 '무교학'이 정립되어야 무교 연구의 위상이 과학적인 학문분야로 정상화되리라 전망한다.[11]

지금까지 제1부에서 살펴본 무교 연구사의 기술방식과 연구 경향을 정리하면 다음과 같다.

① 민족주의 경향: 민족주의 경향은 한말 민족주의 지식인들의 무교 연구에서 최근의 민중문화론자에 이르기까지 면면히 지속되어온 연구자들의 집단적 성향이다. 이러한 성향은 한국 고유 신앙과 문화의 독자성을 재발견하려는 의지에서 비롯된 것이며, 이런 의지의 실천은 단군신화와 단군신앙을 시원 신화와 원형적 신앙으로 간주하는 경향으로 나타난다. 단군이 한민족의 시조라는 가정은 무교 연구에서 기정사실화 된 지 오래이다. 그러나 단군시대 이전 구석기·신석기시대의 신앙과 문화는 어떠했는지 고유 신앙의 기원을 더 멀리 잡고 새로운 관심을 가질 필요가 있다. 무교와 무속은 기본적으로 구술문화에 속한다. 그래서 문헌 경전이 없다. 그렇다고 해서 경전이 없다고 단정할 수는 없다. 구술자의 기억을 통해 전승되어온 경전이 무가와 의례적 연행에서 발견될 수 있는 것이다.

② 유형론적 비교문화론의 경향: 기존의 연구서에 흔히 등장하는 항목이 한국 무교와 일본을 비롯한 인근 동북아시아 무교의 비교론이다. 이러한 유형론적 비교방법은 일본의 비교문화론적인 학문 전통에서 유래한다. 일본의 비교문화론은 미국과 서구의 사회인류학적 연구 전통과는 다른 연구 풍토의 산물이다. 일본의 비교문화론은 일제강점기의 유산이라 할 수 있다. 일제에 의한 동아시아의 식민화 과정에서 피식민지의 민속문화에 대한 민속학적·인류학적 연구가 집중적으로 행해졌는데, 그 주요 목적은 식민 통치를 위한 정보 수집과 피식민지 주민의 효율적 관리였고 식민 정부의 강력한 행정력에 힘입어 물량적인 연구 성과를 거두었다. 이러한 역사적 배경을 가지고 있는 비교문화론은 각 민족이나 지역 문화의 역사적 경험으로부터 유리된 채 민속과 무속문화 중 일부 항목의 형태적 유사성과 차이성을 단순비교(예컨대 엑스타시와 빙의현상의 유무에 따라 무당의 유형

을 비교하는 것)하는 데 치중하고 있다. 이러한 연구 전통은 해방 후 민속학자들이 일본 유학을 하면서 우리나라 민속학에도 계승되었고, 이들이 한국 무속 연구의 중심이 되는 한 무속의 비교문화론은 계속해서 답습될 가능성이 있다.

그러나 유형론적 비교문화론의 목표가 무엇인지 의문을 제기하지 않을 수 없다. 유형별 비교 기준의 타당성에 대해서도 마찬가지로 의문이 생긴다. 유형별 비교는 비교 작업의 전제조건은 되지만 그 자체가 비교방법론이라 할 수 없다. 비교 항목의 상관관계는 무엇인가? 어떤 작동 원리에 의해 어떤 식으로 상호 연관되는가? 예를 들어 무당의 유형을 강신무와 세습무로 비교할 때 단지 서로 다르다는 사실 외에 두 유형 사이에 어떤 역사적·사회적·문화적 관계가 있는지를 규명해야 한다. 한 무당의 생애사 측면에서 보았을 때 입무해서 무업을 수행하게 되는 전체 과정에서 두 유형의 방식으로 역할을 하는 경우가 많다. 또 어떤 곳에서는 두 유형의 무당이 서로 정통성을 주장하며 경쟁관계에 놓일 수도 있다. 유형론적 비교문화론은 이러한 문제들에 대한 연구로 확대되어야 한다.

③ 원형에 대한 집착과 사변화 경향: 한국 무교의 연구에서 나타나는 지배적인 경향은 원형에 대한 집착과 사변화 경향으로 역사적 원형론과 심성적 원형론으로 전개된다. 역사적 원형론자들은 단군신앙에서 한국 무교의 원형을 찾는다. 한말 민족주의 지식인들의 민족종교론이나 이능화·최남선·손진태를 위시하여 민족주의적 관점에서 출발하는 모든 무교 연구자들에게 공통적으로 나타나는 경향이다. 원형으로서의 단군신앙을 구성하는 요소는 천신신앙과 남성 중심 의례, 그리고 국가종교로서의 신성한 권력이다. 그러나 무교의 교조를 남성 군왕이며 종교적 권력을 가진 사제로 인식하는 이러한 민족주의적 원형론은 무교의 무조를 왕이 아니라 그에 부속된 왕녀나 귀족 여성, 그것도 중국이나 인도 태생의 여성으로 묘사

하는 일제강점기 일본 민속학자들의 입장과 정면으로 대립된다. 무교의 교조이며 한민족의 시조로서 단군을 설정하는 민족주의적 관점과 무교의 교조를 바리데기 같은 '버림받은 여성'으로 설정하는 식민주의적 관점의 대립 현상은 무교의 역사적 원형에 대한 탐구가 시대적 산물임을 알게 해 준다.

해방 이후 1960년대부터 이루어진 종교학적·민속학적 연구에도 한결같이 무교의 기원을 단군신화와 시조 신화, 고대 국가의 제천의식에서 찾고 있다. 이러한 연구의 민족주의적 관점과 역사주의적 방법론은 무교의 문화적 독자성·독창성·자율성에 대한 자민족중심주의(ethnocentrism)적 태도에서 비롯된 것이다. 후대의 연구자들이 문헌에 나타난 고대 신화와 제의에 나타난 신관의 내용 분석에 주력하면서 현재의 무속신앙을 고대 신관의 역사적 변용으로 간주하는 관점은 한말 민족주의자들이 정립한 역사주의적 패러다임이 무교 연구에서 현재까지도 지배적으로 작용하고 있음을 시사한다. 역사적 원형론이 전제하는 것은 원초적 종교 전통으로서의 무교의 불변성이다. 고대의 원형적 종교로서 무교를 접근하는 역사주의적 관점은 무교를 현재 민간에서 실행되고 있는 현장으로부터 유리시켜 신화와 역사의 거리만큼이나 긴 5천 년의 시간적 거리를 두고 무교를 대상화함으로써 사실상 탈역사화하고 있다.

무교의 심성적 원형론은 무교에서 한국인의 원형적 심성 구조(또는 '원본')와 가치관, 도덕률, 문화의 기층을 모색하는 경향을 이른다. 한국 문화의 핵이며 심층에 자리 잡고 있는 집단무의식으로서 한국 문화를 창조하고 한국인의 의식 구조 저변을 흐르며 한국적 가치관과 도덕률을 정립한 성역으로 무교를 재현하는 심성적 원형론은 실제로 오랜 현지조사와 치밀한 자료 분석의 결과물이다. 그럼에도 불구하고 현대의 무교가 원형의 순수한 상태를 계승하지 못한 것을 탄식한다. 무교의 세속화와 전통의 단절을 한탄하며 무교의 본질을 규명하고 전통을 복원해야 한다는 사명감에 의해 촉발된 원형론은 현대의 살아 있는 무교현상에 대한 이해에 스스로 한계를 보여주고 있다. 이들은 무교의 현장성(immediacy)에 대한 기술과 현지조사를 혼동하고 있다. 현지조사에서 드러나는 현장성에 대한 원형론자들의 부정적인 태도는 이들의 연구가 재현하는 무교를 현실적이기보다는 허구적으로 보이게 한다. 만약 무교가 한국 문화의 기층과 종교적 심성의 심층구조라면 무교는 기층과 심층으로서 현대인의 삶에 지배적 영향을 미칠 수 있는 힘을 가지고 있어야 한다. 이러한 가정에 의하면 현대의 무교현상은 원형적 무교의 변형으로 보아야 하며 예나 마찬가지로 그 지배적인 힘을 발휘해야 마땅하다.

실제로 현대 사회에서 무교가 기복신앙화되었다는 비난이 종종 들리는데 원형적 무교도 애초부터 기복신앙으로 출발했을 것이라고 추정해보아야 할 것이다. 기복신앙은 모든 종교가 가지고 있는 기본적인 태도이다. 비난할 것은 기복신앙 자체가 아니라 물질주의적 신앙 형태이다. 현대의 무교는 '원형적 무교'라는 신화 때문에 더욱더 몰이해의 대상이 되고 있다. 무교의 현세적·인간중심적 가치관을 기복신앙이라고 비판하는 한편 무교에서 신성한 원형을 탐색하는 원형론자들의 이중적 태도는 현대 종교로서의 무교의 현장성과 현재성을 부인하는 것이다.

무교의 불변성과 원형성에 대한 집착은 무교의 역사성·현장성·현재성을 이해하는 데 장애가 된다. 한국 무교는 한국인 일반 대중이 현세적 생활 속에서 경험하고 탐구하여 정립한 인간·자연·우주에 대한 문화적 지식의 총체이며 초월적 힘에 대한 상징적 상상력의 구조이다. 또한 일정한 믿음체계를 가지고 의례에 참여하는 실제 행위자—무당과 신도—가 살고 있는 시대와 사회의 맥락에서 나타나는 문화현상이다. 무교 연구의 전망은 먼저 무교의 고유성·전통성·기층성에 대한 원형적 이미지에 대한 집착을 버리고 한국인의 다양한 종교적 전통에서 무교가 차지하는 위치를 규명하는 노력과 함께 한국 사회의 일상생활에서 살아 있는 현대적 종교현상으로서 무교를 이해하는 방법론의 개발에 있다고 본다.

제2부

무교의 역사적 담론과 구원의 서사

제주의 무교는 '무자·기축년 시국'에 일어난 제노사이드—집단 학살과 사회적 파괴—를 '증언'한다. 이것이 제2부의 전제이다.

1993년 11월 제주도 샤먼, 심방 미조는 이렇게 증언한다. "굿을 할 때 심방이 우는 것 같아도 영혼이 우는 거다. 자기가 어떻게 죽었는지 말하는 거다. 꿈을 꾸듯이 언뜻 생각이 난다. 실제 모습으로 나타나기보다는 느낌이 든다. 막 말을 하고 싶어. 하고 싶은 말이 있어. 만약 칼 맞아 죽었으면 막 가슴이 답답하고 막 내뱉고 싶은 말이 있어. 어떻게 해서 이 사람이 죽었습니까 물어보면, 굿하는 집 본주가 그 사람 막 칼 맞아 죽었수다 하고 말한다"(김성례 1999).

심방 미조의 말처럼 70년이 지난 지금도 제주도 사람의 가슴은 "답답하고" "하고 싶은 말"이 있다. 제주도 샤먼, 심방이 전하는 영혼의 울음과 상처받은 몸의 고통을 가시화하는 굿은 4·3의 참혹에 대한 증언이며 4·3을 애도하는 진정한 의미의 추모이다. 필자가 1984년 인류학 현지조사를 할 당시만 해도 4·3 사건에 대한 언설이 침묵 당하는 억압적 상황에서 비록 접신 상태이지만 무고한 죽음을 영혼의 울음으로 재현하는 제주의 굿은 4·3의 참상을 공공연하게 말할 수 있고 들을 수 있는 유일한 공간이었다. 4·3 희생자의 무고한 죽음을 '칼 맞아 죽은 몸'의 형상으로 고발하고 생존자의 고통을 증언하는 제주 무교의 이야기는 바로 반공사회의 질서에 편입되기를 거부하는 폭력에 대한 저항이며 종국에는 반공정치의 폭력적 구조를 와해시키고 산 자와 죽은 자를 모두 해원하고 치유하는 구원의 담론이라 할 수 있다.

제2부에서는 제주도 샤먼, 심방의 생애 이야기와 입무(入巫) 경험의 의례적 재현을 통해서 4·3 사건의 트라우마틱 기억이 치유와 구원의 담론으로 전환되는 서사 과정을 분석한다. 심방의 생애사와 신병 경험은 개인적인 서사를 넘어 현대 한국과 제주도의 '특수한 역사(particular history)'를 표

상한다. 미군정(1945~1948)의 통치자 이미지가 제주도 샤먼, 심방의 '조상'으로 치환되는 심방의 입무몽(initiation dream)은 제주 4·3 사건의 역사적 폭력성을 구원의 힘(4·3 생존자 과부를 '샤먼'으로 변화시키는 힘)으로 전환하는 민중기억의 정치적 도상학(political iconography)을 드러낸다.

제4장에서 제주 심방이 4·3 원혼의 혼령에 빙의되어 영게울림을 통해 4·3 학살의 기억을 증언하는 것은 국가의 폭력과 폭력의 공포에 저항하는 용기를 필요로 한다. 폭력의 기억이 피해자에게 침묵의 고통을 강요하는 4·3 이후 반공사회에서 고통의 연대는 언어 이전의 형태인 울음, 꿈 이미지를 통해 빙의와 같은 신비하고 종교적인 형태를 통해 이루어진다.

제5장에서는 4·3의 폭력적 역사를 '해원상생'을 위한 구원의 담론으로 치환하는 큰심방의 입무몽 이야기를 통해 제주 무교 신화와 의례의 상징적 효과에 대하여 논의한다. 4·3 사건 당시 집단학살의 가해자인 미군정 군사고문관의 역사적 실재가 큰심방에게 새로운 사회적 신분을 제공하는 무교 조상의 모습으로 치환되는 제주 심방의 입무몽은 민중기억의 신화적 상상력의 역량을 입증한다. 제주 심방의 입무몽은 공교롭게도 미군정 치하의 식민자와 피식민자 사이에 각기 자율성을 포기하지 않은 채 친밀한 연대를 형성한다. 제5장에서는 큰심방의 입무몽이 '미국'이라는 근대성의 징표와 의미를 생성하는 기호론적 투쟁(semiotic struggle)이라고 묘사한다(Kwon, Heonik and Jun Hwan Park, 2018). 샤먼 큰심방의 영적 능력은 권력의 주변에 위치한 현실(4·3 생존자이며 홀로 남은 가난한 여성 가장으로서)을 중앙의 위치('조상신격'으로서 미국 군사고문단의 보호를 받는 샤먼, 즉 심방)로 치환함으로써 냉전체제 폭력적 역사의 기억을 전복한다.

제4장

폭력의 역사적 담론: 제주 무교

권력에 대항하는 투쟁은 망각에 거스르는 기억의 투쟁과 같다.

_밀란 쿤데라

죽은 영혼의 통곡이 억압된 기억의 단층 사이에서 새어나올 때 역사는 잠에서 깨어난다. 잊힌 기억, 그중에서도 폭력에 관한 기억의 어두운 밤이 진실의 빛 가운데 드러나도록 허용되자 죽은 영혼은 살아나 살아 있는 그들 자손에게 말을 하기 시작한다. 이 장에서는 제주도의 특정한 지방 역사에 비추어 제주 무교가 하나의 역사적 담론(historical discourse)으로서 존재하는 양식을 기술하고자 한다.

제주도는 통곡의 섬, 일만 팔천 신전의 섬, 또는 영웅 전설의 섬이라 일컬어지는데, 한마디로 애수와 비극의 분위기로 표현된다. 그리고 심방이라 불리는 제주 샤먼의 영험은 이런 분위기를 얼마나 잘 연출하느냐에 달려 있다. 실제로 이런 분위기는 역사적 실재로 존재한다.

과거 제주도는 군사적으로 일본과 중국을 먼 바다 위에서 접하고 있는 최남단 변방이었고, 정치적으로는 정객의 망명지이거나 모반자의 유배지였다. 근세에는 200년 동안 출륙 금지라는 정치적·문화적 억압을 감내했던 역사를 가지고 있고, 조선조 말기에는 잦은 민란으로 관민의 대결이 극심했다(제주도, 1982). 가깝게는 1948년 4월 3일에 발단하여 6·25 사변 이후까지 계속되면서 섬 전체를 초토화하고 큰 인명 손실을 가져왔던 4·3의 음영이 아직도 걷히고 있지 않다. 삼백여 마을 당신과 집안 조상신의 본풀이와 비탄조의 제주 무가는 바로 이러한 역사의 폭력을 또는 폭력의 역사를 기억하는 신화 텍스트이며, 제주 심방의 굿은 그 텍스트를 반복해서 연출함으로써 폭력의 비극성을 의미화하는 담론 행위의 의례적 표현이라 하겠다.

이러한 맥락에서 이 장에서는 폭력적인 역사적 사건과 그에 대한 제주 민중의 기억이 무속적 신앙과 심방의 굿의례를 통해 어떻게 표현되는가를 구명하고자 한다. 이를 위해 굿의 현장에 참가하는 모든 산 자와 죽은 자를 망라한 사람들과 귀신들, 즉 환자와 가족, 그리고 환자의 조상 영혼의 이야기뿐만 아니라 각기 불완전하고 상이한 이야기들을 토대로 새롭게 하나의 의례적 서사(ritual narrative)로 엮어내는 심방의 이야기를 분석하는 것을 기본으로 하고, 그 각기 다른 이야기들이 꿈이든 생시든 시간적 공간에 등장하기 위해 동원되는 다양한 표현 양식들—꿈, 이야기, 질병의 고통과 굿의례 등—에 관심을 둔다.

1. 무교와 4·3 사건

제주 무교를 '폭력의 역사적 담론'이라 전제한 것은 무가와 굿의례를 함께 포괄하여 제주도의 구체적이고 특수한 역사적 시점에서 체험되는 '무속'을 연구 대상으로 함을 뜻한다. 여기서 필자는 샤머니즘을 신비하고 기이하고 전통적인 상징적 가치로 채워지는 통일된 종교체계로 보기보다는 현대 한국의 특수한 역사적 상황에서 창출된 역사적 담론 양식으로, 기억의 힘을 사용해 역사를 재해석하는 서사 기술(technique)로 본다.

심방의 꿈(조상 선몽. 실제 '조상영혼'이 현몽했다고 표현)이나 굿의례에서 구송되는 무가는 심방 개인의 창작물이 아니다. 달리 표현하면, 꿈이나 무가는 환자와 그의 조상 영혼들, 그리고 굿에 모인 사람들의 개별적 삶의 역사가 어우러져 새로운 역사 이야기가 진술되는 담론적 서사물로서, 실이 끊어지기 전에 시간을 앞뒤로 왔다 갔다 하며 역사의 베를 짜는 해석양식(interpretive mode)이라고 할 수 있다. 의례의 참여자들이 산만한 경험적 사실로부터 창출하는 '이야기 서사들'은 신체적·정서적 위기에 대한 해석적 지식을 반영할 뿐만 아니라 위기를 야기한 사회 질서의 혼란에 대한 사회적 메타 비평으로서 하나의 실천 행위라고 볼 수 있다. 그리고 의례과정은 실제의 행위 연출을 통해 위기의 사건들이 지닌 잠재적 의미에 대한 성찰을 유도하는 "사회적 드라마"(Turner, 1980)이다.

각자 위기의 상황에 처해 어렴풋한 지식과 기대를 가지고 굿의 현장에 모인 이들, 즉 환자와 가족, 조상 영혼, 그리고 심방은 치유과정의 매개체로 해석의 작업(project)에 참여한다. 위기 상황에 대해 경험하고 느낀 것이 다르고 그에 대한 기억과 회상의 방법도 다르지만, 굿의례의 상황에서는 서로가 서로에게 상호 체험의 맥락으로서 열려 있기 때문에 산 자와 죽은 자의 대화가 가능하고 시공간의 벽을 관통하는 역사 해석의 길이 열리는 것이다.

여기서 새로이 조성되는 대화(dialogue)는 치유의 능력(power of healing)을 내포하며, 무교 굿의 궁극적 목적은 이 능력을 창출해내는 데 있다. 특히 굿의례를 주관하고 의례적 서사를 일정한 틀에 맞추어 만들어내는 서술자인 심방은 위기 상황의 역사적 특수성에 대한 예민한 감각과 지식을 가지며 또한 그 위기를 극복하는 지혜를 치유의례 과정을 통해 실천한다.[1]

이런 전제에서 필자는 개인이나 전체 사회의 과거 역사가 현재 시점에서 재편성되는 굿의 의례양식이 작고 큰 위기 상황의 비극성을 애도(mourning)할 뿐만 아니라 그 위기의 역사적 폭력성에 대한 민중적 역사 기술(popular historiography)을 구성한다고 가정한다. 그중에서도 4·3 사건에 문제의 초점을 맞춘다. 최근에 나온 4·3 증언 자료집에 의하면, '4·3 내력굿'이라 하여 4·3과 특별히 관련된 굿을 지칭하는 말이 있을 만큼 제주의 굿과 역사적 사건의 체험은 밀접한 관계가 있다(제주4·3연구소, 1989: 21-34). 4·3 사건을 제주도의 현대사의 표상이라 보고, 크게 다음 두 질문을 중심으로 논지를 전개하려 한다. 첫째 질문은 4·3의 비극적 이미지가 어떻게 역사와 무교의례를 하나의 공간으로 불러들이느냐이고, 둘째 질문은 굿의 현실적 목적이 병의 치유에 있다 할 때 굿의 맥락에서 4·3의 역사적 비극과 폭력성이 어떻게 치유의 생명력으로 전환되느냐이다.

공식적 역사에서 4·3 사건은 남한에서 1948년 8월 15일 대한민국 정부가 수립되기 직전 제주도에서 일어난 공산 게릴라의 무장봉기를 가리킨다(김남식, 1984). 이 사건은 1948년 4월 3일 제주도 전역에서 남로당의 공산 게릴라가 파출소를 습격하여 경찰관을 살해하고 건물에 방화를 한 것을 계기로 시작되어 1957년 동굴에 숨어 지내던 마지막 게릴라가 잡히면서 종결되었으며, 해방공간을 점유했던 좌·우 이념적 헤게모니 투쟁의 대표적 사건으로 인식되어왔다(Merrill, 1980; 김민주·김봉현, 1963).[2] 4·3 사건을 진압하는 과정에서 제1공화국이 친미·우익 지도자 이승만을 중심으로 성립되었고 반공을 실질적인 국시로 채택했다.

1948년부터 그 이듬해 6월 인민유격대의 지휘자 이덕구가 잡혀 총살당하면서 공식적으로 마무리될 때까지, 1948년 당시 기준으로 총인구 21만 가운데 1/3에 이르는 8만 65명의 인명 피해가 있었다(김남식, 1984: 378). 그리고 통계에 의하면, 총 7만 3,576이라는 숫자로 표기된 폭도의 수는 500여 명 정도로 추산되는 정예 인민군 무장대와 각 마을마다 조직된 '인민유격대' 1천여 명을 제외하면 나머지는 양민이었을 것으로 추정된다(김봉현, 1963: 88; 아라리연구소, 1988).

역사적으로 4·3 사건은 동일하게 성격지어진 일련의 반란 사건 가운데 가장 폭력적으로 진압되었고 살상과 학살에 의한 인명 피해가 심했으나, 이상하게도 지난 40년간 역사책에서 전혀 언급되지 않은 '잊힌 사건'이다. '잊힌 사건'이었기 때문에 공식적으로 거론할 수 없는 역사적 사실로서 그 사건에 대한 기억마저 억압당했던 지난 40년간 4·3 사건은 당시 죽은 자들의 제사의식이나 무교 굿 같은 비공식적·일상적 삶의 맥락을 통해 기억되고 이야기가 전승되어왔다.

최근에 이르러서야, 즉 1988년 4월경 제주 출신 작가들과 지방 역사학자들이 4·3 증언집을 내면서 4·3 사건의 '양민 학살'의 실상이 드러났고(오성찬, 1988; 제주4·3연구소, 1989), 더불어 사건의 정치사적 의미가 학술적으로 조명되었다(양한권, 1987; 고창훈, 1988). 이들 증언들과 연구는 이 사건을 제주도민의 반제국주의 내지 반미 투쟁으로 보고 4·3 사건을 '4·3 민중항쟁'으로 재규명하고 있는데, 이는 1987년 민주화 이후 고양된 사회 전체의 반미의식을 반영한다고 볼 수 있다. 이들은 4·3에 대한 기존의 공식적 역사와 기본적으로 시각을 달리하는데, 그 차이는 역사를 만드는 주체에 대한 인식의 차이에서 비롯된다.

4·3의 역사적 의미를 이념적인 좌·우 대립의 헤게모니 투쟁으로 규정하는 공식적 역사 해석으로 미국의 역사학자 메릴(John Merrill)은 해방공간을 군사·정치적으로 점령했던 미군정의 시각으로 4·3을 공산 게릴라에 의한 '제주 반란'으로 묘사했고(Merrill, 1980), 이와 반대로 제주 출신 조총련계 재일 한국인 역사학자 김민주와 김봉현은 '인민 무장투쟁'으로 보았다(김민주·김봉현, 1963). 어느 쪽이든 정치적 지배 이데올로기를 반영하는 공식적 역사 해석에 대항하는 입장들, 즉 4·3을 '민중항쟁'으로 해석하는 진보적 민중사학의 입장(아라리연구소, 1988; 제주4·3연구소, 1988)이나, 외부에서 들어온 공산주의 사상에 근거하지 않고 제주민의 자연발생적이고

자발적인 반외세 '독립운동'으로 보는 입장(한림화, 1991)은 역사의 주체를 '피지배 민중'[4]에 두는 비공식적 역사 해석을 대표하고 있다.

필자가 4·3 사건을 보는 시각은 후자의 입장을 취하고 있다. 그러나 4·3 사건에 대한 제주 사람들의 비공식적·민중적 역사의 재구성을 추구한다는 면에서 이 입장의 대표적 논의들과 차이가 없으나 분석 내용이나 방법에는 본질적인 차이가 있다. 여기서 필자는 4·3 사건에 대한 개인과 집단적 기억이 일상생활의 맥락에서 무의도적으로 존재하는 양식들, 특히 꿈이나 질병, 불행한 일 등 '비극적 사건들(tragic happenings)'에, 그리고 그것을 의례적 서사로 표상화해온 무교의례를 분석의 재료로 삼는다. 즉, 4·3에 대한 '민중기억(popular memory)'을 추구한다.

역사가 과거의 연구라면 기억은 현재와 과거의 관계에 관한 인식이며, 민중기억은 일상생활 과정에서 생산되는 역사에 대한 지식을 구성한다. 민중기억은 경험 주체의 주관적 역사 이해에 바탕을 두며 기억의 진실성 기준을 결정하는 데 공식적이고 지배적인 기억에 대한 '대항적 기억(counter-memory)'을 구성하기 때문에 헤게모니에 대한 투쟁의 성격을 띤다(Popular Memory Group, 1982: 216). 푸코(Michel Foucault)는 프랑스 혁명에 관한 일련의 실험적인 영화들을 비평하면서, 민중기억은 역사를 다시 쓰는 것이며 역사적 사건에 대해 대안적인 해석이라고 말한 바 있다(Foucault, 1975). 즉, 민중기억은 고통의 기억이지만 역사를 살아 있게 하며, 또한 기억하는 그 행위가 투쟁의 중요한 요소가 되며 "기억을 통제하는 자가 그 다이나미즘도 통제한다"(Foucault, 1975: 25). 필자는 무교에 표현된 민중기억이 공식적 역사의 인식론적 억압 가운데 존재하는 투쟁의 방식에 초점을 맞춘다.

2. 폭력의 이미지: 꿈 이야기

4·3에 대한 민중기억은 죽은 영혼에 대한 '전근대적'인·'미신적'인 무교 신앙 형태로 표현된다. 1984년부터 1985년까지 필자는 제주도에서 인류학 현지조사를 하며 많은 심방의 굿을 보았고 참여관찰을 했다. 본래 연구의 주된 관심은 환자굿(또는 치병굿)이었는데 대부분의 정신적·육체적 질병 또는 개인이나 가족적 불상사의 원인이 되는 요인이 4·3 때 죽은 사람들의 영혼과 직·간접으로 관련이 됨을 알게 되었다. '피 묻은 흰 상복'이 나타나는 꿈 이야기도 들었고, 이들 영혼의 통곡인 '영게울림(laments of the dead)'—죽은 영혼이 심방에게 접신하여 전해주는—을 듣기도 했다. 제주 사람들의 일상생활 가운데 4·3 사건은 깊은 상처로 남아 있고 현재에도 실재(reality)로 존재한다. 달리 말해, 이런 꿈에 나타나는 폭력의 이미지는 제주 사람 모두가 현재까지도 4·3의 고통스런 기억에 갇혀 있다는 사실을 드러낸다.

앞서 서두에서 말한 것처럼 필자가 제주 사람의 역사 인식을 '비극적'으로 특징지을 때, 그 인식은 4·3 사건과 관련된 슬픔과 죽음의 체험에 대한 보편적인 인식을 뜻한다. 요즈음 문헌에서 4·3 사건의 통칭으로 사용되는 '4·3'이란 말은 개인의 비극적 체험 이상의 것으로, 그런 체험에 대한 '특별한 해석'까지 포함하며, 보다 넓은 문화적 맥락에서 '비극적 전통'으로 고착된 것을 뜻한다(Williams, 1966: 14). 한마디로 '비극적'인 것이 제주도 현대사의 '전통'으로 이미 자리 잡은 것을 이른다.

'시국'이란 말에 이 사실이 잘 드러난다. 일상적 대화에서 '시국'이란 말은 특정한 역사적 사건이나 시대를 지칭하지 않으면서 실제로는 4·3 사건을 뜻하는 것으로 주지되고 있다. '4·3 사태' 또는 '4·3 사건'이란 말은 그 사건에 대한 공식적 표현인데, 특정한 역사적 의미나 해석이 개입되어 있지 않은 말로서 연대기적인 사실을 지칭할 뿐 '4·3 민중항쟁'이나 '제주 반란'이란 말처럼 개념적이고 이념적 가치판단이 전제되어 있지 않다. 그러나 지극히 평범하고 탈이념적인 '시국'이나 '4·3'이라는 말은 '일상성(vernacular)'의 뒷전에 역사의 폭력적 이미지를 감추고 있는 만큼 그 '비극적 전통'의 비장함은 내면적으로 더 심화되었다고 할 수 있다.

여기서 필자는 이미 널리 알려진 4·3의 참혹함을 되풀이해서 강조하기보다는 4·3이 무교를 중심으로 재구성되는 제주 역사의 '비극적 전통'이라는 맥락에서 어떤 위치를 가지고 있으며 그 사건의 기억이 어떤 기능을 하는지를 이론적으로 고찰한다. 4·3의 '비극적 전통'이 무교의 맥락에서 어떻게 형성되고 있는지 엿볼 수 있는 구체적 사례로서 다음과 같은 꿈 얘기를 하나 하겠다. 조사 당시 25세 되는 여자 심방 미조가 들려준 환자에 관한 이야기이다.

환자는 39세의 남자로 신제주에서 나이트클럽 가수로 일하는 사람이었는데 당시 병원에 입원해 있었고 환자의 고모가 심방을 방문했다. 방문 전날 심방은 꿈을 꾸었다. 꿈속에서 흰옷 입은 젊은 부부가 말없이 서 있는데 입과 가슴이 칼에 찔려 피가 막 솟구치고 있었다. 그다음 날 새벽 환자 고모가 와서 환자가 죽어가니 '돗제'[4]나 '푸다시'[5]로 풀어달라고 부탁한 것이었다. 환자가 병원에 가도 병명을 모른다 하고, 폐병같이 마르고 정신이 없고 가슴이 답답한 증세로 아프다고 했다.

미조심방은 이렇게 굿을 해달라는 부탁을 받기 전날, 맡을 환자의 문제에 대해 암시해주는 꿈을 곧잘 꾼 경험이 있기 때문에 이번에도 혹시나 해서 지난밤 꾼 꿈 이야기를 방문한 환자의 고모에게 했다. 고모는 놀라며 환자의 부모가 시국에 폭도로부터 죽창과 총으로 맞아 죽었다고 말했다. 꿈이 사실로 밝혀진 것이다. 미조심방은 그러면 '돗제'나 '푸다시' 정도로는 환자를 살릴 수 없으며 저승의 시왕을 청하는 굿을 해야 한다고 강력히 권고했다.

그래서 그날 오후에 '돗제' 대신 큰굿을 하게 됐다. 두 부모의 영혼을 저승 좋은 곳으로 보내는 굿으로, 보내는 길을 닦아주는 '질침'이란 굿을 했다. 두 영혼이 심방의 입을 빌려 '영게울림'[6] 제차에서 환자인 아들에게 시국에 억울하게 죽은 자신들의 슬픔을 눈물로 이야기할 때 병원에 있던 환자인 아들도 나와서 듣고 많이 울었다. 이 굿을 한 다음 환자는 완전히 병이 낫지는 않았지만 전보다 많이 나아져서 직장에 다시 나갈 수 있게 되었다고 한다.

미조심방으로부터 이 꿈 이야기를 듣고 필자는 다음과 같은 의문을 갖게 되었다. 첫째, 단지 환자의 병을 낫게 하기 위해 시작한 굿이 왜 주로 죽은 부모 영혼의 원한을 푸는 굿으로 행해졌는지, 달리 말하면 산 자를 위한 굿이 왜 죽은 자의 통곡 이야기를 매개로 행해지느냐는 것이다. 둘째, 4·3을 직접 체험하지 않은 젊은 심방이 어떻게 4·3을 여실히 드러내는 꿈을 꿀 수 있는가이다.

미조의 어머니 또한 심방인데, 어머니에게 가족사적인 4·3의 비극을 들었을 것이고[8] 그 외에도 미조가 환자들과 그들의 가족사를 듣고 무가로 풀어내는 굿 연행의 경험을 통해 4·3의 역사적 이미지가 형성되었으리라 생각한다. 그렇다 하더라도 미조심방이 4·3에 대한 전체적 인식을 가진 것은 아니다. 그녀가 4·3을 주제로 한 소설 중 아마 가장 처음으로 나온 것으로 알려진 현기영의 『순이 삼촌』(1980)을 읽은 것은 필자가 현지조사하던 1985년경으로 이 꿈을 꾸기 전이다. 미조의 4·3에 대한 기억은 부분적이며 개인적인 의미 차원에 머무를 수 있다. 그러나 자신의 가족도 아닌 미지의 환자의 죽은 조상의 꿈을 꾼 것은 어떻게 해석해야 하나?

사실 필자는 현지조사 기간 동안 특별히 4·3과 굿을 관련지어 관심을 두고 굿을 보지는 않았다. 본래 현지조사의 주제를 치병굿의 구조와 심방의 개인생활사에 두었고, 조사기간 동안 내내 심방의 뒤를 따라다니며 굿을 보며 그 내용면에만 관점을 두었다. 그러나 현지를 떠나 미국에 돌아와 논문을 쓰는 과정에서 자료를 분석하고 녹음한 테이프를 들으면서 4·3이 차지하고 있는 역사 체험의 영역이 무척 넓고, 특히 그 체험은 꿈 이미지나 의례적 서사 같은 더 객관적인 무의식의 차원에 자리 잡고 있음을 알게 되었다. 현실적으로 4·3에 대한 공개적인 토론이나 역사적 성찰이 억압되어 있는 상황에서 4·3의 폭력적 실상은 미조의 꿈에 나타난 피 흘리는 부부의 모습과 같이 찰나적으로 지나가는 이미지를 통해 그 진실을 드러냄을 알게 된 것이다.

굳이 꿈 이야기를 하는 것은 꿈 이미지에는 비극적 역사의 분위기가 의식 밖으로 분명하게 드러나는 것보다 더 여실히 간직되어 있다고 가정하기 때문이다. 미조심방의 꿈은 개인의 경험이라기보다는 역사에 대한 집단기억의 재현이라고 봐야 할 것이다. 이는 역사의 기억이 집단무의식의 차원에서 저장되고 의식의 표면에 부상되는 과정에서 창출되는 민중적 담론의 특유한 문화적 구성에 관한 문제이다.

3. 민중의 서사 전통

독일의 문예비평가 벤야민(Walter Benjamin)은 "역사를 쓴다는 것은 역사를 '인용'하는 것과 같다"(Benjamin, 1983-1984)고 말했다. 그는 역사의 연속성을 당연히 인정하기보다 '찰나적(transient)' 성격을 강조한다. 그에 의하면 "과거의 진정한 상(像)은 휙 스쳐지나가 버린다. 우리는 다만 그것이 인식되어지는 찰나에 영원히 되돌아올 수 없이 다시 사라져 버리는 상"(Benjamin, 1978: 255)으로서만 과거의 진리를 붙잡을 수 있다. 벤야민이 말하는 '인용구'로서의 역사는 어떤 관념(idea)이 아니며 '드레스에 달린 프릴 장식' 같은 것으로, 겉으로 보기에 별로 중요하지 않은 부분을 차지하는 장식이지만 그 옷 전체에 핵심을 구성하는 사물을 통해 그 진실을 드러낸다. 또한 역사는 어떤 물질적 대상을 통해 인식되며 그것이 '찰나적'인 짧은 순간 비친 사물의 이미지—그는 이를 '변증법적 이미지(dialectical images)'로 정의한다—로 인지되므로 마치 주술과 같은 효과를 가진다는 것이다.

이와 같은 벤야민의 유물사관적 해석 방법은 민중기억의 역사적인 진술 양식을 부각시키려는 필자의 입장에 많은 시사점을 준다. 즉, 심방 미조의 꿈에 죽은 영혼이 피 흘린 소복을 입고 나타나고 심방의 입을 통해 자신의 억울한 죽음을 비통한 심정으로 자손에게 말할 때 그 꿈의 영상이나 영게울림은 단순하게 과거 역사 사건을 구술하는 것이 아니라 '인용구'처럼 일상적 의식의 흐름을 정지시키는 효과를 가진다. '피 흘린 소복'이 4·3 때 죽은 환자 부모의 것과 동일한 것으로 밝혀지는 순간은 그 소복의 신화적 이미지와 현재적 이미지가 교응하는 순간이 된다. 다시 말해 정지된 상태에 있는 '변증법적 시간' 속에 역사는 그 진리를 드러내는 것이다. 이와 같이 '인용된' 역사의 기억은 벤야민이 말하듯 매우 창의적인 것으로 죽은 자와 산 자, 슬픔과 희망, 망각과 회상이라는 서로 대치되는 실재가 공존함을 뼈아프게 인지시켜준다.

심방 미조의 꿈에 나타난 '조상 영혼'의 폭력적 이미지는 영화 스크린에 4·3 당시의 폭력적 상황을 서술하는 서사 텍스트와도 같다. 미조의 개인적인 경험이 서사적으로 표현되는 내용이 꿈 이야기라면, 그것의 사회적인 의미는 미조 당사자뿐만 아니라 꿈 이야기를 듣는 청중의 해석과 반응이 서로 의사소통되는 과정을 통해 구성된다(Chatman, 1978). 달리 말하면 미조와 청중—환자와 그의 고모—이 꿈의 의미를 읽는 해독(reading out)하는 행위를 통해 미조의 꿈은 서사적 실재가 되며 고유한 담론 양식을 갖게 된다. 그러나 미조의 꿈이 갖는 언설은 제도적이거나 정형적인 이데올로기로 환원될 수 있는 것이기보다는 그 이전의 미결정된 상태로서 '실제로 활발히 형성되고 느껴지는 것'의 표현이다. 꿈 이야기 자체는 의사소통의 매체이며 꿈의 해독 행위는 의사소통 공동체의 무의식적 마음, 즉 '정서의 구조(structure of feeling)'를 파악하도록 이끈다(Williams, 1977: 132).

미조의 꿈 이미지는 4·3이라는 사회적 경험이 용해되어 있는 '정서의 구조'이다. 이러한 의미에서 필자는 미조의 꿈 이야기를 4·3에 관해 제주 민중이 기억하는 서사 전통의 스타일을 대표한다고 본다. 여기서 민중기억은 비극과 폭력의 경험이 민중의 역사의식을 매개로 재구성된 그 자체 또 하나의 메타스토리(metastory)로서 존재한다. 미조심방의 꿈 이야기는 현기영의 『순이 삼촌』 이야기, 공식적 역사의 이야기, 또한 이 모든 이야기를 다시 쓰고 있는 민족지 기술자인 필자의 이야기와 함께 제주도의 폭력적 역사에서 하나의 '우화(allegory)'로서 기능한다 하겠다.

그러면 제주 무교의 서사 전통이 '조상 영혼'에 대한 민속적 개념과 '질침'이나 '영게울림' 같은 의례과정을 통해 어떻게 나타나는지 알아보자.

4. 원혼과 '영게울림'

4·3 때 죽은 자들의 영혼은 원혼이다. 본래 무교에서 '원혼'은 급살했거나 비자연적인 상태로 죽은 모든 이의 영혼을 가리킨다. 그들은 정상적인 장례식을 치르지 못했기 때문에 저승에 들어가지 못하고 이승과 저승 사이 '허중공간'에서 떠도는 영혼이다. 이들 원혼은 영혼의 세계에서도 지위가 낮으며 습한 음지와 어두운 장소에 기식한다(최길성, 1986: 156-168). 원혼은 저승 사람으로 완전히 변하지 못하고 죽을 당시 '비자연적' 죽음의 상태에 머물러 있는 정체의 모호성 때문에 산 사람에게 두려움의 대상이

된다.

원혼은 집안의 조상이긴 하지만 유교적 제사에서도 그리 반갑지 않은 조상 영혼이다. 그럼에도 불구하고 죽은 영혼은 이 세상으로 돌아와 '부정한 죽음'의 상태로 인해 안식에 들지 못한 원한 맺힌 마음을 위로받고자 한다. 그것도 자손들에게 질병이나 불상사를 일으킴으로써 기억해주기를 원하는 원한 맺힌 조상 영혼들의 그칠 줄 모르는 열정은 자손들에게는 늘 고민거리이며 두려움을 갖게 한다. 그러나 이와 같이 원혼에 부착된 원한의 낙인도 자손이 '질침(질치기)'이라는 굿의례를 해주면 씻길 수 있다. 이들 원혼이 저승에 들어가 안식하려면 유교적인 제사 외에 따로 무교 굿이 필요하다. 무교 굿은 원혼의 해코지에서 산 자를 보호하면서 또한 원혼의 변칙적(anomalous) 역사를 치유한다. 이런 목적을 가진 '질치기'굿은 적어도 세 번은 해야 원혼이 저승에 들어갈 수 있다고 한다.

그러나 자손들이 이 세 번의 규칙을 잘 지키지 않은 채 5대가 지나면, 원혼들의 이름은 기억에서 사라지고 무교 신들의 세계에도 속하지 않는 무명의 잡귀로 전락한다. 잡귀는 무교에서 '푸다시(exorcism)'를 통해 다스리는데, 심방은 무구(巫具)인 신칼로 마구 위협하여 잡귀가 환자의 몸에서 떠나도록 한다. 제주 무교에서 잡귀는 '군졸'이라고 하여 상위 신들을 따라다니는 '산신군졸', '해신군졸', '선왕군졸', '본당군졸', '집안조상군졸', '심방조상군졸' 등으로 불린다. 한편 잡귀는 시공간에도 존재하는데, 강, 산, 바다, 하늘, 땅, 해안, 숲, 그리고 열두 시간 매시간에도 붙어 다닌다. 또한 잡귀는 '사랑척귀'·'반짐척귀'·'원한척귀'라고 하여 이루지 못한 인간의 감정 상태에도 붙어 다닌다. 한마디로 말해, 잡귀는 자연적 재해뿐만 아니라 인간 생활의 비정상적인 상황에 관여하는 모든 악의 가능성을 가리키는 범주이다.

여기서 원혼과 잡귀의 차이는 종류의 차이에 있지 않고 산 사람이 어느 만큼 기억하고 있느냐에 달려 있다. 이와 같이 원혼이 잡귀의 속성을 지닌다는 것은 중요한 사실을 시사한다. 원혼의 채워지지 않을 것 같은 굶주림과 목마름은 그들이 역사에서 망각되기를 거부하는 제스처이다. 이리하여 원혼은 민중의 상상력 세계에 확고히 자리를 잡게 되는 것이다.

제주 무교의 '질치기' 의례는 경기·서울 지역의 오구굿이나 진도의 씻김굿과 같은 형식을 취한다. '질치기'의 세부적인 제차 중에서 '영게울림'은 죽은 영혼이 심방의 입을 빌려 자손들에게 한 맺힌 삶과 죽음의 이야기를 건네는 제차이다. "영혼님에서 신의 아이 입을 빌어 분부문안 올립네다"(현용준, 1980: 452). 이때 제주 심방은 강신무와 달리 자신에게 영혼이 들렸다고 말하지 않고, 자신은 제신의 심부름꾼으로서 단지 영혼의 말을 전달하는 것으로 설명한다.

'영게울림'의 말뜻은 '영혼의 울음'이지만 연희 기능은 '위로부터 인사하고 당부의 말을 이룬다'는 '분부문안'이다. 눈물수건을 한 손에 들고 심방은 차례로 자손들에게 영혼의 '울음'을 들려준다. 영게울림이 진행되는 동안 가족들과 굿에 모인 일가친척·이웃들은 눈물을 흘리며 조상 영혼의 인사와 분부에 응답한다. 영게울림의 내용은 심방이 영혼에 대해 가족으로부터 들은 이야기를 기초로 심방의 구송 기술의 정도에 따라 자손들과 청중의 가슴을 잘 울릴 수 있도록 꾸며낸 한 영혼의 삶과 죽음의 역사이다.

대체로 영게울림은 어떻게 어떤 상황에서 그 영혼이 죽었고 그 죽음이 얼마나 서러운지 영혼의 애통함을 담고 있다. 각 분부문안의 끝에는 자손이 굿해준 것에 대해 죽은 영혼이 감사함을 표시하고 저승으로 기꺼이 들어가 자손에게 복을 빌겠다고 약속한다. 그리고 영게울림 제차를 종결짓는 즈음에 이르러서는 심방이 눈물수건을 거두며 "나 굿 햇수다" 하고 말하면서 청중을 향해 큰절을 하는데, 청중은 "잘했수다"라고 응수한다. 연극의 한 막이 내려지는 것이다. 이처럼 '영게울림'은 실제로 죽은 영혼이 이승에 돌아와 하는 이야기가 아니고 한 사람의 생애사와 기억을 극적인 형식으로 재구성하여 이야기로 연출하는 것이다.

그러나 죽은 영혼은 자손에게 한 약속을 잊고 집안에 같은 굿이 있을 때마다 이승으로 되돌아온다(여기서 '집안'은 그 영혼의 직계 4대 범위 내의 친척뿐만 아니라 방계 친척도 포함하는 수가 있다). 조상 영혼의 '울음'은 왜 자손에게 해가 될 만큼 위협적일까? 끊임없이 이승으로 돌아와 위로와 정화를 요구하는 이유는 어디 있을까?

죽은 영혼의 통곡과 산 자에게 끊임없이 자신들을 기억하도록 요구하는 그 끈질김은 그들의 '폭력적이고 비정상적인 죽음'에서 연유할 뿐만 아니라, 그들 조상 영혼의 이야기가 전해지는 양식에도 이유가 있다. 원혼의 이야기는 족보에도 기록돼 있지 않으며, 그 내용이 불러일으키는 폭력과 공포의 분위기 때문에 그 이야기 자체가 반사회적이며 터부시되며, 무교의 굿과 같이 특별한 장소와 때에 한해 그 이야기의 전모가 밝혀지는 '주변적 성격'을 가진다. 또한 이 주변적 성격은 원혼의 이야기가 주로 가부장제 친족집단의 주변적 범주인 여성을 통해 이어지는 비공식적 채널을 통해 마치 민담이나 전설처럼 구비기억(oral memory) 형식으로 기록된다는 사실에서도 잘 나타난다. 특히 심방이 집안 여성들이 기억하고 있는 원혼의 이야기들을 자료로 하여 의례적 서사로 재구성하는 영게울림은, 원혼의 비극적 이야기를 공표함으로써 원혼의 죽음과 관련된 폭력과 공포의 역사를 회복하는 민중기억의 주도적 형식이 된다.

5. 역사적 진실과 원한 담론

4·3 때 죽은 원혼들이 자손에게 들려주는 '영게울림'은 다른 이야기보

다 더 큰 두려움과 공포의 분위기를 자아내는 힘이 있다. 그것은 그 원혼들의 죽음의 무고함에서 기인한다. 심방은 그들의 무고함을 비호해주며 그 사실을 정당화한다. 특히 양민 학살에 대한 함구를 강요—무의식적으로까지—하는 반공 이데올로기 아래에서는 4·3을 기억하는 것조차 정치적으로 위험하며, 또한 당시 상황을 뇌리에 '되살리는' 것 자체가 공포 분위기를 자아내는 것이다. 단순한 사건의 사실적 기억마저 금지된 상황에서 그 '시국'의 음울함과 억울한 정서를 말로 표명하는 '영게울림'은 분명히 반국가적 행위이다. 공식적 현대사에서 사건 자체를 거의 지워버리고자 했던 국가권력의 그늘 아래서 4·3 사건의 상황과 비극적 결과를 재구성하는 것은 바로 반국가적이기 때문에 그 비극성이 더 가중되는 것이다.

최근 발간된 4·3 증언집에서 4·3 사태에 죽은 원혼의 내력 굿을 500가구 정도 했던 한 심방은 최근에 이르기까지 비밀리에 '4·3굿'을 해야 했다고 증언하고 있다(제주4·3연구소, 1989: 22). 심방은 굿하는 집의 내력을 누구보다 자세하게 알고 있으므로 경찰이나 안기부에서 4·3굿을 한 연후 4·3과 관련된 그 집 내력을 관에 보고하도록 강제했다는 증언이었는데, 이 사실은 4·3 자체의 비극성이 제주도 전체 사회에 얼마나 깊이 뿌리내리고 있는지 잘 말하고 있다. 다시 말해, 4·3의 비극성은 그 많은 살상의 참혹함에도 있지만 그것이 정치적으로 '반국가적'으로 낙인찍힘으로써 40여 년간 그 기억마저 억압되어왔다는 사실에 있다.

미조심방의 꿈에서는 공산 게릴라(폭도)에 의해 환자 부모가 죽임을 당하지만, 그 밖의 많은 사례에서 보면 당시 미군정(1945년 9월부터 1948년 8월까지)과 대한민국 정부 수립(1948년 8월 15일) 이후 있었던 한국 군인이나 경찰의 '빨갱이 사냥(red-hunt)' 결과로 희생된 양민의 숫자가 훨씬 많다. 대부분 일상 대화나 굿에서는 '누가' 죽였는지 분명히 밝혀지지는 않지만, 죽은 자들 가운데 특히 폭도나 폭도로 몰려 죽은 사람들의 이름을 떠올리는 것조차 두려워하는 제주 사람의 공포심은 4·3에 대한 정부의 공식적 진실에서 연유한다. "제주도는 다른 어느 곳보다 좌익세력이 강했던 곳으로 무장 봉기로 인하여 완전히 뿌리가 뽑히게 되었다"(김남식, 1984: 377).

바로 이 공식적 진실이 대한민국 정부의 정치적 억압의 헤게모니 이데올로기로 정착한다. 여기서 '진실(truth)'이라 함은 '진실에의 의지'에 의해 조성된 담론을 통해 철저하게 역사화된 개념이다(Foucault, 1972). 반공 이념을 통해 한 국가의 '진실에의 의지'는 계속 국가 통치의 헤게모니를 잡아왔고 군사정부의 장기적인 지배를 통해 근래에는 반정부 인사나 과격한 학생들을 무분별하게 체포·고문하는 의식(ritual)을 되풀이하며 그 힘을 강화해왔다. 그레고리(Steven Gregory)와 티메르만(Daniel Timerman)이 아르헨티나 군사정부의 만행을 '죽음의 의식(Ritual of Death)'(Gregory & Timerman, 1986)이라고까지 묘사한 국가의 적(이적)을 정치적으로 선별해서 통제하는 일련의 의식은, 단순히 국가 전복의 음모에 대한 정보를 얻기 위한 수단이 아니라 국가의 전제적 통치 명분을 정당화하기 위해 국민에게 공포와 두려움을 불러일으키는 과정이라 볼 수 있다.[8]

한편 4·3 사건의 민중기억을 생생하게 재현하는 무교의례에는 그것을 억누르는 정치체계에 대항하는 또 다른 저항의 힘이 잠재되어 있다. 미조의 경우처럼 4·3 때 죽은 원혼들이 심방과 자손의 꿈에 나타나고 자신들의 죽음 이야기를 (심방의 입을 빌려) 들려주는 무교의 굿의례는 4·3에 대한 강압적인 망각을 거스르며 투쟁하는 민중기억의 실천인 것이다. 실제로 일상생활에서 행해지는 민중기억의 저항의 힘은 담론적 요소이자 효과를 가진다.

권력과 진실, 그리고 담론 관계에 관한 푸코의 견해에 의하면, 권력은 실체 또는 제도와 관련된 어떤 지위가 아니라 "수시로 변화 가능한 힘의 관계"(Foucault, 1980: 93) 또는 그 관계의 활동이다. 권력은 이런 관계가 연출하는 효과나 전략이라 할 수 있기 때문에 어떤 형태의 권력도 담론적 요소를 띠게 된다. 권력의 진실을 창출하고 변형시키고 또 유지하는 것이 담론인 것이다. 푸코의 논리에 따르면 제주 무교는 개인의 질병을 치유하는 기제라기보다 4·3 사건으로 압축되는 공식적 폭력의 진실을 규명하는 담론적 활동이라고 볼 수 있다. 무교는 4·3을 무력으로 진압하는 과정에서 새로 수립된 국가의 반공 이데올로기가 지배이념으로 고착되고 현재까지 지속된 현대사의 맥락에서 창출된 민중적 대응 권력의 전략효과를 가진다.

미조심방의 꿈에서처럼 산 자가 침묵해야 할 때 죽은 자의 말은 안전하다. 그러나 여기서 중요하게 짚고 넘어갈 것은 꿈이나 '영게울림'으로 표현된 기억의 회복은 그것의 연극적 효과를 위해 그 기억을 억압해온 공식적 담론의 공포를 재생하는 모순의 상황을 낳는다는 점이다. 심방이 죽은 영혼의 이야기를 푸는 것이나 공산주의자로 대표되는 국가의 적에 대해 논하는 것 모두 4·3의 진실을 천명해야 한다는 위급함을 되살린다. 민중기억과 공식적 담론은 역사적 진실의 힘을 창출하기 위해 동일한 사건의 경험에 의존한다. 이처럼 뜻하지 않게 공포와 폭력의 서사적 재구성에 동참하는 것이 폭력의 상호 반사효과이다. 이것을 타우시히(Michael Taussig)는 '공포의 문화(culture of terror)'라고 했다(Taussig, 1984).[9]

물론 전략적인 효과라는 측면에서 두 담론 양식은 근본적으로 상반된다. 국가의 공식적 담론은 4·3 희생자들의 죽음을 국가 생성과정에서 필연적으로 따르는 악의 제거였다고 정당화하면서 그들을 유죄화하는 반공의례의 형식을 취한다. 반면 무교의 이야기는 4·3 희생자들의 무고함을 밝히고 생존자들의 고통을 노출하여 치유하는 데 목적을 둔다. 사실 미조심방의 꿈 이야기에서 환자 개인의 불행은 국가 폭력의 직접적 효과는 아니다. 그러나 환자의 '답답한 가슴'은 그의 부모를 죽음으로 이끈 과거 역사적 폭력에 대한 체화된(embodied) 현재적 해석이다. 또한 죽은 부모 혼령의 침묵은 반공 이데올로기를 주축으로 한 국가 담론이 민중에게 강요한 '비밀'을 오히려 드러내주는 '기호(sign)'로서 기능한다. 무언의 원혼 이미지는 너무 참혹해서 사실 꿈을 꾼 미조와 그 꿈 이야기를 듣는 환자에게 공포심을 야기한다. 그 이미지 자체가 폭력의 역사적 표상이며 그 원혼의 '무언'은 억압의 강도를 환유적으로 드러낸다. 동시에 은유적으로 역사의 축적된 힘—가공할 만한 힘—을 비판하고 있는 것이다.

그러면 무교 굿에 나타난 죽은 자와 산 자의 비공식적 기억 이야기와 국가의 공식적 담론은 서로 대립적이면서도 어떻게 공존하는 관계를 갖게 되는가? 심방 미조의 꿈에 나타난 '피로 젖은 소복'이라는 공포의 이미지는 국가의 폭력을 폭로할 뿐만 아니라 죽은 영혼들의 원한을 동시에 반영한다. 그 이미지 자체는 조상의 본래 모습이라기보다는 바로 해방 이후 국가의 반공주의와 그에 따른 정치적 탄압의 효과일 뿐만 아니라 폭력의 언어이다. 잘 짜인 공식적 담론의 언어 뒷전에 더 넓은 배경의 정경을 채우고 있는 또 다른 양식의 담론이 잠복하고 있다. 이것이 '원한의 담론'이다. 대항 담론으로서 이 '원한의 담론'은 정치적으로 지배적인 폭력 담론을 거울같이 비춰주며, 다른 한편으로 잔인한 4·3의 학살을 정당화시켜온 국가가 조작한 죽음의 의미를 뒤엎는 전략을 가진다.

6. 민중기억과 '4·3굿'의 연행성

푸코의 변증법적 담론 전개에 대한 통찰은 제주 민중의 개인적 불행과 국가적 폭력의 상호 텍스트적(inter-textual) 의미관계를 이해하는 데 매우 중요하다.

담론은 권력의 수단일 뿐 아니라 그 효과이다. 그리고 장애물이 될 수도 있으나, 저항이라는 대항 전략의 시발점이 될 수 있다. 담론은 권력을 창출하고 계승하기도 하지만 이것을 침식하고 폭로하고 약화시키고 위축시키기도 한다. 이와 같이 침묵과 비밀은 권력의 보호소가 되기도 하지만, 불분명하긴 하지만 권력에 대한 인내를 가능케 한다(Foucault, 1980: 101).

무교를 원한의 담론으로 볼 때 필자의 주요 관심은 그것이 무엇이냐 하는 내용보다 그것이 무엇을 하는가라는 효과, 즉 전략에 있다. 이는 죽음과 공포에 대한 민중기억을 치유의 공간으로 대체하는 의례적 효과에 관한 문제이다. 굿은 조상 영혼의 이야기를 전달하는 데 그치지 않고 원한에 맺힌 죽은 자의 영혼—즉, 원혼—을 위로하면서 환자의 병을 낫게 하는 데 궁극의 목적이 있기 때문에, 실제로 폭력의 언어로 엮어진 기억 이야기의 끈(thread)은 운명적으로 끊어져야 한다.

마치 심방 미조의 꿈에 나타난 '피 묻은 흰 소복'이 굿의 끝에 가서 정화되고 새 저승 옷으로 대체되듯이, 무교 굿의 치유능력이 서로 대립적인 권력의 담론적 요소—폭력과 원한—의 모순관계에서 창출된다는 것은 역사적 아이러니이다. 현재 시점에서 일상적 공포와 대항적 기억 행위(환자의 질병과 치유)의 모순이 전개되는 가운데 대립적인 담론이 권력의 상호 텍스트적 의미를 창출하는 것이다.

심방의 예언적 꿈이나 굿의례는 개인과 국가, 삶과 죽음, 꿈과 현실, 죽은 자와 산 자, 인간과 귀신 사이의 범주적 공간을 (그 무엇에 대한, 그러나 명확히 말로 표현할 수 없는) 원한과 같이 정서적으로 '의미 있는 것(meaningfulness)'으로 채울 때 환자를 치유할 수 있는 능력을 갖게 된다. 또한 심방의 굿은 공포·두려움·고독이 뒤섞여진 불확정성의 공간을 개방하여 환자와 모든 이에게 역사의 실재를 느끼고 눈으로 목격하게 한다. 진정한 영험을 가진 심방은 심방 자신이 '죽은 사람을 살려내는' 신념과 책임감을 가지고 굿을 양심적으로 이끎으로써—즉, 죽은 조상의 통곡을 여실히 전달하고 가슴 답답한 환자의 아픔에 깊은 동정을 하며—민중의 기억술을 옹호한다. 심방은 영게울림을 통해 죽은 영혼들이 자신의 죽음 이야기를 하게 함으로써 그들의 무고함을 비호해준다.

굿의 의례적 맥락은 한계적 상황(liminal phase)으로서 4·3과 같은 사회적 경험에 부여된 보편적 의미들을 진지하게—동시에 유희적으로—재조합하여 그 의미들의 본질을 변화시키는 성격을 가진다(Turner, 1980). 여기서 영혼을 저승 좋은 곳으로 보내기 위해 길을 닦는 '질침'의례는 원한의 담론을 치유능력을 가진 주술적 담론으로 치환한다. 여기서 주술적 담론은 탐비아(Stanley J. Tambiah)의 주술의례가 가지고 있는 연행적 효과를 이른다(Tambiah, 1985). 주술은 죽음이라는 실재를 재현하거나 치유과정에 논리적 합리성을 제시하는 것이 아니고, 당연시된 죽음과 고통의 의미를 치유 가능성으로 전환시키는 전략적 효과를 창출하는 언어적 의미 작용을 가리킨다.

이 과정을 부연하면 다음과 같다. 심방 미조의 꿈과 같이 예언적 꿈 그 자체는 역사적 담론의 텍스트를 제공해준다. 그러나 텍스트의 의미는 그 자체에 있지 않고, 또 한 가지 의미만을 내포하고 있는 것이 아니다. 텍스트의 의미는 그것이 이야기되는 상황에 따라 가변적이며 다중적인 실재를 압축하고 있다. 예컨대 질치기와 영게울림 같은 굿의례가 사회적 현실과 꿈 이미지의 진실 사이의 간극을 열어 의례적 공간에서 결합시킬 때에야—심방이 영혼의 이름을 부르며 저승문을 열고 현재의 제청(祭廳)으로 들어오기를 간원할 때—그 꿈 이미지는 의미를 갖게 된다. 그러나 꿈이나 죽은 자의 이야기로 표현된 민중기억은 공식기억에 직접적으로 저항하며 반대되는 이념을 내세우는 것은 아니다. 의례적 공간에서 죽은 영혼들은 단지 생전의 못다 채운 욕구를 표현하고 저승에서 편히 살기를 원하며 자손에게 복을 빌어주기를 원할 따름이다. 더욱이 이야기의 주인공들은 각자 다른 죽음의 이야기를 갖고 있으며, 그 이야기들 사이에는 일관성이 없고 상호 연결 논리가 뚜렷하지 않은 모호성을 띠고 있다.

심방이 하는 굿이 늘 슬픔에 잠겨 있는 것은 아니다. 심방은 굿 중간 중간에 제차와 상관없이 또는 제차 도중에 실없는 농담을 주고받거나 심방끼리 외설적인 촌극을 벌임으로써 '영게울림'을 귀담아들으며 눈물을 흘리고 있는 환자나 가족들이 한쪽 눈으로는 웃음을 터트리지 않을 수 없게 의도적으로 분위기를 흐려놓기도 한다. 비극을 잊어버리는 것이 그 순간 즉시 필요한 방법이기도 할 것이다. 민중기억은 이와 같이 연행과정의 모호성, 비애와 웃음 사이를 넘나드는 자유로움 때문에 불완전하고 단편적으로 재생될 수밖에 없다. 바로 이 불완전성 또는 단편적 성격 때문에 민중기억은 감시의 눈을 피할 수 있는 고도의 전략을 가지고 있는 '전복의 예술 형식(art form of subversion)'이라고도 말할 수 있다. 이른바 브레히트(Bertolt Brecht)의 서사극이 가지고 있는 '소격 효과(alienation effect)'이다.

4·3의 공식적 담론에 대한 믿음과 의심 사이의 정서적 모호성은 원혼의 죽음이 가지는 의미에 혼란을 가져오지만, 바로 이 모호성이 4·3에 대한 민중적 지식의 형식을 창출한다. 무교 굿에서 심방은 4·3에 관한 명료한 지식을 제시하지 않고 의미의 혼란만을 불러일으킬 뿐이다. 민중의 창조적 능력은 4·3의 비극과 폭력성을 극복하려는 투쟁적 의지에서보다 오히려 치유 가능성에 대한 '유토피아적인 신념'에서 드러난다(Benjamin, 1969). 원혼의 피 묻은 옷이 정화되어 저승 좋은 곳으로 이주하여 살게 되는 유토피아는 환상적 실재이지만 환자의 답답한 가슴이 풀리는 현실적 신념이기도 하다. 이 신념은 심방의 웃음과 해학 가운데 반공주의 공포 문화를 비판하는 대안 담론을 창출한다.

여기서 필자는 다음과 같이 결론을 맺고 싶다. 개인의 생활사나 역사의 악(惡)에 대항하여 민중의 원한을 '기억 이야기'로 풀어내는 제주 무교의 전통은 과거의 것이 아니다. 제주 무교의 전통은 4·3 이후 지속되는 반공주의 정치라는 '현재시간(Jetztzeit)'의 지평 위에 제자리를 차지하고 성좌 배열처럼 계속해서 그 자리를 지킬 것이라고 생각한다.

제5장

고통스런 이야기, 구원의 역사

1. 고통스런 이야기

"아이, 가슴도 너무 아프구. 그때를 생각할 때마다 내 억장도 무너지구." 큰심방은 목소리를 낮추며 필자에게 다가와 앉았다. 그리고 잠시 후 탄식하듯 담배연기를 내뿜었다. 그녀의 아들들 내외는 건너편 방에 있었다. 큰심방은 자신의 생애사를 카세트레코더에 대고 기꺼이 이야기해주었다. 죽은 남편의 원호연금을 재고해달라는 청원서의 개인 기재 사항을 필자에게 써달라고 부탁하면서 자신의 생애 이야기를 해준 것이다.

그녀의 원호연금은 20년 전에 중지된 상태였다. 최근 정부에서는 어떤 이유로든 연금 지급이 중단된 사람들에게 재심 청구를 신청하면 그동안 받지 못한 연금을 소급하여 변상하겠다고 발표했다. 그래서 연금이 중단된 상황에 대해 타당한 설명과 함께 신청서를 다시 작성해서 제출하면 매월 받던 보상금을 다시 받을 수 있게 된다는 것이었다. 큰심방의 남편은, 총기 사고가 있었던 1953년 마을을 무장대로부터 지키던 민보단[1]의 일원이었다. "그 사람이 죽은 날이…그때가 계사년 동짓달 열엿새였죠. 그때, 그 혼란한 시국에 총에 맞아 죽은 거예요." 필자는 노트를 꺼내서 그녀가 하는 이야기를 받아 적기 시작했다.

큰심방이 필자에게 해준 이야기는 심방 개인의 생애사일 뿐만 아니라, 그녀에게 개인적인 고통을 주었고 또한 그녀를 무당으로 만들었던 한국

근대사에 대한 증언이기도 하다. 그녀가 자신의 생애 이야기를 남편의 죽음으로 시작하는 것은 남한의 근대사가 공산주의자들과 싸웠던 병사들의 죽음으로 시작하는 것과 일치한다. '시국'은 1948년 대한민국이 반공 국가로서 국가정체성을 정립한 때를 가리킨다. 큰심방의 생애사는 개인적인 서사를 넘어서 한국 근대사와 병행하고 있는 것이다.

이 장에서는 제주도의 북동쪽에 위치한 어촌 고살미 마을에서 살고 있는 64세 된 큰심방의 생애사를 소개한다. 그녀의 생애사 가운데 특히 1964년 그녀가 마흔두 살이 되었을 때 꾸었던 입무몽(入巫夢) 이야기에 초점을 둔다. 꿈 이야기에서는 미군정의 통치자 이미지가 무당의 '조상'[2]으로 나타나 그녀에게 무당이 될 운명을 예언하고 이에 필요한 영적 능력들을 암시하고 있다. 입무몽은 한국 근대사에서 중대한 시기였던 1964년에 꾼 것이다. 1964년은 한국 정부가 경제적 독립과 번영을 위한 국가경제발전계획을 막 수행하기 시작하던 때였다. 1948년과 1964년 사이에 한국 경제는 구호식량을 비롯하여 다양한 형태로 외국의 도움에 의존하고 있었다(한국민중사연구회, 1986: 267).

여기서 생기는 의문은 1960년대에 꾼 꿈의 내용에 왜 1948년 4·3 사건의 중대한 경험이 포함되어 있는가, 그리고 그녀가 꾸었던 꿈이 불러일으키는 신비한 분위기(aura)가 어떻게 순수하게 정치적일 수 있는가 하는 문제이다.

20년간(1948~1964) 계속된 신령들의 계시와 관련한 큰심방의 종교적 경험은 한민족이 경험했던 특수한 역사적 맥락 안에서 분석될 수 있다. 큰심방의 꿈은 근대성의 정치적 도상학(political iconography)을 반영하고 있다. 한국적 근대성의 지배적인 이미지는 1945년 해방과 경제발전계획이 시작된 1960년대 초반 사이에 미국의 감독하에 진행된 개발과 풍요였다. 여기서 필자는 큰심방이 꾸었던 꿈 이야기를, 그녀 개인의 생애사와 민족사가 상호 텍스트적으로 해석될 수 있는 서사로 다루고자 한다. 필자는 입무몽이 가지는 구원의 힘(redemptive power), 즉 한 사람을 무당으로 변화시키는 힘은 당면한 사건과 경험을 개인적 변화와 역사적 변화를 위한 더 광범한 사회적 텍스트로 변형시키는 무당의 꿈꾸는 행위에서 나온다고 본다. 이것은 삶과 죽음의 경험을 통해 사람들이 실천하고 투사하는 관념으로서 민족과 민족주의를 보는 또 다른 방법이 될 것이다.

한국의 근대성에 대한 논의에서 흔히 나타나는 '민족'·'민중' 같은 중심적 비유(key tropes)를 모호하고 신비로운 상상과 개인적 경험의 영역 안에서 이해하고자 한다. 우리는 이 비유들을 중심으로 큰심방의 생애사를 검토하면서 사회적·인식론적 범주들을 재조직하도록 세속 주체의 태도를 고무했던 '근대성'이라는 진보의 형이상학이 어떻게 일상세계 안에서 그 상징적 권력을 획득하는지 목격할 것이다.

2. 진실한 이야기

1953년에 있었던 큰심방 남편의 죽음은 4·3 사건과 관련이 있다. 1948년 4월 3일 발발한 4·3 사건은 1954년 가을 한라산에 금족령이 해제될 때까지 제주도 전역을 무장대 공비 토벌의 전시체제로 묶어놓았다. 각 마을에서는 군인과 경찰을 지원하기 위해 마을 주민이 반게릴라 병력인 민보단에 동원되었다. 주위 환경에 익숙했던 민보단원은 잔존한 무장대의 은신처가 될 만한 곳을 알고 있을 것이라 생각되었기 때문에 정찰을 위한 선봉대에 자주 세워졌다. 민보단원이었던 큰심방의 남편도 인근 마을의 주민들과 함께 지붕 이엉에 쓸 갈대와 소와 말을 먹일 풀을 베러 한라산 깊숙한 곳으로 들어갔었다.

큰심방이 남편의 죽음을 둘러싸고 일어난 정황에 대해 명백하게 진술하지 않고 무심한 투로 또는 황급히 지나치는 듯 묘사하는 태도는 그녀가 그 일에 관련된 사실들을 모두 밝히기는 꺼려한다는 점을 시사한다. 공식적인 자리에서 큰심방은 항상 남편이 '누구에 의해서' 죽임을 당했는지 분명하게 진술하지 않았다. "그는 총에 맞아 죽었죠"라고 폭력적 죽음의 가해자가 누구인지 구체적으로 지적하지 않은 채 말하곤 했다.[3] 당시의 상황으로 보아 남편이 무장대에게 총 맞았을 것이라고 가정하는 것은 당연한 일이고, 따라서 남편의 죽음에 책임을 질 사람을 거명하는 것은 불필요할지도 모른다. 그러나 큰심방이 이 총기 사건에 대해 자세한 진술을 주저하는 까닭은 남편이 '국가의 편'을 지지했는지 아니면 '산(山) 사람' 편을 지지했는지에 대한 의문을 야기할 수도 있다는 두려움에서 기인한다. 일반적으로 제주도에서는 4·3의 피해에 대해 이야기할 때 폭력적 죽음의 책임자에 대해 명백한 설명을 요구하거나 기대하지 않는다. 일상적인 대화에서조차 4·3 사건은 대체로 언급되지 않는다. 그때의 사건에 대해 사람들은 단지 '그 시국'이라고만 언급한다.

그러나 생애사를 녹취하는 동안 큰심방은 딱 한 번 남편의 죽음에 대한 진실을 이야기했다. 남편은 공식적으로 받아들여진 설명처럼 무장대에 의해 '총에 맞아 죽은 것'이 아니라 총탄을 장전하지 말라던 민보단원과의 몸싸움 도중 우발적인 총기 사고로 죽었다고 밝혔다. '진실된 이야기'는 고통스러운 법이다. 결국 큰심방의 사적인 진실은 남편의 군인으로서의 영웅적인 죽음이라는 공식적 진실을 위반하는 것이기 때문이다.

큰심방에 따르면, 당국은 죽은 군인과 경찰의 유가족에게 매달 지급하는 원호연금 외에도 총기 사건 당시 남편의 장례식 비용을 지원해주었다. 제주시내의 유명한 의사가 남편의 응급수술을 위해 멀리서 왔다는 당시의 정황은 가난하고 배우지 못한 과부에게는 매우 명예스러운 것이었을 것이다. 마을 사람 모두가 그 과부에게 조의를 표했다. 초라한 집을 수리하는 일도 도와주었고 남편이 일했던 정미소에 직장을 알선해주기도 했다. 간단히 말하면, '그 시국'에 있었던 순국영령(殉國英靈)의 명단에 남편의 이름을 추가했던 당국의 날조된 공식적 서사에 의해서 큰심방의 남편은 마을에서 국가의 영웅으로 취급받게 된 것이다.

그러나 공비 토벌을 통해 반공 국가가 건설되는 과정에서 발생한 남편의 영광스러운 죽음 이후 큰심방에게 남은 것은 가난과 정미소에서의 힘든 노동이었다. 남편의 죽음 이후 큰심방은 남편의 직업을 물려받았지만, 남아 있던 네 명의 자식들을 부양하느라 가난 속에서 살아야만 했다. 몇 년 후 외지에서 연애를 하여 두 명의 자식을 더 갖게 되었는데 이로 인해 원호연금이 중단되기에 이르렀다. 이른바 정숙하지 못한 행동으로 원호연금 지급에 필요한 법적 자격을 상실한 것이다.

큰심방 남편의 죽음을 찬양했던 정부가 큰심방이 원호연금을 가장 필요로 할 때 중단했다는 점은 아이러니이다. 큰심방에게는 남편의 영웅적 죽음이라는 명예의 무게를 금욕적으로 지탱하면서 동시에 힘든 노동에 익숙한 독립적인 제주 여성의 신화를 실현하는 것은 어려웠다. 그녀는 마을 공동체 내에서 사회적 추방자가 되면서 가난으로 인한 고통을 한층 더 겪었다. 그러나 사회적 소외는 그녀가 심방이 되는 길을 위한 준비과정이었다. 그녀는 심방으로서 자신의 운명을 "전승그르치다(운명이 바뀌었다)"라고 상투적인 말투로 표현한다.

그러면 큰심방의 개인적 비극과 운명적 자기전환을 민족사의 맥락에서 어떻게 이해할 수 있는가? 다음에 소개되는 그녀의 꿈 이야기는 역사가 어떻게 이야기 서사로 순화되는지를 잘 보여준다. 그녀의 이야기가 환기시키는 1950년대와 1960년대 고난의 시기는 대낮의 밝은 빛 속에서 결코 활보하지는 못할 것이다. 그러나 그 시대의 아픔은 집단적 무언(collective muteness)과 공모하여 꿈속에서처럼 역사적 기억의 그늘에서 배회하고 있다.

3. 입무몽

1964년 마흔두 살이 되었을 때 큰심방은 처음으로 심방으로서 치유 경험을 했으며 신비한 꿈을 꾸었다. 필자는 그 꿈을 입무몽이라고 부르겠다. 나중에 심방의 '조상'이 된 신비한 남자가 꿈에 나타나서 수천 명의 죽은 사람들을 위해 봉사할 심방으로서의 운명을 그녀에게 예언했다. 그리고 그 꿈은 현실이 되었다. 마을에서 큰심방의 단골이 많아지고 단골들이 치료에 대한 보상으로 쌀과 돈을 가져오면서 큰심방의 가족은 안정적인 생활을 할 수 있었다. 그녀는 마흔두 살이 되어 공식적인 신굿을 치렀다. 큰심방은 자신의 입무몽을 다음과 같이 생생한 이미지로 묘사했다.

> 지금의 양계장 근처에 있는 교차로에 '정살'—작은 집에 있는 두 개의 작은 나무기둥으로 만들어진 대문으로 '정낭'과 같다—이 있었어. 나는 거기에 마치 기도를 하는 것처럼 두 손이 매달려 있었지. 그때 미국 헌병의 헬멧 같아 보이는 크기가 방만한 모자를 쓰고 나무둥치처럼 덩치가 큰 거인 남자가 쓰리쿼터 차를 타고 남동쪽으로부터 달려오더라고. 한쪽은 붉고 다른 쪽은 검은색이 칠해진 거대한 쇠곤봉을 차고 있었어. 그 거인이 다가올 때 애들과 어른들, 남자·여자 할 것 없이 수많은 사람들이 나를 향해서 사방에서 또 다가오는 것이 보이더라고. 그중에 몇 명은 손에 창을 들고 있었고, 또 어떤 사람들은 들판에서 일을 하고 있었어. 그 거인이 내 곁에 와서는 "누가 이 여자를 묶었느냐? 누가 이렇게 매달아 놓았어?"라고 역정을 내면서 말을 하더라고. 그러고는 쇠곤봉의 붉은 쪽으로 세 번 나를 두

드렸는데, 그러자 내가 정살에서 풀려났어. 내가 얼굴을 돌리면서 울기 시작하자 나를 붙잡고 위로해주더라고. "울지 마라. 저 들판에 보이는 영혼들을 잘 먹이면 너도 먹고 살 일이 생길 것이다. 너에게 쌀 한 가마와 보리 두 가마를 주겠다. 울지 말고 집에 돌아가면 알 도리가 있을 거다." 꿈속에서 집으로 돌아온 후에 나는 깨어났어.

다음 날 나는 이웃집 할머니에게 꿈에 대해 조심스럽게 이야기를 했지. "지난밤 꿈을 꾸었는데, 반달 모양의 헬멧을 머리에 쓴 거대한 남자가 나에게 다가와 나를 쇠곤봉으로 세 번 두드려주더라구요. 그러고는 쌀 한 가마와 보리 두 가마를 보내주겠다고 하더라구요." 그 할머니는 "참 괴상한 꿈이네"라고 하더라고. 그런데 그날 오후 4시 가량이 되었는데 예상치도 못했던 특별구호식량이 집에 왔어. 쌀 한 바가지하고 보리 두 바가지. 세상에나 그것이…꿈속에서 정확히 예언된 것처럼 쌀 한 가마하고 보리 두 가마…같잖아?

큰심방의 이야기를 처음 들었을 때 필자는 그 거인이 왜 미군 헌병의 헬멧을 쓰고 쇠곤봉을 들고 있는지를 이해할 수 없었다. 그리고 큰심방이 마을 입구 정낭에 매달려 있었던 이유도 알 수 없었다. 일반적으로 정살(또는 정낭)은 개인의 집 앞에 위치한다. 필자는 이 정살이 마을 입구에 실제로 있었는지 궁금했다. 그리고 그 수천 명의 사람들은 누구였고, 특히 죽창을 들고 있는 사람들이 누구였는지도 궁금했다. 나중에 큰심방은 그들이 자살하거나 전쟁 또는 혼란한 시국에 폭력적으로 죽임을 당했거나 굶주리고 있는 낮은 계급의 영령들로서 '삼천군병'이라고 설명했다(사진).[4]

사실 큰심방은 꿈속 이미지들의 개별적 의미를 해석하는 데에는 관심이 없다. 그녀는 그 거인의 출현이 심방 '조상'으로부터 내린 계시의 징표라는 점을 당연하게 여겼으며, 그로 인해 자신이 가난의 사슬에서 벗어났

사진 1. 정살의 꿈 이미지(김민주·김봉현, 1963: 194).

사진 2. "미국 고문관이 어떤 조언도 도움이 될 것 같지 않은 장면을 조용히 바라보고 있다"(《라이프(Life)》, 1948년 10월호). 제주 4·3 사건이 발발한 이후 같은 해 10월에 일어난 여순반란 시기에 찍힌 사진이다.

"보라! 우리의 철천지 원쑤가 누구인가를! 무자비하게 집단 학살된 현장에서 대성통곡하는 부인을 앞에 두고 이를 비웃듯이 버젓이 서 있는 '양키'놈을!"(김민주·김봉현, 1963: 259).

다는 사실을 강조할 뿐이었다. 구호식량의 실제 양은 꿈에 조상이 약속한 것보다 훨씬 적었지만 예언은 실현되었다. 그 꿈은 미래에 대한 희망을 결코 배신하지 않았다. 입무몽을 꾼 후 큰심방은 단골이 많아졌으며, 치유에 대한 보답으로 쌀이나 보리를 받아 그녀와 가족이 굶주림을 면할 수 있었다. 꿈속의 거인, 즉 그녀의 신(神)적인 조상이 전했던 다정한 말과 약속은 정숙하지 못했던 과부로서 가난과 사회적 추방에 당면한 그녀에게 유일한 진정한 위안이었다.

꿈속의 조상과 굶주린 영혼들에게 베푼 온정이 현실적인 희망과 행복의 유일한 근거가 되었다는 것은 아이러니하다. 그러나 이승에서의 추방과 저승에서 보내주는 보상 사이에서 보이는 균형감각은 이야기꾼 큰심방의 정의감을 나타낸다고 할 수 있다. 다시 말해 그것은 이상향으로서 꿈에 대한 민중적 감각을 고취하고 있는 것이다.

다음에서는 그녀의 꿈속 이미지들의 의미와 관련해 앞에서 했던 질문들, 즉 왜 심방 조상이 미군의 헬멧을 쓰고 나타났는지, 큰심방은 왜 정살에 묶여 있었는지, 그리고 삼천군병은 누구인지 논의해보도록 하자.

4. 구원의 역사

꿈속에서 큰심방이 손과 발이 묶인 채로 매달려 있던 마을 입구의 정살은 '그 시국'에 무장대의 침입으로부터 마을을 방어하기 위해 마을 경계에 세운 보초막 앞의 검문대였다(김민주·김봉현, 1963).[5] 대개 정살은 1.5미터 높이로 양편에 나무기둥을 수직으로 세우고 꼭대기에 두 개의 수평대를 놓은 것이다. 사실상 정살은 마을의 안전을 지키는 물리적 한계를 표시한 것이었다. 당시에는 마을마다 한라산에서 내려오는 무장대로부터 마을을 보호하기 위해 돌로 쌓은 성담이 있었다. 그 대문에는 1~2.5미터 정도의 돌탑을 두 개 세웠고 그 사이에 정살을 걸쳐 놓았다. 민보단에서는 일몰과 일출 사이에 소등명령을 내렸다. 마을 사람들이 안전지대 밖에 있는 들판에 나가 일을 할 때에는 몇 명의 민보단원이 동행했다. 정살 밖에서는 어떤 사람이든지 무장대의 공격을 받거나 그들과 내통했다는 비난을 받기 쉬웠다. 큰심방은 무장대원이 잡혀서 처벌을 기다리는 것처럼 정살에 달려 있었다. 실제로 포로가 된 무장대는 보통 마을의 학교 운동장으로 끌려가서 마을 사람들이 던지는 돌에 맞는 공개적인 벌을 받았다고 한다.[6]

꿈속의 거인이 헌병의 헬멧을 쓰고 곤봉을 들고 있는 모습은 미군정 당시 군사고문으로 제주도에 파견된 미군 헌병의 이미지와 유사하다. 이들은 4·3 사건 당시와 한국전쟁 중에 종종 본토에서 파송되곤 했다(Cumings and Halliday, 1988). 몸집이 큰 미군 헌병이 지프를 타고 빠르고 거침없이 거친 길을 운전하는 모습과 어디나 갈 수 있었던—마치 큰심방의 꿈속에서 마을의 방어벽 바깥으로부터 자유롭게 들어올 수 있는 거인처럼—미군 헌병의 특권은 제주도 주민들에게 깊은 인상을 심어주었을 것이다. 그러나 설사 좌·우 이념 투쟁에서 미군 헌병이 최후 승리자로서 위엄 있는 인상을 주었다 할지라도 어떻게 미군 헌병이 큰심방에게 구원자의 이미지로 상상되었을까?

초인 그리고 거의 신적인 진인(眞人)으로서 미군 헌병이 갖는 이미지—실제로 이러한 이미지는 미국의 정치적 선동에 의해 만들어진 것이다—는 제주의 전통 문화에서 수호 신령의 이미지와 비유적으로 겹쳐진다. 역사적으로 제주 민중의 심층적인 상상 속에 나타나는 거인의 신적인 이미지는 신성한 날개를 가진 영웅 전설에 그 뿌리를 두고 있다(현길언, 1981). 전설에서 주인공은 전쟁에서 패한 장군으로서 또는 부패한 관료제에 대항해 싸우는 억압받는 농민들을 이끌다가 죽은 농민 반군과 같은 비극적인 영웅으로서 묘사된다.

이러한 이야기들의 공통된 플롯은 다음과 같다. 영웅들은 겨드랑이에 작은 날개와 같은 신비한 징표를 가지고 태어난다. 그러나 날개 때문에 높은 신분을 얻거나 전쟁의 승리자가 될 수 없다. 왜냐하면 그들의 날개는 어릴 때 발각되며, 그들이 가진 것으로 생각된 과도한 반항정신과 그에 따른 비극적 결과에 대한 두려움 때문에 일찌감치 날개를 잘리기 때문이다. 그들은 보통 사람에 비해 아주 힘이 세거나 몸집이 큰 초인으로 묘사된다.

일반적으로 이러한 영웅들의 이야기가 가지는 비극적인 이미지는 민중의 상상 속에서 제주도의 역사적 운명과 동일시된다. 만약 영웅들의 비극적 죽음이 제주도의 자연적인 황폐함, 굶주림, 정치적 홀대와 억압에 대한 운명적인 역사를 표상한다면, 신격으로서 그들의 재탄생은 그러한 운명의 힘에 대항하는 (민중이 가진) 자유의 열망에 정당성을 부여한다. 제주도는 지리적으로뿐만 아니라 정치적으로도 고립되어 본토에서 추방된 자들의 유배지로 사용되었으며, 중앙에서 파견된 부패한 정부 관리들의 착취 대상이었다. 제주도 사람들은 구술 전통을 통해서 날개를 잘렸음에도 불구하고 본질적으로 신적인 특징을 영원히 간직한 민중적 영웅들과 자신들을 동일시 할 수 있었다.

여기서 매우 흥미로운 것은 신적인 날개가 종종 영웅들의 비극적 죽음 이후에 발견된다는 점이다. 이 일은 영웅들이 전장에서 보였던 초인적인 능력을 이해할 수 있게 하며, 이 영웅들이 토착 주민이나 가족집단의 강력한 조상으로서 새로운 명예를 얻게 되는 일을 정당화한다. 이재수는 좋은 사례가 된다. 원래 지방 행정관의 사령이었던 이재수는 1901년 중앙 정부의 징세정책에 동조하여 토착민을 괴롭힌 봉세관(封稅官)과 그 위세에 편승한 2명의 프랑스 사제와 700명의 가톨릭 신자들로 이루어진 외부 세력에 대항해 봉기한 토착민 반군의 장군이 되었다. 반란이 진압되고 이재수가 서울의 법정에서 사형을 당한 30년 후 여동생이 일본에서 쓴 전기에 의하면 그의 몸 양겨드랑이에서 날개가 발견되었다고 한다(이순옥, 1932). 그의 사후에 발견된 날개와 반군의 신화는, 반란에 대한 민중적 희망과 현존하는 지배 권력의 전복을 기원하는 전통적인 서사의 힘을 입증한다.

입무몽의 이야기로 되돌아가서, 거인 은인과 그 배경에 있는 수천 명의 굶주린 영혼들의 관계는 어떠한 문화적 논리로 설명할 수 있을까? 큰심방은 굶주린 영혼들을 무당의 신전에 모셔진 낮은 계급의 사령들로서 '삼천군졸'이라고 부른다. 꿈속에서 거인은 큰심방에게 그 굶주린 영혼들을 먹여 살리라고 명령했다. 여기서 그 영혼들은 4·3 당시 폭력적으로 죽임을 당하거나 굶주린 제주 사람들을 표상한다. 또한 거인은 자신을 제주 사람들의 최고 신령이자 민중의 영웅으로 드러낸다. 그는 큰심방이 심방으로서 새로운 역할을 가지고 사회에 재통합되는 것을 돕는다. 여기서 우리는 큰심방으로 하여금 가난과 사회적 소외의 현실을 초월할 수 있도록 만들었던 입무몽의 구원 기능(redemptive function)을 가정할 수 있다.

5. 꿈 이미지의 도상적 힘

그러나 큰심방은 꿈 이미지의 사회적·역사적 의미를 탐구하는 사람이 아니다. 따라서 꿈을 꾸는 동안 그녀의 마음속에 어떤 의도나 논리적 사유가 있었는지 의문을 가질 필요는 없다. 꿈의 해석에서 해석된 기호는 별개의 것으로 특정 꿈의 이미지와 전혀 관련 없을 수도 있다(Mannheim, 1987). 큰심방은 거인 미군 헌병의 모습으로 나타난 이미지를 미군 헌병으로 보지 않고 오히려 '심방 조상'—심방의 일을 보호해주며 영험을 주는 신적 존재의 통칭—으로 본다. 조상이 미군의 모습으로 나타났다고 해서 그 꿈이 반드시 특정한 역사적 해석을 가능하게 한다는 사실을 의미하지는 않는다. 꿈 이미지로부터 상징적 의미를 추출하는 데도 똑같은 주의가 필요하다. 큰심방은 자신이 왜 그런 식으로 꿈을 꾸었는지 스스로 설명할 수 없다. 여기서 꿈속 이미지들은 마치 각기 독립적으로 존재하는 것처럼 다루어진다. 꿈속 이미지들은 몽타주처럼 그럴듯하게 연결되고 배치된다.

이러한 맥락에서 꿈속 이미지들이 가지는 구원의 기능은 무엇인가? 구원의 기능이라는 말은 꿈속 이미지들의 도상적 지위(iconic status)와 인지적 조직화(cognitive organization)를 의미한다. 그러한 작용 이전의 꿈속 이미지들은 아직 개념화되지 않은 모호한 상태의 현실 자체를 의미한다(Mannheim, 1989). 꿈속 이미지들은 상징적 대상이 아니라 현실의 표상이며 또한 재현된 실체를 가리킨다. 기호와 마찬가지로 꿈 이미지는 특정 대상의 상징화를 거칠 필요 없이 대상들 사이의 연결망을 구체화한다. 의식의 경계 아래에서 이미지는 물질적 경험과 개인적 열망을 통합하고 사회적 실천을 매개한다. 큰심방의 꿈에 나타난 이미지들은 개인적인 가난의 경험과 샤먼으로서 재생의 경험을 통합할 뿐만 아니라 그 배경에 구원을 기원하는 정치적 무의식의 스펙터클을 펼쳐낸다.

벤야민(Walter Benjamin)의 변증법적 이미지 개념을 차용하면 이러한 이미지들은 '정지 상태의 변증법(dialectic at a standstill)'이라 할 수 있다. 꿈속의 이미지들은 '과거에 대한 지식'을 깨우칠 수 있는 가능성을 열어준다(Benjamin, 1983-1984: 1-2). 변증법적인 꿈속 이미지들은 역사 과정의 한 부분이며, 그것이 정지된 상태를 나타낸다. 그래서 꿈에서 깨어나는 순간은 아직 현실에 귀환하지 않은 경계의 상태에서 형성되는 역사의식을 드러내는 은유이다. 꿈을 꾼 후에 꿈에 대한 생생한 기억은 반쯤 잠들어 있거나 반쯤 깨어 있는 상태에 있을 때, 즉 굶주린 상태에서 꿈의 내용을 곰곰이 상기하면서 몽환적인 세계에 머물러 있는 그런 상태에서 가능한 것이다(Buck-Morss, 1983: 211-240).

큰심방의 꿈에서 중심적인 이미지들—정살, 거인, 미군 헌병, 수천 명의 사령(死靈)—은 벤야민의 이른바 몽환적 세계에서 꿈꾸는 '이상(ideals)'에 해당된다. 사람들은 이상을 통해 "사회적 산물의 미성숙함과 사회적 생산 질서의 결함을 초월하고자 한다. 이상 가운데에서 진부한 것—그것은 실제로 최근의 과거를 의미한다—과 결별하려는 열망이 부상한다. 이러한 경향은 새로운 것으로부터 최초의 자극을 받은 환상을 원초적 과거로 되돌린다"(Benjamin, 1978: 159). 큰심방이 단지 꿈꾸는 상태에서만 정살에서 풀려나기를 소망하는 것처럼, '최근의 과거'—근대사의 배반으로서의 4·3사건—로부터 벗어나고자 하는 충동은 자급자족과 정치적 자유를 향한 이상과 당면한 예속과 가난에 찬 현실 사이의 틈새를 채워준다.

'심방 조상'의 계시와 심방으로서 개인의 운명을 수용하는 것 사이에서 주목할 점은, 큰심방의 꿈에 나타난 '조상'의 이미지가 구원의 서사를 구체화하는 방식이다. 미군 헌병의 이미지와 민중적 조상으로서 거인의 이미지는 정확하게 말해 동일하지 않다. 하나는 근대사의 승리자이고, 다른 하나는 희생자이다. 그럼에도 불구하고 두 이미지는 겹쳐지는데, 상징적 의미가 아니라 해방의 축복과 계시의 도상적 힘이라는 견지에서 일체화된다. 하나는 외세 침략자로서 그리고 다른 하나는 외세에 대항한 원주민 반군으로서, 원천적으로 대립적 관계에 있는 꿈속 이미지들의 비극적 신화는 적어도 꿈속에서 영광스런 미래를 위해 변형되며 '조상' 이미지로 결합된다.

꿈에서 깨어나더라도 두 이미지가 결합하여 만들어진 '조상' 이미지는 수천 명의 굶주린 영혼을 먹여 살리고 제주 사람들을 정치적 혼란에서 해방시킬 수 있는 것이다. 이것은 이념 갈등의 폭력 속에서 상처받은 과거사의 '결함'을 초월하는 맑은 정신의 혁명적 순간이다. 미군 헌병의 이미지와 비극적이고 영웅적인 원주민 반군의 이미지가 적확하게 일치하지 않는다고 해서 그 꿈에 대한 해석이 진전될 수 없는 것은 아니다. 오히려 입무몽 이야기는 이념적 투쟁의 공식적 역사와의 비동일성(non-identity)으로 인해 제주 4·3에서 일어난 그 폭력적인 결과의 복합성을 더 잘 이해하도록 이끈다.

4·3 당시 제주도에 주둔한 미군의 존재가 민족의 자주성에 위협적이었지만, 입무몽의 콜라주에서처럼 철모를 쓰고 곤봉을 옆구리에 찬 거인 미군 헌병의 진인으로서 면모는 큰심방 남편의 죽음과 무고한 사람들의 폭력적 학살의 공포를 초월하는 것이다. 미군 헌병의 이미지가 가진 초월성은 제주 사람들의 정치적 무의식 속에 있는 탈식민적 유토피아의 이상을 역설적으로 표현한 것이다. 그것은 큰심방이 미군 헌병을 영험한 심방의 '조상'이자 제주 민중의 구원자 '조상'으로서 의심 없이 인정하고 있는 데서도 명백하게 드러난다. 이것이 제주를 비롯한 한국의 근대사가 지닌 역설적 진실이다.

6. 근대성과 민중적 구원의 기호

결론적으로, 민중 담론에서 큰심방의 입무몽은 어떤 위치를 갖는가? 꿈을 꾸는 것과 꿈 이야기는 민중적 역사 경험의 표현 양식이다. 큰심방의 조상—신화적이고 역사적인—에 대한 꿈은 '신이 보낸 것(god-sent)'으로서, 무당이 될 팔자 사나운 운명과 또한 풍요로운 삶에 대한 계시였다(Price, 1986: 3-37).[7] 그것은 변혁의 힘으로서 역사가 주는 역설적인 교훈이다. 입무몽은 4·3 생존자 과부 심방의 불행과 팔자 사나운 운명을 신비한 치유력으로 소생시킨다. 그녀의 꿈은 곧 신성한 치유이다. 남편의 죽음과 가난에 관한 큰심방의 생애 이야기는 신성한 민중의 꿈을 회고적으로 예시하는 것이었다.

이야기는 항상 분석적이기보다는 종합적이다. 그럼에도 불구하고 이야기는 엄격하게 말하여 비담론적인 매체인 감정과 관념의 이미지를 통해 역사와 정치를 서술한다. 큰심방 남편(국가의 영웅)의 죽음 이야기와 초인 미군 헌병(민속적 영웅)의 구원의 꿈은 전근대사와 근대사의 경계에 놓여 있는 민족의 현실적 운명에 대해 민중이 상상하기 위한 기호 텍스트이다. 함축적인 구성물인 이야기와 꿈은 영적 능력과 구원의 대안적 영역을 지시하는 근대성의 징표이다. 실제로 기호 텍스트의 의미는 항상 예시되어 있으며 현재의 역사가 그 의미를 확증한다. 큰심방은 다시 원호연금을 받기 시작했고 큰 무당이 되었다.

사진처럼 재생할 수 있는 꿈 이미지는 역사에 근접하는 진실로서 도상적 가치를 갖는다. 꿈 이미지는 미군정 치하의 식민자와 피식민자 사이에 각기 자율성을 포기하지 않은 채 친밀한 연대를 형성한다. 그리고 마을의 보초막 검문대에 매달려 있는 무당 몸의 형상과 같이 식민 주체들의 몸을 재배치한다. 꿈의 광경은 식민 주체의 허약한 힘으로 식민적 권력을 은밀하게 치환한 것이다.

민중과 민족에 관한 직접적인 언급 없이도 이야기와 꿈은 근대성의 징표와 의미를 생성하고 유포한다. 여기서 이야기와 꿈은 근대성에 연루된 기호론적 투쟁(semiotic struggle)의 일부를 구성한다고 볼 수 있다. 그것은 직접적인 효과 없이 전개하는 민중의 저항 형식이며, 이념적인 전제나 정치적 이해관계 없이 민족과 민중에 대한 지배적 담론을 탈신화화한다. 큰심방의 고통스런 삶의 이야기와 입무몽은 4·3의 폭력적 경험—지금까지 공산 폭동 또는 민중항쟁으로 설명해온—을 풍요와 민중적 변혁의 계시로 치환하는 구원의 역사를 만들어낸다.

제3부

신들림과 여성주의 서사

종교의 3대 요소를 경전·의례·조직이라 할 때, 공인된 경전이 따로 없고 해당 종교의 창시자도 분명하지 않으며 조직이 정비되어 있지 않은 종교에서는 전문적인 종교적 기능을 행사하는 인물이 주도적 위치 차지한다. 한국 무교의 경우에도 종교적 실행자(religious practitioner)로서 무당·무녀·만신·심방 같은 무교인(巫敎人)이 결정적 역할을 한다. 무교인이 스스로 부르는 명칭이 기자(祈者, 신에게 기도하는 사람), '애동기자'(막 신내림을 받은 무당), '신의 제자', '신의 아이'(제주도 심방의 경우)인 것을 보아도 무교인은 신을 섬기는 자임을 알 수 있다.

한국 무교의 경우 몸주신과 신병 징후의 유무, 엑스타시 혹은 신들림의 유무에 따라 강신무와 세습무로 구분하는 관행이 있으나, 실제로 무교인들에게 중요한 것은 종교적 실행자로서의 자격이다. 무교인의 자격은 '영험(靈驗)'과 '수덕(修德)'이 기본이다. 여기서 '영험'은 신들림(spirit possession)을 통해서 획득하는 영적인 능력을 의미한다. '수덕'은 단골 신도의 신령에 대한 신앙을 확신시켜주며, 미학적으로도 굿의 관객을 만족시켜줄 수 있는 굿의 수행능력을 말한다. 구체적으로 무교인은 신들린 상태를 연출하는 '극적 인격(dramatic personae)'의 소유자로서 단골 신도의 문제를 간파하는 사회적 감수성(인간 심성을 꿰뚫어 보는 통찰력과 감각, 삶의 고난과 행복·불행에 대한 깊고 넓은 이해력), 점술과 '눈치(sensitivity)' 등의 수행능력을 갖추어야 한다(Choi, 1989: 235-249).

제3부에서 중점적으로 다루는 주제는 영험과 신들림 현상이다. 무교인이 종교적 실행자로서 갖추어야 할 자격 조건은 강신무이건 세습무이건 신령과의 인격적 관계이며, 영험은 바로 신들림 혹은 강신(降神) 현상을 통해 발휘된다. 영험은 무엇인가? 영험은 신령에 대한 친밀한 지식(intimate knowledge)에 달려 있다. '자신을 넘어서는 초월적인 존재'인 신령의 실재를 인정함으로써 신령에 대한 신앙이 형성되고, 굿 수행의 효과도 바로 이

러한 신앙을 토대로 발생한다. 몸주신(body-governing spirit) 없이 무업(shamanic career)을 가계 계승하고 춤과 노래 중심의 공연과 기도 정성으로 굿을 하는 세습무도 강신무와 마찬가지로 우주와 자연의 신령과 마을과 집안의 조상신에 대한 '친밀한 지식'과 신앙을 토대로 한다. 몸주신이나 다른 모든 '신령의 전문가(master of spirits)'로서 '신을 부리는 능력'이 바로 영험인 것이다.

영국의 인류학자 루이스(I. M. Lewis)에 의하면, 샤먼의 강신 현상은 '역할 수행'일 뿐이며, 이러한 '포제션 커리어(possession career)'의 성취는 통과의례 과정을 거친다(Lewis, 1986: 78-93). 샤먼과 신령의 관계가 '무의지적 수동성(involuntary passivity)'에서 '의지적 수동성(voluntary passivity)'으로 변화하여 포제션 커리어가 성숙되어가는 과정에서 입무식(initiation ritual)은 신령과의 특별한 관계를 사회적으로 공인받는 중요한 계기이다. 한국 무교의 경우 강신무는 우연한 계기로 '신병' 혹은 '무병'이라고 하는 원인모를 병을 앓는데, 내림굿을 통해서만 치료가 가능하다. 무병으로 인해 상처받은 아픔이 소명(召命)의식으로 변화되며 굿 연행기술로서 신들림이 정형화되는 것이다.

제6장에서는 신들림의 전문가로서 샤먼이 사회적 역할인 무업을 수용하는 자기창조 과정에서의 영적 성숙도(spiritual maturation)의 차이를 퉁구스 샤먼과 한국의 만신 사례를 가지고 비교했다.

신들림 혹은 포제션 현상에서 신령은 개인을 초월한 존재로서 샤먼에게 의식의 변화와 사회적 자아의 변화를 촉발하는 '외부적 행위자'이다. 강신무의 경우 무교인의 몸은 신령이 거주하는 장소(dwelling place of spirit)이며 모든 영험의 저장소(receptacle of spiritual power)이다. 그러므로 신들림은 '영적인 체화 현상(embodied phenomenon)'이라 할 수 있다. 몸주신의 '타자성'은 신들림 현상이 용인되는 사회문화적 맥락에 따라서 기존의 사회질서를 강화하거나 대항하는 메시지를 전달하는 매개체가 될 수 있다.

몸주신의 타자성은 젠더를 통해 두드러지게 극화된다(Boddy, 1987; 1994).[1] 한국의 무교가 '여성에 의해 여성을 위한 여성의 종교 전통'으로 인식되는 이유는, 신들림의 역할이 전통적으로 여성들에 의해 수행되는 현상 때문이다. 6명의 무녀의 생애사를 연구한 영숙 김-하베이에 의하면, 신들림 현상과 신병 징후는 조선시대부터 근·현대에 이르기까지 가부장제 사회에서 사회계급을 불문하고 가정 내에 활동영역이 제한되었던 여성들 특히 가정주부에게, 가정 일과는 독립적으로 사회적 지지를 받으며 경제능력도 발휘하고 사회에서 종교적 전문가로서 인정받게 되는 '궁지로부터의 탈출구'로 기능했다(Harvey, 1979).

제7장에서 다루는 문심방의 생애 이야기는 4·3 때 남편이 희생당했기 때문에 홀로 6명의 자녀를 키우며 생존해야 했던 문심방이, 15년이 흐른 후 44세에 심방으로 독립적인 커리어를 성취하는 과정의 진술이다. 제주도 심방의 경우 무업의 가계계승은 사회적 낙인이기 때문에 그러한 운명을 "전승 그르쳤다(ill fated)"라고 표현한다. 제주 심방은 다른 세습무와 달리 강신무처럼 집안에 신당('당주')을 차리고, 무업의 신화적 창시자인 무조신 초공본풀이의 노가단풍자지명아기씨와 3명의 아들인 잿부기삼형제를 신점 도구의 형태로 모시고 있어서 신령에 대한 확고한 관념이 있다(현용준, 1986). 문심방의 생애사 이야기는 제5장에서 다룬 큰심방(문심방과 동일 인물)의 입무몽 이야기와 연속해서 4·3의 생존자로서 가난하고 불쌍한 운명의 홀어멍이 '남자 없이 홀로 설 수 있는 여성 중심적인 삶의 주체'로 스스로 구원하는 생애사의 서사 전략을 여성주의 구술사의 방법론으로 분석한다.

여성주의 구술사 방법론을 논의하는 제8장은 "나 죽어도 썩지 않을거우다" 라고 시작하는 제주도 문심방의 생애 이야기를 젠더 경험의 자전적 수기(autogynography)로 해석한다. 문심방은 이야기의 서술 과정에서 여성 구술자 자신을 가부장제 질서의 희생자에서 영웅적인 승리자로 창조해나가는 자기변신의 의지를 표명하고 있기 때문이다. 여기서 젠더 주체는 자유의지를 가진 보편적 개인이 아니라 서사 과정의 상황에 따라 다르게 작용하는 서사적 주체이며 하나의 담론적 사건(discursive event)이다. 여성주의 구술사의 형식도 자전적 구술사와 집단적 구술사로 대별할 수 있다. 자전적 구술사로는 과거 경험을 연대기적으로 서술하는 생애사(life history)와 구술자의 주관적인 경험과 느낌을 표현하는 데 치중하는 생애 이야기(life story)가 대표적인 사례이다. 집단적 구술사는 비슷한 경험을 공유한 사람들의 이야기를 모아서 복합적인 서사 텍스트를 구성한 경우로서 한국정신대연구소의 『강제로 끌려간 조선인 군위안부 증언집』이 대표적인 사례이다.

제8장에서는 자전적 구술사로서 무당의 생애 이야기와 서사 무가 〈바리공주〉를, 집단적 구술사로서 일본군위안부 증언을 사례 분석하여 여성주의 구술사 방법론을 논의한다. 사례의 분석틀은 다음과 같은 세 가지 문제를 중심으로 구성된다. 젠더 경험의 서사 행위가 젠더 주체의 구성에 미치는 효과는 무엇인가? 여성주의 구술사의 서사 형식은 그 서사적 진실성을 어떻게 구현하는가? 여성주의 구술사의 생산과정에서 청자와 구술자료 편집자는 어떤 윤리적 위치에서 참여해야 하는가?

제9장에서 다루는 무조(巫祖) 신화는 여성 신격의 신화로서 여성 중심적 무교신앙을 전형화한다. 신화의 주인공이 여성 신격이며 굿을 연행하는 무교인과 단골 신도들도 대부분 여성이기 때문에 무교문화를 '여성문화'라고 정의할 수 있다. 무조 신화의 신화 주인공·구송자·청중이 모두 여성으로서 젠더의 동일화가 이루어지며 여성 신격은 여성의 문화적 모델이 될 수 있는 것이다. 이 장에서 분석하는 서울 새남굿에서 구송되는 '말미'의 바리공주와 제주도 초공맞이굿에서 구송하는 초공본풀이의 주인공 '노가

단풍자지명아기씨'는 부모로부터 '버림받은 여신'이다. '버림받은 여신'의 신화적 젠더 지위는 남계 혈통 계승 제도와 가부장제 사회구조에서 주변적이고 불안정한 한국 여성과 무교인의 젠더 지위와 일치하는 국면이 있다.

신화는 이야기 주인공의 죽음과 영웅적 부활이 발생하는 통과의례(rite of passage)적 장소와 변화의 계기가 된다. 예를 들어 바리공주는 천상계와 지하계의 자유로운 왕래, 생명수 탐색, 사령을 저승(극락)으로 인도하는 샤먼으로서의 영매의 직분을 수행하고 스스로 "만신(萬神)의 인위왕(人爲王)"으로 등극한다. 제주도의 초공본풀이에서 시주가 백근이 못 차서 여성으로 태어난 자지명아기씨는 순결에 대한 금기를 위반함으로써 부모로부터 버림받는다. 홀로 잿부기 삼형제 아들을 낳고 키우며 사회적 시련을 겪고 나중에 죽음에 이르게 되나, 무조신으로 재생하여 잿부기 삼형제와 함께 아버지 부재의 모자 중심 가족을 구성하여 심방의 신당(당주)에 좌정한다.

이와 같이 '버림받은 여신'의 무조 신화는 가부장제 사회에서 여성에게 주어진 도덕적 열등성과 사회적 무력감을 극복하여 도덕적 우위성과 종교적 권위를 획득함으로써 신화의 윤리적 과업을 완성한다. 무조 신화는 앞서 제7장에서 다룬 문심방의 생애 이야기와 마찬가지로 여성의 젠더 경험의 자전적 서사이다. 무조 신화의 구송과 생애 이야기의 구술은 여성 억압에 대한 진술과 비판, 여성 해방의 제언을 내포함으로써 여성 주체가 형성되는 서사 과정이며, 그 과정은 지배적 남성성 혹은 부성으로 상징되는 가부장제 이데올로기에 대한 저항과 전복의 담론적 사건이라 할 수 있다.

제6장

신들림의 심리학과 미학

예술은 인간의 끊임없는 은총(grace)에의 추구의 일부분이다. 그래서 예술가는 조그만 성취에도 엑스타시를 체험하며 실패에 부딪치면 분노하고 고뇌에 빠진다._베이트슨, 『마음의 생태학』 중에서.

1. 신들림 체험의 심미적 연구

샤먼은 신들린 사람이다.[1] 신들린 사람에게 신령이란 실재하는 것으로, 만일 이들이 신령을 무시하거나 그 부름을 거부하면 그들은 질병이나 불행 등의 재앙을 면치 못한다. 한국의 무당들이 말하듯이 신들린 사람은 신령을 모실 운명을 타고난 '점지된(marked)' 사람이다.[2] 일단 그런 운명을 타고나면 그 사람은 이미 보통 사람과는 다른 완전히 새 사람이 되며 자신의 정체성도 그 신령과의 관계에 의해 새롭게 규정된다. 신들림을 통해 새로운 정체성을 확립하고 세계와도 새로운 관계를 맺은 이들은 선택과 행동에서 변화를 보일 뿐만 아니라 새로운 존재로 거듭나게 된다.

이러한 과정은 베이트슨(Gregory Bateson)이 말하는 예술가의 '은총'이라는 개념과 비슷한 의미를 지닌다. 나아가 샤먼이 치유자로서의 역할을 수행하는 것은 신들림이나 은총과 같은 개인적 체험이 사회라는 보다 넓은 차원에서 실현되는 것이라 볼 수 있다.

이 장에서는 신들림 체험의 본질은 무엇이며, 의례의 연행에서 그 체험이 어떻게 표현되는지, 또 신들린 자가 어떻게 자신을 창조해나가는지를 척치족(Chuckchee) 샤먼과 한국의 무당을 통해 살펴보고자 한다.

최근 인류학자들은 종교와 의례 연구에서 사회생활이나 의례 행위에서 상징의 역할에 대해 많은 성과물을 남기고 있다. 그러나 상징이 개인의 삶에 어떤 영향을 끼치고 있는지에 대한 연구는, 크라판자노(Vincent Crapanzano)가 지적하고 있듯이 거의 없다(Crapanzano, 1980). 『투하미: 한 모로코인의 초상(Tuhami: Portrait of a Morrocan)』에서 크라판자노는, 타일 만드는 직업을 가진 사람으로서 낙타발을 가진 여성 악귀와 결혼했다고 스스로 믿고 있는 투하미라는 이름의 한 모로코인의 생애사를 기술하고 있다. 그의 연구에 따르면 비록 우리가 다른 사람의 의식적인 삶의 영역 내에서 상징들이 어떻게 경험—가설적으로 알 수 있다는 점은 제외하고—되는지 알 수는 없지만 "한 개인이 생생하게 삶의 현실을 묘사하는 데 상징을 어떻게 사용하는지는 알 수 있다"(1980: xi). 이 차이점은 중요한데, 다른 말로 표현하면 우리가 상징들의 수사학을 알 수 있다는 것이다. 크라판자노는 『투하미』에서, 투하미가 자신의 경험을 명료화하기 위해 여성 악귀와 같은 특정한 관용구(idioms)를 어떻게 자기 뜻대로 사용하고 있는지를 검토한다.

필자는 크라판자노가 보여준 통찰이 합리적이며 동의할 수 있는 것이라 생각한다. 하지만 거기에서 한 걸음 더 나아갈 필요가 있다. 비록 가설이라 할지라도 개인의 삶 속에서 상징을 명료화하고 나아가 사회 내 존재로서 자신을 지각하는 데에도 영향을 미치는 '심미적 과정(aesthetical process)'까지도 설명할 수 있다. 여기서 필자가 사용하는 '심미적 과정'은 상징의 대상과 상징의 효과 간의 관계가 미결정된 상태임을 말하기 위한 개념이다. 상징이란 처음에 의도한 것과는 다른 예기치 못한 의미들을 산출할 수 있기 때문이다.

예를 들어 극장에서 관객은 배우들의 연기를 연기자가 의도한 그대로 받아들일 필요는 없다. 관객의 연기 이해도는 배우가 무대에서 현실인 것처럼 연출하는 상징들의 의미를 포착하는 관객의 심미적 자질에 따라 천차만별일 수 있다(Gross, 1973; Bullough 1972). 이런 식으로 관객은 상징들이 일련의 새로운 의미를 낳는 데 일조할 뿐만 아니라 배우의 연기력을 조정할 수 있는 것이다. 따라서 상징의 효과란 상징의 내재적인 의미뿐만 아니라 무대 공연과정에 참여하는 관객과 배우들이 생성하는 의미에서도 파생된다.

여기에서 필자의 관점은 예술작품이 창조되고 향유되는 과정을 분석하는 예술비평가의 입장과 유사하다. 신들림의 과정과 관련하여 필자가 초점을 두는 부분은 신들림 자체에서 비롯되는 육체적 또는 심리적 결과가 아니라 자기창조의 예술(art of self-creation)이다. 신들림의 경험을 통해 신령과 신들린 자들은 새로운 상징적 관계를 맺게 되는데, 신들린 자가 샤먼으로 자기변형(self-transformation)되는 과정은 서두에서 인용한 베이트슨의 말처럼 '예술작업'이다. 달리 말하면, 샤먼의 커리어(career)는 자기창조와 자기변형의 예술에 얼마나 뛰어난 자질을 가지고 있는가라는 관점에서 평가될 수 있다. 신들린 사람이 자기창조의 예술과정 속에서 신령 같은 상징을 어떻게 감각적으로 이해하는지, 그리고 커리어가 사회적으로 성숙되어 가는 과정에서 그 상징이 어떻게 다른 방식으로 표현되는지를 분석하는 것이다.

여기에서 소개된 신들림의 사례를 통해 분석할 내용은 다음과 같다. 첫째, 신령이 어떻게 체험되고 최초의 체험이 샤먼의 삶 가운데 일어난 일련의 사건들과 연관이 되어 어떻게 샤먼으로서의 변형과정에 전환점을 제공하는가를 살펴본다. 이 전환점은 샤먼이 특정 신령과 새로운 상징적 관계를 맺는 순간 발생한다. 신령과의 최초 경험이 있은 이후에 샤먼은 그 경험을 사실로 받아들이든 환상으로 여기든 그 신령과 동일화를 추구한다. 이 동일화 과정은 오랜 기간에 걸쳐 일어날 수도 있다. 샤먼 후보자들은 신령을 실재로 인정하기까지 낯선 존재에 대해 공포감을 가지며 샤먼으로서의 소명을 거부하기도 하고 때로는 질병과 불행에 시달리기도 한다.

둘째, 신들린 샤먼이 자신에게 발생한 사태(event)를 이해하고 의례에서 그 사태를 명확하게 이해하려는 창조적 작업들을 검토한다. 여기에서 샤먼의 다양한 공연 스타일, 예를 들어 춤, 노래, 점술 그리고 여러 유형의 주술적 행위는 샤먼의 자기창조 능력뿐만 아니라 자기와 타인 나아가 경험과 의미—자기의 경험과 타인의 관계에서 발생하는 의미—를 연결시키고자 하는 심미적 의식을 표현하는 것으로 분석할 것이다. 면밀하게 검토할 사례는 척치 샤먼과 한국의 두 무당이다. 이들에 대한 자료는 보고라스(Vladimir Bogoras)의 시베리아 척치족 연구와 하비의 한국 무당 생애사 연구를 토대로 했다(Bogoras 1907; Harvey 1979).

2. 신령의 부름과 '샤먼이 되는' 길: 척치족 샤먼

시베리아의 척치족은 샤먼을 '신령과 함께 하는 자(those with spirits)'라고 부른다(Bogoras, 1907: 414). 샤먼의 길은 신령의 부름을 경험함으로써 시작되는데, 이 경험은 대체로 청소년기에 일어난다. 소년기에서 청년기로 이행되는 시기의 청소년은 감수성이 예민해지며 곧잘 흥분한다. 샤먼은 한 개인에 내재한 양면성을 보여준다. 예를 들어 샤먼은 보통 사람보다 예민하기 때문에 '순순히 죽음을 따르는(soft to die)' 성향을 가지고 있기도 하지만, 적의 주술로 인한 '죽음에는 저항하는' 성향을 동시에 가지고 있다. 그래서 샤먼은 숫기가 없는 것 같으면서도 상당히 교활한 동물로 묘사되기도 한다(Bogoras, 1907: 417). 이와 같은 두 가지 특이한 성향은 신령과 샤먼의 영험이 가진 서로 모순된 특징인 불멸성(immortality)과 유약성(vulnerability)을 나타낸다. 이 두 가지 모순된 특징을 자유자재로 다루는 샤먼의 심미적 감수성에 의해서 샤먼의 커리어는 결정된다고 할 수 있다.

1) 신령의 부름과 징후들

신령의 부름이 드러나는 방식은 세 가지이다. 첫째, 어떤 내면의 소리가 신령과의 교섭을 시작하도록 지시한다. 둘째, 특정 동물을 만나거나 이상한 모양의 조개나 돌을 발견하는 등의 다양한 전조(前兆)에 의해 '영감(inspiration)을 받을 운명'임이 드러난다. 신령의 부름이 가지는 의미는 사물과 주술적인 친밀감을 느끼는 사람의 마음속에 어떤 신비한 서약이 이루어지면 발생한다. 그래서 신령의 부름은 운명으로 수용된다. 이 부름을 거부하면 병에 걸리거나 얼마 안 있어 죽게 된다. 신령이 들리면―자발적이든 아니든―그 영험을 숨길 수 없으며 드러내야 한다. 그렇지 않으면 피땀을 흘리거나 미치는 경우도 있다. 신들림의 초기 단계는 몹시 고통스러우며 이 단계가 아주 오래 지속되는 경우도 드물지 않다. 신령의 부름은 갑작스럽고 모호한 방식으로 나타나기 때문에 어린 후보자는 쉽게 확신을 갖지 못하며, 자신의 기질이나 영험에 대해 의심을 품기도 한다. 반쯤은 무의식 상태에서 그리고 반쯤은 자기의지에 반하여 그의 전 영혼은 격리된 채 야성의 세계와 만나고 깊은 잠에 빠지거나 피땀을 흘리는 등 여러 형태의 변화를 겪게 된다.

샤먼이 되는 세 번째 방식은 개인적으로 불행한 일을 겪은 후보자가 스스로 샤먼의 길을 선택하는 경우이다. 고통과 혼란 속의 후보자는 불행의 의미를 알기 위해서 '샤먼의 영적인 능력'을 획득하려 한다. 초기 단계의 불확실성은 신령과의 합일로 점차 확실성으로 변모해간다. 물개 사냥꾼 카텍(Katek)은 바다 한가운데서 표류하고 있을 때 해마의 환영을 보았다. 덕분에 무사히 살아 집으로 돌아온 카텍은 해마신에게 제물을 바쳤고, 그 후 해마신을 모시는 샤먼이 되었다. 이 사례는 신들림에 의해 샤먼이 되는 과정에서 나타나는 변화의 두 측면을 보여주는데, 처음에는 단지 우연에 불과했던 사건이 차차 필연적인 것으로 전환되며, 그 후 샤먼으로서의 커리어를 확립하게 된다.

2) 샤먼 연행의 미학과 기술

모든 척치족의 샤먼의례에서는 최초의 신들림 체험이 반복적으로 극화된다. 샤먼은 북을 치면서 신령을 부르는데, 의례가 진행되는 동안 영적인 힘을 증대시키기 위해 폭력적이고 강렬했던 첫 번째 입문 체험을 되풀이해서 보여준다. 신령이 몸에 들어오면 샤먼은 더욱 빠르고 격렬하게 북을 두드린다. 그리고 샤먼이 몸주신령의 특이한 목소리를 낼 때 신들림 상태는 더욱 확실해진다. 그 외에도 샤먼은 야생 순록이나 늑대 새끼들이 힘겨루기를 하고 있는 모양을 흉내 내기도 한다. 샤먼이 주술적 약물을 가지고 환자를 다룰 때에는 갈가마귀 신령도 불러낸다. 갈가마귀 신령이 질병을 유발하는 모든 균을 먹어치우기 때문이다.

샤먼에게 들린 동물 신령의 소리나 몸짓을 모방하는 행위는 샤먼이 그 신령을 통제할 수 있는 능력이 있음을 드러낸다. 그러나 모방의 연행이 가지는 더욱 중요한 효과는 샤먼 자신의 영험이 가진 비밀을 드러냄과 동시에 신령의 은밀한 능력을 드러낸다는 사실에 있다. 모방 행위를 통해 비밀들이 폭로되는 것은 샤먼 연행의 미학이자 동시에 주술적 기술이다. 의례에서 '환자 몸에서 피 묻은 가시를 빨아내는 시늉을 하여 그것을 질병의 증거물로 보여주는' 샤먼의 연기는 익숙한 수법이다.

그런데 이 수법은 거짓이거나 속임수로 판단될 수도 있다. 실제로 샤먼이나 관객 그리고 환자 모두는 그 연기의 기만적인 측면에 익숙하다. 우프네(Upune)라는 여성 샤먼이 환자의 복부를 칼로 갈라 거기에서 나오는 피를 보여주고 다시 봉합하는 묘기를 보였을 때 환자는 이미 트릭 행위를 알고 있었을 것이다. 하지만 스크래칭 우먼(Scratching Woman. 실제로는 남자 샤먼이다)은 보고라스에게 자신은 결코 '잘못된 관습'을 행한 적이 없다고 강조했으며, 다른 어떤 샤먼들을 거짓말쟁이라고 비난했다(Bogoras, 1907: 429).

사실 스크래칭 우먼과 우프네는 자신들의 의례적 연행에 내재된 트릭의 요소를 잘 알고 있음에도 불구하고 사람들 앞에서는 자신들의 행위가 속임수가 아니라고 극구 부인했다. 스크래칭 우먼의 경우 우프네가 사용했던 것과 같은 수법을 깔끔하게 연기했을 때 능력 있는 샤먼으로 간주되었다. 특히 그의 능수능란한 연기 덕택에 창의적인 트릭을 가지고 있다고 존경받았다.[3] 샤먼의례의 예술적인 기교와 연행에는 기만적 요소가 있음에도 불구하고 비밀의 가치는 손상되지 않는다.

이 시점에서 다음과 같은 질문을 해야 할 것 같다. 왜 스크래칭 우먼이나 우프네 같은 샤먼은 기만적인 행위가 폭로될 수 있는 위험을 무릅쓰는 것일까? 그리고 관객은 직관적으로도 기만행위임을 알 수 있는 그런 연기를 어떻게 이해하고 있을까?

샤먼이 사람의 몸에서 피 묻은 가시 같은 질병의 실체를 빨아낼 때 신령 또한 샤먼과 함께 행동한다. 트릭은 신령이 따라야 하는 모델 또는 장면이며, 궁극적으로 치유를 가능케 하는 것도 바로 신령이다. 신령이 샤먼을 도구로 활용하여 치유에 영향을 미치는 것이다.[4] 샤먼은 무대 위의 배우와도 같다. 샤먼이 행하는 다양한 형태의 묘기와 트릭은 진실과 거짓을 판단하는 결정적인 순간에 주술적인 경이감을 불러일으킨다. 샤먼의 트릭은 질병을 눈에 보이는 어떤 것으로 보기 바라는 관객의 기대를 만족시키는 데 기여하며, 나아가 신령의 능력에 대해 관객이 가졌던 믿음을 다시 확인시켜준다. 샤먼의 몸으로 전이되었던 이러한 영적인 능력은 믿기지 않는 주술적인 묘기를 '믿을 수 있게' 만든다.

샤먼의례에서 의례에 참여하는 샤먼·환자·관객이 믿는 것은 환자의 몸에 주술적으로 행해진 치료의 가능성이다. 일찍이 모스(Marcel Mauss)는 주술은 "믿는 것이지 인지되는 것이 아니다"(Mauss, 1972: 91)라고 말한 적이 있다. 의례가 이루어지는 동안 샤먼이나 관객 모두는 묘기와 트릭의 '신뢰성'에 대해 결코 의심하지 않는다. 신뢰성에 대한 반박은 다만 보고라스를 포함하는 외부 관찰자의 몫일뿐이다. 샤먼의 트릭에 대한 진실을 믿는 체하거나 또는 믿고자 하는 의지가 바로 의례의 효과를 만들어낸다. 진실은, 비록 그것이 트릭이라고 할지라도 믿기에 좋은 것이다. 사먼의례에서 연기되는 기만에 대한 관객의 기꺼운 동의 사이의 경계선을 긋고 샤먼의 치유능력을 신뢰하게 만드는 것은 바로 샤먼 자신이 무엇을 하고 있는지 의식할 수 있는 반성적 사유이다. 트릭의 주술적인 힘에 대한 관객의 적극적인 동의가 없다면 샤먼은 그런 묘기를 결코 연기할 수 없을 것이다.

이와 같이 현실에 주술적 분위기를 덧씌우는 샤먼의 능력은 반복적으로 시험을 받으며 의례를 연행할수록 향상된다. 실제로 "샤먼은 샤먼으로서 자기에게 주어진 역할을 하도록 정해진 행위 모델을 따라서 하고 있을 뿐이다"(Hamayon, 1993: 14). 그래서 샤먼의 치유는, 트릭이 지닌 기만성과 상관없이 집단적인 상상력의 산물인 것이다. 달리 표현하면, 샤먼의 영적 능력과 의례의 효과는 마치 예술가의 심미적 창작물이 관객의 감성에 의해 공유되는 것과 같다. 샤먼의 의례 공연은 연극성과 전문지식을 필요로 하는 숙련된 활동으로서 마치 장인의 공예과도 같다(Vitebski, 1995: 121). 이런 점에서 샤먼의 치유능력은 예술적 기교의 한 형태이다.

그러나 척치족 사회에서 신령들과 소통하며 트릭을 사용하는 샤먼의 활동은 낮은 단계의 샤머니즘으로 평가된다. 보다 높은 단계의 샤머니즘에서는 샤먼이 고객의 문제를 '꿰뚫어보는(looking into)' 능력을 보여준다 (Bogoras, 1907: 437).

'뛰어난' 샤먼은 주술적인 분위기의 의례 공연을 통해 고객에게 닥쳐올 위험을 피하게 해주거나 좋은 일이 생기게 해줄 수 있다. 의례의 진행은 신령의 지시에 따르지만 신령과의 소통은 샤먼의 마음속에서 이루어진다. '뛰어난' 샤먼은 의례의 일부로 이루어지는 신령과의 대화를 개방하지 않는다. 오직 그 결과만 충고나 예언의 형태로 고객에게 드러낸다. 샤먼이 신령과 소통하는 동안에 유지되는 평온함은 그 샤먼이 '뛰어난' 치유자로서의 자질에 통달했음을 드러낸다. 아울러 '뛰어난' 샤먼은, 예를 들어서 과음을 하지 않는다거나 어떤 시기에 샤먼의 기술을 그만둠으로써 엄청난 자제력을 보여준다. '뛰어난' 샤먼은 나이가 들어감에 따라 신령한 힘이 약해지며 이 시기가 되면 샤먼의 일을 그만두어야 한다는 것을 안다.

이러한 사례들은 치유자로서 샤먼의 자기창조가 자신이 가진 힘의 잠재력과 한계를 알고, 그리고 적절한 방법으로 다른 사람을 치유하고자 하는 책임감에 의존하고 있다는 사실을 보여준다.

3. 자기창조의 예술: 한국의 만신

이제 한국의 사례를 통해서 무당이 최초의 신들림을 경험하고 난 후 무업(巫業)을 자신의 커리어로 받아들이게 되는 자기창조의 과정을 살펴보자. 하비의 저서에 인용된 무당들 가운데 60대 후반의 왕십리 만신과 30대 중반의 수원 만신을 선택한 이유는 이 둘의 생애사가 커리어 발달과정을 분석하기에 적합한 세세한 정보를 담고 있기 때문이다(Harvey, 1979).

한국 무교의 경우 신들림에서 비롯된 신병은 무당이 되는 데 필수적인 요소이다. 따라서 신병을 '신들림 병'이라 할 수도 있다. 신병으로 인해 무당 후보자나 그 가족은 엄청난 고통과 트라우마를 겪는다(Harvey, 1980: 43). 그러나 최초의 신병 체험이 무업으로 직결되는 것은 아니다. 신병을 체험한 이후 발생하는 무당의 인성과 세계관의 변화가 무업을 이루는 과정에서 더욱 중요한 조건이다.

최초의 신병 체험은 모호한 것이어서 입무 후보자는 이에 대해 양가감정을 가질 수 있다. 신병을 경험하는 사람은 신령을 거부할 것인지 또는 받아들일 것인지 결국에는 선택해야 한다. 무당에게 처음으로 트라우마를 가져다준 신령은 나중에 무당의 몸주신으로 변화된다. 이 과정을 심리학자들은 피해자가 '공격자와 동일화하는' 현상이라고 표현한다(Lewis, 1986: 89).[5] 프로이트의 용어로 표현하면, 입문자는 신령의 부름에 응대해야 하는 불가피성과 진정성을 수용할 때까지 장기간의 '익숙해지는(working-through)' 과정을 감내해야 한다.

다음의 왕십리 만신과 수원 만신의 사례는 '익숙해지는' 과정의 차이를 보여준다.

1) 왕십리 만신: 능력 있는 치유자

왕십리 만신이 무당의 세계에 입문한 것은 장구 장단에 흥미를 느끼고 있는 자신을 발견한 서른세 살이 되어서였다. 무당이었던 어머니가 집에서 굿을 했기 때문에 그녀에게 장구 장단은 매우 익숙한 것이었다. 그러나 왕십리 만신이 신령과 자신을 공식적으로 동일화(identification)한 과정은 30년이 넘게 걸렸다. 여기에는 여러 가지 이유가 있다. 첫 번째 이유는 남편이 그녀가 무당 되는 것을 싫어했기 때문이다. 그녀가 열여덟 살에 결혼한 남편의 어머니 또한 무당이었는데, 남편은 무당의 낮은 사회적 지위에 항상 열등감을 느끼고 있었다. 그래서 처음부터 쌀 소매업을 하면서 사회적 지위를 바꾸고자 애썼다. 두 번째 이유는 왕십리 만신 또한 무당이라는 직업에 대해 모순된 태도를 가지고 있었다. 친정어머니나 시어머니가 미천한 사회적 지위와 이웃의 경멸을 무릅쓰고 무업을 왜 고집하는지 그 까닭을 이해할 수 없었던 것이다.

신령의 부름과 무업에 대한 사회적 거부 사이에서 깊은 절망에 빠진 그녀는 자살을 생각하기도 했다. 하지만 자녀가 없는 결혼생활에 권태를 느끼게 되었고 점차 남편 몰래 친정어머니와 시어머니의 일을 도우면서 무당이 되고자 하는 바람이 점점 커졌다. 때때로 장구소리의 환청을 듣게 되었고, 그 장단에 맞춰 밤낮을 가리지 않고 자기도 모르게 춤을 추었다.

그렇게 30여 년이 지나 쉰아홉 살이 되었을 때 비로소 어머니가 주관하는 내림굿을 하고 공식적으로 무당이 되었다. 그녀는 1년 전에 돌아가신 시어머니의 몸주신령을 내려 받았다. 남편도 무업을 허락했다. 그때까지 남편은 두 번의 심장마비로 고생했으며 사업 역시 심각한 하락세를 겪었다. 이 같은 가족의 불운은 무당이 될 운명을 그녀가 따르지 않았던 탓으로 인식되었다. 남편은 그녀가 내림굿을 하고 나서 1년 뒤에 사망했다.

무업에 대한 사회적 거부의 중요한 원인이었던 남편의 존재로부터 자유롭게 된 왕십리 만신은 친정어머니 집으로 이사한 뒤 어머니의 무업을 도왔다. 매일 손님들을 상담하기에는 너무 나이가 많았던 어머니를 대신해서 일상적인 일들을 대부분 그녀가 처리했다. 이제 무업을 안정적으로 수행해가면서 심신의 평온을 찾았고 자기 직업에 대한 높은 자긍심도 갖게 되었다. 왕십리 만신은 하비에게 그 당시 심정을 이렇게 토로했다. "신령님이 내리시면 내가 의기양양해지는 것 같아. 세상에 오직 나만 있는 것

같은 그런 느낌.…세상 모든 것이 다 내 발 밑에 있는 거 같아"(Harvey, 1979: 31).

왕십리 만신의 이야기는, 무당이 된다는 것은 신령의 소명에 따라 사는 것이며 그 소명에 대한 내적·외적 저항을 극복하는 것임을 보여준다. 그녀는 남편으로부터 독립하면서 무당이 되었으며, 무업에 대한 양가감정의 문제를 해결하면서 영적으로 성숙해졌다. 무업은 권태로움에 대한 유일한 선택이었으며, 계속된 가족의 불운을 해소하는 수단이었다. 무당이 되기로 한 결정은 그녀의 삶을 이해하는 자기창조의 행위였다. 그래서 한 여성으로서의 무당이 아니라 커리어 여성으로서 '진짜' 무당을 이해하려면 "일을 하고 있는 자신을 봐야 한다"(Harvey, 1979: 22)고 하비에게 강조했던 것이다.

왕십리 만신의 무업의 자질은 커리어 발달과정의 관점에서 파악할 수 있다. 일반적으로 하나의 커리어는 특정한 목표를 향해 적절한 계획을 세우고 거기에 맞는 체계적인 훈련을 통해 전개된다(Lewis, 1986: 90). 특정 커리어에 필요한 자격은 대체로 표준화되어 있다. 목표를 향해 나가는 것은 커리어를 계획하는 초기 단계부터 의식적인(conscious) 행위이기 때문이다. 다른 무당처럼 왕십리 만신도 선배 무당으로부터 연행 기술을 배웠다. 또한 내림굿은 무당으로서 일을 할 수 있는 공식적인 자격을 얻는 것이었다. 그렇다고 그녀의 커리어가 이러한 공식적 훈련의 결과인 것만은 아니다. 실제로 왕십리 만신이 처음의 환청 경험의 의미를 명확하게 인식하지 못했던 것처럼, 그녀의 커리어는 목표를 정확하게 인식하지 못한 상태에서 시작되었던 것이다.

신령의 부름의 의미를 찾아 헤맸던 그녀의 긴 인생 여정은 신경증 환자가 억압된 무의식의 욕망에 대한 저항에 '익숙해져가는' 과정과 유사하다. 정신분석학에서 분석자는 "환자로 하여금 환자 자신이 아직 의식하고 있지 않은 저항을 점차 인식하여 익숙해져나가는…그래서 자연스럽게 수용할 수 있는 시간을 갖도록 유도한다"(Freud, 1914: 165-166). 비록 신경증 환자와 무당 사이에 유사성이 있지만, '익숙해지는' 과정이 전개되는 방식에는 차이가 있다. 왕십리 만신에게는 신들림 체험이 자기 외부에서 이입된 우연한 사건이었지만, 신경증 환자의 무의식적 욕망은 정신 내부 깊숙이 억압된 것이다. 신들림이나 무의식적 욕망과 같이 '익숙해져야' 할 최초의 사건에서도 차이가 있을 뿐만 아니라 익숙해짐의 기술이 전개되는 현실에도 차이가 있다. 왕십리 만신은 굿을 할 때마다 신령의 부름이 가지는 사회적 의미를 재확인한다. 또한 그녀에게 '익숙해짐'의 기술은, 정신분석에서 환자와 분석가 사이의 전이관계(transference relationship)처럼 샤먼과 신령 사이의 쌍대적 관계에 그치지 않는다. 신령·무당·단골 사이의 삼자 관계가 구현되는 공식적인 치유의례를 통해서 무당의 치유능력은 반복적으로 시험을 받으며 재강화된다.

여기서 삼자 관계는, 관계를 이루는 개별 요소의 개체성은 유지하지만 상호 의존적이기 때문에 각 요소 간의 경계는 흐릿해진다. 라파포트(Roy Rappaport)는 이러한 현상을 집단적으로 공유되는 '초개인적인 유대(trans-personal bonding)'라고 했다(Rappaport, 1979). 예를 들어, 한국의 무당은 자신이 모신 신령에게 감사를 드릴 뿐만 아니라 소진될 수도 있는 영험을 '재충전'하기 위해 일 년에 두 번에 걸쳐 특별히 자신을 위한 의례를 행한다. 무당은 이 특별한 굿에 단골을 초대하고 단골들은 제물을 바친다. 이 굿을 통해서 무당은 자기가 모신 신령을 대접하며 신령과의 우호적 관계를 재확인한다. 그리고 단골은 굿에 참여하면서 무당이 모신 신령의 이름과 특성 등을 알게 된다. 이런 과정을 통해 무당 개인에게 국한되어 있던 신령의 영험이 사회적으로 인식되고 또한 신령에 대한 믿음이 공유되는 것이다. 왕십리 만신의 사례는 한국에서 '훌륭한' 무당이란 최초 신령의 부름이 가진 사회적 의미를 잘 알고 굿의 연행을 통해서 단골과 '함께' 그 부름에 익숙해지는 기술을 발휘하는 위치에 있음을 알려준다.

2) 수원 만신: 미숙련 단계의 무당

왕십리 만신과는 대조적으로 수원 만신은 개인의 신들림 경험에 '익숙해지는' 기술을 숙련하는 데 실패한 사례를 보여준다. 수원 만신은 내림굿에서 신들림을 공식적으로 확인받았지만 손님들을 상담하지 못했다. 자기를 찾아온 손님은 피하고 대신에 다른 무당이 주재하는 굿에 가서 도와주는 일만 했다.[6] 한번은 자기에게 주어진 소명을 포기하고 대신에 술집을 하려고도 했다.

이러한 사실은 그녀가 '훌륭한' 치유자가 되는 것에 대한 내적 저항을 극복하지 못했고, 사회적으로 열등하고 멸시받는 무업에 대한 양가감정을 해결하지 못했음을 보여준다. 비록 무업 실패의 사례라 할 수 있지만, 그녀의 생애사는 다른 이들과 사회적으로 공유될 수 없는 신령의 부름의 개인적이고 내적인 체험의 특징을 보여준다.

수원 만신의 생애사는 그녀의 커리어 선택에 영향을 미쳤던 배경을 보여준다. 수원 만신은 서울 근교의 부유한 가문에서 외동딸로 태어났다. 그녀가 태어나기 전에 오빠가 사고로 죽었기 때문에 그녀의 탄생은 더욱 환영받았다. 그래서 "귀한 것이 무엇인지도 모를 정도로"(Harvey, 1979: 181) 귀여움을 받고 자랐다고 한다. 예술 계통 대학에 다녔으며 영화배우가 되는 것이 장래 희망이었다. 대학 3학년 때 임신을 하게 되어 학교를 중퇴하고 결혼했는데 학업을 계속해야 하는 남편과 떨어져 시댁이 있는 수원에서 시집살이를 했다. 그러나 도시 출신 인텔리 여성인 그녀는 농촌에서의 시집살이를 견디지 못했고, 결국 시부모를 향한 증오 때문에 신경분열 증세를 보이기에 이르렀다.

어떤 '거인'이 자신의 어깨 관절을 탈구시키는 환각 경험을 처음 하게 된 것은 스물일곱 살 때였다. 시부모는 그녀의 마비 증상이 내림굿을 해야 낫는 신병임을 알아차렸다. 그러나 처음에 그녀는 신병을 부정했는데, 당시 가톨릭 신자였고 이전에 무당의 세계를 접해본 적이 없기 때문이었다. 가톨릭 신앙으로 병을 고치려고 노력했지만 무위로 돌아갔으며 증상은 더욱 악화되었다. 미친 여자처럼 발가벗고 거리를 달린다거나 다른 사람들에게 예언을 하는 등 이상한 행동을 했다. 결국 남편과 시집식구들에게 버림받은 그녀는 친정으로 돌아가야 했다. 한편 친정식구들은 출가외인인 그녀가 친정에 돌아온 것을 수치스러워했고 오빠는 심지어 자살을 강요했다. 자살에도 실패한 그녀는 서른한 살 때 집을 나왔고, 무당으로 살기로 결심했다. 이제 그녀는 스스로의 힘으로 살아야 했다. 운명이 그녀를 무당의 세계로 몰아붙였던 것이다.

처음 얼마 동안 그녀는 점쟁이로서 꽤 능력을 보였다. 그러나 신령을 모셔 들여 손님에게 공수를 주는 굿 연행의 전문 기술이 없이는 자신의 커리어를 유지할 수 없다는 것을 알게 되었다. 입문의례를 한 뒤에서라야 굿 기술을 배울 수 있었던 것이다. 그래서 그녀는 내림굿을 받기로 결정했다. 내림굿은 다른 선배 무당이 주재하는 공식적인 입문의례를 말한다. 내림굿에서 무당 후보자는 '말문'을 열게 되는데, 이를 통해 무당은 신령과 소통을 시작하게 되고 후보자에게 내린 신령의 정체를 알게 된다. 내림굿을 하는 동안 수원 만신에게 내린 신령은 그녀가 태어나기 전에 죽었던 오빠로 드러났다. 오빠 신령은 여동생의 비참한 삶을 동정했다. 일찍 죽어 행복하지 못했던 자신의 고통과 여동생의 비참한 삶을 공감했다. 오빠 신령은, 비록 여동생이 남편과 자식들에게 버림받았지만 대신에 자기가 잘 살게 도와주겠다고 약속했다. 공식적인 내림굿을 통해 그녀에게 내린 신령

은 해롭고 정체 모를 힘에서 자비롭고 명확한 정체를 가진 힘으로 변화되었다.[7]

그러나 내림굿이라는 입문의례 자체가 '훌륭한' 무당으로서 명성을 보장하는 것은 아니다. 왕십리 만신과는 달리 그녀는 무당으로서의 사회적 역할을 온전히 실천하는 데 두려움을 가진 견습생으로 여전히 남아 있었다(Harvey, 1979: 178). 그녀는 상담과 같은 부담이 많은 일에는 자질이 부족하다고 생각했기에 제멋대로 행동하면서 나름의 탈출구를 찾고자 했다. 예를 들어, 직업상 필요한 경우를 제외하고서는 양장을 즐기고 술집을 열었으며 아이까지 입양했다. 이렇게 하면서 그녀는 전 남편이나 시부모와 비교했을 때에는 '우쭐함'을, 그리고 한 여성으로서의 평범함을 느꼈다.

그녀의 상실감, 즉 무당이란 역할에서 비롯되었다고 생각했던 상실감이 그녀의 무업 자질에 대한 인식보다 컸던 것이다. 그녀는 무당이 된 후에 자주 외롭고, 우울했고, 깊은 사회적 고립감을 느꼈다.[8] 그녀는 이렇게 불평한다. "신 내린 사람하고 일반 사람 사이에는 진정한 이해가 있을 수가 없어요.…보통사람들은 기껏해야 신 내린 사람들한테 겉으로 드러난 것들만 볼 수 있죠"(Harvey, 1979: 199).

하지만 왕십리 만신처럼 일상적인 상담을 통해서 손님들과 만나고 삼자 관계에 재통합되었다면 그녀는 외부 세계와의 고립감을 극복할 수 있었을지도 모른다. 수원 만신은 자기가 신령에게 '점지된' 존재라는 사실을 수용했음에도 불구하고 왜 자기 몸주신령만을 놀리는 역할에 무당으로서의 역할을 제한했을까? 그녀는 "물론 나는 내 몸주신령님과 다른 신령님들을 언제나 모실 거예요"라고 말하곤 한다. 하지만 실제로는 무업에서 멀어지려 애쓰면서도 왜 또 신령을 모신다고 하는 것일까? 왜 그녀는 '머리 아프게' 손님들을 상담해야 하는 일상에서 벗어나고자 했을까? 새로운 자신의 역할에 왜 슬퍼하고 혼란스러워 했으며 확신을 가지지 못했을까?

다음에서는 수원 만신의 사례를 왕십리 만신 및 척치족 샤먼의 사례와 비교하면서 이러한 질문들에 대한 답을 찾고자 한다. 구체적으로 사생활뿐만 아니라 무업에 대한 심미적 자질이라는 측면에서도 이들 사이의 차이점들을 부각시켜볼 것이다.

4. 사례 비교 분석: 자기창조의 성숙도

여기에서는 신령의 부름이라는 주관적 경험이 어떻게 무업 능력의 성숙과 관련되는지에 초점을 맞춘다. 척치족 사회에서 '뛰어난' 샤먼은 손님들의 문제를 '꿰뚫어보는' 능력을 가진 샤먼이다. 볼 수 있는 능력은 샤먼이 자신의 몸에 신령의 존재를 현전시킴으로써 드러난다. 신령에 대한 '실재감'이나 '존재감'은 무업(shamanic career)에 대한 헌신도의 차이를 드러낸다. 유아의 성숙과정에 대한 정신분석학자 위니코트(Donald W. Winnicott)의 논의는 이 주제에 효과적으로 적용할 수 있다. 그는 성공적인 자아성숙의 척도로서 이 세상에 자신이 '존재한다'는 느낌과 그 세계가 '실재한다'는 것을 느낄 수 있는 능력을 강조한다(Winnicott, 1965a). 여기서 자아성숙이라는 개념은 샤먼의 자질을 논의하는 데 효과적으로 적용된다.

척치족 샤먼과 두 명의 한국 무당은 샤먼으로서 커리어를 성취하는 데 각기 다른 성숙도를 보인다. 수원 만신의 사례는 낮은 단계의 성숙도에 해당한다. 그녀는 자기가 신령에게 '점지되었다'는 것을 믿었지만 몸주와 개인적 관계만을 가진 채 무업을 그만둘 수도 있다고 생각했다. 이러한 태도는 무업 세계 내에서 자신이 '존재한다'고 느낄 수 있는 능력이 그녀에게는 제한적이었으며, 그녀가 그 지평을 보다 넓은 사회로 확장할 수 없었다는 점을 보여준다. 무당으로서의 짧은 연륜(조사 당시 46세)을 고려해볼 때 그녀는 여전히 초심자 단계에 머물러 있었다.

한편 '뛰어난' 척치족 샤먼과 왕십리 만신은 그 세계에서 높은 '영적 성숙도'를 보여준다. '영적 성숙도'라는 개념은 그들이 신들림을 나쁜 운명 탓으로 인식하는 것이 아니라 자신이 보이는 치유능력에 대한 단골들의 감사를 통해 획득되는 은총의 유형으로 인식함을 말한다. 여기에서 '은총'이란 무업을 통한 정체성의 내면화일 뿐만 아니라 무당을 보다 넓은 사회적 영역으로 확장시켜주는 광범위한 단골을 필요로 한다. 아울러, 여기서 '은총'은 샤먼이 굿을 하는 동안 자아의 무화를 통해 이루고자 하는, 베이트슨이 서두에 이야기했던 일종의 '엑스타시' 상태를 말한다.

샤먼의 사적(私的)인 통찰이 공적(公的)인 무업의 영역으로 '확대되어간다' 하더라도 원래의 의미가 상실되지는 않는다. 오히려 보다 광범위한 '공유된 실재'와 조화를 이루며 유지된다. 이것이 바로 무업의 길이다. 치유는 샤먼과 환자의 협력 작업, 즉 샤먼의 통찰과 환자의 고통스러운 현실을 연계함으로써 이루어진다(Taussig, 1987: 460).

'뛰어난' 척치족 샤먼의 경우에서 보았듯이, 샤먼은 침묵 가운데 자신의 목소리가 아니라 다른 사람의 목소리로 말한다. 즉, 샤먼의 손님들의 목소리이다. 따라서 치유의례 자체가 샤먼의 말(speech)이다. 달리 말하면, 샤먼의 사적인 통찰은 말이 없지만 다른 사람들의 삶에 영향을 준다. 그리고 샤먼의 성숙도는 바로 이러한 침묵 속에서 얼마나 유능하게 일을 잘 수행하느냐로 판단할 수 있다. 사회적으로 성숙한 사람은 성숙도를 말로 하지 않지만 성숙한 태도로 보여준다는 점에서 성숙도는 행동을 통해서 드러난다. 일이나 직업이 개인의 성숙도가 공적으로 파악될 수 있는 환경을 제공하는 것이다.

이제 샤먼의 주관성과 샤먼의 일 사이의 관계로 관심을 돌려보자. 침묵과 말 사이의 관계, 그리고 사적인 통찰과 공유된 사회적 실재 사이의 관계는 역설적이면서도 공존하는 자기창조의 여러 측면을 보여준다. 샤먼이 일상생활에서 일탈하여 내면세계에 함몰되었을 경우 신령은 특정한 개인만을 사로잡은 '비소통적 대상'으로 나타난다(Winnicott, 1965a: 187). 게다가 이 경우 신령과의 소통은 '고요함 속'에서 수행된다. 반면에, 환자를 회복시키고 가족과 사회 전체의 안녕을 위해 기원하는 샤먼의 의례적 연행은 샤먼의 자기창조의 소통적 효과라 할 수 있다. 역설적인 점은, 신들림의 비소통적 측면이 강하게 나타날수록 단골들이 치유의례를 더 높게 평가한다는 것이다. 신령과의 공식적인 동일화라는 차원을 넘어서서, 이러한 역설을 샤먼이 통찰했을 때 치유자로서의 능력과 커리어의 성숙을 꾀할 수 있는 것이다.

5. 자기창조의 미학: 윤리적 제안

위의 사례 분석을 통해 필자는 신령과의 소통이 어떻게 자기창조의 조건들을 형성하고 자아를 사회화하는지에 대해 검토해보았다. 이론적으로, 샤먼이 경험하고 실천하는 신들림과 치유의 미학을 보여준 것이다. 결론에서는 이러한 필자의 생각이 어디에서 비롯되었는지를 밝히고, 나아가 종교 경험에 대한 비교 연구를 위한 몇 가지 제안을 해보고자 한다.

지금까지의 분석과정을 바탕으로 신령이 가지는 두 가지 의미, 즉 외연적 의미와 내포적 의미를 구분해서 살펴볼 수 있다. 신령은 특정한 이름의 동물이나 죽은 친척 등 정체를 밝힐 수 있는 대상을 외연적으로 의미하기도 하고, 비일상적인 힘이나 불멸성 같은 비사실적이고 추상적인 이미지를 내포하기도 한다. 신령은 마음대로 나타나기도 하고 사라지기도 한다. 또한 신령의 존재는 인간의 인식 영역을 초월한다. 그래서 '초자연적'

이다. 신령의 외연적·내포적 의미는 두 가지 모순적인 신령의 성격, 즉 현실성과 초현실성을 구성한다. 여기서 중요하게 제기되는 질문은 무엇을 신령으로 간주하느냐가 아니라 '초자연적인' 대상이나 이미지들이 어떻게 '실재하는' 것으로 느껴지고 경험되는가이다.

다음에 검토할 내용은 신들림의 체험과 표현에서 드러난 모순된 특성을 어떻게 동시적으로 드러내는가에 관한 것이다. 그래서 앞의 사례들에서 공통적으로 드러난 세 가지 신령의 특성에 주목하고자 한다.

1) 신령은 신들린 자에게 외재한다

신령은 심리학자가 제시하는 것처럼 소외된 개인의 내부에 담겨 있거나 또는 내부로부터 파생된 것이 아니라, 인성 구조의 '외부'에 존재한다. 신령은 이름이 부여되면서 신들린 자와 동일화된다. 따라서 새의 신령, 동물의 신령, 조상 신령 같은 이름은 신령과 신들린 사람 사이에 상징적인 다리를 놓는다. 그리고 그 다리 위에서 신들린 사람은 샤먼이 된다.

그러나 신령은 현실에서는 부재한다는 존재방식을 샤먼이 인식할 때까지는 정체를 드러내지 않는다. 신령이 가진 속성의 '심급(instance)'으로서 이름만 남긴 채 마치 환영처럼 사라져버린다(Lacan, 1970: 196). 이와 같이 자유로이 숨고 나타나는 신령 현상은 라캉(Jacques Lacan)이 규명한 것처럼 '인성 구조 내에서 비껴나가고 포착하기 어려운 무의식적 주체'와도 비교할 수 있다. 라캉은 이것을 기울어진 8자나 뫼비우스의 띠 표면에서는 보이지 않지만(Lacan, 1970: 193), 전체의 일부로서 '혼합된(in-mixing)' 채 각인되어 있는 '토러스의 구멍(a cut on a torus)'이라는 시적 표현으로 묘사한다(Lacan, 1978: 23).

신들림에서는 신령이 바로 토러스의 구멍에 해당한다고 할 수 있는데,

신들림을 통한 신령 경험은 환영처럼 나타났다가 사라져버리기 때문이다. 신령은 현실에서는 보이지 않는다는 바로 그 사실 때문에 신령의 정체성을 인식하는 순간 사라져버린다. 그러나 신령은 신들린 사람에게는 의미 집합으로 표상된다. 다른 말로 하면, 신령은 본래의 정체 즉 이름이 아닌 다른 무엇, 이를테면 영적 능력 또는 영험으로 표상된다. 그렇기 때문에 신들린 사람은 이 표상을 '기적'으로 보고 경외감을 느끼며 두려움에 싸이게 된다.

그러나 이 영적인 능력은 프로이트를 재해석했던 라캉이 지적처럼(Lacan, 1970: 194) 원래 무의식 속에 있다가 노이로제나 기타 여러 징후를 통해서 반복적으로 재발견되는 '잊힌 것'이 아니라 샤먼이 신들림의 상태에서 새롭게 환기하고 반복적으로 확인하는 무엇이다. 영적인 능력 또는 영험은 신들린 사람이 신령의 강림을 느낌으로서 늘 새로워지는 신적 존재의 의미 그 자체일 뿐만 아니라 신들린 무당이 상상하는 표상이다. 샤먼의 심미적 자질은 신령을 상상으로 환기하는 샤먼의 능력에 달려 있다. 신령의 정체성과 이름은 샤먼의 영적 능력의 환유이다. '혼합된' 대상의 환유적 의미로부터 신령의 두 번째 특성이 파생된다.

2) 신령은 자아 안에 내포되어 있다

한국의 무당은 내림굿을 받고 나면 신령의 몸으로 산다고 한다. 무의식과 마찬가지로 신령의 타자성은 신들린 사람과 신령 사이의 엄격한 거리를 전제로 한다. 그러나 그 거리는 샤먼이 무업을 지속하고 신들림을 반복적으로 수행하면서 점차 '문질러 없어진다(rubbing out the difference).' 샤먼이 자주 굿을 하면서 신령의 존재를 체험하면 할수록 샤먼은 신령과의 동일감(sameness)을 획득하는데, 다른 말로 하면 샤먼 자신이 신령인 것처럼 느낀다. 이 동일감은 샤먼의 영험함뿐만 아니라 샤먼과 신령이 일체화되었음을 입증하며, 이는 '차이점에 대한 고려 없이 이루어지는 일체화 가능성'에 대한 라캉의 주장을 입증한다(Lacan, 1970: 192). 엘리아데(Mircea Eliade)의 문구를 인용할 필요도 없이 이것이 바로 황홀경(ecstasy) 상태이다. 여기서 신령은 샤먼이 입무(入巫)하여 인격적·정신적으로 성장하는 현실세계를 구성하며, 샤먼이 바깥세상의 단골들과 연결되는 패러다임을 제공한다. 그러므로 여기서 말하는 현실세계는 우리가 상식적으로 이해하고 있는 사회적 현실과는 구별되어야 한다. 즉, 신들림 체험을 통해서 얻는 '특이한 개성(marked idiosyncrasy)'을 가지고 샤먼이 새로운 시각으로 현실을 인식하게 될 때 그 현실은 "진실로 사실적인"(Geertz, 1973: 12) 것으로 부각된다.

샤먼의 자기창조에서 이와 같은 신령의 존재양식(내포성. embeddedness)은 샤먼에게 어떻게 파악될까? 이 질문은 예술가가 창조 작업을 통해 성취하는 심미적 상태와 관련 있다. 18세기 독일의 시인이자 심미주의 철학자였던 실러(Frederic Schiller)는 '은총'이야말로 심미적 상태의 최고 형태라고 했다. 그는 '은총'을, 일상적 삶의 현실을 품위 있게 하는 예술가의 자질에서 볼 수 있는 '고상한 미의 꽃(tender blossom of beauty)'이라는 의미로 사용한다(Schiller, 1976: 195). 나아가 예술가의 이 고귀한 능력을 '시기할 만한 신성의 한 부분'으로 찬양했다(Schiller, 1976: 109). 예컨대 무대에서 신령의 연기를 하는 배우는 단지 그 역할을 수행하는 것만이 아니라 이미 신령의 일부가 된다.

그러나 신령과의 합일은 배우처럼 의식적이고 의도적인 창조가 아니다. 실러에 따르면 그것은 '비자발적으로 되는 것(involuntary becoming)'이다. 신들림의 상태에서 이루어지는 샤먼의 진정한 존재는 신령의 의지에 의해 형성되고 전환된다. 그래서 왕십리 만신이 단골의 문제를 꿰뚫어보는 것은 자신이 아니라 몸주신령이라고 말한 것이다. 신령은 점술이나 의례가 이루어지는 도중 샤먼에게 내려 신적 존재이자 초현실적 존재로서의 자기 모습을 공식적으로 드러낸다. 척치족 샤먼은 의식을 수행하는 동안 인간으로서의 면모를 완전히 잃고 새나 동물이나 기타 초자연적인 존재가 되어 신령의 세계에 소속된다. 이와 같이 신들림은 샤먼의 기술일 뿐만 아니라 신성(神性)의 심미적 체험이다.

3) 신령의 초현실성이 심미적 이해를 가능하게 한다

신들림과 치유의례를 통해서 신령의 권능은 은유적으로 구현된다. 크라판자노는 『투하미』에서 사실적인 것은 진실한 것의 은유일 뿐, 진실과 동일하지 않다고 주장한다.[9] 여자 악귀인 아이샤 깡디샤는 투하미에게 남들과는 다른 의미에서이긴 하지만 '사실상'의 아내이며 아내 이상으로 기능한다. 심리학 용어를 빌리면 그녀는 일종의 외면화된 '초자아(superego)'로서, '진실'에 대한 투하미의 자기이해에 열쇠의 기능을 한다. 한마디로 그녀는 모로코인이자 치유자로서 투하미의 사적인 진실에 대한 은유인 것이다.

그렇다면 어떻게 신령은 자아의 범주보다 넓은 영역에서 기능할 수 있을까? 개인의 사적 진실 지평을 넘어서는 신령의 의미는 언어의 은유적 기능과 유사하다. 언어학 이론에 따르면 모든 언어는 실재에 대한 '전이적(transferring)' 관계를 그 본성으로 가지며 이런 점에서 근본적으로 은유적인 성격을 갖는다. 리처드(Ivor A. Richard)에 따르면, 은유의 최고 용도는 언어의 확장이며 언어가 곧 실재라는 의미에서 실재의 확장이다(Hawks, 1972: 63). 이러한 은유의 '확장' 기능에 의해서 신령의 주관적 의미는 자아와 타자 사이의 경계에서 해체된다. 은유적인 특성으로 드러나는 신령의 초현실성 때문에 신령의 주관적인 의미가 다양하게 확대될 수 있으며 영역을 자유롭게 넘나들 수 있게 된다. 이와 같은 방식으로 신령에 대한 개인적 통찰은 '사회적인 것'으로 확장된다.

신령의 은유적 기능은 샤먼의 커리어 성취에 중요한 역할을 한다. 척치족 샤먼이나 한국 무당이 그들 몸주와 상징적 관계를 맺는 순간, 그 관계의 범주 밖에 존재하는 다른 모든 신령의 영역에 접할 수 있게 된다. 척치족 사회에서 '마법의 세계', 한국에서 '열두문'이라고 하는 신령세계가 바로 그것이다. 척치족 샤먼은 몸주인 해마 신령뿐만 아니라 갈가마귀 같은 다른 동물 신령과도 대화한다. 마찬가지로 한국 무당도 열두문을 통과하여 수없이 많은 신령을 매개할 수 있으며, 이런 의미에서 그들은 만신(萬神)이라 불리며 만신령들을 통제할 수 있다. 샤먼이 통제된 상황에서 자발적으로 신령에 들릴 수 있으며 또 신들림을 완벽하게 육화시킬 수 있다는 의미를 강조하기 위해서 퍼스(Raymond Firth)는 샤먼을 '신령에 대해 통달한 사람'으로 부르기도 한다(Firth, 1959).

샤먼은 이와 같은 확장능력과 함께 자신의 연행 결과에 대해 공적인 책임을 진다. 의례 연행의 맥락에서 개인적이고 친밀한 신령과 신들림의 의미가 집단적으로 공유되는 것이다. 샤먼의 커리어는 신령과 신들린 사람 사이의 쌍대적 관계에 국한되지 않고 단골이라는 보다 넓은 사회세계에까지 확장된다. 샤먼의 커리어 발전 단계에서 샤먼이 느끼는 '은총' 상태가 치유의례에서 단골들이 감사함을 느낄 정도로 표현되는 것이 바로 이 층위에서이다. 신령의 신성(神性) 또는 초현실성은 '미지의 현실이 현현'한 것이며(Levi-strauss, 1967: 173), 신령·샤먼·단골의 삼자 관계는 그 신성이 사회화하는 데 필요한 상황을 제공한다.

마지막으로, 합의 또는 "의례적 조화(ritual unison)"(Rappaport, 1979b: 213)에 기반한 '은총'의 상태는 인간이 외부 세계와 접촉할 때 야기되는 심리적 손실을 줄일 수 있다는 점을 지적하고 싶다. 서구의 자아심리학자들에게 예상 가능한 정신병 환자의 상태는 현실을 거부하고 환상세계에 머무르려는 것이다. 정신병 환자와는 반대로 샤먼은 내면의 통찰력을 외부 세계에 확장시킨다. 그들의 개인적 내면의 통찰력은 퇴행적이라기보다는 미래 지향적으로 기능한다. 그래서 샤먼은 인격적으로나 사회적으로 '건전한 개성'을 취득할 수 있다. 물론 그 개성의 방향과 여러 차원은 일반 사람들의 경우와는 다르다. 자아와 타자 사이의 관계라는 문제와 관련해서 볼 때에도 샤먼은 정신병 환자가 하듯 신령을 찾아 나서지도 않고 신령 탓을 하지도 않는다. 오히려 샤먼은 신령에 부름을 받으며 무엇을 잘못해도 책망하는 주체 신령이다(Crapanzano, 1977: 17; Lacan, 1977: 217 참조).

여기에서 필자는 샤먼의 개인적 체험과 사회적 책임감의 관계라는 측면에서 신들림과 치유의례를 검토하고 샤머니즘의 심리학과 '미학'을 추구했다. 흔히 인성 구조는 인간의 내적 심리(psyche)에 갇혀 있다고 알려져 있다. 샤먼의 신들림 현상과 서구인의 내면적 심리 기제 사이에는 문화적 차이가 있을 수밖에 없다. 그러나 현대 사회에도 신들린 사람들이 있다는 점을 고려할 필요가 있다. 이런 맥락에서 샤머니즘을 은총과 자기창조의 관점으로 해석한 필자의 논의가 종교상징론 및 종교심리학적 맥락에서 이루어지는 개성과 창조성 연구에 새로운 시각을 제공할 것으로 기대한다.

제7장

문심방의 구술 생애사와 서사 분석

프롤로그

"나 죽어도 썩지 않을거우다." 문심방은 단호한 어조로 그녀의 이야기를 끝냈다. 12월 늦은 저녁 마루에 앉아 그녀의 이야기를 듣던 옆집 철용이 어멍과 필자는 잠시 숨을 멈추었다. 필드 노트를 손에 든 채 필자는 그녀의 얼굴을 쳐다보았다. 속바지 차림의 문심방은 담배를 피워 물고 열어놓은 마루문 밖의 어두움을 응시하고 있었다.

육지에 도망가 물질하면서 봉근(주운) 딸 하나가 송아지 두 마리, 임신한 어미소 한 마리 키우는 재산 있는 소나이와 약혼했으니 이제 한시름 놓으실 텐데, 옛날 고생한 거 생각하여 여름 나도 양산 한 번 안 사 쓴다는 문심방. 사람 아니 죽이고 도둑질 안 해본 것 빼고 다 해봤다는 문심방은 그날 저녁, 여자 혼자 어떻게 힘들게 살았는지 어느 때보다 격앙된 목소리로 자신의 이야기를 풀어놓았다.

철용이 어멍네 밧그리(바깥채)에 세 들어 사는 젊은 부부가 싸웠는데 남자가 여자를 때리고 나가버렸다는 얘기를 마실 나온 철용이 어멍으로부터 들은 참이었다. 문심방은 여자가 손버릇 나쁜 남편의 버릇을 고치려면 아기들 데리고 헤어져야 한다면서 여자 혼자라도 벌어서 아기들과 살 수 있다고 자신이 과거 살아온 얘기를 한 것이다.

문심방의 이야기는 자신을 용기 있고 정의로운 사람으로 만드는 신화이며, 자신을 죽음과 같은 삶의 폭력을 거슬러 혼자 살 수 있는 여성으로 만드는 투쟁의 역사이다. 필자는 이제 '죽어도 썩지 않을' 그녀의 삶의 이야기를 들은 대로 이야기하려 한다. 이야기꾼의 기술은 삶의 사실들을 전달하는 것이 아니고 이야기꾼과 청중의 교감을 통해 경험을 의사소통하고 청중에게 삶의 지혜를 깨닫도록 하는 데 있다(Benjamin, 1978: 86). 문심방의 이야기를 철용이 어멍이 듣고 그 이야기를 아기 달린 젊은 여성에게 건네주어 교훈이 되기를 바라듯, 필자도 이 이야기를 글로 쓰면서 이야기꾼이 되어 그 이야기를 더 많은 여성들에게 들려주는 것이다.

1. 여성주의 글쓰기와 서사 전통의 차이

문심방의 생애 이야기는 구술 형식의 여성주의 글쓰기이다. 쇼왈터(Elaine Showalter)는 여성적인 글쓰기를 '여성이 스스로 쓰고 말함으로써 자신의 존재를 규정하는 언술의 실천'이라 정의하고 이 행위를 통해 여성의 언어가 창조된다 말했다(쇼왈터, 1988: 26). 이 말은 자기의 이야기를 하는 모든 여성에게 작가로서의 역량이 있음을 가정한 것이다. 필자는 문심방의 구술 행위를 여성적인 저술 또는 글쓰기 행위로 간주하고 그녀의 작가로서의 위치를 여성 경험의 특수한 문화적 맥락에서 규정하고자 한다.

여성주의 글쓰기는 스탠턴(Domna Stanton)이 지적하듯 자전적 여성 수기의 성격을 갖는다(Stanton, 1987). 여성주의 문학에서 자전적인 전통이 차지하는 중요성은 일찍이 울프(Virginia Woolf)가 『자기만의 방』에서 진술했듯이 여성 특유의 자전적 글쓰기의 충동(impulse towards autobiography)은 발산되어야 한다는 명제에 근거한다(Stanton, 1987: 3). 여기서 글쓰기의 충동은 여성이 실재적 존재로서의 자아 이미지를 언어로 구성하는 동기가 된다.

그러므로 자전적 글쓰기는 여성적 자아가 분석 가능한 서사적 텍스트로 전환된 것으로 볼 수 있다. 요컨대 구술 행위와 좁은 의미의 문학적 글쓰기 행위는 모두 여성적 자아의 서사적 행위에 포함된다. 문심방이 여성주의 작가로 만들어지는 것은 자신을 이야기하는 주체이며 또한 이야기 내용의 주인공으로서 픽션화하는 서술과정을 통해서이다.

영미 문학사에서 '자서전적'이란 말은 그 의미에는 남녀 성차가 있다. 남성 작가에게 적용될 경우 내적인 자기현시로서 긍정적인 의미를 갖지만, 여성 작가에게 적용할 때는 구체적이고 일상적인 그리고 가정적·개인적 것들 위로 부상하지 못하는 문학적 미숙성과 자기초월을 하지 못하는 무능력을 의미하는 부정적 생각이 개입되었다(Jelinek, 1980: 19). 성차에 따른 글쓰기의 차이는 공과 사 또는 내면과 외부라는 성적 상징체계의 이분법뿐만 아니라 남성 작가의 전문적인 성취와 여성 작가의 개인적 내밀한 것에의 관심이 대조되는 것과 맥을 같이한다고 인정할 수 있다.

그러나 여기서 '개인적'이라는 말은 내성적인 감정적인 것을 이르는가? 또는 자질구레한 일상의 서술임을 뜻하는가? 사실 일상사가 자전적 글쓰기에 많이 반영되지만 개인적인 것의 개념은 '말할 수 있는 것'과 여성의 육체적 경험과 욕망 같은 '말할 수 없는 것'을 결정하는 범례를 변화시키는 기능일 뿐이다(Stanton, 1987: 11-12). 실제로 서술하는 자아는 내밀한 것을 빼놓고 독자에게 전한다. 자기감시적인 화자는 마음의 진실을 폭로하느냐 은닉하느냐의 두 가지 상반된 충동을 상황에 따라 결정한다. 말하여진 만큼 말할 수 없는 부분—아마 보다 중요하고 모호한 비밀—이 존재하는 것이다. 여성의 개인적이고 친밀한 자기 진술은 스팩스(Patricia M. Spacks)의 이른바 '감추어진 자아(selves in hiding)'의 부분적 기록으로 남아 있었다 하겠다(Spacks, 1977).

그러나 여성의 글쓰기에 부여된 주변성이나 비규범성은 비관적인 사실만은 아니다. 스탠턴은 여성 자서전의 목적은 개인적인 내밀한 비밀을 드러내는 것이 아니고 글쓰기를 통해 분열된 주체(split subject)를 드러내는 것임을 지적하고 있다(Stanton, 1987: 15). 여성주의 비평은 이미 성적 차이가 각인된 글쓰기(gendered signature)이며 타자화되고 분열된 여성적 자아의 구성을 사회문화적 맥락에서 규명하는 작업이 된다. 여기서 성적 차이는 본질적인 결함이나 한계가 아니라 여성성의 범주가 만들어지는 특정한 문화적 맥락이나 남성과 다른 여성의 사회적 경험의 차이라고 보아야 한다(조혜정, 1991: 115).

울프는 『자기만의 방』 서두에서 서술자인 '나'라는 단어가 실재적 존재가 없는 사람에게는 유일하게 편리한 가칭일 뿐이며, 자신의 이야기가 거짓말일 수 있고 거짓 가운데 약간의 진정한 진술이 섞여 있을 터인데 그것은 독자가 발견해야 한다고 말하면서 자신의 진실을 위장한다. 이러한 울프의 수사적 자기위장은 사실 당대의 여성이 경험하고 있는 현실에 대한 인식을 반영하고 있다(울프, 1990).

여성은 실재하는 자아를 가지고 있지 않다고 가정하는 문화적 분위기에서 역설적으로 여성의 분열되고 위장된 자아에 관해 진술한 울프의 자기 이야기는 대항 담론의 성격을 갖는다. 울프가 영국의 남성 지배 사회 안에서의 여성의 음울한 서사적 동기를 표현한 것이지만 그녀는 모든 여성의 글쓰기의 투쟁성을 예견한 셈이다. 여성을 비본질적인 타자로 만드는 남성 지배의 상황에서 여성적 '나'에 실체를 부여하는 글쓰기 행위는 개인적이기보다는 정치적 활동이다. 저자와 마찬가지로 독자도 '나'의 실체를 찾는 일에 참여하기를 촉구하는 울프의 수사법은 여성적 글쓰기의 전형성을 정립했다고 볼 수 있다.

한편 그녀가 특별히 제안한 것은 아니지만 울프의 수사적 전략(특정한 '나'를 숨기면서 임의의 누구든 주체가 될 수 있다는 위장 전략)은 여성의 글쓰기의 특징이 한 개성적인 작가가 아닌 익명의 모든 여성에게 해당되는 다중적 주체성의 담론이라는 논리를 이미 시사하고 있다. 프랑스의 '여성적 글쓰기' 논의는 남성 언어의 가부장적 모놀로기즘에 의한 문화의 전횡이라는 서구 사회의 위기에 대처하기 위한 '합리성의 다원화' 프로젝트 중 하나로 여성성의 다양한 진실을 발견하는 혁명적 작업이기도 하다(Kristeva, 1987: 114; 존즈, 1990). 이들은 여성성의 진실이 여성 해방이라는 상투적 어휘로 단일하게 표현된 것을 비판한다.

여성이 자기 언어로 말하기 시작하면서 여성은 '혁명적' (해체와 저항의) 역사에 참여한다(르끌렉, 1990). 여성 글쓰기의 해방적 전략은 역사에의 참여를 뜻한다. 자아의 분열 상태에서 타자화된 주변의 공간에서 말하기 시작하여 중심과 주변의 경계, '나'와 '타자'의 경계를 무용한 것으로 만들어 버리는 담론적 실천이다. 이는 또한 경험의 주체가 스스로 자기 이야기의 권위(권력이 아니라)를 가질 때 유효하게 되는 것이다.

요컨대 여성의 글쓰기는 여성의 삶에 형식을 부여함으로써 여성이 인식의 주체로서 독자적인 세계를 창조하며 자신의 삶을 이야기하는 과정에서 자아정체성을 구성하는 언술 행위이다(Personal Narrative Group, 1989: 4). 여성의 글쓰기로부터 여성성과 여성적 자아를 발견하려는 이러한 일련의 이론적 작업은 여성적 담론의 창출을 가능케 하는 것이며 가히 '여성 중심주의 현상(feminocentric phenomena)'이라 부를 수도 있을 것이다(Stanton, 1987; Smith, 1989).

여성의 글쓰기를 여성 주체를 구성하는 과정으로 보는 견해는 구술 생애사에도 그대로 적용된다. 생애사는 자전적 여성 수기의 유형으로 그 자체로 총체성과 엄밀성을 지닌 서사구조를 가진다. 과거의 경험에서 특정한 사건을 선택해 하나의 이야기 줄기를 만드는 서술과정에서 서술자 자신의 정체성에 대한 감각이나 판단이 드러난다는 의미에서 생애사 또한

자아의 서사가 될 수 있다.[1]

한편 주니(Zuni)족의 구비문학은 연구한 테드록(Dennis Tedlock)은 구술 서사의 특징이 구술자의 감정이나 문화적 세계를 설명해주기보다 그것의 분위기를 '불러일으키는' 효과를 가진다고 했는데(Tedlock, 1987), 구술 생애사는 서술 상황의 특수한 문화적·사회적 질감을 표현한다. 주체성의 기록으로서 여성의 생애사는 여성의 삶에 구조와 방향성을 제공하는 문화적 통로가 무엇인지 알 수 있게 인도한다(Geiger, 1986: 338). 여기서 서사 주체는 개인 심리적인 자아체계 내의 총체성을 전제로 하는 인식론적 주체와 달리 이야기 행위가 실행되는 시공간적 상황에 따라 다르게 설정되는 서술적 자아와 타자의 변증법적 관계에 의해서 주체 구성에 유동적인 양상을 보인다. 이러한 의미에서 구술과정에 개입하는 여성의 자의식은 문화적 억압이나 해방의 통로에 대한 현재적(here and now) 해석이며 또한 사회 비판이 될 수 있다. 여기에 구술 서사의 분석이 기존의 여성주의 문학비평 및 담론적 실천과 공유하는 영역이 있다.

문심방의 생애 이야기와 울프의 자서전 모두 여성으로서의 자기 이야기를 하려는 서사적 동기에서 공통점이 있지만 서사 형식은 구술 형식과 문학적 형식으로 구별된다. 그러나 두 사람에게서 나타나는 차이는 장르의 본질적 차이에 있다기보다 각각의 자기 이야기가 나온 여성 경험의 맥락 차이—문어문화와 구어문화의 차이—일 뿐만 아니라 서사구조와 전략의 차이, 서사 문체와 수사의 차이, 즉 서사 전통의 차이로 볼 수 있다.

필자는 여성의 주체성이 구술 생애사를 통해 표현되는 서사 형식을 분석하여 그 서사 전략의 문화적 고유성을 여성주의 문학 비평의 맥락에서 평가하고자 한다. 이러한 작업은 구술 이야기의 문학성과 서사 전략이 기존 서구 여성주의 문학가의 서사 전략과 어떻게 다르며 그 차이는 여성 경험의 문화적 맥락에 따라 어떻게 결정되는지 고찰하는 데 연구의 방향성을 제시하리라 본다.

2. 문심방의 생애: 말하기와 읽기

> '한 번도 씌어지지 않았던 것을 읽는다'고 말할 때의 이러한 읽음은 가장 오래된 읽음이다. 즉, 사람들은 모든 언어가 생기기 이전에는 동물의 내장으로부터, 또 별이나 춤으로부터 읽는 행위를 했던 것이다(벤야민, 1983: 318).

문심방은 조사 당시 64세가 되는 무당으로서 제주도 동북 해안의 마을에 살고 있었다. 주로 동네 환자를 다루거나 죽은 사람을 천도하는 크고 작은 굿은일을 봐주는 동네 심방이며 마을 잠수들의 연중 공동의례인 해신제를 맡아 하는 사제로서 마을에서 비교적 명망이 높은 무당이었다. 필자는 1984년에서 1985년 사이 약 8개월간 그녀의 집에서 기거하면서 가족의 일상생활에 참여했고 그녀의 무당으로서의 활동을 관찰할 수 있었다.

문심방은 강인하면서도 너그러운 성격의 소유자로 따로 떨어져 살지만 아들 둘과 딸 넷을 모두 한 마을에 거느리고 집안의 모든 대소사를 결정하는 어머니이다. 그녀는 한 집에서 큰아들의 가족과 함께 살지만 마당을 사이에 두고 밧그리에 떨어져 미혼의 딸 둘과 살면서 생계도 독립적으로 운영했다. 지난 5년 동안 중병을 앓고 난 후 지금은 작은 비념이나 어린아이들 침 놔주는 일을 하며 장례 후에 하는 오구굿인 귀양풀이 외에는 큰굿은 하지 않고 스물다섯 살 된 셋째 딸 미조에게 큰굿을 인계했다. 딸 미조심방이 1981년 신굿을 하여 신질에 들어서 제주도 당굿의 전수자로서 사회적으로 인정받게 된 것을 어머니 문심방은 매우 흐뭇해한다.

실제로 필자는 문심방의 생애사를 여러 번 들었다. 그중 공식적으로 인터뷰한 것은 현지조사가 끝난 후 비디오 필름을 만들 때였고 나머지는 여러 사람이 있는 가운데 특별한 계기 없이 모인 사람들에게 들려준 이야기들이었다. 여기에 제시된 주요 분석 텍스트도 이러한 비공식적 상황에서 나온 이야기이다. 생애사의 여러 이본은 각기 상이한 목적과 이야기하는 상황에 따라 다른 의미를 갖는다. 그러나 특별히 조사자인 필자를 의식해서 해준 이야기라도 그 내용은 다른 이본과 거의 동일했고 단지 어느 부분이 생략되거나 더 상세하게 서술되었을 따름이었다. 내용의 생략과 과잉 표현은 청중에게 자신의 삶을 '표본적인' 생애로서 제시하고 설득시키려는 구술자의 교화(edifying) 의도가 상황에 따라 다르게 개입된 결과이다.

그러나 여러 이본의 생애사가 갖는 동질성은 문심방의 삶의 이야기가 소설과 같은 서사적 텍스트성을 가진다는 것을 의미한다. 구술 서사 또한 언어 구성물이라는 점에서 특유의 서사적 문체와 전략을 가진다. 생애사는 실제 살아온 그대로 진술하는 것이 아니라 구술자가 자신의 삶의 경험을 이해하는 방식을 보여주기 때문이다. 바로 이야기하는 행위에서 주체가 창조된다. 구술 서사의 문학성은 구술자가 스스로 주인공이 되기도 하며 또한 이야기 주제에 일관성을 부여하여 목적론적으로 제시할 때 나타난다.

그러나 이야기, 즉 서사적인 것과 소설의 문학적 양식에는 큰 차이가 있다(Benjamin, 1978). 소설가가 자신을 독자로부터 고립시킴으로써 완전한 형태로 현실과 유리된 가상적 인물을 형상화하지만, 구술 서사는 서술자의 경험이 생생하게 살아 있는 말로 전달되고 그 이야기가 듣는 사람들의 경험이 되도록 만들어내는 직접적인 의사소통의 산물이기 때문에 이야기에 등장하는 주인공은 문학적으로 불완전한 형태를 갖는다. 구술 서사의 불완전한 문학성은 서사 행위에 역동성과 환상의 가능성을 부여한다. 전설과 동화의 초자연적인 주인공과 주제는 바로 이 불완전성의 산물이다.

이러한 관점에서 문심방이 자신의 삶의 이미지를 언어로 형상화하고, 자신의 성격을 창조해내고, 자신의 이야기의 주인공이 되는 과정을 분석하는 구술 서사의 분석은 소설의 서사 분석과 다르게 전개되어야 한다.

여기에 제시하는 생애사는 여러 이본 가운데 하나로 이야기를 들으면서 노트에 잠깐씩 적어놓은 것을 나중에 구술의 흐름을 기억하여 재구성한 것이다. 따라서 기록자인 필자의 어투와 서술자인 문심방의 어투가 섞여 있다. 사실 생애사 읽기에서 두 가지 어법의 교착은 불가피하다. 쇼왈터는 여성 비평이 여성의 저술을 정의하는 데 취하는 모든 단계는 '자기이해'를 향한 일보이며 비평가 자신의 위치는 저술가와 비평가의 경계 위에서 균형을 잡지 않으면 안 된다고 말한다(쇼왈터, 1988: 50). 필자의 비평적 목소리와 문심방의 이야기 목소리가 때로 일치하면서 때로 불안정하게 서로 비껴가면서 야기되는 긴장은 문심방의 목소리를 살리는 역동적인 힘이 되리라 본다. 문심방이 자신의 이야기를 할 때 청자인 필자를 의식했을 것이고 그 이야기의 교화 효과를 필자 또한 아주 무시할 수도 없다.

예컨대 문심방의 자기 삶에 대한 자율적 결정과 생업에 대한 전문의식에 대한 강조는 자신의 예외적 삶의 선택들, 즉 전쟁 미망인으로서의 연애 경험과 무당이 되는 길 등이 올바른 것임을 표명하는 것으로 필자가 제삼자이기 때문에 자신의 속마음을 눈치 보지 않고 내보일 수 있다는 필자에 대한 신뢰에서 기인한다고도 볼 수 있다. 또한 이야기하는 그 자리에는 약혼한 딸과 심방을 하는 딸도 왔다 갔다 하며 같이 들었는데 여성 경험의 공유 가능성은 실제로 두 딸뿐만 아니라 필자의 비평적 읽기의 기본 맥락이며 여성 비평의 자기이해의 길을 열어놓는다.[2]

문심방의 생애사를 문학적 텍스트로 재현할 때 서술자인 내게 가장 먼저 걸리는 문제는 여성을 고통의 희생자로 전형화하는 위험이다. 여성 경험의 현실에 대한 인식에서 여성 억압과 여성 해방이라는 두 가지 전형성이 드러나게 마련이고 또한 어느 정도의 전형화 없이는 해석 작업이 불가능한 것은 사실이다(고정희, 1991). 그러나 특별한 여성인 무당의 생애사에 대한 기술은 이 전형성을 더 극적으로 만드는 경향이 있다(Harvey, 1979). 여성의 운명과 무당의 운명을 동시에 가진 문심방의 경우 비극성이 더 크게 부각될 위험이 있는 것이다. 이렇게 전형화된 여성은 운명의 힘이 크게 강조되기 때문에 이들에게 주관성과 비판적 의식이 전혀 부여되지 않는 경향이 있다.

따라서 필자는 여성 경험을 전형화하는 소재주의의 위험을 피하기 위해 생애사를 그녀 자신의 이야기로 읽는 독자 비평의 입장을 취한다. 읽기에 초점을 둔다는 것은 '여자의 읽기'(여자나 남자 모두 독자가 될 수 있다)이거나 '여자를 읽는 여자'(다른 여자의 자아 구성을 텍스트로 읽는 여자)로서든 여자를 서사의 주체로 강조한다는 의미이다(Jacobus, 1986: 23-24). 여기서 필자의 읽기는 여성주의의 입장에서 다른 세계에 사는 여자의 삶을 읽는 것이다. 문심방이 자신의 삶을 읽는 방식, 즉 문심방 자신이 억압과 고통 같은 여성 경험을 전형화하는 양식이 필자의 읽기 대상이 되는 것이다.

문심방은 무당이다. 그리고 사회적으로 홀대받는 직업을 가진 홀어머니이다. 어려서 아버지에게 버림받고 역시 (남편에게) 버림받은 친할머니 밑에서 외로운 어린 시절을 보냈고, 집 없고 재산 없는 가난한 남편을 만나 일용노동으로 근근이 살았고, 4·3 시국에 남편을 폭도에게 총 맞아 잃고 홀어멍으로 네 남매를 키우다 장사에 실패하고 빚진 끝에 아이들을 머슴·아기업개로 뺏기고 육지로 도망가 물질로 연명하다 남자를 만나 딸 둘을 낳고 살다 남자가 도망간 후 다시 무일푼으로 제주에 돌아와 먹고살기 위해 심방의 길에 들어선 문심방의 삶은, 사실 우리 사회 하층계급 여성의 전형성에서 못 벗어난다.

그러나 필자는 그녀가 스스로를 보는 것처럼 그녀를 그녀의 삶으로부터 의미를 만들어내는 창조적 주체로 보려고 한다. 서사 주체의 섣부른 전형화를 피하기 위해서는 행위자의 자기이해에 관심을 둘 필요가 있다. 이러한 접근은 인류학에서 문화를 이해할 때 원주민의 관점에서 행위 맥락에 따라 구성되는 의미체계를 발견하는 문화 해석 작업과 유사하다(Geertz, 1973). 남성과 여성의 관계, 여성의 힘, 종교적 계시 등의 일반적 주제가 생애사에서 등장하더라도 필자는 그것을 미리 전제된 여성주의 이론의 전형적인 대상으로 보지 않고 그녀 자신이 이야기 속에서 창조해내는 것으로 다룰 것이다. 그녀가 사는 세계는 사회적 계급과 성에 따라 제한이 있겠으나 그것은 그녀가 자신에게 의미 있게 재구성한 한계일 것이다. 여성에게 부여된 아내, 어머니, 노동자, 정치적 활동가로서의 범주를 확장시켜 필자는 생각하는 사람, 세계 창조자로서의 여성성을 부각시키려고 한다(Behar, 1990 참조).

3. 생애사의 서사구조

문심방의 삶의 이야기는 서사적 주제와 상황에서 전형적인 민담의 구성을 가지고 있다. 민담학자 프로프는 민담의 서사구조를 공간적 이동과정으로 분석했는데, 스토리는 주인공의 추방으로부터 시작하며 도주과정에서 여러 차례의 변신과 싸움을 거쳐 새로이 변화된 몸으로 지상으로 귀환하는 플롯으로 구성된다(서대석, 1980: 146). 문심방이 자신의 삶을 불행한 사건에 대한 서술로 시작하여 행복한 삶에 다다름으로 생애 이야기의 끝맺는 것은 대부분의 구술문화의 전통이 그러하듯 영웅의 연대기적 기록과 같은 성격을 갖는다(김열규, 1977; 서대석, 1980 참조). 특히 무교 굿의 연행과정에서 민담의 가장 결정화된 형태인 신화를 구연하는 직업을 가진 그녀가 자신이 만들어내는 생애 이야기의 주인공으로서 또한 그 이야기의 교훈담을 보다 효과적으로 전달하기 위해서 듣는 사람들에게 익숙한 제주도 고유의 전형적 민담이나 신화의 상투적 사건과 구성을 빌려온다는 것은 당연하기도 하다. 그러나 왜 그녀가 자기의 이야기를 하려 했는지, 다른 여성적 행위들과 관련시켜 생애사 구술 행위의 동기에 대해 그리고 그러한 구술 행위가 그녀의 삶에 어떤 역할을 하는지에 대해 질문해본다면, 구술 생애사의 서사구조는 전형적인 민담 구조의 단순한 복사 이상의 담론적 효과가 있는 것으로 기대된다.

문심방의 생애 이야기는 몇 가지 하위 텍스트의 유형을 갖는다.

① 하나는 영웅 신화적 서사이다. 문심방의 생애사는 추방당한 후 천신만고 끝에 귀향하는 영웅적 모험자의 이야기 형식을 취하고 있다. 어떠한 연유로서든 육지로 추방당했다가 제주의 집으로 되돌아오는 귀향 이야기는 제주 무교 신화에 나타난 여성 수난의 서사구조와 유사하게 나타난다.

② 또 다른 하나는 독립적이고 자율적인 제주 여성의 자질에 대한 문화적 신화이다. 문심방이 앞서 이야기에서 '남자 없이도 잘 사는 여자'로 형상화된 자신의 이미지는 남자에 짓눌려 사는 서울 여자와 비교하기 위해 꾸민 이야기이면서 또한 제주 여성이 보편적으로 갖는 자아 이미지를 표상한다.

③ 그리고 기적 이야기이다. 신화 주인공에게 귀향은 죽음으로부터의 돌아옴, 즉 재생인 것처럼 문심방에게 귀향은 신화적 영웅과 같이 가난과 병고로 가득한 고통의 바다를 헤쳐 나와 심방의 길로 들어선 것을 의미한다. 그녀의 무당으로의 자기정체성 전환이 내적인 번민의 과정을 거치지 않고 어느 날 갑자기 일상적인 차원에서 일어난 것처럼 서술하는 전략은 기적의 일상성을 믿게 하는 민중적 서사 전통으로 볼 수 있다. 문심방의

이야기에서 가장 중요한 주제는 삶의 고통이 신들의 세계인 심방의 길에 들어섬으로써 해방되듯이 여성의 삶은 남성 없이 스스로 사는 권리와 능력을 성취함으로써 해방되는 것으로 나타난다.

경기도 여자 무당 용수엄마의 생애사를 쓴 켄달은 용수엄마가 자신의 운명을 부당하다고 분노의 정서적 태도를 보이는데 때로 감상적인 신세타령으로 들릴 수도 있는 그녀의 구술 생애사는 자신을 운명에 거역하는 투쟁자로 형상화하는 서사적 전략이라고 지적했다(Kendall, 1988). 마찬가지로 문심방이 창출한 서사 텍스트는 필자가 제시하는 텍스트의 차원을 넘어서 그녀가 살고 있는 문화세계의 서사 전통 내에서 창안된 것임을 독자는 알게 될 것이다.

그녀 자신이 만들어낸 영웅 신화적 서사는 자신의 삶의 과정에서 스스로 결정했던 선택에 대한 변명이며 그 선택의 도덕적 정의성을 필자를 포함한 청중과 독자에게 천명하는 서사 행위를 내포하고 있다. 그녀는 서술자로서 자신의 문화적 전통의 시학(poetics)으로부터 자아 구성의 시학을 새롭게 창출해내는 서술과정에서 의식적으로 문체와 내용을 변형시킨다.[3] 문심방이 이야기하는 과정에서 어떻게 자신의 신화적 영웅의 성격을 형성하여 가는지 고유한 문체와 수사법, 그리고 시학을 살펴보자.

1) 추방에서 제주 집에 돌아오기까지의 모험

문심방의 이야기는 남편이 죽고 나서 홀어멍으로 장사하며 어렵게 살던 시절부터 시작한다. 그녀는 1950년대 말경 제주에서 생산된 양파를 육지의 도매시장에 되파는 중간상인 일을 한 적이 있다. 사업이 잘되어 전남 무안의 양파를 선매하여 서울 도매시장에 넘길 정도로 일을 크게 벌였으나 어느 해 무안의 양파가 전부 썩어 크게 손해를 보고 빚을 지게 되었다.

(가) 빚에 쪼들려 세간 **다 뺏기고** 구렁팟 (덕천) 산에서 해온 새(갈대)도 **가져갔다**. 일본살단 시에 완, 외손지하고 살고 있던 시어멍보고 "돈 만 원만 빌려주면 장돌뱅이로 각재기(고등어) 장사허멍 이 아기들 먹여 살리쿠다" 하고 애원했으나 누가 새(끼어)들어 그것도 **못 받고**. 또 시집간 큰 딸이 **궂은채**(구박)를 합디다. 얻어먹으러 댕긴다고. 에라 벗어부쳤다. 하지만 갈 곳이 어서(없어). 구할망 하르방이 **구박을 합디다**. 그날 저녁으로 큰아들은 성(친)할망에게 맡겨두고, 초등학교 삼학년 댕기는 둘째 딸은 이웃마을 애기업개로 붙여두고. 일곱 살 난 작은아들 업고 밤에 **도주했다**. 육지로…. 제주시에 간, 차비 어선(없어서), 이자돈 천 원 빌어, "어디서 벌어도 벌어 갚아 줍센" 허여.

그녀의 이야기에서 육지로의 도주는 추방으로 묘사된다. "뺏기고…가져가고, 못 받고, 구박을 하고" 해서 도주하는 사건의 중요성은 도주 당시의 긴박한 심정을 슬로모션으로 눈에 보듯이 도주과정을 묘사하는 데서 잘 나타난다. 전체 이야기는 "그날 저녁으로…도주했다"는 사실의 단순한 보고 형식으로 끝날 수 있지만, 세 개의 분절적인 사실, 즉 "큰아들은…맡겨두고, 둘째 딸은…붙여두고, 작은아들은 업고"와 같이 연이어서 서술함으로써 청중에게 심리적 긴장을 고조시키고 있다. 이와 같이 사건과 사건 사이의 인과관계를 설명함이 없이 '그리고'를 연속적으로 병렬하는 서술 기법은 듣는 사람의 마음속에 상황의 현장감을 느끼게 해준다.

이러한 서술 기법은 문심방 생애의 핵심적 사건이 이야기되는 경우 그 사건의 중대성을 듣는 이에게 설득시키는 데 효과적으로 쓰임을 계속 볼 수 있다. 더욱이 이러한 동일한 사건의 반복적 서술을 서술적 문체(style)에 리듬감을 주어 도주 사건의 중대성을 듣는 이의 기억에 깊이 각인시키며 다음 이야기에 대한 기대를 불러일으킨다. 주인공의 공간적 이동과정이

입체적으로 상상되는 것이다. 이야기의 서사성은 이야기 텍스트상에서만 형성되는 것이 아니고 그것이 이야기되는 구술과정에서 서사적 사건을 현재 눈앞에서 보여주는 것처럼 연극화됨으로써 구현된다.[4]

그녀는 빚 갚을 돈을 벌려는 목적으로 일찍이 제주 해녀들이 출가 원정해오던 금산으로 갔다. 거기에서 그녀는 '잠수들 물질'을 했다.

> ㈏ 금산에서는 뻘바닥이 나는 조금에만 물질할 수밖에 없었다. **한 조금한 것은 쌀 반찬 사먹고/ 한 조금한 것은 벌고**. 가까운 바닷물 속 바위에 해삼 전복이 막 붙어 있드라. 작은 놈 깨끗에 놔두고 바당에 들어가 해삼 전복을 땄다. 10일 하니까 돈이 생겨 담요 하나 들고 방 하나 빌었다. **봄이 나난/ 김 하다 남은 파래를/ 물로 씻어/ 말린 걸 사 들고/ 벌개, 영광, 법사 전라도 촌에/ 애기 등에 달고 들어가,/ 바꽈./ 저녁 얻어먹고/ 그 집에서 자고/ 팔아난 것이/ 돈이 벌어지드라**. 놈의 보리 베는 데 가 보리 베어주고, 밥 주면 먹고 인심이 좋아. 난 전복, 해삼주민 안고팡에 것 다 내와마씀.

금산에서의 삶은 '돈 버는 일'에 집중되고 있다. 그녀에게 돈 버는 일이 주된 삶의 목적이었음은 그 일의 진행과정을 현재형으로 파노라마처럼 연속적으로 과장하여 묘사하는 데서 잘 나타난다. 여러 독립된 행위의 장황한 나열은 소설적 문장으로는 지루함을 느끼게 하겠지만, 각 단위 행위가 표현된 2음보 1행의 율격은 전체 서술에 리듬과 생동감을 주어 이야기를 듣는 사람에게 돈 버는 일이 고통스럽기보다는 유쾌한 운동으로 느끼게 한다. 여기서의 율격이 제주 여성의 노동요의 전통적 율격 2음보 1행(4음보 2행)과 일치함은 우연이 아닐 것이다(김영돈, 1983).

그렇다고 돈 버는 일은 전혀 쉬운 일이 아니었다. 이 일은 진한 글씨로 표현한 것처럼 '밥 먹는 일'과 대조를 이루는 방식으로 서술되는데, 돈 버는 일은 밥 먹는 일만큼 생존을 위한 일상사로 간주됨을 보여준다. 이러한 대구법(parallelism)은 해산물과 곡물(쌀)의 물물교환에 관한 서술에도 반복된다. 대구법은 문심방이 이 이야기를 시작하면서 이웃집 서울여자의 남자에게 의존적인 삶에 대한 비판적 교훈으로 독립적인 여자의 삶의 모습을 부각시키려 했던 의도를 한층 강화하는 데 효과적인 기법이라 하겠다. 여기서 그녀의 독립적 생존을 방해한 사건은 금산에서의 연애 이야기로 이어진다.

> (다) 육지집은 홑집이라부난, 밤 깊어가민 영 업디다(춥다). 하루 저녁은 미조 아방이 밤에 와, 날 얻으켄만 헴젠. "밭, 집, 논 우리 살 도리해주민 날 얻엄사라"고 콧대 세게 **거부했다**. 허지만 매일 밤 왔어. 그 여편네가 와 얻으라 얻으라. "**나 뒤에도 자식들 있다. 장사하다 이런 지경이 됐지만 나도 영 덤벙덤벙하는 사람 아니다. 여기 돈 목적으로 와 있다.**" **거부했으나** 어느 날은 새내끼 두발 가져와 약애돌아(목매달아) 죽으켄 위협하드라. 살아집네까? "문세(文書)를 가져와라 해주켄," "이젠 이 마을 **떠나사켄**." 뒷날엔 보따리 싸들고 나가려니 집권이 말했다. "한 삼년 살다 존 벌어가지." 동네 어른들이 바람살 부난 '제주네' 하며 동정하고 기름, 장, 김치 주고, 제삿날에는 떡, 밥도 주었다. **올 봄에만 살아보리**. 6개월 됐을 때 그 남자가 그냥 못견디게 굴어 해주켄 한 것이 **살아가난**. [멈춤] 이젠 큰어멍이, 애기도 있고 한 부자집 각시가 떠나라 하더라. 보따리 다 싸놔 배 타는데 지어다 놔 떠난, 나라도에 갔는데 남자가 거기까지 따라왔다.

이 부분에서는 대화법이 강조되는 것이 특징이다. 미조아방과의 만남으로 딸아기 둘을 낳았지만, 그것은 문심방 자신이나 이야기 듣는 청중에게 도덕적으로 떳떳하지 못한 일이므로 해명을 필요로 한다. 그녀는 대화체를 활용하여 자신의 태도를 실감 있게 표현한다. 대화임에도 불구하고 그의 말이 침묵으로 단지 그녀 자신의 말의 배경으로만 제시되는 한편 대조적으로 몇 번에 걸쳐 반복·강조되는 자신의 거부의 말을 어쩔 수 없는 위기 상황을 겪는 도덕적 항변으로 볼 수 있다. 문심방의 항변 강도는 밭, 집, 논 등등 생존 수단의 확보가 그 남자와의 관계를 통해 전혀 불가능했음을 강조하는 데서 여실히 드러난다.

㈑ 거기서 남자는 집 짓는 데서 일하고 나는 물질허여 둘이 돈 잘 벌었다. 서른일곱 여덟로 동갑이었다. 미조 뱄을 때 멩게(문어) 먹고 났다. 미순이까지 애기 두 개 낳고, 물질하다가 두통병으로 시름시름 앓은 게 병원에도 가고 한약도 먹었는데 낫지는 않고 돈만 들고 빚지었다. 벌어놓은 돈 다 까먹었다. 그 남자는 키우던 도새기 잡아 돈 만들어 지네집으로 설러불러. **저놈의 인간 너무 미워**. 애기 둘을 남자 본집에 다 데껴두었다(버렸다). 오월이었다. 15일 돼도 안 가봤다. 그런데 작은 놈이 "어멍 애기 돌아오게. 병이 났다고 하더라." 두달만에 가봐도 죽지 않고 살아 있드라. 감자춰 먹이드라. 그 남자에게 "웻다 도둑놈아 집 밭 사주켄 속였다. 두과씨(부부) 못된 것들!" 악이 막 나서 난장을 놀아가난. [멈춤] 애기 박박 걸어놔, 작은 놈 업고 마을 유지 하나 사서 지금까지의 역사를 써서 스므장 되는 문서 수속하러 광주로 내달르는데, 애기아방이 산골차기로 막 달라와 날 심옵디다. "여기서 니 죽고 나 죽자"하멍 배 못타게 해. **누구 홀어멍 강탈한 놈**. 하는 수 없이 광주에 못 올라가고 금산 근처에 방 얻어 돈 없어 먹을 거 없어. 동네 사람이 그 집 근처에 가 동냥을 해라 하더라. 허지만 악만 남아 못하는 게 뭐 있어.

도주한 새로운 곳에서의 삶은 문심방에게는 '돈 버는 일'이었다. 남자와의 만남은 새로운 삶을 유배의 삶으로 만들었다. 특히 그녀의 생존을 상징하는 돈을 잃고 (다음에 이어질 귀향 이야기에서) 또다시 무일푼으로 귀향하는 마지막 과정이 그 남자의 배신에 의해 결과하는 것으로 이야기가 만들어지는 것은, 그녀 자신 도덕적으로 죄가 없다는 항변을 은연중에 암시하는 것이다.

한편 여기에서 문심방이 그 남자와 같이 살았던 과거를 독백(진한 글씨로 표시한 부분)으로 처리한 것은 그녀의 항변이 공식적으로 인정받을 수 없는 것으로서 내면의 회한과 분노로 침전된 것을 의미한다. 그러나 다음 귀향 이야기에서 그녀는 자신의 분노가 단지 심리적인 상태를 넘어선 대사회적인 논평으로서 정당성을 가짐을 주장한다. 문심방은 자기가 낳은 자식을 사회적으로 제 구실을 하도록 키웠다는 자부심의 말로 자신의 이야기를 마무리한다. 이는 자신의 삶을 지속적인 가난과 도주로 이어지는 수난의 연속이었지만 '돈을 벌 수 있는' 능력과 가장으로서의 사회적 책임감으로 극복했다는 영웅적 서사의 유형으로 창조해내는 서사 행위이며 또한 이야기 듣는 사람들에게 그 삶의 정의성을 주장하는 담론 행위로 간주할 수 있다.

(마) **어디서** 사위와 딸이 달려왔다. 두린 건(어린애기) 몽니로 물에 놔두고 오젠했어. 동네에 돌아오니 양자딸로 달라고 합디다. **이녁 몸으로 나온 애긴데 어떻게**… 그 후 제소식이 없다. 4년 전 가이네 족은 아방이 (나중에 미조의 말에 의하면 친아버지) 동네에 장사하러 왔다가 집을 찾았다. 주민등록 관계로. 미조가 "가라, 더럽다" 막 욕하며 내좇았다. 칼 있었으면 칼로 막 죽이고 싶었어. 작년 미순이 서울서 열리는 미용기술 교육에 갔다가 몰래 돌아오는 길에 찾아갔다. 처음으로 혼자. 돈 5만원 줘랜. 그 동네사람이 욕하더라. 돈 10만원은 안 줘어주고. 키워줬는데. 나 사람 아니

죽이고 도둑질 안해본 것 빼고 다 해봤다. 미순이도 이삼년 벌면 돈 벌어 시집가도 돼지 않느냐 했어도 약혼했으니 이제 둘이 어우러져 부리난, 난 모른다. 너 마음대로 해라.… 여름 나도 양산 한 번 안 쓴다. 옛날 고생한 거 생각하면 못 사 쓴다.… **나 죽어도 썩지 않을거우다**.

(가)에서 (마)에 이르는 이야기에 추방, 망명, 연애, 배신, 귀향의 순으로 소제목을 붙여보면 빚 때문에 가족이나 이웃으로부터 육지로 쫓겨났다가 제주에 돌아와 살게 된 귀향의 서사로 구성되어 있다. 그 안에는 육지에서 만난 남자에게 배신당해 육지에서 다시 추방당하는 이중적 수난의 이야기가 들어 있는데 이 모두는 문심방이 죽어도 썩지 않을 이야기, 즉 원한의 내용을 담고 있다. 미조 아버지를 '그 남자'로 타자화하면서 몇 번이나 거부했다는 진술을 반복하는 것은 그로 인해 겪은 삶의 고통이 부당하다는 정의감이 서사적으로 표현된 것이다.

모든 이야기가 항해와 모험 이야기로서의 속성을 가진다고 하지만(Benjamin, 1978), 그녀의 이야기 맥락에서 수난과 귀향의 순환은 원한의 자기인식이며 종국에 그것은 심정적 복수의 진술로 완성된다. "죽어도 썩지 않으리라" 같은 원한과 복수의 서사적 주제는 문심방이 유년 시절에 대한 이야기에서도 반복해서 나타나는 주제이다.

(바) **옛날** 하르방네 글 잘허고 면장 이장 할 때 우리 할마님 ㅋ마을에서 태어나네 우리 할마님이 막 **남자 성격이라**. 그 할망이 마흔 살 됐을 때 머리 큰사람 강대 모르게 아프단 굿을 허면 낫는다 해서 양반집에서는 굿을 못하니까, 심방 굿하는 데 몰래 가서 심바람도 해주고 하단 팔자 궂어. 남편 몰래 애기 아플 때 넋들여 주면 나아버리는 삼승할망 노릇을 했주. **일도 잘하고 술도 잘하는 남자 성격의 할망이었으나** 어느 날 하르방이 알고

입은 옷 바랑에 친정으로 **쫓아부런게**. 우리 할망 친정이 막 싱싱하나넨 ㅋ마을로 찾아왔젠. **어디 두고 보자 벌렀는데**. 그 뒤 3년 뒤 성하르방은 벌받아 호 열자로 갑자기 **죽었젠** 허여.(1984년 필드 노트)

자신의 유년 시절에 대해 이야기하면서도 문심방이 왜 자기에게 무업을 전수한 친할머니의 생애부터 시작하는가? '옛날'이란 말로 시작한 것은 이 사건에 고대성과 신화성을 부여한다. 이런 말은 바르트에 의하면 언어의 조직적 추이(organization shifter)로서 역사적 담론을 신화적 시간과 역사적 시간으로 변별하는 부호가 된다(Barthes, 1970: 118). 문심방은 여기서 할머니가 가정으로부터 추방당한 사실을 자신의 수난의 원초적 사건으로 설정하고 있다. 구술과정에서 일어나는 자아 구성은 기억술(mnemonics)에 의존하며 "기억은 그 어떤 것보다도 중요한 서사시적 능력이다"(Benjamin, 1983[1978]: 181).

문심방은 유년 시절의 이야기를 '어디선가 들은' 타인의 이야기를 기억하는 형식으로 마치 전설처럼 꾸미는데, 이것은 그녀가 유년 시절의 사실들을 자신에게 의미 있게 변형한 흔적이라 볼 수 있다. 더욱이 유년의 이야기를 할머니의 이야기와 중첩시키는 것은 할머니에서 자기, 그리고 딸로 이어지는 무업의 계승이 옛날부터 내려온 운명으로 간주함을 드러낸다. 이와 같은 기억술은 문심방의 여성적 자아의 구성에 역사성(historicity)을 부여한다. 할머니를 '일도 잘하고 술도 잘하는 남자 성격의' 여성으로 형상화한 것은 자신의 이미지를 독립적이고 강인한 여성으로 표상할 뿐만 아니라 그러한 자아 이미지를 신화화하는 서사 전략이라 볼 수 있다.

한편 문심방의 자전적 이야기에서 원한의 감정은 일상적인 생활 감정 이상의 서사적 중요성을 갖는다. 원한과 복수 같은 정서는 문심방이나 할머니의 실제 삶의 과정에서 침전된 감정의 응어리일 수도 있지만 늘 도망갔다가 되돌아오는 모험의 여정으로 구성된 플롯을 주도하는 핵심적 상징이다. "어디 두고 보자 벌뤘는데. 그 뒤 성하르방은 벌 받아 호열자로 갑자기 죽었젠 허여." 여기서 원한과 복수는 실제 사람의 심리적 상태가 아니라 서술자의 상황에 대한 자기이해를 상징한다. '죽었젠 허여' 같은 말은 복수의 사건이 당연하게 일어나는 것으로 서술자가 이해하고 있음을 시사한다. 그러나 복수의 주체는 서술자 자신이나 할머니 당사자도 아닌 명시되지 않은 누군가 제삼자이다. 여기서 제삼자의 개입은 복수가 신의 벌과 같이 사건의 윤리적 필연성을 시사하기 위한 서사 기법이라 하겠다.[5] 그러나 원한의 정서는 피해의식으로 침전되지 않고 자신의 운명에 대한 도덕적 저항과 응징의 표지로 발전된다.

그녀의 유년기와 성장기에 관한 이야기는 추방과 모험으로 점철된 여정의 시작을 예고할 뿐이다. 문심방은 아버지가 일본으로 일 찾아 건너간 뒤 여섯 살 때 혼자 살던 어머니가 온몸에 파상풍 씌워 죽고 나서 ㅋ마을에 살던 성할망에게 맡겨져 자랐다. 아홉 살 때 아버지가 계모와 같이 와서 일본으로 데려갔는데, 계모가 자신이 낳은 아기와 동갑내기인 문심방을 구박해서 "열한 살에 아방이구 뭐구 입은 옷 바랑에 군대환 타노란 제주도로" 돌아왔다.

어린 시절 이야기에서 자주 등장하는 '도망'이란 주제는 실제로 타자에 의한 추방을 자기 중심적으로, 즉 스스로 고난의 상황을 벗어나왔다고 해석한 것이다. '아방이구 뭐구…' 혼자 도망 왔다는 이야기는 귀향의 서사이며 귀향은 자기 자신의 장소—그 장소는 늘 '집'으로 상징된다—로 되돌아온 것을 이른다. 서사적 동기의 면에서 본다면 자기가 스스로 도망 온 것처럼 서술되었지만, 실은 할아버지가 무당할머니를 내쫓은 원초적 사건에 비추어 도주 사건을 아버지가 자기를 내쫓은 것으로 인식하는 원한의 감정이 잠복되어 있다.

그런데 이러한 응징의 정의성은 침묵으로 나타난다. 텍스트에서 진한 글씨로 표시를 한 독백 부분은 특히 그 정의감의 깊이를 잘 드러낸다. 여기에 제시한 생애사 텍스트 말고 다른 맥락에서 문심방이 비디오 인터뷰를 위해 자신의 생애사를 이야기했을 때는 '그 남자'와의 관계는 완전히 삭제되고 또한 침묵으로 일관한다.

> 문심방: …육지로 도망갔지. 도망허난 그리 가면 누가 살려주쿠꽈부덴.
>
> 조사자: 물질했수까?
>
> 문심방: 물질했주. 그러니까 여자나 남자나 기술은 다 배워나야 되는 거다. (조사자: 그렇죠) 그러니까 물질설렀단 물질다시. 게난 한 조금한 건 먹고, 한 조금한 건 폴앙 돈 잡고. 영 해난 것 이. 어떵어떵 병을 얻어 병이 나난, 병원에 가난 별병은 아니라 하고, 이녁은 일 못해 못살게 되고, 게난 우리 큰딸 두 과씨가 달려왔시난, 제주도 오란, 이젠 살지 못할 거 아니. 째 돌락한 오막살이. 이젠 그디 살젠허난, 돈도 엇고 배고판.
>
> 조사자: 그때 그디서 몇 년 살았수까. 거기 섬 나라도에서.
>
> 문심방: 몇 년 안 살아. 만 삼 년. 삼 년이 안 돼주. 햇수로 삼 년.
>
> 조사자: 거기서 미조아방 만난 얘기 잠깐 해줍서.
>
> 문심방: 애이, 생각만 해도 몸서리가 나.
>
> 조사자: 그래도 미조한테 대물림을 해줄 텐데, 그 얘기를 해줍서.
>
> 문심방: 대물림하는 거사 어디서 봉가다 키와두 대물림되는데 뭐. (굳이 사양). 게나, 그후 제에 제주도 들어와 살젠허난, 이젠 또 애로완.

비디오 인터뷰가 마치 TV 뉴스처럼 공공연하게 여러 사람에게 보일 것을 의식한 나머지 문심방은 필자의 다그치는 질문을 회피했다. 그러나 이웃할망과 필자, 그리고 자신의 두 딸들이 있는 이야기 현장도 사실 공공연한 장소이다. 그녀가 자세하게 자신의 연애담을 풀어놓은 것은 딸에 대한 교훈이 그 목적이었기 때문이다. 여자는 스스로 벌은 돈이 있을 때에야 자유로울 수 있고 인간답다는 교훈을 두 딸은 아마 누차 들었을 것이다. 두 딸은 조사 당시 동네에서 유일하게 독립적인 일을 하는 미혼 여성이었다.

이야기하는 특정한 목적이 없이는 '생각만 해도 몸서리가 나는' 육지에서의 생활을 털어놓지는 않는다. 여기서의 침묵은 자기를 내쫓은 남자가 사는 세계가 말할 가치가 없다는 해석이며 또한 그 세계의 폭력성—내쫓음—에 대한 거부의 언어이다.

2) 남자 없는 집: 제주 여성의 자기인식

문심방의 도망은 일차적으로 남자들에 의한 추방이기도 하지만 서사적 구성에서는 그녀 스스로 도망해온 것으로 표현된다. 이 점은 특히 결혼생활이나 남편들에 관한 이야기에서 잘 드러난다. 그녀에게 결혼은 늘 도망하는 지점이지 그녀가 정착하는 곳이 아니다. 그녀가 고난의 모험에서 돌아오는 고향은 남편이 있는 가족이 아니고 그녀가 낳은 아이들이 사는 '집(home)'이다.

그래서 그녀의 이야기에는 '집을 짓는다'는 주제가 자주 나온다. 남편이 죽은 사건에 대한 이야기는 매우 짧게 마치 제삼자가 사건을 설명하듯 지나쳐버리고, 그 후 그녀가 다시 집을 짓고 일하면서 자식 먹여 살리던 일은 상대적으로 생생하고 장황하게 늘어놓는다. 남편이 총기 사고로 죽고(사실은 4·3 때 폭도에게 총 맞아 죽은 것을 이렇게 완곡하게 표현한다) 난 후에도 새 집을 지었고, 빚 때문에 육지의 섬으로 도망갔을 때도 집 지을 생각하며 돈을 벌었다. 문심방은 열여덟 살에 이웃마을의 스무 살 난 남자에게 시집을 갔다.

(사) 열여덟 나든 해 정월 열엿샛날. (조사자: 잊어버리지도 않으시네) 응. 잔치하는데 막 안 가는 거 **도망가면** 심어다 앉혀 놔. 잔치허나넨 신랑 이리 들어오면 난 저리 도망가고, 절루 들어오면 절루 **도망가구**. 밥해두름에 사발 다 메다쳐버리고. ㄷ마을에서 살림사는데, 몇 년을 서로 말 고르지 않고 밤에 오면 **쫓아버리고**. 못 살았다. 집도 엇지, 밭도 엇지. 돈도 엇어부난 두 과씨 나사 놈의 품팔이 했다. 감자 파주면 감자 한 짐. 조 비어주면 조 한 말 얻고. 경핸 남의 구들 빌어 사는 것이. 그래도 아니꼽상시런 털언 데 껴불랜 허나넨, 우리 할망이 막 달래연. 그래서 할망집에 기어들었다. 할망집에 들어가난 할망과 살며 애기나멍 살아난 것이. 큰딸 배 만삭이 되니 말지도 못하고 도망두 못하고. 그래도 스물둘에 또 애기 달앙 일본으로 **도망허젠 했주**. 너무 고생해서. 이젠 할망도 신랑도 못가게 하난 못갔다. 경경 사노렌 허난. 시국에 무자년. 남편은 사꾸라 꽃 밭에 자꾸 들어앉아부런게. 도박말이주. 남편은 일을 잘하여 돈도 잘 벌고. 게난 친구와 어울려 도박판에 가 돈 잃어버리고. 죽거나 살거나 막 싸워 그때도 **도망가려 했주**. 이젠 남편이 막 사정하여 못 갔주. 아들도 낳고 딸도 낳고 사는데. 나 서른하나에 (1948년 4·3사태) 시국에 남편은 민보단 대원으로 마을 사람들 공동으로 지붕 잇는 새 툽하러 ㄷ마을로 인솔해 가다가 사고로 총에 맞아 죽어부난… **죽어부난 묻어둬 오란, 나냥으로 그집 저집 지서**. 그때는 요만한 집이난게. 안팟거리 다 틀언 집 지서놘. **동네에서 흙도 퍼다 주고 같이 협조고 해줜. 그집 짓으난**. 기계방허멍(정미소). 그래도 그 애기들 데련, 제사 명일 허면 열 번이라. 열 번 다허구 그 공장허젠. 그 공장일이 남자허렌 일이지 여자 허렌 일 아니라. 아침에 다섯시 되영 나가민 밤 열두시. 열헌시 되어 들어오민 원원 집에 들어누울 시간이 어서. 그자 봐

도 남자같이. 밥먹엉 숟가락 놔덩 나가민 이젠 정미소 그냥해영 다시 이제 그 시간되어 들어오민 또 밥 먹어 잠 자민 다섯시 되민 나가민 또 열두시 열한시라.(비디오 인터뷰)

그녀는 나라도에 도망가서도 상상의 집을 짓고 있었다. 거기에서만이 여자는 자신이 난 아이들과 안전하게 살 수 있는 것이다.

(아) (나라도에서는) 바람살 물살이 세어 고생했다. 당시는 물질해서 돈 벌어 제주에가 집이나 하나 지을까 했는데 병이 탁 나. 여수병원 등 안 가본 데가 없다. (철용이 어멍: 영 허제누난…) (마루에서)

남자 없이도 충분한 세계를 상상으로만이 아니라 실제로 그러한 세계를 창조해나간 과정이 그녀의 수난 경험의 진정한 과업이었다. 문심방의 삶의 상황에 대한 판단은 늘 주체적이고 행동은 자기 중심적이다. 남자는 게으르고 무책임하고 재산 없고(재산을 스스로 모으는 능력이 없는) 낭비하는, 한마디로 가장으로서의 능력이 없는 인간으로 묘사된다. "제주에서는 특히 ㅋ마을에서는 여자가 밭에 일하지 물질해 돈 벌지 모든 게 다 여자가 알아 하니까, 농사 다하고 활동성이 많으니까, 남자는 숨 못 쉬고 남자들은 먹음밖에 안 한다"는 (다른 상황에서의) 문심방의 진술은, 자신을 가장으로서 남자 역할을 하는 여자로서 신화화한다.

자율적 여성의 이미지는 제주 여자 특히 해녀사회의 지배적인 문화적 주제이다(조혜정, 1988). 제주의 가족은 핵가족 단위이며 생활은 여성을 중심으로 이루어진다. 밭농사와 바다에서의 잠수일 모두 여성의 일이고 여성이 가정과 집의 중심이었음이 문심방의 생애사에도 드러난다. 더욱이 문심방의 수난과 귀향으로 이어지는 생애사의 궤적은 실제로 제주 해녀의 출가(出稼) 관행과 관련시켜 이해할 수 있다. 제주 해녀들이 연안에서 '뱃물질'을 오갈 때 또는 한반도 각 연안으로 물질 오갈 때 탄 배의 노를 저으며 부른 해녀 노래를 들어보자.

바람이랑 밥으로먹곡(바람일랑 밥으로 먹고)
구룸으로 똥을싸곡(구름으로 똥을 싸고)
물절이랑 집안을삼앙(물결일랑 집안을 삼아)
설룬어멍 떼여두곡(섧은 어머니 떼어두고)
설룬아방 떼여두곡(섧은 아버지 떼어두고)
부모동싱 이벨하곡(부모 동생 이별하고)
한강바당 집을삼앙(한강바다 집을 삼아)
이업을 하라하곡(이 업을 하라 하고)
이내몸이 탄셍하든다(이내 몸이 탄생하던가)(김영돈, 1983: 105)

생활을 위해 바다에 사활을 건 그들에게는 바람이 곧 밥이요 바다가 바로 집이다. 객주에 따라 모집된 해녀들은 15~30명이 한 패가 되어 출가지로 떠났다. 수천 명에 이르는 해녀가 경남에서 경북·강원도까지 넓은 범위로 이동했다.[6] 그들은 봄이면 나가 출가지에서 민가의 방을 얻어 생활하는데 20~30명이 한 반을 이루어 살다 6개월 후 추석 직전에 같이 귀향했다.[7] 더욱이 출가지에서의 연애도 생산과정의 부수적인 사건에 지나지 않음은 다음 노래에서 잘 나타난다.

정든님이사 놈을준덜(정든 님이야 남을 준들)
요네착사 놈주리아(요 노짝이야 남을 주랴)(김영돈, 1983: 109)[8]

문심방이 이야기를 통해 창조해낸 자립적이고 자율적인 여성들이 사는 '남자 없는 이상향'의 신화는 현재 무업을 대물림한 딸을 '봉갔다'(주웠다)라고 표현하는 데서도 잘 나타난다. 그녀는 마치 혼자 딸을 낳은 것처럼 말하고 실제로 그 딸에게 자신의 성을 주었다. 자신이 만들어낸 남자 없는 이상향은 딸에게 계승되며 딸 또한 어머니가 그 남자를 버렸듯이 자신의 아버지를 버리기로 한다. 간직하던 사진을 찢어버리고 아방 말은 입에 담지도 않았다고 문심방은 앞의 저녁 이야기 끝에 말했다. 부녀관계가 파편적인 것이라면 모녀관계는 영속적인 것이다. 문심방의 여성적 정체성은 남성을 부정하고 적극적으로 운명에서 밀쳐냄으로써 구성되는 것같이 보인다.

그러나 문심방이 자기의 자율적 이미지를 창조하는 과정에서 아버지가 없는 불완전한 가족의 현실이나 연속적인 가난의 삶 자체가 부정되는 것은 아니다. 그녀에게 생활의 고난은 그녀의 자아 구성을 불완전하게 하는 요소로서 운명과도 같은 것이나, 그녀는 그것을 부인하기보다는 인내하고 불완전한 조건을 살아내는 능력에 미덕으로서의 가치를 두고 있다. 문심방은 여성적 자아가 남성과의 결합, 즉 결혼이라든지 가족의 형태에 의해 완전하게 된다고 믿는 문화적 가정을 부인하지 않으면서도 자신의 여성으로서의 구조적 취약성을 미덕으로 전환시키는 서사적 전략을 통해 자신의 삶을 영웅적 서사로 재구성했다.[9]

여기서 미덕은 가정에 대한 책임으로 상징된다. 가정(household)은 가부장적 가족(family)과 기능이 다르다(켄달, 2016). 켄달은 가족의례와 가정의례를 구별하면서 주부가 사제로서 담당하는 가신의례는 남성 가장이 주례하는 제사와 달리 공간으로서의 집과 집안에 사는 모든 이를 보호하고 소생시키는 역할을 한다고 했다. 이 두 종교적 의례는 상호 보완적인 기능을 하는데 기혼 여성은 가족 조직을 지속적으로 유지시키고 친정과 시댁 양측의 친족집단을 결합시키는 존재로서 가정의 자치권을 가지고 있다. 문심방이 남편 사후에 그리고 제주에 돌아와서 반드시 집을 지었음을 강조하는 것은 그녀가 가정을 회복하는 사회적·윤리적 책임을 다했음을 전시하는 것으로 볼 수 있다.

3) 심방의 길: 환생과 치유의 기적

그러나 문심방의 귀향은 그녀를 추방한 남성들의 세계, 인정 없는 세계를 파괴하는 혁명적인 목적은 없는 것 같다. 그 세계의 절대적 지배를 거부하고 저항하는 한편 자신만의 새 영토를 그 옆에 새로 창조한다.

아드너(Edwin Ardener)는 남성 지배집단의 경계 밖에 존재하는 여성문화의 독립된 영역을 '황무지(wild zone)'라 불렀는데 그곳에는 언어가 억압되어 있어서 무언의 집단이 거주한다고 묘사했다(쇼왈터, 1988: 49에서 인용). 그곳은 현실세계에서 존재하지 않는 무언의 영역이지만 상상으로 존재한다. 아드너는 무언 집단의 억압된 언어를 되살려내는 일은 언술 행위를 통해 가능하다고 제시했다. 이런 측면에서 보면 문심방이 이야기하는 과정에서 이러한 이상향이 건설되었다.

더 나아가 그곳은 남성 지배의 세계를 치유하는 능력을 배양하는 생성의 장소이기도 하다. 문심방이 이야기에서 묘사한 심방이 되는 길은 이러한 이상향의 상상적 실재(imaginary reality)를 체현하는 것으로 나타난다. 제주의 신굿에서는 신참자가 약밥·약술을 먹는 의식을 치름으로써 심방의 길에 들어선 것을 공인한다. 이것은 저승에서 도환생시키려고 먹는 약인데 심방의 경우 이승에서 도환생해서 심방하라는 것이다.

1981년 딸 미조의 신굿에서 문심방은 자신이 몸받은 심방의 조상을 당주다리에 실어 딸에게 물려주며 전대 전손 무업이 이어질 것을 공중에게 선언했다(김수남, 1989). 이보다 훨씬 이전에 문심방이 무당의 길로 들어선 이야기는 그녀가 제주에 들어와 가난한 살림을 하던 이야기 다음에 곧 연이어서 나오는데, 서사구조상 치유의 사건이 귀향과 연이어진다는 사실이 여기서 매우 중요하다.

> (자) 게나 그후제에 제주도 들어와 살젠허난. 이젠 또 애로완. 막 돈은 없고 아무것도 없고 죽게 되언. 사흘씩 나흘씩 굶어가난. 동넷할망이 산에 가 노물 캐어다그네 된장국에 영 끓여 먹어보곡. 요기가 되고. 우리 큰아들은 개끗에 강 졸락낚아 그걸 똘앙 그걸로 곱부로 하나씩 한 사람 앞에, 경경. 우리 샛딸이 놈의 집 사는데 쌀이여 된장 김치여 가져왔는데 눈 한착이 허옇게 씌와부렀어. 경해연 뒷날 아착 영 해 돋아오는 대로 딱 새와 나이 몇 살 눈에 것 걷어줍서 절 세 번시켱. **그냥 좋아부렀어**. 게난 그 후제 또 **사돈집 애기 곧 나난 애기어멍 죽어부런 우유로 산 아기**가 당달 봉사같이 양착 눈에 예. 영영 댕겼어. 게나 그 아기. 나 심방도 아니고 정시도 아니고 아무것도 아닌데 나가 뭘 헌다고 데리고 옵디게 영해도 하두 사정허난. 뒷날 아척 해돋아올 적에 탁 나이 몇 살, 눈에 꺼 영 걷어줍서 절 세 번 시키니까 그 아이 당달봉사된 거 없고 **좋아부렀어**. 경해간 것이 팔자를 궂어 내가 나산 사람이우다.…두룽청 멍청하게끔 (침) 놓아도 **좋아부러**. 조으난 와도 탁탁 털어 반대해가도 쌀 앗아다 주는 사람, 요거 먹으라 저거 먹으라 쌀도 내오구 돈도 내오구. 이제 애기들도 배고프지 아니하난. **배부른 밥 먹여가고 나도 영 활동성이 있어 갈 거 아니**.(비디오 인터뷰)

심방이 되는 길은 팔자를 그르치는 계기이지만 이제 '밥 먹고 살 일이 생긴 것'이다. 침놓는 것도 따로 배우지 않고 그냥 자신이 생각하는 대로 놓아도 환자가 좋아지더라는 기적 같은 이야기는 딸도 혼자 낳았듯이 무당으로서의 능력도 스스로 깨우쳤다는 강한 자부심 내지 자기주장을 잘 드러내준다. 문심방은 당면한 현실이 가지는 주술적 기능성과 역사에서 신화가 갖는 역할에 대해 민감하다.

'좋아부렀다'는 말을 반복해서 들었을 때 그 우연한 치유 사건은 놀라운 사실성을 가지고 실제 치유가 일어날 것이라는 기적에의 기대를 갖게 한다. 문심방이 팔자를 고치듯이 환자도 나을 것이라는 기대가 기적을 일으키는 것이 아닐까. 반복적 서사 기법이 구술 서사의 특징임을 옹(Walter J. Ong)은 지적하고 있다. 즉, 같은 주제와 어구를 반복하는 것은 구술자가 구술하는 이야기의 의미를 구축하는 중요한 기법이다(Ong, 1982).

아픈 사람을 좋게 만들었다는 치유자로서의 책임감은 다른 사람들이 문심방을 무당이라는 비천한 신분임에도 찾아오지 않을 수 없다는 도덕적 자기주장의 표현이기도 하다. 이와 같은 문심방의 기적 이야기는 종교나 주술이 일상생활의 맥락에 위치하며 그녀의 생애사는 이른바 마술적 리얼리즘에 기초하고 있음을 잘 나타내준다.

4. 여성성의 구술 전통: 신화적 장치

필자가 지금까지 이야기한 문심방의 생애사의 서사 형식은 사실 정통적인 문학적 언어에 비하면 '말이 안되는 소리'일 수 있다. 황당해서 말이 안 되는 소리가 구술문화에 사는 여성들의 특유한 서사 기법임을 이남호는 심상대의 단편 「양풍전」 비평에서 지적하고 있다(이남호, 1991). 거기서도 반복해서 하는 옛날이야기의 서술 기법은 구술자인 어머니의 비합리적 말투의 리얼리즘이 내포하고 있는 진실성을 전달하는 초현실적 전략으로 해석된다. 초현실적이란 말은 일상의 현실을 픽션화하는 서사 전략을 이른다. 이러한 구술 서사의 초현실적 전략은 옹이 이론화한 구술문학의 서술 기법으로 잘 설명될 수 있다(Ong, 1982). 그는 종속적이기보다는 부가적인, 분석적이기보다는 집합적인, 추상적이기보다는 상황적인 서술 기법이 청자의 적극적인 참여를 유도하는 데 효과적이라고 지적했다.

이 모든 기법이 문심방에게도 적용된다. 예를 들어 시간에 대한 정확한 관념 없이 '그후제에' 또는 '뒷날 아침'으로 한없이 이어지는 문심방의 이야기는 삶의 일화적 사건들에 인과율적인 당위성을 배제하며 그렇기 때문에 일상적 삶에 지속성을 부여한다. 문심방의 시간관념은 구체적이고 상황적이다.

문심방은 두 번째 환자를 '사돈 집 애기 곧 나난 애기어멍 죽어부런 우유로 산 아기'라고 묘사한 것처럼 한 사람을 지칭하는 데도 개인사가 구체적으로 담긴 언어를 사용한다.[10] 문심방의 이야기에서는 각양각색의 구체성을 가진 일화들이 따로따로 분석되지 않고 집합적으로 연결되어(예컨대 가난의 이야기와 치유 사건 이야기, 남편의 죽음과 새집 지은 이야기) 한 사람의 생애 구조를 만든다. 서술 행위를 통해 이야기 주체가 삶의 주체가 되고 삶의 이야기는 하나의 전체를 이루는 것이다. 여기서 문심방의 삶과 서사 텍스트는 유리되지 않고 일치된다.

"이야기에는 거짓이 없다. 역사보다도 더 진실되다"(Minh-ha, 1989: 119). 역사란 무엇인가? 진실되다고 믿었던 역사, 즉 여성의 운명에 대해 남성 지배 사회에서 전형화한 여성의 역사들보다 두 딸을 앞에 놓고 하는 문심방의 저녁 이야기는 '밥 먹고 잘살 수 있게' 만드는 실질적 힘을 가지고 있고 그래서 더 진실되다. 진정한 이야기는 어떠한 형태로든 유용한 그 어떤 것을 내포하고 있는 법이다.

문심방의 이야기를 분석하는 과정에서 필자는 수난과 모험의 전형성이 제주 무교의 신화와 매우 유사함을 발견했다. 필자는 문심방에게서 직접 신화의 얘기를 들은 적은 없고 그녀가 자신의 생애사를 신화 이야기와 결부하여 이야기하지도 않았다. 그러나 이 유사성은 구술 서사의 무교적 전통의 맥을 잡는 데 매우 중요하다.

문심방의 추방과 귀향의 서사가 보여주는 여성 수난사는 두 번의 모험 시기를 구별해야만 제대로 이해될 수 있다. 첫 번째 모험은 어린 시절 여자아이이기 때문에 (오빠만 데리고 일본으로 간) 아버지로부터 버림을 받아 고생한 것이고, 두 번째 모험은 어른이 되어 자식을 거느린 홀어멍 가장으로 돈 벌러 육지에 스스로 도망간 것이다. 첫 번째의 경우 그녀는 무당인 할머니 밑에서 양육되는 환경의 희생자에 불과했으나, 두 번째의 경우 자식을 먹여 살리기 위해 홀로 용감하게 물질벌이를 하며 무업을 대물림할 딸을 얻어 할머니의 복수의 힘을 계승하는 무당이 된 것이다. 문심방이 무당으로의 변신을 계기로 자신의 삶을 영웅적 모험의 승리자로 서술하는 기법은 무교적 서사 무가의 창출을 가능케 하는 서사 전통의 정립에 기초가 될 수 있는 것이다.

문심방의 생애사에서 추방에서 귀향, 원한과 복수, 그리고 종국에는 안정된 가정과 심방의 길로 이어지는 서사 과정은 여성의 독자적인 영웅성과 공생적 모성을 모두 포괄하고 있다. 이 두 가지 양상의 여성성은 문심방이 자신과 삶, 남성과 여성의 관계에 대해 이해하는 원리이지만 그녀가 살고 있는 제주도의 무교 신화에서 창출된 두 가지의 여성 원형상을 표상하고 있다. 여성의 생래적인 능력을 가지고 독립적으로 수난을 극복하는 모성적인 여성 원형이 그것이다(김열규, 1977; 서대석 1980).

제주도 무교 신화는 여성 신을 중시했고 특히 여성 경험의 원론적인 일, 즉 아이를 낳고 기르는 일, 생산과 관련된 문제(농경, 풍농, 부엌신), 그리고 운명에 관한 것은 여성 신과 관련된다(이수자, 1989: 208). 이들 여신이 신직을 받고 신으로 좌정하기까지 겪는 수난의 과정은 여성 원형의 두 가지 유형에 따라 다르게 전개된다. 우선 수난의 원초적 사건으로서 여신들의 출생은 불완전하고 부정적인 상황과 관련되어 있다. 생을 주관하는 신으로 제주의 무조신인 '자지명아기씨'는 부모가 시주한 물건이 백 근이 못 되고 아흔아홉 근밖에 안 되어 딸로 태어났고 농경신이 자청비 역시 이와 동일한 이유로 여자로 태어난다. 딸의 출생을 백 근이 안 되는 정성의 부족이라는 신화적 장치로 설정한 것은 실제 생활에서 여성의 불완전한 사회적 존재를 수용한 것이다.

그러나 이들이 (간혹 죽음을 치른 후에야) 신으로 변신하기까지 겪는 시련과 수난 이야기는 여신들로 하여금 신성성을 획득하게 하는 통과제의적 성격을 갖는다. 여신의 수난 경험 양상은 앞의 두 가지 여성 원형에 따라 다르게 나타난다. 여신이 겪는 공통된 수난상은 대체로 부모로부터 축출당하고 남편을 만나기까지 고생하는 내용이다. 그런데 첫 번째 유형은 이러한 수난이 여신 자신의 언행과 자질로부터 비롯된 경우로, 수난의 비중이 상대적으로 약하다. 이와는 달리 두 번째 유형은 여신이 겪는 시련과 고난이 원하지 않는 가운데 타인에 의해서 야기된 경우로, 수난의 비극성이 극적으로 강조된다.

인간 삶의 존재론적 차원을 다루는 신, 즉 출생을 담당하고 농경과 운명을 다루는 여신들은 생래적인 능력을 가진 것으로 묘사된다. 이에 속하는 대표적인 여신은 생불할망·가믄장아기·자청비이다. 이들은 기자정성이 없어도 신성성을 가지며 자신의 능력으로서 신으로 좌정한다. 인간 생명을 창조해내는 산신(産神) 생불할망[11]은 꽃피우기 시합과 관련된 능력시합에서 또한 남신인 대별상과 누구의 능력이 더 우월한가를 판가름하는 시합에서 모든 난관을 타고난 능력으로 대처해나간다. 인간의 운명을 좌우하는 (가난을 부로 바꾸어주고 안맹을 눈뜨게 하는) 운명신 가믄장아기[12]도 스스로 한 말 때문에 부모에게 내쫓김을 당하지만, 이후의 모든 일은 스스로의 타고난 능력으로 잘 대처한다. 농경신인 자청비[13] 역시 부모에게 축출당한 후부터 수난이 시작되지만 이는 스스로의 사랑을 성취하고자 하는 과정에서 일어난 것이다. 이들 여신 중 가믄장아기와 자청비는 수난의 계기를 스스로 만들며 시련의 여러 과정을 타고난 능력으로 잘 대처하고 스스로 신으로 좌정한다. 이런 의미에서 생불할망·가믄장아기·자청비는 타고난 여성 영웅의 원형상으로 볼 수 있다. 특히 자청비의 경우 연애와 결혼 이야기가 대부분을 차지하지만 신으로의 좌정이 그녀의 공훈, 즉 전쟁 승리와 오곡 종자에 기인하는 것은 바로 그녀의 수난 극복의 영웅적 탁월성을 입증하려는 서사적 전략이라 하겠다.

이에 비해서 모성적인 여성 원형인 무조신 자지명아기씨[14]나 서천꽃밭에서 열다섯 이전에 죽은 아이를 돌보는 원강아미는, 혼전 잉태로 인해 부모에게 내쫓김을 당하고 남편 없이 아이를 낳아 기르며 아들들이 성장한 이후에는 또 그들 때문에 죽음을 당하는 가장 비극적인 수난상으로 나타난다. 이들은 이러한 과정을 거친 이후에 신직을 부여받는다. 이들 여신은 신의 위계질서에서 영웅적 원형인 세 여신 중에 생래적인 초월능력을 가진 생불할망을 제외한 두 여신에 비해 비교적 상위에 속해 있다.

이것과 여신들의 수난이 잉태에서 비롯된 것을 연결시키면 신화를 만들고 향유하는 굿 집단이 여성적인 원리, 즉 아이를 낳고 키우는 모성적 원리를 여성의 본질적인 존재성으로 보았다고 해석할 수 있다(이수자, 1989: 217). 이들 여신은 주로 어떤 장소를 지키는 신으로 설정되어 있다. 자지명아가씨는 무구와 제기를 보관하는 당을 지키고, 원강아미는 서천꽃밭에서 열다섯 이전의 아이만을 돌본다. 요컨대 잉태와 모성의 원리와 결부된 여신들은 집이라는 공간을 지키는 보다 현실적인 여성의 삶과 밀접하게 관련되어 있다.

이와 같이 여신들이 태어나 살아가면서 신으로 좌정해가는 과정을 그린 신화 내용은 문심방을 비롯한 신화의 창조자이고 향유자인 굿 집단, 즉 제주 여성의 자기인식의 이원적인 양상을 나타내고 있다. 문심방이 서사로 재구성한 수난과 모험의 삶은 '집'이라는 상징으로 압축될 수 있는 특정한 공간으로부터의 추방과 귀향의 서사구조를 가지고 있다. 여성적 자아의 형성은 집을 중심으로 일어나는 서로 대조적인 두 가지 성향의 서사적 사건으로 나누어 생각해볼 수 있다. 이를 문심방의 생애사의 서사 과정을 따라 도식화해보면 다음과 같다.

'돈 버는 일'	(생업)	'밥 먹는 일'
출가	(공간이동)	가정, 집
해산물	(교환)	쌀
영웅적 원형	(여성성)	모성적 원형

피네건(Ruth Finnegan)과 옹은 이 도식에서 보여주는 주제와 의미의 대구법이 구술시나 구술문학의 전형적인 문체와 서술 기법임을 거듭 강조했다(Finnegan, 1977; Ong, 1982).

이러한 도식은 문심방이 구술과정에서 만들어낸 삶의 전형이며 또한 여성성의 서사적 구성을 위한 전형이지만 청중에게 의사소통을 하는 과정에서 계속 변형되어간다. 이야기꾼이란 그 이야기를 듣는 사람에게 조언을 해줄 줄 아는 사람이라고 한다. 문심방이 반복의 기법으로 우리에게 조언하는 중요한 주제는 문심방이 자신과 가족 그리고 이웃에 대해 공생적 관계를 삶의 공간으로 한다는 것이다. 문심방의 자기가 난 자식들에 대한 책임감은 불쌍한 이웃 어린이에 대한 책임감으로 이어지고 그녀의 책임감은 동네 사람들의 동정심을 일으켜 모두가 다 잘살게 되리라는 공생적 이상향이 그녀의 이야기에는 담겨 있다. 그녀의 노동에 대한 책임감에는 자식을 살릴 뿐만 아니라 이상적 공동체의 결속을 위해 자신을 희생할 만큼 얼마나 좋은 사람이냐는 모성적 자기인식이 배어 있다.

문심방의 이야기는 그녀의 삶을 둘러싼 가난과 배신, 추방의 환경을 어머니와 딸의 유대, 여성 가장과 자식들의 연대, 동네 사람과의 인정 관계를 통해 인간화하고 있다. 할머니에서 자신 그리고 딸로 계승되는 무업의 대물림은 세습적 관행이 아니라 그녀들이 서사 행위를 통해 이루어낸 인간화의 실천이다.

일상적 삶을 주술적 능력을 가진 신화 텍스트로 전환시키는 구술 서사의 서사 전략은 과거와 현재가 공생관계를 형성하는 데 도구적 역할을 한다(Hankiss, 1981: 593). 실제로 대부분의 무교적 여신의 신화는 이러한 여성적 글쓰기의 서사 전통에서 자생적으로 창출된 것으로 볼 수 있다. 문심방의 자전적 수기는 무교 신화를 여성적 서사로 만들어내는 창조력의 가능성을 잠재하고 있다. 여성 서술자가 창출해낸 '죽어도 썩지 않을 이야기'가 서술자의 삶에서 차지하는 역할은 영웅적 투쟁이지만, 서사의 주인공과 서술 주체가 이루는 일체화는 사회적으로 불완전한 신분의 여자 무당이 진정한 자아임을 그리고 생불할망이나 자청비처럼 역사와 생명세계의 주체임을 선언하는 것이 된다.

에필로그

지금까지 필자가 시도한 문심방 생애사에 대한 여성주의 비평에 의거한 서사 분석은 이론적 전형화를 피하려 했으나 결과적으로 영웅적 여무사의 이야기와 같은 전형성을 빚어낸 것 같다. 이것은 구술자 자신이 창조해낸 것이거나 필자의 여성 해방론자로서의 지배적 언어로 상이한 경험적 실제들을 환유적으로 병렬한 것으로 의심할 수도 있다(Clifford, 1986). 그러나 문심방의 이야기와 같이 일상적인 맥락에서 창안되는 여성의 언어와 민중적 서사 전통이 집필을 전문으로 하는 여성 저술가들의 서사 전통과 어디서 어떻게 서로 차이가 나며 또한 공유하는지, 여성 비평이 구술 서사의 전통을 어떻게 수용할 것인지에 대한 논의는 또 다른 과제임을 인정한다.

제8장

여성주의 구술사의 방법론적 성찰

1. 젠더 경험의 여성주의 구술사

여성주의는 인간의 경험이 성별화(gendered)되어 있다는 사실에 대한 통찰에서 비롯된다.[1] 여성주의 이론은 여성의 삶에 근거를 두고 있으며 여성의 삶에 작용하는 성별(gender)의 역할과 의미에 대한 분석을 목표로 하기 때문에 여성의 개인적인 경험 이야기(personal narratives)는 여성주의 연구에 필수적이며 기초적인 자료이다(Personal Narratives Group, 1989: 4). 여성의 개인적인 경험 이야기는 가부장제 사회에서 일상적인 삶과 생애 과정에서 주어진 젠더 지위와 역할을 어떻게 인식하고 또한 가부장제적 억압의 역사에 거스르며 투쟁해왔는지에 대한 젠더 경험의 진술이며 증언이라 할 수 있다(Personal Narratives Group, 1989: 5).

이와 같이 여성의 경험에 미치는 젠더의 영향, 즉 젠더 경험을 해석하는 것이 여성주의 연구방법론의 공통된 과제라 한다면 구술사는 이러한 과제를 실천하는 데 어떠한 미덕을 가지는가? 이 장에서는 먼저 여성의 젠더 경험을 기술하는 양식으로서 또한 그러한 양식을 해석하는 방법론으로서 '여성주의 구술사'의 방법론적 타당성을 고찰하고 구술사 사례를 분석하면서 여성주의 구술사의 여성 해방 실천을 위한 전략적 유효성을 고찰하고자 한다.

구술사가 젠더 경험의 기술과 해석에서 갖는 중요한 미덕은 구술사가 개인과 집단의 기억이 만들어낸 직접적인 역사로서 구술자의 주관적인 경험을 가시화한다는 데 있다. 구술사는 엘리트 역사에서 "기록되지 않을 뿐만 아니라 실제로 침묵되어진"(Popular Memory Group, 1982: 210) 사적인 삶의 경험을 반영한다. 역사의 재현에서는 과거에 대한 여러 해석이 경합하며 지배적인 기억이 나타나는데 지배적인 기억은 공식적인 엘리트 역사를 창출한다(Popular Memory Group, 1982: 211). 구술사의 사적인 기억은 이러한 지배적인 기억에 대항하며 역사적 진실에 대한 담론적 투쟁에 참여한다(Alonso, 1988: 49). 프리쉬에 의하면, 구술사는 기억의 담론적 투쟁과정에서 구술자의 '역사의 모순에 대한 배려, 깊은 느낌, 통찰력, 또는 섬세함'을 반영하기 때문에 '반(反)역사' 형식을 취한다(프리쉬, 1981: 69, 52). 더 나아가 프리쉬는 미국과 유럽의 역사학계에서 1970년대에 일어난 구술사에 대한 관심이 과거 경험에 대한 사적인 기억을 발굴하고 '있는 그대로' 기록하는 데 그치지 않고 구술사를 역사의 추상적인 보편성이 아니라 일상적 삶의 '구체적인 보편성'을 실현함으로서 반(反)엘리트적인 '밑으로부터의' 관점을 추구하는 역사학적 방법론으로 접근해야 한다고 주장한다(프리쉬, 1981: 48).

구술사가 여성주의 방법론으로서 이상적으로 부합한다는 인식은 개인적인 것의 정치화로 시작한 여성주의 연구에서 당연하게 받아들여진다. 구술사는 가부장제 이데올로기에 의해 왜곡되고 사소한 것으로 무시당해온 여성의 젠더 경험의 주관적 실재를 언어화하는 데 활용될 수 있는 기본적인 도구이다(Anderson, Armitage, Wittner 1990: 95).

여기서 구술사 방법론은 언어와 주체성의 문제에 연루된다. 언어는 세계를 만든다. 언어는 언어 주체의 역사적 경험이 구현되는 현장이기 때문이다. 여성은 자신의 경험을 이야기하는 과정에서 젠더 주체를 구성한다(Patai, 1988: 8). 여성은 가부장제 사회에서 지배 언술의 국외자로서 말을 하기 때문에 주변적 위치에서 '스스로 드러내고 표현하기' 위해서는 지배적인 남성 언어가 휘두르는 지시 기호의 횡포로부터 해방되어야 한다는 의지적 명분이 필요하다. '여성주의 구술사'는 젠더 경험의 주변성에 대한 주관적 진술이며 또한 여성을 주변적 존재로 위치시키는 가부장제 체제의 전복을 꾀하는 담론 정치의 장이기도 하다. 여성주의 구술사의 방법론적 과제는 여성주의 이념에 근거하여 젠더 주체가 위치하고 있는 주변성의 경험을 정의하고 여성 경험의 기술의 다양한 양식을 발견하고 해석하는 것이라 할 수 있다(김성례, 1994: 20).

여성의 젠더 경험은 그 자체로 삶의 사건의 집합체일 뿐만 아니라 젠더 주체성이 형성되는 과정이다. 이 과정을 통해 여성은 구체적인 사회 현실 안에 위치하게 된다. 경험의 서술은 주체를 위치지우고 경험을 생산해내는 담론을 통해 역사적 의미를 획득한다. 자신의 삶의 경험을 이야기하든 다른 사람의 경험을 기록하든 이야기하는 행위는 경험적 주체에 대한 새로운 증거를 만드는 것이 된다. 이러한 맥락에서 보면, 여성주의 구술사는 삶의 기록이며 역사적 사건의 증거 이상의 무엇, 즉 젠더 주체성의 증언이 된다.

또한 젠더 경험은 여성이 주체가 되어 자아를 해석하는 과정이기도 하다. 여성이 자신의 경험을 또한 타인의 경험을 '말하는' 다양한 형식의 이야기들은 그러한 해석의 내적·외적 필요성에 의하여 만들어진다. 모든 이야기는 일차적으로 어떤 경험적 사실의 증거물이지만 이야기를 서술하는 과정에서 새로이 '만들어진 것'이기도 하다. 하나의 이야기는 다른 이야기를 내포하고 있으며, 제3의 이야기에 대한 비판적 해석을 시도한다. 이런 의미에서 모든 이야기 형식은 그 자체 정치적 실천이며 효과를 갖는다.

여성주의 구술사는 '젠더 경험의 역사화'이다. 가부장제 사회에서 여성의 경험은 사적인 영역에 한정되어 있고 주변적이기 때문에 공식적인 역사에서 부재하다. 또한 여성의 기억은 대체로 사적인 기억으로 간주되기 때문에 기록되지 않을 뿐만 아니라 실제로 침묵되거나 지워진다. '역사 없는 집단'으로 각인된 여성의 구술사는 이와 같이 침묵되거나 지워진 기억과 경험을 현재의 시점에서 역사화하는 새로운 '역사 만들기'이다. 여성의 구술사는 과거의 경험에 대한 정보를 제공하는 것 이상으로 여성 억압의 역사에 대한 '비판의 여지가 없는 지식'을 주장하며 여성 해방을 실천하는 정치적 함의를 가진다는 의미에서 '여성주의 구술사'로서의 잠재성을 가진다고 할 수 있다.

여성주의 구술사는 가부장제 문화에서 억압된 젠더 경험의 기억을 가시화하는 서사 과정이며, 그러한 과정을 통해 젠더 경험의 '주체를 자리매김(subject positioning)'한다(Scott, 1992: 33). 여기서 젠더 주체는 자유의지를 가진 보편적 개인이 아니라 서사 과정의 상황에 따라 다르게 작용하는 서사적 주체이다. 여성주의 구술사에서 서사 과정을 주도하는 젠더 주체와 주체-위치(subject-position)는 하나의 담론적 사건이다. 그렇기 때문에 여성주의 구술사는 실제적인 생애 경험에 대한 기록이라기보다 여성이 처한 사회적 관계의 맥락에서 젠더 주체로서의 위치에 대한 여성주의적 해석이라 할 수 있다. 달리 말하면, 여성주의 구술사는 가부장제적 억압에 대한 진술과 비판 및 여성 해방의 제언을 내포함으로써 담론적 젠더 정치에 연루된다.

여성주의 구술사에서 구성되는 젠더 주체는 개인적이며 동시에 집단적이다. 마찬가지로 여성주의 구술사의 형식도 자전적 구술사와 집단적 구술사로 대별할 수 있다. 자전적 구술사로는 과거의 경험을 연대기적으로 서술하는 생애사(life history)와 구술자의 주관적인 경험과 느낌을 표현하는 데 치중하는 생애 이야기(life story)가 대표적이다. 집단적 구술사는 비슷한 경험을 공유한 사람들의 이야기를 모아서 복합적인 서사 텍스트를 구성한 경우로서 한국정신대연구소의 '강제로 끌려간 조선인 군위안부 증언집' 시리즈가 대표적 사례이다.

여기서는 자전적 구술사로서 무당의 생애 이야기와 서사 무가 〈바리공주〉를, 집단적 구술사로서 일제강점기 군위안부의 증언을 중심으로 여성주의 구술사의 방법론적 문제에 대해 고찰한다. 사례 분석에서 다루는 문제는 여성의 경험 이야기가 구술자에게 어떤 의미화과정을 거쳐 생산되며 구술과정에서 여성주의 실천이 어떻게 이루어지는가에 집중된다. 좀 더 구체적으로 말하면, '① 젠더 경험의 서사 행위가 젠더 주체의 구성에 미치는 효과는 무엇인가, ② 여성주의 구술사의 서사 형식은 그 서사적 진실성을 어떻게 구현하는가, ③ 여성주의 구술사의 생산과정에서 청자와 구술자료 편집자는 어떤 윤리적 위치에서 참여해야 하는가'라는 세 가지 문제를 중심으로 여성주의 구술사 방법론을 논하고자 한다. 각각의 문제는 이어지는 세 가지 사례 분석에서 순차적으로 논의될 것이다.

2. 생애 이야기: 젠더 경험의 자전적 서사

> 나 죽어도 썩지 않을거우다(제주도 문심방의 생애 이야기. 김성례, 1991a: 7).

여성주의 구술사는 젠더 경험의 자전적 수기(autogynography)로서의 특징을 갖는다(Stanton, 1987: 3). 그 이유는 이야기의 서술과정에서 여성 구술자 자신을 가부장제 질서의 희생자에서 영웅적 승리자로 창조해나가는 자기변신의 의지를 표명하고 있기 때문이다(Stanton, 1987: vi). 가부장제 사회에서 소통의 공식적인 통로가 막혀 있는 상황에서 여성은 개인적이고 내밀한 자기 진술 형식을 전략적으로 채택한다. "그건 알아서 무엇 해요?"라고 반문하는 구술자들에게 자신의 생애에 대한 이야기를 주의 깊게 들어줄 청자가 있는 경우 이야기의 문이 열리며 젠더 경험의 서사적 사건이 발생한다. 젠더 주체의 구성은 구술자의 자의식과 이야기의 공공성 사이의 경계에서 실현된다.

여성주의 구술사의 자전적 특성이 가장 잘 드러나는 형식이 '생애 이야기'이다. 과거 경험의 기록인 생애사와 달리 생애 이야기는 자기 경험의 표현으로서 여성 구술자의 주체성이 현재의 시점에서 재구성되는 창작물의 성격을 갖는다(Patai, 1988: 8). 기록자나 채록자의 미리 계획된 인터뷰와 전혀 상관없이 이야기되는 '신세타령'이나 '넋두리'는 한국 여성의 전형적인 생애 이야기 형식이다.

'자기의 신세를 스스로 다른 사람에게 이야기하는' 신세타령의 형식은 이야기하는 사람의 현재를 정당화하려는 의도가 강하게 드러나며 또한 듣는 사람에게 그 정당화를 인정받고 공감받기를 바라는 이야기 방식으로서 모든 자서전과 마찬가지로 화자 자신을 생애 이야기의 '저자'로 창조한다(유철인, 1990: 306). 또한 이러한 자전적 생애 이야기는 이야기하는 사람이 청중에게 교훈을 주기 위해 또는 즐거움을 주기 위해 종종 과장된 얼굴 표정이나 동작을 하고 목소리를 변화시키는 연기를 하기 때문에 화자 자신뿐만 아니라 청중이 함께 참여하는 '공연'이라고 볼 수 있다(Kendall, 1988: 4).

지금부터 '신세타령' 형식으로 구술된 제주도 무녀 문심방의 생애 이야기를 젠더 주체의 서사적 구성과 구술 연행성의 효과에 초점을 맞추어 분석하려고 한다.

제7장에서 자세하게 소개했던 제주도 무녀 문심방의 생애 이야기는 필자의 현지조사 과정에서 그녀의 장성한 딸이나 이웃 여자들이 있는 가운데 여러 번 들을 수 있었다.[2] 1984년 조사할 당시 문심방은 예순네 살의 무당이었다.[3] 구술 연행의 양식을 빌려 다시 문심방의 생애 이야기를 서술하

면 다음과 같다.

문심방은 어려서 일본으로 이주한 아버지로부터 버림받고 친할머니 밑에서 외로운 어린 시절을 보냈고, 집 없고 재산 없는 가난한 남편을 만나 일용노동으로 근근이 살다가 4·3 시국에 남편을 잃고 '홀어멍'(과부를 뜻함)으로 장사하며 네 남매와 어렵게 살다가 장사에 실패하여 빚을 진 후 빚쟁이들에게 아이들을 머슴과 하녀로 빼앗기고 갓난아이를 업고 육지로 도망가서 물질(해녀)로 연명했다. 그곳의 남자를 만나 딸 둘 낳고 살았는데, 남자가 도망가 버린 후 다시 무일푼으로 제주에 돌아와 먹고살기 위해 무당의 길에 들어서게 되었다. 문심방의 생애 이야기는 이야기하는 상황에 따라 내용이 조금씩 달라지긴 했어도 대체로 이 지점, 즉 '무당의 길'에 들어서는 도입부에서 끝난다. 무당이 된 후 이미 20여 년이 지났지만, '무당이 된 후'의 삶은 이야기하는 바로 현재에도 지속되고 있는 누구나 다 아는 이야기이기 때문일 것이다.

1948년에 일어난 제주도 4·3 사태에 남편을 잃고 나이 마흔이 넘어 배운 무업으로 자녀들을 혼자의 힘으로 키워야 했던 문심방은 자신의 순탄치 않은 삶의 이야기가 '죽어도 썩지 않을' 화석으로 남을 것이라는 확신했다. 이러한 자기 확신은 어디에서 오는 것인가? 자신의 생애 이야기의 영구성에 대한 문심방의 확신은 4·3 이후 '홀어멍'으로 가족을 부양하고 독립적인 삶을 살아온 영웅적인 삶에 대한 긍정적 인식에서 나온다. 그러한 인식은 문심방이 자신의 생애 이야기의 저자로서 택한 서사 전략에서도 여실하게 드러난다.

문심방의 신세타령이 끝나는 지점은 전체 생애과정에서 보았을 때 '남자 중심의 가부장제적 관계 안에서의 삶'에서 벗어나 무당이라는 새로운 직업을 가짐으로써 '남자 없이도 여자 혼자 돈을 벌어 집을 짓고 아이들과 살 수 있는' 경제적으로나 문화적으로 자립적인 여성 중심의 삶으로 옮겨간 생애의 분기점이다. 문심방이 스스로를 '남자 없이도 잘 사는 여자'로 묘사하는 것은 자신의 생애담의 청자로서 남편에게 짓눌려 사는 이웃집 서울 여자와 비교하기 위해 과장되게 꾸민 이야기이기도 하지만, 실제로 제주 여성의 집단적인 자아상과도 일치한다(김성례 1991: 8).

그러나 문심방의 생애 이야기가 그대로 묘사하고 있는 독립적이고 자율적인 제주 여성의 자질에 대한 문화적 신화는 제주 4·3 사태 이후 전통적인 마을과 가족 공동체의 해체로 인해 제주 여성이 겪어야 했던 경험의 산물이다. 1948년 제주도의 4·3 사태는 대량 양민학살과 마을 공동체의 파괴를 결과했으며, 특히 생존 여성에게는 '남성이 없는 마을'에서 '홀어멍'으로 어린 자식들과 함께 마을을 재건해야 하는 힘겨운 삶을 남겼다.

4·3 과정에서 남편·남자형제·아버지가 죽은 것은 가부장제 사회에서 여성이 갖는 지지기반과 자원이 박탈되었다는 것을 의미한다. 부계 중심의 친족체계에서 남성들의 죽음은 그로 인해 연계되는 관계의 단절을 의미하는 것이다. 홀어멍들은 시집과의 관계가 단절되거나 친정 쪽으로도 의지할 곳이 없는 경우가 많았다. 홀어멍이 된 여성들은 결혼을 매개로 새로운 친족관계를 형성하기보다는 "홀어멍끼리 벗들하며 친목도 하며 도와가며 살았주게"라는 표현에서 볼 수 있듯이, 홀어멍이 된 여성들 간의 협동과 유대관계를 통해 지원체계를 구축했다. 문심방을 비롯한 제주 여성들이 남편을 잃고 나서도 혼자 살아온 것을 '강한 것'으로 생각하고 자랑스럽게 여기는 것은, 4·3 사태라는 혹독한 역사적 경험에 대응하는 생존 전략이었다(김성례, 유철인, 김은실, 김창민, 고창훈, 김석준 2001: 125-128).

4·3의 경험이 혹독했다 하지만 여성 주체의 입장에서 그 경험의 의미를 재해석해보면, 4·3의 생존자 '홀어멍'의 삶은 가부장제적 사회질서로부터 해방되는 기회였다고 볼 수 있다. 문심방의 '죽어도 썩지 않을' 생애 이야기는 가난하고 홀로 남은 여자의 운명을 한탄하는 한낱 넋두리가 아니라

당당하게 '홀어멍'의 위치를 수용하며 스스로 운명의 승리자로 되어가는 영웅 서사의 성격을 갖는다. '홀어멍'으로서의 경험에 덧붙여서 '무당'으로서의 경험은 이러한 영웅적 자기변신을 더욱 극적으로 만든다.

무당의 삶은 '운명이 바뀐' 삶이다.[4] '홀어멍 심방'으로서 문심방의 생애는 다른 홀어멍들과 구별되는 부분이 있다. 문심방은 4·3 사태 때 죽은 남편의 죽음에 대한 대가로 원호연금을 받았지만 다른 남자와의 사이에 아이를 낳았기 때문에 전통적인 수절 과부와 전쟁 미망인으로서의 명예를 모두 잃어버리고 마을 내에서는 사회적인 추방자의 위치에 놓였었다(Kim, 1995: 158). 문심방이 무당이 되는 계기는 바로 이러한 사회적 소외였다. 문심방의 생애 이야기는 가난과 사회적 소외의 고통스러운 운명으로부터 벗어나 무당으로서 전문적인 직업을 갖게 되기까지의 투쟁과정을 정당화하는 목적성을 갖고 있다.

3. 운명의 투쟁자: 젠더 주체의 서사적 구성

젠더 주체의 서사적 구성이라는 측면에서 보았을 때 문심방의 생애 이야기는, '홀어멍'이 겪어야 했던 가부장제적 질서의 모순을 단순하게 반영하는 데 그치지 않고 주어진 현실적 제약을 극복하려는 강한 자기 창조의 의지를 주장하고 있다. 문심방의 자기 창조 의지는 생애 이야기 안에서 이루어지는 가모장적(matriarchal) 공간의 창조에서 엿볼 수 있다.

그녀의 생애 이야기에는 '집을 짓는다'는 주제가 자주 등장한다. 남편이 4·3 사태에 죽고 나서 혼자 집을 지었고, 육지로 도망가서도 집을 짓기 위해 물질을 했으며, 제주에 다시 돌아와서도 심방 일을 해 새 집을 지었다고 문심방은 자랑삼아 이야기한다(김성례, 1991a: 24). 문심방은 무당으로 활동하면서 모든 것이 '좋아졌고' '배부른 밥 먹어가며' 비로소 사회적으로 안정된 집을 짓는다(김성례, 1991a: 29).

문심방에게 집(home)은 남편과 함께 사는 집이 아니고 그녀와 그녀의 자식들이 사는 가모장적 공간이다. 문심방 자신에게 생애 이야기를 구술하는 서사 행위의 의미는 과부의 절개를 지키지 못한 '홀어멍 심방'으로서 비천한 삶이라 할지라도 혼자 집을 지으며 가족을 부양하는 가모장적 삶의 정당성을 증언하는 데 있다. 한마디로 문심방의 생애 이야기는 삶의 궤적에 자신의 이름과 현존을 각인시키는 묘비명이라 하겠다.

문심방이 생애 이야기를 통해 화자인 자신에게 그리고 청중에게 설득하려고 했던 교훈은 무엇인가? 생애 이야기의 교훈은, 문심방이 무당의 길에 입문함으로써 사회적 추방자의 고통으로부터 해방되었듯이 여성의 삶 또한 가부장제적 질서로부터 벗어나 스스로의 능력으로 사는 것이 옳다는 정의감이다.

무당으로서의 삶의 정의로움에 대한 문심방의 자기 이해는 경기도의 무녀 용수엄마의 생애 이야기에서도 공통적으로 나타난다. 용수엄마의 생애 이야기를 책으로 엮은 켄달(Laurel Kendall)은 용수엄마가 속아서 나이든 남자에게 재취로 결혼하여 전처소생 자식들을 키워야 했던 자신의 고통이 부당하다며 '분노'로써 저항하는 그녀의 신세타령은 자신을 운명에 거역하는 '투쟁자'로 창조하는 서사 전략을 가진다고 해석했다(Kendall, 1988: 15).[5] 용수엄마와 마찬가지로 문심방이 생애 이야기에서 만들어낸 투쟁자 영웅의 이미지는 생애과정에서 스스로 선택했던 '무당'의 운명에 대한 변호이며 그 선택의 정의(justice)를 자기 스스로에게뿐만 아니라 청자에게 천명하는 서사 전략을 함축하고 있다.

여기서 흥미로운 것은 문심방과 용수엄마의 생애 이야기에서 나타나는 여성으로서의 수난 및 모험의 경로와 무당의 길에 입문함으로써 생애가 완성되는 서사구조가 무교적 여성 신격의 생애 이야기를 담은 서사 무가 〈바리공주〉의 서사구조와 거의 일치한다는 것이다. 용수엄마는 무녀로서 바리공주 이야기에 친숙했으며 자신의 생애를 바리공주에 빗대어 이야기하는 것을 즐겨했다. 서사 무가 〈바리공주〉가 함축하고 있는 메시지는 "원치 않은 딸들은 아직 인정받고 있지 않은 미지의 힘과 생존에의 고집스러운 의지를 가지고 있기 때문에 결국 그러한 힘과 의지는 정당화되어야 한다"(Kendall, 1988: 33)는 것이다.

용수엄마는 바리공주와 자신의 운명을 동일시하는 서사 전략으로 '장미'라는 이름을 가진 소녀의 수난 이야기를 생애 이야기 안에 하위 텍스트로 삽입하고 있다. 장미는 용수엄마의 소녀시절 이름이다. 용수엄마는 마치 가공의 인물인 것처럼 자신을 '장미'라고 부르며 어린 시절을 이야기한다. 바리공주가 저승 여행을 감행하는 것처럼 '장미' 또한 버림받은 딸의 지옥과 같은 수난을 겪으며 성인이 된다.

문심방의 경우 여성으로서의 수난사는 두 번의 시기로 나뉜다. 첫 번째 수난은 어린 시절 오빠만 데리고 일본으로 간 아버지로부터 버림받고 제주에서 홀로 남아 할머니 밑에서 양육된 것이며, 두 번째 수난은 어른이 되어 홀어멍 가장으로 가족을 부양하기 위해 사회에서 천대받는 무당의 길에 입문한 것이다. 문심방이 첫 번째 수난 시기에는 주어진 환경의 희생자였다면, 두 번째 수난 시기에는 고난을 극복한 무당으로 거듭난다.[6]

이와 같이 문심방과 용수엄마의 무당으로의 변신은 비천한 여성으로서 자신의 삶에 대한 변명이 아니라 자신을 고난의 승리자, 삶의 완성자로 정당화하는 서사 기법이다. 문심방의 "나 죽어도 썩지 않을 이야기"의 서사적 진실은 무당의 신화적 기원에 관한 서사 무가에서 분명하게 구현된다. 다음에 살펴볼 여성 신격에 관한 서사 무가와 무녀의 생애 이야기는 모두 여성주의 구술사의 전형적인 서사 형식으로서 한국 여성의 젠더 경험에 대한 여성 중심적 해석을 반영하고 있다.

4. 〈바리공주〉 서사 무가: 초월적 젠더의 원형 텍스트

〈바리공주〉 서사 무가는 앞에서 분석한 무녀들 문심방과 용수엄마의 생애 이야기의 원형 텍스트인데, 여기서는 젠더 경험의 구술사 양식의 하나로 접근한다. 무당이 망자 천도굿에서 구송하는 서사 무가 〈바리공주〉는 부모에게 버림받은 딸이 죽음에 이른 부모를 소생시킨다는 이야기로서 젠더 경험의 서사로 볼 수 있다. 서사 무가는 굿에서 구송되는 무가이지만 신격의 탄생과 생애 활동에 관한 서사적 구성을 갖추고 있는 '구술 서사(oral epic narrative)'이다.[7] 구술 서사는 이야기하고 경청하는 연행의 맥락에서 서사 담론을 구성한다(Zumthor, 1990: 83-84).

서사 무가의 분석에서는 서사성과 함께 구술 연행성에 대한 이해가 중요하다. 굿의례 현장에서 구송되는 서사 무가는 구송자와 청중의 경험을 반영하며 또한 그 경험에 대한 해석을 제공한다. 서사 무가에서 '바리공주'는 '버림받은 딸', 즉 바리데기이다.[8] 바리공주는 가부장제 사회에서 주변적이고 불안정한 여성의 지위와 무당의 비천한 사회적 지위를 반영하고 있다. 바리공주는 죽음과 같은 여성의 운명을 극복하는 신격으로 변화되는데 이러한 여성 신격의 영웅적 면모는 무가 구송자와 청중이 상상하는 젠더 주체의 모델이 된다. 여기서 분석의 초점은, 여성 신격의 구술 서사가 제공하는 젠더 경험의 해석 모델은 무엇인가 그리고 서사 과정에서 젠더 주체가 어떻게 구성되는가에 있다.

무가의 서사성을 완벽하게 구현하고 있는 서울 새남굿의 〈바리공주〉 무가는 바리공주의 생애과정에서 젠더 주체의 위치가 어떻게 변화하는지 잘 보여준다(아카마스·아키바, 1991: 15-47).[9] 바리공주의 생애과정은 바리공주가 성년이 되는 15세를 분기점으로 하여 통과의례적 변화가 나타난다. 바리공주는 원치 않은 일곱 번째 딸이라는 이유로 버림받으나, 15세에 이르러서는 딸을 버린 죄로 벌을 받아 죽음에 이른 부모를 약수로 소생시키는 지극한 효녀로 변신한다. 15세 나이는 자아정체성이 확립되는 시기이며 여성의 경우 혼인 연령으로서 젠더 정체성이 정립되는 시기이다. 15세 이전에는 가부장 권위의 희생자였다면, 성년 이후 바리공주의 모든 행동은 그녀의 주관적인 결정으로 이루어진다.

바리공주는 비록 자기를 버렸지만 잉태의 은덕에 보답한다는 효행의 뜻을 세우고 이승의 부모에게 돌아오며, 저승으로의 약수 탐색도 의지적 행동으로 나타난다. 약수를 얻는 조건으로 약수 삼천리의 무장신선과 혼인하여 일곱 아들을 낳아준다. 바리공주에게 혼인은 부모 효행을 위한 자발적인 계약의 의미를 가진다. 바리공주와 무장신선의 부부관계는 바리공주는 약수를 구하고 무장신선은 아들 일곱을 얻는 식의 대등한 교환관계로 이루어진다. 바리공주에게 일곱 아들은 약수를 교환하는 기호에 지나지 않는다. 약수로 부모를 소생시킨 후 바리공주는 딸과 아내·어머니로서의 세속적 지위를 버리고 '만신(萬神)의 인위왕(人爲王)'이라는 신직(神職)을 스스로 선택한다(아카마스·아키바, 1991: 44). '만신의 인위왕'은 곧 만신의 몸주를 이른다. 바리공주는 천상의 무녀로서의 직분을 선택한 것이다.

젠더 주체의 구성과 관련하여 바리공주의 생애담에서 중요한 것은 가부장제적 효 이념의 희생자가 서사 과정에서 사령을 왕생천도하는 신격으로 변화한다는 점이다. 부왕이 하사하는 땅과 재산을 마다하고 지옥의 원혼들을 왕생천도하는 신직을 선택한 바리공주의 결심은 세속적인 가부장제적 권위로부터 벗어난 초월적 젠더 주체의 구현을 의미한다.

바리공주의 신적인 권능은 일단 무장승과의 혼인을 통한 사회적 성취와 효의 의무적인 수행에 의해 매개된다. 그러나 신직의 선택은 바리공주의 자발적인 선행의 의지에서 발단한 것이다. 무장신선과 일곱 아들과 함께 약수를 가지고 부모를 구하기 위해 지상으로 하강하는 여정의 도중에 저승으로 가는 영혼들의 배를 목격한 바리공주는 이 영혼들의 왕생천도를 돕겠다고 선행을 결심한다.[10] 바리공주의 신직 선택은 효 이데올로기를 초월한 '선의 가치'를 구현하는 것으로 볼 수 있다(송효섭, 1992: 160).

이와 같이 가부장적 질서에서 비롯된 여성의 삶에 존재하는 모순에 대한 자각이 표출되고 여성 중심적인 윤리의식을 천명하고 있는 〈바리공주〉 서사 무가는 효의 가부장적 윤리를 초월하는 젠더 주체의 권위를 주창하는 '여성 현존'의 서사이다(강은해, 1990: 135). 사령을 극락정토에서 재생하도록 인도하듯, 바리공주는 현실세계에서 '버림받은 딸들'을 비록 서사 공간이나마 신적인 주체로 재생시키는 창조의 여신이다. 바리공주는 현실세계 여성의 자기창조의 산물이며 젠더 주체성을 구성하는 상징이다. 〈바리공주〉 무가는 구술 전통을 창조하고 향유하는 무교신앙 집단의 여성들이 가부장제 사회에서 경험하는 현실적인 고통을 주체적으로 재해석하여 버림받은 딸에서 자신과 가족 그리고 사회를 구원하는 능력을 가진 초월적 존재로 변화하는 젠더 주체의 모험을 재현한 것이다.

무가의 구술 연행의 특성과 그 설득 효과라는 차원에서 보면 무녀 문심방과 용수엄마의 생애 이야기에서 볼 수 있듯이 무가를 구송하고 경청하는 굿의례의 참가자들의 현실적인 삶에 일관된 영향을 미친다. 〈바리공주〉 무가는 가부장제 사회에서 종속적이고 비천한 여성의 위치가 가부장적 효 이데올로기와의 협상과 투쟁과정을 통해 자립적인 젠더 주체로, 더 나아가 초월적 젠더로 진화하는 젠더 경험의 원형 텍스트라 할 수 있다.

5. 군위안부 할머니의 증언: 역사적 상처의 젠더 정치

> 그래도 그거 한 가지는 말 못하고 비밀로 지키고 있었어요. 원인은 그건데…(『강제로 끌려간 조선인 군위안부들 증언집 3』).

구술사 형식 가운데서도 생애 이야기나 서사 무가와 달리 구술자 자신의 의도성이 두드러지는 구술 증언(oral testimony)은 '개인적인 것이 정치적'이라는 여성주의 모토가 지니는 정치적 함의를 더욱 분명하게 드러낸다(Beverly, 1992: 94).[11] 구술 증언은 개인적 경험의 고백이 아니며 청중에게 '들으라고 하는 이야기'로서 청중에게 경험의 진실성을 주장하는 정치적 욕망의 서사이다. 대체로 이러한 구술 증언의 진실성은 증언자의 개인적인 권위에서 발생하는 것이 아니라 증언자와 증언 채록자를 포함한 광범위한 청중이 함께 참여하는 집단화된 저작권(collective authorship)에 의해 확보된다(Kaplan, 1992: 122-123).

일제강점기 군위안부 할머니의 증언은 구술 증언의 '진실 효과(truth effect)'가 증언의 서사적 구성을 통해 어떻게 성취되는가를 잘 보여준다. 증언집에서 김소란 할머니는 1996년 말 정신대연구소 증언 채록자 강정숙에게 누구에게도 비밀로 지키고 있었던 '그거 한 가지'의 경험을 말해주었다. '그' 사건 이후 50년이 지난 후였다. 증언 자리에 합석했던 남편도 결혼 전에 이미 할머니의 과거에 대해서 알고는 있었지만 할머니가 증언채록자 강정숙에게 말해준 위안소 생활의 '그 깊은 이야기'는 듣지 못했을 것이다. 할머니 혼자만 가슴에 간직한 채 정신과 의사의 치료를 받는 과정에서도 '그 이야기'만은 풀어놓지 못했다 한다.

증언을 채록한 조사자의 후기에는 위안소에서의 생활에 대해서는 워낙 말하기 힘들어하여 질문하기가 쉽지 않았으며 당시를 회상한다는 것이

할머니에게 충격적인 고통이었음을 밝히고 있다(한국정신대연구소·한국정신대문제대책협의회, 1999: 73). 할머니의 고통에도 불구하고 이런저런 보다 정확한 사실을 얻기 위해 인터뷰를 하지 않을 수 없었던 조사자의 고충은 조사자 자신이 토로하고 있듯이 연구자의 관심과 피해자의 인권문제가 늘 긴장관계에 있음을 대변하고 있다.

김소란 할머니가 '그거 한 가지'의 경험을 비밀로 간직할 수밖에 없었던 역사적·문화적 금기의 구조는 무엇인가? 남편에게도 말하지 않은 '그 깊은 이야기'를 할머니는 조사자에게 털어놓을 수 있었던 배경은 무엇인가? 이제 '그 깊은 이야기'는 증언집에 수록되어 만천하가 알게 된 공공연한 역사가 되었다. 할머니의 기억은 일본 정부의 인도적 범죄를 입증할 수 있는 중요한 증거로 새로운 역사적 가치를 획득하게 되었다. 8만 명에서 20만 명으로 추산되는 일본군위안부 가운데 2001년 12월 현재 고작 203명만이 한국 정부에 피해 신고를 했다(양현아, 2001: 157; 한국정신대문제대책협의회, 2002: 2). 소수 피해자의 증언으로 일본 정부에 진상 규명을 요구할 수 있을지 의문시하는 사람들에게 위안부 할머니의 증언은 어떻게 '그' 이야기의 진실성을 설득시킬 수 있는가?

일련의 이러한 질문은 위안부 할머니의 증언과 증언활동의 정치적 효과와 관련된 것이다. 한국 현대사에서 수치스런 '비밀'로 은닉되어온 여성의 피해 경험을 가시화하는 일은 그들을 수치스럽게 만든 역사에 대한 비판이며 또한 역사적 진실을 규명하는 작업이다. 일제 식민 지배의 수치스러운 역사는 위안부 할머니의 '그거 한 가지'의 수치스러운 비밀 속에 갇혀 있었으나 할머니들의 증언은 역사의 수치스러움을 정화하는 계기가 되었다. 증언은 지난 50년간 위안부 할머니의 삶에서 명명될 수 없었던 '그거 한 가지'의 경험을 공공의 사회적 지식으로 가시화하는 정치적 실천이다.

"한국의 민족주의에 시비를 거는 불경스러운 작업으로 '위험시'되어온"

(최정무, 2001: 5) 위안부 할머니들의 증언활동은 1991년 김학순 할머니의 첫 증언이 시작되고 1993년 첫 번째 증언집이 출간된 이래 끊임없이 민족주의 진영과 페미니스트 진영 사이에 팽팽한 갈등을 야기했고 일본과 한국 사이에 일제 식민 지배의 청산 문제를 두고 새로운 갈등을 재연했다. 이러한 갈등은 '군위안부'를 기억한다는 것이 반(反)역사적인 '위험한' 일이기 때문이다(양현아, 2001: 157).

여기서 '군위안부'를 기억하는 일의 위험성은 위안부 할머니들의 증언을 듣고 채록하여 책으로 기술하는 일련의 과정이 여성주의적 실천으로서 갖는 정치적 함의라고 볼 수 있다. 1993년 1집이 출간된 이후 10여 년간의 증언채록 활동의 결정체로 2001년 5집까지 나온 위안부 할머니의 증언집들은 '군위안부 경험'의 진실을 입증해야 하는 책임이 따른다. 그러나 그 책임은 단순히 피해 사실에 대한 보고에 있지 않다. 증언자 할머니들이 '그거'에 대한 기억을 청자에게, 공동체에 책임을 청원하고 있는 것이다.

일본군위안부 할머니들의 증언집은 처음부터 일본 정부로부터 피해에 대한 공식적인 보상을 받고 할머니들의 명예를 회복하는 것을 목표로 기획되었고, 지난 10년간 지속적인 증언활동을 통해 큰 사회적 반향을 일으켰다. 증언집에 수록되고 공공장소에서 이루어진 할머니들의 증언활동의 가장 중요한 효과는 증언 자체의 역사적 사실성과 경험적 진실성을 획득하는 데 그치지 않는다.

증언자로 하여금 증언하도록 이끄는 필연성은, 증언해야 하는 역사적 사건의 경험을 논리적인 말로 형용할 수 없기 때문에 침묵의 공간에 은닉되어온 '증언의 불가능성(impossibility of testimony)'을 배경에 드리우고 있다 할 수 있다(Felman, 1992: 224).[12] 할머니들의 증언은 기억의 투쟁이기도 하지만 또한 식민지 역사를 잊고자 하는 망각과의 투쟁이기도 하다. 이제 공공연해진 할머니들의 증언활동은 증언의 필연성과 불가능성 사이의 심연을 오히려 분명하게 인식시킬 따름이다. 증언은 증언의 불가능성 때문에 주춤거리지만 동시에 바로 그 불가능성을 입증한다고 볼 수 있다.

그럼에도 불구하고 증언집과 증언활동을 지속해야 하는 이유는 그러한 활동이 기억과 망각의 모순된 투쟁의 현실을 직접 대면하게 함으로써 둘 사이에 대화의 길을 만들고 또한 위안부 할머니들이 식민지 여성으로서 겪은 상처(trauma)를 역사화할 수 있기 때문이다.

'강제로 끌려간 조선인 군위안부들'이라는 증언집의 제목은 식민지 여성으로서 겪은 할머니들의 역사적 상처를 압축적으로 가시화하고 있다. 그러나 증언집의 목적은 과거 식민시대의 경험뿐만 아니라 현재 증언과정에서 발생하는 증언자 할머니들의 상처를 치유하는 데 있다.[13] 치유는 할머니들의 상처를 역사화함으로써 이루어질 것이다. 이 작업이 여성주의 구술사의 과제이다.

6. 여성주의 구술사 방법론의 문제영역

'강제로 끌려간 조선인 군위안부 할머니들'의 증언활동과 증언집이 제기하는 문제들과 관련해 여성주의 구술사 방법론의 문제영역 네 가지를 도출할 수 있다.[14] 네 가지 문제영역은 위안부 할머니들의 과거 경험에 대한 기억이 증언을 통해 현재화되는 과정에서 발생하는 문제들로 주로 증언의 서사성과 연행성의 효과와 관련된다. 이 문제영역은 구술 증언뿐만 아니라 생애 이야기나 개인적 서사 등 다른 구술사 유형에도 똑같이 적용될 수 있다.

첫 번째 문제영역은 위안부 할머니는 '왜 지금' 자신의 '경험'을 이야기하는가, 그리고 그러한 경험의 기억은 왜 어떻게 억압당해왔는가라는 서사 맥락의 문제와 관련된다. 할머니들이 지금까지 공식적인 목소리로 자신의 경험의 진실성을 밝히지 못한 것은 젠더 경험 그 자체와 경험의 구술사의 '주변성'에서 기인한다. 50여 년 동안 침묵한 '그' 경험은 일제하 특수한 민족적 상황과 가부장제 성차별 문화의 축도판과 같은 '의미 있는 사건'이다. 무엇보다 할머니의 위안소 경험이 금단의 이야기가 될 수밖에 없었던 것은 여성의 정조에 대한 가부장제적 문화 이데올로기 때문이다. 할머니에게 위안부 경험의 '그 깊은 이야기'는 수치스런 과거로 각인되어 있었으며 그 폐해는 지난 50년간 스스로 '역사 없는 존재'로서 가족이나 친지로부터도 소외된 삶으로 이어진 것이다. 가부장적 순결 이데올로기가 강요하는 침묵과 망각의 힘은 할머니들에게 '부끄러운 죄인'의 자아상을 심어주었다. 그래서 조사자들이 질문할 때 대부분의 증언자 할머니들은 '들을 만한 이야기'가 아니라고 극구 침묵을 지키려 했다. 그러나 모든 이야기는 '들으라'고 말하는 것이다. 들을 만한 이야기의 의미는 이야기 내용이나 형식보다 이야기를 하고 듣는 상호적인 서술 행위의 과정에서 구성된다.

두 번째 문제영역은 할머니의 위안부 경험이 증언의 형식으로 텍스트화되는 방식 곧 서사 형식의 문제와 관련된다. 증언에는 서술자 할머니의 경험에 대한 해석이 이미 내포되어 있다. 경험한 것이 모두 사실적 자료로서 의미를 갖는 것은 아니다. 증언하는 의도가 무엇이냐, 증언의 효과에 대해 증언자는 어떻게 예상하고 있는가에 따라 경험 이야기의 내용은 '쓸만한 이야기'로 전형화된다. 할머니 이야기의 사실성과 전형성 문제는 여성의 젠더 경험의 재현과 관련된 문제이다. 또한 경험의 재현은 피해 경험의 주체로서 할머니들이 새로이 젠더 주체를 구성하는 문제와 관련된다.

위안부 할머니 증언집을 만든 연구자의 후기에서 밝히고 있는 바에 의하면, 생각하고 싶지 않고 잊고 싶은 이야기를 말하는 서술과정에서 할머니들은 자신의 경험을 일제의 구조적 성폭력의 피해로서 의식하게 되고 자신을 죄인이 아니라 '피해자'로서 새로운 정체성을 구축해감을 알 수 있다.[15] 여기서 할머니들의 '피해자 의식'은 할머니들이 성폭력의 '피해자 여성'으로서 젠더 주체를 재구성하는 토대가 되며 과거의 폭력적 경험이 다시 되풀이되지 않도록 인권 투쟁에 참여하는 동인이 될 수 있다 하겠다.

세 번째 문제영역은 할머니의 증언이 일제의 성범죄를 입증하는 증거자료로서의 객관성과 신뢰성을 갖느냐 하는 서사적 진실과 관련된다. 할머니의 이야기는 증언 행위를 통해 개인적인 비밀이 아니라 일제 성폭력의 피해자 집단의 역사로 전형화된다. 증언은 개인의 주관적 경험을 '의미있는' 데이터로 역사화한다. 할머니 이야기는 모두 경험에 대한 기억과 회상을 통해 재구성되는 것이라는 특성 때문에 사실적 진실성(factual truth)과 서술적 진실성(narrative truth)이 혼재되어 있다고 할 수 있다.

그러나 증언은 단순한 역사적 다큐멘트가 아니다. 기록이 곧 역사가 되는 것은 아니며, 역사는 객관적 사실이나 진실이 아니라 어떤 특정한 시각과 통찰력의 결과이다. 즉, 할머니의 증언은 실재로서의 역사적 과거를 서술하는 것이 아니라 현재의 관점에서 기억에 의해 재구성된 역사에 대한 담론이다. 증언은 역사적 실재를 문제 삼기 때문에 기존의 공식화된 역사적 실재가 점유한 공간을 끊임없이 교란시키며 그 한계를 문제화한다. 그래서 증언은 일제 식민 지배의 역사와 그 기억을 비판하는 '위법적인 장르(out-law genre)'의 서사 형식이라 할 수 있다(Kaplan, 1992: 124). 위안부 할머니의 증언은 역사에 대한 한국과 일본 정부의 침묵을 교란시켰으며 세계적으로 국가폭력과 전쟁범죄의 피해자에 대한 문제를 여성인권의 문제로 담론화하는 실질적인 정치적인 효과를 가졌다.[16] 증언은 사실이나 사건을 보고하는 것 이상으로 역사적 진실에 책임지는 정치적 활동이다.

마지막 문제영역은 할머니들의 증언의 저자는 누구인가라는 증언과 구술사의 저작권 과 구술 텍스트의 생산과정과 관련된다. 증언자 할머니는 자신의 이야기의 주체이며 이야기에 담겨 있는 진실의 증언자로서 담론적 권력의 주체이다. 그러나 증언은 들으라고 하는 이야기이며 그런 의미에서 개방적 서사이다. 할머니들의 '그 깊은 이야기'는 아무에게나 들려주는 일반적인 이야기가 아니다. 고통과 분노의 이야기이다. 고통과 분노의 경험 이야기가 강요된 망각의 지층에서 기억의 방을 헤집고 밝은 세상에 나오기까지에는 가이드가 있어야 한다. 그 가이드는 할머니의 이야기를 들을 준비가 되어 있는 청자, 즉 증언채록자이다. 청자가 이끄는 대로 구술한 경험 이야기는 하나의 텍스트로서 위치를 갖게 된다. 증언자 할머니는 소설 작가처럼 불특정한 독자를 향해 이야기를 독점하는 권위적인 저자가 아니라 고통스런 이야기에 공감하는 특별한 청자를 필요로 하는 경험의 증인이며, 할머니의 비밀로 간직해온 개인적인 경험은 청자의 협력적인 매개를 통해 공공연하게 '들을 만한 이야기'로 텍스트화되는 것이다.

증언과정에서 이루어지는 할머니들의 피해자 의식의 형성과 젠더 주체의 구성에서 여성 조사자의 역할은 매우 중요하다. 고통의 증언은 그 고통이 부당함과 억울함을 고발함으로써 폭력에 저항하는 정치적 함의가 이미 이야기 안에 내재해 있다. 그러나 그 이야기의 정치적 함의는 고통의 부당함에 같이 분노할 수 있는 자만이 간파할 수 있다. 가까운 가족이나 친족, 그리고 이웃이라 해서 그 고통을 나눌 수 있는 것은 아니다. 오히려 가까운 가족일수록 위안부 할머니의 경험은 가족의 명예를 손상시키는 수치스런 것으로 인식되었기 때문에 할머니들은 스스로 또는 강제로 부모형제와 자신의 가족을 떠나야 했다.

엄격히 말해 다른 사람의 고통을 이해하는 것은 불가능하며 더욱이 고통의 경험은 타인과 공유할 수 없다. 고통을 타인과 공유할 수 없음(unsharability)은 고통의 경험을 언어화하는 것에 대한 저항이기도 하다(Scarry, 1985: 4). 그래서 증언자 할머니들은 자신의 경험을 일반적으로 범주화하지 않고 지극히 주관적인 의미를 가진 사건으로서 접근하기 때문에 반드시 '그'라는 정관사를 붙인다. 그러나 기억하기조차 고통스런 경험 이야기를 말하는 할머니와 그 이야기를 '의미 있는 이야기'로 경청하는 증언채록자 사이에는 '그 깊은' 고통의 연대가 이루어질 수 있다. 그것은 할머니들의 이야기를 고통 받는 여성의 집단적인 젠더 경험의 증언으로 공식화할 수 있는 '여성주의적' 경청의 태도에 의해 가능해진다.[17] 여기서 '여성주의적' 경청의 자질은 여성이나 남성 누구에게나 있을 수 있으며, 젠더 입장을 어떻게 취하느냐에 따라 차이가 있을 뿐이다. 증언의 화자와 청자 사이에 이루어지는 고통의 연대는 할머니들의 사적인 경험의 이야기를 역사적 증거로서 객관적 의미를 가진 구술사로 전환시키는 데 결정적인 매개 고리가 된다.

7. 여성주의 구술사의 담론 윤리

> 죽어버린 말. 말라버린 혀. 쓰지 않았기에. 시간의 기억 속에 매장됨. 사용되지 않음. 침묵됨. 역사. 과거. 여성 낭송자여, 아흐레 낮밤을 기다린 어머니 그녀를 찾아내라. 기억을 복원하라(Cha, 1995).

여성주의는 젠더 경험의 해석이며 또한 여성 해방의 정치이다. 이 장에서는 구술사 방법론이 젠더 경험의 해석방법으로서 어떠한 미덕이 있는가 그리고 구술사는 가부장제 질서에 대한 저항과 여성 해방의 전략을 어떻게 실행하는가 하는 두 가지 문제를 중심으로 무당의 생애 이야기와 〈바리공주〉 서사 무가, 군위안부 할머니의 증언 등 다양한 양식의 구술사 사례 분석을 통해서 '여성주의 구술사' 방법론의 가능성을 타진해보았다.

여성주의 구술사는 가부장제 사회에서 언어화되지 않은 젠더 경험의 기억을 서사화하며, 가족과 마을 공동체 그리고 국가사회의 가부장적 사회관계의 틀 안에서 젠더 경험의 주체의 위치를 자리매김한다고 전제하고 세 가지 문제를 중심으로 사례 분석을 했다. 세 가지 문제는 젠더 경험의 서사 행위가 젠더 주체의 구성에 미치는 효과는 무엇인가, 각 서사 형식은 서사적 진실성을 어떻게 구현하는가, 여성주의 구술사 생산과정에서 연구자 페미니스트는 어떤 윤리적 위치에서 참여해야 되는가이다.

문심방의 생애 이야기와 〈바리공주〉 서사 무가는 공통적으로 아버지에게 버림받거나 남편의 죽음으로 인해 가족과 마을에서 가부장적 보호 장치로부터 소외된 '남자의 도움 없이 생존해야 하는' 상황에 처해지나, 사회에서 천대받지만 종교적 직능인으로서 경제적·사회적으로 독립할 수 있는 무당의 커리어를 선택함으로써 자기완성을 성취한 영웅적 이미지의 젠더 주체를 구성했다. 생애 이야기와 서사 무가에서 일어나는 무당 또는 무교 신격으로의 변신은 서사 공간 안에서 일어나는 담론적 사건이다. 이야기 화자가 젠더 경험의 영웅적 행위자로 변화하는 것은 구술 서사 공간 안에서 이루어지는 사건이다. 왜냐하면 현실에서 무당의 사회적 신분은 아직도 비천하기 때문이다.

'강제로 끌려간 조선인 위안부들' 사례에서 증언의 서사적 진실성은 증언의 역사적 사실성과 미묘한 갈등관계에 놓인다. 군위안부들의 증언은 물론 피해 경험의 진실을 규명하는 것이 일차적인 목적이지만, 증언자 자신의 경험세계에서 증언 행위가 갖는 의미에 대해 성찰해볼 필요가 있다. 군위안부들의 증언은 가부장적 역사 공간에서 보이지 않던 여성의 상처를 언어화함으로써 식민시대의 수치스러운 과거를 공공연하게 담론화하는 효과를 가져온 한편, 증언자 자신에게는 정결하지 못한 여성으로 낙인찍히는 위험을 무릅쓰고 공공장소에 나옴으로써 '피해자 여성'의 젠더 주체성을 획득한다.

세 가지 사례는 모두 여성주의 구술사 방법론이 여성 해방을 위한 실천으로서 어떤 유효성이 있는지 확인시켜준다. 구술자와 연구자가 젠더 경험을 공감하고 실제 구술과정에 함께 참여하는 구술사 방법론의 특성으로 인해 여성주의 구술사는 여성들 사이의 계급적·문화적 차이와 경계를 넘어서 여성들의 정치적 연대를 실현하며, 그것이 역사적 공간이든 신화적 상상의 공간이든 가부장제 질서로부터 젠더 주체를 해방하는 여성주의 방법론으로서 그 유효성은 확인할 수 있었다.

이제 결론에 대신하여 여성주의 구술사의 생산과정에서 구술사의 청자와 편집자의 위치에 놓인 페미니스트가 여성 해방의 과업을 실천하는 윤리적 문제에 대해 제언하고자 한다. 구술 서사의 감정이 깊이 개입된 화법을 모방하여 약간은 선언적이 될 수 있지만 제언을 감행해본다.

가부장제 사회에서 여성의 이야기는 주변화되고 지워지고 침묵을 강요당했다. 이야기한다 해도 그 이야기는 자신의 언어가 아닌 다른 사람, 남성의 언어를 매개로 전해질 뿐이었다. 그럼에도 불구하고 한국 여성의 구술 전통은 무당이나 위안부 할머니를 비롯한 비천한 여성들의 생애 이야기와 황당한 상상의 공간을 점유한 여신의 서사 무가에서 젠더 주체의 흔적을 남겼다.

여성주의 구술사의 전략은 이와 같은 흔적들을 찾아내어 그것을 명명하고 현재의 시공간에서 소통할 수 있는 활로를 만드는 것이다.[18] 젠더 경험의 기록자 페미니스트는 흔적들이 흩어져 있기 때문에 단번에 찾아내지 못한다. 여성주의 구술사는 미완성 작업이며 조각보를 만드는 공동작업을 필요로 한다(Davies, 1992). 여기서 구술사 연구자는 스스로 여성 해방의 전사로서 자질을 갖추었는지 점검해볼 필요가 있다. 만약에 여성 구술사가 단지 다른 여성의 삶의 이야기, 그것도 인터뷰해서 얻은 몇 가지 정보로 채워진 텍스트를 만드는 일에 그친다면 그것은 젠더 경험의 또 다른 식민화이다. 다른 여성의 경험 이야기는 연구자 자신의 이야기로 접목이 되어야 한다. 여성주의 구술사는 어깨 넘어 흥미가 있어 보이는 남의 이야기를 하는 스파이 민족지 쓰기가 아니다. 그것은 연구자와 구술자의 주체성이 혼합된 자전적 여성 서사이어야 한다. 누구의 이야기인지 경계를 모호하게 만들어야 한다.

연구자는 다른 어느 누구를 대상화하고 주변화하는 식민주의적 권위를 가져서는 안 된다. 만약 권위 있는 언어로 다른 여성의 이야기를 자기 편의대로 해석하고 저자의 권력을 행사한다면 그러한 숨겨진 욕망에 대하여 고백해야 한다. 여성 해방을 실천하는 구술사는 젠더 경험의 주체들이 서사 과정에 공동으로 참여하여 집합적 젠더 주체를 만들어가는 과정이라 할 수 있다.

새로운 집합적 젠더 주체는 구술 행위와 경청 행위의 동시적인 상호 소통을 통해 구성된다. 여성주의 구술사의 연구자는 청자이면서 동시에 편집된 구술사 텍스트의 화자의 입장에서 경계를 넘나들며(cross-bordering) 경계적 주체성을 구성한다.[19] 물론 경계적 주체성은 인류학적 민족지 쓰기의 필연적인 과정이다. 여성주의 구술사의 생산과정에 참여하는 페미니스트는 구술자와 연구자, 화자와 청자의 젠더 위치가 교차하는 지점에 버티고 서서 타자의 관점에서 기꺼이 사유하는 '윤리적 관점(moral point of view)'을 필요로 한다(Benhabib, 1992: 9).[20] 여기서 생물학적인 성별은 문제가 되지 않는다. 어떤 젠더 주체성을 선택하느냐가 문제이다. 이와 같이 여성주의 구술사가 '윤리적 관점'을 구축할 수 있을 때 여성 해방을 실천하는 구술사의 담론적 힘도 발휘된다고 하겠다.

제9장

무조 신화의 여성공간성과 윤리적 과업

1. 여성적 원리의 신성성과 구술 연행성

종교인류학자 기어츠(Clifford Geertz)는 종교가 현실세계를 이해하는 모델이라고 정의한 바 있다(Geertz, 1973). 즉, 종교는 개인과 사회의 관계 그리고 인간과 자연·초자연적 존재 사이의 관계를 개념화하고 일정한 행동규칙의 방향성을 제공하는 '현실의 모델'이며 '현실을 위한 모델'이다. 신앙인 개개인이 경험하는 삶과 죽음, 행복과 불행, 죄와 벌 같은 형이상학적·윤리적 문제뿐만 아니라 풍요와 궁핍, 건강과 질병 같은 실제적인 문제들은 신령과의 관계를 통해 초월적 의미를 갖게 된다. 종교의례는 그러한 문제를 신화의 구송이나 춤과 음악 같은 연행 미디어를 통해 실제보다 더 현실감 있게 인지될 수 있도록 구체화한다. 종교의례가 제공하는 '종교적 전망(religious perspective)'은 신앙인들에게 현실세계를 이해하는 지배적인 모델로서 작용하는 것이다.

이 장에서는 무교 신앙과 의례가 어떻게 여성 중심의 종교문화의 현실을 반영하는 모델로 작용하며 또한 종교문화 형성에 일정한 정향(orientation)을 제공하는 모델로서 작용하는지, 두 가지 무조신(巫祖神) 신화를 중심으로 살펴보려고 한다.

무교는 하나의 통합된 신앙체계와 의례 양식을 가진 전통 종교로서 신앙인들에게 '현실의 모델'이며 '현실을 위한 모델'로 작용한다. 여기서 그 모델은 여성 중심적이라 할 수 있다. 무교의 의례 행위인 굿이 대부분 여성에 의해 수행되고 굿의 참여자도 여성이 압도적으로 많기 때문이다. 무교 신화 가운데 무조 신화는 여성 신격의 신화로서 무교의 여성 중심적 신앙을 전형화하고 있다. 대표적인 무조 신화로는, 서울 새남굿에서 구송하는 '바리공주 신화'(말미)와 제주도 초공맞이굿에서 구송하는 '자지명아기씨 신화'(초공본풀이)가 있다.

무조 신화에서 무조신은 '버림받은 여신'이다. 부모에게 버림받은 이 두 여신은 남계 혈통 계승 제도와 가부장제 사회구조에서 주변적이고 불안정한 여성의 지위를 반영하며 동시에 무당의 천한 사회적 지위를 대변하고 있다. 그런 의미에서 무교 여신은 한국 여성의 문화적 모델이며 여성을 위한 모델로서 작용하고 있다고 할 수 있다. 그것은 신화 주인공과 구송자와 청중인 여성이 가부장제 안에서 동일한 여성 경험을 공유하고 있기 때문이다.

신화 속의 여신은 '버림받음'이나 '죽음' 같은 비천한 처지를 극복하는 영웅으로 변모하는데, 이러한 영웅적 면모는 신화 구송자와 청중이 상상하는 여성과 여성 중심 세계의 이미지이다. 신화 속의 여신은 이야기의 주체일 뿐만 아니라 신화 구송자와 청중이 공유하는 여성 중심 문화의 모델이며 여성을 위한 모델이라고 볼 수 있다. 신화는 굿 과정에서 구송되며 구술 전통이기 때문에 그 내용과 형식에서 가변성이 있으며 현장에서 연행됨으로써 구송자와 청중의 경험세계에 영향을 미친다. 신화는 구송자와 청중에게 지위와 역할의 변화 가능성에 대한 믿음과 실행의 (또는 실행을 위한) 텍스트이며, 자신의 부정적 지위를 극복하여 성화시킬 수 있는 초월적 능력 그 자체로서 작용한다.

김열규는 신화를 단지 신에 관한 얘기로 제한하지 않고 인간의 존재론적인 그러면서도 문화론적인 사고방식이자 행동양식이라고 정의한다(김열

圭, 1978). 무조 신화의 고정된 체계는 영웅의 일생, 즉 고귀한 혈통, 상서로운 태생, 버림받음, 양육자를 만남, 주인공의 시련과 투쟁 및 극복, 보상 등으로 구성된다. 대개 이승 모험담과 타계 여행담으로 나타나는데, 죽음과 영웅적 부활이 발생하는 통과의례적 구조를 가지며 그 안에서 장소의 변화가 발생한다. 예를 들어 바리공주가 천상계와 지상계를 자유롭게 왕래하면서 죽어가는 부모를 살리는 생명수를 탐색하고 궁극적으로 죽은 사람을 극락으로 인도하는 샤먼으로서 직분을 수행하는 것은 전형적인 영웅의 일생이라고 할 수 있다. 무조 신화는 일반적인 신화의 고정된 체계, 즉 무조신의 죽음과 영웅적 부활이라는 서사 과정을 구현하고 있다.

그렇다면 왜 무조신들은 여신이며 사령을 저승(극락)으로 천도하는 무당은 '죽어가는 사람 살려내는' 사제자로서의 역할을 갖게 되었는가? 일단 지배적인 윤리 규범을 위반한 죄로 죽임을 당하여 저승으로의 모험적 여행을 떠난 무조신들은 저승에서 남성 신과의 혼인 및 아들의 출산을 통해 이상적인 여성으로 성숙하고 모성성을 획득함으로써 인간의 영혼을 죽음과 고통으로부터 구제하는 무조신('萬神의 人爲王', '만신의 몸주')의 신직(神職)을 스스로 채택한다.

무조 신화에서 구현되는 신성한 모성은 아버지의 부재를 전제로 한 여성 중심의 모-자녀가족의 현실에 대한 여성 주체적인 해석을 반영한다. 여기서 아버지는 현실적인 가부장제 문화의 본질을 상징한다. 기존의 가부장적 질서가 제공하는 세속적인 부와 권력을 거부하고 사령의 극락왕생을 도와주는 중개자 무당으로서 신성한 직분을 스스로 선택하는 '버림받은 딸' 바리공주와 자지명아기씨는 실제 신화 속 현실에서 잘 드러나지 않는 왕비·어머니를 비롯한 모든 비가시적 여성의 존재론적 모델이다. 사령을 극락정토에서 재생하게 도와주는 바리공주는 현실에서 비가시적 존재인 여성을 신화세계에서 새로운 주체로 가시화하고 재생시키는 창조적인 여신이다. 신화적 바리공주는 가부장제 현실을 초월하고자 하는 여성들의 자기창조의 산물이며, 보다 완전하게 성적 주체성을 구성하는 상징적 수단이다.

이 장에서는 여성의 성정체성과 젠더 주체성의 서사 분석 방법론에 의거하여 바리공주(바리데기)와 자지명아기씨(초공본풀이)의 신성한 이야기가 세속적 가부장주의에 대한 대항 담론을 어떻게 구성하는지 서사 과정을 분석한다.

'버림받은 여신 신화'는 여성 경험의 서사이며 여성 주체가 형성되는 과정이다. 이러한 단정은 여성주의 이념과 방법론에 의거하여 무조 신화를 여성 경험의 기술 양식으로 본다는 뜻이며, 또한 그 양식을 발견하고 해석하는 실천을 뜻한다. 여성학자 스콧(Joan W. Scott)에 의하면 여성의 경험은 삶의 사건의 결집체일 뿐만 아니라 여성이 주체가 되어 자아를 해석하는 과정이기도 하다(Scott, 1992). 여성이 자신의 경험과 타인의 경험에 대해 '말하는' 다양한 양식의 서사는 그러한 해석의 내적·외적 필요성에 의해 만들어진다.

모든 서사는 일차적으로 어떤 경험적 사실의 증거물이지만 서사 과정을 통해 경험이 새로 '만들어진다.' 하나의 서사는 다른 서사를 내포하며, 또한 제3의 서사에 대한 비판적 해석—체제 순응적이든 저항적이든—을 시도한다. 이런 의미에서 모든 서사 양식은 그 자체로 정치적 실천이며 정치적 효과를 갖는다. 그래서 여성 경험의 서사는 '여성 경험의 역사화(historicization of female experience)'이다. 역사화란 실제 일어난 사건에 대해 정보를 제공하는 것 이상으로 '비판의 여지가 없는 지식(unassailable knowledge)'을 주장하며, 사건적 역사에 대해 대항적 담론을 창출하는 정치적 과정이다. 좀 더 구체적으로 말하면 여성 경험의 서사는 여성 주체가 형성되는 과정이며, 그 과정은 여성 억압에 대한 진술과 비판, 여성 해방의 제언을 내포함으로써 서사 자체가 정치적 힘을 갖게 된다. 그러므로 서사 과정을 주도하는 여성 주체와 주체-위치는 하나의 담론적 사건이 된다. 여성 경험의 서사에 대한 관심은 여성 주체 또는 주체-위치의 형성이 매개하는 일련의 담론 정치학에 연루된다(Scott, 1992: 22-40).

두 무조 신화는 여성 경험을 종교의례를 통해 구송하는 여성 경험의 '구술 서사(oral epic narrative)'이다. 구술 서사의 분석에서는 서사성과 함께 연행성을 고려해야 한다.[1] 구술 서사는 이야기하고 경청하는 연행의 맥락에서 서사 담론을 구성한다(Zumthor, 1990: 83-84). 구술 서사에는 구송자와 청중의 경험세계에 대한 해석이 직접적으로 반영되어 있으며, 그 연행 효과도 구술 서사의 내용 자체보다는 서사가 전달하는 메시지—현실 인식과 행동에 대한 모델—를 통해 나타난다. 무조 신화를 구송하는 연행과정에는 신화 텍스트 안에 존재하는 여성 신격과 신화를 경청하는 여성 신앙인이 동일한 젠더 주체로서 참여하기 때문에 서사 주체는 서사의 안과 밖, 세속과 성스러움의 공간, 일상세계와 초월적 세계를 넘나들며 이중적으로 구성된다.

여기서는 구술 서사 비평과 여성 경험의 서사에 대한 여성학적 방법론을 적용하여 무조 신화가 여성 신앙인의 경험세계를 담론적으로 구성하는 '구술 연행성(oral performativity)'에 초점을 맞추어 분석하려고 한다. 달리 말하면, 무조 신화에서 구술되는 여성 신격의 서사가 서사 주체인 여성들에게 가부장제 문화 안에서 주어진 개인적·집합적 삶과 죽음의 경험을 해석하고 또한 주어진 현실을 초월하는 행동을 하는 데 어떤 종교적 전망과 현실적 모델을 제공하는가를 보겠다. 또한 구술 서사의 연행적 행위에서 발생하는 포괄적인 힘은 어떻게 여성 주체의 위치를 구성하는가가 문제의 초점이다. 요약하면 무조 신화의 서사 분석을 통해 한국 여성의 젠더 주체성과 젠더 위치성의 문제를 살펴볼 것이다. 두 여신 신화에 대한 서사 분석에 앞서 여성의 생활세계를 형성하는 데 중심을 이루고 있는 '집'과 '가정'이 어떻게 여성 주체의 고유한 종교적 전망을 형성하는지 살펴보겠다.

2. 가정신앙과 모-자녀 중심 집의 공간

한국 여성의 생활 영역은 주로 집의 공간에 국한되기 때문에 무교는 '가정신앙'의 특징을 갖는다(강진옥, 1995). '가정(household)'은 가족(family)과 구별되며 가족보다 포괄적인 의미를 갖는 개념이다. 켄달(Laurel Kendall)은 가족의례와 가정의례를 구별하면서 주부가 사제로서 담당하는 무교의 가정의례는 남성 가장이 주례하는 유교적 제사와 달리 집과 집안에 거주하는 모든 사람과 생명체를 보호하는 기능을 하기 때문에 더 포괄적이라고 보았다(켄달, 2016). 또한 굿의 기본이라고 보는 재수굿의 12거리 가운데 핵심부에 3대 가신으로서 대감(재산의 수호신), 제석과 칠성(수명과 복을 주관하는 신), 성주(집안의 안녕을 수호하는 신)를 모시는 굿거리가 위치하는 것은 무교신앙이 집을 중심으로 가정의 안녕과 행복을 축원하는 것임을 입증한다. 이런 맥락에서 무교신앙은 '가정신앙'을 대표한다고 할 수 있다(김명자, 1984: 227-242).[2]

여성 중심의 가정신앙은 '집'을 중심으로 한 신앙이라 할 수 있다. 여기서 '집'은 건물이 아니라 그 건물이 위치한 터 전체를 가리키며, 혈연적 관계로 구성된 가족의 거주공간이라는 물리적·사회적 공간 개념 이상으로 그 공간을 관할하는 신령이 거주하는 종교적 공간을 가리킨다.[3] 집은 신성한 곳으로 귀신이나 부정이 들어오지 못하게 집안에 임재하는 신령들이 보호하고 있으며, 혈연적인 가족이라도 돌아가신 경우 진오기굿을 통해 죽음의 부정한 상태를 정화하지 않으면 집안에 들어오지 못한다.[4] 굿 연행 또한 '안굿'과 '바깥굿'으로 나뉜다. 집의 울타리 안에서도 '집 안', 즉 건물 안에서 하는 굿을 안굿이라 하고, 죽은 사람의 영혼을 저승으로 인도하는 진오기굿은 마당에서 하기 때문에 바깥굿으로 부른다(최길성, 1989). 대개 굿은 집 밖에서 시작하여 집 안에서 중요한 거리를 하고 다시 집 밖으로 공간을 이동하며 진행되는데, 신을 밖에서 맞아들이고 안에서 대접하고 밖에서 배웅하는 구조이다.

이와 같이 가정신앙에서는 가족의 혈연적 관계보다는 집이라는 지연적 관계, 가족 내에서도 남성보다는 여성의 역할이 중시됨을 알 수 있다. 지연적 관계는 공생·공존의 생활 공동체를 의미한다. 유교적 제사의 단위가 부계 혈연적 가족이라면, 굿의 단위는 집이며 그 집에 함께 거주하는 가정이다. 주부가 가정의 평안을 기원하는 고사 때나 조상굿에 등장하는 조상 신령의 경우에도 부계 혈연성이 약하게 나타난다. 주부의 친정이나 대주의 외가에 속하는 조상이 빈번하게 축원 대상이 된다.

이러한 사실은 무교의 신앙이 주부를 중심으로 주부의 남편과 자식, 그리고 친정식구들까지 포함하는 이른바 '자궁가족'의 신앙, 어머니-자식 가족 중심의 신앙임을 반증한다. 아버지의 상징적 부재를 전제로 하는 어머니-자식 중심 가족관을 형성하고 있다는 사실은 집을 중심으로 한 여성의 가정신앙이 혈연적 원리에 기초한 가부장제 이데올로기에 대한 대항적 담론의 기능을 담당하고 있음을 보여준다. 유교의 부부유별 윤리 덕분에 가정 내 주부의 의례적 권위는 가부장의 간섭 없이 비교적 자유롭게 발휘되며(김승혜, 1986), 집과 가정의 안녕과 기복을 위해 남성 대주의 가부장적 권위와 경쟁하지 않고 상호 보완적으로 기능한다(Kendall, 1985: 124).

그러나 주부의 의례적 권위가 독립적으로 보이더라도 부계 혈통 제도와 부거제(夫居制)하에서는 가부장적 이데올로기를 옹호하고 재생산하는 데 활용될 수도 있다.[5] 출가외인으로서 주부의 신앙 행위는 자신이 태어난 가정보다 남편 집안의 안녕과 재수를 목표로 한다(김명자, 1984: 242). 경기도 만신의 생애사를 연구한 켄달의 또 다른 연구에 의하면 용수엄마라는 만신의 몸주는 시어머니가 모셨던 시댁 집안의 수호신인 마을 부군당 산신과 죽은 남편의 혼령이다(Kendall, 1988). 여성이 주부로서의 권위보다는 가장의 권위를 앞세워 남편의 대리자로서 신에게 고사 지낸다는 것은 여전히 논란이 될 수 있다. 남편은 가정신들이 가정의 이익과 자신의 건강과 성공을 보호해주기 때문에 주부가 주관하는 고사의 덕을 본다. 그러나 이 경우에도 여성은 가정을 대표하는 것이지 남편을 대표하는 것이 아니다(Kendall, 1985: 123). 여성들은 가정을 대표하여 가정신을 모신다. 이와 같이 여성의 가정신앙이 가지는 '가내적 정향(domestic orientation)'은 구조적으로 가부장제 가족제도 안에 일정한 기능을 부여받으며 동시에 독립적인 위치를 가지고 있는 이중성을 보여준다.

여성의 가정신앙이 갖는 '가내적 정향'의 이중성은 여성 신앙인의 경험세계가 지닌 이중적 구조를 그대로 반영한다. 여성 신앙인의 사회생활에서 여성의 지위와 역할은 종속적이며 무조 신화의 표층 구조에서 나타나는 여성 신격의 생애 또한 이런 종속적 지위를 반영하고 있다. 그러나 무조 신화가 청자에게 전하는 메시지, 즉 신화의 심층 구조에는 이러한 종속적 지위를 극복하는 능력, 주어진 현실을 초월할 수 있는 영적인 힘의 가능성이 내포되어 있다. 신화 구송의 화자이자 청자인 여성들에게 여성 신격이 주인공으로 등장하는 무조 신화는 현실적인 가부장적 억압과 소외에 대한 여성 중심적 해석의 틀을 제공하며 그러한 현실을 극복하는 대안을 보여주는 담론적 기능을 한다. 가부장적 가족의 질서와 독립적으로 집과 가정을 삶의 공간 영역으로 확보하는 가정신앙에서 나타나는 아버지 부재, 어머니-자식 중심의 가족관은 사실 가부장제 가족문화에 대한 여성 주체의 대항적 담론, 즉 탈가부장적 담론을 구성한다고 볼 수 있다. 버림받은 딸이 죽어가는 부모를 다시 살려내는 바리공주의 신화, 부모와 배우자에게 버림받지만 모진 고난 속에서 세 아들을 낳고 무조신으로 성장하는 제주도의 노가단풍자지명아기씨의 신화 등은 바로 탈가부장적 담론의 원형이라고 할 수 있다.

다음으로 신화에서 전개되는 무조신의 생애사 과정을 여성적 주체-위치의 담론적 사건이라는 관점에서, 그리고 부모 특히 아버지와 딸의 대립과 화해의 관계를 중심축으로 살펴보고자 한다. 바리공주의 생애에서 어머니의 역할은 아주 미미하게 나타나는데, 그것은 어머니의 역할을 딸인 바리공주가 대신하고 있기 때문이지 모녀관계가 중요하지 않아서가 아니다(김혜순, 2002). 그러나 이러한 비가시화된 모녀관계는 가부장제 사회에서 여성의 지위와 역할이 얼마나 주변화되어 있는가를 반증하는 것이기도 하다. 부모에게 버림받은 바리공주와 자지명아기씨는 저승이라는 환상의 공간에서 스스로 어머니됨을 성취함으로써 가부장제 지배 질서를 벗어나며 무조신의 신적 지위를 획득한다.

제주도 초공본풀이에서 자지명아기씨의 신격화는 아들 삼형제의 효성으로 이루어지는데 여기서 여성 신격의 모성은 바리공주보다 유약하고 수동적인 성격을 갖는다. 간단히 내용을 요약하면, 중의 자식이라는 낮은 신분으로 삼형제가 장원급제를 하지만 이를 시기한 삼천선비가 세 아들을 죽이려고 한다. 이때 아들 대신 어머니 자지명아기씨가 죽는다. 이것은 육지 중앙 정부의 유교적 질서에 의한 일방적인 지배와 종속을 감수해야 했던 제주도의 고유한 역사적 경험이 여성 신격의 폭력적 죽음과 재생으로 재현된 경우라고 볼 수 있다(문무병, 1998). 자지명아기씨의 자기희생을 통해 무조신의 신격을 부여받은 세 아들, 즉 저승 삼시왕은 어머니와 함께 모자가정을 이루어 제주 무당의 신당인 '연양당주'라는 집에 거주하게 된다.

3. 바리공주 신화: 여성 주체성의 초월적 윤리

서울 새남굿의 바리공주 신화에서는 효의 가부장적 윤리와 그것을 초월하는 여성 주체성의 담론적 윤리가 아버지와 딸 사이의 대립과 화해라는 서사 과정을 통해 구현된다.[6] 기존 연구에서 바리공주의 일생은 전형적인 영웅의 일생으로서의 서사적 구조로 연구되었다. 바리공주의 일생은 '고귀한 혈통-신기한 태몽-일곱째 공주로 출생-버림받음-양육자를 만남-부모가 병듦-바리공주가 약수를 구해 부모를 회생시킴-무신이 됨'으로 요약된다(서대석, 1988: 241). 필자는 이 서사를 아버지와 딸의 관계에 초점을 맞추어 분석하고자 한다. 아버지와 딸의 관계를 서사적 사건의 전개과정 단계별로 구분하여 소개하면 다음과 같다.[7] 특히 부왕과 딸 사이의 대립과 화해의 사건들이 교차하는 과정을 사건별로 재배치하고자 한다.

① 바리공주는 이씨조선의 왕의 딸이다. 왕이 국모를 간택할 때 문복(점술)을 하니 금년에 결혼을 하면 칠공주를 낳고 명년에 혼례하면 삼동궁을 본다고 했다. 그러나 급한 마음에 금년에 결혼을 하고 예언한 대로 칠공주를 낳는다.

② 나라를 이어갈 왕자를 얻지 못한 왕은 화가 나서 일곱 번째 낳은 딸을 버리라 하나, 왕비는 옥함에 넣어 황천강과 유사강 사이 바다의 용왕에 보낸다. (부왕-공주의 대립 1)

③ 석가세존이 공주를 구해주어 천궁에 사는 비리공덕 할미·할아비에게 기르게 한다.

④ 팔구 세에 이르러 바리공주는 자신의 출생에 대해 의문을 갖는다.

⑤ 바리공주가 15세에 이르렀을 때 바리공주의 부모인 양전마마는 '하늘이 아는 아기'를 버린 죄로 죽을병이 든다. (대립 2)

⑥ 문복의 결과, 예전에 버렸던 아기를 찾아서 무상신선(무장승)의 약려수를 길어다 먹어야 낫는다고 한다. 왕의 신하가 천궁에 사는 바리공주를 찾으러 온다.

⑦ 바리공주는 그 신하에게 "얼마나 죄가 많으면 버렸을까? 양전마마가 내 부모라는 징표를 보여 달라"고 따진다. 바리공주는 표적을 통해(양전마마 엄지를 찍어 쟁반에 담고 아기의 무명지를 찍어 합하니 합쳐진다) 혈연을 확인하고 가겠노라 결심한다. (화해 1)

⑧ 단신으로 말을 타고 홀로 궁전으로 돌아오니 부모 양전마마가 반가워 맞으며 "너를 미워서 버렸느냐, 역정 난 김에 버렸구나. 부모 그리워 어찌 고생하며 살았느냐" 물어보니까 바리공주는 "비리공덕할미와 할아비 공덕으로 살았다"고 대답한다. (대립 3)

⑨ 여섯 언니 공주에게 부모 구하러 가려는가 물어보니, 모두 구실을 들어 거부한다. 그러나 바리공주는 "어머니 배안에 열 달 들어 있던 공으로 소녀가 가오리다"라고 대답한다. (화해 2)

⑩ 남장을 한 바리공주가 생명수를 찾아 떠난다. 석가세존님과 지장보살님이 길을 인도한다. "부모 소양 나왔다가 길을 잃었으니 부처님 은덕으로 인도하옵소서, 가다 죽사와도 가겠나이다." 바리공주는 나화(비단꽃) 세 가지(살살이·뼈살이·숨살이 꽃)와 금주령(지팡이)을 받고 길을 떠난다.

⑪ 가는 길에 지옥에서 죄지은 귀신들을 천도한다.

⑫ 금주령을 던져 무지개를 만들어 그것을 타고 약수 삼천리를 건너가서 무장신선(무장승)을 만난다. 바리공주는 "나는 국왕마마의 일곱째 대군으로 무장승 약수를 얻어다가 부모 효행 하러 왔나이다" 하고 자기 소개를 하니까 무장신선은 '길값세'를 요구한다. 바리공주는 대신 나무 3년 해주고, '삼값세'로 불 3년 때주고, '물값세'로 물 3년 길

어주었다. 모두 치르고 나니 9년이 흘렀다.

⑬ 무장신선은 다시 "그대가 앞에서 보면 국왕의 기상이요 뒤로 보면 여인의 몸이 되어 보이니 그대하고 백년가약을 맺어 일곱 아들 낳아 주고 가면 어떠냐" 하고 그녀의 의지를 시험한다. 생명수를 얻기 위해서 바리공주는 무장신선이 원하는 대로 일곱 아들을 낳아준다.

⑭ 그러나 부모 양전마마 승하하는 꿈을 꾼 바리공주는 "아무리 부부의 정도 중하지만 부모 효행 늦어간다"고 무장승을 재촉하여 생명수를 얻는다. 약려수는 다름 아닌 바리공주가 매일 길어먹은 물이었고 베던 풀은 개안초이며, 뒷동산 후원의 꽃은 살살이·뼈살이·숨살이 삼색 도화였다.

⑮ 이제는 혼자 살 수 없으니 따라가겠다는 무장승과 일곱 아들을 데리고 바리공주가 궁전으로 돌아가는 도중에, 황천강과 유사강을 따라 배를 타고 저승으로 들어오는 망자들을 목격하며 이들의 왕생극락을 기원한다.

⑯ 궁전에 돌아와 죽어가는 부모님을 약려수와 개안초와 꽃으로 회생시킨다. (화해 3)

⑰ 바리공주는 부모 허락 없이 무장승과 배필 맺은 죄를 고백한다. 부왕은 바리공주를 버린 죄를 뉘우치며 "네 죄가 아니라 내 죄로다, 너에게 나라를 반을 줄까" 제안하지만, 바리공주는 "소녀 부모 슬하에 호의호식 못했으니 만신(萬神)의 인위왕(人爲王, 몸주)이 되겠나이다" 하고 사양한다. (대립 4)

⑱ 바리공주는 만신의 몸주가 된다. 부왕마마는 무장승을 기꺼이 여겨 산신제 받는 벼슬을 준다. 바리공주를 키워준 비리공덕 할아비와 할미는 노제와 별비를 받는 신직을 주고, 일곱 아들은 저승의 십대왕으로 신직을 준다. (화해 4)

신화 텍스트에서 바리공주의 생애사는 두 번의 저승 여행으로 구분할 수 있다. 지하 여행의 의미를 여성 생애사의 관점에서 구분하면, 첫 번째 여행은 버림받은 딸로서 미성년 여아의 희생을 의미한다면(②, 대립 1), 두 번째 여행은 '남장 여성'으로서 결혼하고 아이를 낳아 가족을 이루는 성년 여성으로서의 완성으로 볼 수 있다(⑬). 첫 번째 여행에서 바리공주는 단지 여성이라는 이유로 아버지에게 버림받고 그녀를 저승에서 구제한 석가세존으로부터도 제자로 받아들여지지 않고 버림을 받는다. 그러나 두 번째 여행에서는 남장을 하는데(⑩), 남자로 변신한 후에야 바리공주는 석가세존으로부터 저승길 가는 데 도움을 받으며, 아버지에게 자식으로서 인정받는다. 이러한 바리공주의 젠더 정체성의 변화는 가부장제 지배와 억압의 문화에서 살아야 하는 실제 여성의 현실을 그대로 반영한다.

또한 바리공주의 생애과정을 성정체성의 변화의 관점에서 다시 조명하면 다음과 같다. 15세 이전에 바리공주는 원치 않는 딸이라는 이유로 버림을 받으나, 죽어가는 부모를 살리는 약수를 구하기 위해 남장을 하고 서천서역 땅으로 위험한 여행을 해서(즉, 죽었다는 뜻) 그곳의 대왕과 혼인하여 자식 낳고 살다가 아홉 해를 채우고 남편과 일곱 아들과 함께 이승으로 돌아와 약수와 꽃으로 부모를 소생시키는 지극한 효녀로 변신한다. 바리공주의 첫 번째 죽음이 미성년자의 통과제의였다면, 두 번째 죽음은 부모를 살리기 위한 적극적인 효행의 결과였기 때문에 그녀는 되살아나 죽음을 초월한 만신의 몸주, 즉 무조신으로 신직을 받게 된다.

다시, 아버지 왕과 바리공주 사이의 대립과 화해의 관계를 축으로 해서 여성의 젠더 주체성의 형성과정을 살펴보자. 바리공주가 성년 15세에 부모를 만나고 효를 행할 수 있는 위치에 다다랐다는 사실은 바리공주의 생애사에서 매우 중요하다. 그 나이는 성년으로서 자아정체성이 확립되는 시기이며, 여성의 경우 혼인 연령으로서 여성적 젠더 정체성이 정립되는 시기다. 바리공주는 이 시기를 사회적인 공인을 받는 절차를 밟지 않고 개인적인 차원에서 치르게 되는데, 중요한 것은 그녀의 주관적인 결정으로 이루어진다는 것이다. 바리공주는 '스스로 결단'으로 부모에게 돌아오며(⑦, 화해 1), 생명수 탐색 또한 의지적 행동으로 나타난다(⑨, 화해 2). 귀하게 큰 여섯 공주의 불효와 버려졌던 바리공주의 효 행위가 여기서 대립을 이룸으로써 그녀의 영웅적인 측면이 한층 두드러진다.

그러나 무장신선을 위한 9년의 노동과 그와의 혼인으로 일곱 아들을 출산할 때까지 효행은 미뤄진다. 바리공주에게 결혼은 부모 효행을 위한 자발적인 계약의 의미를 가진다. 여기서 바리공주와 무장승의 부부관계는 남녀가 대등한 지위에서 교환하는 관계로 나타나며, 그 이후 계속해서 바리공주는 상황을 이끌어가는 주도자적 위치에 놓인다. 바리공주는 능동적 힘을 발휘하여 저승의 영혼을 천도하는 역할을 스스로 택하게 된다. '버려진 딸'로서의 지상적 존재로만 머물지 않고 망자의 극락왕생을 기원하며 만인을 구제하는 천상적 초월적 존재로 변모하는 것이다(⑯, 화해 3).

바리공주는 이러한 변화는 바리공주 자신뿐만 아니라 부모와 남편, 아들 등 주변의 모든 이를 천상적 존재로 승화시킴으로써 상호성의 윤리를 중심으로 하는 새로운 사회질서를 정립한다. 바리공주의 효행의 결과로 무력했던 왕은 다시 전능한 왕으로 탈바꿈하며 '딸을 버린 자신의 죄를 사죄'하는 도덕적으로 성숙한 왕이 된다(⑱, 화해 4). 그러나 바리공주는 부모를 회생시키는 효녀의 위치에 있지만, 부모에게 버림받아 호의호식 못했던 최초의 희생 사건을 빌미로 아버지의 제안을 거절한다. 이것은 바리공주가 '저항적 효행' 또는 '효행의 위반'을 행함으로써 아버지 왕과의 긴장관계를 지속하고 있음을 보여준다(⑰, 대립 4).

바리공주 신화의 서사 과정에서 중요한 것은 효 이념의 희생자가 서사 과정에서 왕생천도하는 신격으로 변화한다는 것이다. 이러한 변화는 바로 여성의 젠더 주체성의 윤리적 실천이라 할 수 있다. 그런데 바리공주가 신적인 권능을 쟁취할 수 있게 된 계기는 혼인에 의해서 일곱 아들을 낳은 모성의 자격을 통해서이다. 바리공주의 모성은 유교적 효 이념의 실행 이상의 다른 종교적 의미를 가진다. 이를 초월적 모성이라 할 수 있다. 바리공주의 초월적 모성은 효 이데올로기를 전략적으로 '과도하게' 활용한 데에서 기인하며, 구체적으로는 남자가 아닌 여성이 효행을 완성한다는 사실로 드러난다.

바리공주의 초월적 모성에 담긴 종교적 의미를 이해할 수 있는 실마리는 왜 바리공주가 사령천도의 역할을 선택할 때 남장을 해야 했는가라는 문제에서, 그리고 바리공주 서사의 전 과정에 편재해 있는 불교적 상징과 불교적 윤리에서 엿볼 수 있다. 김태곤의 말미 무가에 보면, "아미타불 염불고개 너머서서 극낙세계 시왕세계 너머서서 후세발안(發願) 남자되어 부처님에 기자되어 사흐나요"라고 하는데, 바리공주는 아버지가 하사하는 땅과 재산을 마다하고 사령천도의 신직을 선택한다(김태곤, 1971: 60).[8] 그러나 이러한 바리공주의 결심은 김열규가 해석하고 있듯이 유교적 효 이념의 실현이나 가부장적 혈연 가족과 그것의 연장으로서 국가사회를 복원하는 것을 목표로 하는 것은 아니다(김열규, 1985).

바리공주의 초월적 의지는 불교의 변성남자성불설(變成男子成佛說)을 부분적으로 반영하고 있다. 여성의 몸으로는 성불할 수 없다는 변성남자성불설은 초기 불교의 여인불성불설(女人不成佛說)에서 여자도 발보리심하면 보살이 될 수 있다는 대승사상으로 전이하는 과정에서 생겨난 것이다(해주, 1993: 229). 이러한 불교의 여성관이 바리공주 신화에 반영되어 있다.

바리공주의 초월적 의지, 즉 신직의 선택은 그녀의 성불 의지의 표현이라 할 수 있다(Zhiru, 2007). 불성은 남자나 여자도 아니며 그러한 성별을 초월한 것이다. 바리공주가 무장신선에게 약수를 구해 죽은 부모를 환생시키고 스스로 신직을 선택했을 때 이미 아버지의 가부장적 권위로부터 벗어난 초월적 여성성을 구현하고 있다 할 수 있다. 지장보살의 염력에 힘입어 사령의 극락왕생을 실행하는 바리공주는 사실 지장보살의 화신이다(강진옥, 2012: 193-225; 이경하, 1997). 바리공주의 생애와 지장보살의 본생담은 버려진 딸이 부모를 극락왕생시키고 저승에 남아 모든 사령을 천도한다는 면에서 매우 유사하다.

이와 같이 여성 생애사적 관점에서 보았을 때 바리공주 신화는, 바리공주가 경험하는 여성으로서의 종속과 수난이 주어진 유교적 효 이데올로기와의 협상과 투쟁 과정을 통해 자립적인 여성 주체성의 형성으로, 더 나아가 초월적 모성으로 진화하는 여성 해방적 신화라고 할 수 있다. 여기서 초월적 여성성은 죽음을 초월하여 새로운 생명을 창조하는 '위대한 여신'이나 대모신의 초월적 모성의 면모를 가지고 있다(Gimbutas, 1999: 19).

4. 제주도 초공본풀이 자지명아기씨 신화: 희생적 모성성의 신화

제주도의 무조 신화에서도 바리공주와 유사한 서사구조를 볼 수 있다.[9] 자지명아기씨에게 바리공주와 마찬가지로 사령을 왕생천도하는 무당의 신적인 역할이 주어진다. 자지명아기씨는 부모에게 '버려진 딸'이라는 신분에서는 바리공주와 같지만, 스스로의 능력이 아니라 아들의 효행으로 신직을 부여받는다. 간단하게 초공본풀이의 내용을 소개하면 다음과 같다.

자지명아기씨가 황금산 주자대사와의 만남을 통해서 아들 삼형제를 얻는다. 하지만 아들들은 중의 자식이라는 이유로 사회적 천대를 받고 양반집에서 노비생활을 하는데, 그래서 '잿북이 삼형제'라고 불린다. 과거시험에서 삼형제가 모두 장원급제를 하지만 중의 자식이라는 것이 밝혀져 쫓겨난다. 삼천선비는 삼형제의 장원급제를 질시해서 대신 어머니를 저승의 삼천천제석궁에 가두어놓는다. 결국 삼형제는 어머니를 구하고 하늘에 있는 주자대사로부터 신격을 부여받는다.

자지명아기씨의 영웅성은 잉태와 출산 과정에서 비롯된 고난을 극복하고 모성성을 획득하는 데에서 발휘된다. 자지명아기씨의 신직은 버려진 딸의 신분과 아버지 부재의 모자 가족의 구성을 통해 주어진다는 의미에서 또 다른 여성 경험의 전형성을 보여주는 서사라 할 수 있다.[10] 아버지 부재의 모자관계로 구성되는 가정이라는 공간의 형성과 해체, 그리고 신성화(神聖化) 과정을 재구성해본다.

① 임정국 대감과 김진국 부인이 오십이 넘도록 자식이 없어서 한탄하다가, 황금산 도단당 절에 기자불공을 드리고 딸 하나를 얻는다.
② 그 외동딸 자지명왕아기씨가 15세가 되었을 때 부모는 하늘에 벼슬을 하기 위해 떠난다. 그리고 딸을 보호하기 위해 깊은 방에 가두고 단단한 자물쇠로 잠근다.
③ 글공부를 하는 삼천선비들이 황금산 절의 주자대사와 내기를 하는데, 주자대사는 '깊은 방'에 갇힌 아기씨를 내올 수 있다고 장담한다. 그리고 아기씨의 집에 시주받으러 온다.
④ 대사가 아기씨로부터 직접 시주를 받기 위해 요령을 세 번 흔들어 울리니, 천지가 진동하며 자물쇠가 스스로 열리고 아기씨가 바깥으로 나와 쌀을 드린다. 대사는 쌀을 받으면서 아기씨 머리의 가마를 세 번 쓰다듬고 가버린다.
⑤아기씨에게 임신 징조가 나타나자 하녀는 당황하여 부모에게 연락하고, 부모는 와서 보고 양반집의 망조라며 아기씨를 추방한다.

⑥ 아기씨는 많은 고난을 겪으며 대사를 찾아가고, 나중에 세 명의 아들을 낳는다. 그러나 중은 가정을 못 가진다 해서 또 헤어진다.

⑦ 삼형제는 편모슬하에서 고생을 하며 삼천서당에 들어가 아궁이지기를 한다. 이런 연유로 '잿북이 삼형제'라 한다. 아궁이에서 나오는 재를 가지고 공부를 하여 과거에 급제한다.

⑧ 낙방한 동료 삼천선비들의 시기를 받은 삼형제는 중의 아들이라는 신분이 밝혀지고, 삼형제의 급제를 취소시키기 위해 아기씨 모친을 삼천천제석궁 감옥에 가둔다.

⑨ 삼형제는 어머니를 구하기 위해 스스로 과거를 포기하고 아버지인 주자대사를 찾아가 의논한다. 아버지는 "어머니를 구하려면 너희들이 심방이 되어야 한다"고 하면서 '천(天)·지(地)·문(門)'이라고 새겨진 엽전 모양의 천문(天門)을 주고, 이승에서는 삼명두(三明斗. 3인의 무조신), 저승에서는 삼시왕(三十王)[11]으로 인간을 다스리는 직분을 부여한다.

⑩ 삼형제는 아버지 대사가 가르쳐준 대로 대장장이의 도움을 받아 무구(신칼, 산판, 요령, 무악기)를 만들어 열나흘간 굿(시왕연맞이굿)을 하니 감옥문이 스스로 열려 모친을 구하고 대궐(연양당주)을 지어 살게 한다.

⑪ 삼형제는 신칼을 내두르며 어머니를 감옥에 가두었던 삼천선비들의 목을 베어 복수하고 삼시왕이 된다.

⑫ (유씨부인 본풀이)양반집 딸 유정승 따님아기가 6세 때에 육관대사가 지나다가 엽전 여섯 푼을 주었는데, 이것을 받은 후 병이 들어 7세, 17세, 27세, 37세, 47세, 57세, 67세에 사경을 헤맨다. 유씨부인은 77세에 부잣집 딸아이가 병들어 죽어가는 곳에 가서 굿을 하여 병을 고침으로써 심방의 업을 이어 최초의 심방이 된다.

무조신인 세 쌍둥이 형제 삼명두가 삼천선비의 간계로 죽임을 당하여 저승의 삼천천제제석궁에 갇혀 있는, 즉 죽은 어머니를 살려내기 위해 황금산 도단땅 주자선성인 아버지로부터 지시를 받아 북과 징을 두드리며 신 자리에 앉아 최초로 한 굿이 초감제와 시왕맞이굿이다. 최초의 인간 심방인 유정승 따님아기는 시왕맞이로 되살아나 신당을 지키는 직분을 맡은 어머니신 노가단풍자지명아기씨와 의례적 모녀관계를 맺고 무구를 빌려 병으로 죽어가는 부잣집 외딸아기를 살려낸 굿도 전새남굿이다. 최초의 굿 제의로서 무혼굿 또는 새남굿이 설정된 신화적 장치는 제주도 굿의 궁극적인 목적이 왕생천도라는 종교적·초월적 원리의 구현에 있음을 나타낸다.

자지명아기씨가 삼명두 삼형제의 어머니가 되는 것은 삶과 죽음의 문제이며, 부모에게 한 번 버림받고(죽음 1) 저승 삼천천제석궁에 갇히는(죽음 2) 두 번의 죽음과 같은 큰 희생을 각오해야 하는 일이다. 그러나 자지명아기씨의 제의적 죽음의 극복은 아들과 아버지의 도움으로 이루어진다. 이 경우 여성은 비로소 가정을 이루면서 성인이 되고 모성적 지위와 역할을 획득하고 더 나아가 신으로서 직분을 갖게 된다는 문화적 지식을 반영한다. 자지명아기씨는 아들 삼형제의 시왕맞이굿으로 되살아나 무구를 보관하는 신당의 당주가 됨으로써 아버지 부재의 신성한 가정 공간을 확보한다.

5. 신당의 모성적 공간: 아버지 부재의 신성한 가정

모자 중심 가족관은 제주도 초공본풀이를 시각적으로 형상화한 제주도 심방의 신당, 즉 당주(堂主)의 신화적 공간에 잘 나타나 있다. 제주도 심방의 당주는 신성한 모자 가족이 머무는 신당이며 본풀이의 메시지를 전달하는 상징으로서, 실제로 굿을 할 때 사용하는 악기와 무구 및 점구(占具)를 보관하는 장소이다.

당주는 두 개의 선반으로 구성되어 있다. 윗선반에는 어머니 '고무살장'과 세 아들 '삼명두'가 놓여 있다. 종이로 만든 원형의 '고무살장'을 선반 뒷면에 드리우고 그 앞에 삼명두(신칼, 요령, 산판)와 삼색과일 접시를 놓는다. 여기서 고무살장은 본풀이에서 '고무살장노가단풍아기씨'라고 구송하는 내용을 구체화한 것이다. 부모가 하늘로 올라간 뒤 집 안에 갇혀 있을 때를 의미한다. 그때 하늘 위 황금산 대사가 찾아와 영적 교류를 하여 세 아들을 낳았는데 이들이 무조신 삼명두가 된다. 이들이 최초의 심방이며 나중에 저승 삼시왕이 된다. 어머니 아기씨는 '이승 삼하늘'로서 당주를 지킨다. 이들 성모자(聖母子) 가족이 제주 심방의 몸주신령인 셈이다. 심방은 이들을 '당주 조상'이라 부른다.[12]

당주의 아래 선반에는 장구, 북, 징, 설쇠 같은 무악기와 의례 도구 그리고 점구를 놓아둔다. 이들은 본풀이의 서사 내용을 그대로 재현하는 상징물이다. 북('울랑국범천강')은 아들 삼형제가 북을 쳐서 하늘에 신원하여 어머니가 갇혀있는 저승의 삼천천제석궁에서 어머니를 빼낼 때 사용한 것이다. 살장구는 어머니가 갇혀 있는 깊은 궁을 의미한다. 징은 하늘과 땅 사이에 있는 모든 귀신을 일으켜 세운다고 한다. 한편 가장 중요한 의례 도구로 사용되는 신칼은 '등선다리'·'깔선다리'라고 하는데, 한쪽이 부풀은 칼날은 자지명아기씨가 아들을 임신했을 때 부푼 복부의 모양이다. 신칼 손잡이의 굴곡진 모양은 아기씨가 부모에게 쫓겨나서 대사를 찾아 떠난 고난의 여행길을 형상화하고 있다. 기껏 10센티미터 길이의 신칼은 아들 삼형제가 어머니를 죽인 삼천선비에게 원수를 갚기 위해 태어날 때부터 가지고 나온 것으로 나중에 원수를 갚을 때 사용하는 무기이다.

또 다른 중요한 무구인 요령은 본풀이에서 아기씨가 갇혀 있는 '하늘옥황 도성문'의 '조심통쇄'를 여는 도구로 '천앙낙화 금청옥술발' 소리를 낸다. 세 가지 무점구 가운데 산판(算判)은 천문(天門)과 상잔(床盞) 두 가지로 구성되는데, 부부처럼 꼭 같이 따라다닌다. 산판을 던져 길흉을 판단한다. 산판점은 부부관계의 친소(親疏)에 따라 판단한다고 한다. 엽전 모양의 개천문(開天問)은 아기씨 어머니가 화장할 때 거울로 사용하는 것으로서 아버지를 상징하며, "저승삼시왕 삼시도군문 열려줍서" 하며 굿을 시작할 때 신령들을 제청에 초빙할 때 사용한다. 이에 비해서 상잔은 '어머니가 모든 걸 막아준다'는 뜻으로('외상잔 막음') 어머니를 상징한다. 상잔을 넣어두는 상대(床臺)는 어머니의 화장 도구함으로서 삼형제가 아기일 때 목욕통으로 사용한 것이다.

이와 같이 당주 자체가 신화적 성가정(聖家庭)이 머무는 성스러운 집이며, 그 안에 있는 모든 무구는 성가정의 구성원을 상징한다. 본풀이에 의하면 신성한 존재인 아버지는 중이기 때문에 가족을 이루지 못하며, 어머니 '자지명아기씨'와 아들 '젯부기 삼형제'로 구성된 모자 가족은 아버지의 부재 때문에 이승과 저승 사이를 오가는 고난을 겪는다. 당주는 이들 모자 가족의 죽음과 재생의 순환을 서사적으로 재현하는 성스러운 공간이며 모자 가족이 머무는 집, 곧 가정이다. 아버지가 부재하는 당주는 모자가 거주하는 신성한 모성적 공간이다.

6. 여성 신격의 근원적 타자성

바리공주와 자지명아기씨 무조신의 비극적 죽음의 경험과 극복, 신직 획득에 대한 구술 서사 과정에서 여성과 효 이데올로기 사이의 모순과 해소라는 변증법적 서사 전략을 엿볼 수 있다. 여기서 중요한 것은 가부장제 지배 이데올로기의 희생자가 서사 과정에서 승리자로 변화한다는 사실이다. 이러한 변화를 매개한 것은 부성을 매개로 하지 않는 독립적인 모자 가족의 형성이며, 모성성은 가부장주의 현실 이데올로기를 극복하는 신성성을 획득하게 된다.

이처럼 여성 무조 신화는 무교 신앙집단의 여성이 가부장제 사회에서 경험하는 현실적인 고통을 주체적으로 재해석하여 버림받은 처녀에서 자신과 가족 그리고 사회를 구원하는 능력을 가진 초월적 여성으로 변화하는 정체성 변화에의 의지를 신화적 여성 신의 영웅적 모험담에 투사한 것이라 할 수 있다. 신화의 연행적 특성과 효과라는 관점에서 보면 이러한 여성적 자기정체성의 확립과 도덕적 성화(聖化)의 신화는 신화 텍스트 안에서 그치는 것이 아니고 신화를 구송하고 경청하는 굿 제의의 참가자들의 현실적 삶의 이야기에도 일관되게 나타난다.

무조 신화에서 버려진 여자아이가 저승에서 진정한 모성을 획득하는 여신의 자기완성 과정은 '저승'이라는 성스러운 환상 공간이 모성적 여성 주체의 위치가 창조되는 시원적 창조의 공간임을 입증한다. 저승에서 결혼하여 아들을 낳아주고 살림살이의 노역을 감수한 대가로 약수를 얻는 바리공주는 '죽음에서 생명을 길어낼 수 있는 능력을 갖춘 어머니'로서 새로운 모성성의 모델이 된다. 바리공주의 저승 여행은 서천서역국이라는 사후 공간, 즉 "부재 공간에서 생성되는 역동적 힘으로 이곳[이승]의 병을 치유할 약수를 구할 수 있다고 믿는 현실 공간에 대한 반역"(김혜순, 2002: 59)을 도모하기 위함이라는 것이다. 시인 김혜순은 현실 부재의 공간으로 탈주를 모험하는 바리공주의 이러한 저승 여행을 '체제 내에서 카오스의 탐색'이라고 해석하고 있다(김혜순, 2002: 59-60).

여성 신격의 근원적 타자성은 이승의 현실과 완전히 분리되지 않고 오히려 모성적 실재를 완성함으로써 성취된다. 여성 무조신의 신화는, 여성적 젠더 주체의 위치가 존재와 무, 생과 사, 성과 속, 이상과 물질, 침묵과 언어, 과거와 미래, 비천(abject)과 신성 등 모든 대립항 사이의 경계에서 양편을 매개하는 카오스의 장소이며, 이른바 크리스테바(Julia Kristeva)의 '코라(chora)'와 같은 모성적 공간이다(Berry, 1992: 256-257).

제4부

무교 신화와 의례의 신성성과 연행성

제4부에서는 제주도의 무교 신화와 굿의례의 연행론적 분석을 통해 신격이나 조상, 영혼 같은 신성한 실재의 종교적 경험이 사회문화적 맥락에서 어떻게 구성되는지 살펴보고자 한다. 굿의례는 신화 구송과 극적인 연출 행위를 통해 신성한 실재를 인지 가능한 범주, 즉 '존재하는 것'으로 개념화하여 일상적 실재와 연계시키는 신성성(sanctity)의 연행이다. 의례의 신성성은 의례에 참여하는 신앙인에게 신성한 실재를 '검증할 수 없을 뿐만 아니라 오류를 전혀 입증할 수 없는(unquestionable and unverifiable)' 본질적인 것으로 인정하게 만드는 의례적 연행의 담론적 효과라 할 수 있다. 신성성은 의례적 발화와 행동이 일관성 있게 연계되어 하나의 질서체계를 이루는 '고정불변한(invariant)' 의례 구조 안에서 연행된다(Rappaport, 1999). 여기서는 무엇이 종교적 경험을 구성하느냐는 인식론적인 문제보다는 어떻게 종교적 경험이 구성되느냐 하는 신성성의 존재론적 구성(ontological constitution)에 초점을 맞춘다.

제4부에서 중점적으로 다루는 신령·조상·혼령·귀신 같은 개념은 신성한 신화적 실재이며 비인격적·종교적 현상이다. 그러나 이들 신성한 실재는 신화를 노래로 구송하고 극화하는 의례적 연행의 시공간에서 산 사람에게 액을 가져오고 복덕을 베푸는 '인격적 실재'로 인식된다. 제주의 샤먼, 심방이 신령의 옷을 입고 조상의 원한을 울음으로 노래하는 '영게울림(laments of the dead)'처럼 영혼이나 귀신의 속성은 인간의 인격과 구별되지 않는다. 신령의 옷을 입음으로써 심방의 몸은 신성화된 '인격(sanctified personhood)'이 된다. 굿의례의 맥락에서 신령의 옷을 입은 심방은 단지 신령을 흉내 내는 게 아니라 진짜 인간의 모습을 한 신령이 된다. 신령과 인간, 조상혼령과 자손이 같은 언어로 대화하고 울고 웃는 감정 표현이 자연스러운 의례의 연행 과정에서 주체와 객체, 몸과 영혼, 실재와 비실재의 이분법은 지워진다. 브라질 아마존 지역의 싱구 강(Xingu River)에 사는 아

라웨트(Arawete) 부족의 샤머니즘 신화를 '물활론적 우주론(animist cosmology)'으로 정의한 비베이로스 드 카스트로(Viveiros de Castros)는 신과 인간, 영적 존재와 사물, 영혼과 육체, 산 자와 죽은 자는 서로 보는 관점이 다른 '관점의 분화(perspectival differentiation)'일 뿐이며, 이분화할 수 없을 만큼 우주론적 '영적 동일성(spiritual unity)'을 가진다고 보았다(Viveiros de Castro, 1998).[1]

비베이로스 드 카스트로의 우주론적 '관점주의(cosmological perspectivism)'가 시사하는바, 신령과 인간의 존재론적 '연속성'에 대한 전제는 제주도 무교 신화와 의례의 담론적 연행효과를 설명하는 데 도움이 된다. 신령과 인간의 만남과 대화가 수평적으로 의례공간에서 이루어질 뿐만 아니라 신령의 신화적 텍스트('본풀이')가 굿에 참여하는 가족과 공동체의 모든 사회적 관계의 이야기와 병치되고 때로 혼합되는 서사 과정은, 우주론적 주제와 세계관 및 문화적 명제를 서로 연관시켜 우주 창생에서 인간세계의 창업에 이르기까지 일관된 질서에 따라 체계화함으로써 신성의 실재를 존재론적인 영역 안에 끌어들인다.

제주도 굿의 '고정불변한' 의례구조는 신의 근본 내력을 구송하는 '본풀이'(무교 신화)와 신의 하강하는 길을 치워 닦는 '질침', 그리고 본풀이 신화의 내용을 극화하여 신의 현존을 연출하며 신과의 대화를 통해 복락의 약속을 요청하는 '놀이'로 구성된다(이수자, 2004; 문무병, 2001). 본풀이 신화는 '삶과 죽음의 경쟁에서 재생으로의 순환'이라는 '신화적 도식(mythical schema)'을 따른다. 삶과 죽음의 모순을 생사를 상징하는 신의 경쟁으로 설명하고 이 경쟁에서는 반드시 생명을 상징하는 신이 이기도록 이야기 틀이 정해져 있다. 예컨대, 불도할망본풀이에서 이승할망과 저승할망의 꽃피우기 시합이 전개되며 이승할망의 승리로 쟁취한 생명은 죽음과의 경쟁 이후에야 탄생하는 생명, 즉 재생의 의미를 갖는다. 그러나 신화의 서사적 틀 안에서 보았을 때 재생한 생명은 실제로 최초의 생명이다. 일상적 현실에서 죽음은 비가역적이고 자연스런 사건이다. 본풀이 신화는 이러한 일상적 현실을 부정하며 '죽음 이후의 사건'으로 나타나는 '생명'의 초월성에 대한 '규범적 메시지(canonical message)'를 전달하는 텍스트이다.

한편 심방이 굿을 하게 된 이유를 신에게 밝히고 복을 구하는 '집안연유닦음' 제차에서 구송하는 굿 의뢰자의 생애 이야기는 '지금 여기'의 특정 상황에서 당면한 사회문화적 경험에 대한 인식을 가능하게 하는 '지표적 메시지(indexical message)'의 텍스트이다. 굿에서 구송되는 이야기 텍스트들은 항상 특정 메시지를 전달하는 목적을 가지기 때문에 '대화적' 양식으로 전개된다. 산 자는 신령에게 '축원원정'을 올리고 죽은 조상의 혼령은 심방의 입을 빌어 살아 있는 가족에게 '분부문안'을 울음의 형식('영게울림')으로 전한다. 이러한 서사구조의 분석을 통해서 의례 집단 성원이 공유하는 삶과 죽음의 경험에 대한 '문화적 도식(cultural schema)'을 도출해낼 수 있다. 문화적 도식이란 '다양한 이야기에 공통된 플롯이기도 하며 문화적으로 표준화된 서사적 틀'을 가리킨다(Ortner, 1989). '본풀이' 신화의 신화적 도식은 의례의 연행 과정에서 의례 참여자의 생애 이야기와 결합하여 일반성을 가진 '문화적 도식'으로 재생산된다.

제10장에서는 제주도 무교 신화, '본풀이' 구송의 연행 과정을 분석하여 신화의 신성한 메시지가 '삶과 죽음의 경쟁에서 재생으로의 순환'이라는 틀로 도식화되는 과정, 즉 '신화적 도식'을 분석한다. 다음에는 의례적 연행을 통해 신성한 권위를 획득한 신화적 도식이 신화를 구송하고 경청하는 의례 참가자의 구체적인 사회문화적 경험에 대해 일정한 윤리적 정향성과 통제력을 제공하는 사회극(social drama)의 틀로 도식화되는 과정, 즉 '문화적 도식'을 조상굿(제11장, 제12장)과 병을 치유하기 위한 '추는굿'(제13장) 사례를 가지고 분석한다. 제11장·제12장의 조상굿과 제13장의 추는굿에서 무가 구송, 트랜스 댄스, 연극적 놀이의 형식으로 전개되는 의례적 연

행은 1920년대 이후 일제강점기 노동 이주와 분단으로 인한 영토 밖 가족의 이산, 1970년대에서 1980년대 초까지 도시화와 산업화 과정에서 비롯된 가난한 여성 노동자의 소외, 등 제주사회와 제주인이 겪은 사회적 고통을 이해하는 '문화적 도식'의 담론이라 할 수 있다.

제11장에서는 본풀이 신화의 신화적 도식이 어떻게 일상적 경험세계에서 조상과 자손 사이의 윤리적 관계로 치환되어 나타나고 한과 해한(解恨)의 사회극으로 재현되는지 1984년 4월 나흘간 제주시에서 열린 문씨 집안의 조상굿 사례를 가지고 살펴본다.[2] 조상굿의 "집안연유닦음" 제차에서 구송되는 굿 의뢰인 대주의 생애사와 심방의 '영게울림'은 4대에 걸친 조상 영혼들의 통곡 속에서 가족사를 제주도민 전체의 역사와 결합시킨다. 1920년대 일제강점기에 일본으로 노동 이주를 하여 살다가 해방 이후에 귀환했으나 다시 4·3을 피해 일본으로 밀항하여 불법 외국인으로 살면서 밀고에 대한 불안으로 인해 정신병에 걸리고 분단과 북송사업으로 인해 영토 밖 가족의 이산(移散)을 겪는 문씨 집안 조상들의 비극적 역사는 제주도민 전체의 역사이기도 하다(조경희, 2016: 120-156).[3] 조상 영혼들의 슬픔을 낱낱이 인식하지 못한 "죄를 지었다"는 대주의 고백으로 시작하여 조상 영혼의 억울한 죽음의 이야기에 이르기까지 일관되게 나타나는 비극적 정서는 조상의 한(恨)이 자손의 한(恨)으로 전이된다는 연대기적 역사의식에 기초하고 있다. 또한 조상의 한이 풀어져야 자손의 죄책도 풀릴 수 있다는 메시지는 해한(解恨)의 공동체적 사회윤리를 대변한다. 문씨 집안의 비극적 연대기는 산 자와 죽은 자가 공유하는 삶과 죽음의 경험에 대한 문화적 도식으로 고정된다. 이 문화적 도식은 한과 해한의 사회극 형식으로 치환되어 개인적인 치유뿐만 아니라 가족의 이산과 분단으로 인한 사회적 고통을 치유하는 계기가 된다(키스터, 1997: 118-119).

제11장에서 혈연조상과 자손의 윤리적 관계에 초점을 맞추었다면, 제

12장에서는 혈연과 관련이 없는 초자연적 실재로서 '집안 일월조상'이 인격(personhood)의 구성요소로 작용하는 인지 과정과, 조상과 자손, 초자연적 실재와 물질적 환경 같은 존재론적 영역들의 상호연관성(intersection)에 대해 규명한다. 필자가 1984년 현지조사 할 당시 해녀 이씨할망의 조상굿의 '조상'은 시어머니가 바닷가에서 우연히 주워 와서 집 안에 놔둔 낭패목 널판이었다. 제주를 향해 항해하던 배가 난파하여 조각난 배의 일부이다. 엄밀히 말하여, 낭패목에 해초로 감겨 있는 '아기씨서낭(선왕)'이 조상신이 된 것이다. 낭패목이 집안의 길흉화복을 좌우하며 정기적인 굿의례를 받는 '조상'으로 신격화되는 과정은 이씨할망의 생애사와 가족사가 '특정한 의미를 가진 본풀이 신화'로 재구성되는 과정이기도 하다.

일가 수호신으로서 '낭패목 조상'은 3년마다 한 번씩 '조상간장 풀어주는 굿'을 자손으로부터 봉헌 받는다. 조상은 사람과 마찬가지로 잘 위해주지 않으면 자손에게 화를 가져다주고 잘 위하면 그만큼 선의를 베푸는 인성(personality)을 가지고 있음을 알 수 있다. 이씨할망은 39세에 불행한 일을 겪었을 때 "조상의 영급(영험)을 배와 보고자" 해안가 '돌트망'(돌틈, 궤)에 임의로 조상이 머무는 특별한 장소를 만들고 그곳에서 정기적으로 작은 규모의 조상굿을 했다. '낭패목 조상'은 시어머니의 윗대부터 '집안 태운(내려온) 조상'이며, 이씨할망의 '39세 몸 받은 조상'으로서 개인의 몸에 각인되고 집안 공동체와 일치된 존재이다. 서로 분리할 수 없이 일체화된(embodied) 조상과 자손은 함께 '신화적 인격(mythical personhood)'을 구성한다. 낭패목·돌트망·조상신이 물체·장소·신령과 같은 범주의 구별 없이 일치되는 존재론적인 영역 내에서 신화적 인격이 구성되는 것이다.

제12장에서 다룬 이씨할망의 '낭패목 조상'이나 제13장 '추는굿'에서 등장하는 신격, '도채비(도깨비) 영감'신은 모두 제주도를 방문하는 외래 신격이다. 도채비영감신은 추는굿 마지막에 극중극으로 공연하는 '영감놀이'

에서 가면을 쓰고 등장한다. 서울 남산 먹자골에 사는 삼정승 중 하나인 허정승의 아들 칠형제가 한국의 산악신으로 좌정했는데 일곱 번째 아들이 한라산에 좌정했다. 영감놀이는 큰형이 다른 형제들과 함께 제주도에 와서 병자의 몸에 실려 있는 막내를 데려가는 내용이다. 도채비영감신은 특히 여성의 생기를 잃게 하고 "미치는 증세"('허광증')를 초래하는 일종의 역신(afflicting spirit)이다. 도채비영감신에 '들린' 병자는 며칠 동안 심방이 구송하는 노래, 즉 파도를 넘어가는 장단이라는 뜻을 가진 서우젯소리에 맞추어 트랜스 춤을 춘다. 그래서 '추는굿'이라 부른다. '추는굿'은 '허광증'에 걸린 병자의 몸 안에 숨어 있는 도채비영감을 트랜스 춤을 통해 찾아내고 궁극적으로는 바다 저편으로 쫓아내는 축귀의례이다.

제13장에서는 1984년 3월 13일부터 3월 17일까지 나흘 밤낮으로 지속된 추는굿의 현지조사 당시, 21살이었으며 심한 우울증으로 고생하던 여성 공장노동자 선호의 사례를 가지고 도채비 축귀의식의 '원풀이·한풀이'의 치유 과정을 분석한다.[4] 선호의 사례는 1970년대 이래 가속화된 수출위주의 산업화와 심화된 자본주의 문화가 초래한 폐해를 구체적으로 드러낸다. 오래전에 돌아가신 아버지를 대신해서 가장의 책임을 진 선호는 돈을 벌기 위해 17세 되던 해에 서울에 있는 인조 진주와 보석 구슬을 만드는 공장에 취직했다. 선호의 심리적 위축의 징후는 공장의 화장실에서 동료 노동자의 사고사를 목격한 후 나타났다. 이 충격적 경험 때문에 "말을 잃어버리는" 증세, 즉 '허광증'을 겪으며 직장을 떠나 집으로 돌아왔다. 북촌 마을의 심방은 선호의 허광증을 '도채비들림'으로 진단했다.

'추는굿' 축귀의례의 아이러니는 '도채비들림'의 상태를 도채비신과 병자의 낭만적 관계로, 병자의 '허광증'과 치유 과정을 낭만적 연애와 이별의 인격적 관계로 번역한다는 것이다. 스물한 살 여성의 생애사와 그녀의 몸에 '의탁'한 도채비신 사이의 낭만적인 대화를 병렬시키는 의례적 연행은, 서울 구슬공장에서 겪은 트라우마로 인해 선호의 내면에 응축된 원한의 감정을 공식적으로 인정하는 서사 전략이다. 선호의 한(恨)은 저녁별처럼 "떠 있고", 먼 바다의 배처럼 "떠다니고", 연기 없이 "타는" 석탄이며, '썩은' 쌀, '썩은' 물, '말없는' 돈에 대한 원한 감정에 응축되어 있다. '영감놀이'에서 심방은 영감신에게 선호와 이별할 것을 요청하며 "삼천선비가 한가롭게 노닐고, 일만 거지들이 풍요로운 음식 앞에 모여드는" 풍요로운 곳, '서울'로 돌아가라고 작은 모형 배를 바다에 띄워 보낸다.

선호의 '도채비들림'은 원한 감정의 사회적 정경이 현재의 시점에서 재구성된 것으로서, 개인적인 고통과 부패한 자본주의가 몸에 새겨진 역사(bodily history)이다. 심방의 서우젯소리와 트랜스 춤은 몸에 새겨진 역사를 실행(enactment)한다. 도채비 축귀의례의 치유 효과는 제주인의 주변성에 대한 역사의식과 무교의례의 인지적 구조를 결합시킨 존재론적 구성에 달려 있다. 제주 무교의례의 인지적 구조는 토착 제주인과 서울에서 온 외래인, 섬과 육지, 변방과 중앙, 가난한 자와 부자, 젊은 여성과 늙은 남성의 대립관계에 기반한다. '추는굿'은 이러한 다원적인 쌍대적 관계를 도채비 영감신과 그 신에 들린 사람 사이의 인격적 관계로 응축하여, 궁극적으로는 그 관계의 '악마적 실재(demonic reality)'를 해체한다. 이것이 추는굿의 '허광증'의 치유를 위한 문화적 도식이다.

제10장

무교 신화와 의례의 연행구조와 문화적 도식

1. 의례의 신성성과 연행성

이 장에서는 무교 신화와 굿의례의 연행론적 분석을 통해 무교의 세계에서 종교적 경험이 어떻게 구성되며, 그 경험의 특성은 무엇인가를 살펴보고자 한다. 이러한 질문의 단서는 신화와 굿을 통해 사람들은 무엇을 추구하는가라는 문제와 어떻게 사람들은 굿에서 보고 들은 것을 납득할 수 있는 실재로 받아들이게 되는가라는 의례의 효력에 대한 문제에 있다. 일단 굿의례에서 사람들은 일상적 실재와는 전적으로 다른 종교적 체험을 추구하며 의례의 효력은 신성성(sanctity)의 전달 형식에 달려 있다고 가정한다. 여기서 '전적으로 다른' 종교적 경험은 오토(Rudolf Otto)의 '성스러움 또는 누멘적인 것(the numinous)'을 가리킨다.

종교의 본질이 궁극적으로 성스러움의 실재가 드러나는 현상, 즉 성현에 있다고 할 때 종교의례는 성현을 구체화하는 형식이다(바흐, 1988: 168). 달리 말하면 의례는 신화 구송과 극적인 연출 행위로 거룩한 실재를 인지 가능한 범주, 즉 '존재하는 것'으로 개념화하여 일상적 실재와 연계시키는 신성성의 연행이다. 의례의 효력은 성스러운 경험을 신앙 형태로 결정화하는 연행의 일정한 형식에서 발생한다. 요약하면 의례는 종교적 신앙의 모델을 제공해 줄 뿐만 아니라 신앙을 실천하는 데 필요한 모델로서 작용한다. 여기서는 무엇이 종교적 경험을 구성하느냐라는 인식론적인 문제보다는 어떻게 종교적 경험이 구성되느냐 하는 신성성의 현상학적인 문제에 초점을 맞춘다.

신성성은 성스러움 또는 '누멘적인 것'보다 더 포괄적인 개념이다. 누멘적인 것이 비담론적이고 불가피한 피조물의 감정적인 경험이라면, 신성성은 그러한 감정을 확실하고 의혹의 여지가 없는 것으로 인식하게 만드는 담론의 특징을 갖는다(Rappaport, 1979: 213).[1] 의례의 신성성은 의례에 참여하는 신앙인에게 거룩한 실재를 '의심의 여지가 없을 뿐만 아니라 오류를 전혀 입증할 수 없는(unquestionable and unverifiable)' 본질적인 것으로 인정하게 만드는 의례적 연행의 담론적 효과라 할 수 있다. 성스러움의 경험은 의례적 발화와 행동이 일관성 있게 연계되어 하나의 질서체계를 이루는 일정불변한 의례 형식 안에서 신성성을 획득한다는 것이다(Rappaport, 1979: 209).

예컨대 그리스도교 전례에서 성서를 읽으며 "이는 주님의 말씀입니다" 하고 사제가 말할 때 신도들은 이 언표를 통해 성서에 내재하는 불가침의 신성성을 비로소 인식하게 된다. 신성성의 이러한 규범적 특성을 뒷받침하는 것은 '이는 주님의 말씀입니다'라는 메시지의 확실성이며, 이 확실성은 신격의 신성을 의심할 수 없는 것으로 만드는 의례적 언어의 연행적 능력에 의해 보장된다.

의례의 효과는 신성성에 대한 규범적 메시지를 전달하는 의례의 명시적이고 공식적인 연행에서 발생하며 모든 의례적 행위는 이러한 의미에서 의사소통의 행위라 할 수 있다. 의례 참가자가 신성한 메시지를 진실한 것으로 받아들이고 누멘적 감정을 경험하는 것은 참가자 스스로의 판단이라기보다는 의례의 일정한 질서에 참여함으로써 가능한 것이다.

한편, 의례적 연행은 "그 자체로 그것이 의도하고 표현하고 소통하는" 신성한 담론을 구성하는 요소이자 동시에 "참여자가 행동의 지표를 발견하도록 이끄는 사회적 실천의 구조로서 그 안에서 경험의 의미가 형성된다"(Kapherer,1980: 194). 그것은 의례가 연행을 통해 문화의 본질을 구현하고 있는 현실감과 가치관의 기본적 가정과 도덕적 진실을 극화하기 때문이다. 또한 의례적 연행은 기존의 경험세계 질서와 사회적 관계의 경험에 대해 이전과는 '다르게 그리고 새롭게' 보도록 이끄는 '전망의 전환 장치(perspective shifter)'로서 작용한다(Ortner, 1978: 3). 달리 말하면 의례는 연행집단에게 경험이 가진 의미의 패러다임, 기어츠(Clifford Geertz)의 이른바 '무엇의 모델'과 '무엇을 하기 위한 모델'로서 기능한다(Geertz, 1973: 93-94). '무엇의 모델'로서 의례는 연행집단 성원의 정신과 마음의 질서를 신성한 메시지로 도식화하고 '무엇을 위한 모델'로서 의례는 경험의 어떤 변화를 실현시킨다.

의례는 사회생활의 체험을 이야기하는 복합적인 드라마로서 '사회극 형식'을 가지며 의례과정은 삶의 사회과정에 대한 메타사회적인 반성을 수반한다. 이것을 터너(Victor Turner)는 '사회적 반성성(social reflexivity)'이라고 보았다(Turner, 1982: 75). 사회극은 기존의 규범이 와해되는 위기 상황에 당면하여 그 상황을 교정하려는 사회적 실천의 한 형식이다(Turner, 1982: 61-88). 굿의례는 대개 질병이나 죽음 같은 불행한 사건으로 인해 일상적 삶의 흐름이 끊기는 실존적인 위기 뿐만 아니라 사회적·역사적 위기 상황을 이해하고 위기 국면을 극복하고자 하는 의도로 행해지기 때문에 사회극의 형식을 가진다. 굿 참가자들이 당면한 삶의 위기를 의례의 사회극 형식을 통해 표현하고 교정하는 과정에서 사회적 반성성은 증가한다. 여기서 신화와 굿의례에서 도식화된 삶과 죽음에 대한 규범적 메시지는 굿 참가자의 경험세계에서 동일한 틀과 반성성을 가지고 재현된다고 가정한다.

지금부터 먼저 제주도 굿의례의 고정불변한 구조가 의례의 신성성을 구축하는 논리와 의례적 연행의 의사소통적 효과에 대해 이론적으로 살펴보고, 그다음으로 제주도 무교 신화의 내용과 연행과정을 분석하여 신화의 신성한 메시지가 '삶과 죽음의 경쟁에서 재생으로의 순환'의 틀로 도식화되는 과정을 논의한다. 마지막으로 의례적 연행을 통해 신성한 권위를 획득한 신화적 도식이 신화를 구송하고 경청하는 의례 참가자의 사회문화적 경험에 대해 일정한 윤리적 정향성과 통제력을 제공하는 사회극의 틀로 도식화되는 과정을 구체적 굿 사례를 가지고 살펴본다.

2. 신화와 굿의례의 연행구조

제주도 신화와 굿의례의 구조를 분석해보면 굿의 신성성이 의례의 고정불변한 구조에 의해 구현됨을 잘 알 수 있다. 제주도 굿의례의 기본 형식은 청신(請神)-영신(迎神. 공연[2]과 기원)-송신(送神)의 과정으로 구성되어 있다. 즉, 신을 청해 들여 대접하고 축원하고 신의 의사를 알아낸 후 신들을 보내는 과정을 거친다. 이러한 과정은 큰굿이든, 작은 굿이든, 비념이든 모든 의례에서 일관되게 나타난다(현용준, 1980: 15-16).[3]

청신 의례인 초감제의 연행 순서는 먼저 신들이 하강할 성스러운 공간을 설립하고(베포도업침),[4] 언제 어디서 굿을 한다는 보고를 하고(날국섬김), 굿하는 이유를 설명하고(집안연유닦음), 신들이 오는 문을 열고(군문열림), 신이 하강하는 장소를 청소하고(새다림), 신들을 제상 위로 초대하고(오리정 신청궤), 신들의 위계질서에 따라 옥황에서 조상령에 이르기까지 제각각 마련한 자리에 앉히고(젯다리앉혀살려옴), 제신이 하강하여 제대로 제물을 받았는지 점을 쳐보는 마지막 과정(산받아 분부사룀)에 이르기까지 의례 참가자의 신에 대한 신앙을 체계적으로 표현하고 있다.

초감제를 한 다음에 하는 맞이굿은 신의 근본 내력을 구송하는 신화 의

레인 '본풀이', 신의 하강하는 길을 치워 닦아 신을 맞이하는 '질침'과 '공연', 그리고 신화 내용을 극적 행동으로 연출하는 극적 의례인 '놀이'로 구성되어 있다. 제주도 굿에서는 신화 구송을 '본을 푼다'는 뜻의 본풀이라 한다. '본풀이'는 두 가지 뜻을 갖는다. 하나는 신의 근원에 대한 이야기라는 뜻으로 신화 자체를 일컫는 말이며, 다른 하나는 신화를 노래하여 신에게 기원하는 형식의 의례 제차를 일컫는다(현용준, 1992: 294).[5]

본풀이는 의례적 연행의 중심적 상징이다. 그 이유는 신화의 줄거리가 의례의 절차와 대응되고 신화의 구송이 전체 의례과정의 중심 부분에 위치하기 때문이다.[6] 큰굿의 경우 보통 열두 가지의 본풀이와 이에 상응하는 질침과 놀이로 구성되는데, 전체적으로 제주도 큰굿의 구조는 우주만물의 창생 원리부터 인간이 태어나면 죽어야 하는 생멸의 법과 인간 사회의 질서가 정립되는 과정을 설명한다(이수자, 1990).

큰굿의 초감제에서는 베포도업침 이후 바로 천지왕본풀이를 구송하는데 그 내용을 보면 천지개벽 이후 천·지·인 삼계로 구성되는 우주질서와 이승과 저승이 갈라지는 우주만물의 창생 원리를 설명하고 있다. 다음에 인간의 존재론적 문제와 관련한 생명의 탄생 원리(할망본풀이와 불도맞이)에서 시작하여 무조신과 굿의례의 창시(초공본풀이와 초공맞이), 인간의 죽음과 환생(이공본풀이와 이공맞이), 부와 가난의 운명(삼공본풀이와 삼공맞이), 사후세계의 원리(차사본풀이와 시왕맞이), 수명장수의 원리(사만이본풀이와 멩감제)를 설명하는 맞이굿이 이어진다. 그다음에 실제 사회·경제생활과 관련하여 농경과 목축의 기원(세경본풀이와 세경맞이), 풍농의 원리(칠성본풀이와 칠성제), 집과 마을의 수호신의 기원(문전본풀이와 성주맞이, 본향본풀이와 당제), 친족집단의 수호신의 기원(일월조상본풀이와 일월조상제)의 순서로 진행된다.

이와 같이 신화 구송과 신맞이 굿이 함께 연행되는 제주도 굿의 의례 구조는 우주론적 주제 및 세계관과 문화적 명제를 서로 연관시켜 우주 창생에서 인간세계의 창업에 이르기까지 일관된 질서에 따라 체계화함으로써 신성의 실재를 존재론적 영역 안에 끌어들인다. 신성의 실재를 의례를 통해 경험할 수 있는 특별한 '무엇'으로서 구별하는 인위적인 기제가 바로 의례의 형식이며 틀이다. 의례는 성과 속, 일상과 초월의 경계를 인위적으로 만들어 경계의 틀 안은 성스러운 것의 세계, 틀 밖은 현세적인 것의 세계로 분리하는 문지방 또는 리미널리티의 공간이다(Turner, 1977: 35).

의례적 연행을 의례의 틀 밖의 일상적 경험세계에서 바라보면, 의례는 일정한 시간의 절차, 즉 시작과 끝의 순서에 따라 진행되기 때문에 그럴듯하게 연기하는 연극성을 갖는다. 의례 장소는 신령과 사제자 그리고 관중이 동시에 참여하여 주어진 역할을 연기하는 무대로 설정되며 무대 위에서는 신화 구송과 춤 그리고 음악 연주 같은 다양한 미디어 공연이 행해진다. 굿은 의식을 통해 초자연적 존재를 즉각적이고 직접적으로 관객에게 현시해준다는 점에서 성스러운 연극이라 할 수 있다(키스터, 1995). 의례의 틀 안에서는 무언가 일어날 수 있는 가정법적인 시공간이 열리며 신과 인간이 일체가 되어 함께 어우러지는 '신성한 공동체(numinous communitas)'가 형성된다(Rappaport, 1979: 214). 이 가정법적인 시공간에서 의례 참여자는 일상의 경험적인 문제들에 대해 신과의 대화를 통해 반성의 기회를 가지게 되며 경험의 의미는 신성한 아우라를 가지게 된다.

3. 신화적 도식과 문화적 도식

의례는 신성의 경험과 일상적 경험을 매개하는 의사소통적 행위이다.[7] 의례적 연행은 신성의 메시지와 굿에 참여하는 사람들의 당면한 현실적 문제에 관한 메시지를 결합시킨다. 의례적 연행 가운데 신화는 신화를 구송하는 사제자나 경청하는 청중에게 신성의 현존에 대한 '규범적 메시지(canonical message)'를 전달하는 텍스트이다(Rappaport, 1979: 179). 규범적 메시지는 신화의 이야기 구조 안에 이미 암호화되어 있으며 영구불변의 진실성을 내포하고 있다. 항상 굿거리 할 때마다 사제자가 굿을 하게 된 이유를 신에게 밝히고 복을 구하는 '집안연유닦음' 제차에서 구송하는 굿 의뢰자의 생애사 이야기는 '지금 여기'의 특정 상황에서 당면한 사회문화적 경험에 대한 구체적인 인식을 가능케 하는 지표적 메시지의 텍스트이다. 이와 같이 굿에서 구송되는 이야기 텍스트들은 항상 특정 메시지를 전달하는 목적을 가지기 때문에 신과 인간, 산 자와 죽은 자 사이의 '대화적' 양식으로 전개된다. 산 자는 신에게 '축원원정'을 올리고, 죽은 자의 혼은 심방의 입을 빌려 살아 있는 가족에게 '분부문안'을 전하고, 신령은 신성의 메시지를 '본풀이' 양식을 통해 신도에게 전한다.

그러나 메시지 전달의 주체가 동일한 사제자이기 때문에 의례적 의사소통이 자신이 스스로에게 말하는, 즉 '자기-의사소통(auto-communication)'의 양상을 띤다(Rappaport, 1979: 178).[8] 의례의 연행자가 전달하려고 하는 규범적 메시지의 일부분이 되고 그 자신이 또한 그 메시지를 수용하는 이러한 특징은, 신화 내용에서 신령이 어디에서 태어난 누구누구의 아들딸로서 인격화된 모습으로 나타나며 신들의 내력담인 본풀이와 의례 참여자의 생애 이야기가 서로 유사한 서사구조를 가지는 것에서 드러난다.

이러한 서사구조의 분석을 통해 의례집단의 성원이 공유하는 삶과 죽음의 경험에 대한 '문화적 도식(cultural schema)'을 도출해낼 수 있다. 여기서 '문화적 도식'이란 "다양한 이야기에 공통된 플롯이기도 하며 문화적으로 표준화된 서사적 틀"(Ortner, 1989: 67)을 가리킨다. 신화는 문화적 도식의 규범적 틀이다. 그 틀을 신화적 도식이라고 한다면 신화적 도식은 의례의 자기소통적 과정에서 의례 참여자의 생애 이야기와 결합하여 일반성을 가진 문화적 도식으로 재생산된다. 신화적 도식은 의례 참여자의 경험적 현상에 대한 감각의 틀로 작용(즉, '무엇의 모델'로서 기능)할 뿐만 아니라 그러한 틀에 입각하여 의례 참여자의 사회적 현실과 정서적 구조를 변화시키는 지침(즉 '무엇을 위한 모델')이 된다.

제주도 무교 신화의 신화적 도식은 '삶과 죽음의 경쟁에서 재생으로의 순환과정'으로 나타난다. 이 도식에서 신화적 주인공은 죽음과 같은 역경을 헤쳐 나와 죽음을 이기고 새로운 삶의 세계를 구축하는 영웅으로 묘사된다. 이러한 이야기 틀에서 나타나는 이야기 등장인물 사이의 영웅적 투쟁과 주도권 쟁탈 싸움 같은 주제는 의례과정에서 본풀이와 산 자와 죽은 자의 이야기가 공연될 때마다 반복적으로 재생되며, 이에 따라 신화적 도식이 전달하는 규범적 메시지는 문화적 일반성을 가진 문화적 도식으로 정착된다. 그래서 '삶과 죽음의 경쟁에서 재생으로'라는 생명의 순환과정을 패턴으로 하는 신화적 도식은, 일상의 사회문화적 상황에도 전이되어 선과 악, 부와 가난, 풍요와 기근, 남과 여 등 다양한 차원의 사회적·윤리적 경험에 대한 이해를 위한 지침이 된다.[9]

신화적 도식의 이러한 문화적 활용성은 의례의 결과에 대한 '관습적(conventional)' 믿음에 근거한다(Rappaport, 1979: 193-194). 삶의 위기에 직면한 의례 참여자가 신령의 도움으로 위기의 원인이 되는 귀신을 쫓는다든지 조상령의 한을 풀어주는 등 모든 의례적 행동은 신화적 도식에 대한 관습적 믿음의 표현이다. 관습적 믿음에 의해 의례의 결과는 당연한 효과를 내도록 되어 있다. 신화 텍스트에 도식화된 신성의 규범적 메시지는 의례의 일정불변한 틀 안에서 이미 예정된 절차에 따라 전달되기 때문에 의례의 결과는 '자동적인 효과'를 가지게 된다.

제주도 굿의 본풀이나 생애사에서는 죽은 사람을 (저승에) 되살아나게 하고, 병들어 죽어가는 사람이나 돌연한 불행에 직면한 사람을 '살려낸다'는 일관된 서사구조가 나타난다. 신화의 구송은 신화 텍스트에 암호화되어 있는 '살려낼' 수 있는 힘을 전달한다. 의례 참가자에게 '살아날 수 있다'는 믿음을 주는 것이다. 굿 참가자들이 굿에서 보고 들은 것을 납득할 수 있는 실재로 받아들이는 것은 그들의 믿음이 구송 행위를 통해 확인되기 때문이다. 그 믿음은 신령과 인간 사이 그리고 조상과 자손의 소원했던 관계가 회복되어 병든 사람이 건강을 되찾고 가난한 사람은 부유해지며, 가족과 친족 사이의 암묵적인 사회적 갈등이 해소되어 화목하게 되는 등 구체적인 모습으로 나타난다.

4. 삶과 죽음의 경쟁: 불도맞이굿의 신화적 도식

제주도 큰굿에서 구송되는 신화의 신화적 도식은 '삶과 죽음의 경쟁에서 재생으로의 순환'이다. 신화적 도식은 삶과 죽음의 모순을 삶과 죽음을 상징하는 신의 경쟁으로 설명하고 이 경쟁에서는 반드시 삶을 상징하는 신이 이기도록 이야기 틀이 정해져 있다. 여기에서 신의 승리로 쟁취한 생명은 죽음과의 경쟁 이후에야 탄생하는 생명, 즉 재생의 의미를 갖는다. 그러나 신화의 서사적 틀 안에서 보았을 때 재생한 생명은 실제로 최초의 생명이다. 이때의 생명은 한 번 태어나면 죽어야 하는 인간의 운명을 초월하는 '죽음 이후의 사건'으로 나타나기 때문에 종교적 신앙으로만 이해할 수 있는 신화적 사건이다.[10] 일상적 현실에서 죽음은 비가역적이고 자연스런 사건이다. 신화는 이러한 일상적 현실을 부정하고 밤이 새면 날이 밝듯이 죽음 이후에 생명이 탄생한다는 신성한 약속이며 또한 그러한 약속을 전달하는 연행이다.

제주도 신화에서 삶과 죽음의 모순과 초월이라는 신화적 도식은 두 가지로 세분화되어 나타난다. 먼저 '삶과 죽음의 경쟁'이라는 도식이 제시되고, 그다음에 '죽음에서 재생으로의 순환'이라는 도식이 제시된다. 첫 번째 도식은 쌍둥이 신 또는 동성의 한 쌍을 이루는 신화의 주인공 신들의 꽃피우기 시합 이야기를 중심 주제로 하는 천지왕본풀이와 할망본풀이에서, 그리고 두 번째 도식은 죽은 사람을 살려내어 저승 좋은 곳으로 천도하는 무교의례의 신화적 기원에 대한 이야기인 초공본풀이와 저승에서 사령의 새로운 삶을 기원하는 차사본풀이에서 찾아볼 수 있다. 이들 네 개의 본풀이가 앞서 제시한 큰굿의 열두 본풀이 가운데 맨 처음 구송된다는 사실은 삶과 죽음이라는 존재론적 문제가 신화적 사유의 원형임을 입증한다.

먼저, 삶과 죽음의 경쟁에 대한 신화적 도식의 서사적 구성을 천지왕본풀이와 생불할망본풀이의 분석을 통해 알아보자. 삶과 죽음은 한 가지에서 4만 5천 가지의 꽃을 피운 '번성(繁成)꽃'과 한 가지에 하나의 꽃만 피운 '검뉴을꽃'으로 상징된다. 본풀이에서 삶과 죽음의 경쟁은 '꽃피우기 시합' 이야기로 전개된다.[11]

천지왕본풀이에서는 천지왕의 쌍둥이 아들인 대별왕과 소별왕이 꽃피우기 시합을 하여 번성꽃을 피운 신이 이승을 차지하고, 검뉴을꽃을 피운 신은 저승을 차지하면서 이승과 저승이 갈라선다. 할망본풀이에서는 '명진국 따님애기'와 '동해용왕 따님애기' 두 처녀 신이 꽃피우기 시합을 하여 번성꽃을 피운 명진국 따님애기가 아이의 잉태와 해산을 도와주는 '인간할망'으로, 검뉴을꽃을 피운 동해용왕 따님애기는 아이와 산모에게 질병과 죽음을 가져다주는 '저승할망'으로 갈라선다.

두 본풀이의 메시지는 형제 쌍둥이나 처녀 한 쌍처럼 삶과 죽음은 본래 미분화된 상태에 있다가 꽃피우기 시합을 통해 이승과 저승이 분리되는 우주론적인 원리에 따라 삶과 죽음도 분리하게 되었다는 것이다. 이승을 삶의 공간으로 저승을 죽음의 공간으로 의미연합을 함으로써 본풀이는 삶과 죽음을 서로 대립하는 인지적 범주로 고정시킨다. 이 두 범주를 연결시키는 매개 범주는 꽃피우기 시합이 열리는 장소이자 번성꽃과 검뉴울꽃이 함께 자라는 '서천꽃밭'이다.[12] 생명과 죽음이 공존하는 미분화의 공간이며, 신과 인간이 왕래하는 중간 지점으로서 이승과 저승 사이의 경계에 위치하는 이 공간은 '삶과 죽음의 경쟁' 같은 신화적 사건이 일어나는 곳이지만 실제로 그러한 사건을 실재하는 것으로 구체화하는 본풀이 구송의 연행적 공간이기도 하다.

1) 불도맞이굿의 연행구조

'삶과 죽음의 경쟁'에 관한 신화적 도식이 어떻게 구성되는지 불도(佛道)맞이굿의 연행구조와 과정을 분석하면서 살펴보자. 불도맞이굿은 한마디로 산육신(産育神)을 맞아들여 기자(祈子)하는 의례이다. 산육신은 일반적으로 삼승할망이라고 하는데 본풀이에서는 멩진국할마님, 이승할마님, 불도할마님, 불도할망 등으로 불린다. 이 신은 여성으로서 잉태와 출산을 도와주고 아이를 15세까지 키워주는 신이다. 불도맞이굿은 본풀이 구송과 신맞이 의식, 그리고 놀이 장르로 구성되는데 '① 초감제, ② 원불(願佛)수룩침, ③ 할망질침(할망본풀이와 마누라본풀이), ④ 악심질침(이공본풀이), ⑤ 상당숙여 소지사름, ⑥ 메어들어(신들을 모이게 해서) 석(劣)살림'의 순서로 진행된다(현용준, 1980: 104-139).

전체적인 의례의 흐름은 불도할망을 외부에서 집안으로 불러들여(①, ②) 신의 정체성을 밝히고 생명과 질병, 죽음의 기원을 설명한 다음(③, ④) 생명신과 인간이 직접 대면하여(⑤) 같이 어울려 기쁘게 노는(⑥) 순서를 따른다. 먼저 초감제에서는 불도할망과 함께 북두칠성의 신인 칠원성군(七元

星君)이 초대되는데, 칠원성군은 인간의 수명을 관장하는 남신으로 불도할망의 하위신이다. 산육신이 출산시킨 아이에게 수복(壽福)을 주는 신이다.[13] 수룩침은 심방이 승려 가사를 입고 불도할망의 연기를 하는데 뜰에 차린 할망상으로부터 안방의 벽장에 마련한 할망상까지 걸쳐놓은 흰 무명천 다리에 기대어 막대를 짚고 할머니 걸음으로 안방으로 걸어 들어와 좌정하는 과정을 묘사한다.[14] 이렇게 집 외부에서 집 안으로 할망신이 강림하는 경로를 연극적으로 지시해놓은 다음, 심방은 장구를 치며 불도할망의 내력담을 구송한다.

불도맞이굿에서 구송하는 본풀이는 산육신인 불도할망의 할망본풀이를 비롯하여 어린아이의 질병인 마마를 일으키는 신 대별상의 마누라본풀이와 번성꽃과 검뉴울꽃, 그리고 악심꽃이 자라는 서천꽃밭을 지키는 꽃감관(監官)의 이공(二公)본풀이 모두 세 가지나 된다.[15] 의례 구조에서 보면 사실상 본풀이는 불도맞이굿의례의 일부분에 지나지 않지만 생명의 기원과 생명을 위협하는 질병과 죽음의 기원에 대한 규범적 메시지를 구성하고 전달하는 핵심적 제차이다. 세 본풀이는 각기 직능이 다른 신격의 내력담이지만 서로 주제적으로 연결되어 불도할망이 주인공인 하나의 이야기를 구성한다. 그 이야기의 플롯은 불도할망이[16] 옥황상제의 명을 받아 인간세계로 내려오는 강림과정과 여성의 잉태와 출산을 도와주고 아기의 질병과 죽음을 막아주는 산육신으로서의 책임을 수행하는 과정으로 되어 있다.

먼저 할망본풀이를 보면 불도할망은 신의 직능상 '인간차지' 신이다. 인간의 생명과 죽음을 관장하는 신이란 뜻이다. 실제 본풀이 내용을 보면 '구(舊)삼승할망'과 '삼승할망' 두 신격의 내력담으로 되어 있다. 삼승할망이 산육신이라면 구삼승할망은 산육신이 기르는 아이에게 병을 주어 그 영혼을 잡아가는 죽음의 신이다. 구삼승할망이 먼저 존재하는 것으로 이야기

플롯이 엮어지는 것은 불행과 죽음이 먼저 있고 경쟁을 통해 생명이 탄생된다는 신화의 규범적 메시지를 정당화하기 위함이다. 두 신격은 인간적인 면모와 신성한 특성을 동시에 갖고 있는데, 이야기 전개과정에서 처음에는 처녀였다가 산육신으로서의 소임(生佛[17]王)을 받은 이후에는 할망 또는 할마님이라는 존칭으로 불리는 신격이 된다. 불도할망의 신격화는 본풀이 구송 행위 자체의 신성성을 정당화한다.

이제 인간의 생명과 죽음에 관한 규범적 메시지가 어떻게 도식화되며 의례적 연행을 통해 전달되는지 신화 내용을 사건별로 구분하고 나열하여 살펴보자.

할망본풀이는 이 신화가 구삼승할망(동해용왕 따님애기)과 삼승할망(명진국 따님애기)의 내력담이라는 사실을 명시하면서 시작한다.

할망본풀이

① 동해용왕 할마님이 먼저 나며 인간 할마님이 먼저 탄생하였습니까?
② 동해용왕 할마님이 어렸을 때 아버지 수염 뽑은 죄와 어머니 젖가슴 긁어 뜯은 죄로 인해 15세에 이르러 동해용궁에 무쇠철갑을 띄워 인간세상으로 쫓겨난다.
③ 쫓겨나기 직전 '인간에 가서 무엇을 해서 사나' 하고 걱정한 끝에 어머니가 일러준 대로 인간 생불왕으로 들어서서 얻어먹기에 이른다.
④ 잉태는 순조로웠으나, 해산하는 법을 몰라 산모와 애기들이 죽어간다.
⑤ 인간들이 굿을 하며 하늘에 기원한다.
⑥ 옥황상제가 굿 소리를 듣고 인간세상의 불행을 가엽게 여기어 인간 가운데 생불왕을 찾도록 저승 염라대왕에게 부탁한다.
⑦ '부처님께 빌어 태어나고 부모에게 효심하고 일가 방답 화목하고 깊은 물에 다리 놓아 월천 공덕한' 처녀 명진국 따님아기를 점찍어 부

른다.[18]

⑧ 지상에 살던 명진국 따님 애기는 부모의 만류에도 불구하고 "죄가 없으면 죽이는 법 없다" 하며 자발적으로 옥황상제에게 올라간다.

⑨ 옥황상제는 처녀라 경험은 없지만 똑똑하고 용감한 그녀에게 '생불 주고 환생 주는 방법', 즉 잉태에서 해산에 이르는 전 과정을 자세하게 가르쳐서 인간 생불왕의 소임을 맡긴다.

⑩ 이승으로 돌아와 보니 자신이 생불왕이라고 주장하는 동해용왕 따님아기와 대결하게 된다.

⑪ 옥황상제의 명에 따라 진짜 생불왕을 구별하기 위해 서천서역국 모래밭에서 꽃씨를 심어 꽃피우기 시합을 한다.

⑫ 명진국 따님애기는 뿌리는 하나인데 가지는 4만 5천 6백 가지로 번성한 '번성꽃'을 피우고, 동해용왕 따님애기는 하나의 뿌리에 가지가 하나밖에 뻗지 못한 시들은 홑꽃인 '검뉴울꽃'을 피운다.

⑬ 옥황상제는 명진국 따님애기는 '한쪽 손에 번성꽃을 다른 손엔 환생꽃을 거느린' 인간할망으로, 동해용왕 따님애기는 저승할망으로 갈라서라는 명령을 내린다.

⑭ 동해용왕 따님애기는 이에 격분하여 명진국할망 꽃을 꺾어버리며 아이가 태어났을 때 백일이 되면 경기(驚氣) 등 아기들의 병을 주어 영혼을 빼앗아가겠다고 저주한다.

⑮ 인간할망은 동해용왕 따님애기에게 "우리 좋은 마음으로 작별하자" 면서 아이 출산 후 '저승걸레(아기 업는 멜방) 아홉 자(尺)와 아기엄마의 땀이 밴 적삼', 그리고 '아기 업는 멜빵과 아기 업어주는 여아의 수호신 삼승'을 선물로 주겠다고 달래면서 화해하고 작별 잔을 나누며 헤어진다.

⑯ 저승할망은 저승으로 가고 이승할망은 지상으로 내려와 내외궁 집을

지어 좌정한다.

본풀이 말미에 "저승할망 이승할망 금 가르러 가자"는 말을 하면서 저승할망이 받는 제물을 담은 '채롱'(바구니)을 대문 바깥으로 내놓으면 본풀이 제차는 일단 끝이 난다.

이렇게 구삼승할망과 이별한 다음 불도할망은 생불왕으로서의 소임을 다하기 위해 본격적으로 인간을 탄생시키는 신직을 수행하는데, 그것이 서천꽃밭을 만드는 것이다. 서천꽃밭은 불도할망이 하늘에서 얻어온 꽃씨를 심어 만든다. 『제주도 무속 자료 사전』에는 앞에 열거한 순서로 끝나지만 아카마스와 아키바의 『조선 무속 연구』에는 서천꽃밭의 유래를 설명하는 부분이 덧붙여 있는데,[19] 그 내용을 요약하면 다음과 같다.

> 불도할망이 하늘에서 내려올 때 인간을 탄생시킬 수 있는 꽃씨를 하늘에서 얻어와 석해산으로 내려온다. 꽃씨를 심어 서천꽃밭을 만들고 꽃을 따서 잉태시키는데 꽃의 색깔과 방향에 따라 아이의 운명이 결정된다. 즉, 동쪽의 푸른 꽃으로 점지하면 남자, 서쪽의 흰 꽃은 여자, 북쪽의 검은 꽃은 단명, 남쪽의 붉은 꽃은 장명, 그리고 중앙의 황색 꽃으로 점지하면 그 아이는 만과출신하게 된다고 한다. 서천꽃밭에 부엉이가 날아들어 꽃을 망치므로 생불할망은 꽃밭을 지킬 꽃감관을 보내주기를 하늘에 요청한다.

여기서 서천꽃밭은 불도할망의 생명신으로서의 정체성을 상징한다. 불도할망이 신직을 받기 전 꽃피우기 시합을 하던 곳은 '서천서역국 모래밭'으로, 사실 꽃이 자랄 수 없는 환경이었다. 불도할망이 생불왕으로 들어선 이후 만든 '서천꽃밭'은 아마도 동일한 장소가 생명력이 넘치는 곳으로 의미의 변환이 일어난 것으로 보인다. 바로 이러한 의미의 변환은 생명을 관리하는 산육신으로서의 불도할망의 신격화를 의미한다.

이어서 심방은 "할마님 지상으로 하전하여 상 받기 위해 오시는 길, 좌우도 길 돌아보자"고 구송하며 실제로 길을 치우고 무명으로 된 다리를 깔아놓으며 할망신이 지상으로 강림하는 과정을 연기하는 할망질치기 제차를 시작한다. 질치기의 대상은 생명 신인 불도할망뿐이다. 할망질치기는 모든 맞이굿 때 신격이 하강하는 길을 치워 깨끗이 하는 질치기 제차의 하나이다. 절차는 스물두 과정이 있는데 실제로 멍석 위에 대나무 가지를 굽혀 열두 대문을 만들어놓고 그 사이사이를 왕래하면서 각 과정의 특징적인 어려움에 대해 말과 율동으로 묘사하면서 진행된다. 전반부에는 길을 청소하는 작업을 율동으로 보여주고 후반부에는 신이 강림하는 모습을 율동적으로 표현한다(현용준, 1980: 896).

그런데 생불할망이 이승으로 강림하는 과정에는 두 가지 난관이 있다. 하나는 질병 신과의 대결이고 또 다른 하나는 죽음의 길을 거쳐야 하는 불가피한 위기이다. 각 난관은 마누라본풀이와 이공본풀이 두 본풀이로 설명한다. 첫 번째 난관은 생불할망이 저승과 이승의 경계인 서천강을 건너올 때 마마 질병 신 대별상과 맞부딪치는 사건이다. 마누라 본풀이는 앞서 구송한 할망본풀이의 꽃피우기 시합처럼 생불할망이 질병 신과 각자의 권능을 겨루다가 생불할망의 승리로 끝나는 신화적 도식을 따르고 있다.

마누라 본풀이

① 할망이 서천강 다리 근처 사거리에서 아이들에게 마마를 주고자 깃발을 휘날리며 삼만 관속을 거느리고 쌍가마에 탄 대별상을 만난다.

② 할망은 앞으로 태어나는 아기들에게 마마를 주지 말라고 무릎 꿇어 빈다.

③ 대별상은 대장부 행차에 웬 여자가 훼방을 놓느냐며 말을 듣지 않는다. 아이들에게 마마병이 돈다.
④ 할망은 대별상에게 복수하려고 생불꽃으로 대별상 부인에게 잉태를 시키고 해산을 시켜주지 않아 부인은 사경을 헤맨다.
⑤ 대별상은 부인을 살리려고 할망에게 무릎 꿇어 빈다.
⑥ 할망은 '하늘 높고 땅이 낮은 줄 알았느냐'고 질책하며 명주천으로 서천강에 다리를 놓으라고 명한다.
⑦ 대별상이 약속을 지키니 할망은 대별상의 부인을 해산시켜준다.

이렇게 굴복한 질병 신이 깔아준 서천강 다리를 건너 이승으로 들어선 할망은 인간이 사는 마을 앞에서 또 다른 난관에 부닥친다. 그것은 죽음을 가져오는 '수레멜망 악심질(滅亡惡心路)'이다. 이 길은 "옛날 옛적 제인장제 만년에 삼당외당(三堂叔·外堂叔) 씨멸족시키던" 길로 정의하는데, 이 길이 생긴 내력을 이야기하는 이공본풀이를 먼저 구송하고 수레멜망 악심질의 질치기 과정은 실제 마른 대나무 잎으로 만든 악심꽃을 바닥에 뭉개버리는 놀이 공연으로 대신한다.[20]

이공본풀이
① 가난한 김진국 아들 원강도령과 부자인 임진국 딸 원강아미가 혼인을 하여 부부가 스무 살이 되었을 때 남편 원강도령이 저승의 서천꽃밭을 지키는 꽃감관으로 간택되어 이승을 떠난다.
② 원강아미는 혼자서 아들 '신산만산 할라꿍이'를 낳아서 제인장자 만년장자 집에서 종으로 살면서 아들을 키운다.
③ 15세가 된 아들은 아버지를 찾아 서천꽃밭으로 간다.
④ 만년장자가 겁탈하려다가 완강하게 거부하는 원강아미를 죽여 푸른

대밭에 버린다.

⑤ 할라꿍이는 서천꽃밭에서 아버지로부터 환생꽃과 수레멜망 악심꽃을 받아 어머니의 원수를 갚으러 이승에 돌아온다.

⑥ 할라꿍이는 악심꽃으로 만년장자와 그 가속을 죽이고 환생꽃으로 어머니를 살린 다음 모자가 같이 서천꽃밭으로 돌아간다.

본풀이의 구송은 본풀이 내용을 극화시킨 두 놀이, 마른 대나무 잎으로 만든 악심꽃을 꺾어 아기의 무사무병을 기원하는 악심꽃 꺾음과 할망상 위에 놓인 동백꽃을 따와 자식의 유무와 잉태 시기에 관한 점을 쳐보는 생불꽃 타기 공연으로 이어진다. '악심꽃'을 비벼 악한 기운을 '잠재운' 다음에 집 밖 멀리 가서 불을 붙여 던져버리고 굿을 하고 있는 집안으로 돌아오는 길이 '서천꽃길'이 된다. 생불꽃 타기를 악심꽃 꺾음 다음에 공연하는 것은 이공본풀이에서 할라꿍이가 악심꽃으로 만년장자 가족을 죽인 다음 죽은 어머니 원강아미를 환생꽃으로 살려내어 서천꽃밭으로 돌아가는 서술과 일치한다.

이와 같이 신화 속의 신격이 구체적으로 마른 대나무 잎으로 만든 악심꽃과 생생하게 살아 있는 꽃으로 만든 생불꽃의 대조적인 모습으로 나타날 때 사람들은 신격이 상징하는 생명과 죽음이 참다운 실재임을 인식하게 된다. 악심꽃을 꺾고 생불꽃은 따오는 대조적인 행위를 하는 놀이 공연은 본풀이가 전달하는 메시지인 생명과 죽음, 건강과 질병, 선과 악, 풍요와 가난이라는 두 주제 사이의 불가피한 주도권 싸움을 굿판의 의례적 공간에서 '가시적인 실재'로서 상기시키는 한편, 각각의 주제가 상징하는 인간의 존재 상태에 대한 다양한 인지적 범주를 '실재보다 더욱 진실되게' 진술한다(Geertz, 1973: 118). 할망본풀이에서 이승할망과 저승할망의 경쟁이 '나쁜 마음'과 '좋은 마음'의 갈등이라면, 마누라본풀이에서 대별상과 불도할망의 대결은 오만하고 폭력적인 남성과 겸손하고 정의로운 여성 사이의 갈등으로 나타나고, 이공본풀이에서는 빈부의 갈등이 부잣집 딸 원강아미는 남편 원강도령이 하늘로 올라간 후 가난해지고 부잣집 만년장자는 나쁜 욕망 때문에 죽임을 당하는 식으로 나타난다. 서사 과정에서 이러한 갈등은 이승할망의 '좋은 마음'과 여성의 정의로움, 그리고 빈자의 신격화로 해소된다. 여기에 신화적 도식의 윤리적 규범성이 있다.

2) '죄 없는 억울한 죽음'과 재생의 윤리적 규범

불도맞이굿의 본풀이와 놀이 공연이 명시하는 '삶과 죽음의 경쟁' 도식은 삶과 죽음의 기원에 대한 규범적 메시지를 전달할 뿐만 아니라 그것과 관련된 윤리적 경험의 의미를 구조화한다. 이공본풀이에 나오는 수레멜망악심꽃(滅亡惡心花)의 내력담은 죽음의 기원과 윤리적 의미에 대한 메시지이다.

이 메시지는 이공본풀이 구송의 끝에 나오는 다음 구절에 잘 요약되어 있다. "당시 어머니 죽여 청대밭 흑대밭에 버린 법으로 청대같은 청사(靑邪)록, 흑대같은 흑사(黑邪)록, 열두풍문(十二風雲) 주는 법입니다. 그때 나온 법으로 청대 한줌 흑대 한줌 양손에 들고 수레멜망악심꽃이라 합니다"(현용준, 1980: 131).[21] 수레멜망악심꽃은 말 뜻대로 원강아미를 겁탈하려고 한 만년장자의 욕망과 그로 인한 살인의 죄를 상징한다. 그러나 본풀이 텍스트에서 악심꽃은 원강아미의 '억울한 죽음'에 대한 정의로운 보복에 사용된다. 즉, 악심꽃의 신화적 기능은 살인한 사람을 징치하는 보복적 죽임의 행위자이다.

이와 같이 살인죄와 동시에 그 죄를 징치하는 정의를 상징하는 악심꽃의 이중적인 의미체계에서 죽음에 대한 윤리적 규범을 읽을 수 있다. 원강아미의 죽음이 정절을 지키려는 의지 때문에 당한 '죄 없는 억울한 죽음'이라면 만년장자의 죽음은 그녀를 능욕하려는 옳지 않은 욕망과 살인의 죄에 대한 징벌이다. 이 두 죽음 모두 자연스런 죽음이 아니라 예기치 않은 사건이다. 그러나 '죄 없는 억울한 죽음'과 죄로 인한 징벌로서의 죽음 사이에는 전자가 후자의 필연적 계기가 된다는 인과론적 의미관계가 성립된다. 원강아미의 억울한 죽음은 '죄가 없기 때문에' 환생으로 보상받아야 하며 억울함을 되갚는 보복으로서 만년장자를 죽이는 것은 정당화된다. 또한 원강아미의 환생은 원한이 풀어짐으로써(해한) 이상향의 생명세계로 복귀한다는 것을 의미한다. 원강아미의 환생은 재생이다. "봄잠자고 일어나듯이" 살아나는 원강아미의 죽음은 이승에서의 삶이 저승에서의 삶으로 이어지는 생명의 지속과정에서 거치는 통과의례적 사건에 지나지 않는다. 결국 원강아미의 원한이 갖는 정의로움은 죽임이 아니라 살림에 있다.

이공본풀이는 한 번은 죽어야 하는 불가항력적인 인간의 운명을 부정하고 인간의 불행과 죽음은 죄와 벌, 원한과 보복, 한과 해한의 필연적인 인과관계의 결과이지만 그것을 초월하는 생명의 윤리적 당위성을 규범화한다. 이러한 신화적 도식은 다른 본풀이(지장본풀이와 차사본풀이)에서도 반복되는 주제로서 이공본풀이는 이 도식의 규범성을 고정시키는 원형적 신화라 하겠다.

한편 생불꽃 타기 놀이는 생명의 근원은 하나이며 그 근원은 영구적이고 불변하며, 인간의 생명은 그 근원지에서 가지를 친 것이라는 규범적 메시지를 전달하는 놀이 공연이다. 이 놀이에서 심방은 서천꽃밭에 가서 생불꽃·번성꽃을 가져오는데 그 꽃은 심방이 손수 꽃씨를 뿌려 꽃을 키운 것이지만 불도할망의 허락을 받고 꽃감관이 잠자는 틈을 타서 "훔쳐오는 것"으로 묘사한다. 심방은 할망상에 놓인 동백꽃 두 사발을 바지 속에 숨겼다가 계주(季主. 굿을 의뢰한 집의 주부)에게 꽃을 팔러 왔다면서 꽃가지 하나를 뽑게 하고 꽃과 가지의 생김새를 보고 자식의 유무, 잉태시기 등에 관한 점을 쳐준다. 그러고 나서 심방은 "뿌리꽃은 할마님 앞으로 올리고 가지꽃은 만민자손에게 나누어주자"라고 하면서 구경 온 사람들에게도 꽃가지를 뽑게 하여 꽃풀이점을 해주고, 꽃사발은 도로 할망상에 갖다 놓는다(현용준, 1980: 137). 생불꽃은 생명을 점지한다는 뜻이며, 번성꽃은 한 뿌리에 5만 가지 꽃을 피우듯이 생명이 만민에게 널리 퍼져나간다는 왕성한 생명의 번식성과 지속성을 의미한다. 꽃 타기 공연에서 서천꽃밭에서 훔쳐 온 꽃을 대주 가족과 이웃이 나누는 행위는 번성꽃의 의미를 구현하는 것이다.

의례 참여자가 체험하는 왕성한 생명력의 실재는 신화 텍스트의 규범적 형식 안에 이미 구현되어 있다. 본풀이에서 이승할망과 저승할망의 꽃피우기 시합이 삶과 죽음의 모순을 의미화한다면, 생명의 지속성은 죽음과의 대결과 투쟁 과정을 의례에서 반복적으로 연행함으로써 보전된다. 여기서 반복한다는 의미는 삶과 죽음의 경쟁이 어느 한쪽의 승부로 끝나지 않고 단지 협상을 할 뿐이며 다음에 굿을 할 때 다시 대결해야 하기 때문이다.

할망본풀이에서 아이들에게 질병과 죽음을 주겠다는 저승할망의 저주를 이승할망이 여러 가지 선물을 주며 달래어서 무마시키고 서로 '좋은 마음'으로 화해하고 작별 잔을 나누면서 각기 소임에 따라 갈라서는 것은 삶과 죽음의 경쟁이 결국 무승부임을 의미한다. 의례는 두 신격 사이의 갈등, 즉 삶과 죽음의 모순을 기정사실화한다. 그래서 악심꽃을 꺾는 놀이에서도 실제로는 "잠재우러 간다"고 표현한다. 질병과 죽음의 뿌리는 변하지 않기 때문에 굿은 그 활동을 잠시 멈추게 하는 기제일 뿐이다.

생불꽃을 서천꽃밭에서 '훔쳐 와서' 계주에게 '판다'고 표현하는 것은, 생명이 당연하고 자연스럽게 주어지는 것이 아니라 계주의 정성어린 마음의 표시인 인정으로 '사는 것'임을 의미한다. 생명은 어떤 다른 곳, '하늘'에 있는 것으로 계주의 인정은 그녀의 믿음을 의미한다. 의례 참여자들은 생명과 죽음의 변하지 않는 본질에 대해 그리고 질병과 죽음의 위험을 무릅쓰고 생명을 보전하는 것의 어려움을 재확인할 뿐만 아니라 '좋은 마음'을 가지면 생명은 지속된다는 신화의 윤리적 권위를 인정하게 된다. 이와 같이 신화와 의례적 공연은 삶과 죽음의 경쟁에서 생명을 되찾는다는 신화적 도식의 윤리적 규범을 의례 참여자에게 인식시키고 더 나아가 생명의 존귀함에 대한 종교적 신앙을 갖도록 이끈다.

그러나 불도맞이굿은 본풀이 구송과 놀이 공연에서 끝나지 않는다. 신화의 규범적 메시지의 권위는 의례 참여자에게 산육신 불도할망의 성스러운 권능을 인정하는 데서 그치지 않고 감정적으로 체험하도록 이끈다. 신성한 공동체가 여기서 이루어진다. 악심꽃을 꺾어서 질병과 죽음의 기운을 불도할망의 '좋은 마음'으로 다스리고 나서 집 안방에 좌정한 불도할망신은 인간을 직접 만나기 위해 좌정한 윗자리에서 굿이 진행되고 있는 제장으로 내려오는데 이 제차가 상당숙여 소지사름이다.

인간은 바로 이 자리에서 신을 대면한다. 가장 엄숙한 순간이다. 굿을 의뢰한 집의 주인인 대주(大主)는 그동안 보살펴준 신의 은덕에 보답하는 뜻으로 보답상을 바쳐 올리고 흰 종이 소지를 불사르며 집안의 액을 막아달라고 빈다. 심방은 할마님상에서 쌀을 집어 점을 쳐주고 계주에게 먹게 한다. 이 쌀은 할마님 신이 주는 녹복(錄福)쌀이다. 이렇게 서로 대면한 불도할마님 신과 인간은 집안을 수호하는 신령들('넉신몸주')을 다 초청하여 함께 춤을 추며 논다.

메어들어 석살림이라고 하는 이 제차에서 불도맞이굿은 끝난다. 심방이 할망다리를 마당에서 가지고 놀다가 안방에 차려놓은 할망상 위로 옮겨놓음으로써 일단 할마님 신이 제자리에 좌정하면 집안의 조상신들의

'간장을 푸는' 놀이를 한다. 이때 심방은 "석살려 신메우자"고 말하는데 '흩어졌던 신들이 정신 차리도록 즐겁게 놀린다'는 뜻이다. 대주의 친가·외가의 모든 조상신을 초대하여 조상본풀이를 구송하고 조상신과 자손이 한데 어울리는 춤을 춘다.[22]

5. '죽은 사람 살려내는' 무혼굿의 신화적 도식

불도맞이굿의례의 규범적 메시지는 질병과 죽음의 위기를 '좋은 마음'과 협상으로 극복한 이후에야 온전하게 생명을 얻을 수 있으며 그것은 신의 축복이기 때문에 감사해야 한다는 것으로 요약할 수 있다. 여기서 생명은 죽음 이후에 나타난다. 그리고 그 생명은 사실 최초의 생명이다. 새로운 생명과 재생의 동일시는 본풀이에서 명시되어 있다. 예를 들면 할망본풀이에서 산육신의 신성한 이미지를 '한쪽 손에 번성꽃을 다른 손엔 환생꽃을' 거느린 모습으로 묘사하고 있으며 생명을 점지하는 것을 "인간에 생불주고 환생준다"고 표현하고 있다(현용준, 1980: 114).

본풀이는 죽음의 의미를 영원한 생명에 이르는 문으로 전환시킴으로써 생사의 모순관계를 상호 의존적인 관계로 뒤집는다. 무교의 신화에서 생명은 삶과 죽음의 경쟁에서 되찾은 것이며 또한 원래의 자리로 돌아가는 것이다. 이러한 삶의 순환과정에 대한 신화적 도식은 불도맞이굿뿐만 아니라 죽은 사람의 영혼을 저승 좋은 곳으로 천도하여 재생을 기원하는 무혼(撫魂)굿에서 더 분명하게 드러난다.

무혼굿은 사자의 영혼을 위무하여 저승의 좋은 곳으로 보내는 사령공양 의례이다. 장례날 밤에 상가에서 행하는 귀양풀이와 대상을 치른 뒤 택일을 하여 행하는 시왕맞이, 두 가지가 있다. 본풀이에서 사자를 위한 굿은 '후새남', 죽어가는 병자를 살리기 위해 하는 굿은 '전새남'이라 하여 구분하지만 모두 죽어가는 사람과 죽은 사람을 '살려내는 굿'이라는 뜻을 가진 '새남굿'으로 볼 수 있다(현용준, 1980: 292). 여기서 '살려낸다'는 말은 명사 '삶'이나 자동사인 '살다'와는 달리 인간의 존재 상태에 능동적인 변화를 도모하는 것을 뜻한다. 죽음에 임박한 병자를 위한 전새남굿은 죽음의 상태를 전제로 하기 때문에 원래 무혼을 목적으로 하는 후새남 시왕맞이굿을 치병을 위해 하기도 한다. 실제로 산자의 치병을 위해 시왕맞이굿을 하는 경우가 더 빈번하다. 그래서 흔히 시왕맞이굿은 전새남·후새남 굿 모두를 포괄하는 새남굿을 의미한다.

시왕(十王)맞이굿은 제주도 무조신의 내력담인 초공본풀이의 신화적 텍스트 안에 명시될 만큼 그 중요성이 크다. 무조신인 세쌍둥이 형제 삼명두가 삼천선비의 간계에 의해 죽임을 당한(삼천제석궁에 갇혀 있다고 표현) 어머니를 살려내기 위해 아버지인 황금산 도단땅 주자선생(朱子先生)으로부터 지시를 받아 북과 징을 두드리며 최초로 한 굿이 초감제와 시왕맞이굿이었다. 또한 삼명두가 무조신으로서 무의(巫儀)법을 정립한 후 인간세계에서 최초로 심방이 된 유정승 따님아기가 처음으로 한 굿이 병으로 죽어가고 있는 부잣집 외딸아기를 살려낸 새남굿, 즉 시왕맞이굿이었다(현용준, 1980: 174). 최초의 신화적 제의로서 시왕맞이굿이 등장하는 이러한 신화적 장치는 굿의례의 궁극적인 목적이 죽어가는 사람과 죽은 사람 살려내는 과업, 즉 재생(再生)에 있음을 잘 보여준다.

살아 있는 사람에게는 이승에서의 장수를 빌고 사령에게는 저승 좋은 곳에서의 재생을 기원하는 시왕맞이굿은 '살아 있다 해도 죽은 것같이 무기력한' 병약한 상태의 인간과 '죽었다 해도 살아 있는 듯이 인간의 일에 간여하는' 사령의 모호한 존재 상태를 극복하는 인식론적 해결이라 할 수 있다. 시왕맞이굿은 삶과 죽음이 모호한 이런 상태를 의미화한 통과의례이다. 통과의례는 시간의 단절을 전제로 하고 과거와 현재 사이의 어느 쪽으로도 시간이 이행한다는 시간의 지속성을 성취하는 기제이다.

물리적으로 보았을 때 인간은 한 번 죽으면 그만이다. 죽음은 비가역적인 시간 의 질서를 상징하는 사건이다. 그러나 상장의례나 시왕맞이굿처럼 인간이 죽은 후에도 다른 곳에서 또 다른 삶을 영위한다는 믿음에 기초한 의례는 현재를 과거 속에 갖고 들어옴으로써 시간의 비가역성을 위반한다. 시왕맞이굿과 상장의례는 '삶→죽음의 일회적 시간의 질서를 삶→죽음→삶'이라는 순환적 질서로 변환한다. 조상에서 자손으로 이어지는 계보적 연속성이라는 관점에서 보았을 때 죽은 사람을 조상으로 재생시키는 것은 시간의 원점으로 회귀하는 것이며, 이렇게 재생한 조상은 '현재화된 과거', 즉 '되찾은 시간'이 된다(레비스트로스, 1990: 247-254 참조).[23]

불도맞이에서 생불꽃과 환생꽃이 동일한 의미를 가지는 것은 인간의 탄생을 과거 조상의 환생으로 보는 생명의 지속성, 그리고 생명의 순환에 대한 의례집단의 문화적 관념을 반영한다. 그래서 사람이 죽어 좋은 곳으로 간다는 믿음의 확실성은 저승법을 '맑고 맑은 능수능장법', 즉 모든 것이 사리가 바르고 맑은 것으로 묘사하는 데서도 나타난다. 시왕맞이굿에서 나타나는 사후세계에서의 재생에 대한 믿음은 불도맞이에서 이미 규범화된 생명관에 기초하고 있다. 시왕맞이굿은 '삶과 죽음의 경쟁에서 재생으로의 생명의 순환'이라는 신화적 도식에서 특히 '죽음에서 재생'으로의 부분을 구체화하고 있다.

1) 시왕맞이굿의 연행구조

다음으로 실제 연행되는 시왕맞이굿을 중심으로 죽음에서 재생으로의 신화적 도식이 어떻게 구체화되는지 살펴보자.

시왕맞이굿은 사령이 경험하는 사후세계에 대한 묘사와 그 경험의 실연을 중심으로 구성된다. 이 굿의 구조는 ① 초감제, ② 방광침, ③ 헤심곡, ④ 차사본풀이, ⑤ 시왕 도올리고 석살림, ⑥ 액막이와 지장본풀이, ⑦ 차사영맞이굿(마른질침), ⑧ 시왕질침으로 되어 있다. 전체적인 흐름은 인간의 목숨은 유한하기 때문에 사령이 저승을 향해 떠나도록 간원하고, 저승 가는 길을 안내할 저승차사의 내력담을 풀어서 사령을 안심시키고, 사령이 저승차사와 함께 가는 저승길을 깨끗이 치워 닦아 무사히 저승에 도착하면 저승지옥에서 이승에서의 죄를 정화하고 심판을 받아 마지막으로 '저승 좋은 곳'으로 보내는 순서를 따른다.

우선 신의 강림을 청하는 초감제에서는 죽음을 부정한 것으로 보기 때문에 시왕 위의 신은 청하지 않고 시왕과 차사, 그리고 방금 죽은 사자의 날혼이나 차사를 따라 저승길 여정에 나선 사자의 영혼을 제장으로 부른다.[24]

방광침은 사령으로 하여금 이승에서의 미련이나 원한을 풀고 즐거운 마음으로("저승마음을 가지고") 저승을 향해 떠나도록 기원한다. 시왕의 직능은 "목숨차지 시왕 죽어 목숨차지 시왕"이기 때문에 왕손이나 양반, 중인, 하인 등 신분고하를 막론하고 죽으면 시왕전에 간다는 '맑고 깨끗한 저승법'을 설명한다.

헤심곡은 사령이 떠날 저승길을 묘사한다. 인간은 저승차사가 당도하는 순간 죽을 수밖에 없는 "토란잎에 이슬 같은 인생"이며 "창문 밖에 나서면 저승길"이며 "한 번 가면 돌아오지 못하는 저승길"을 걸어서 저승문에 도착하면 자기가 태어난 생갑에 해당되는 지옥부터 시작하여 열 지옥을 두루 돌며 이승에서의 죄에 대한 벌을 받고 마지막 동자판관 앞에서 저승 좋은 곳에 가서 살지 이승으로 환생할지 심판을 받는 사후세계의 법을 묘사한다(이수자, 1991: 61).[25] 이 굿에서 묘사하는 저승지옥은 형벌과 고통의 장소이지만 사령이 '저승 좋은 곳'으로 갈 때까지 이승에서의 죄를 씻는 정화의 장소이지 저승길 여정의 종착점은 아니니다.

심방이 군복 차림의 차사 복장을 하고 선 채로 구송하는 차사본풀이는 차사가 사자를 고이 저승까지 데려가주도록 기원하며 차사의 내력담을 노래하는 것이다. 차사는 염라대왕을 잡아 이승으로 데리고 올 만큼 담력이 있고 삼천년이나 산 동박삭이를 속여 저승으로 데리고 올 만큼 똑똑한 "사람잡는 인간차사 강님차사"로 불린다. 차사본풀이는 강님차사의 내력담이지만 그 내용은 사후 재생의 윤리성에 대한 메시지를 전달하고 있다.

차사본풀이

① 동경국 버무왕의 아들 삼형제가 사주가 나빠 십오 세까지만 살 수 있다는 예언을 듣고 명복을 빌기 위해 절에 들어간다.
② 3년 공양을 끝내지 못하고 집에 돌아오다 과양생이 부잣집에 머문다.
③ 삼형제의 명주와 비단을 탐낸 과양생이 처에 의해 죽임을 당하고 주천강 연못에 수장된다.
④ 과양생이 처가 연못에 핀 예쁜 꽃을 집에 가져온다.
⑤ 꽃이 과양생이 처를 괴롭혀 화로에 던져버리니 세 개의 구슬로 변한다.
⑥ 과양생이 처가 구슬을 입에 삼켜 임신을 하고 아들 삼형제를 낳는다.
⑦ 십오 세가 된 아들 삼형제는 과거에 합격하지만 집에 돌아오지 못하고 대문 앞에서 죽는다.
⑧ 과양생이 처는 원님 김치(金緻)[26]에게 억울함을 호소한다.
⑨ 원님 김치는 사령 강님(姜林)에게 염라대왕을 잡아오라고 명한다.
⑩ 강님이는 부인의 조언으로 조왕신과 문신(門神)의 길 인도로 무사히 저승에 도착한다.
⑪ 강님이가 염라대왕을 잡고 이승으로 되돌아온다. 그동안 집에서는

강님이가 죽은 줄 알고 삼년상을 치렀는데 이때 삼년상 기일제사법이 마련되었다.

⑫ 염라대왕이 이승에 내려와 목사를 대신하여 과양생이 부부의 죄상을 밝히고 처벌한다. "살아 있을 때도 남의 피를 빨아먹었으니 모기각다귀 몸으로 환생하라"고 한다.

⑬ 연못에 빠져죽은 버무왕 아들 삼형제를 살려낸다.

⑭ 염라대왕은 용감한 강님의 혼만 빼가지고 저승으로 되돌아가니 강님은 이미 죽어 있다.

⑮ 강님이는 '사람잡는 인간차사'로 임명받고 첫 번째 업무로 삼천년을 산 동방삭이를 잡아간다.

⑯ 저승으로 데려올 사령의 이름을 적은 저승 적패지(赤牌旨)[27]를 가져오던 까마귀의 실수로 인간이 나이에 관계없이 아무 때나 죽게 되었다.

차사본풀이 구송 직후 군복 차림의 강님차사 복장을 한 심방이 공연하는 차사영맞이굿(마른질침)은 사령의 저승천도를 기원하며 그 과정을 연극적으로 재현한다.

40센티미터 정도로 짤막하게 깬 댓가지 12개를 구부려 30센티미터 정도의 간격을 두고 멍석 위에 꽂아 일렬이 되게 하는데 이 댓가지는 저승의 문이고 댓가지 밑의 한줄기 빈 공간은 저승길이 되는 것이다. 이 과정을 마른질침이라고도 하는데 차사와 영혼이 저승길을 안전하게 통과하도록 먼저 지옥문에 이르는 길을 깨끗이 치워 닦고, 저승 열두 문에 도착하면 지옥 열시왕의 형벌을 무사히 통과하여 '저승 좋은 곳'으로 보내어 영생을 누리도록 기원한다.[28]

2) 죄와 벌, 원한과 해원의 윤리적 규범

차사본풀이에 나오는 죽음과 재생의 신화적 도식은 몇 가지 윤리적 메시지를 전달하고 있다. ① 인간은 신분 차이와 남녀노소 구별 없이 모두 한 번 죽지만, ② 사후 인간은 재생하며, ③ 이승에서의 죄에 대해 지옥에서 벌을 받고 심판받는데, ④ 죄가 없고 공덕이 있는 사람은 '저승 좋은 곳'으로 가거나 지위가 높고 부를 누리는 인간으로 환생하며 죄가 있는 사람은 다른 동식물로 환생한다. 동식물로 환생하는 것을 '귀양'이라고 하는데, 또 한 번 죽어야 죄를 면하는 일종의 죄에 대한 벌이다. 그중에서도 좋은 환생은 새나 나비로 환생하는 것이고 나쁜 환생은 소·말·뱀·지네·초목으로 환생하는 것이다.[29]

할망본풀이에서 명진국 따님애기가 옥황으로 불림을 받았을 때 용감하게 저승행을 감행하는데, 그때 "죄 없으면 죽지 않는다"고 단언하는 것은 '죄 없고 공덕을 쌓은 사람'의 재생과 영생이 갖는 윤리적 당위성을 반영한다. 반면 차사본풀이는 '죄 없이 억울하게 죽은 사람'의 재생이 보다 복잡한 죄와 벌, 원한과 해원의 사회극 형식을 통해 성취된다는 것을 보여주고 있다.

본풀이에서 버무왕 아들 삼형제는 꽃·구슬·과양생이의 세 아들로 세 번 환생하다가 염라대왕의 권능으로 그들의 '억울한 죽음'이 밝혀지면서 '살아난다.' 여기서 '억울한 죽음'은 반드시 해원되며 그것은 제삼자에 의해서 가능하다는 메시지를 읽을 수 있다. 이들의 죽음은 그들이 성인이 되기 전, 즉 15세 전에 죽임을 당했기 때문에 '죄가 없으며' 바로 그 죄 없음의 윤리성으로 인해 해원의 정당성이 보장된다. 그리고 해원은 반드시 보복의 행위를 통해 이루어진다는 선과 악의 윤리적 원칙이 여기에 있다. '죄 없는 억울한 죽음'의 원한은 반드시 보복을 함으로써 신원된다는 논리는 과양생이 처에게 죽임을 당한 버무왕 아들 삼형제가 그녀의 아들이 되어 똑같은 죽음을 되풀이하는 데서도 알 수 있고 그들의 신원이 가해자 과양생이 처의 신원에 의해 이루어지는 역설에서도 알 수 있다.

차사와 영혼을 맞이하는 마른질침 바로 직전에 구송하는 지장본풀이는, 죽음이 억울하며 그 원한을 풀기 위해 새남굿이 마련되었으며, 해원의 몫은 당사자가 아니라 사령의 가족과 자손의 의무라는 것을 명시하고 있다. 지장본풀이의 내용은 박복한 사주팔자 때문에 양가 부모와 남편과 자식 모두를 죽게 만든 지장아기씨가 죽은 영혼들을 위로하기 위해 새남굿을 벌이고 죽어서는 새(鳥) 몸으로 좋은 환생한다는 이야기이다.

그런데 이 '새'는 여러 가지 일을 방해하는 새(邪)로 변한다(현용준, 1980: 294-295). 새의 몸에 환생한 지장아기씨가 일으키는 사악한 일은 주로 두통·눈병·천식·화병 같은 신체적인 질병, 부부싸움이나 이간질 같은 인간 사이의 분쟁이다. 자신의 의지와는 상관없이 단지 사주팔자 때문에 가족 전부가 이유 없이 죽게 된 사연이 지장아기씨에게는 억울하기 짝이 없는 일이다. 그래서 그녀의 답답한 심정이 그대로 투사된 것이 사(邪)라고 보인다. 새남굿으로 가족의 한을 풀어준 '좋은 일'을 한 지장아기씨가 의도적으로 남에게 나쁜 일을 하지는 않을 것이다.

그러면 왜 지장아기씨는 사령을 위로하는 새남굿을 함으로써 좋은 일을 했음에도 불구하고 인간에게 나쁜 영향을 미치는 사악한 존재로 남게 되는가? 그것은 원한은 반드시 해원되어야 한다는 응보 논리이다. 해원의 과정에는 원한의 동기가 되는 상황이나 인물에 대한 보복이 따르게 마련이며, 그 보복은 윤리적으로 정당한 것으로 평가된다.

가족의 죽음이 '죄 없이 억울한 것'이기 때문에 생존자인 그녀에게 그것은 원통(寃痛)한 일이며, 그녀 자신이 그러한 죽음의 원인이 되었다는 것이 원한(怨恨)이 된다. 지장아기씨가 새남굿을 가족에게 해줌으로써 가족의 원통함은 풀어주었지만 자신의 원한은 풀리지 않았다. 그녀의 원한은 풀어줄 제삼자가 나타날 때까지, 즉 사람들이 그녀의 본을 풀어줄 때까지 풀리지 않고 맺히고 쌓여 세상에 재앙을 일으키는 사(邪)와 액(厄)으로 나타나는 것이다. 그녀의 무죄한 고난이 다른 무죄한 희생자에게 복수하는 악순환으로 나타나는 원한의 파괴적 특성은 고통의 원인이 외부에 존재한다고 보기 때문이며, 그래서 해원도 자신이 아닌 제삼자의 도움을 필요로 하는 것이다. 이러한 응보 논리에 따라 사(邪)와 액(厄)은 원한이 필연적으로 결과하는 보복이며 논리적으로 정당하다.[30]

이와 같은 이유로 지장본풀이는 사령이 저승사자와 함께 떠나는 저승길을 방해하는 모든 종류의 액을 막는 과정에서 구송된다.[31] 이공본풀이에서 억울하게 죽임을 당한 원강아미의 환생이 가해자 만년장자 가족의 보복적인 죽음 이후에야 이루어지는 이치와 비슷하다. 차사본풀이에서 남의 피를 빨아먹는 각다귀와 모기로 환생한 과양생이 처가 남의 것에 대한 욕심에서 우러나온 죄로 인해 나쁜 환생을 한 것은 인과응보라 볼 수 있지만, 새의 몸으로 좋은 환생을 한 지장아기씨가 이러한 질병과 분쟁을 일으키는 것은 어떤 환생이든 환생은 이승에서의 한이 완전히 풀어지지 않은 상태여서 완전한 재생이라 할 수 없기 때문에 본질적으로 바람직하지 않은 것으로 보며, '저승 좋은 곳'으로 완전히 전이되어 그곳에서의 영생을 소망하는 윤리적 의식을 엿볼 수 있다.

이와 같이 한(恨)의 의미가 해한(解恨)이 되기까지 한시적으로 액(厄)의 의미로 전환이 되는 논리적 근거는 원한의 정서가 가지고 있는 정당함 때문이다. 지장아기씨의 정당성은 그녀가 저승에서 '죄 없이 죽은' 혼령을 돌보아주는 지장대왕의 직능을 가지는 데서도 입증된다. 사령이 이승의 죄를 정화하는 저승의 열지옥을 통과한 다음 가는 곳이 서천꽃밭인데 거기에는 열한 번째 지옥 신인 지장대왕과 열두 번째 지옥 신인 생불대왕이 관장하는 곳이다(현용준, 1980: 222). 지장대왕이 관장하는 지옥은 특정 장소에 대한 묘사가 없이 간단하게 '지장의 몸으로서'라고만 말하는 걸 보면 두 여성 저승 신이 모두 서천꽃밭에서 사령을 다스리는 것 같다. 열두 번째 지옥은 생불대왕이 관장하는 서천꽃밭이다. 생불대왕은 이승의 불도할마님과 동일한 신격인데 15세가 되지 못하고 죽은 아이, 가난한 부모에게서 태어나 잘 얻어먹지 못한 아기, 제대로 성장하지 못하고 병약한 아기, 그리고 아이를 낳아보지 못하고 늙은 노인을 서천꽃밭에 모아놓고 돌보아주는 저승 신이다. 지장본풀이에서처럼 지장대왕이 억울하게 죽은 원혼을 저승으로 천도하는 역할을 한다면, 생불대왕은 성년이 되지 못한 어린아이를 천도한다.

불도할망과 지장아기씨가 모두 '죄 없이 죽은' 사령을 돌보아주는 저승 신이 되는 신화적 일화에서 생명과 죽음에 대한 규범적 메시지의 윤리성은 더욱 확실해진다. 죽음은 누구에게나 우연하게 다가오는 불가항력적인 사건이다. 죽음은 이와 같이 자연스러운 사건이기 때문에 그 자명한 이치를 초월하기 위한 인식론적 기제로서 죽음과 사후세계 사이의 윤리적 인과관계를 설정한 것이 '죄 없는 죽음'에 대한 메시지이다. 할망본풀이에서 맹진국 따님애기는 생불왕 소임을 받으러 하늘에 올라갈 때 "죄가 없으면 죽이는 법 없다"고 하며 죽음을 겁내지 않는 용기를 보여준다. 즉, 죽어도 죽지 않는다고 믿는다.

그러면 차사본풀이에서 보듯 사람이 죽으면 저승에 간다는 사후세계에 대한 규범적 메시지가 왜 '15세 이내에 죽는 죄 없는 억울한 죽음'의 이야기로 전달되는 것일까? 신화의 메시지는 모든 죽음을 '죄 없고 억울한' 것으로 보는 의례집단의 일반적인 윤리의식을 반영한다. 사자가 저승 좋은 곳에서 재생하는 것이 모든 이의 바람이라면, 죽음은 죄가 없어야 하기 때문에 신화 주인공이 15세 이전, 즉 성년이 되기 전에 그것도 남의 재물을 탐내는 사악한 사람에 의해 억울하게 죽임을 당하도록 차사본풀이의 각본이 만들어진 것으로 볼 수 있다. 이렇게 해서 '죽음 이후의 삶'이 가지는 윤리적 당위성은 '죄 없는' 비극적 죽음으로부터의 구원 논리에 의해 정당화되는 것이다.

여기서 15세 성년이라는 개념은 신화적 도식의 윤리적 의미를 형성하는 데 중요한 열쇠이다. 15세 이전의 죽음이 '죄 없는 억울한 죽음'이라면 15세 이후 성년이 된 후의 죽음은 일반적으로 '죄 있는 죽음'이며 '죄에 대한 벌'로 나타난다. 15세가 죽음의 '죄 없음'과 '죄 있음'이 분류되는 분기점이다. '죽음 이후의 삶'은 곧 죄로부터의 구원을 의미한다.

그런데 신화에서 '죄 있는 죽음'의 윤리적 당위성은 부모에 대한 불효의 죄에 있다. 그리고 죄로부터의 구원은 효행을 통해 이루어진다. 본풀이의 주인공 신의 생애사 과정을 살펴보면 '죽음과 사후 재생'에 대한 신화적 도식의 윤리적 규범은 효 이념이 중심이 되는 실천적 사회윤리로 구체화되고 있음을 알 수 있다.

앞서 제시된 본풀이 외에 다른 일반본풀이에 나오는 비극적 신의 대부분이 여신이며, 이들의 비극적 고난과 죽음을 초래한 계기가 주로 부모에게 불효한 죄인데, 그때 나이가 15세로 성년이 되는 시기라는 것이 흥미롭다. 15세에 이르러 지배적인 사회윤리인 효 이념을 위반한 것은 여신들이 주체적인 사고와 행동을 할 수 있는 성년이 되었음을, 그리고 죄에 대한 자의식이 형성되었음을 의미한다. 이 여신들은 부모의 신체에 해를 끼쳐서 불효한 죄로 바다에 버려지고(할망본의 동해용궁 따님애기), 처녀가 임신하거나(초공본의 자지명왕아기씨) 신체에 대한 성적인 지식을 공공연하게 발설하는(삼공본의 가믄장아기) 등과 같은 반윤리적 행동으로 부모에게 내쫓김을 당하는데, 그것은 곧 죽음이다. 이들의 죽음은 부모로부터 분리되어 성인이 되는 통과제의적 절차이며 불효에 대한 벌이다. 달리 보면 이들은 효 이념의 희생자라고 할 수 있다. 정조를 지키려다가 목숨을 잃은 원강아미는 미성년은 아니지만 같은 부류의 효 이념의 희생자이다.

그러나 아무리 여신들의 죽음이 죄로 인한 당연한 죽음이라 할지라도 여신의 주체적인 입장에서 보면 그들의 죽음은 '억울한' 죽음이다. 그래서 본풀이의 주요 내용은 지배 사회로부터의 추방과 억울한 죽음을 영웅적으로 극복하여 신격이 되는 과정으로 구성되어 있다. 여신들의 신격화 과정은 죄를 극복한 구원의 과정이라 할 수 있는데, 여신의 개체적인 주체성의 확립과 효 이념의 구현으로 나타난다.

그런데 역설적이게도 여신들이 신격을 획득하는 계기가 혼인으로 맺어진 남편과 아들의 도움으로 이루어진다. 이것은 여성은 혼인에 의해 비로소 성숙한 인격이 완성된다는 가부장적 효 이념의 종교적 권위를 반영한다. 초공본의 자지명왕아기씨는 아들 삼형제 삼명두의 시왕맞이굿으로 되살아나 무구를 보관하는 신당의 당주가 됨으로써 집과 가족을 되찾으며, 이공본의 원강아미도 서천꽃밭 꽃감관인 남편과 할라꿍이 아들의 환생꽃으로 살아나 서천꽃밭으로 돌아가 가족의 재결합을 이룬다. 또한 남편 마퉁이를 만나 큰 부자가 된 삼공본의 가믄장아기는 딸을 내쫓은 죄로 거지가 되고 장님이 된 부모와 상봉하여 가족의 재결합을 성취하며, 지장아기씨는 자신의 나쁜 팔자 때문에 억울하게 죽은 친족 영혼들을 위해 새남굿을 해준 덕에 새 몸으로 좋은 환생하며, 비록 가족관계는 아니지만 인간할망의 너그러운 자매애 덕분에 저승할망은 굶지 않는 여신이 된다.[32]

이러한 여신들의 비극적 생애담과 구원 이야기는 여성과 유교적인 효 이데올로기 사이의 모순과 해소라는 변증법적 서사 도식으로 풀어볼 수 있다. 이 모순은 '억울한 죽음'의 한을 낳았고 모순의 해소는 효의 구현을 통한 해한(解恨)으로 나타난다. 여신의 신격화가 죽음의 초월, 죄로부터의 구원, 효 가치의 구현 등을 의미한다면 그것은 한과 해한의 사회극 과정을 통해 성취된다. 이것은 의례집단의 여성이 당면한 가부장적 억압과 고통의 일상적 경험을 신화적 여성 신의 생애에 투사한 것이라 할 수 있다(강진옥, 1995: 186). 여성 신격의 신성성의 근거를 의례적 연행의 주체적 집단인 여성과 신격의 경험적 친연성에서 찾는 것은 그리 어렵지 않다. 신화 텍스트에서 신은 인간의 모습을 하기 때문이다. 이러한 신화의 연행적 특성에 비추어 보았을 때 여성 신격의 도덕적 성화를 주제로 하는 신화적 도식은 신화를 구송하고 경청하는 굿의례 참가자들의 현실적 삶의 경험세계에서도 일관된 틀과 반성성을 가지고 재현된다 하겠다.

6. 무교의 종교적 전망

일반적으로 무교는 종교 형태론적으로 현세적 기복신앙으로 간주되어 왔다. 이 관점에서 보면 무교의 세계는 신과 인간 사이의 '주고받기'식 역동적인 관계로 특징지을 수 있다. 신과의 관계에서 인간은 신을 달래고 좋은 관계를 유지해서 화를 면하거나 도움을 받을 수 있다고 믿는 주술적 믿음을 갖는 존재로 묘사된다. 다시 말하면 무교의 세계에서 신은 절대자 또는 초월자로서의 자질보다는 세속적인 가치가 투사된 것으로 그 실재성이 결여된 것으로 보아왔다.

그러나 굿의례에서 구송되는 무교 신화의 내용을 분석하면 표층에 드러난 세속적인 가치체계의 심층에는 신성의 메시지가 체계적으로 도식화되어 있음을 알 수 있다. 무교 신화는 '지금 여기'의 역사적 시간에 제한받지 않는 신성의 규범성과 고정불변성을 암호화한 신성에 대한 담론이다. 그러나 신화는 반드시 의례 현장에서 구현됨으로써 불변의 확실한 신성성의 권위를 획득한다. 의례과정에서 태초의 무시간적인 신화적 사건은 일상의 경험적 사건과 결합되는데, 신성의 규범적 메시지는 의례 참가자의 지적·정서적·도덕적 경험에 대한 권위적인 해석을 제공하는 종교적 전망으로서 작용한다. 예컨대 신화의 신성한 규범적 메시지는 의례 참가자에게 현실적인 고통을 생명과 죽음의 존재론적 의미의 맥락에 위치시킴으로써 고통을 극복하도록 이끌며, 더 나아가 고통의 본질을 이해하고 초월세계에 대한 사상의 틀을 제공한다. 이른바 기복신앙은 현실적인 고통의 경험을 종교적 전망에서 구체화한 것으로 볼 수 있다.

이 장에서는 무교의 종교적 전망을 '삶과 죽음의 경쟁에서 재생으로의 삶의 순환'이라는 신화적 도식과 한과 해한의 윤리적 사회극의 분석을 통해 살펴보았다. 신화와 굿의례는 신성성의 담론이다. 신화가 거룩한 '존재의 시현(ontophany)'이라 할 때 그 실재의 유효성은 생명, 풍요, 건강, 도덕과 윤리의 회복에서 드러난다(엘리아데, 1983: 75).

의례는 신성한 기원의 신화적 시간을 환기하고 재연하는 것이다. 의례 과정에서 신화를 구송하고 경청하는 의례 참가자들은 신화가 드러내는 거룩한 실재 속에 참여함으로써 자신의 개인적 경험을 이해하는 준거틀을 발견하고 더 나아가 인간 사회의 도덕률에 대한 근본적인 반성을 하게 된다. 엘리아데의 말을 빌리면, 이것이 신화와 굿의례의 "근원적 시간에로의 복귀가 가지는 갱생적 기능"(엘리아데, 1983: 64)이다.

'삶과 죽음 그리고 재생, 그러나 최초의 삶으로의 순환'이라는 제주도 무교의 신화적 도식에서 볼 수 있는 것처럼 신화적 기원의 시간과 최후의 시간은 동시적인 시점으로 수렴되며 굿의례는 거룩한 실재에 대한 하나의 경험, 하나의 메시지를 전달한다. 그것은 효행을 통한 생명의 회복이다.

신성에 대한 지식은 경험 외적 실재에 기초하기보다는 일상적 현상에 대한 문화적 가정에 기초한다. 신령, 영혼 또는 귀신 같은 개념은 순수하게 종교적 범주에 속한다. 그러나 그것들은 비가시적이고 비경험적인 현상임에도 산 사람에게 액을 가져오고 덕을 베푸는 등 실재하는 것으로 인식되는 것은 영혼이나 귀신의 속성이 인간의 정서적·사회적 과정에 대한 상식적 지식을 표상하이기 때문이다. 신성 관념이 물질적 대상에 의해 표상될 때는 언제나 은유적 변환이 관련되어 있으며, 그것은 의례 참여자의 신앙을 통해서만 해독된다.

신성의 종교적 상징은 일상적 현실을 이해하는 모델로서, 그리고 현실을 변화시키기 위한 모델로서 작용한다. 따라서 신화와 의례에서 신과 인간의 관계, 산 자와 죽은 자의 관계가 현세적 인간관계의 이야기로 개념화되고 극화되는 것은 생명과 죽음의 원리, 죄와 벌의 윤리적 인과성, 원한과 해원의 공동체적 사회윤리를 이해하기 위한 비유적 방법이지, 의례적 행동을 통해서 물질적이고 실질적인 보상을 바라는 주술이 아니다.

이 장에서 분석한 불도맞이굿과 시왕맞이굿은 생명과 죽음에 대한 상징적 드라마이며 삶과 죽음의 사회극이다. 신화에서 삶은 '죽음 이후의 삶'으로 도식화되기 때문에 의례적 연행은 죽은 사람, 죽어가는 사람을 '살려내는' 삶의 창조적 작업이 된다. 시왕맞이굿에서 죽음의 상징물로 설치된 저승문, 군복을 입고 저승차사를 연기하는 심방의 위협적인 몸짓 등과 같은 연극적 행동은 죽음과 사후세계를 실재하는 것으로 인식하게 하는 인지적 기능을 한다.

또한 시왕맞이굿은 죽음과 관련된 슬픔과 고통의 인간적 감정을 현실보다 더욱 진실되게 표현하는 문화적 연행이다. 시왕에게 목숨 대신 닭을 희생제물로 바치고 액을 막아달라고 비는 액막이와 사자에 대한 자손의 의무를 강조한 지장본풀이의 교훈은 죽음과 죽음이 초래한 불행을 극복해야 한다는 삶에의 욕구를 불러일으키는 '욕망의 기능(orectic function)'을 한다(Turner, 1967: 54).

이렇게 볼 때 사령의 왕생천도를 기원하는 시왕맞이굿의 궁극적인 관심사는 사후세계가 아니라 삶이다. 사령의 위무가 이 굿의 명시적 목적이지만 실제의 굿 연행은 사령의 유족인 산 사람의 당면한 삶의 위기를 해결하기 위한 것이다. 산 사람의 질병과 불운의 원인이 되는 사령의 한을 풀어주고 저승 좋은 곳으로 보냄으로써 이승과 저승, 삶과 죽음 사이의 경계를 재구축하는 시왕맞이굿은, 인간세계의 삶을 재확인하고 위기에 봉착한 생명력을 회복하는 '진지한 놀이'인 것이다. 물론 이 진지한 놀이는 생명의 원천으로서 '하늘'에 대한 신앙에 기초하고 있다. 불도할망의 '좋은 마음'을 매개로 하늘에 빌어 생명꽃을 따오고 나눔으로써 인간세계는 생명력으로 넘치게 되는 것이다. 무교의 '하늘'은 바로 거룩한 실재이다.

제11장

한과 해한의 사회극

국경을 넘나드는 조상혼

이 장에서는 제10장에서 검토했던 신화의 규범성이라는 측면에서 신격의 죽음과 구원의 서사 도식이 어떻게 일상적 경험세계에서 조상과 자손 사이의 윤리적 관계로 치환되어 나타나고 한과 해한의 사회극으로 재현되는지 제주시에서 열린 문씨 집안의 조상굿 사례를 가지고 살펴본다. 원래 제주도 굿에서는 조상굿이라는 제차가 따로 없다. 죽은 영혼들의 길을 닦아주는 시왕맞이굿에서 모든 조상 영혼이 심방의 입을 빌려서 '영게울림'을 한다는 점에서 시왕맞이굿이라고 표현하는 것이 바람직할 수도 있지만 보다 일반적인 '조상굿'이라는 명칭으로 검토한다.

차사본풀이 신화에서 나타나는 죽음 자체의 '죄 없고 억울함'의 이미지는 조상과 자손의 윤리적 의무관계를 명시하는 의례적 서술에서 잘 나타난다. 사령의 가족이나 자손은 '억울하게 죽은' 사령을 위해 새남굿을 해주어야 그 원한의 윤리적 당위성에 의해 자손이 입을 액을 피할 수 있다고 믿는다.

문씨 집안 조상굿의 '집안연유닦음' 제차에서 구송되는 대주의 생애사는 조상의 억울한 죽음을 하늘과 시왕에게 신원하는 방식으로 구성되어 있다. 조상에게 '죄를 지었다'는 대주의 깨달음의 고백으로 시작하여 사령의 억울한 삶과 죽음의 이야기, 즉 '영게울림'과 함께 대화적인 양식으로 전개된다. 대화 내용이 대체로 비극적 정서로 채워지는 이유는 조상령의 '죄 없는 억울한 죽음' 이야기와 그 한(恨)을 풀어주지 못한 대주의 죄에 대한 참회를 담고 있기 때문이다.

1. 굿을 청하는 이유

문씨 집안 조상굿은 1984년 4월 제주 국제공항 근처 도두동(다끄네)에서 나흘간 진행되었다. 굿을 의뢰한 사람(대주)은 사십칠 세의 어부와 사십오 세의 부인(계주)이었다. 굿을 하게 된 이유는, 공항 확장으로 인해 길을 내려는 정부의 계획에 따라 마을의 집들을 철거하려고 하자 대주 부부가 이사 가기 전에 모든 조상을 위로하기 위해서였다. 또한 다끄네는 대대로 집안 조상이 살았던 곳('태 살은 땅')이고, 당시 어린아이들도 자꾸 아팠기 때문이다. 십년 만에 처음으로 하는 굿이라 문씨 내외는 정부로부터 받은 보상금 중 거의 1/3이나 되는 막대한 돈을 써가며 나흘간 큰굿을 했다.

이들이 빈곤과 계속되는 병마에 시달렸다는 사실을 생각할 때 이것은 결코 쉽지 않은 결정이었지만, 굿을 하여 조상들의 한을 풀어주고 싶은 바람이 있었다. 새 조상 옷을 바치면서 복을 빌었다. 그 기원이 그대로 이루어진다는 보장도 없는 현실에서 단지 나흘간의 굿에 거의 이백만 원에 달하는 돈을 들인 정성은 엄청난 것이었다. 당시 이백만 원은 대학 졸업자의 일곱 달치 봉급과 거의 맞먹는 것이었다.

이처럼 가난한 사람들이 그토록 많은 돈을 들여 조상굿을 해야겠다고 생각한 이유는 무엇일까? 대주는 심방이 '집안연유닦음'을 구송하는 동안 교육도 제대로 못 받고 친척들로부터 아무런 도움도 못 받은 것에 대해, 또 가족이 불행한 것에 대해 비통해 했다. '집안연유닦음'에서 그의 불행과 가난은 변덕스러운 바다와 함께 비극적인 가족사 때문으로 인식되었다.

이 굿은 십년 만에 하는 조상굿이었다. 그래서 조상령을 천도하는 질치기 제차에 불러야 할 조상들의 수가 엄청나게 많았다. 가까운 친척들이 와서 문씨 내외가 해야 할 자질구레한 일을 거들어주었고, 자기네 직계 조상들을 위해서는 굿 비용도 조금씩 냄으로써 문씨 내외의 부담을 덜어주었다. 5대 안의 모든 부계 조상과 계주의 친정아버지와 형제자매 등 몇몇 모계의 영혼들까지 많은 조상 영신을 굿판에 모셨지만 그들 중 극히 일부에게만 질침을 해주었다. 대개 폭력적이고 변칙적으로 죽어간 영신(비명에 간 원혼)들이 행여 해코지라도 할까 염려하여 제사에서도 그들을 모시지 않은 까닭에 이렇게 특별히 질치기를 해주는 것이다.

대개 이런 조상굿에서는 질치기를 하기 마련이다. 질치기를 위해서는 시왕(지하에 사는 열 명의 왕)과 차사(差使)들을 청해 맞이하는 시왕맞이굿을 해야 한다. 시왕맞이굿의 전반부에 해당하는 초감제에서 심방은 굿을 하는 구체적인 이유를 아뢴다. 이 단계에서는 흔히 대주와 계주의 삶의 이야기가 '집안연유닦음'의 형식으로 구송된다. 그 내용은 보통 '억울하게 죽은' 조상들의 한을 무시했기 때문에 비롯된 현재의 슬픔과 고난에 초점이 맞추어져 있다. 대주 부부의 당면한 현실적 문제의 원인을 조상에 대한 죄로 진단함으로써 굿을 하는 이유가 정당화되는 것이다.

이 부부의 단골 심방과 이번 굿을 주재하는 안사인 심방[1]은 신당에서 조상들의 이름을 부르며 그들의 죽음 이야기와 연관된 대주의 삶을 자세하게 풀어나갔다. 아주 느릿하게 구송해나가는 사이에 이야기꾼으로서의 상상력을 발휘하여 조상에서 자손으로 이어지는 가족의 역사를 살아 있는 신화로 만들었다. 다음은 심방이 구송한 '집안연유닦음' 내용의 일부이다.

분부문안 말씀 올립니다

마흔 일곱님아, 나는 어느 조상의 좋은 기도 받은 적 없고

어느 부모 좋은 재산 받은 바 없어
남과 같이 좋은 공부 못했고
일생 나서 일천고생 신산고생하며
나대로 자수성가하여
할아버지 나 어릴 때 바다에 나가 빠져죽고
저 애기들 고생하니
누가 이 애기들 키우고 누가 밥 주어 키우리
돈아 돈아! 말 모르는 이 금전 벌려고
날만 새면 저 바다에 나가
바람 광풍만 나면 하느님께 외치며
"내가 죽거든 내 아버지와 가속들 돌봐 주시오"
남과 같이 좋은 옷 못 입어보고
누가 나보고 고생하는구나 하고 말해주는
형제나 친척 어디 있느냐
나 혼자 나 혼자 살아온 마흔 일곱님아!
어느 재산 우리 조상들 나한테 물려주던가
아기씨 선앙 할마님 앞질 발라줍센하고(앞길 밝혀주십시오 하고)
조상에 등장 들어(불을 밝혀) 자손들 앞으로
조상의 은덕 기도원정 올리겠다 하여
십 년 전 백지알 대김 눌러(백지로 약속해놓고)
조상에 검 부정(검은 거짓말) 하다가
집안에 일 당하면 어쩌나
바다에 나갈 때마다 잠을 잘 때도 근심하여
마흔 일곱 바다에 바람만 세게 불어도
조상에 지은 죄 어떻게 할까

우선 양손 빌어 잘못을 사죄하며 살아온 것이

올해 음력 삼월 조상님 전에 기도 올려

죄책을 면해주십시오

심방은 대주와 계주를 향해서 구송하는데 이야기를 듣는 사람의 입장에서 이야기하기 때문에 이야기의 서술 주체와 청자가 일치하는 자기-의사소통이 된다(굵은 글씨 '마흔 일곱님아, 나는'). 표면적으로는 자손이 조상에게 건네는 대화의 형식을 취하지만 실제 내용은 대주가 자신의 죄에 대한 내면적 성찰의 독백이다(굵은 글씨 '조상에 지은 죄 어떻게 할까'와 '죄책을 면해주십시오'). 조상에 대한 죄의식은 대주 부부의 당면한 정신적·신체적 위기 상태를 '불효'라는 유의미한 현상으로 언어화하는 개념이다.

어부인 대주의 삶은 익사한 할아버지의 삶에서 전조되었듯이 언제 죽을지 모르는 불안과 공포로 가득 찬 것이었다. 계주의 마음도 불안하기는 마찬가지였다. 그녀는 결혼한 후 계속해서 심한 두통에 시달리다가 결국 점쟁이를 찾아가게 되었는데, 그 점쟁이는 두통의 이유가 문씨 집안의 조상 때문이라고 말했다. 십년 전 계주는 심방을 불러 비념을 하면서 세 번 접은 백지 위에 산잔(算盞)을 찍고, 그 조상에게 정성을 바치기로 약속했다. 그러나 문씨 내외에게는 그 약속을 지킬 만한 돈이 없었을 뿐만 아니라 계속해서 가난에 시달리다 보니 자신들이 그런 약속을 했다는 것조차 까맣게 잊어버렸다. 그러던 차에 이번에 마을이 철거되기 전 시왕맞이굿을 하면서 약속을 지키게 된 것이다.

이 굿은 이사하기 전에 애달픈 조상들을 위로하기 위한 목적도 있었지만, 굿의 직접적 계기는 계주의 꿈 때문이다. 대주는 어렸을 때 작은아버지 내외를 따라서 동생과 함께 일본으로 밀항했다. 불법 노동자로서 공장에서 일을 했지만, 결국 불법 체류자로 체포되어 대주는 송환되었다. 함께 갔던 어린 동생은 1960년대 북송선을 타고 북한에 간 후 소식을 알 수 없게 되었다. 그리고 최근 계주의 꿈에 나타난 것이다. 대주 부부는 이번 굿을 통해서 동생의 생사를 확인하고자 했다.[2]

심방은 '집안연유닦음' 제차에서 대주가 교육도 제대로 못 받고 친척들로부터 아무런 도움도 못 받은 것에 대해, 또 가족이 가난한 것에 대해 비통해함을 강조했다. 가난하고 사회적으로 비참한 처지에 있는 사람들에게 죽은 영혼들의 비탄은 마치 살아 있는 자신들의 불행에서 기인하는 것으로 생생하게 여겨진다. 대주는 바다의 사나운 바람 때문에 배가 난파해 죽게 될 위험에 처했을 때 비참하게 살다 간 조상들을 그동안 위로해주지 않아서 조상들이 벌을 내린 것이라고 생각했다. 조상에 대한 죄의식은 불효에 대한 자각이다. 결국 그는 오랫동안 자손으로서 효의 도리를 다하지 않은 것을 사과했다. 이것을 단지 마음의 부담을 덜고자 한 감상적인 행위로 보긴 어렵다. "조상에 빌면 조상에서 도와준다"는 심방의 구송처럼 조상들의 한과 그 위력에 대한 대주의 진지한 신앙 표현인 것이다.

이렇게 자손이 자신의 조상에 대한 죄를 고백하고 조상에게 용서를 빌면 조상들은 역시 비극적 정서로 채워진 죽음의 이야기로 대응한다. "분부문안을 여쭈어 드린다"로 시작하는 '영게울림'은 시왕맞이굿의 질치기 제차에서 심방이 사령의 이야기를 대신해서 전달해주는 것이다. 사령의 서러움을 울면서 말하기 때문에 '영게울림'이라 한다. '영게울림'은 영혼의 울음이라는 뜻이다.[3] '영게울림'에서는 사령이 저승천도의 길을 밝혀주니 자손에게 고맙다는 인사로 시작해서 살아 있을 때의 심회, 죽어갈 때의 서러움, 저승에서의 생활 등을 묘사하고 각 가족 성원에게 애정 어린 당부와 함께 저승에 가서도 집안의 액을 막아주고 자손에게 복을 내려주겠다는 약속으로 끝난다. 자손들은 사령이 직접 이야기하는 것으로 알아듣고 울음을 터트린다(현용준, 1980: 890).

자손의 생애사에서 조상의 '영게울림'에 이르기까지 일관되게 나타나는 비극적 정서는 조상의 한이 자손의 한으로 전이된다는 연대기적 역사의식에 기초하고 있다. 또한 조상의 한이 풀어져야 자손의 죄도 면제된다는 의식은 효의 실행을 통한 해한의 공동체적 사회윤리를 대변한다. 문씨 집안의 비극적 연대기는 산 자와 죽은 자가 공유하는 삶과 죽음의 경험에 대한 문화적 도식으로 고정된다. 이 문화적 도식은 한과 해한의 윤리적 사회극의 형식으로 치환되어 삶의 위기 상황을 교정하는 실제적인 효과를 결과한다.

2. 문씨 집안의 비극적 연대기

제주도 무교의례에서는 '집안 일월조상'과 '부모 혈연조상'을 엄격히 구분한다. '부모 조상'이란 대주의 고조부 이후의 5대에 걸친 문씨 집안의 죽은 영혼들로서 기제사를 받는 혈연적 조상이다. '집안 조상'은 혈연적으로 연관이 없거나 약하다는 점에서 신화적 인물이며 집안 수호신이다. 집안 조상은 '일월조상'이라고 하여 특별히 신격으로 대우를 받으며 본풀이가 있다. 그것을 '조상본풀이'라고 한다.[4] 문씨 집안의 경우 '아기씨서낭'이 '집안 조상'으로 받들어지는데, 이 조상은 처녀혼이다.

1) 집안 조상: 처녀혼의 신화

문씨 집안의 공동 조상이 된 처녀혼은, 고조할머니가 마을 근처 해변에 떠내려 온 나무둥치에 걸려 넘어진 사건 이후 문씨 집안 조상으로 받아들여졌다. 그 나무둥치는 해초에 휘감겨 있었는데, 고조할머니가 해초를 걷어냈을 때 거기에는 처녀의 시체가 묶여 있었다. 고조할머니는 이미 썩은 시체를 가까운 모래밭에 묻어주고 난파된 배에서 떨어져 나온 듯한 나뭇조각은 집으로 가져와 변소의 발받침대로 사용했다. 그 후 고조할머니는 허광증(미친병)에 걸렸다. 처녀혼은 자신의 주검을 처리해준 할머니에게 빙의하여 미치는 병에 걸리게 함으로써 자신의 존재를 가족에게 알렸다. 그 이후 이 처녀혼은 고조할머니의 모든 자손에게 축복을 가져다줄 수도 비운을 가져다줄 수도 있는 '집안 조상'이 되었다.

'부모 조상'의 저승천도를 위해서는 이 '집안 조상'의 한을 '닻감기소리'에 맞춰 놀아줌으로써 풀어주어야 한다. 심방은 '영게울림'에서 대주나 처녀혼의 목소리로, 또 어느 때는 이야기꾼인 자기 자신의 목소리로 그 처녀혼의 내력담을 신화로 구송한다.

> …전략…
> 그때부터
> 할머님 허광증에 걸려 갯바위에 나가 뒹굴고
> 동네 다니며 난리를 치니
> 아무래도 답답해서 어디가 물어보니, 집안 선앙이여
> 할아버님은 알아듣고 그 때 큰굿하며
> 어기여차 닷감기 소리로 놀게 하니[5]
> "나는 '낭낭선 패도목에 따라온 흑산도 아기씨'가 되는데[6]
> 감자 실은 배에서 어느 저녁 송가 놈과 눈이 맞아
> 싫어지니까 나를 패도목에 묶어 큰 바다에 버려버리니 죽어버렸다.
> 내 몸을 감추어주고 내 죽은 몸을 묻어주니
> 너의 집 조상이 되어
> 나를 위해 나 간장 풀려 큰굿하면, 좋은 재산 늘려주고

나를 반대하면, 너의 집안 자손들 허광증을 주고
반겨하는 자손, 위하는 자손 앞길 밝혀주고
인도해주겠다 약속한게"
조상들도 애가 닳고 불쌍하더라
그로부터 마흔 일곱 부모도 가난하여
굿도 못하고 이 조상들 무시되어가니
45살 신병이 나서 문점하니
문씨 댁의 어진 조상이 있다 하여
이 신병 나으려고 조상에 마음 성심
역가(役價)[7] 바치려 마음먹었거니와
…후략…

이 '영게울림'은 문씨 집안이 백 년이 넘도록 가난과 정신이상에 시달린 주된 요인이 바다의 수호신인 '아기씨서낭'의 저주 때문인 것으로 해석하고 있다. 이 처녀혼의 악의적 힘은 그녀의 비극적 죽음에서 연유된 것이다. 망망한 바다에서의 폭력적이고 외로운 죽음, 사랑의 실패 및 연인으로부터의 배반은 이 처녀혼에게 깊은 한으로 남게 되었다. 문씨 집안의 끊임없는 불행은 이 처녀혼의 원한의 유산이었다.

제주도에서 '아기씨 선앙(船王)' 처녀혼은 집안 조상이나 마을 당신이 되는 경우가 많다. 처녀혼에 대한 본풀이는 집안이나 마을에 따라 다르지만, 처녀혼이 몹시 악의적이라는 점에서는 모두 같다. 그녀의 악명 높은 이름은 특히 제주도 사람들에게 두려움의 대상이 된다. 왜냐하면 그녀를 조상으로 모시는 것은 비밀에 부쳐져야 하며 그녀의 저주에 의한 가난과 광기는 불가피한 것으로 받아들여지기 때문이다. 처녀혼과 자손이 공유하는 가난과 한의 역사는 사실 제주도의 역사이기도 하다.

원한을 가진 처녀혼의 이야기는 플롯과 인물 묘사에서 어떤 규칙성을 보여주는 신화로 볼 수 있다. 처녀혼에 대한 여섯 편의 본풀이에 대한 한 연구는 처녀혼이 원혼의 성격을 갖게 되는 네 가지 역사적 문화적 배경을 제시하고 있다(고광민, 1982).

첫째는 수백 년에 걸쳐 일본 해적들이 제주 해변마을을 침략한 것과 연관된다. 일본의 해적은 종종 먼 해변에서 불법적으로 어로작업을 하다가 신선한 물을 찾아 마을에 침입해 들어왔다. 그들은 간혹 외딴 우물에서 물을 긷거나 빨래를 하고 있던 마을 처녀들을 강간하기도 했다. 강간을 당한 처녀들은 수치심 때문에 자살을 했다. 그 후 마을 사람들은 상처받은 처녀혼들을 위로하기 위해 우물가에 신당을 마련해 정기적인 의식을 거행하고 그들을 조상이나 마을의 수호신으로 모시면서 그들의 폭력적인 죽음을 추념했다.

두 번째 원인은 중앙 정부의 지나친 공물 요구와 그로 인한 제주 사람들의 빈곤이다. 왕에게 해마다 공물로 바치는 지방 특산품을 싣고 서울로 가던 현씨 집안의 한 젊은이는 배가 난파되어 죽기도 했다. 그의 여동생인 현씨 처녀혼의 본풀이에 의하면 이 남매의 부모는 일찍이 굶어죽고 남매만 위태위태하게 겨우 살아나갔다. 심방이 되고자 했던 누이에게 새로운 무복(巫服)과 무구를 가져다주겠다고 약속했던 오라버니는 공물을 가지고 서울로 출발했으나 도중에 배가 가라앉아 약속을 지키지 못한 채 죽고 말았다. 여동생은 이 일로 거의 미쳐 바다에 몸을 던져 죽었다. 현씨 가문의 여성들은 그 현씨 처녀의 비극을 굿을 할 때마다 '현씨 일월조상본'을 풀어줌으로써 그들 스스로 현씨 처녀혼이 못 다한 심방으로서의 일을 해나갔다. 현씨 처녀의 자살은 중앙 정부에 의해 자행된 공물 요구의 부당함을 잘 드러낸다.

세 번째 이유는 신분 갈등이다. 원래는 양반 가문 출신이었던 한 처녀가 심방이 되려다 집에서 쫓겨나 섬을 떠돌아다니고 있었다. 그때 우연히 처녀는 자기와 혼인을 서약했던 부유한 가문의 젊은이와 마주쳤는데, 이미 아내를 둔 그는 자기 집으로 도망을 가버렸다. 처녀는 그를 쫓아 그 마을에 가서는 심방질을 하며 혼자 살았다. 작은마누라로서 사회적 따돌림을 당하며 살던 그녀는 어린 나이에 죽고 말았다. 죽어서 비록 원혼이 되긴 했지만, 그녀가 몸소 굿을 해준 그 마을의 신당 수호신으로서 대접받았다. 그녀의 개인적 비극은 심방이기 때문에 가문 좋은 집안의 젊은이로부터 당한 배반에 연유한다.

본풀이와 연관된 네 번째 배경은 처녀 공희 의식과 연관되는데, 마을의 당본풀이에 의하면 여러 해변 마을에서 처녀를 바친 것으로 보인다. 게 중에는 일굴 땅이라고는 손바닥만한 것밖에 없고 거센 파도 때문에 어로작업도 어려운, 멀리 떨어진 아주 작은 섬에서 바쳐진 희생제의도 있다. 해신의 노여움을 달래기 위해 매년 한 번씩 처녀를 바친 것이다.

이와 같은 네 가지 경우에 공통된 특징은 신화상의 처녀혼의 한과 제주도 역사와 문화 전체의 한을 동일시하고 있다는 것이다. 이러한 동일시는 한에 대한 개인적·사회적 차원의 집단적인 공감에서 연유한다. 동시에 노략질을 일삼는 왜구, 가렴주구하는 중앙 정부, 가부장적 유교 사회의 교만한 양반들, 거친 자연 환경으로 대표되는 억압적 요인들에 대한 증오도 처녀혼과 제주섬의 한을 동일시하게 하는 원인이 된다고 볼 수 있다.

제주 사람들의 역사에 대한 일반적인 태도는 자기네들이 역사적으로 희생당했다는 강박감으로 나타나는데, 굿의례는 이러한 강박감의 표출이다. 자신들 역시 사회적으로 천시받는 제주 심방들은 굿에서 개인과 친족 집단의 비극적 이야기들을 구송함으로써 대대로 내려오는 이 강박관념을 신화적 형태로 재체험하고 이 강박관념을 과거에서 현재로 끌어내어 가난하고 억울한 자들이 정의를 요청하도록 일깨운다.

요컨대 심방의 굿은 역사와 사회의 희생자를 위한 의례라 하겠다. 그러나 여기에는 역사적 아이러니가 있다. 실제로 가난한 사람들에게는 그런 터무니없이 비싼 굿을 할 만한 경제적 능력이 없다. 그러나 고통스런 한의 역사로 부터 벗어나야 한다는 믿음 때문에 그들은 과다한 경비를 지출한다. 이런 의미에서 심방의 굿은 단순한 치료 의식이라기보다는 종교적 경험이다. 따라서 굿의 의의는 조상령의 한을 풀어주고 산 자의 죄를 면해주는 데 있으며 치료는 이러한 해한의 부수적인 효과라 하겠다.

2) 처녀혼의 의미 변환: 처녀혼에서 불도할망으로

처녀혼과 같이 자신의 희생에 대해 분노하는 조상신이 같은 처지의 자손들에게 불행을 주는 위력을 가지고 있다는 것은 역설적으로 보인다. 그러나 이런 원한의 위력을 조상의 은덕으로 변형시키는 것이 의례적 연행의 궁극적인 목적이다. 심방은 생명 탄생을 직능으로 하는 불도(佛道)할망을 불러들여 처녀혼의 원한을 중재한다.[8] 불도할망의 모성과 생명력의 신성한 권위로 처녀혼의 원한을 '조상의 은덕'으로 의미 변환시키는 것이다.

…전략…
이번에 조상 역가를 바치려 합니다
이주당 아기씨 선앙 앞으로
백팔 염주 은바랑 옥바랑 다리 놓아(빠른 무악)
이 간장 풀리고자 하니
오늘 오늘 내일도 아니고 오늘
다 풀며 놀고 가자
맑고 맑은 조상에서 오늘 북소리 울리고

조상 간장 풀리고자 합니다
조상 간장 풀리며 역가 바쳤으니
받은 덕을 나누어줍니다. 분부입니다.

조상의 법은 맑고 맑다. 원혼의 속성 때문에 두려움의 대상이지만 처녀혼을 '어진 조상'이라고 부르고 조상의 은덕에 대한 보답으로 이 굿을 한다고 명시함으로써 굿의 효과는 이미 예정된 것이다. 심방의 '영게울림'은 불도할망의 신성한 생명력의 중재로 (마치 저승할망에게 '좋은 마음'으로 화해하듯이) 처녀혼의 원한은 풀리고 또한 불도할망이 인간에게 생명을 번성하게 하듯이 처녀혼은 자손에게 덕을 베풀 수 있는 조상으로서의 도덕적 정체성을 회복하는 것이다.

불도할망이 생명을 탄생시키는 신성한 힘에 의해서 '집안 조상' 처녀혼이 정의로운 일을 행사할 역량이 생기고 굿의 치유 효과도 발생한다. 심방이 하는 굿의 의례적 효과는 바로 이런 의미 변환에서 비롯되며, 또한 이와 같은 의미 변환을 통해서 혈연적 부모 조상의 혼령도 위로받는다. 의례의 변환의 틀은 사회적·물리적 질서의 재구축이라는 순기능보다는 질서의 해체적 기능이라는 측면에서 작용한다.

제주 심방의 굿, 그중에서도 특히 '영게울림'에서는 죽음과 사회적 불의에 관한 어둡고 폭력적인 역사를 구송함으로써 현재를 정지시킨다. 수십 년간 쌓였다가 갑작스럽게 폭발된 불만들이 잠깐 동안의 굿에서 금방 사회적 규범을 재구축하고 원래의 정상적 상태로 되돌아갈 수 있을 만큼 그렇게 쉽게 해결될 리가 만무하다. 굿의례의 이러한 해체적 효과는 현재의 불행을 해결하거나 환자를 치료해주는 게 아니라 오히려 자신의 삶의 조건에 대한 그녀의 일반적 인식과 충돌하게 하는 충격을 지속시킨다. 과거에 있었던 감추어지고 뒤엉킨 조상들의 개인적 비극의 진실은 이제 표층에 나와 사람들을 설득시켜 그들의 미래가 나아질 것이라는 믿음을 갖게 한다.

이 굿을 했다고 해서 마흔다섯 살의 계주가 겪는 심한 두통이 갑자기 사라질 리도 없고 마흔일곱 살의 대주의 항해가 안전해질 리도 없다. 그들의 고통과 슬픔의 실질적 무게는 그대로 남아 있을 것이다. '영게울림'은 조상들의 울음을 극화(劇化)함으로써 비극적 삶의 경험에 대한 그들의 윤리적 인식을 정교화하고 자신들의 당면한 가난과 불행을 이해하는데 모델이 될 뿐이다.

다음으로 부모 조상을 좋은 곳으로 보내는 시왕질침 제차를 기술하면서 제주도의 비극적 역사가 개인적 비극의 역사와 어떻게 서로 얽혀서 하나의 비극적 역사의 연대기를 만들어내는지 살펴보자. 문화적으로 주변적 위치에 있는 사람들이 그 상태에 그대로 머물러 있는 한, 마치 통곡하는 조상들이 이승과 저승 사이의 허공에서 떠돌고 있는 것처럼 그들의 역사적 진실은 드러날 수 없기 때문이다.

3) 부모 조상

문씨 부부가 십 년 만에 하는 굿이었기 때문에 시왕맞이굿 질치기 제차에서 모셔 들인 조상이 상당히 많았다. 이 굿을 위해서 집안의 가까운 친족들이 와서 자질구레한 일도 거들어주었고 자신들의 직계 조상을 위해서는 굿 비용도 조금씩 냈다. 대주의 5대 선대 조상('성친[姓親]')과 계주의 친정아버지와 형제자매, 그리고 대주의 모방친 조상들까지 굿판에 모셨다. 그렇지만 '부모 조상' 중 일부에게만 질치기를 해주었다. 그 이유는 폭력적이고 변칙적으로 죽은 까닭에 제사를 받지 못하는 이러한 혼령들이 해코지라도 할까 염려하기 때문이다.

대주 부부는 '부모 조상'을 세대에 따라 또 죽음의 원인에 따라 네 그룹으로 나누었다. 한 그룹 내의 조상을 위해 질치기를 하는 데 약 다섯 시간이 걸렸고, 네 그룹 모두의 질치기를 위해서 꼬박 이틀 밤낮이 걸렸다. 세대, 성(性), 혼인관계, 죽음의 원인 등에 따라 혼령들을 분류했다. 각 그룹의 혼령들을 위해 매번 굿문을 열어 시왕이 심판관으로 있는 저승으로 천도해주었다. 한 그룹 안에는 대개 부부나 동일한 세대에 속하는 남성과 여성, 그리고 가족이 있다. 이런 식으로 그룹을 나누는 것은 실제 생활에서의 친족관계의 규칙을 그대로 따르는 것이다. 예를 들어, 혼인관계를 제외하고는 남녀가 한 그룹에 함께 속하지 않았는데, 며느리는 시아버지나 시동생 등 인척과는 원칙적으로 한 그룹에 속하지 않는다.

수심방과 수심방을 보조하는 소무들은 돌아가면서 질치기를 연행한다. 심방은 대나무로 만든 열두 개의 문을 멍석 위에 세워놓고 굿을 시작하는데, 본격적인 굿의 연행 이전에 이 굿을 하게 된 이유 등을 '연유닦음'을 통해서 잘 구송해야 한다. '연유닦음'을 제대로 하지 않으면 굿을 할 때 실수를 할 수도 있고 굿 전체를 망칠 수도 있다. 이 '연유닦음'은 '영게울림'에서 매우 중요하다.

네 그룹의 '부모 조상'은 사십칠 세의 대주와의 친족관계에 따라 다음과 같이 분류된다(그림 1). 조부모와 조부의 형(큰할아버지)이 첫 번째 그룹(질침 1문)에 속한다. 첫째 숙부 내외가 두 번째 그룹(질침 2문)에 해당하며, 둘째 숙부 내외와 대주의 남동생이 세 번째 그룹(질침 3문)에 속한다. 마지막으로 셋째 숙부와 미혼이었던 삼촌이 네 번째 그룹(질침 4문)에 해당한다. 각 그룹의 조상들이 겪은 비극적인 사건들은 지난 백여 년간 제주 사람들이 살아온 모습을 반영한다.

다음에 소개되는 심방의 '영게울림'에는 개인적 비극과 그 비극의 역사적인 함축 관계가 드러난다. 현장감을 살리기 위해서 '영게울림'에서 무당

〈그림 1〉 문씨 '부모 조상'의 이주와 가난의 비극적 연대기

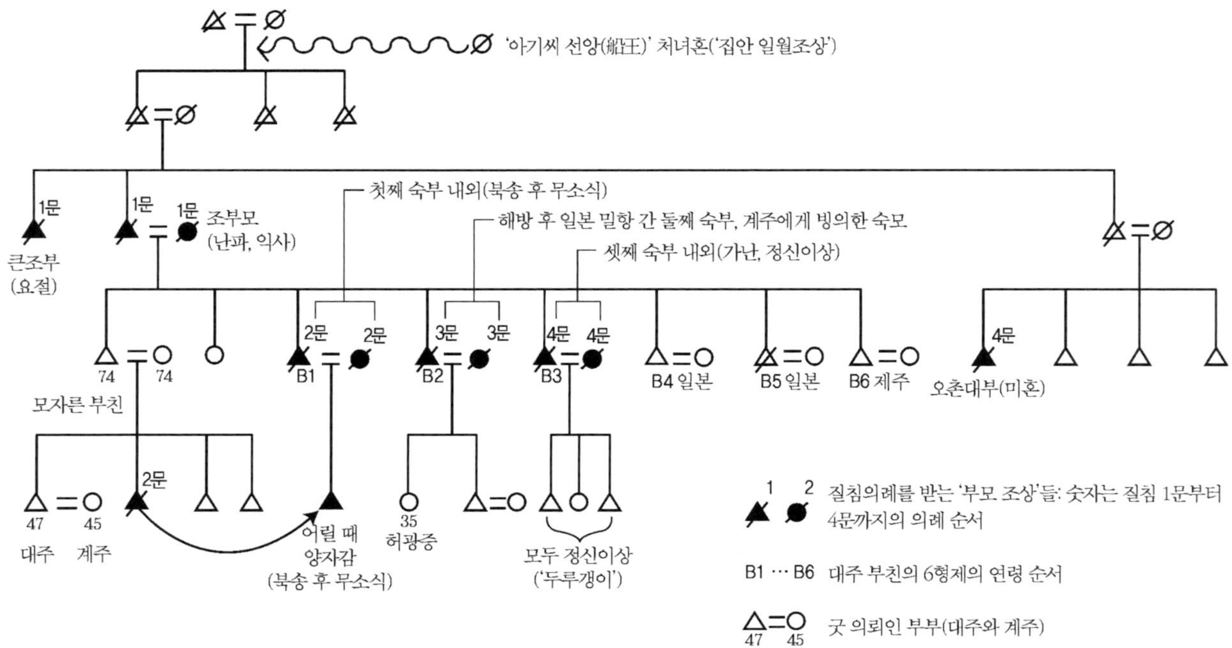

출처: Kim Seong Nae, 1989: 250.

이 구송한 내용을 가급적 생생하게 묘사하려고 한다. 아울러 객관적인 역사적 사실에 대한 사회사적 해석을 덧붙일 것이다.

(1) 질침 1문: 조부모님들

큰할아버지(FaFaBr)는 자식을 남기지 않고 죽었다. 결혼을 하긴 했지만 요절했을 뿐만 아니라 부인이 기독교인이었기 때문에 제사를 받지 못했다. 그래서 증조카가 제사를 대신 모시고 있다. 큰할아버지의 혼령은 증조카에게 새로운 저승옷을 해주어서 고맙다고 했다. 일반적으로 큰할아버지와 같은 조상은 '외로운 조상' 또는 '목마른 혼령'으로 분류된다. 여기서 목마름이란 증조카가 조상에게 바치는 청수 한 컵에 대한 욕망을 의미한다.

할아버지('성진하르바님')는 중년의 나이에 배가 난파당해 익사했다. 시체가 발견되지 않은 채 여전히 '젖은 상태로 물속에 잠들어 있다'가 이제야 비로소 마른 옷 한 벌을 입게 된 것이다. 할아버지의 혼령은 손자의 가난과 위험한 어부로서의 직업을 애석해 한다. 또한 일곱 명의 아들 가운데 다섯 명이 죽었고, 살아남은 아들 하나(대주의 아버지)마저도 약간 모자랐으며, 자신의 두 동생들이 하나는 일본에 또 하나는 제주에 살고 있기 때문에 대주를 직접 도와줄 수 없음을 애석해 한다. 할아버지는 비극적이었던 자신의 죽음과 죽은 세 아들에 대해서도 괴로워한다. 또한 자신의 며느리(대주의 어머니)의 고단한 삶에 대해서도 위로하며, 북송된 채 소식을 알 길 없는 며느리의 둘째아들 때문에 며느리의 애간장이 다 녹아버렸을 것이라는 것도 알고 있다. 그리고 마침내 손자인 대주에게는 앞으로 계속해서 노력하면 삶이 더 좋아질 것이라고 간단한 희망을 전한다.

다끄네 마을에서 노년에 돌아가셨던 할머니가 나타나 생전에 자신에게 효성을 다했던 손자에게 고마움을 표현한다. 또한 계주인 손자며느리에게는 조상을 잘 모시고('귀신태우고') 가족을 돌보는 일('사람태우고')을 맡겨서 미안하다고 표현하며 이렇게 말한다.

> 오늘은 나 가슴 열리고 니 가슴 열리고. 할머님 무사 나 이집에 데령옵데까! 오늘날 원망 말고…(울면서) 서룬 손자며느리야! 이제토록 사람시민[살았으면] 돈돈하고[돈도 생기고] 밥돈하고[밥도 생기고] 옷돈하고[옷도 생기고] (풍요롭게 살았을 텐데). 서룬 내 손자며느리야! 나로 하여 아닌 구석 천대받던 손자며느리야. 오늘은 나도 오랐구나[왔구나]. 내 손주야. 하다[자꾸] 돈돈 하지 말고 살라. 돈은 돌구 도는 게 돈이야. 하다 서룬 애기들아 사람시민 사라진다[버티면 좋은 일도 생긴다].

대주의 증조부모와 계주의 죽은 친정아버지도 이들 세 조상들과 함께 질침에 초대되어 막걸리와 '원미죽'(쌀로 만든 죽)을 대접받았다. 저승에서 대주의 집에 찾아온 '부모 조상'들은, 대주와 계주의 정성어린 대접에 대해 고마워했다. 세 '부모 조상'은 차례로 자손들에게 진심어린 조언을 해주고, 또 대주가 고기를 잡으러 바다에 나갈 때 길을 깨끗이 닦아줄 것과 가족들이 장차 소원을 이루게 해주겠다고 약속했다.

첫 번째 그룹에 속하는 조상들의 역사는 1890년대에서 1930년대의 역사적 상황을 잘 보여준다. 당시의 높은 출생률은 높은 유아 사망률과 맥을 같이하는데, 아들 일곱이 모두 살아남았다는 점에서 문씨 집안은 굉장히 운이 좋았다고 할 수 있다. 이것 자체가 문씨 집안의 순조로운 미래를 보장한 것이었다고 할 수도 있다.

그러나 그들의 운명은 1910년에 공식적으로 시작된 일본 식민 지배의 소용돌이 속으로 빠져들어가고 말았다. 1930년대에는 일곱 아들 중 네 명이 공장에서 일하기 위해 일본으로 건너갔다. 1926년에 시작되어 1945년 식민 지배가 끝날 때까지 가속화된 일본의 토지조사사업으로 땅을 빼앗

긴 많은 가난한 농부들이 그랬던 것처럼, 나중에는 아예 일본으로 이민을 가버렸다. 선진 기술을 장착한 일본 어선이 제주도의 모든 해변을 포위하고 마구잡이로 고기를 포획하기 시작한 뒤로는 어업마저도 악화되었다. 섬사람들도 육지의 땅 없는 농부들이나 소작농들처럼, 새롭게 정비된 중공업 공장들로 식민지의 유동하는 노동력을 유인하고 있던 만주나 일본으로 임금노동을 하기 위해 집을 떠나야 했다(이광규, 1983: 68-77). 이들 중 일부는 1945년 해방 후 귀국했지만, 문씨 집안의 네 아들은 돌아오지 않았다. 그들은 1965년 한국과 일본의 외교관계가 정상화되어 남한 정부가 일본에 있는 친북 세력들의 친척 방문을 허용했던 1972년까지 조국 땅을 밟을 수 없었다.

문씨 집안의 네 아들이 일본에서 노동력을 착취당하고 있는 동안 부인들 역시 동일한 역사적 운명을 맞이하여 식민지 시대의 간접적 피해자들로서 고통 받았다. 할머니 혼령은 손자며느리에게 문씨 집안으로 시집온 여성들의 한결같은 분노를 표현했다. 남편들이 바다에서 죽었을 때, 또 돌아온다는 약속도 없이 일본으로 떠나갔을 때, 이 여성들은 밭에서 품삯을 받거나 깊은 바다에서 해녀로 일하면서 연로한 부모들을 비롯한 가족을 먹여 살려야 했다. 그들은 또한 한 달에 한 번 가량 많은 돈을 들여서 '부모 조상'을 위해 의례를 지내야 했다.

제주 사람들이 무교의 조상 숭배를 하는 데에는 충분한 이유가 있다. 그들은 유교식 제사가 들어오기 전부터 이미 조상을 믿고 모셨다. 생활고와 남편의 죽음으로 인한 여성의 슬픔과 분노는 세월이 흐르면서 사라져간다. 이 여성들에 대한 조상의 위로와 동정은 그녀들이 삶에서 누릴 수 있는 유일한 보상이었다. 만성적인 심한 두통에 시달릴 때조차 심지어 침묵하고 이겨냄으로써 증상을 악화시키던 여성들이, 굿에서 조상들이 통곡할 때에는 더 이상 자신을 감추지 않고 있는 그대로를 내보인다.

(2) 질침 2문: 북송 후 소식 없는 첫째 숙부 내외, 양자 간 대주 남동생

첫째 숙부(FaBr1)와 숙모 그리고 대주의 동생이 이 그룹에 속한다. 첫째 숙부 내외는 1945년 이전에 일본으로 건너가 어렵게 생계를 이어가면서도 남들처럼 돈도 많이 벌고 부자가 되는 것을 늘 꿈꿨다. 또한 집도 사고 땅도 갖고 싶어 했다. 대주의 남동생은 열 살이 채 되지 않았을 때 첫째 숙부 내외에게 입양되었다. 당시 대주의 가족이 매우 가난했기 때문에 첫째 숙부가 동생을 입양해 공부도 시키고 성공시키길 원했다. 1945년 해방이 된 뒤에도 숙부 내외와 대주의 동생은 일본에 남았다. 그 후 조총련계 조직의 회유에 따라 더 나은 삶에 대한 약속을 믿고 북한으로 떠났다. 당시에는 너무 어려서 어떤 일이 자신들에게 일어날지 알 수 없었던 대주 동생의 손을 붙잡고 이 부부는 북한으로 향하는 배에 승선했다. 지금까지도 이 가족의 행방에 대해서 알 길이 없고 살았는지 죽었는지조차 모른다.

이 질침 2문에서 천도한 영혼은 아직까지 행방이 묘연한 첫째 숙부 내외와 대주 동생 세 사람이다. 대주 내외는 첫째 숙부에게 입양된 남동생이 살았는지 죽었는지를 알고 싶어 했다. 계주가 이 조상굿을 계획하고 있을 때 대주 남동생의 혼령이 꿈에 나타났다. 그래서 대주 내외는 점쟁이를 찾아 문복했다. 점괘에 따라 행방불명된 세 사람이 이미 죽었으며, 살아 있다면 서른아홉 살이 되었을 대주의 남동생은 결혼도 못한 채 죽었다는 사실을 알게 되었다. 대주 내외는 이 굿을 하면서 이들이 정말 죽었는지를 확인하고 싶었고, 만약 그랬다면 그들의 생일날에라도 제사를 지내야 한다고 생각했다. 실제로 굿에서 심방의 '영게울림'은 그들의 죽음을 확인시켜주었다.

행방불명된 이 세 사람의 비극은 1950년 한국전쟁 이후 삼팔선이 생기면서 분단된 한반도의 비극적 역사를 선명하게 보여준다. '영게울림'에서 심방은 비극적 분단과 가족 이산(離散)의 역사를 되살려냈다.

땅은 같은 땅이라도
가지 못하고 오지 못하고
서로 총칼 맞잡고 있어서(울음)
이런 설운 사실, 남에게 말도 못하고(울음)
오늘까지 죽었는지 살았는지 모르고(울음)
답답하여 어딘가 문복하면, 죽었다 하고(울음)
첫째 숙부님 숙모님 불쌍한 설운 동생,
저승고혼질 대닦아서
죽은 게 확실해지면
이제라도 죽은 날을 정하고(울음)
그날 불러 술이라도 올리고
이제 죽은 아지방이고 죽은 아이로구나 생각하고(울음)

이 순간 구송을 하던 심방은 물론이요, 청중도 눈물을 터트렸다. 대주 내외의 마음에 낀 분단의 '어두운 구름'은 아직까지 한반도에 드리워져 있다. 행방불명된 친척들을 다시 만나 '반가운 얼굴'로 인사하고 싶은 문씨 가족의 소망은 삼십 년이 지나도록 이루어지지 않았다. 일본에 거주하던 조총련계 교포들이 북한으로 처음 간 것은 1959년이었다. 그 긴 세월 동안 가족들은 그들이 죽었는지 살았는지를 알 길이 없어, 또 죽었다고 해도 언제 죽었는지를 몰라 제사도 지내지 못했다. 남북한의 대립이 지속되는 상황에서 이산가족이 다시 만날 수 없다는 명백한 역사적 사실을 가족들은 인정할 수 없었다.

북한으로 가서 행방불명된 가족의 생사를 알고 싶어 하는 대주 가족의 소망은 경찰과 안기부의 계속되는 감시에 시달려왔다. 안기부와 경찰은 특히 간첩활동이 제주도에서 적발될 때마다 북송선을 타고 북한에 간 가족을 둔 남한 가족들을 조사하곤 했다. 죽은 남동생 혼령이 '영게울림'에서 대주에게 넋두리를 시작했을 때 대주가 필자에게 녹음을 끄라고 한 일은 흥미로운 일이다. 녹음한 내용이 경찰에게 증거로 악용될까 두려워했던 것이다. 경찰의 심문과 고문에 대한 문씨 가족의 두려움은 문씨 가족과 같은 사정에 놓여 있던 가정들에 널리 퍼져 있던 공포의 한 사례에 불과하다. 1970년대 초반 박정희 정권 시절에 제정된 연좌제가 철폐되었음에도 불구하고 행방불명자의 가족들은 경찰의 블랙리스트에 올랐을 뿐만 아니라 공직에 나가지 못하는 제약을 받았다.

국가 안보라는 이념이 만들어낸 공포의 문화가 무고한 사람들의 희생을 초래했고 국가 안보의 신화 또한 만들었다. 굿은 역사의 희생자인 조상 영신과 자손들 사이의 소통을 가능하게 함으로써 국가 안보의 신화를 재현하고 고발한다. 살아남은 가족들을 가난과 불행으로 몰고 가는 정치적 억압의 '어두운 구름'은, 죽은 영신들에게 저승으로 가는 길을 곱게 닦아주는 질침의례를 해줄 때에야 비로소 걷힌다. 역사의 '어두운 구름'이 걷히길 소망하는 후손들은 비탄에 젖은 조상 영신들이 더 이상 이승에 돌아오지 않아도 될 때까지 새 저승옷을 태우고 저승길을 닦아주는 굿의례를 계속 해야 될 것이다.

(3) 질침 3문: 일본으로 밀항한 둘째 숙부, 계주에게 빙의한 숙모

둘째 숙부(FaBr2)는 4·3 사건의 여파가 제주도에 여전히 남아 있던 격동의 1940년대 후반에 일본으로 밀항했으며, 그곳에서 결혼을 해 근근이 생계를 이어갔다. 일 년 전 어머니의 장례식에 참석하기 위해 고향을 방문했다. 그는 조금씩 돈을 모아서 1960년대와 1980년 초반 조카(대주) 가족이 극심한 가난과 병으로 고생할 때 도움을 주기도 했다. 장례식에 참석해서는 다시 돌아와 부모 조상을 위해 큰굿을 하겠다고 약속했다. 하지만 그는

결국 돌아오지 못한 채 60세 때 갑자기 사망했다. 고향으로 돌아와 친척들과 함께 살면서 가족 묘지도 만들고 조상 비석도 세우고자 했던 그의 소원은 물거품이 되어버렸다. 죽은 후, 이루지 못한 소원 때문에 그는 원혼이 되었다. 더 큰 문제는 자신의 도움으로 지었던 조카의 집이 곧 헐리게 된다는 것이었다.

둘째 숙모(FaBr2W)는 일본에서 결혼했기 때문에 남편의 친척들을, 심지어는 손윗동서조차 한 번도 보지 못했다. 그녀는 자식들이 어렸을 때 만성질환으로 사망했는데, 남편의 형 부부와 조카가 1960년대 후반 북송선을 타고 북으로 갈 때부터 시작된 병이었다. 그녀는 가족들의 반대에도 불구하고 수술을 원했으며 결국 병원에서 사망했다. 그리고 시신은 화장되었다. 당시 남편은 굿에 대해 아무것도 몰랐고 기독교 신자였던 자식들은 굿을 하는 것에 거부감을 가지고 있었기 때문에 그녀는 질침의례도 받지 못했다. 남편 조카의 부인(계주)가 집안 조상인 아기씨 선앙을 위해 춤을 추고 있을 때 그녀의 분노한 혼령이 계주에게 빙의했다. 이것은 예상치 못한 빙의였다. 둘째 숙모의 혼령은 모든 친척에게 계주의 목소리를 통해서 여성으로서 그리고 아내로서 이루지 못한 삶에 대해 이야기했다. 그리고 허광증으로 인해 제주도에 돌아와야 했던 자신의 서른다섯 살 장녀를 걱정했다. 때마침 이 순간에 딸이 나타났지만, 제정신이 아닌 딸은 계주에게 들린 어머니의 혼령을 알아보지 못했다.

외국인인데다 불법 이주민이었던 이 부부의 일본생활은 엄격한 일본의 이민법과 한국인에 대한 반발심으로 팽배해 있던 일본인의 민족주의적 편견 때문에 더욱 어려웠다. 일본에서 대부분의 한국인은 공장노동자로 일하거나 간혹 작은 규모의 자영업을 하면서 간신히 생계를 이어갔다. 일반적으로 불법적이고 열악한 조건이었지만, 1960년대 이전 저개발 상태의 한국보다는 일본의 도시에서 일하는 것이 가족을 부양하는 데는 더 나았다.

일부 교포들은 친북 조직인 조총련에 가담하기도 했는데, 그 조직은 일본에 살던 공산주의 노동자들과 공산주의에 동조하는 사람들에 의해 1930년대에 조직되었다. 그들이 조총련에 가담한 이후 1955년 북한의 후원으로 학교나 회사 등 안정적인 사회시설이 설립되었고 특권을 박탈당한 이주자들을 흡수했다(이광규 1983: 63-67). 재일 교포들은 한국과 일본이 외교관계를 정상화한 1965년에는 이미 십 년 넘게 그 조직에 가입해 있었다. 두 나라 사이에 자유로운 왕래가 가능해졌을 때조차 친북 조직에 가입한 재일 교포들은 고국의 친지를 자유롭게 방문할 수 없었다. 둘째 숙부도 같은 이유로 해방 이후 삼십 년 동안 제주도에 돌아오지 못했다.

둘째 숙모도 그와 함께 혼령이 되어 고향에 돌아왔는데, 매장 대신 화장을 했기 때문에 그녀의 죽음 역시 문제가 되었다. 제주도에서 화장은 달가워하지 않는 장례법이다. 저승에 갈 때에는 새 저승옷('혼적삼')을 입어야 한다. 제주의 민간 전승에 의하면, 조상은 저승의 '조상 상마을'이라고 하는 곳에서 지내면서 후손들과 관계를 지속한다. 그러나 둘째 숙모는 화장을 했기 때문에 저승옷을 입지 못했고, 그래서 저승의 '조상 상마을'에 들어갈 수 없었다. 생전 남편의 형제들이나 동서들을 만나보지 못했기 때문에 그녀의 슬픔은 배가되었다.

제주에서 동서관계는 자매만큼 가까운 것으로 여겨지는데, 생전에도 동서들과 만나보지 못했기 때문에 애정도 없었을 것이고 당연히 문씨 집안 사람으로서 소속감도 없었을 것이다. 죽기 전에도 후에도 그녀의 자리는 없었다. 설사 둘째 숙모의 혼령이 저승의 집안 '조상 상마을'에 들어가고 싶다 해도 자식들이나 남편 중 누구도 질침을 해주거나 저승옷을 마련해준 적이 없었기 때문에 이루어질 수 없었다. 그래서 조카며느리에게 빙의되어 '오랫동안 숨겨져 있던' 소망을 드러냈다. 영게울림 초반부터 그녀의 소원이 드러나지는 않았다. 심방은 다만 둘째 숙모의 사망날짜 같은 간단한 것을 말했을 뿐이다. 하지만 동서들과 심방 자신도 둘째 숙모 혼령의 '영게울림'이 부족하다고 생각했다.

그런데 다음 날 조카며느리(계주)가 서우젯소리에 맞춰 '집안 조상'인 아기씨 선앙을 놀리는 춤을 추고 있을 때 갑자기 둘째 숙모의 혼령이 조카며느리에게 들린 것이다. 하얀 한복을 입고 아기씨 선앙을 상징하는 빨강·노랑·파랑색 깃발을 들고 춤을 추던 계주가 팔과 다리를 쭉 뻗고 바닥에 쓰러졌다. 그러자 계주의 시어머니와 동서들이 그때까지 계주의 몸에 빙의되어 있던 둘째 숙모에게 달려와 일으키려고 했다. 빙의된 둘째 숙모의 혼령이 갑자기 가슴을 치며 눈물을 쏟았다. 둘째 숙모의 큰 동서인 계주의 시어머니가 가까이 다가와서 누구의 혼령인지 알아보기 위해 질문을 했다.

시어머니는 빙의된 혼령이 둘째 숙모라고 짐작했는데, 빙의 상태의 계주는 자기를 아기씨 선앙이라고 했다. 그러면서도 자신이 둘째 숙모라는 것을 부인하지 않았다. 따라서 계주의 몸에 아기씨 선앙과 둘째 숙모의 혼이 동시에 실린 것이다. 숙모의 혼령은 계주의 시어머니와 이십 분 가량 이야기를 나누더니, 시집와서 일본에서 고생만 하고 살다가 또 죽어서는 [화장을 했기 때문에] '부모 조상'도 못된 자신의 깊은 한스러움을 토로했다.

제주 고향의 가족들과 함께 싶은 소원을 이루지 못한 둘째 숙부 내외의 이야기는 단지 개인적인 비극의 이야기로 끝나지 않는다. 다음 네 번째 그룹의 사례에서 보다 분명히 드러나겠지만, 그것은 개인적 차원을 훨씬 넘어서는 상황을 드러내 보인다.

(4) 질침 4문: 가난하고 정신이상 있는 셋째 숙부 내외, 미혼으로 죽은 '총각머리 등에 진 영신' 오촌대부

가난했던 셋째 숙부(FaBr3)는 제주 국제공항 근처에 있는 분뇨처리장에서 일했다. 그는 만성질환과 허광증으로 사망했는데, 이 질환은 자신이 일했던 분뇨처리장에서 분뇨를 뒤집어쓴 사건에서 비롯되었다. 이제는 모두 성장한 셋째 숙부의 자식들 또한 모두 정신이상이다('두루갱이). 아이들이 벌거벗은 채 길거리에 나타나면 그 가족은 부끄러울까! 셋째 숙모 역시 남편처럼 병원에서 사망했으며 제대로 된 저승옷도 입지 못했다. 죽은 부부를 위한 시왕맞이굿 질침을 벌써 몇 차례 열었다. 이번에도 이 부부를 위한 질침이 있으며, 새 저승옷 한 벌씩 태워드렸다.

대주의 '오촌대부'(오촌당숙부, FaFaBrS)는 미혼으로 죽었는데('총각머리 등에 진 영신') 어디서 어떻게 죽었는지는 확실치 않다. 오촌대부는 군에서 제대하고 집으로 돌아왔지만 변변한 직업이 없어 형제들과 친척들에게 얻어먹고 다녔다. 그래서 친척과 형제들이 그를 반가워하지 않았다. 밖으로 나돌던 그는 어느 날 집을 나가서 다시는 돌아오지 않았다. 집을 떠난 후 그가 살았는지 죽었는지는 아무도 모른다.

그런데 그의 혼령이 마흔다섯 계주에게 빙의하여('의탁하여') 심한 두통을 일으켰다. '오촌대부'의 혼령은 심방의 입을 통해서 깨끗한 물이라도 한 잔 얻어먹고자 한다는 뜻을 전했다. 그 후로 계주는 선달그믐(기일이 명확하지 않은 사람을 위해 집단적으로 지내는 제사일로 이웃에게 알리지 않고 지낸다)에 그의 제사를 지낸다. 계주는 오촌대부를 원한이 많은 집안 일월조상으로 간주하기 때문에 명절 때마다 그에게 막걸리와 원미죽을 대접한다.

최근 오촌대부의 동생이 자신이 제사를 지내고 있으니 이제 오촌대부를 위한 제사를 그만두어도 좋다고 계주에게 말했다. 그러나 계주가 오촌대부의 제사를 그만두자 다시 심한 두통이 재발했다. 그 뒤 계주는 다시 자신의 집에서 오촌대부의 제사를 모셨다. 오촌대부의 혼령은 자신의 친형제보다 조카며느리의 제사를 더 좋아한 것 같다.

질침 4문에서 다루어지는 혼령들은 왜 그렇게 배고픈 귀신이 되었을까? 그들의 허기와 끈질긴 한탄에는 역사적이고 사회적인 배경이 있다. 셋째 숙부의 만성질환과 허광증은 새로 건설된 분뇨처리장에서 발생한 사고 때문이었다. 1980년대 초 전두환 정부는 제주 국제공항 건설 같은 관광산업의 발전에 역점을 두며 도시산업계획을 가속화해나갔다. 공항 근처에는 분뇨처리장을 만들어 깨끗한 관광지로서의 제주 이미지를 강화했다. 그즈음 셋째 숙부는 제주시 곳곳의 건설 현장을 찾아다니며 연명하고 있었다.

'영게울림'에서 심방이 묘사한 것에 의하면, 그 사고 후에 셋째 숙부는 그의 가난과 변소지기라는 사회적 모욕을 더 이상 견딜 수 없게 된 것이다. 그래서 정신을 놓은 채 여기저기를 헤매고 다닌 것이 누구의 간섭으로부터도 벗어날 수 있는 길이었을 것이다. 심지어 가족을 부양해야 한다는 아버지로서의 책임감으로부터도 자유로울 수 있었을 것이다. 가난과 허광증에 시달리다가 마침내 현대화된 산뜻한 관광도시의 주변인으로 외롭게 죽어간 변소지기의 모진 삶은 두 아들에게도 그대로 대물림되었다.

장가를 가지 못한 채 죽은 오촌대부도 1960년대 한국의 근대화·산업화에서 점차 소외된 계급에 속한다. 그는 새로운 사회에 적응할 그 어떤 기술도 갖추지 못한 전형적인 젊은 실업자였다. 그가 어떻게 죽었는지 아무도 몰랐기 때문에 심방의 영게울림이 처음에는 혼란스러웠다. 그의 삶과 죽음을 묘사하던 심방은 그에 관한 보다 정확한 정보를 가지고 있을지도 모르는 계주와 상의하기 위해 여러 번 구송을 멈추곤 했다. 심방은 다음과 같이 그럴싸한 이야기를 재구성했다.

오촌대부가 사라진 것은 약 이십 년 전인 1964년이었다. 이 시기는 박정희 군사정권이 정치적·경제적으로 한국을 재조직화하기 시작한 시기로, 여러 모로 불안정한 시기였다. 상부상조하던 전통적 가치는 붕괴되고, 대신 높은 경쟁과 개인주의가 자리 잡았다. 전통적 가치에 따르면 공동체나 가족이 사회적 부랑자들을 돌봐주어야 했는데, 1960년대 경제적 압박 속에서는 상부상조의 정신이 잘 지켜지지 않았다. 장가 못 간 오촌대부가 사회적 무시와 천대로 시달리던 때도 대충 이때쯤이었다.

심방의 '영게울림'에서 묘사된 오촌대부의 개인적 비극은 한국 사회가 산업화로 치닫던 무렵 사회의 변두리에 살았던 하층민의 일반적인 삶의 모습이었다. 주린 배를 움켜지고 이리저리 떠돌면서 오촌대부는 미쳐갔고 결국 자살로 생을 마감했다. 그러나 계주에게 빙의하여 심한 두통을 안겨줌으로써 그는 이승으로 돌아와 현대화로 나아가는 사회에 마법으로 제동을 걸었다. 그의 허기가 채워지지 않고 찢긴 가슴이 위로받지 못한다면 그의 원한은 영원히 씻기지 않을 것이다. 심방은 다음과 같은 말로 계속해서 오촌대부의 혼령에게 간청했다.

청나비 붉은 나비 몸으로 환생합서, 불쌍한 영신님아
저승가건 어느 왕(저승 열시왕 중 하나) 등장을 들지라도(공을 들일지라도),
마흔일곱, 마흔다섯 신병을 걷어주고,
저 조캐 아씨 마흔 다섯도 아뜩하면 머리에 두통,
빈혈같이 신경같이 머리에 들멍 아프니까,
머리에 무쇠철망을 걷어줍센 허연(걷어주세요 하고),
오늘 찰렸수다.

저승길 치고 닦으건,
웃대 조상들 만들어 논 데로 지부칩서(가소서).
상천가건 상마을 지부치고,
중천가건 중마을 지부칩서,
하천가민 하마을 영신들 노는 데 지나부쳐줍서.
오늘 질(저승길) 닦았수다.
불쌍한 영신님이랑

원한된 일이나, 반짐(짝사랑)된 일이나,
철전지 원수진 일이나
다 풀려서 갑서.
저 가슴 먹장 같은 얼음신빼(가슴이 까맣게 타고 얼음처럼 굳어버린 뼈) 울음 걷어,
걷어근 가실때라도,
오늘 질치건, 철천지 원한된 일 다 풀려갑서,
질 닦았수다.

여기서 고려해야 할 것은 오촌대부나 셋째 숙부 내외의 혼령의 정신적 허기와 원한이 대체로 빙의와 영게울림을 통해서만 표현된다는 점이다. 한스럽게 우는 '영신'(혼령, 혼)이 가족에게 저승길을 닦아달라고 요구하는 이유는 무엇일까? 이승과 저승 사이의 허공을 맴도는 그들의 채 풀리지 않은 고뇌와 비탄은 자손들에게 그대로 대물림된다. 허광증, 돌연사, 가난, 자손들의 질병 등은 모두 그러한 유산의 징표들이다.

비탄에 젖어 우는 조상 '영신'들은 빙의를 통해서 단지 후손들에게 호소하기만 하는 게 아니라 자신들의 고통에 대한 기억을 묻히게 하는 근대화·산업화의 공적인 담론을 고발한다. 그들의 정의로운 요구가 수용될 때까지 고발할 것이다. 몇 세대에 걸친 그 집요함은, 현재 고통 받는 후손들의 의지와 한데 얽힌 비탄에 젖은 조상 '영신'들의 천 년 의지의 표현이다. 그들의 허광증과 비극적 죽음은 모두 1960년대 중반 이후 제주에서 일어난 급격한 현대화와 산업화에 저항하던 그들의 집단적 불만을 드러낸다.

요컨대 이러한 개인적 비극들은 단지 문씨네 집안의 이야기로 끝나지 않는다. 지난 세기 동안 근대화에서 소외된 사회계층의 억눌린 기억은 사흘 밤낮으로 지속된 영게울림과 질침의례를 통해서 극적으로 연행되면서

궁극적으로는 공적 담론에 저항한다.

3. 돌아온 '영신'들

지금까지 필자는 문씨 집안 내의 비극과 제주도의 현재 역사가 갖는 관련성을 밝혀보려 했다. 이 관계는 원인과 결과의 관계가 아니라 서사가 환기하는 힘에 의존하는 관계이다. 개인적 비극이 가난이나 사회적 일탈 등의 대물림되는 가족 비극의 맥락에서 서사화될 때 그 개인적 비극은 4·3 사건 같은 역사적 사건에 대한 비공식적 경험의 진실을, 그것의 결과인 반공주의 테러와 연결시킨다. 더욱 극적인 것은, 역사적 경험에 대한 가정 내의 비공식적이고 파편화된 형태가 비단 영게울림을 통해서만 서사화되고 의미화되는 것이 아니라 육체를 통해서도 드러난다는 점이다.

계주의 심한 두통이나 어부인 대주의 불운 같은 평범한 사람들의 '단순한 고통'이 시간이 흐르며 쌓이게 되면 육체적 징후는 한반도의 이념적 분단과 같은 역사적 비극의 오욕으로 변한다. 영게울림을 통해 우리는, 당면한 고통을 치유하기 위해 역사적 경험을 현재화한 무대에서 비극과 폭력에 대한 기억들이 어떻게 극화되는지를 볼 수 있다. 말하자면 심방의 치유 의례는 '단순한 고통'의 역사적 의미를, 육체적 징후와 영신들의 비탄을 통해 해석학적으로 풀어내는 역할을 한다.

혼령에 들려 계주가 추는 춤은 의례적 치유의 사회적 차원을 내보인다. 트랜스 춤의 카타르시스적 효과는 조상들과 자손들 모두에게 대물림되는 비극으로부터의 해방을 예기한다. 무교의례의 문화적 논리는, 조상들이 비탄에서 벗어날 때야 비로소 가족의 비극과 개인적 고통이 치유된다는 믿음에 기초한다.

그러나 안착하지 못한 조상령들은 계속해서 이승에 돌아온다. 새 옷을 마련해주고 저승길을 닦아주는 등의 의례를 어쩌다 한 번 베풀었다고 해서 그들의 위협적인 원한이 끝나는 것은 아니다. 이 통곡하는 조상들은 도대체 어디에 머무는 걸까? 그들의 슬픔은 얼마나 오랫동안 원한으로 남아 있을까? 그들은 자손들이 자신들의 이름과 생애사를 잊어버리지 않는 한, 기억 속에 살아남아 있을 것이다. 그리고 슬픔으로 미어지는 가슴은 정기적인 제사나 심방의 굿을 통해 이따금 위로받을 것이다.

그러나 5대가 지나면 특정 사건이나 누군가의 고통에 대한 기억들도 사람들의 뇌리에서 점점 희미해져 곧 사라지고 말 것이다. 5대가 지나면 제사의 의무도 끝나게 되어 죽은 조상들은 다른 원혼들처럼 특별히 기억되지 않고 일반 조상이나 잡귀의 일부가 되어버린다. 처녀혼 현씨 일월처럼 비극적인 영웅성을 띠고 죽어 씨족의 수호신으로 신화화될 가치가 있는 몇몇 특별한 집안 조상들을 제외하고는 굿에서조차 이름이 언급되지 않는다. 그들이 저승에 무사히 갔는지 아닌지는 더 이상 문제시되지 않는다.

이 단계에 이르러야 비로소 자손들은 조상령들에 대한 도덕적·감정적 속박에서 벗어날 수 있다. 심방 미조는 이런 집요한 속박을 '죄책감'이란 말로 설명했다. "비운에 간 조상들에 대한 자손들의 죄책감은 한참 후에야 말끔히 씻겨진다."[9] 여기서 '죄'라는 말을 쓴다고 해서 자손들이 정말 비도덕적인 것은 아니다. 자손 된 도리를 다하지 못했다는 자책이다. 이는 조상들에게 물려받은 불운의 비극을 자신의 유산으로 받아들이는 일반적인 역사의식에서 나온 것이다. 5대가 지나 가족 구성원들에게 이런 죄책감이 더 이상 중요하지 않게 되었다 하더라도 그것이 역사나 민중기억에서 말끔히 지워진 것은 아니다. 민중의 의식으로 자리 잡은 이 죄책감의 기억은 앞서 제10장에서 살펴본 바와 같이 제주 무교 신화의 '삶과 죽음의 경쟁에서 재생으로의 삶의 순환'이라는 신화적 드라마로 펼쳐진다.

제12장

조상과 신화적 인격의 형성

이 장은 굿의례를 통해서 '인격(personhood)'이 종교적 범주를 매개로 구성되는 과정에 대한 고찰이다. 이 논의는 인격 구성과 의례의 관계에 대한 다음과 같은 가정을 토대로 한다. 질병이나 불행 같은 상황은 한 개인과 사회의 일상적 시간의 흐름을 정지시키는 특별한 사건이며 특히 그 사건이 집안의 일월조상이나 귀신과 같이 초자연적 존재가 개입한 종교적 사건으로 인지되는 경우 개인의 존재론적 위기로 볼 수 있다. 이 위기 상황을 이해하고 해결하기 위한 의례과정은 건강하고 정상적인 인격의 회복을 궁극적인 목적으로 하지만 그것은 초자연적 존재에 대한 개념 구조 안에서 이루어진다. 초자연적 존재가 구체적인 이름과 성격을 가진 조상의 모습으로 현현하며 조상령과 인간의 직접적인 대화가 실연되는 의례의 공연 현실은 인간 존재가 사회성을 획득하며 지속적인 형태로 재구성되는 현장이 된다. 여기서 인간 존재는 하나의 독립된 신체나 고유한 심리 구조를 가진 실체라기보다 종교적 사건의 비일상적인 시공간에서 구성되는 과정적 존재이며 그 사건의 의례적 공연의 맥락에서 문화적으로 구조화된다고 가정한다.

이러한 가정을 기반으로 먼저 한 사람의 생애과정을 통해 '조상'이라는 종교적 범주가 인격의 구성 요소로 작용하는 인지과정과 그 범주가 사용되는 개념 구조를 기술하고, 이어서 실제 치유의례가 진행되는 과정에서 인격과 초자연적 존재에 대한 문화적 가정이 어떻게 형성되는지 기술한다.

또한 이러한 가정에 기초하여 사람과 환경, 생물과 사물 같은 존재론적 영역의 상호 연관성에 대한 문화적 이론이 어떻게 확대되고 정교하게 되는지 알아본다. 여기에서 '조상'이란 제11장에서 다룬 '집안 일월조상'과 '부모 혈연조상' 모두를 통틀어서 일컫는 개념이다.

1. '이녁 조상은 비밀': 조상·심방·인류학자의 해석학적 만남

제주시 근처 해안가 마을 화북에 사는 78세 이씨할망의 조상 이야기를 들어보자. 조상 이야기는 아무 때나 들을 수 있는 것이 아니다. 의례를 행하는 특별한 종교적 시간과 공간에서 의례 수행자인 심방이 구송하는 의례적 서사를 통해서 조상은 '살아 있는 인격체(living personality)'로 되살아난다. 필자는 이씨할망을 따라서 1984년 5월 화북마을의 해녀 양식장 앞 해안가에 돌담 아래 있는 작은 궤(돌틈이나 그 사이에 생긴 구멍) 앞에서 심방이 주관하는 용왕맞이굿에 참여했다. 다음은 심방이 구송한 내용을 요약한 것이다.

> 시어머니가 낭패목 곱닥한(고운) 널짝을 바다에서 건져와 하도 좋아 집안에 모셔둔 게, 밤도 영청 낮도 영청 선몽하여 "날 위하면 부자 시켜준다" 하여 그 패둔목을 조상으로 모시게 되었다. 머리고집센 시아방은 던져버리었다. 며느리 이씨할망이 낳은 애기들이 어릴 때 죽고, 자꾸 유산되고 또 이십대 후반 칠 년간은 폐병으로 고생하기도 했다.
>
> 시어머니는 '조상에 걸렸다'는 것을 알아차리고, 시어머니가 나서서 개끝(바닷가)에서 천막치고 굿을 하여 며느리 살아났다. 그 후 어리고 미욱하여 약속한 대로 조상굿을 하지 않았다. 조상의 영급(영험)을 배워보자

하여 다시 정성을 들였다.

궤를 정한 것은 사십 년 전이다. 남편이 죽고, 시아방도 죽고, 아들도 다 죽고 손자 둘만 키우고 살 때이다. 작은아들이 밀항하여 뱃장 아래 잠들었을 때 백발 할아버지가 나타나 시모노세키까지 곱게 인도할 것을 약속하며 "나는 집안태운(집안에서 전승된) 조상"이라고 밝혔다. 시모노세키에 내리자마자 어머니께 전화했다. 그 후 시동생과 합심하여 조상을 개끝에 모셨다.

성심으로 삼 년에 한 번 '조상 간장 풀어주는' 굿을 한다. 부산과 제주를 오가며 계란장수를 하면서 종이와 시라목(흰색의 면직물) 등을 '조상적시(조상 몫)'로 모아두었다. 작은 굿하면 작은 밭 사고, 큰굿 하면 큰 밭 샀다.

이젠 삼십구 세 큰손자며느리에게 일임(위임)시켬수다. 삼십구 세 몸받은 신중선왕(神中船王)님 영급을 태와줍서(내려주세요).[1]

필자는 이 굿을 갔다 와서 이씨할망의 동년배 친구이며 당시 세 들어 살고 있던 집 주인인 해녀할망에게 자랑하듯 이씨할망 조상이 어디 있는지 안다고 말하자 즉시 핀잔을 받았다. '남의 조상은 비밀'이기 때문에 '알아도 모르는 체' 해야 한다는 것이다.

이것은 일종의 문화적 충격이었다. 그 조상이 왜 해녀할망에게 비밀이며 알면서도 모르는 체하는가? 일반적으로 제주 사람은 남에게 자신의 조상에 대해 이야기하지 않는다. 의례적 상황에서 심방의 구송을 통해 '누구에게, 누구네 집안에 어떤 조상이 있구나' 하고 간접적으로 알게 될 뿐이다. 자기 자신도 조상이 누구인지 확실한 지식을 갖고 있는 것은 아니다.

의례적 맥락에서 굿을 하게 된 연유를 캐다보면 집안의 이러저러한 역사를 이야기하게 되고 심방이 어떤 특정한 상황에서 조상이 생겼음을 밝혀주면 '이녁 조상'의 정체성이 드러난다. 즉, 조상은 본래부터 있는 것이 아니고 인식 작용을 통해 존재하게 된다. 아마 이씨할망 조상의 비밀을 공공연하게 언급할 수 있는 사람은 할망 자신도 아닌 심방이 유일할 것이다.

다른 문화의 심층 구조를 이해하는 것을 목적으로 하는 인류학자는 동네 집안의 비밀을 굿을 통해 공공연한 지식 유형으로 전환하는 심방과 같은 입장을 가진다. '조상의 비밀'의 의미를 이해하는 과정이 바로 문화이해의 길일 것이다. 겨우 바닷가 돌담 아래 지정된 '돌트망(positioned hole)'에 지나지 않지만, 자손들에게는 돌연히 꿈에 나타나거나 가족에게 뜻하지 않은 사고나 재해 그리고 질병을 가져다줄 수 있는 초자연적 실재로서 '조상'의 의미가 인식되는 것과 마찬가지로, 문화 이해의 작업은 자손 이외의 사람에게는 눈에 띄지도 않고 너무 작아 잘 보이지 않는 '돌트망'에 응축된 의미체계를 해석하는 것으로부터 시작한다.[2]

'남의 조상은 비밀'이라는 문화적 가정은 조상에 대해 아는 것, 즉 지식 그 자체가 두려움의 대상이 됨을 나타낸다. 한편 '남의 조상은 비밀'이라는 진술은 '이녁 조상은 비밀'이라는 반대편 진실을 드러낸다. 조상에 대해 '안다'는 인식은 그 조상의 초자연적인 힘의 영향 안에 들어가는 계기가 되기 때문에 두려움의 정서를 야기한다. '조상'에 대한 지식은 두려움의 정서를 포함하기 때문에 위험하다. 조상의 비밀을 지키는 것은 초자연적 힘의 영향력을 억제하고 통제하기 위해 쌍방 간에 이루어지는 공모(complicity)와 추종(compliance)의 전략임을 알 수 있다.

마찬가지로 인류학자가 연구 대상으로 하는 문화에 대한 지식은 자랑스럽게 확언할 만한 것이 못 된다. 그 문화세계의 힘 속에 함몰되어 지식의 객관성을 잃어버릴 위험이 있기 때문이다. 그러나 그런 위험에도 불구하고 '조상의 비밀'은 문화 이해의 가장 요긴한 자료가 될 수 있다. 이씨할망이 '이녁 조상'을 비밀로 하는 심층적 의도와 그러한 이씨할망의 비밀을 은밀하게 지켜주는 해녀할망의 공모는 문화 이해를 위한 진정한 자료가 된다.

인류학적 현지조사는 인류학자가 연구하는 문화의 비밀을 이해하는 지평에 참여하고 문화에 대한 지식의 전망을 형성하는 인식과정이다. 인류학자가 현지에서 만나는 사건이나 일화를 통해 연구 대상 문화와의 해석학적 만남의 계기가 마련된다. 인류학적 문화 이해의 과정은 가다머(H. G. Gadamer)가 강조하는 모든 '이해의 존재론적 통일성'이 전제될 때 시작할 수 있다(Gadamer, 1982). 이녁과 남(the self and the other), 심방과 인류학자 이들 모두의 '조상의 비밀'에 대한 이해는 굿의례의 연행 현실의 지평에 제한되며 이해의 주체와 객체는 그 지평의 영역 안에서 결합한다(Agar, 1980: 265; Riccoeur, 1981, 1978).

필자가 앞에서 제시한 일화에서 보듯이 해녀할망의 힐난에도 불구하고 이씨할망의 조상의 비밀을 알아내고자 하는 인류학자의 의도는 원주민에게는 사실 주제 넘는 일이다. 이녁 조상은 비밀이기 때문이다. 그 비밀에 대한 지식은 이씨할망이나 해녀할망에게 결코 투명하게 드러나는 것이 아니듯이 인류학자에게도 문화의 비밀을 안다는 것, 즉 문화 이해는 불완전하다. 해석의 순환 구조 안에서 만나는 양자 사이에는 의사소통의 긴장이 있게 마련이고 상호 이해를 위한 대화의 공간이 조성된다. 어떤 문화에 대해 안다 해도 그 지식의 효력이나 실용성은 발설하거나 앞으로 하지도 않겠지만 '비밀이 있다는 사실은 알고 있다'는 긴장된 대화 상황에서 드러나며, 그러므로 비밀에 대한 진정한 지식(authentic knowledge)도 통일된 체계가 아니라 임의적인 성격을 갖는다.

조상에 대한 문화적 지식은 인간과 초자연적 실재, 생자와 망자, 두려움과 확신, 비밀과 해석 등 양자의 변증법적 지양이 풀어지는 과정에서 구성된다. 또한 조상의 주거지인 '돌트망'은 이미지와 말, 기억과 역사, 상상과 현실이 동일한 지평에서 채워지는 '존재론적 틈새'로서 상상의 영역이 현실 영역을 치환하면서 지속적으로 상황에 맞게 상징적 영역(조상의 권위와 카리스마, 친족제도)에 의해 보충되는 인식 공간이다(Boyer, 1993b).

무교의 종교 심성에 관한 논의에서 인간은 몸과 '넋'으로 구성되고 넋은 다시 생령과 사령으로 구분되며, 사후에 넋은 저승으로 가는데 저승은 이승의 투사물, 곧 이승과 연결되어 있는 곳이라는 인식이 공통적이었다(박일영, 1992; 이수자, 1991). 무당이나 무교를 믿는 이들 사이에서도 몸과 넋, 산 자와 죽은 자, 자손과 조상, 이승과 저승이라는 시공간적 이분법은 당연시되어온 셈이다. 그러나 여기에서는 이러한 이분법을 존재와 세계에 대한 인식 작용의 산물로 보고 그 과정에 대해 논의하고자 한다.

2. '조상'과 신화적 인격

기존의 구조기능주의적 연구에서는 조상 개념을 사회제도적인 측면에서 다루어왔다. 혈연적 조상을 인격적인 신으로 모시는 조상 숭배의식은, 죽은 선조의 영혼과 살아 있는 자손의 관계를 혈통 계승과 집단 결속이라는 의무적으로 주어진 가족·친족관계의 법적·윤리적 차원에서 인식하는 것이었다. 조상과 자손은 부계 친족 원리를 따른 상하 위계질서 안에서 사회적으로 공인된 의무와 권리의 관계로 규정되었다. 사대봉사라는 의례 규범에 따라 집안 우두머리가 제사장으로 정기적이며 형식적으로 수행하는 제사의식은 조상에게 계보상 이미 규정된 권위를 부여하는 친족의례이다. 이와 같이 조상 숭배는 사회조직과 통제를 위한 이념적 바탕을 제공하는 기제로 기능한다(김광억, 1988).

그러나 조상이 살아생전에 가졌던 인격이나 덕, 인기와 전혀 상관없이 친족의례의 범위에서 법적으로 규정되는 조상의 권위는 자손의 개인적인 일상생활의 맥락에서는 정서적인 영향력을 발휘하지 않는다. 조상 숭배에 대한 제도적 접근방법의 문제점은 어느 조상이 어느 자손에게 특별히 문제가 되는 특정한 상황의 해석이 어렵다는 데 있다. 문제되는 상황에 처한 개인과 조상의 관계에서 조상의 권위가 실제 현실에서 작용하는 측면에 대한 관심이 필요하다. 무교의례는 질병과 불상사 같은 인간의 위기상황을 해석하는 기제이다(최길성, 1986). 불상사가 생기면 그 상황의 원인에 대한 물음에서 시작하여 상황을 정상화하는 것을 목적으로 하는 의례의 과정에서 조상은, 규범적 위치가 아니라 개인적 삶에서 주체성의 의미를 구성하는 개념적 도구로서 실제 삶과 죽음에 대한 태도를 결정하는 행위 요인으로서 작용한다.

무교의례의 과정에서 혈연 조상의 성격은 숭배와 존경의 대상이기보다는 잠정적으로 위험한 힘을 발휘하는 귀신으로 재규정된다. 무교의례의 맥락에서 조상의 권위는 자손에게 복을 가져다주기도 하고 재해를 가져다 줄 수 있는 양면적인 권력으로 행사된다(Janelli and Janelli, 1983; Kendall, 1988; 켄달, 2016). 조상과 자손의 관계가 규범적 관계에서 힘의 관계로 재해석된다는 것이다. 특히 굿의례는 조상의 잠정적으로 위험한 힘을 위무하여 은혜로운 힘으로 전환시키는 상징적 기제이다(Turner, 1967: 30). 이 과정은 조상령과 자손 사이의 대화로 진행되는데, 여기서 혈연 조상의 규범적 지위가 재해석된다. 굿의례 현장에서 조상은 자손의 현재적 시간과 공간에 감정과 덕을 갖춘 하나의 살아 있는 인격체로서 발현한다. 굿의례에서 인격은 또 다른 인격체로 발현한 조상과의 인격적인 관계를 통해 재구성된다.

'인격(personhood or personage)'은 인간의 성격과 지위·역할 등을 모두 포함한 총체적 구조를 가리킨다(Mauss, 1939). 개성(individuality)과 사회성(sociality) 두 요소가 통일성 있게 조화되어 있는 상태가 인간성이다. 이 개념은 다른 유사 개념과 구별하여 사용해야 한다. 개인(individual)은 독립적인 행위 단위이며, 자아(self)는 심리적 존재를, 인간 또는 사람(person)은 하나의 인격체로서 기능과 역할·정체성을 가진 사회적 존재를 가리킨다(La Fontaine, 1985).

무교의례의 맥락에서 인격은 조상 개념과의 관계를 통해 구성되는데, 이를 '신화적 인격(mythical personhood)'이라고 정의한다. 조상은 삶의 다양한 경험 사이의 인과적 연계를 의미 있는 질서체계로 이해하고 설명해주는 개념적 도구이다. 즉, 조상 개념은 인간 존재의 본질을 포착하는 사고의 형식으로서 인간과 인간을 둘러싼 자연적·사회적·초자연적 실재의 연관성을 규명한다. 여기서 인간은 조상의 인성이 각인된 존재이므로 이중적인 인격체라 할 수 있다(Leenhardt, 1979).

'조상에 걸렸다(ancestral affliction)'는 현상에서 보면 조상의 인격체와 인간 개체가 일치되고 '신화적 인격'은 조상과 자손의 계보적 관계를 통해 구성되므로 시간적인 구성체이며 상황에 따라 가변적이다. 또한 위기 상태에 대한 문화적 가정이 상황에 따라 달라지기 때문에 '신화적 인격'은 문화적으로 유형화된다. 삶의 경험의 파편들, 우연적이고 일화적인 사건들의 의미연관을 매개함으로써 조상은 인격의 역사적 구성을 가능케 한다.

3. '이녁 조상'의 개념과 인격의 사회적 신화

굿에 나타나는 조상 개념은 혈연적인 조상보다 광범한 영역의 신령을 포함한다(조흥윤, 1984). 제주도에서 '일월조상'이라는 통칭으로 불리는 '조상'은 일가 내지 일족의 수호신과 부락 수호신을 통틀어 통용되는 호칭이다(현용준, 1986).

일가·일족 수호신인 조상이 있는 집도 있고 없는 집도 있는데, 개개 집안의 변별적 요소로 작용하며 성(姓)을 통해 이어지기도 하고 모녀 또는 시어머니에서 며느리로 계승된다. '집안 조상'은 혈연 조상의 제사나 명절 때 반드시 '메(밥)'를 거르는(대접하는) 신격인데 새해 벽두에 '철갈이(고사)'라는 연중 정기 의례를 받는다. '집안 조상'은 집 울타리 안의 뒤뜰, 집 안 고팡(곳간) 또는 산이나 바닷가의 궤에 위치한다. 조상은 생계유지, 행운과 불행, 그리고 빈부의 원인으로 해석되며 각기 본풀이(신화)를 갖고 있다. 본풀이는 조상의 성격을 묘사하고 신으로 모시기 시작한 내력담을 담고 있다.

일월조상의 성격은 먼저 조령(祖靈)적 성격을 갖는다. 걸출한 선조(양이목사, 파평윤씨의 윤대장, 나주김씨의 구실할망) 또는 원혼(광청아기씨, 송동지영감, 양씨아미, 현씨일월, 김해김씨의 김전적)이 이에 속한다. 특수 직업의 보호신령(책불일월, 산신일월, 불도일월)은 생업 수호신적 성격을 가진다. 조천 안씨는 안씨 선주, 선흘 안씨는 사신(蛇神), 화북 안씨는 미륵석상, 고팡에 조상으로 모시는 칠성이나 도채비 영감은 재앙신적 성격을 갖는다. 이외에 먼 집안 친족 가운데 비명에 죽은 사람이나 처녀의 사령 같은 원혼은 재앙을 가져오는 조상으로 특별히 모셔진다. 고전적 본풀이가 대표적인 사례이다.[3]

이씨할망의 '이녁 조상'은 본래 시어머니가 바닷가에서 우연히 주워 와서 집안에 놓아둔 낭패목 널판이었다. 낭패목은 '낭낭선' 또는 '낙남선(落南船) 패도목'(배를 만드는 재목의 이름)을 줄인 말이다(현용준, 1980). 남방에 있는 제주로 항해하던 배가 난파하여 조각난 배의 일부이다. 바닷가에선 쉽게 이런 널판을 발견할 수 있다. 그러나 그것이 집안의 길흉화복을 좌우하며 정기적인 굿의례를 받는 '조상'으로 신격화되는 과정은 이씨할망의 시부모로부터 손자에 이르기까지 개인의 생애사와 가족사가 특정한 의미를 가진 역사로 재구성되는 과정이기도 하다.

이 과정은 먼저 '조상'이 꿈을 통해 스스로 집안 자손(이 경우 혈연적으로 부방과 모방 양측 친족원 모두 포함)에게 발현하면서 시작된다. "날 위하면 부자 시켜준다"는 '조상'의 약속은 시아버지가 그 널판을 버림으로써 한때 무화되는 것 같았다. 그러나 '조상'의 정체성은 이씨할망의 질병과 유산, 아이들의 죽음과 같은 재앙을 통해 재확인된다. 그러나 일단 위기를 극복한 이후 '조상'은 다시 잊히지만 집안에 불행한 일이 닥치면 언제든지 집안 조상에 대한 기억이 되살아난다. 이씨할망의 남편, 시아버지, 아들 등 모든 남성 가족원이 다 죽고 할망 혼자 가정을 이끌어가야 했을 때 할망은 다시 '조상'을 기억하고 이제는 구체적으로 바닷가 궤에 '조상'의 거주지를 만든다. 궤는 이씨할망과 '집안 자손'만 아는 작은 사당이다. 이렇게 사당을 만든 후 이씨할망은 집안을 다시 일으키고 '조상'이 맨 처음 약속한 대로 부자가 되었다.

여기서 조상 개념은 개인과 집안 전체의 재앙을 설명하는 틀로서 작용한다. 상식적 지식으로 해명되지 않는 사건을 '조상에 걸렸다'는 종교적 지식으로 이해하는 것이다. 그래서 궤를 정해 '조상'을 구체적으로 신격화하는 그때에도 이씨할망이 자의적으로 그렇게 한 것이 아니고 '조상'이 스스로 꿈에 나타나 일가 수호신으로서의 정체성을 밝히고 또다시 약속을 했기 때문이라고 이씨할망 자신이나 심방이 진술하는 것이다.

그러나 일가 수호신으로서 낭패목 조상이 항구적으로 자손에게 부와 복이라는 약속을 실행하지는 않는다. 약속을 지키는 조건으로 3년마다 한 번씩 '조상 간장 풀어주는 굿'을 자손이 봉헌해야 한다. 이 굿은 자손이 조상에게 바치는 희생제의적성격을 가진다. 조상과 자손의 관계는 '작은 굿 하면 작은 밭 사고, 큰굿 하면 큰 밭 사는' 식의 철저한 호혜적인 관계이다. 조상은 사람과 마찬가지로 잘 위해주지 않으면 자손에게 화를 가져다주고 잘 위하면 그만큼 선의를 베푸는 인성을 가지고 있음을 알 수 있다.

굿을 통해서 육화된 조상의 인성이 표면화되고, 조상은 신화적 인격체로서 이씨할망의 인격에 통합된다. '조상'과 인간이 통합체가 됨으로써 비로소 이씨할망의 인격은 개별적인 존재가 아니라 가족, 친족, 그리고 주위 환경에 참여하는 조화로운 통일성을 갖게 된다. '낭패목 조상'은 '집안태운(내려온) 조상'이며, 이씨할망이 처음으로 궤를 정했던 당시의 '39세 몸 받은 조상'으로서 개인의 몸에 각인되고 집안 공동체와 일치된 존재이다. 서로 분리할 수 없이 일체화된 조상과 자손은 함께 '신화적 인격'을 구성한다(Black, 1985: 280; Desjarlais, 1992: 63-89).

조상은 미신적이거나 신비한 것이 아니다. 조상은 이씨할망이 삶의 위기를 이해하기 위해 고안해낸 추리 장치이다. 조상은 불행과 성공, 안전과 재앙의 우연성을 설명하기 위한 담론적 고안물이다. 궤를 정하고 굿을 함으로써 위기를 극복한 이후에야 조상의 영험은 병이 낫는다든지 밭을 샀다든지 그 결과로써 증명된다. 이씨할망의 병이 낫고 기울어진 가세가 다시 일어나는 등 성공적인 결과를 얻은 이후 낭패목은 조상이 되고 조상의 영험은 확인된다. 그러나 굳이 궤를 정하고 굿을 하는 이유를 '조상이 꿈에 알려주어서', 즉 조상 때문에 하는 것이라고 진술하는 것은 좋은 결과를 예상하고 미리 조상에 대한 믿음을 책략적으로 고안해낸 것이라고 해석할 수 있다. '조상의 영급(영험)을 배와 보고자' 궤를 정하고 조상 몫으로 의례적 물품을 모으는 이씨할망은 우연한 꿈일지라도 조상의 뜻을 읽거나 영험을 얻는 방향으로 해석한다. 이와 같이 위기 사건과 해석이 반복되는 오랜 과정을 거쳐 조상에 대한 믿음은 조상 숭배로 제도화된다.

낭패목·돌트망·조상신이 범주의 구별 없이 동일한 공간에서 공존하는 존재론적인 영역 내에서 인격이 구성된다. 또한 인간과 조상신의 지속적인 일체화 과정을 거치면서 인식 주체는 역사성을 획득하게 된다. '조상을 위해 굿을 하면 환자의 병이 낫고 부를 얻는다'는 명제는 주술적인 사고가 아니라 조상의 영험 경험 그 자체에 의해 새로이 자극되는 경험이 열리는 해석학적 순환과정을 통해 인간은 지속적으로 새로운 존재 상태로 변화될 것이라는 인격의 역사성에 대한 진술이라고 보아야 한다.

요약하면 '조상' 개념은 ① 한 개인의 생애사와 개성을 구성하는 핵심 요소로서 주체성 구성의 중심적 상징이며, ② 조상은 자손에게 문제를 일으킨 동인인 동시에 문제 해결의 힘을 가진 '문제가 되는 인격체(problematic personality)'이다. 이 '문제가 되는 인격체'는 비가시적인 존재이기 때문에 실제로는 위기 상황에 빠진 '문제가 되는 주체성(problematic subjectivity)'의 은유라고 볼 수 있다. 페르난데즈(James Fernandez)에 의하면, 은유는 경험을 이해할 수 있도록 이미지들을 조직하는 장치이다(Fernandez, 1976: 100-102).

대체로 굿의례의 맥락에서는 질병, 돌발적 사고, 죽음 등과 같은 비극적 사건의 경험을 통해 문제가 되는 주체성이 드러난다. 사건이 발생한 이후 '왜? 나에게 지금? 이러한 일이 일어났는가?' 같은 일련의 존재론적 문제에 대한 설명체계로서 또는 지속적인 개인과 집안의 복지와 혈연적 존속의 보장책으로서 조상 개념이 사용된다. 사람들은 조상이라는 은유를 사용하여 존재론적 위기를 이해하고 당면한 문제를 해결하려 한다. 다시 말하여 문제의 원인이자 동시에 해결사인 조상은 척구, 영혼조상, 일월조상, 선왕조상(이씨할망이 돌트망에 모신) 등 다양한 성격과 기능을 가지는 미지의 힘의 총체를 의미한다.

심방은 조상 개념을 사용하여 문제를 진단하고 문제가 있는 주체가 문제를 이해할 수 있도록 무악기 연주로 본풀이(조상의 내력담)를 구송하고 무구로 점을 치면서 조상의 도움을 청하는 한편, 조상신에 들려 조상의 약속을 자손에게 전하며 위로한다. 의례를 통해 심방은 문제가 되는 사람의 고유한 존재론적 실재를 창조해낸다. 그래서 굿의례에서 표명되는 것은 경험적 진실이라기보다 실존적 진실이다.

그렇다고 해서 인격이 조상과의 일체화를 통해서만 존재하는 것은 아니다. 인격은 개인적 존재, 심리적 존재(자아), 사회적 존재의 총체이다. '이녁 조상은 비밀' 또는 '남의 조상은 비밀'이라는 명제에서 우리는 이녁과 남이 각기 개체로 인식되는 것처럼 이녁 조상과 남의 조상이 서로 개체로 인식되고 있음을 알 수 있다. 조상은 인간 존재의 집과 같기 때문에 내 집과 남의 집이 독립된 공간인 것처럼 '이녁 조상은 비밀'이 되는 것이다.

인격이 한 사람의 삶의 구조 내에서 구성되는 존재의 총체라면, 다른 사람과의 사회적 관계망에서는 개체로서 존재한다(Leenhardt, 1979: 153-169; Clifford, 1982). 조상이 자손으로부터 분리됨으로써 인간의 개체화가 가능해지며, 또한 개체는 '문제가 되는 상황'으로부터 자유로워지고 정상화된 인격을 얻게 된다. 사실 질병과 불운의 상황은 조상과 반드시 관련되지 않을 수 있으며 조상의 도움 없이도 병이 낫고 재화를 얻을 수 있다. 그러나 조상은 의례의 맥락에서만 의미를 가지며 힘을 발휘한다. '이녁 조상의 비밀'은 개별적 인간의 인식 영역 안에 감추어져 있다가 의례를 통해 공공연한 사회적 지식으로 다른 사람들에게 소통된다.

굿의례는 문제되는 상황을 연극적으로 만들어낸다. 집안 조상과 영혼을 의례 공간에 초청함으로써 자손이 조상 없이 존재할 수 없다는 인격 구성에 관한 사회적 지식을 유포한다. 그래서 조상을 불러들이는 의례적 절차에는 환자의 병을 치료하기 위해 효과적인 연행에 필요하다고 생각되는 집안과 친족 공동체의 의식이 개입되기 마련이다.

심방은 굿에서 '떨어진 조상 없이 다 거느려(청신해)' 줄 수 있는 충분하고 세밀한 지식의 소유자, 치료 담당자, 위기 상황의 해결사이며, 조상의 대리인인 셈이다. 심방의 구송은 곤경을 정의하고 이것을 공식적으로 인정한다. 곤경의 경험을 의례적으로 다스리는 가운데 심방이 조상을 옵센 부르고(청하고) 이름을 밝히는 것은 환자가 처해 있는 곤경을 정의하고 또한 그것을 공중 앞에 인정하는 사회적 실천과정이다.

굿의례에서 '문제 상태에 놓인 환자의 주체성'을 진술하는 행위는 바로 그런 상황의 진실을 재창조하는 것이기 때문에 심방은 아주 진지하게 청신(invocation)하고("말명 입질에 떨어지지말앙 다들 옵센"), 굿을 맡긴 본주나 환자도 이때만큼은 긴장하여 듣는다. 청신의 정확도에 따라 큰 재앙이 올 수도 있기 때문이다. 그러나 진술의 효과는 환자에게 차도가 보일 때 증명되므로 조상에 대한 믿음은 의례 전후에 지속적인 신앙 형태를 갖게 된다. 달리 말하면, 질병과 같은 신체적 경험은 윤리적 의미를 갖게 된다. 조상의 상벌에 따라 인격의 완성도가 결정된다. 심방은 단순한 의례 수행자가 아니라 인간 실존의 불확실성과 경험의 모호성을 인정하고 상황적 진실을 신속하게 간파하여 그것을 성실하게 진술함으로써 문제 해결에 실천적으로 참여하는 유기적 지식인이며 공동체 속에서 일하는 실천적 지식인이라 할 수 있다.

4. 치병굿 병인론: '조상결괘'

이제 심방이 병의 원인을 진단하고 굿의례를 수행하는 과정에서 조상의 개념이 어떻게 정의되고 그 개념을 매개로 문제가 되는 인격이 어떻게 구성되는지 살펴보자.

제주도 치병굿은 병의 위급성과 병인에 대한 이론에 따라 '퇴세', '넋들임', '푸다시', '추는굿', '영감놀이', '칠성새남' 등과 같이 심방이 평복 차림으로 앉아서 하는 작은 굿에서, 높은 신을 맞이하기 위해 심방이 관복과 쾌자 차림의 의식적인 복장을 갖추는 시왕맞이큰굿에 이르기까지 여러 형태이다(현용준, 1980, 1982, 1986).

'퇴세'는 일종의 비념이고, '넋들임'은 넋의 이탈로 인한 병의 치료, '푸다시'는 잡귀의 빙의로 인한 병의 치료, '추는굿'은 정신이상자의 치료를 위한 굿이다. 도깨비신의 빙의로 인한 병의 치료로 '영감놀이'를 하고, 뱀을 죽임으로써 생긴 병은 '칠성새남'이라 하여 종이로 만든 뱀의 형상을 놓고 사신을 위무하는 굿으로 치료한다. 그러나 오래된 중병에 걸렸을 때는 저승의 열시왕을 청하는 시왕맞이굿을 하는데, 시왕맞이굿은 죽은 집안 영혼의 질치기(천도의례)도 동시에 하는 큰굿이다.

필자가 참여관찰한 고살미 마을의 치병굿은 29세 남성인 고등학교 교사 김씨를 위한 굿이었다. 처음에는 병의 원인을 마을 당신에게 있다고 보고 돗제(돼지 한 마리를 훈제하여 희생제물로 바치는 고살미 마을 공동체적인 굿)를 했으나 증세가 좋아지지 않아 우선 위급한 상황을 모면하고자 '퇴세'부터 시작하여 증세가 점점 나빠지면서 '푸다시'와 '넋들임'을 하게 되었다.

이 치병굿의 참여관찰은 1984년 10월 19일 환자 김씨의 어머니가 아들의 반대에도 불구하고 오랜 단골관계를 맺어온 문심방에게 달려와 무구점을 요청할 때부터 시작되었다. 10월 25일 '돗제'할 날을 받고 11월 1일 '돗제'를 했다. 이틀 후 11월 3일 급하게 환자의 어머니가 '퇴세'를 해달라고 부탁했다. 당시 이미 문심방은 환자의 병이 '조상에 걸린' 병이기 때문에 '추는굿'을 해야 한다는 것을 알고 있었다. 그러나 환자 자신이 이를 극구 반대했고 환자 어머니도 간단하게 푸다시나 해달라고 해서 이틀 후인 11월 5일 환자 집에서 환자의 '궨당'(8촌 이내 부계 친족원)의 방문과 도움을 받으며 '푸다시'와 '넋들임'을 했다.

이틀간 굿을 하는 동안 문심방은 환자에게 춤출 것을 강력하게 권유했으며, 환자는 서우젯소리[4]에 맞춰 세 번 일어나 춤을 추었다. 환자는 매우 어색해했지만 어머니와 장모의 인도로 춤을 추었다. 문심방은 '푸다시'(잡귀풀이)도 해야 하지만 영혼들의 천도를 위한 시왕맞이큰굿을 해야 완전히 낫는다고 권유했으나 입씨름만 하다가 말았다. 두 번째 날 환자는 '추는굿'이 돈이 많이 든다고 '푸다시'와 '액막이'로 굿을 끝내달라고 부탁했다.

그래서 굿은 그날 끝났다.

열흘이 지난 11월 15일에 문심방은 환자의 '궨당'에게 굿한 다음 환자의 변화에 대해 간접적으로 소식을 들었다. 그 이듬해 1985년 2월 8일 문심방은 환자 김씨의 병에 차도가 있어 다시 직장에 나가게 됐고, 김씨가 학비를 대주던 아우가 의사시험에 합격한 기쁜 소식을 들었다. 동시에 환자 어머니가 문심방에게 10여 년 전 빌려간 돈 11만 원도 돌려받았다. 4월에는 환자의 아우가 결혼하여 문심방에게 고맙다고 인사하러 왔다. 이 전 과정에 걸쳐 필자는 문심방을 동행했고 문심방의 집에서 같이 살았기 때문에 치병굿의 전모를 관찰하고 얘기를 들을 수 있었다.

치병굿에서 조상결괘는 병의 원인을 조상으로 보는 관점이다. 즉, 조상결괘는 조상으로 병이 생겼다고 보는 일종의 해석이자 진술이다. 이때 조상은 단순히 혈연적 조상뿐만 아니라 친족 공동체에서 숭앙하는 신까지 포함한다.

김씨 치병굿은 환자의 병인에 대한 진단과정에서부터 굿의례의 수행, 그리고 이후 심방과 환자 사이의 단골관계의 마무리에 이르기까지 1984년 10월 19일부터 이듬해인 1985년 4월까지 반년 이상 진행되었다. 환자 집안은 문심방의 오랜 단골이다. 환자 할아버지가 10년 전 돌아가셨을 때 귀양풀이(매장 후 집에 돌아와 사령을 위로하는 굿)를 해주었고 7년 전 환자 아우가 의대 입학시험 볼 때 증조할아버지 묘에 가서 빌어주기도 했다. 당시 큰굿 하겠다고 조상에게 약속하는 뜻으로 백지로 소지 꺾어 놓았다. 그러나 약속대로 큰굿은 하지 않고 돗제나 요(용)왕맞이, 연초에 하는 철갈이 등 약식으로 조상을 대우했다.

① 문점과 조상결괘(10월 19일 문점)

김씨의 치병굿을 보면, 처음(10월 19일 문점할 때)에는 문제의 원인을 아직 밝혀지지 않은 조상 일반에게 있다고 보고 조상에게 무심했던 죄를 고백하고 용서를 빈다. 이때 밝혀진 조상들로는 집안 조상이 다섯(양이목사, 폐도목, 책불, 산신, 약방)이었고, 영혼 쪽으로는 죽은 큰아방과 아방 이렇게 둘이 있었다. 이 조상들에게 앞으로 성심으로 모시겠다는 다짐을 한다. 죄의 상태는 척귀(戚鬼. 원한을 품은 채 죽은 귀신)와 여새(女邪)에 걸린 것으로 진단되었다. 더 많은 조상의 정체는 의례가 지속되는 과정에서 구체적으로 하나씩 밝혀진다. 의례가 단계적으로 진행됨에 따라 조상의 정체도 일반적이고 외래적인 무교 신격에서 점차 가족적이고 개인적 영역에 한정된 혈연 조상으로 범위가 좁혀짐을 알 수 있다.

② 본향한집 결괘(10월 25일 돗제할 날 정하기, 11월 1일 돗제)

10월 25일 마을 당신인 '토지관 본향한집'에 결괘가 있으니 확 풀어야 한다고 문심방이 권유하고, '본향한집'에게 돼지를 희생제물로 바치는 돗제할 날을 정했다. 11월 1일 돗제에서 보다 구체적으로 조상의 정체가 드러난다. 돗제하는 과정에서 혈연 조상(성편, 성외편, 외편, 진외편, 며느리편)과 영혼을 구체적으로 찾아낸다. 조상의 존재는 꿈을 통해 인지된다. 조상의 꿈은 매번 환자의 조상결괘가 심화되면서 더 구체적이고 빈번하게 나타난다. 복통과 같이 갑작스런 신체적 증상과 함께 꿈은 '조상의 인격적 존재'에 대한 매우 중요한 표식이다. 이제는 조상과의 직접적인 대화에서 '월급에서 따로 조상적시로 떼어 적금'하겠다고 구체적인 약속을 한다. 돗제를 하고 나서 돌아온 그날 문심방은 "환자 얼굴이 벤슥하고(창백하고) 맥이 신이 붙었드러. 여새(女邪)가 들은 것이니 쳐야 한다"고 귀띔했다.

③ 신중선왕 일월조상 결괘(11월 3일 퇴세)

일주일 후에 급하게 환자의 어머니가 달려왔다. 환자가 음식을 잘못 먹었는지 복통으로 손발이 차가워지고 오한으로 몸을 떤다는 것이다. 환자의 어머니는 조상에게 잘못했다고 빌었다. 환자는 낙담하여 굿을 해도 소용없다고 우기고 있었다. 심방은 무서운 기가 들어가면 굿을 하지 않으면 안 된다고 하면서, 퇴세라도 해야 된다고 환자 어머니에게 조언했다. 그래서 11월 3일 오후에 퇴세를 하게 되었다. 퇴세에서 드러난 조상의 정체는 '신중선왕 일월조상'이었다. 심방의 '연유닦음' 안에서 이 조상의 정체가 드러났다.

"여기여차 닷감기로, 49세 29세 닷감기로, 신중선왕 일월조상님 곱을 갈라(서로 경계를 지어) 살려줍센 축원올립니다. 물방퇴세로 곱을 갈라줍센" 하며 플라스틱 됫박에 밥, 생선고기, 나물 제물의 일부분을 떼어놓은 것을 환자 머리 위에, 나중에는 허리 위에 놓고 수저로 툭툭 때리며 신전의 이름을 거느릴 때마다 "죄목죄상 이제는 곱갈라 돌아삽서(환자 몸에서 떠나십시오)" 하고 축원하고 "얼굴이 좋다, 이름이 좋다, 새엄이(마음이) 좋다, 열두 숭엄(흉험) 불러주던 임신님, 신불에 놀던 잡구, 새신 곱을 갈라갑서" 하고 빌었다.

돌아오는 길에 문심방은 "얼굴 보니 조상이 붙었다. 춤출 병이 붙었다"고 환자 모친에게도 살짝 귀띔했다.

④ 혈연조상 걸궤(11월 5~6일, 추는굿[푸다시, 넋들임, 서우젯소리 3회])

이틀 후인 11월 5일 아침 7시에 급하게 환자의 어머니가 찾아왔다. 환자가 부인이 사온 과자를 먹고 또 복통을 일으킨 것이다. 문심방은 '추는굿'을 해야 한다면서 환자의 어머니에게 다음과 말했다. "구신들은 밥먹젠 허난(밥 먹자 하니까) 저런 병은 잘 달래야 한다. 구신은 살살 달래는 거다. 십만 원이면 족하다." 오후에 환자 어머니가 와서 환자가 조금 나아졌다고 이야기하자 문심방은 "그건 자기의 웃음이 아니라 조상의 웃음이다.

굿한다 하니까 구신이 좋아서 그러는 거다"라고 진단했다. 저녁 5시에 심방이 소무 둘을 데리고 환자 집에 가서 추는굿을 시작했다.

'양둑지 절박'으로 나타난 혈연 조상의 빙의사실을 확인하고 공언한다. 환자는 '조상의 웃음'을 보이고 심방은 보다 적극적으로 조상을 위로하는 추는굿을 하도록 권유했으나 환자와 가족은 비용을 걱정하여 서우젯소리에 맞춰 춤을 추는 것을 세 차례만 하고 그쳤다. 조상의 이름을 부르거나 원한이 있을 만한 영혼을 모두 찾아내어 제청에 초청하여 축원 올린다(일월조상, 혈연조상, 비명에 간 영혼을 모두 포함). "양사돈 육마을 조상님네, 이번 살려줘야 조상이 있다는 걸 알 거 아닙니까? 조상님네 모친(맺힌) 간장, 동심절 서심절에 어둔 가심. 먹장가치 어둔 가심. 여기여차 닷감기로 풀려이 자손 살려줍서. 대단히 잘못하고 눈으로 못보난 조상은 없는 걸로 생각했다. 살려줍서. 질(길) 발라줍서. 영혼영신들."

추는굿에서 구체적으로 정체가 드러난 조상들의 목록을 의례적 맥락과 함께 보다 자세히 서술해보겠다. 현장감을 살리기 위해서 심방이 구송했던 당시의 제주 방언을 그대로 서술했다.

초감제 연유닦음

집안 내 일월조상님. 동살장 침방우전으로(제청으로) **다 살려들옵서예. 공선은 가선 가선은 공선, 천금만금 귀한 인간자손 아닙니까. 스물아홉애기 작년부터 하루는 아뜩 하루는 벨롱**(초점을 잃고) **영해여부난 어느 도액 죄책이라 해도 살려줍서.** 어머니는 49세 김해 김씨 두 성제(형제) 있고 아버지는 일본 대판 가서 삽니다. 하르방 할망 밑에서 자라 가난하고 궁핍하게 살았읍니다. 신병 있는 자손은 농고 선생으로 얌전하고 착실하고 근면하며 참실 같은 마음을 가졌읍네다. 스물하나인가 스물둘 나던 해에 행원리 방위 근무할 때 넋이 나갔고 그 후제에 또 한 번 다른 데에 갔단 넋났다. 병원에 가서 약 주사를 맞았다. 작년에 영감(도깨비신)들어 함덕 사는 심방 빌어 아진(앉은)제청으로 서우제로 푸다시했읍네다. 스물일곱 살 동생이 대학병원 시험 볼 때 증조하르바님 산(송당에 있는 묘)에 가서 빌면서 소지 꺽어났읍네다. 성편으로 명부지 낭낭선 페둔목에 올라오던 조상, **'얻어도 조상되고, 빌어도 조상됩니다.'** 양이목사 조상이 있읍니다. 외편으로 김씨 어머니 편에 일월조상님, 강씨자손 일월조상, 양사돈 육마을 조상님, 황무진토 이 자손들 질 발라줍서(길을 바르게 해주소서). 7년간 오래 묵어두고 곡석도 안 되고 조상들은 세어지고(힘이 세지고) 문점하니 거짓말했젠. 동생은 병원자격증 따게 하려고 형 부부 일했읍니다. 29세 자리공사 드러누운 지 스무사나흘 됩니다. 직장 휴직하고 엑스레이 찍어부난 아무 병 없다 하고 27세 돈 보내달라 재촉하니 작년 황밭갈새(돼지) 바치쿠다(돗제한다는 뜻). 소지 꺽어놓고(신에게 약속을 하고) 올해에야 나흘 전 제올렷으나 환자 차도가 없읍니다. 병명도 없어 답답허여 조상에게 송사합니다.

선몽드려 싯군 집안조상님들, (혈연 조상)

성진편(친가 쪽)으로 옛날 조상이 있읍니다. 이심세고 터심센 산신일월 조상님. 증조하르바님, 영등물에 물멕이러가(고기잡으러 가서) 멩부지 낭낭선 페도목 올라오난 욕심이나서 집안으로 봉가온 조상이 있읍니다.

진외편(외할머니 쪽)**으로** 김씨자손 뒤 일월 "신비우비미우비 제청비" 제우젠 서당책불일월 맑은 책은 잠진책, 내경판 지남석, (서당선생, 정시).

성진외편(친할머니 쪽)**으로** (고씨할망) 고전적하르바님. 양이목사조상.

외편(외가 쪽)**으로** 옛날옛적 하르바님. 듬북밭 보래가단 죽나무 모살판에 무어두고 오단보난 읽어부러, 찾아 서목시불러 널판을 짰읍니다. 멩부지 낭낭선 페도목으로 올라온 조상.

성진외편으로 안칩이 산신부군칠성이 있읍니다.

이번 살려줘야 조상이 있다는 걸 알 거 아닙니까? 꿈에 선몽하고 양사돈 육마을 대답잘못하고 몽근걸락 스믈아홉 애기 죄책있건 풀려줍서. 조상님네 모쳐진(맺힌) 간장, 동심절 서심절에 어둔가심, 먹장같이 어둔 가심, 여기여차 닷감기로 풀려 살려줍서"

(**영혼상에 모신 영혼들**에게 사죄를 구한다. 최근에 사망한 분으로 상을 따로 차려놓았다.)

제청 성진 하르바님. 우김도 세고 터심도 세어져 영되어(고집부리다가) 지붕에 까꺼린(눌린) 아기덜. 아들들 구의선 배타다 죽고, 차에 타다 죽고, 다죽어부난 대단 잘못허구. **눈으로 못보난 조상은 없는 걸로 생각했다.** 스물아홉 이 애기 살려줍서. 스믈일곱 의사자격증 따는 질 발라줍서. 이번 한번 살려줍서. 덩더꿍 비념 푸다시로라도 조상 간장 모친 간장 어기여차 닷감기로 풀려나줍서.

외편 (김씨) 책불일월조상. 얼굴책에 점진책(점 보는 책), 붉은 깃발 좁진 깃발(굿할 때 사용되는 깃발), 양약 탄약 삼진산 불사약 한약으로 화령공덕(활인공덕) 빼어건(뺏어와) 죽는 자손 살려주라. 족은할마님 비자낭 상가지에(비자나무 가지에) 섭섭하게 걸어지영 할머님눈에 펜식한 것이(띈 것이) 조상이 되엇읍니다. 고씨 할마님 김댁에 개가하여 팔자궂어 (심방이 되어) 댕겻읍니다.

며느리 송씨 일월조상.

오늘 말명 입질에 떨어진 조상 어시 옵서.

영혼영신들. 저아기 청대소록(青竹邪氣)**흑대소록**(黑竹邪氣) **불러주던 남자 여자**(비명에 간 영혼)

설운 큰 아방. 타관살젠 총각머리등에지엉 고의선타다근 밀항하다 보일라실에서 숨이 막혀 말한마디 못하고 죽엇읍니다. 마른딜로(마른 길로) 요왕질치고 처서안동하여(저승차사가 인도하여) 질을 붙여줍센(천도할 때) 어디가도 입질에 나든 영혼(부른 영혼). '아방기린(아버지를 그리워하고), 조상기린 저 조캐(조카)야. 니네들은 살암시난 높은 책상받앙(좋은 교육 받고), 좋은 궁전에서, 활동시레 살암구나', 영허며(이렇게 말하며) 바람질 구름질에 인사척구, 반짐척구(짝사랑에 죽은 귀신), 사랑척구(사랑을 이루지 못한 원한이 있는 혼귀), 원한척구되었읍니다. 오늘은 살아근(살아서), 큰아방 좋은 입성(저승옷) 사롸드리고(불살라 드리고) 좋은 반찬 출려 식사드리고 담배사다드리고. 그만해여도 알암수다. 이 조캐들 성제(형제)만 앞 발르고 뒤 발르민(바르게 되면) 우리 한끗지고(마음 놓고), 비석세워 있다하니 이 아기들 질 발라줍서, 이번 참 살려줍서.

설운 아버지. 타관, 일본 주년국, 살다 여기왔다 아니가젠허단(돌아가지 않으려다가) 일본에 도로가 아침밥을 저승밥으로 먹고 나가 그날 불귀객이 되엇읍니다. 모든 것이 마음과 뜻대로 아니맞앙 죽엉가던 설운 아바지, 이 애기덜 아깝지 않읍니까, 이번참 스물아홉 살려줍서.

성진 하르바님. 이 손지들(손자들) 품안에서 아방같이 키와주던 하르바님. 구름질 바름질 사랑척구, 반짐척구, 기린척구, 원혼척구. 허다 이 애기덜 살려줍서.

환자 모슬포로부터 김녕, 행원까지 방위근무할때 개끗에서(갯가에서) 보초슬 때 **인사허던 맑은 일월 선앙일월** 신중선앙조상들, 양사돈 구실할 마님 이번참에 살려, 살려, 살려줍서.

학생 가운데 **학생어머니** 죽어가는 것 지켜보았고

사촌 누이동생(김씨). 부부 입절름(말다툼) 끝에 약먹고 자살한 누니동생. 소분(벌초)하러간 오빠에게 인사척구, 반짐척구, 사랑척구. '니는 살암시난 영해연 오란 감디냐.'(너는 이렇게 살아서 왔다 가느냐.)

총각머리 등에진 사촌성님. '난들 살아 무얼 하나,' 설운 성제 먹어난 약을 먹고 자살.

목포에서 맺은 의성제. 돈 빌려줘 의가 상했읍니다.

(계속 본주는 미처 부르지 못한 영혼의 이름을 옆에서 대어준다.)

큰고모님. 타관살이. 얼굴, 몸천, 말이 좋아. 병원수술후 남편, 애기두고 죽었습니다. '나 조캐야' 인사쳤구나.

초감제 연다리로 살려들 옵서(제청으로 오십시오). 오호하며 스물아홉살 살려주레들 어서들 옵서.

(심방은 춤춰야 한다고 거듭 당부하고 이어서 서우젯소리를 시작했다.)

이제 서우젯소리에 맞춰 환자가 춤을 춰야 하는데, 환자는 어색한 듯 팔과 허리를 만지며 어머니·장모의 손에 이끌려 춤을 추었다. 이렇게 서우젯소리를 3회 한 후 환자는 기운이 빠진 듯 방으로 들어가 버렸다. 심방은 환자에게 다리를 펴지 말고 따뜻한 물을 마시라고 권유했다.

그리고 심방은 죽은 큰아방을 위한 천도의례를 해야(조상질을 쳐야) 한다고 환자의 어머니에게 제의했다. 심방이 환자의 맥을 짚어보고 하는 말이 "여새남새(女邪男邪)가 들었다. 상열이 올라서 심장이 뛰고, 머리 두통, 손발이 저린다. 이왕 산질에 나온 이상 조상들 질을 쳐주어야 환자가 완전히 낫는다. 임시로 새(邪)를 막고서 일 년 후에 다시 아프면 이제 '여든이 어멍(문심방) 굿한 덕(德) 없다'고 소문나면 우리 체면이 말이 아니다."

이렇게 한동안 심방은 환자 어머니와 실랑이를 하다가 밤에 그냥 돌아왔다. 다음 날 환자가 굿을 끝내달라고 요청하여 추는굿을 이렇게 마무리하게 되었다.

마지막으로, 심방은 이름이 언급됐지만 '질을 쳐주지' 못한 조상들에게 잘못했다고 비는 '막푸다시'를 했다. 분부사룀을 통해서 "조상님아 잘못했습니다. 걸려진 죄책 풀려줍서"라고 빌었다. 이제 환자에게 조상 영신들의 당부를 전한다. 심방의 입을 통해 조상은 스물아홉 살 환자에게는 이렇게 말한다. "32세 전에 굿해야 하고 장손이라 조상을 대접해야 한다. 오늘 마음먹은 것 변치 말라. 니가 살아난 조상에게 공 갚아라. 자손에게서 상 받자 허는데." 특히 큰아바님은 환자가 서른이 넘어서면 잘 봐줄 것이라는 약속도 덧붙인다. 이렇게 분부사룀을 마친 후 액막이로 굿을 끝냈다.

5. 의례적 치유과정: 신화적 인격의 각본

심방은 굿하겠다는 약속을 어기고 '조상에게 무심했다'는 것에 환자 김씨 병의 원인이 있다고 진단했다. 조상은 김씨의 양어깨를 움직이지 못하도록 하는 '양둑지절박' 방법으로 자손에게 벌을 내리고 있다. 전체 의례과정은 병의 원인이 될 만한 조상을 찾아내어 사죄하고 다시 정상적인 몸과 마음으로 되돌아오도록 조상의 도움을 간청하는 방식으로 전개되었다. 돗제, 퇴세, 푸다시, 넋들임, 추는굿의 순서로 사죄와 간청의 언술을 각 제차마다 반복했다.

이 과정은 추리소설처럼 문제가 되는 상황의 혼돈에서 실마리가 되는 특정 조상신을 하나씩 찾아가는 탐색전이었다. 환자와 가족 그리고 심방은 환자 상태의 변화에 영향을 미치고 있는 문제가 되는 특정 조상의 정체를 발견하여 그 조상을 적절하게 다뤄야 한다. 그리고 문제의 조상을 다룰 수 있는 특정한 의례 형식 역시 그때그때 상황에 따라 결정해야 하기 때문에 대략 한 달 가량 긴장 상태가 지속되었다.

문제가 되는 초자연적 존재와 지속적인 대화가 이루어지는 전체 의례

과정은 굿에 참여하는 모든 사람과 굿이 수행되는 현장에 존재론적인 효과를 미친다. 달리 말하면, 이 과정을 통해 조상의 능력에 대한 믿음이 구체화되고 신앙으로 고착된다(Kapferer, 1979, 1983, 1986). 종교는 이미 인정된 관행과 전통적인 정서의 단순한 집합이 아니라 무언가 주장하는 것, 즉 교리가 있기 마련이다(Geertz, 1966). 굿의 세계에서 나타나는 조상 신앙은 조상에 대한 믿음이 교리화된 것이라 볼 수 있다.

우연히 바닷가에서 주운 난파선의 나뭇조각이 조상신이 되고, 불행하게 죽은 혈연 조상의 영혼이 자손에게 해코지를 하는 원한 맺힌 잡귀(또는 척구)가 되는, 즉 '얻어도 조상 빌어도 조상'이라는 심방의 진술이 시사하는 것처럼 조상의 정체나 능력이 모호하고 변덕스러움에도 불구하고 사람들은 조상에게 정성을 다한다. 뜻하지 않게 당면한 존재의 위기를 '조상결괘'라는 필연적 인과관계로 해석하는 것은 실제로 사람들이 조상의 힘에 대한 믿음을 가지고 있다기보다는 해석과정에서 그러한 믿음이 생겨난다고 볼 수 있다(Schieffelin, 1993). 그래서 심방은 "이번 살려줘야 우리도 이런 조상이 있구나 하고 알 것 아닙니까!" 하고 조상에게 거의 위협적인 요청을 하는 것이다.

심방이 조상의 정체성을 일정한 형태로 정의하고 의례의 틀을 임의로 조정하는 가운데 조상의 상징적 의미도 변화 가능하다. 여기에는 어느 성씨 집안에는 어떤 조상이 있으며, 사고로 죽거나 자살한 사람의 영혼은 자손에게 해코지를 한다는 문화적 가정이 작용한다. 굿의례는 '조상'이 위기국면을 전환시킬 수 있는 유일한 힘으로 간주하고 그 효과 자체를 연출한다는 의미에서 도구적이라 할 수 있다. 굿의례의 속성은 단순한 한풀이가 아니라 삶과 죽음을 이해하고 개인과 집단의 관계를 재정립하고 존재의 혼돈을 '의미 있게' 규명하는 인식과정의 '분명하고 확실한' 각본이다(Boyer, 1993a; Rappaport, 1979; Severi, 1993; Toren, 1993).

김씨의 치병굿 사례를 통해 필자는 '조상'이 환자의 신병과 불행을 해석하는 문화적 개념임을 보았다. 굿의례의 현장에서 어떻게 한 개인의 삶의 위기가 조상 개념을 매개로 설명되며 또한 문제를 해결하고, 더 나아가 가족과 친족의 공동체적 의식을 새롭게 정립하는지 그 과정을 살펴보았다.

여기서 상식이나 이성으로 설명하기 어려운 질병의 위기 상황에 놓여 있는 김씨는 고등학교 교사로서의 개성과 김씨 집안 자손이라는 사회성, 두 요소가 조화를 이루어 한 인격체로서 재창조됨을 볼 수 있다. 질병 초기의 완전한 혼돈 속에서 환자는 심방의 구송을 통해 드러나는 '조상'의 개개 이름뿐만 아니라 조상들이 하나의 개념적 복합체로서 실재하는 능력·권능을 인정하고, 그 권능에 자기의 운명(생명과 미래의 행운)을 의지함으로써 자기지식(self-knowledge)에 도달하게 된 것이다.

결국 심방에 의해 '조상의 웃음'으로 해석되었던 환자의 병든 주체성은 '자기의 웃음'을 회복함으로써 치유된다. 즉, 환자는 학교에 다시 나가게 되고 동생은 의사시험에 합격함으로써 이 드라마는 끝난다. 병의 원인을 찾아가는 과정에서 '조상'은 '병든 자아'의 은유로 작동하지만, 치유와 주체성의 통합과정에서 온전한 사회성을 갖춘 자아 형성을 가능케 하는 신성(神性)을 갖게 된다.

여기서 인류학자나 환자가 실제로 조상의 권능에 대해 신앙을 갖느냐는 질문은 중요하지 않다. 현지조사 작업은 문화의 이해를 추구한다. 굿이 어떤 초현실적 경험('이녁 조상의 비밀', '조상결괘')을 의례의 각본에 따라 실험하는 예술이듯 인류학적 이해도 부르디외(Pierre Bourdieu)의 이른바 "시간성에 의해 조직되는 즉흥적 지식의 예술"(Bourdieu, 1977: 8)이다. 문화 이해의 지평에서 '위치지어진 주체(positioned subject)'인 인류학자는 다른 문화와 인식론적 거리를 의도적으로 만든다. 그럼으로써 조상에 대한 신앙의 실재와 상관없이 종교의례에 대한 지식의 객관성을 담보할 수 있다.

제13장

원풀이·한풀이의 서사 정치학

'추는굿'과 '영감놀이'

이 장에서는 환자의 몸에서 '도채비(도깨비의 제주 방언)'를 쫓는 축귀의례인 '추는굿'을 현대 제주 무교의 사회적 현실에 비추어 그것이 가지는 상징적 중요성에 대해 검토하려고 한다. '도채비'는 제주도를 방문한 외래 신격의 하나이다. 제주 사람들과 좋은 관계를 맺으려고 사람들과 접촉하지만 오히려 병을 가져다주는, 특히 여성의 생기를 잃게 하고 심지어 '미치게' 만드는 결과를 초래한다. 이것을 제주 방언으로 '두리다'라고 한다.

'도채비굿'에서는 삶은 돼지를 제물로 사용하며 이 신격에 들린 사람이 몇 날 며칠 동안 춤을 춰야 한다. 바로 이런 이유로 이 굿을 '추는굿'이라고 한다. 비록 사람이 추지만 도채비가 원해서 추는 것이다. 이 굿에서 부르는 무가(巫歌) 서우젯소리는 사람의 몸에 숨어 있는 도채비로 하여금 춤추게 하여 결국 정체를 드러내도록 유도하기 위함이다. 심방의 서우젯소리에 맞춰 환자가 추는 트랜스 춤은 도채비와 환자를 낭만적으로 결합시키는데, 이 결합은 대화적인 방식으로 환자의 질병을 '악마적 실재(demonic reality)'로 구성하는 것과 같다. 심방의 노래는 환자 개인의 아픔의 역사를 '연애의 관용구(idiom of romance)'로 번역함으로써 문화적 치유의 논리를 발전시킨다.

이제부터 춤과 놀이 같은 다양한 연행 유형과 함께 치유 무가를 분석하면서 병과 치유에 관한 특정한 문화적 논리가 어떻게 생성되고 어떻게 환자의 사회세계로의 재통합에 활용되는지 살펴볼 것이다. 또한 서울에서 공장에 다니는 스물한 살 여성 노동자 '선호'의 우울증 사례를 통해 현대 한국의 상황을 반영하는 사회적 가치와 이해가 어떻게 무가에 연관되는지 알아볼 것이다.

1. 제주 사회와 도채비

제주도는 한반도 남단 끝에서 약 128킬로미터 떨어진 곳에 위치한 섬이다. 전통적으로 제주도민은 어업과 한라산 경사지에서의 목축을 통해 생계를 꾸려왔다. 그러나 최근 관광산업의 발달과 오렌지·바나나 같은 열대 과일 농업으로 인해 인구 구성과 사회생활에 많은 변화를 겪었다. 이 같은 생활의 변화는 제주도민에게 문화적 진정성이 상실될 수 있다는 위기감을 초래했다. 1970년대 마을 근대화 사업으로 폐허가 되었던 마을 신당을 복원하려는 정부 주도의 재건 사업에 참여한 제주도 주민과 심방은 역사적 자율성을 다시 회복하려는 목적이 있었다.

원래 제주는 탐라국이라는 독립 왕국으로서 고려에 의해 정치적으로 복속되었던 12세기 초반까지 정치적·문화적 자율성을 가지고 있었다. 이후 탐라라는 이름을 잃고 고려의 한 지방으로서 제주로 불리게 되었다. 제주는 외침에 대항하는 지역적·군사적 요충지가 되었으며 중앙에서 파견된 관료들이 지배했다. 지정학적으로 고립된 섬이었기 때문에 조선시대에는 정치적 망명자들의 은신처 또는 유배지로서 활용되었다.

제주는 유배지로 알려져 있지만 토착민은 제주를 조상과 본향당신(本鄕堂神)의 땅으로 본다. 본향신은 마을 사람들의 생사의 기록을 보유하고 있으며 마을 권역의 보호자로 숭배된다. 제주 무교는 본향당과 본향당신에 대한 토착 신앙의 유산을 전승한다. 마을 사람들은 심방이 주재하는 본향당굿에 정기적으로 참여하며, 심방은 마을 사람들이 임명한 사제의 역할을 수행한다.

'도채비신령'은 제주도내 두 곳에서 본향당신으로 모셔지지만, 제주도의 일반 신격에는 포함되지 않는다. 의례 도중에 도채비신령의 이름을 직접 호명하지는 않고 '서낭', '야채(夜叉)', '영감'(조선시대의 높은 관료를 부르는 말) 등으로 불린다. 한마디로 도채비는 비인격적 성격과 인격적 성격을 결합한 것이라 할 수 있다.[1] 이와 같은 도채비의 복잡하고 모호한 성격 때문에 의례에서 도채비의 성격은 일관되게 나타나지 않는다. 예를 들면, 선호의 병굿에서 도채비의 정체성은, 처음에는 처녀를 유혹하는 총각이었다가 나중에는 죽은 아버지의 혼령 그리고 공장에서 같이 일하다가 죽은 동료의 혼령으로 바뀌고 마지막에는 퇴락한 양반(즉, 영감)으로 계속해서 변한다.

이러한 비일관성은 도채비 자체의 성격에서 나올 뿐만 아니라 악마적 실재를 해소하기 위해 심방이 무가를 구송하며 조직하는 서사 전략에 따른 것이다. 서사 속에서 도채비는 마음씨 좋은 신격으로 묘사되고 삶은 통돼지를 제물로 받지만 궁극적으로는 쫓아내야 하는 악마적 존재(demonic entity)이다. 이 장에서는 축귀의식에서 드러나는 도채비의 다층적인 정체성의 변화과정을 따라가 보겠다.

2. '추는굿'의 의례 유형과 구조

'추는굿'은 단일한 굿이라기보다는 여러 유형의 의례가 종합된 것이다. 구체적으로 넋들임과 푸다시로 구성되는데, 환자의 상태에 따라 두 가지

의례 양식이 개별적으로 또는 집합적으로 연행된다. 넋들임은 놀라거나 경기에 들려 넋이 나간 경우에 하며, 육지의 푸닥거리와 비교될 수 있는 푸다시는 잡귀에 들렸을 때 하는 의례 유형이다. 심방은 즉각적인 효과를 보기 위해서 넋들임이나 푸다시만 따로 하기도 한다. 그러나 이런 개별적인 의례가 효과를 보지 못하고 환자의 병이 장기화되면, 심방은 환자에게 도채비가 들렸다고 판단해서 더 큰 규모의 추는굿을 한다.

추는굿은 높은 신들을 제청으로 모셔 들이는 초감제로 시작된다. 심방은 옥황상제부터 성주까지 위계적인 순서에 따라 각 신령의 이름을 부름으로써 제청에 좌정시키고, 의례를 행하는 시간과 장소를 알리고('날국섬김'), 환자의 질병과 가족의 불행한 일과 관련된 사건들을 열거한다('연유닦음'). 초감제의 마지막 부분에서 심방은 '축원원정'을 하는데, 신령이나 조상신들에게 환자가 범했던 잘못을 용서해달라고 비는 것이다. 이러한 의례가 가지는 고백적인 성격 때문에 '추는굿'을 '벌풀이비념'이라고도 한다.

그러나 심방은 초감제를 시작할 단계에서는 도채비가 들렸다는 사실을 명확하게 밝히지는 않는다. 그다음 단계로 환자가 서우젯소리에 맞춰 춤을 추면서부터 도채비의 정체가 드러나기 시작한다. 원래 서우젯소리는 어부들이 고기잡이 나갔을 때 닻감기를 하면서 부르는 노래이지만, 추는굿에서 심방은 이 소리에 맞춰서 도채비들림으로 인한 병의 진행과정을 즉흥적으로 구송한다. 이 굿거리에서 비로소 환자는 제청에 나서고 서너 명의 심방이 연주하는 무가와 음악에 맞춰 춤을 춘다. 노래와 춤 그리고 음악이 이루는 앙상블로 인해서 굿에 참여하는 사람들은 환자의 상태에 대한 염려의 분위기로 빠져든다. 심방이 환자나 환자 가족의 불행한 일과 과거의 고통을 노래할 때에는 환자와 청중이 함께 눈물을 흘린다. 심방의 노래는 슬픔의 분위기 속에서 환자의 과거 경험들을 환자의 내면적 풍경으로 전환시킨다. 이 노래 속에서 환자의 한(恨)은 저녁별처럼 "떠 있고", 먼 바다의 배처럼 "떠다니고", 연기 없이 "타는" 석탄으로 묘사된다.

환자는 음악과 노래에 취한 것처럼 트랜스 상태에서 춤을 춘다. 우울증 환자처럼 웅크려 있던 환자가 음악과 노랫소리에 맞춰 춤을 추기 시작하는 것이다. 그러나 심방의 말에 의하면 춤을 추는 것은 환자가 아니라 환자 몸에 들린 도채비신이다. 달리 말하면, 환자는 도채비에 들린 사람이면서 동시에 환자에게 들린 신령이라는 이중적 인격을 드러낸다. 심방은 환자가 탈진 상태에 이를 때까지 '춤추고 놀도록'(노념) 강하게 부추긴다. 환자가 탈진해서 마루에 쓰러지면 안방으로 옮기고 거기서 한 삼십 분 정도 쉬도록 한다. 평균적으로 환자의 트랜스 춤은 보통 삼십 분 정도이지만 거의 한 시간가량까지 지속되기도 하는데, 심방이 춤의 진행 과정을 유심히 관찰하면서 그 시간을 결정한다. 환자가 춤을 추고 쉬는 주기는 '굿 한 석'이라고 하며 '나쁜 땀'이 환자의 손에서 말라 없어질 때까지 며칠 동안 계속된다.

환자가 신들린 춤의 정점에 이르렀을 때 심방은 춤을 멈추게 하고 환자에게 '왜, 누가 춤을 추고 있는지'를 추궁한다. 이 거리를 '대김받음'이라고 하는데, 다짐을 받는다는 뜻이다. 그래서 환자에게 들린 도채비의 정체가 누구인지뿐만 아니라 언제 어떻게 환자에게 들리게 되었는지를 밝히게 된다. 이때 심방이 버드나무가지를 들고서 춤추는 환자의 등을 때릴 것처럼 으름장을 놓는다. 그러면 위협을 느낀 도채비는 정해진 시간에 환자를 떠나겠다고 맹세한다. 심방과 환자가 다짐을 받는 이러한 대화과정은 세 번을 반복되는데, 여기에는 두 가지 목표가 있다. 하나는 환자에게 들린 또 다른 인격적 존재가 도채비임을 표명하는 것이고, 다른 하나는 환자의 치유받고자 하는 의지를 강화하는 것이다.

세 번째 '대김받음' 직후 넋들임과 푸다시를 행하는데, 필요하다면 몇 번이고 반복한다. 심방이 환자의 정수리에 숨을 불어넣어주면서 '흩어진 넋'의 이름을 부르면 환자의 넋이 되돌아온다. 푸다시에서는 심방이 하얀 무명천으로 환자의 머리를 덮고 신칼을 들고 위협한다. 넋들임과 푸다시를 한 환자는 손톱과 발톱을 자르고 새로운 옷과 신발을 신는다. 이제 환자의 영혼이 재생할 준비가 된 것이다.

하지만 추는굿이 아직 끝나지는 않았다. 도채비를 쫓아내는 마지막 춤이 남아 있다. 추는굿은 코믹한 가면극으로 끝나는데, 이를 영감놀이라 한다. 보통 도채비가 활동하는 늦은 오후나 이른 저녁 시간에 연행한다. 영감놀이에서 병을 가져다준 도채비신은 결코 직접 언급되지 않고, 영감이라는 손님으로 가면극에 초대받는다. 영감은 육지에서 제주도에 놀러 온 조선시대 양반의 한 부류이다.

심방이 영감본풀이를 구송하면 도채비로 분장한 다른 심방이 종이로 만든 영감의 탈을 쓰고 제청에 등장한다. 영감신은 삶은 통돼지를 바치는 제의에 초대받아 환자와 마지막 이별의 춤을 춘다. 여기서 영감신은 환자와 화해하고 영원히 환자를 떠나겠다고 공공연하게 맹세한다. 이와 같이 영감놀이는, 영감이 환자의 신체적인 병을 거두어서 배를 타고 더 나은 곳으로 떠나겠다는 약속을 함으로써 도채비를 간접적으로 쫓아내는 의식을 무대화한 것이다. 이 가면극에서 심방 연기자는 웃음과 농담을 흘려보내면서 굿의 전체 분위기기를 잠시 동안 밝게 이끌어간다.

그러고 나서 추는굿은 갑자기 마지막 단계에 이른다. 잡귀·잡신을 쫓는 마지막 거리를 하면서 '배방송'을 함께 준비한다. 모형 배 안에 환자의 머리카락과 손톱·발톱, 음식, 환자가 먹던 약, 돈 등이 담기는데 곧 떠날 영감신에게 바치는 공물이다. 잡귀를 쫓는 것과 배 방송은 되도록 신속하고 동시에 이루어져야 한다. 만약 시간이 지연되면 환자 몸에 들린 도채비가 떠나는 것을 망설일 수 있기 때문이다. 환자는 마치 시체처럼 얼굴 위로 가마니를 둘러쓰고 그 위를 왼쪽으로 꼰 새끼줄로 묶은 채 재빨리 도채비가 절대로 발견할 수 없는 비밀장소로 도망가야 한다. 이 장소는 환자의 집이 아니라 다른 사람의 집이어야 한다.

추는굿을 마감하면서 심방은 초감제 때 불렀던 신령들을 돌려보낸다. 그리고 굿에 참가한 심방들은 제청을 해체하고 모든 악기와 무구를 챙기고 난 뒤 아무에게도 인사하지 않고 황급히 떠난다. 환자나 환자의 가족에게 인사말을 하게 되면 그 말이 도채비에게 인사하는 것이 되어 병이 재발할 위험이 있기 때문이다.

그 후에야 환자는 새로운 자아를 갖게 된다. 과거의 자아 또는 며칠 동안의 춤으로 소진된 인격은 이제 없다. 그러나 도채비가 다시 범접할 것을 두려워하여 잠시 동안 이러한 상태를 비밀로 한다. 적어도 일주일 동안은 환자가 숨어 있는 장소에 모르는 사람이 방문해서는 안 된다. 또한 환자나 가족들은 돼지고기를 먹어서도 안 된다. 돼지고기는 도채비에 바친 제물의 일부였으며 따라서 병의 재발을 매개할 수 있기 때문이다. 일주일 정도가 지나면 심방이 환자의 집으로 다시 가서 여러 가지 이유로 추는굿을 할 때 미처 대접받지 못했던 잡귀들을 대접한다. 이를 '뒤마지'라 하는데, 이제야 추는굿이 완전히 끝이 난다.

앞에서 언급한 다양한 의례 장르와 연행은 도채비가 범접해서 생긴 병의 원인을 명확하게 설명해줄 뿐만 아니라 그와 관련된 환자의 개인적 경험을 재구성한다. 무가 서우젯소리는 환자와 도채비 사이의 낭만적 관계를 이야기하는 것처럼 보이지만, 실제로는 환자의 질병과 과거의 불행한 사건들에 초점을 맞추면서 환자의 생애사를 하나의 텍스트로 만들어낸다. 북장단에 맞추어 생애사를 구송하는 궁극적인 목적은 모든 질병과 불행의 원인을 압축하고 있는 도채비의 축귀의식을 통해 인격을 재구성하는 데 있다.

3. '도채비들림'의 사례: 선호

1984년 당시 심한 우울증으로 고생하던 스물한 살의 여성 공장노동자 '선호'의 사례를 가지고 도채비 축귀의식의 심리적 효력에 대해서 논의해 보자. 선호의 이야기는 '도채비들림(Toch'aebi possession)'이라는 사건과 정황이 현대 한국 사회뿐만 아니라 제주도의 최근 역사를 어떻게 드러내는지 잘 보여준다.

여기서 선호의 '도채비들림'은 제주도 여성, 특히 해녀(잠수)가 많이 겪는 질병으로서 선호의 사례는 제주도 해녀의 사례와 매우 유사하다. 필자가 학위논문을 준비하는 동안 관찰했던 네 개의 추는굿 사례 가운데 세 개는 해녀와 관련이 있었다. 무가에서 총각으로 묘사되는 도채비는 해녀를 매우 좋아하는 것으로 알려져 있다. 선호의 사례를 보다 심층적으로 이해하기 위해서 필자가 보았던 세 가지 추는굿 사례를 간략하게 서술하겠다.

첫 번째 사례는 54세의 숙련된 해녀(상잠수)의 이야기이다. 심한 우울증과 두통을 앓던 그녀는 가끔 자신의 집에서 홀로 울곤 했다. 처음에는, 지금은 삼십대 중반인 외아들이 그 병의 직접적인 원인인 듯했다. 아들은 제주 4·3 사건 때 비참하게 죽은 남편과의 사이에서 태어난 유복자였다. 그녀와 며느리 모두 해녀 일을 해서 먹고 살았는데, 아들은 마을에서 말썽을 피거나 술에 만취해서 심지어 어머니를 때리기도 했다. 그래서 그녀는 삶에 희망을 잃은 듯 보였다. 심방은 깊은 바다에서의 고된 잠수일과 그에 따른 만성두통(잠수들의 전형적인 직업병)에 시달리는 그녀를 동정하면서 허광증의 숨은 원인이 비참하게 죽은 남편에게서 비롯되었다고도 해석했다.

두 번째 사례는 서른네 살의 해녀의 이야기로, 남편은 1970년대 초 결혼 후 일 년도 안 되어 돈을 벌기 위해 일본으로 밀항했다. 그래서 그녀는 남편 없이 홀로 아이를 키우면서 물질을 해서 생활해야 했다. 7년 후 남편이 방문해서 두 번째 아이를 가지게 되었고 이제 그 아이는 여섯 살이다. 일본으로 돌아간 남편은 다른 여자와 결혼했고 다시 제주도로 돌아오지 않았다. 그녀는 점점 허약해지고 더 이상 물질을 할 수 없는 지경이 되었다. 절망스런 상태에서 그녀는 이혼을 해야 할지 마지막 결정을 내리기 위해 남편을 만나러 일본으로 갈 계획을 세우고 있었다. 그러나 너무 허약해서 여행을 하기엔 무리이니 굿을 하는 게 어떻겠냐는 시댁 친척의 말에 굿을 하게 되었다. 추는굿의 '대김받음' 제차에서 그녀는 자기 몸에 들린 신격이 바다에 침몰한 유람선 사고에서 죽은 젊은 부부라고 실토했다. 심방이 이 부부의 정체를 밝히라고 했을 때 그녀는 서울말로 유행가를 부르기도 했다.

세 번째 사례는 갓 결혼한 스물여섯 살의 해녀였다. 그녀 역시 앞의 두 해녀와 같은 증세를 보였다. 4년 전 그녀는, 제주도에서는 숙련되고 야심 있는 젊은 잠수들이 늘 해왔듯이 돈을 더 많이 벌기 위해 육지 해안으로 물질을 하러 갔다. 동료 잠수들을 바다에 실어 날라주는 어부들과 함께 갔다. 6개월 전 결혼을 하기 위해서 고향에 돌아왔는데, 갑자기 이 병에 걸리게 되었다. 그녀는 추는굿이 진행되는 동안 자신에게 들린 영신이 실제로 육지 해안에 같이 물질 작업을 왔던 어부의 혼령이라고 실토했다. 그 어부는 배가 난파되어 시체조차 돌아오지 못했던 영신이었다.

이들 세 사례에서 보이는 사고들이 실제로 일어났는지 확인할 필요는 없을 것이다. 대신에, 깊은 바다에서 매우 위험한 일을 하는 해녀들의 삶과 개인적으로 과거에 겪었던 비극적인 일들에 대한 기억이 서로 결합해 심한 우울증과 허광증을 일으킨 전형적인 사례로 볼 수 있다. 선호의 사례도 마찬가지이다.

선호는 근래 들어 해녀 물질의 위험성 때문에 해녀의 수가 줄어들면서 '서울'이라는 익명성과 소외의 바다, 즉 도시로 돈 벌러 '이동한' 해녀라고 할 수 있다. 그렇지만 선호에게는 도시에서 생존할 특별한 기술이 없기 때문에 선배 해녀들보다 훨씬 더 환경에 취약하다. 선호의 사례는 1970년대 이래로 가속화된 수출 위주의 산업화와 정치적 억압이 초래한 폐해를 구체적으로 드러낸다. 그리고 급격한 경제적·정치적 변화가 결과한 갈등이 민속 치유와 같은 종교적 담론에 어떻게 반영되는지를 보여준다. 또한 민속 치유의 효과는 환자의 생애사와 인격을 종교적인 심상(imagery)을 통해 어떻게 재구성하는지에 달려 있음을 보여준다. 여기서 종교적인 심상은, 문제가 되는 현실을 '도채비'와 같은 과거 역사의 집단적 기억에 투사하여 이상적인 미래와 연결시킨다.

선호가 서울에 있는 수출산업 공장에서 일하기 위해 제주도 북촌에 위치한 집을 떠난 것은 5년 전인 1979년, 그녀가 열일곱 살 때였다. 공장에서 선호는 인조진주와 보석구슬을 만드는 일을 했다. 선호는 오래전에 돌아가신 아버지를 대신해서 네 명의 형제자매의 교육을 책임지고 있었다. 그녀의 심리적 위축의 징후는 공장 화장실에서 동료 노동자의 사고사를 목격한 후 나타났다. 이 충격 때문에 우울증에 빠졌고 일을 계속 할 수 없게 되었다.

추는굿에서 선호의 이러한 징후는 '말을 잊어버린 것'으로 표현되었다. 이런 무력감과 우울증은 직장을 그만두고 집으로 돌아올 때까지도 계속되었다. 제주도 심방은 선호의 병을 '도채비들림'으로 진단했다. 선호 어머니는 가까운 친척의 재정적인 도움으로 축귀의례를 했다. 축귀의례는 선호가 다시 생기를 되찾도록 도울 것이며 서우젯소리를 통해서 '자기의 고통을 말로 풀어내도록' 도와줄 것이다(그림 2).

〈그림 2〉 제주 심방의 축귀의례 '추는굿'의 구조와 치유의례 과정

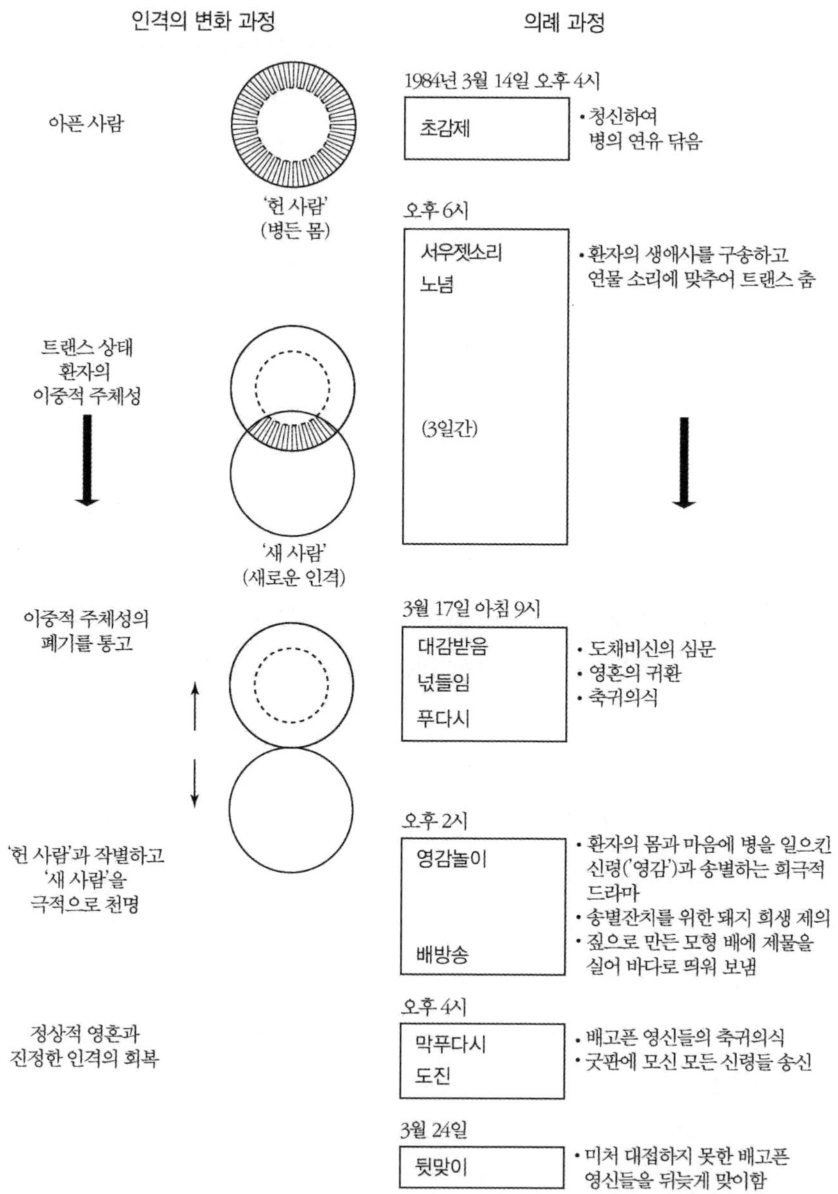

1) 서우젯소리와 트랜스 춤

선호를 위한 춤과 축귀의례는 1984년 3월 13일부터 3월 17일까지 나흘 밤낮으로 계속되었다. 서우젯소리는 문자 그대로 해석하면 파도를 넘어가는 장단이라는 의미로 '내넹김소리'라 불린다. 환자가 이 장단에 맞춰 춤을 출 때 그 춤은 바로 질병을 극복하는 것, 즉 파도를 넘어서는 것처럼 질병의 고통을 극복하는 것이다. 의례가 진행되는 동안 서우젯소리는, 약간의 내용상 변이가 있지만 총 스물네 차례 구송되었다.

서우젯소리는 환자가 트랜스 춤('노념')를 추도록 의도된 민요조로 구송한다. 서우젯소리에 맞춰서 춤을 추면 그것이 바로 추는굿 한 석(席)이 된다. 당시 추는굿 한 석의 내용은 '개잔개수-서우젯소리-도랑춤-주잔권잔-휴식'이었다. '개잔개수'는 제상에 향불을 피우고 제상에 올렸던 술과 물을 새롭게 갈아 올리는 것이다. 서우젯소리는 일정한 내용의 사설을 노래하고, 환자는 그 노래의 가락에 맞추어 춤을 춘다(고광민·강정식, 2007: 64). 심방이 장구 장단에 맞춰 서우젯소리를 구송하기 시작하면 보조하는 심방, 즉 소미가 노래하는 심방 뒤에 서서 노 젓는 소리를 모방한 후렴구("어야 어영 어야")를 제창한다. 이 후렴구는 항상 사사조 장단으로 이루어진다.

서우젯소리의 시작은 항상 제상에 술과 물을 새롭게 올리는 '개잔개수'로 시작된다. '개잔개수'를 하면서 심방은 사설을 하는데, '넋이 나가고 혼이 나간 것'이 오래되었다는 것을 밝힌다. 그리고 '대청난간'으로 환자를 나오게 유도하면서 다음과 같이 비념한다. "저승 굿법도 굿법이고 이승 굿법도 굿법이라, 덩덕궁 새풀이 풀림제로 조상을 청하였수다. 의탁뒈고 감겨진 신도님은 진 바당 진 소리 자른바당 자른 살강기 어기여차 내넹김소리로 일천간장 다 풀려 놉네다." 이어서 첫 번째 서우젯소리는 다음과 같이 시작된다.

어기 여차 살강기로 일천간장을 다풀령놀자

진바당에랑 진소리로놀고 자른바당 서우제로놀자

천금상도나 대왕이놀민 백금상도나 요왕이놀고

(이때 선호 어머니가 선호의 손목을 잡고 대청마루에 나와 춤을 추게 한다.)

수정국대왕도 놀제 ᄒᆞ민 수정국부인도 다놀고가자

동경국대와어 놀젠 ᄒᆞ민 수정국부인도 놀고가자

동해요왕은 광덕황놀민 서해용신은 광신요왕놀자

요왕황저국 백요왕놀고 백요왕이놀면은 흑요왕놀고

설운내애기야 성은고씨 스물ᄒᆞᆫ설 놀당가자

설운애기야 너낳던날은 해도ᄃᆞᆯ도 엇는날난가

예수믿어근 천당갈걸 불교믿어근 극락갈걸

설운정네야 불쌍ᄒᆞᆫ 애기야 총각머리 등에지고

초전승팔자 다그리쳤구나 불쌍ᄒᆞᆫ 정네 놀당가자

…후략…(고광민·강정식, 2007: 64-65).[2]

여기서 제시하는 서우젯소리는 표준적인 패턴을 예시한다. 구송자는 신령을 춤판에 초대하고 환자가 마루에 나타나면 환자의 삶의 슬픔을 노래한다. 그러고 나서 더 빠른 템포의 트랜스 춤을 추도록 몰아가는데, 이때에는 심방의 노래 없이 장단만으로 진행된다. 여기서 구송자에게는 환자의 춤추는 모양을 보면서 계속 춤을 추도록 부추기는 것이 중요하다. 제1석에서는 15분 동안 환자가 춤을 추었지만, 제24석까지 진행되는 동안 환자의 춤은 점점 더 오랜 시간 지속된다. 환자는 30~40분 동안 대청마루 중앙의 천정에 매어놓은 줄을 잡고 서서 춤을 추는 것이다. 환자는 처음에는 울지도 않고 무표정하게 춤을 추다가 굿이 진행되어가면서 점차 울면서 춤을 춘다. 심방은 굿 한 석이 끝날 때마다 환자에게 '잘했다'고 인정해주고 때로는 맘껏 '울어라' 하고 독려한다.

심방에 의하면 도채비는 겨드랑이나 음부 등 환자 몸의 접히는 부분 깊숙이 숨어 있다고 한다. 그래서 춤추는 환자가 팔을 수평으로 벌리고 다리를 위아래로 움직이기 시작하면 심방은 바로 그 순간을 도채비들림의 명백한 표시로 인정한다. 굿의 첫날, 밤 10시 넘어 제7석 끝부분에 이르러 환자의 춤은 점점 빨라지고 더 빠른 장단의 서우젯소리가 구송된다. 이때 심방은 "산천 좋고 항구 좋고 포구 존 데로 영 이별하자"라고 노래하면서 이별을 암시한다.

2) 대화적 담론: "너는 총각, 나는 처녀"

환자가 적극적으로 춤을 추기 시작하면 심방은 이런 변화를 환자의 몸에 의탁하고 있는 도채비가 깨어나는 신호로 해석하고 도채비를 처음으로 '너'로 지칭한다. "너는 총각, 나는 처녀." 심방은 빠른 장단의 서우젯소리를 구송하는데, 그 내용은 환자와 도채비의 대화 양식으로 표현된다. 다음에 소개하는 서우젯소리는 제7석의 마지막 부분에 환자가 도랑춤을 출 때 불렀던 노래의 일부이다.

설운애기 넋날 때에 너는 총각 나는 처녀 안아보저
마음 좋다 의탁이로다 얼굴 좋다 의탁이로다
…
너는 총각, 나는 처녀 멧년을 살라고 언약이더냐
빼진 골에 들었구나 살진 골에 들었구나 삼백 육십은 제 서열에 들고
감태같은 절박머리 골골 산산이 다 흩어놓고
초년 날에 참한 마음 골골 산산이 다 흩어 졌네

나 마음아 나 마음아 어딜 간고 깊은 산중에나 들어갔나
나 마음아 나 마음아 어딜 간고 깊은 물속에나 들어갔나
이내 마음 다 흩어져서 나 낳은 어머니 나 형제간 다 몰라 보네
나 팔자로구나 나 사주로구나 스물 한 살 나 세상에 나온 날 날은
설운애기야 나 낳던 날은 해도 달고 없는 날인가

환자 선호의 불행한 일과 질병에 대해 구송된 이야기는 원칙적으로 '처녀'와 '총각'의 관계에 있는 도채비의 서사 신화라고 부를 수 있다. 그러나 그 내용을 보면, 신화적 서사는 환자의 생애사를 환자가 겪는 고통의 감정적 깊이에 초점을 맞춘 자전적 서사로 만드는 것이다. 크리스테바(Julia Kristeva)의 '대화적 담론'(Kristeva, 1980) 개념은 환자와 도채비의 이중적 서사를 해석하는 데 통찰을 줄 수 있는 도구이다. 대화적 양식은 환자와 도채비 사이에 이인칭 대명사 '너'가 번갈아가면서 사용된다는 점에서 관찰된다.

이튿날 밤 9시경에 연행되었던 제15석에는 이인칭 대명사 '너'의 주체가 다음과 같이 바뀐다.

…
너는처녀 나는총각 이별이별 ᄒᆞ지말잰ᄒᆞᆫ게
넋낫구나 강겻구나 얼굴좋다 매치좋다
…

서술의 주체가 처음에는 환자로 시작되지만, 트랜스 춤이 정점에 이르면 서사의 주체가 도채비로 변화된다. 그리고 환자는 "너는 처녀, 나는 총각"에서처럼 이인칭 대명사인 '너'로 불린다. 이러한 대화적 담론을 통해

서 도채비가 공적으로 하나의 인격, 즉 '총각'임이 드러난다. 서우젯소리에 맞춰 춤을 추는 존재는 환자 자신이 아니라 이제 도채비인 것이다. 이 순간의 트랜스 춤은 도채비와 완전히 일체화된 상태임을 가리킨다. 또는 바흐친(Mikhail Bakhtin)의 의미론적 복합체 개념에 따르면 '무르익은 대화주의(mature dialogism)'라고도 할 수 있으며(Bakhtin, 1981), 크리스테바의 용어로 설명하면 신령과 신령에 들린 사람의 이중적인 존재가 서로 배제하지 않고 오히려 병존하는 관계에 있음을 의미한다(Kristeva, 1980: 71-72).

서우젯소리에서는 두 존재가 결합되어서 '도취된 상태'를 '낭만적인 의탁(romantic commitment)'으로 표현한다. 심방이 "이 병이 떠나듯이, 애인도 떠나가네. 이제 영원히 헤어지자!"고 작별의 노래를 구송할 때, 질병의 존재인 도채비가 애인과 동일시되는 것을 확실히 알 수 있다. 이러한 낭만적인 의탁관계의 언어는 춤추는 사람을 부드럽게 대우하는 것을 의미하는 것이기도 하고 작별의 어려움을 시사하는 것이기도 하다. 사실 그들의 낭만적인 대화는 환자가 도채비에게 질병을 가지고 자신을 영원히 떠나라고 지속적으로 애원하는 내용으로 구성된다.

춤추는 마루를 채우고 있는 낭만적인 분위기에도 불구하고 이 대화적 담론의 수사법은, 일체화 상태의 승화 그 자체를 목표로 하는 것이 아니라 병자와 도채비 사이의 로맨스의 종말을 향해가는 낭만적 대화의 도취를 목적으로 한다. 대화의 두 화자는 카타르시스적인 승화의 상태에 도달할 때까지 계속해서 대화를 이어간다. 이 완전한 도취의 상태에서 이루어지는 '무르익은 대화'는 환상에 불과한 쾌락으로부터 치유에 이른 진정된 상태로 변화시킨다. 실제적인 병자의 치유는 서사를 이끌어가는 두 화자인 병자와 병의 원인이 존재를 소멸시킴으로써 선호와 도채비 사이의 대화적 담론이 끝나는 순간 이루어진다. 달리 표현하면, 서우젯소리의 치유의 힘은 대화에서 이미 예상되는 파괴의 미학에서 도출된다. 심방이 "내가 이별하듯 너도 이별하네"라는 이별 노래를 구송할 때 댄서는 춤의 방향을 제단으로부터 바깥을 향해 열려 있는 문 쪽으로 바꾼다. 마치 도채비가 이제 그 처녀를 떠날 준비를 하는 것처럼.

3) 이별 노래에 펼쳐진 낙원의 정경과 부패한 자본주의: '서울'

굿을 시작하고 둘째 날 밤부터 한 시간에 걸쳐 환자가 입구 쪽을 향하고 춤을 춘다. 첫 번째 날에도 도채비가 떠나야 할 곳과 이별에 대한 암시가 있지만, 둘째 날부터 본격적인 이별을 뜻하는 노래가 불려진다. 서우젯소리의 내용에는 이별을 준비하는 하는 것처럼 도채비(영감)가 배를 타고 제주도 축항을 떠나 육지 포구로 가는 여정이 반복적으로 묘사된다. 좀 더 빠른 장단의 서우젯소리가 불리는데, 빠른 장단은 마치 이별을 다짐하는 마음이 드러나는 것 같다.

너도 이별 나도 이별
어야뒤야 살강기로 놀자

이처럼 빠른 장단의 서우젯소리에 맞춰 환자는 탈진할 때까지 춤을 춘다. 제15석(둘째 날 밤 9시)에서는 보다 확실한 이별 장면이 묘사된다. 이렇게 이별을 준비시키고 난 후 구체적으로 환자가 살고 있는 함덕 마을의 항구에서 배가 떠나서 도착할 곳을 노래한다.

이별 이별 영이별하자
너도 이별 나도 이별
울어 울어 잘울려두고

함덕 축항 잘 있거라
이별 하자 작별 하자
땅과 물을 서로 갈라

이처럼 빠른 장단의 서우젯소리에 맞춰 환자는 탈진할 때까지 춤을 추며 보다 확실한 이별 장면이 묘사된다.

인천항구 좋은딜로
부산항구 좋은딜로
마산항구 좋은딜로
항구좋고 포구좋고
관노들 노는딜로
기생들 노는딜로
동남동녀 노는딜로
정승 노는딜로
(무남독녀 노는딜로)
(삼천선비 노는딜로)
썰물나면 동쪽바다로
밀물나면 서쪽바다로
꽃은 피어 화산되는 데로
잎이 피어 청산되는 데로
동남동녀 오는딜로
너도 이별 나도 이별
청산도 어울려 놀자

이별 노래 속에서 심방은 도채비가 갈 수 있는 낙원의 정경을 보여준다. 주술적이고 목가적인 세계를 연상시키는 이 정경은 이렇게 묘사된다. 그곳은 초록 잎이 영원히 울창하고(청산), 꽃이 만개하고(화산), 삼천선비가 한가롭게 노닐고, 일만 거지들이 풍요로운 음식 앞에 모여들고, 농사지을 땅이 넘쳐나고 고아나 아이들도 돌봄을 잘 받는 곳이다.

영원한 축복과 풍요가 주어지는 이 신화적인 세계는 어디를 말하는 것일까? 삼천선비가 한가롭게 노닐고 거지들을 위한 풍요로운 음식이 가득한 이곳은 어디일까? 그곳은 바로 고도로 자본주의화되어 있고 산업화된 사회인 '서울'이다. 선호가 일하던 공장 근처에 있는 도살장과 그 공장의 수호신령인 대감신이 살고 있는 곳이며, '친절하고' 아리따운 여자들을 좇아다니는 영감신령이 사는 곳이기도 하다.

> 스물한살 금전벌러 서울 마장동에
> 저 구슬공장 들어가서 저 기숙사에 생활할 때
> 푸른구슬 노란구슬 노랑구슬 열두구슬
> 마장동에 소잡고 말잡고 우머리 좌머리
> 대감조상도 놀고갑서 선왕조상도 놀고야싶소
> 저 직장 저 공장에 친구벗들 좋아지고
> …친한 친구… 얼굴좋아
> 맺혔구나 감겼구나 스물한살에게 감겼구나
> 먹는 밥도 같이 먹고 자는 잠도 같이 가저(제19석)[5]

역설적이게도 '서울'이라는 낙원의 정경은 실제로는 선호가 병을 얻을 수밖에 없었던 착취와 가난과 사회적 소외라는 사회적 현실의 정경을 반증한다. 선호의 미친병이 서우젯소리에서 로맨스로 번역되었던 것처럼,

그녀의 병은 자본주의 사회가 가지고 있는 변칙적인 매력의 결과로 해석될 수 있다. 이 낙원의 핵심 이미지는 바로 돈 이미지이다. 무가에서의 다양한 이미지들은 내적 감정의 전경에서 발생하는 슬픔의 경험을 환기하는 데 사용된다. 예를 들어, 돈(병자의 욕망), 흐르는 눈물(선호의 눈물), 타는 석탄(선호의 근심), 바다 위에 떠 있는 배(혼자만의 고뇌와 새로운 출발에 대한 두려움) 등이다. 이러한 이미지들은 평소 같으면 너무 일상적이라 무시될 수도 있겠지만, 듣는 사람의 마음속으로 생생하게 전달된다.

이렇게 환기된 다양한 이미지들 가운데 선호가 가장 강하게 반응했던 것은 돈의 이미지이다. 선호는 심방이 '말없는 돈'을 탄식하며 노래할 때마다 울음을 터뜨렸다. "돈아 돈아 말모른 돈아! 우리 아버지 왜 돈을 아니 벌어놔서 아버지 대신 돈 벌러 가서 내 동생들 상급학교 보내고." 돈은 여기서 미친병의 원인이기도 하면서도 선호의 욕망의 상징이기도 하다.

또한 돈의 이미지는 도채비의 자유분방한 생활이 펼쳐지는 세계를 연상시킨다. 도채비의 성적 욕망은 서울과 같은 자본주의 도시를 지배하는 돈의 주술적인 힘에 은유적으로 비교될 수 있다. 서우젯소리에서는 선호가 공장에서 만들었던 유리구슬이 '사방에 흩어진' 유령으로 변신했다. 그리고 이 구슬은 마침내 영감의 기원 신화에 따라 서울에 살고 있는 영감의 형제자매가 되었다.

돼지 한 마리의 제물과 모형 배에 실린 모든 음식의 일부를 요구하는 영감의 탐욕은 돈의 상징적 힘에서 드러난다. 젊은 여성의 모든 힘을 무자비할 정도로 착취하는 자본주의 경제의 탐욕은 영감의 탐욕보다 선행하는 것으로서, 영감의 탐욕의 모델이기도 하며 결과이기도 하다. 선호는 자본주의 체계 안에서 적합한 기능을 더 이상 할 수 없을 지경에 이르러 광증을 가지게 되었고, 이는 그녀가 자본주의의 상징인 돈의 덫에 걸려 있으며 돈에 의존할 수밖에 없는 상황을 가리킨다. 선호와 영감의 낭만적인 애정

관계는 바로 이러한 피할 수 없는 의존관계를 재현한다.

4) 대김받음: 심문의례

병자에 들린 존재를 심문하는 대김받음은 로맨스가 끝나는 순간을 확인해준다. 이것은 마지막 날 제24석 서우젯소리를 끝내고 모든 제물을 내려두고 새로운 제물을 올리고 나서 시작된다. '대김'은 '다짐'의 제주어로, 환자 몸과 정신에 있는 귀신에게 환자로부터 떠나겠다는 다짐을 받는 과정이라 할 수 있다.

마지막 서우젯소리에 맞춰 춤을 추고 있던 환자는 별안간 이루어지는 심방의 심문을 마주하게 된다. 심방은 환자가 춤추는 동안 잡고 있는 북채를 내던지고 미리 준비했던 버드나무가지를 잡고 눈을 무섭게 부릅뜨며 쓰러져 있던 환자에게 달려들어 다음과 같이 심문한다.

> 심방: 일어나, 일어나 야! 너 춤추는 이유를 말해봐, 빨리
>
> 환자: (대답이 없다)
>
> 한 아주머니: 확 말해버려라. 말하고 싶은 거 다 말해봐
>
> 심방: 왜 춤 추냐!

심방은 환자가 아무 반응이 없자 들고 있던 버드나무가지로 환자의 어깨를 때린다. 그리고 다시 달래는 목소리로 묻는다. 환자는 여전히 울고만 있다. 심방은 계속해서 심문을 진행한다. 심방이 "배 준비해놨어"라고 배방송을 예고하면서 환자를 윽박지르면서 심문을 이어간다.

> 심방: (성난 목소리로) 왜 춤추는 거냐! 원인이 뭐냐?

환자: 그냥 막 병 고치려고 추었수다

심방: 병 고친다고? 어떤 병인데?

환자: …

심방: (버드나무가지로 때리면서) 어떻게 해서 왜 춤을 추느냐, 다시 이야기해봐라

소미: 확 말해버려라

심방: (부드러운 목소리로) 어디서 어떻게?

환자: 서울 화장실에서…

심방: 서울 마장동 어디?

환자: 화장실에서 넋 나가고 죽은 사람도 봤습니다.

심방: 음 사람 죽은 거 봤다고? 그래서 꿈에 나타났구나.

환자: 꿈에도 나옵니다

심방: 귀신은 그것뿐인가, 더 없어?

환자: 아버지만 생각납니다.

심방: 그러니 그 귀신이 이리 뵈고 저리 뵈고 하는 거지. 그 귀신이 갈거여 안갈거여

환자: 갈 겁니다.

심방: 언제

환자: …

심방: 낼 모래?

환자: 아니오. 오늘.

심방: 몇 시에?

환자: 열시에 가쿠다

심방: 열두시

환자: 아니, 열시쯤에 가쿠다

심방: (큰소리로) 그러면 그 귀신은 어디로 갈거여, 방향을 말해봐

심방은 귀신에게 어디로 갈 것인지를 계속해서 묻는다. 그러나 환자는 어떻게 대답을 해야 할지 모르는 것처럼 보인다. 심방과 환자 사이에 다음과 같이 계속 질문과 대답이 이어진다.

심방: 너를 의탁하여 춤추는 귀신들 어디로 갈 거냐. 그냥 놓으면 아무데로나 갈 거냐, 니가 가는 데로 배를 띄워야 되지 않느냐

환자: (큰소리로) 서울로!

심방: 서울? 틀림없나? 그럼 이제부터 아픈 데도 없고 신체 건강할거냐? 틀림없나?

환자: 예!

심방: 정말! 이거 또 거짓말해두고 이제 굿 끝나고 나서 또 어디 아픕니다 할 것 아닌가! 너 하나 믿어서 살고 있는데 다시 와서 드러누울거냐

환자: 아니우다.

심방: 정말이냐? 그럼 약도 안 먹어도 좋고, 침 안 맞아도 좋고, 주사 안 맞아도 조혹, 굿 아니 해도 좋고, 이거 정말, 거짓말 하는 것 아니야! (버드나무가지로 환자를 다시 한 번 친다) 정말이냐! 그럼 마지막으로 추어라!

이제 환자는 일어나서 12분 정도 춤을 추다가 방에 들어가서 눕는다.

이 심문 단계가 진행되는 동안 발생하는 중요한 변화가 있다. 환자에 들린 신령 또는 귀신의 정체는 서우젯소리에서 사용되듯이 '그' 또는 '그녀'라는 대명사로 지칭되지 않는다. 대신에 '그것' 또는 '그것들'과 같은 단수

형 또는 복수형의 모호한 비인격적 대명사로 지칭된다. 환자로부터 그것을 분리시키기 위한 심방의 심문 전략은 위협적인 목소리 톤이나 몸짓으로 환자 몸에 들린 귀신을 모욕하는 것이다. 흥미롭게도 환자는 심방의 전략에 굴복하는 경향이 있었다.

심방이 선호에게 들린 귀신에게 나갈 것인지를 물었을 때 선호는 마치 자기가 그 귀신인 것처럼("나는 가겠다") 대답했다. 그러나 선호는 심문하는 심방의 어법을 차용해서 점차 그 귀신을 '그것'으로 호칭하기 시작했다. 그녀는 귀신으로부터 자신을 객관화해서 분리시키는 법을 배운다. 마지막 무렵에 선호는 가족에 대한 자신의 책임을 상기했을 뿐만 아니라 자신이 건강해졌음을 확신했다. 이런 방식으로 환자는 자신의 건강뿐만 아니라 새로운 사회적 자아를 재구조화한다. 마지막 서우젯소리의 끝부분에 위치한 이 대김받음의 절차는 환자에 들린 존재가 고백한 이름의 진실성을 확증하는 목표를 가지고 있는 것이 아니라 그 질병의 악귀적 정체성을 드러냄으로써 환자가 마침내 치유된다는 점을 공식적으로 확증한다.

5) 영감놀이: 해학적인 축귀 가면극

영감놀이는 보통 바닷가에서 연행된다. 배를 타고 육지에서 올 영감을 바로 그곳에서 맞이해야 하기 때문이다. 이 단계에서는 총각의 모습으로 가장했던 도채비가 얼굴에 종이 가면을 쓰고 영감의 모습으로 나타난다. 제주 무교 전통에서 '놀이'는 신화를 유희적으로 극화시킨 것이다(문무병, 1993). 달리 말하면, 놀이는 신화적 신격을 현실 속에서 가시화함으로써 의례의 효과를 보증하는 한 방법이다.

영감본풀이에서 영감은 원래 서울의 남산 먹자골에 사는 삼정승 중 하나인 허정승의 아들로서 칠형제가 있다. 이 형제들이 자라면서 한국의 산악신으로 좌정했는데, 일곱 번째 아들은 한라산에 좌정했다.

서울이라 삼각산에
허정싱이 사옵데다
큰아덜은 삼각산ᄎᆞ지ᄒᆞ고
둘챗아덜 금강산ᄎᆞ지
세챗아덜 계룡산ᄎᆞ지
느챗아덜무등산 다섯챗아덜유달산
ᄋᆞ섯챗는 산ᄎᆞ지ᄒᆞ고
족은아덜 할로산ᄎᆞ지ᄒᆞ고(제19석)

그래서 영감놀이는 큰형이 다른 형제들과 함께 제주도에 와서 환자의 몸에 실려 있는 막내를 데려가기 위해 연행한다. 이런 맥락에서 영감놀이는 놀이의 형태로 이루어지는 '간접적 축귀의례'"라고 할 수 있다(현용준, 1972).

심방은 제장으로 초대된 도채비에게 "성은 고씨(高氏) 궁녜(宮女) 스물ᄒᆞᆫ 설 의탁(依託)휀 그 신도요? 신도가 아니고 야채(夜叉)죠?"라고 물어본다. 이처럼 영감놀이 제차는 주로 대화의 형태로 진행되며 희극적이고 연희적인 분위기로 연출된다.

영감: 얼보고 말곡 ᄒᆞᆯ 게 있어! 그거 보앗자 얼굴 곱닥ᄒᆞᆫ(고운) 게 우리 아시 놈이 그거 ᄒᆞ고 연애만 ᄒᆞ게 퉤엇어.

(박씨 심방은 환자를 불러다 영감 앞에 앉힌다.)

박씨 심방: 영감, 베려 보시오. (성난 듯한 목소리로) 어기 구신(鬼神)광 생인(生人)이 ᄀᆞ찌 사는 법이 잇어요!

영감: 그러니 그 오소리 잡놈, 바로 그 놈이 못뒌 놈이요. 이번은 내가 든든이 떼엉 가잰 내가 온 거요.

서울에서 온 영감신들은 환자 몸에 의탁한 막내 영감신을 데려가기 위해서 성난 목소리로 다음과 같이 다그친다.

박씨 심방: (성난 목소리로) 거 생각을 해보시오. 신과 인을 ᄀᆞᆸ을 갈라야 뒈지 어디 구신(鬼神)을, 구신은 구신대로 살고 생인은 생인대로 사는 법인디 베려(생각)해보시오. 조실부모해가지고 적막ᄒᆞ고 불쌍ᄒᆞᆫ 아이를 갖다다가 넋 내우게 멘들고, 혼 내우게 멘들고, ᄉᆞ거리에서도 그렇게 넋 내우게 멘들고, 마포지멘 간 때에도 멧번 멧번 넋내우고 혼 내우게 굴엇어. 보시오. 그전 얼굴ᄒᆞ고 그전 매치ᄒᆞ고 먹던 밥 멀리 뒷어요.

영감: 연삼년을 그렇게 됐지게.

박씨 심방: 금뉴울 꼿(시들어가는 꽃)이 뒛소. 그거뿐만 아니라 버는 금전(金錢)에도 새(邪)가 들고, 다 이렇게 해여브니 이녁 ᄆᆞ음도 그냥 갈산질산 다 흩어져 브럿어요. 이거 ᄒᆞᆯ 짓이요, 어디.

영감: 그게 다 우리가 열두 풍문(風雲)을 불러준 거요, 집의도.

박씨 심방: 영감!

영감: 어.

박씨 심방: 오널 상선(上船) 무엇는디 다 데령 갈 거요?

영감: 다 데리고 가겠소.

박씨 심방: 이별, 이별 영이별ᄒᆞᆯ 거요?

영감: 우리 잘만 멕이곡, 인정이영 많이 걸면 우리가 이별ᄒᆞ지.

(한 소미는 영감 앞에 술과 안주를 차려 놓는다.) (고광민·강정식, 2007)

심방은 칠형제 영감신이 떠나기 전에 영감신이 좋아하는 술, 돼지고기, 떡과 같은 음식을 제공하는 송별잔치를 제안한다. 영감신은 나이든 사람 흉내를 내면서 자신이 너무 늙어 이런 좋은 음식을 씹을 이빨도 몇 개 없다고 불평한다. 대신에 환자와 청중에게 그 고기를 먹으라고 한다.

박씨 심방: 자, 이거 이별주요, 스물흔 설 작별주요. 이거 먹고서 스물흔 설 신벵을 믄 딱(모두) 걷엉 가시오.

환자: (영감에게 술을 따라 올리며) 나 벵 몬딱(모두) 걷어가게 해 줍서.

영감: 그렇지. (술과 안주를 먹으며) 내가 많이 먹곡 씨고 해서 오소리잡놈을 데리고 가지.

박씨 심방: 아니 영감만 처먹지 말고 이 환자에게도 이별주를 주시오게.

영감: 잔을 주어야 이별주를 주지.

(이렇게 이별주를 주고받은 뒤 환자와 영감이 서우젯소리에 맞춰서 함께 춤을 춘다.)

영감신은 짚으로 만든 모형 배를 들고 심방이 제안한 대로 환자와 청중과 함께 마지막 서우젯소리에 맞춰서 춤을 춘다.

춤이 끝나면 영감은 심방에게 제물을 배 위에 실으라고 요청한다. 쌀, 보리쌀, 된장, 과일, 간장, 물, 우미, 전각, 미역, 밥, 해초, 고동, 새우 등을 조금씩 배에 싣는다. 환자와 청중으로부터 배 삯을 걷어 모형 배에 싣는다.

박씨 심방: 스정 많이 받고, 술 사먹고, 밥 사먹고, 보기 존 디 가서 놀기 좋게 노시오. 다 채왔어요?

사공: 어

박씨 심방: 그러민 우리가 스물흔 설 의탁뒌 구신, 넋 내우던 구신, 혼

내우던 구신도 다?

사공: 다 올랏어요.

박씨 심방: 자, 그러민 우리 배질ᄒᆞ자.

배가 다 채워지면 가면을 쓴 영감신은 어깨에 그 배를 메고 이별을 고한다. 환자에 의탁해 애인으로 3년을 같이 살림했던 막내 영감신이 제단을 떠나면 이 오랜 병도 환자를 떠날 것이다. 여기서 영감신이 '우리'라는 복수를 사용하는 이유는 막내 영감신과 함께 서울로 돌아가는 여섯 형제 영감신을 포함하기 때문이다. 모형 배를 바다에 띄우면 추는굿이 끝난다.

5. '몸에 새겨진 역사'

도채비를 쫓는 추는굿의 기본적인 전제는 다음과 같다. '도채비들림'은 개인적인 고통과 부패한 자본주의가 '몸에 새겨진 역사(bodily history)'이다. 그 역사를 재구성하고 변화시킴으로써 치유가 달성된다. 선호의 사례는 환자의 몸에 새겨진 역사가 의례적으로 연행되는 과정을 보여준다. 또한 선호의 병을 유발한 악한 실재가 어떻게 재구성되고 그 실재의 힘이 어떻게 다시 해체되는지를 잘 보여준다.

그러나 이 축귀의례의 상징적 의미는 제주의 식민지 역사와 무교의 인지적 구조를 결합시킨 보다 광범위한 체계에 기반한다. 여기서 제주 무교의 인지적 구조는 토착 주민과 육지로부터 온 침입자의 대립, 섬과 바다의 대립, 토착민과 지배자의 대립, 본향당신 같은 신령과 도채비 같은 악귀의 대립, 부자와 가난한 자의 대립을 가리킨다. 이 모든 대립의 관계는 악귀와 악귀에 들린 사람이라는 한 쌍의 관계로 인격화된다. 추는굿은 바로 이러한 쌍대적 관계의 원인을 규명하는 것을 목표로 한다.

이 글은 이러한 대립적인 결합구도가 잘 드러났던 사례에 초점을 맞추었다. 즉, 도채비와 허광증에 걸린 환자 사이의 낭만적인 대화의 양식으로 이 구도가 어떻게 표현되었는지를 분석했다. 의례적 연행의 기술적 측면보다는 정서적이고 인지적인 측면과 관련된 질문에 대한 답을 찾아본 것이다.

축귀의례의 아이러니는 같은 의례적 맥락에서 허광증의 슬픔이 유희적인 로맨스 드라마와 병행해서 표현된다는 사실이다. 앞에서 선호의 개인적인 비참함의 내력을 심방이 구송하는 것을 보았다. 여기에서 우리는 비극적인 현실을 대중이 이해하고 표현하는 특정한 양식을 발견할 수 있다. 한국의 무교에서는 삶에 대한 비극적 인식은 '한'이나 '원한'이라는 개념으로 표현되는데, 가슴에 맺힌 분노나 해소되지 않는 원통한 감정을 뜻한다.

이 감정은 비명횡사한 망자의 영혼이 가질 수 있는 것으로 여겨진다 (Kendall, 1981). '원한'이란 오랜 시간 쌓여 마음속 깊이 자리 잡고 있는 감정을 말한다. '원한'의 감정은 밖으로 표출되어 다른 이들이 경청해줄 때까지 풀어지지 않은 채 남아 있다. 그래서 심방은 치유의례를 '원풀이'·'한풀이'라고 말한다. 이 말은 '원통함을 해석하고 해소해준다'는 의미이다.

선호의 사례를 보면, 마음에 병이 든 스물한 살 여성의 슬픈 생애사와 그의 몸에 '의탁'한 귀신 사이의 낭만적인 대화를 병렬시키는 의례적 연행 방식은 응축된 원한의 감정을 해소하는 서사 전략이라 할 수 있다. 환자와 도채비 사이를 낭만적인 관계로 승화시키는 서사 전략은 환자 혼자 감내한 고통을 표면화하여 공식적으로 인정해주는 것이다.

바로 이 지점에서 치유가 시작된다. 환자와 도채비의 낭만적 관계가 무르익어 가는 가운데 원한 감정의 사회적 정경이 현재의 시점으로 구성된다. 서우젯소리를 반복적으로 구송하고 그 내용이 고조되면서, '썩은' 쌀,

'썩은' 물, '말없는' 돈, 연기 없이 타는 석탄, 바다에 뜬 배 등과 같은 이미지와 상징적으로 결합한 원한의 감정을 치유한다. 이것이 바로 치유의 민중적 미학이다. 환자가 '썩은' 쌀과 '썩은' 물이 아니라 늘 먹었던 '익숙한' 쌀과 물이 있는 집으로 되돌아오면 치유가 이루어진다. 이제 말 없던 돈이 말을 할 수 있게 되고, 그녀는 다시 일을 할 수 있으며 형제들을 뒷바라지할 수 있게 되는 것이다. 원한과 원풀이의 역동성은 축귀의례의 효과가 작용하는 원리이다.

선호의 축귀의례는 선호의 병을 치유하는 것뿐만 아니라 제주도 사람들이 역사적으로 경험했던 그리고 현재에도 경험하는 원한을 상징적인 방식으로 해소한다. 그리고 축귀의례는 스스로를 육지와 분리시키는 제주 사람들의 내부 식민지 의식과 노동자를 착취하는 부패한 자본주의체계의 헤게모니적 질서를 패러디를 통해서 넘어선다.

제5부

근대성의 주술과 샤머니즘

근대성의 주술과 신샤머니즘 현상은 전 세계적으로 일어나고 있는 샤머니즘의 대중화·세속화 추세를 반영한다. 샤머니즘의 세속화는 샤머니즘이 하나의 담론적 구조로서 생성된 이후 현대인의 공공 영역에서 대중화된 역사적 현상을 말한다.

17세기 시베리아 원주민의 의례 전문가로서 '샤먼'이 러시아와 서구에 알려진 이후 '샤머니즘'이 새로운 종교로서 보편적인 종교성을 획득한 것은 전적으로 근대성의 산물이다. 근대적 주체가 형성되는 다양한 담론적 실천 가운데 하나로서 샤머니즘은 "근대적 주체가 만들어낸 지식의 구조"이다(Alberts, 2015: 22). 샤머니즘은 그리스도교 문명을 토대로 하는 서구 제국주의 권역의 주변에 있는 비서구 문화 지역의 전근대적 '토착적(indigenous)' 종교현상을 총체적으로 지시하는 보편적 종교성으로 담론화되었다는 것이다(Harvey ed., 2003: 비텝스키, 2005).

'고대의 접신술(archaic technique of ecstasy)'이라는 엘리아데의 명쾌한 샤머니즘 정의는 전형적인 근대적 담론으로서 '샤먼'을 보편적 범주로 만들고 접신술을 누구든지 학습하면 얻을 수 있는 어떤 심리적 기술로 일반화시켰다. 포스트모더니즘이 유행하던 1980년대 이후에는 아마존 샤머니즘을 연구한 인류학자 하너(Michael Harner)가 이 접신술을 누구든지 샤먼의 자격을 얻을 수 있는 '핵심 샤머니즘(core shamanism)'으로 지정하여 자신의 이름을 딴 학습 매뉴얼 '하너 방법론(Harner Method)'으로 만들어 세계적으로 대중화했다(Harner, 1982).[1]

글로벌 시대에 토착민이 그들이 속한 국가사회의 경계를 넘어서 이동하는 경우가 빈번해지면서 샤머니즘의 토착성(indigeniety)은 '토착주의(in-degenism)' 운동으로 정치화된다(Alberts, 2015). 1990년대 소비에트 체제의 붕괴와 소수민족의 민족자결운동이 국제적 반향을 일으키면서 시베리아와 아메리카 토착 원주민의 문화권(cultural right)과 '조상 땅 찾기(ancestral land right)' 운동은 샤머니즘을 생태중심주의(ecocentrism) 토착 종교로서 정치화함으로써 샤머니즘의 부흥과 세계화를 가속화했다(김성례, 1995a: 217-277).[2] 샤머니즘은 이제 더 이상 시베리아와 지역 토착민 사회에서 자연발생적으로 존재하는 전통적 종교가 아니다. 신샤머니즘 연구는 '왜, 누구에게 샤머니즘이 중요한가'라는 새로운 질문을 중심으로 전개되고 있다.

특히 글로벌리제이션과 신자유주의 경제가 가속화된 1990년대 이후 샤머니즘의 부흥 현상은 경전에 바탕을 둔 동·서양의 이성적이고 근대적인 종교 전통의 권위에 대한 반발로서 일어난 포스트모던 대안적인 종교운동의 양상이라 평가되고 있다. 샤머니즘은 뉴에이지 영성과 이교주의와 같이 보다 감성적인 성향의 종교 전통의 한 부류로 인식되고 있으며, 이 경우에는 특별히 시베리아 샤머니즘이 대표하고 있는 고전적 샤머니즘과 구별하여 네오 샤머니즘으로 부른다. 그러나 월리스(Robert J. Wallis)는, 고전적인 샤머니즘의 전통을 따라 공동체에 기반을 둔 '리얼'샤머니즘과 '신(네오)'샤머니즘 사이의 구분은 점차 옅어지고 있으며 이러한 현상을 '상황적 실용주의'로 보고 있다(Wallis, 2003: 228). 스스로 샤먼이라고 칭하는 사람들도 상황에 따라 '신(네오)'샤먼으로 기능하는 경우가 있으며, 반대로 '신'샤먼으로 알려진 사람도 일상적인 사회관계에서 기존의 샤먼이 수행했던 공적인 역할을 하는 경우 공동체 생활에 기반을 둔 '실제' 샤먼의 지위를 부여할 수 있기 때문에 샤먼이냐 신샤먼이냐 하는 명칭의 구분은 사실상 유명무실한 것이다. 다만 여기서 샤먼의 '다층적인 지위의 수행(multiple positioning)'은 탈근대 사회의 이질적이고 분절적인 문화현상으로 볼 수 있다.

근대화와 함께 소멸되리라 예상했던 샤머니즘의 부흥은 현대 사회의 주술현상과 밀접한 관련이 있으며, 소비사회의 일상생활의 맥락에서 구체적으로 표출되는 초월성과 신성에 대한 종교적 전망을 대변한다. 포스트모던시대에 활성화 되는 신비적·신화적·주술적 범주의 현대적 의미는 무엇인가? 기술의 진보로 인해 생산된 인공적인 사물들, 즉 상품세계 그 자체가 '자연스러움'을 가장한 가상 환경을 형성하면서 자본주의 시장이 표방하고 있는 합리성에 대한 믿음은 오히려 주술적 성격을 갖는다. 초월적 힘의 덮개를 쓴 상품으로 가장된 세계(simulated world)에서 환상이 실재로 전도되는 상황을 일상적으로 경험하는 현대인에게 주술은 그 어느 때보다 현실에 깊이 관여하고 있다(Baudrillard, 1993).

제5부에서는 합리성과 현대성에 대한 대항 헤게모니로서 주술적 사유와 신앙 형태에 주목한다. 주술은 특별한 목적을 얻기 위해 합리성의 낙관주의와 이성의 힘을 신비화하고 제의화(ritualization)하는 실용적 사유(practical thought)와 연행행위(performance)로서 다시 주목받을 필요가 있다. 초자연적인 힘을 조정하고 통제하는 원시적 기술인 주술이 합리성이 지배하는 현대 세계를 실제로 유지하고 생기를 불어넣어주는 일상성의 논리로 어떻게 작용하는지, 한국 사회에서 반지성적·전근대적 유습이라고 폄하되어온 명당·발복 풍수신앙(제14장)이나 복과 재수를 기원하는 기복신앙(제15장), 사이버 공간이라는 가상현실에서 오히려 광범하게 번성하는 사이버 샤먼과 점술(제16장)을 통해서 현대 사회에서의 주술의 위치와 기능을 규명한다.

제14장은 풍수신앙과 근대성의 주술의 관계를 논한다. 1999년 '무속인'에 의한 충무공 묘지 훼손 사건과 1995년 김영삼 정부에 의한 구총독부 건물의 폭파 해체 사건은 모두 민속적 발복·명당 풍수신앙에서 발생했으며, 가상의 일제 단맥설을 모방한 주술행위였다. 한국인의 역사적 피해의식은 '명당과 후손 발복'에 대한 풍수신앙과 국수주의적 민족주의를 교묘하게 결합하여 '일제 단맥설'을 현실화했다. 묘지 훼손 사건의 명분이 개인의 치병과 가정 화목이었다면 구총독부 건물 폭파 사건의 명분은 '외세와 외

래인에 의해 훼손된 민족정기의 정립'이었다. 한국 역사상 왕과 사대부 가문, 그리고 현대의 정치인에 이르기까지 지배 엘리트의 권력을 상징하는 '명당'에 대한 풍수신앙이나 일제 식민주의 권력에 대한 기억은 모두 역사에 대한 유물론적 영감에서 비롯된다. 식민주의 역사의 기억이 묘지와 구총독부 건물 같은 물리적 실체로 가시화되고 구체적 행위를 통해 개인과 민족집단의 치유를 기획하는 이 모든 과정은 '역사의 자연화(naturalization of history)' 이며 동시에 음해주술(sorcery)에 걸린 식민주의 역사의 기억을 해체하는 것이다.

두 사건의 공통점은 폭력적 행위를 통해 보다 완전하고 새로운 것, 즉 건강과 복, 민족정기를 창조하는 주술적 사고의 작동이다. 무속인이 "폐유가 묻은 식칼과 쇠막대를 묘지 꼭대기에 박는 에로틱 행위"와 구총독부 건물 돔을 폭파시키는 행위는 모두 샤머니즘의 폭력적 이면을 드러낸다. 종교적 행위자로서 샤먼은 '치유자'이지만, 충무공 묘지 훼손의 경우처럼 폭력을 행사하는 '다크 샤머니즘'도 있다(Riboli and Torri ed., 2013).[3] 샤머니즘의 폭력성과 치유능력이라는 양면성은 명당과 구총독부, 조상과 민족의 이미지들을 하나의 풍수적 의미체계로 연결하는 '표상적 인식론(imageric epistemology)'을 구성한다(Taussig 1987).[4]

전근대와 근대의 이질적인 역사를 접합시키는 핵심적 기제는 '민족'과 '민족주의'라는 자아이미지이다. 한국인에게 근대의 시간성은 민족적 주체를 창조해내지 못하고 식민주의 기억이 환기시키는 유령들에게 휘둘리는 허약한 토대를 드러낼 뿐이었다. 식민주의 기억이 유령처럼 한국인의 상상계를 지배하고 과거 봉건 왕조의 선조들과 일제의 식민지 말뚝이 뒤엉켜 단일한 초월적인 존재인 민족 팔루스(Phallus)로 통합되는 한국의 근대성은 '근대도 전근대도 아닌' 그림자 근대성, 즉 '식민적 근대성'이다. 민족 팔루스가 과거와의 단절과 동시에 미래의 생성을 기획해야 하는 힘겨운 과제는 식민적 근대성에 내재하는 모순이다. 충무공 묘지 훼손 사건과 구총독부 폭파 해체 사건은 이 모순을 표면화한 것이다.

제15장에서는 무교의 기복신앙과 재수굿의 사례에서 나타나는 재수와 복의 의미에 대한 상징 분석을 통해 무교적 사회윤리의 특성을 밝히고 1997년 IMF 위기의 국면에서 드러나는 자본주의 문화에 대한 무교적 해석을 파악해보고자 한다. 후기 자본주의 문화에서 기복신앙의 번성은 소비의 '기적을 대망하는 사고방식'의 반영이라고 볼 수 있다(보드리야르, 1991: 22). 특히 현실적으로 자본주의 시장경제가 합리적 원칙에 의해 움직이지 않는 한국의 자본주의 사회에서는 더욱 자본의 기적을 일으키는 주술적 힘에 대한 의존은 심화되었다. 기복신앙은 자본주의 경제의 합리성의 낙관주의와 이성의 힘을 신령의 재수와 복의 의미로 전환하고 소비의 윤리를 재수굿의 양식으로 제의화함으로써 자본주의 문화에 생기를 불어 넣어준다. 자본주의 시장경제에서 돈은 마치 살아 있는 물체처럼 스스로 재생산하는 주술적 능력을 가진다(Kendall, 1996: 516).

자본주의 사회에서 실질적인 재물과 부(wealth)를 결과한다고 믿어지는 '재수(luck)'와 '복(fortune)'의 개념이 갖는 상징적 주력(呪力)은 기복신앙의 본질이라기보다는 자본주의 시장경제의 환영적(phantagosmoric) 성격에 기인한다(Taussig, 1980). 재수굿에서 돈의 상징적 사용은 단순하게 재산의 증식을 기원하기 위한 것이 아니다. 신령과의 거래에서 사용되는 제물로서의 돈은 현물가치로 환산할 수 없는 것으로서 '지금 여기'의 현실적 고난으로부터의 '구원을 위한 수단'이다.

기복신앙이 추구하는 '재수와 복'은 물질적인 것이 아니라 종교적·영적인 것으로서 베버(Max Weber)의 이른바 '구원재(Heilsgut, religious goods or benefits, sacred value)'라고 할 수 있다. '구원재'는 구원을 통해 도달하게 되는 경지 또는 구원으로 얻게 되는 정신적·물질적 재화 내지 자산을 뜻한다. 베버는 종교적 교의가 사람들의 종교적 욕구와 이해관계에 어떻게 적응하느냐에 따라 종교 윤리가 다르게 작용한다고 보았다. 한국 무교에서 '복'이라는 일반적 표현을 건강·장수·명예·권력·소유·향락에 관련된 모든 재화로 이해한다면, 종교가 이들 재화를 정당화하는 역할을 할 때 그것은 베버의 이른바 '복락(福樂)의 신정론(theodicy of fortune)'이라 할 것이다(베버, 2002: 167-222).[5] 기복신앙의 구원재는 전적으로 현세적인 것이지만, 점차 종교적 합리화가 진행될수록 철저하게 현세적(this worldly) 내용들과 대비되는 '현세 외적', 즉 '내세적(other worldly)' 구원재인 '복'과 '재수'를 지향하게 된다고 볼 수 있다.

제16장에서는 사이버 공간의 네오 샤먼의 사례 연구를 통해 '가상현실 샤머니즘(virtual shamanism)'의 미래를 전망해본다. 1990년대 이후 인터넷과 월드와이드웹 기반의 서비스인 SNS(social network service)가 보편화되면서 사이버 스페이스 무당(www.mudang.com) 혹은 만신(www.manshin.co.kr)이 출현했다.[6] 종교적 의례의 연행보다는 심리적 상담과 점술에 치중하는 사이버 공간 무교인은, 하너(Michael Harner)의 용어를 빌리면 네오 샤먼의 유형이라 할 수 있다.

네오 샤먼은 '신선생'이나 '신부모'의 지도를 받는 장기간의 도제 수련 방식보다는 갖가지 대중적 심리학 서적이나 종교 서적을 통해 스스로 지식을 습득해 커리어를 형성해간다. 그래서 네오 샤먼은 무교의례인 굿에 대해 잘 알지 못하거나 굿을 할 수 있는 기술을 갖지 못한다. 이들이 중요하게 여기는 일은 '영적 상담'이며, 행운 부적이나 건강 혹은 연애 부적과 같은 전문적 영역을 가지고 있다. 네오 샤먼은 다양한 사회·경제적 배경을 가진 훨씬 더 광범위한 범위의 손님을 상대하며 나이, 성별, 직업 혹은 종교적 신념에 따라 제한되지 않는다. 네오 샤먼과 손님 사이의 온라인 관계는 즉시적이고 편하게 언제나 이루어진다. 온라인 서비스가 오프라인의 직접적인 대면관계로 확대될 수도 있지만, 사이버 네오 샤머니즘 활동에서 주된 강조점은 온라인 상담에 있다.

사이버 공간의 네오 샤먼의 활동은 샤머니즘과 무교를 공공 영역에 참여시키는 새로운 현대적 종교현상으로 담론화했다. 샤머니즘의 가상적 변화는 사이버 공간이 주변인 집단과 소수 종교의 성장을 촉진하는 민주적인 환경을 조성한다는 점에 있다. 사이버 매체는 실시간으로 이루어지는 피드백 과정 때문에 대중의 의견을 형성하는 데 효과적이다. 사이버 공간에서는 '실제 현실(real reality)'의 헤게모니가 없으며 가상현실이 지배한다. 인터넷 정보의 제공자와 소비자는 사실 사이보그(cyborg), 즉 신체를 가진 인간과 인공적인 지식의 혼성물로 변화된다. 사이버 공간에 거주하는 네티즌은 모두 사이보그가 된다. 먼 지역에서도 현전의 경험을 가능케 하는 원격현실에 대해 보드리야르(Jean Baudrillard)는 '커뮤니케이션의 엑스터시'라고 표현한다(Baudrillard, 1983: 126-134).

가상현실이 지배하는 사이버 문화는 본질적으로 '샤머니즘적'이다. 사람들은 사이버 공간에서 자신의 육체뿐만 아니라 정신에서도 벗어난다. 사이버 공간에서 사물과 정보의 세계는 '테크노코스모스'를 창조한다(Levy, 1998). 끊임없이 유동하는 정보가 흐르는 투명한 소통 공간으로서 테크노코스모스는 개방적이고 다원적인 문화를 창조하며, 가상현실의 바다에서 개별적인 사이버 항해사들은 다원적 정체성 및 주체성으로서 구성된다. 사이버 공간에서 사이버 불자가 동시에 사이버 '샤머니스트'이거나 사이버 기독교인이 되는 것은 쉬운 일이며, 그 반대 역시 마찬가지다. 종교 다원주의의 대의와 종교적 통합의 전망은 사이버 스페이스라는 다원적인 모태(matrix)의 해방적 잠재력으로 성취될 수 있다. 이것이 가상현실의 샤머니즘이 가능한 이유이다.

제14장

풍수와 식민주의 기억의 에로틱 주술

1. 근대성의 이면

1999년 봄 '무속인'[1] 양순자에 의한 충무공 묘소 훼손 사건은, 사건이 보도된 4월 21일부터 4월 23일 양순자가 검거되고 5월 16일 구치소에 송치되기까지 근 한 달여 신문과 방송에서 거의 매일 마치 추리소설을 읽는 것 같은 비상한 흥미를 불러일으켰다. 덕수 이씨 문중묘에 폐유가 묻은 식칼 56개와 쇠막대 66개가 꽂혀 있는 것이 발견되면서 수사가 시작되었다. 그녀의 묘소 훼손 범행이 하나둘 계속 늘어났다. 김수로 왕릉을 비롯한 태조, 세종, 효종, 숙종, 정조, 대원군 등 조선조 왕릉, 퇴계, 율곡, 안동 김씨, 전주 이씨 같은 민족적 성인과 명문대가의 묘를 대상으로 한 그녀의 훼손 범행이 밝혀지면서 문화재 관리국과 일반 대중의 관심도 깊어졌다.

무속인 양순자의 묘소 훼손 사건을 계기로 조사에 착수한 문화재 관리국은 4월 26일 서울 서초구 내곡동 헌릉(태종 묘소)에서 동판을 발견했는데, 신도의 지병을 치료하기 위한 또 다른 무속인의 소행으로 밝혀졌다. 같은 해 3월과 4월 초에 있었던 이회창 한나라당 총재의 선친 묘에서 쇠막대가 발견된 사건을 비롯하여 그동안 미궁에 쌓여 있던 묘지 훼손 사건들이 '개인적 치병과 발복'을 위한 사이비 무교신앙 행위로 밝혀졌다.

사실 이러한 사건은 현대 한국인에게 무척 낯선 것이다. 그러나 낯선 이미지의 배경에는 우리에게 친숙한 명당·발복에 대한 풍수신앙이 있다. 무속인 양순자의 진술에 의하면, 1998년 초 충무공이 꿈에 자꾸 나타나면서 심한 두통을 앓게 된 그녀는 충무공과 그 자손의 기를 끊으면 병이 나을 것이라는 기대로 또한 이혼으로 떨어져 살고 있는 자녀와의 재결합과 가정 화목을 위해 충무공의 묘지를 훼손했다고 한다. 그런데 '왜 하필 왕릉이나 명문대가 선조의 묘를 대상으로 했는가', '왜 식칼과 쇠막대와 같은 흉악한 도구를 사용했으며 또한 폐유의 용도는 무엇인가', '식칼과 쇠막대를 묘지 꼭대기에 박는 행위의 에로틱 함의는 무엇인가' 등과 같은 의문이 든다. 이러한 의문에 대한 실마리는 성인의 무덤에 쇠막대를 박으면 성인과 그 가문의 정기가 자신의 집안으로 전이된다는 주술적 풍수신앙과, 묘지 훼손 행위가 일제가 민족정기를 말살할 목적으로 전국의 명산 정상 곳곳에 단혈 철주를 박은 일제 단맥 행위를 모방한 것이라는 이 사건의 역사적 함의에서 풀어볼 수 있다.[2]

묘지 훼손 사건의 역사적 기원이 되는 일제 단맥설(斷脈說)은 1995년 김영삼 정부 당시의 구총독부 건물의 폭파 해체 사건에서도 재현된 바 있다. 이 사건의 공식적 명분은 일제 식민 통치를 상징하는 구총독부 건물을 없애버림으로써 민족정기를 복원하는 데 있었다. 마치 일제에 의해 산정에 박혀 있는 쇠말뚝을 뽑아내듯 한국의 민족적 자아에 박혀 있는 식민주의 기억의 쇠말뚝으로서 구총독부 건물의 폭파와 해체를 실행한 것이었다.

그러나 일련의 이러한 단맥 행위는 순전히 한국적인 풍수 관행이며 실제로 일제 단맥설은 아직도 역사적 사실로 규명되지 않았다. 따라서 구총독부 건물 폭파 해체 사건은 일제 식민 통치 역사에 대해 한국인이 갖고 있는 피해의식의 드라마틱한 표현이며 과거와의 단절을 통해 한국의 근대성을 완성시키려는 민족주의의 발로라고 할 수 있다.

무속인의 묘지 훼손 사건과 구총독부 건물의 폭파 해체 사건은 모두 민속적 풍수신앙에서 발생했으며 가상의 일제 단맥설을 모방한 행위였다.

한국인의 역사적 피해의식은 '명당과 후손 발복'에 대한 풍수신앙과 국수주의적 민족주의를 교묘하게 결합하여 '일제 단맥설'로 재현되고 있는 것이다. 묘지 훼손 사건의 명분이 개인의 치병과 가정 화목이었다면 구총독부 건물 폭파 사건의 명분은 민족정기의 정립이었다. 두 사건의 공통점은 야만적인 파괴 행위를 통해서 보다 완전하고 새로운 것, 즉 건강과 복 또는 민족정기를 창조하는 주술적 사고의 작동이다. 한국 역사상 왕과 사대부 가문, 그리고 현대의 정치인에 이르기까지 지배 엘리트의 권력을 상징하는 '명당'에 대한 풍수신앙이나 일제 식민주의 권력에 대한 기억은 모두 역사에 대한 유물론적 영감에서 비롯된다. 식민주의 역사의 기억이 묘지와 구총독부 건물 같은 물리적 실체로 가시화되고 구체적 행위를 통해 개인과 민족집단의 치유를 기획하는 이 모든 과정은 역사의 힘에 대한 주술적 사고라고 할 수 있다.

이 글은 왜 현대 한국인은 이러한 주술을 필요로 하는가, 그리고 현대 한국 사회가 성취한 근대성의 풍경에서 주술은 어디에 위치하는가라는 문제의식에서 출발한다. 먼저 묘지 훼손 사건과 구총독부 건물 폭파 사건을 작동시키는 풍수신앙의 주술적 사고의 논리를 살펴보고, 그리고 왕조와 봉건적 질서의 전통적 기억과 일제 식민주의에 대한 근대적 기억을 연결시키는 역사적 상상력의 논리가 작동하는 과정을 '식민주의 기억의 에로틱 주술'이라는 논제로 풀어보려고 한다.

일제 단맥설에서 재현되고 있는 식민 지배 권력의 폭력적 이미지는 민중의 종교적 상상계에서 어떻게 질병을 치유하고 가정을 화목하게 만들며, 또한 역사적 피해의식을 치유하고 민족정기를 재정립하는 신비한 힘으로 재생할 수 있는 것인가? 폭력적 행위의 창조적 효과는 단맥 행위 자체가 연상시키는 에로틱 주술의 힘, 즉 성적 행위를 통한 재생산의 효과에서 나타난다. 묘지 훼손과 구총독부 건물의 폭파 행위는 단맥 행위의 폭력성과 에로티시즘을 모방하는 주술적 모방 또는 '모방의 식민주의 주술'이라 할 수 있다.

묘지 훼손 사건에서 훼손의 목표는 무속인 양씨에게 질병과 불행을 야기한 가해자 충무공에 대한 복수에 있다기보다 충무공 가문의 정기를 훔쳐 자신의 것으로 만드는 데 있었다. 식칼과 쇠막대 같은 남성적 도구를 묘지에 꽂는 훼손 행위의 에로틱 함의는 가해자 충무공의 남성적 몸을 여성화하여 성적 에너지의 결합과 전이를 통해 재생산의 효과를 추구하는 데에 있다. 또한 민족의 실체를 희생자 '여성의 몸'으로 위치지우고 여성화된 민족의 몸에 말뚝을 박은 식민 지배의 성폭력 상징물을 폭파 해체한 구총독부 건물 폭파 사건도 마찬가지로 에로틱 주술의 작동이었다.

외면적으로 탈근대·탈식민 시대를 살고 있는 한국 사회는 아직도 일제 식민주의의 기억이 불러일으키는 원시적 모방주술의 영향력에 휘둘리고 있다. 무속인의 묘지 훼손 사건을 두고 언론이 지적한 "한국은 아직도 귀신이 횡행하는 사회"라는 말에서 '귀신'은 일제 식민 지배에 대한 피학적 기억을 상징한다. 그 귀신은 한국의 근대성에 내재하는 야만성의 기호로 현대 한국인의 일상과 정치의 중심부에 유령처럼 떠돌아다니며 기회 있을 때마다 한국인의 민족적 자아와 정체성에 빙의(spirit-possession)하여 해코지를 하고 있는 셈이다.

이러한 현실이 바로 근대성의 이면(裏面)이다. 여기서는 근대성의 이면에 위치한 주술적 풍수신앙이 성(gender)과 몸의 정치학이라는 담론 실천을 통해서 근대성의 권력을 패러디하는 과정을, 문제적 사건에 대한 미시적 해석방법으로 분석해보고자 한다. 먼저 무속인 양씨의 묘지 훼손 행위의 에로틱 함의가 풍수사상과 어떤 관련성이 있는지 살펴보겠다.

2. 풍수와 묘지 훼손의 주술적 에로티시즘

무속인 양씨는 '자신의 치병과 가족의 화목'을 위해 왕릉과 성인의 무덤에 칼과 쇠막대를 꽂았다고 동기를 진술했다. 각종 뉴스와 신문에서는 이 사건을 '이기적 발복을 위한 잘못된 풍수사상으로 빚어진 범죄'라고 규정했다. 여기서 필자는 양씨가 묘지에 식칼과 쇠막대를 박는 행위를 어떤 논리적 근거에 의해서 복을 가져다줄 수 있다고 믿게 되었는지, 풍수와 묘지 훼손의 주술적 에로티시즘 논리로 해석하고자 한다.

우선 왕릉과 성인의 묘지는 명당(明堂)으로 널리 알려져 있는 곳이다.[3] 풍수사상에서 땅은 단순한 물질이 아니라 '살아 있는 기(生氣)'를 가진 존재로 인식된다. 명당은 바로 이러한 땅의 에너지가 많이 모인 길지(吉地)이다.[4] 자연을 신비롭고 주술적인 힘이 있는 존재로 인식하는 풍수적 자연관에 의하면, 땅의 생기가 생물을 낳고 성장하게 하는 힘이 있다고 믿었기 때문에 생기가 집중되는 길지로서 명당의 발복(發福)에 대한 신앙은 풍수사상의 요체라고 할 수 있다.

풍수사상의 논리 구조는 땅의 생기 또는 지기(地氣)가 어떻게 인간사에 영향을 미치게 되는가에 대한 기감응적(氣感應的) 인식체계로 구성되어 있다(최창조, 1990: 178-179). 명당 풍수에서 생기감응은 혈연 원리와 지연 원리의 두 가지 대조적인 원리에 따라 작용하는데, 전자를 중시한 풍수가 음택풍수(陰宅風水)이고 후자를 중시한 풍수가 양택풍수(陽宅風水)이다. 음택풍수에서는 땅속의 생기가 혈연을 통해 직접적으로 작용한다면, 양택풍수에서는 혈연을 불문하고 일정한 터에 살고 있는 모든 사람에게 생기가 미친다는 지연적인 영향을 강조한다.

이와 같이 명당의 개념은 살아 있는 사람의 집뿐만 아니라 마을이나 도읍·궁궐에도 적용된다. 특히 조선시대 이래 강화된 유교적 효 이념이 죽은 조상에 대한 숭배의식과 결합한 음택풍수는 현대에 이르기까지 풍수의 대명사로 알려질 만큼 지배적인 풍수로 자리 잡게 되었다(최길성, 1989: 233). 산천의 모양 곧 지상(地相)을 인간의 신체와 동일시하고 특히 죽은 사람의 묘는 산천의 일부로서 산천과 인체의 정기가 집결된 곳으로 보는 음택풍수는, 땅속에 묻힌 유골이 직접 땅의 생기를 타기 쉬우며 죽은 사람 특히 부모 조상의 유골이 받은 땅의 생기는 혈연, 즉 동기(同氣)라는 이유로 후손에게 옮겨진다는 동기감응(同氣感應)과 친자감응(親子感應)의 논리를 따른 것이다.

'땅은 인간과 같은 의지와 감성을 가진 영적 존재로 인간에게 감응한다'고 보는 음택풍수 신앙은 조선시대에 이르러 지덕(地德)에 의해 후손이 발복하는 걸로 믿고 명당을 진지하게 추구하는 발복풍수(發福風水)로 발전했다. 이러한 명당 발복에 대한 풍수신앙은 '자손'을 풍요와 가문의 번성·복락의 상징으로 보는 유교적인 조손일치사상(祖孫一致思想)의 반영이라 할 수 있다(신월균, 1994: 223). 그러나 제사가 조상을 숭배하는 것이라면 풍수는 후손이 조상을 이용한다는 점에서 서로 모순되며, 또한 풍수는 땅의 정기를 잘만 탄다면 부모보다 후손이 크게 될 수 있다는 행운사상을 내포하고 있어서 효의 직접적 표현으로 보기 어렵다. 제사가 가문과 혈통의 계승에 목적을 두고 있다면, 풍수는 조상의 영향보다는 자연의 힘에 의존하여 오히려 신분의 보존과 재생산 그리고 신분의 변화를 꾀하는 부귀와 출세를 향한 민중의 꿈이 담겨져 있다.[5]

이러한 명당 발복 신앙은 인위적으로 산을 만들거나(造山) 연못을 만들어 평범한 땅을 명당화시키는 비보법(裨補法)이 성행하고 명당을 두고 쟁탈하는 싸움인 산송(山訟)이 빈번했던 조선시대 후기에 이르러 극단적인 양상을 보이기도 했다.[6] 명당은 흔치 않으며 그 숫자는 한정되어 있기 때문이다. 특히 신분이 낮은 계층에서는 사대부 가문의 명당을 훼손하여 그 가문의 복을 훔쳐 자신의 후손대에 발복을 기원하는 단맥 행위가 빈번했다고 한다(무라야마 지준, 1929[1990]).[7] 단맥의 한 방법으로 명당의 주인공과 후손의 발복을 막기 위해 명당에 서려 있는 생기를 해치는, 즉 '묘터에 뜸을 뜬다'고 하는 방법이 있다. 묘를 파헤쳐 유골을 난도질한 후 불을 질러 화기(火氣)를 들이붓는 이 방법은 식칼·쇠막대·폐유를 사용한 무속인 양씨의 묘지 훼손 사건에서도 그대로 활용되었다.

단맥을 위한 묘지 훼손은 널리 알려져 있지는 않지만 오래전부터 행해져온 무교적 관행이다. 예컨대 자손에게 가난과 질병, 사고사 같은 불행한 일이 생기고 그 문제의 원인이 '조상탈'·'산소탈'에 있다고 진단이 내려지는 경우 그 조상의 불안정한 혼을 안정시키고 조상의 유골이 묻혀 있는 묘소의 터신을 누르기 위해 조상의 묘에 칼을 꽂는 무교적 풍수 관행이 있었다. 이것을 '뱅이한다' 또는 '산치성'·'산바래기'라고 하여, 악한 기운의 영향을 방제하는 방법으로 무속인이 지금도 많이 활용하고 있다.[8] 물론 식칼과 쇠막대를 묘소에 박는 것은 묘소라는 신성한 공간을 모욕하는 행위이다. 감히 조상의 묘소를 모욕하는 행위는 효의 도덕적 관념과 상치되는 것이지만, 인위적으로 땅의 생기를 조절하여 후손의 발복을 기원하는 행위는 풍수의 주술적인 측면이다. 부정적인 힘을 긍정적인 힘으로 전환시키는 것이 바로 풍수의 주술적 효과라 할 수 있다.

묘지 훼손 사건에서 묘지 훼손 행위 자체는 음해주술(sorcery)의 성격을 갖는다. 음해주술은 질병과 불행의 원인이 된다고 추정되는 타자에게 상징적인 방법으로 보복하는 주술이다. 이 사건에서 식칼과 쇠막대를 묘지 깊숙이 박음으로써 무속인 양씨는 땅의 생기를 차단하고 이를 통해 가해자 충무공의 신령한 힘을 무력화시킬 수 있다고 생각했다. '꿈에 나타난 충무공'은 귀신, 즉 음기를 가진 영이다. 질병을 귀신이 인체에 침입한 것으로 인식하는 민속적 믿음체계('병이 들다')에서는 치병을 위해 다양한 양귀(禳鬼) 방법을 활용했는데, 부엌칼이나 화기(火器)로 귀신을 협박하여 쫓아내는 경압법과 뜸질이 대표적이다. 귀신에게 공포심을 불러일으켜 환자의 몸에서 떠나도록 유도하는 것이다.[9] 그 밖에도 인체의 그림을 그려놓고 그림 속의 환부를 칼로 찌른다든지 묘지에 칼을 꽂는 자상법(刺傷法)이 있다. 무속인 양씨의 묘지 훼손은 이러한 다양한 양귀 방법을 활용한 것이다. 양씨가 사용한 식칼과 쇠막대는 충무공의 유골과 혼령이 지닌 음기를 제압하려는 상해 도구였으며, 폐유는 화기를 불어넣는 기능을 한 것이다.[10]

묘지 훼손의 음해주술이 부정적인 효과를 가진다면, 동일한 행위는 부정적인 힘을 긍정적인 힘으로 전환시키는 발복풍수의 주술적 효과를 가진다. 발복풍수의 주술적 논리를 살펴보자. 묘지는 단순히 죽은 조상의 유골이 묻혀 있는 장소가 아니라 조상의 기가 모여 있는 생생한 공간이며 조상의 기가 자손에게 전달되는 매체 공간이다. 묘지의 생기(生氣)는 유골 그 자체에서 전달되는 것이 아니라 조상과 자손의 혈연적 관계에 대한 문화적 인식, 즉 친자감응의 논리에 대한 믿음에 의거하여 전달된다. 그러나 음택풍수의 논리에 따르면 양씨는 왕이나 충무공의 혈족이 아니기 때문에 그녀는 원칙적으로 충무공 묘지로부터의 발복이 불가능하다. 그래서 양씨는 명당의 생기를 자손이 아닌 제3자인 자신에게 전이하기 위해서 유골이 아닌 다른 대체물을 필요로 했다. 식칼과 쇠막대는 명당의 생기를 전달하는 매개체로 사용되었으며, 칼과 쇠막대에 칠한 폐유는 상징적으로 생기의 전달을 용이하게 하는 윤활유로 사용되었다 볼 수 있다.

여기서 음해주술을 위한 식칼·쇠막대·폐유가 동시에 후손 발복을 기원하는 발복풍수의 매개체로 사용되고 있다는 사실에 주목할 필요가 있다. 묘지 훼손 사건에서 충무공의 이미지 역시 상반된 두 가지 의미를 가진다. 즉, 병의 원인으로서 '꿈에 나타난 충무공'은 협박하여 내쫓아야 할 음기의 귀신인 반면 실제 '역사적 인물인 충무공'은 무속인 양씨에게 후손 발복의 가능성이 있는 양기의 신령이기도 하다. 묘지 훼손 행위는 충무공 귀신을 내쫓고 충무공 신령의 힘을 획득하기 위한, 즉 발복을 위한 주술 행위인 것이다.

여기서 묘지 훼손의 음해 행위가 가지는 이중적 의미 효과는 접촉주술과 모방주술의 연속적 실행에서 나온다. 프레이저(James Frazer)의 유감주술론(theory of sympathetic magic)에 따르면, 음해의 긍정적 효과는 접촉주술과 모방주술의 동시적 효과에서 결과한다(Frazer, 1890[1990]: 20). 접촉주술이 접촉한 사물에 어떤 행동을 함으로써 그 사물의 의미를 변화시키는 주술이라면, 모방주술은 유사한 사물은 유사한 효과를 가져온다는 유사성의 법칙에 따라 다른 사물에 영향력을 행사하는 주술이다. 주술은 인간에게 일어나는 경험적 사건을 통제하기 위한 시도이며 주술의 효과는 자연세계에 의미를 부여하는 데 있다고 보는 프레이저에 의하면, 두 주술 행위는 같은 과정의 두 단계이며 단일한 지각(perception)과정의 상이한 계기이다(Frazer, 1890[1990]: 11).

사물의 접촉은 지각 대상과 지각 행위자 사이의 감각적 연결을 실현한다. 접촉주술 행위를 통해 실제적인 세계와 상상의 세계 사이의 괴리는 없어진다. 충무공의 묘지 위에 직접 칼과 쇠막대를 꽂는 접촉 행위는 명당에 내재하는 신성한 힘에 대한 공식적 비밀, 즉 부와 권세의 주술적 신비를 일깨움으로써 그 비밀의 신비를 인위적으로 다룰 수 있는 물질적 실체로 변화시킨다. 무속인 양씨가 실제 충무공 묘지에 칼과 쇠막대 같은 구체적 사물을 접촉함으로써 그녀에게 질병을 야기한 가해자 '꿈 이미지 충무공'은 부와 권세를 가진 실제적인 인물로 변화되며 명당의 신비는 지각 가능한 실체로 변하는 것이다.

또한 양씨의 충무공 묘지 훼손 행위는 '꿈 이미지 충무공'의 가해 행위에 대응하는 반사적 행위로서 모방주술 논리를 따른다. 유사성의 법칙에 따라 적이 되는 대상의 형상을 만들어 그 형상에 바늘을 꽂으면 실제 대상에게 똑같은 고통이 전이된다는 믿음에 기초하는 모방주술의 효과는 원래의 것을 재현한 재현물이 재현하는 대상의 속성을 획득하는 데 있다. 사실 상해도구로 묘지를 모욕하는 행위는 엘리트 가문과 그 조상의 묘가 가지는 신성성에 대한 터부(taboo)를 위반하는 행위이다. 이러한 터부의 위반은 위반 행위자와 대상 사이의 관계의 맥락에서 파괴와 창조의 동시적인 변환을 결과한다. 즉, 위반 대상의 죽음과 소멸은 동시에 위반 행위자에게는 새로운 삶과 생성을 의미한다.

무속인 양씨에게 병을 주고 그녀의 가정에 불운을 가져왔던 '꿈에 나타난 충무공'의 억압적 힘의 신비에 대응하여 실재의 충무공 묘지 위에 칼을 꽂는 저주 행위는 명당이 가지고 있는 신비의 터부를 위반함으로써 억압적인 영향력을 상쇄하고 동시에 명당의 정기를 획득하는 것이다.[11] 이것이 모방주술의 효과이다. 달리 말하면 무속인 양씨의 묘지 훼손 행위는 충무공과 같은 사회적 지배집단이나 가문의 명당의 정기를 제압하는 동시에 그 정기를 훔쳐서 행위자 자신의 집안으로 장소를 이전시킴으로써 '꿈 이미지 충무공'의 부정적인 힘을 개인적인 질병과 가정의 불행을 치유하는 긍정적인 힘으로 전환시키는 것이다. 명당의 정기가 전이되는 과정에서 식칼·쇠막대·폐유는 질병과 불행의 행위자에서 부와 권세·행복의 전달자로서 의미가 전환된다.

또한 명당의 생기가 전이되는 과정은 묘지 훼손 행위의 주술적 에로티시즘으로 설명될 수 있다. 식칼·쇠막대·폐유 같은 상해도구를 묘지에 꽂는 접촉 행위는 성행위를 연상시킨다. 풍수사상의 음양조화론에 의하면 명당은 음양이 부합되는 곳으로 기(氣)가 모이고 정(精)이 쌓이는 곳이다(최창조, 1990: 34). 특수한 자리에 집을 짓거나 매장을 하면 인간에게 부와 성공, 많은 자손이 보장된다고 믿는 명당 풍수신앙은 생산과 보육을 관장하는 지모신에 대한 신앙이 철학화한 것이다. 그래서 기본적으로 풍수는 땅의 지기 곧 음기를 조절하는 기술이다. 풍수에서 땅은 여성이며 땅의 생기는 여성의 성적 에너지와 생식능력의 직접적인 표현이라 할 수 있다.

풍수의 음양조화론에 비추어보면 묘지 훼손에 사용된 세 가지 도구들의 성적 상징성과 그 도구를 사용하는 행위 자체의 에로틱 상징 효과는 보다 분명해진다. 이 도구들은 명당의 정기(精氣)를 상징하는 실체이며 또한 전달 매개체로서 이중적 작용을 한다. 먼저, 식칼·쇠막대·폐유는 강력한 상해무기로서 충무공 묘지의 기를 제압하는 데 사용되지만, 동시에 그 자체 모양이나 속성이 갖고 있는 남성의 팔루스(Phallus)적 상징으로서 여성을 상징하는 땅 곧 묘지와의 성적 접촉을 통해 명당이 갖고 있는 생기의 전이가 가능하게 되는 것이다. 땅의 생기는 끊임없이 흐르는 생명의 신비를 지니며 음양의 결합을 통해 생명을 보존·증식하는 성향을 가지기 때문에 세 가지 주술적 도구의 팔루스적 상징은 땅과의 직접적인 접촉을 통해 명당의 생명력을 전이하는 매개체가 될 수 있는 것이다. 여기서 세 가지 도구는 성적 욕망의 환영(phantom)이 아니라 재현물이다.

이와 같이 묘지 훼손 사건에서 실행된 접촉주술과 모방주술은 팔루스적 상징으로서 발복의 욕망을 작동시키는 '에로틱 풍수'의 단면을 보여준다. 무속인 양씨는 명당의 정기를 식칼·쇠막대·폐유 같은 사물과 땅의 신체적인 접촉을 통해 물질화시킴으로써 명당의 신비를 공공연하게 표면화한다. 구시대의 봉건적 질서를 대표하는 왕릉과 성인의 묘소가 은닉하고 있던 부와 권력의 신비는 그 베일을 벗고 무속인 양씨의 개인적인 욕망의 재현물로 전환된다.

묘지 훼손 사건이 모방한 일제 단맥 행위는 이러한 에로틱 풍수가 함축하는 주술적 에로티시즘의 원형이라 할 수 있다. 일제 단맥 행위에서 사용된 쇠말뚝이 가지는 팔루스적 상징성과 단맥 행위의 에로틱 주술의 논리는 묘지 훼손 사건에서와 마찬가지로 구총독부 건물 폭파 해체 사건에서 그대로 작동된다. 에로틱 풍수의 주술적 관행은 과거 왕조의 역사와 식민주의 역사에 대한 가학-피학성(sado-masochism)의 성도착 정치학의 체계로 포괄될 수 있는데, 두 사건에서는 서로 상반되는 전략이 작동하고 있다. 묘지 훼손 사건의 에로틱 주술이 명당의 정기, 즉 자연의 힘을 현실적인 권력과 행복을 추구하기 위해 가학적인 방법으로 성별화한 것이라면, 구총독부 건물 폭파 해체 사건은 구총독부 건물이 재현하고 있는 일제 식민주의와 민족주의 역사의 정기를 피학적으로 성별화한 것이라고 볼 수 있다. 이제 에로틱 풍수의 원형으로서 일제 단맥 행위의 주술적 논리에 대해 주목할 필요가 있다.

3. 일제 단맥설과 역사의 정기

일제 단맥설은 일제강점기 조선총독부가 한민족의 저항이 두려워 민족적 지도자와 인재가 나올 만한 명당의 기맥을 자르기 위해 계획적으로 명당에 쇠말뚝을 박았고, 또한 한민족의 민족정기를 압살하기 위해 서울의 주산인 북한산을 비롯한 명산의 산정에 쇠말뚝을 박았다는 일제 식민주의 관행에 대한 일종의 설화이다.

'일제 단맥설'은 1984년 북한산 백운대에서 풍수사를 포함한 산악인들에 의해 25개의 직경 45센티미터의 쇠말뚝이 발견된 이후 매스컴을 타고 역사적 사실로 인식되어왔다.[12] 1984년 백운대 쇠말뚝 발견 사건 이후 일부 극단적 민족주의자 풍수사를 중심으로 1988년 결성된 '우리를 생각하는 모임'의 활동은 풍수에 대한 일반 사람의 관심을 불러일으키면서 일제 단맥설은 반일감정과 더불어 국수주의적 민족감정을 고조시켰다.[13] 1995

년 김영삼 정부 당시의 구총독부 건물의 폭파 해체 사건은 '역사 바로 세우기'와 '민족정기 바로잡기'라는 일련의 정치적 전시 행정을 위한 상징적 사건으로서, 1984년 일제 쇠말뚝 발견자들이 유포한 일제 단맥설이 역사적 사실로 고착되어 나타나는 현상으로 볼 수 있다.

일제 단맥설이 역사적 사실로 널리 인식되고 있으나 그 진위는 아직 밝혀지지 않고 있다. 설사 일부 등산가들이 산정에서 뽑은 쇠말뚝을 증거물로 제시하고 있다 해도 그 용도가 계획적으로 민족정기 말살을 위한 것이었는지 아직 심증만 있을 뿐 그 사실을 확실하게 입증할 문헌자료가 나오지 않고 있다. '총독부의 계획적 단맥 행위'에 대한 심증은 주로 몇몇 사람의 구술증언에 의지하고 있다.[14] 일제 단맥설에 대해서 건축가나 지리학자 등 전문가들은 철주를 일제의 토지조사사업 측량을 위한 것이나 육군성의 지도 작성을 위한 것으로 보고 있다.[15] 일본인 학자 노자키 미츠히코(野崎充彦)은 일제 식민 지배에서 단맥은 실제로 큰 영향력이 없었을 것이라고 지적하면서 일제 단맥설을 둘러싼 이러한 논쟁에 대해 반일감정이 표출된 집단환상이라고 평하고 있다.

이와 같이 신빙성 있는 역사적 문헌으로 증명되지 않은 일제 단맥설은 일제 식민 지배에 대한 피해 경험을 기억하는 '허구적' 각본이라고 할 수 있다. 일제 단맥설의 허구성은 일제강점기 이전 조선 중기까지 소급하여 나타나는 '외래인에 의한 민족정기의 단맥'에 대한 풍수 설화에서 여실하게 나타난다. 외래인의 단맥 설화에서는 우리나라의 민족정체성에 대한 자의식이 민족 영토에 대한 외래인의 파괴와 내국인의 복수라는 서사적 투쟁 방식으로 형성되는 과정이 잘 나타난다. '외래인에 의한 민족정기의 단맥'에 대한 설화는, 일제 식민주의에 대한 기억이 역사적으로 축적된 것이며 반식민 저항의식과 피학적 민족적 자의식을 내포한 집단기억의 성격을 가진다는 것을 입증한다.

단맥 설화는 풍수의 생기감응 논리를 정치적 목표에 활용한 전형적인 사례이다. 풍수에서는 산을 인체와 유사한 독립된 생명체로 간주하며 산의 위치나 모양으로 인간의 운명을 예측한다. 산에는 맥(脈)이 있고 혈(穴)이 있는데, 산의 맥은 인체의 맥락과 같은 것으로 기와 혈이 맥을 좇아 진행하듯이 용의 생기가 흐르는 곳이며, 혈은 맥을 통해 흐르는 정기가 집결된 장소로서 생기가 직접 활동하는 극히 제한된 핵심적 지점이다. 혈은 생기가 응집하여 있는 곳으로 풍수의 요체인데, 혈의 모양에 따라 음택과 양택 두 가지로 나뉘며 명당은 바로 이런 곳이다. 명당의 파손은 혈을 끊어 생기를 흩어지게 하거나 정기가 흐르지 못하도록 중간에 맥을 끊는 것인데, 이것이 단맥이다. 단맥의 목표는 명산 명당의 혈맥을 잘라 그 임자가 더 이상 번창하지 못하게 하는 데 있다.

단맥 설화에는 개인과 가문, 특정 지방, 그리고 국가와 같은 단맥 대상에 따라 세 가지 유형이 있다(신월균, 1994, 171-177). 첫 번째 유형은 한 개인이나 가문에 권력이 집중되어 있는 경우 나라와 왕실이 직접 개입하여 단맥하는 경우이다. 조선시대에는 인재 양성을 하되 어느 한계 이상으로 키우지는 않았는데, 왕실과 지배계층이 스스로 보호하기 위해 저지르는 행위였다. 이 경우 개인과 가문의 번영은 명당 덕분이라는 속신(俗信)을 역으로 반영한다. 두 번째 유형은 조선시대 중앙 정부와 지방 세력의 갈등을 반영하고 있는데, 강원도의 강릉이나 경상도의 안동 지역의 명산에 쇠말뚝을 박음으로써 지방 세력을 견제하는 데 목적을 둔 것이다.

단맥 설화의 세 번째 유형은 일제 단맥설과 직접적으로 관련 있는 것으로 외세와 외래인의 우월한 세력에 대한 경계심리를 표현한 것이다. 호종단 같은 중국 사신이나 중국 장수와 일본인 등 외래인에 의한 단맥 설화는 특히 임진왜란과 병자호란 전후 각지에서 생겨났으며, 『임진록』이나 18세기에 씌어진 『택리지』와 결합되어 오늘날까지 구전 설화로 전승되어왔다.[16] 대표적인 외래인에 의한 단맥 설화는 『임진록』에 '토혈(討穴)'(혈에 침을 찌름)로 기록된 임진왜란 당시 원군으로 온 명나라 장수 이여송의 단맥에 관한 것이다(장덕순, 1995: 228). 이여송이 조선의 지리가 절묘함을 시기해서 중요한 산천을 모조리 끊고 뭉개고 파내고 하여 불을 놓아 뜸질을 했는데 이때 태백산 신동이 나타나서 이여송에게 복수했다 한다. 여기서 '절묘한 자리'는 모두 훌륭한 인물을 배출한다는 명산과 명당을 이르는데, 왜군에게 짓밟힌 국토를 명군의 구원으로 망국의 위기는 면했으나 독자적인 방어와 공세를 취하지 못한 비굴을 자위해보려는 의도에서 나온 설화라고 볼 수 있다. 그 외에도 임진왜란 당시의 일본인, 병자호란 당시의 청군 장수의 단맥 행위에 대한 설화는 일제강점기의 단맥설과 일맥상통하는 측면이 있다.

외래인에 의한 단맥설은 모두 한국이 외세 침입을 받은 전란의 경험과 장기간의 식민주의 경험의 산물이다. 단맥 설화에 의하면 외래인은 한결같이 우리나라가 뛰어난 인재가 나올 풍수를 가지고 있어서 미리 단맥하는 것으로 나타난다. 이러한 설화 창조의 배경에는 우리나라가 바로 그런 선택된 땅이라는 민족적 자긍심과 함께 단맥으로 인해 인재가 많이 나오지 못하고 외적의 시련을 받았다는 역사적 피해의식과 외세에 대한 강한 적대감이 자리 잡고 있다.

'외세와 외래인에 의한 민족정기의 단맥 설화'는 역사적 사실 여부와는 상관없이 민족과 역사에 정기(精氣)가 있다고 믿는 풍수신앙을 그대로 반영하고 있다. 역사의 정기에 대한 풍수신앙은 한마디로 '역사의 주술화'라고 볼 수 있다. 역사의 주술화는 역사를 사실적인 사건으로 이해하는 것이 아니라 역사에 영적인 생명력을 부여하여 신앙인의 주관적인 필요에 따라 활용될 수 있는 사물로 변화시키는 것을 말한다(Taussig, 1993: 250-251).[17] 달리 말하면, 역사의 주술화는 산천이나 땅 같은 자연적 상징을 사회체계와 유사하게 인식하는 비유적 사고의 한 단면이다. 자연을 인간의 몸으로 인식하고 더 나아가 인간의 운명과 사회적 통제의 도덕적 규범을 자연적 상징을 통해 재현하는 풍수적 관행은 탐바야(Stanley J. Tambiah)의 이른바 비유적 사고 또는 주술적 사고의 한 유형이며, 그중에서도 모방주술이다. 탐바야에 의하면 주술적 행위를 통해 형상이 대상물과 일체화되는 것은 동시성(synchronicity) 또는 감응(correspondence)이며 그 주술적 효과는 현실에서 일어나고 있는 경험적 사건에 대한 은유적 통제의 효과이다(Tambiah, 1985).

여기서 역사의 주술화는 상호 반사적인 두 가지 행위로 실천되는데 그 과정은 동시적으로 일어난다. 관념으로서의 '역사'를 땅과 같은 자연적인 형상으로 변화시킴으로써 '역사의 의미'를 실현하는 역사의 '자연화'와, 자연적 상태의 땅을 '역사적으로 의미 있는' 형상으로 '역사화'하는 과정은 쌍방향적으로 일어난다. 일제 단맥설을 모방한 무속인의 묘지 훼손 사건은 '개인의 치병과 발복'을 위해 식민주의 기억을 이용하는 역사의 자연화 현상으로 볼 수 있다.

묘지 훼손 사건은 왕과 성현의 명당을 민족적 역사의 권력이 내재하는 구체적인 공간으로 인식하여 식칼·쇠막대·폐유 같은 물질적 실체를 그 공간에 접촉함으로써 역사의 정기를 실재화하는 주술이다. 프레이저의 모방주술론을 적용시켜 다시 설명하면, 무당의 성인 묘소 훼손 행위는 식민주의 역사를 모방하는 행위를 통해 식민주의 역사가 내포하는 권력의 힘을 '자연화'하는 것이다. 다른 한편 일제 단맥의 모방 행위를 통해 치병과 기복의 목적을 달성시킬 수 있다는 풍수신앙은 일제 단맥이 기도했던 민족정기 말살의 위력에 대한 믿음의 반영이며, 그것은 자연(땅)의 힘을 '역사화' 하는 것이라 볼 수 있다.

이와 같이 '자연을 역사화'하고 '역사를 자연화'하는 모방주술의 힘은 또한 무속인 양씨의 영매로서의 자질과 능력이 한국 역사와 종교문화의 장에서 점유하고 있는 위치에서 발생한다. 충무공 묘지를 훼손한 양씨는 20대에 신내림을 받았으며 밤마다 알 수 없는 신령들이 나타나 목을 조르고 괴롭혔다고 한다. 그 신령들이 사실은 왕과 장군들의 신령임을 알게 되었고, 이 '혼령들의 정기를 끊으려고' 왕릉과 장군릉 등에 칼과 쇠말뚝을 꽂는 저주를 했다고 진술했다. 또한 이러한 행위 동기를 '가족들이 잘되기 위한 일'로 해명하고 있다. 미디어에 나타나는 무속인 양씨의 진술에서 볼 수 있는 것은 왕이나 장군의 신령 등 영적인 존재들과의 친밀한 정서적 관계에 대한 무당의 확신이다. 그러나 그러한 확신은 신령의 신비한 힘 곧 영험에 대한 확신이다.

무당에게 몸주신령의 존재는 권력 없는 자의 빈 몸에 신령한 힘을 채워주는 순수한 타자이다. 무당이 굿이나 점복의 의뢰인의 문제에 대해 해명을 주고 복을 기원할 때 산신이나 칠성신 같은 우주와 자연신이 아니라 최영 장군이나 선덕여왕 같은 역사적으로 실제 권력을 행사했던 인물이 모든 영험의 원천이 된다. 그러나 이러한 영험은 반드시 신병의 고통을 통해서 획득된다. 무당 양씨의 역사에 대한 인식은 몸의 경험 특히 몸의 고통을 매개로 이루어지는데, 달리 말하면 역사를 자연화하는 체현의 과정을 통해서 이루어진다.

다른 사람의 고통에 대한 인식도 무당 자신의 이런 경험을 매개로 이루어진다. 자신의 몸의 병과 고통을 통해 직접적으로 신령과 인간 사이의 접촉과 소통을 매개하는 영매로서 무당이 갖추고 있는 이러한 내면적 능력은 가시적 세계와 비가시적 세계의 경계를 넘나들며 두 세계의 쌍방향적 균형을 추구하는 데 활용된다(Myerhoff, 1976: 99-108). 무당의 영적 능력은 과거와 현재, 조상과 자손, 식민시대와 탈식민시대, 묘소와 가정의 시공간적 경계를 매개하며, 더 나아가 식민주의와 민족주의의 인식론적 경계를

매개하는 능력으로 확장된다.[18]

4. 식민적 근대성의 기념비: 식민지 '말뚝'에서 '민족' 팔루스로

1995년 구총독부 건물의 폭파와 해체는 단순히 식민지 과거의 굴욕적 흔적을 없애버리는 것뿐만 아니라, 일본 식민 정부가 풍수지리상 매우 중요한 자리에 총독부 건물을 건설함으로써 억압했던 민족정기를 복구한다는 명분으로 수행된 탈식민적 스펙터클이었다. 한 신문은 일제가 명산의 산정에 박았던 쇠말뚝을 거론하며 구총독부의 철거는 민족정기를 가로막았던 가장 큰 '식민지 말뚝'을 뽑아내는 것에 견주기도 했다. 풍수학자 최창조가 주장하듯이 한국의 국토를 명당으로 본다면, 구총독부 건물은 그런 명당에 박은 식민지 말뚝으로 인식된 것이다.

이 사건은 일제 단맥설을 모방한 또 다른 역사의 주술화 사건이다. 일제 식민 지배의 총본산인 '식민지 말뚝'은 식민주의에 대한 기억을 불러일으키는 주술적 재현물이기 때문에 그것을 폭파 해체하는 것은 곧 식민주의의 힘을 폭파 해체하는 것이며 동시에 그 힘의 강도만큼의 민족정기를 복구하기 위한 일종의 모방주술 행위이다. 역설적으로 구총독부건물에 부여되는 식민지 말뚝으로서의 의미는 식민 지배의 경험적 사실에 있다기보다 폭파 해체 행위 자체의 강도와 민족주의적 의지에 따라 형성되는 것이다. 여기서 식민지배의 '피학적 기억'은 구총독부 건물의 파괴와 함께 민족주의의 '가학적 쾌락'으로 전환된다.

구총독부 건물 폭파 해체 사건은 일제 단맥설의 억압적 기억에 대항하여 민족주체성을 창조하려는 욕망의 작동이라 할 수 있다. 달리 말하면 이 사건은 일제 식민주의에 대한 한국인의 피학적 집단기억이 조선 중기 이후 한국 역사의 두 축을 구성하고 있는 식민주의 기억과 민족주의의 상호 반사적인 서사적 투쟁과정에서 표출된 것임을 입증하는 것이다. 일제 식민주의 기억이 왜 그와 같이 피학적인 성적 함축을 가진 각본에 따라 재현되는지 탈식민시대의 역사적 맥락에서 떠돌고 있는 일제 식민주의 망령에 대해서, 그리고 그러한 망령의 존재에 대한 확신에 근거하여 끊임없이 새로운 양태의 국수적 민족주의가 재등장하고 성행하는 문화적 현상에 대해서 해석해볼 필요가 있다.

니체(Friedrich Nietzsche)는 『역사의 이용과 오용』에서 체제 수호적이냐 반체제적이냐 하는 역사 기술 행위 자체의 정치적 역할에 따라서 역사의 유형은 기념비적 역사(monumental history)와 비판적 역사(critical history)로 나뉜다고 보았다(Nietzsche, 1980: 17). 한국의 근현대사는 일제 식민주의와 민족주의 사이의 경합과 착종의 역학 관계로 구성된 기념비적 역사로 볼 수 있다. 그리고 그 역사의 기념비는 '민족'이라는 신성한 가면을 쓴 팔루스적 상징으로서, 또한 국가 정책의 수립이나 민족적 집단정체성의 정립뿐만 아니라 풍수와 민간 신앙의 상상계에서 모든 권력의 근원지로서 작동해 왔다.[19]

1948년 건국 이래 1995년 구총독부 건물의 폭파 해체에 이르기까지 지속적으로 때로는 돌발적으로 행해진 일련의 반식민주의 정치적 행사는 모두 '민족'이라는 신성한 팔루스의 거세 위협에 대한 환상의 스펙터클이다. 구총독부 건물의 폭파 해체에 대해 일부 언론에서는 이 사건을 단지 식민주의의 기념비를 흔적 없이 없애버리는 물리적인 행위라기보다는 문민정부의 정통성 확립을 위한 상징 조작으로 비판했다. 그러나 이러한 상징 조작은 문민정부의 '역사 바로 세우기'라는 정치적 명분뿐만 아니라 '민족 정기'를 식민주의 기억에서 해방시킨다는 문화적 명분을 가지고 일반 대중에게 깊은 영향력을 미쳤다.[20] 1984년 백운대 쇠말뚝 발견 사건에서 발단하여 1995년 구총독부 건물 폭파 해체 사건에서 완성된 '민족정기의 신성성'에 대한 문화적 각본은 일반 민중의 몸과 마음에 각인되어 1999년 무속인 묘지 훼손 사건으로 표출된 것이라 볼 수 있다.

그런데 여기서 주목해야 하는 것은, 민족 영웅과 조상의 묘에 식칼과 쇠말뚝을 박아 그들의 정기를 빼어와 자신의 치병과 가정 화목을 도모하려 했던 한 무당의 묘소 훼손 사건과, 민족정기의 재정립과 재활성화를 위해 구총독부 건물을 폭파하고 해체한 사건은 모두 폭력의 주술을 활용하고 있다는 사실이다. 두 사건의 맥락에서 폭력은 가정의 질서와 민족사회의 질서를 바로잡고 재창조하는 필연적인 계기로서 정당화되고 있다. 구총독부 철거의 명분으로 제시된 경복궁 복원과 국립박물관 재건축의 청사진은 그 파괴의 주술적 기대감에 의해 신령화된 사물들을 재조립하여 '민족 팔루스'를 재정립하는 것이었다. 민족정기를 성화(sanctification)하기 위해서 또 다른 역사의 희생제물을 필요로 한 것이었다.

지라르(René Girard)의 '근원적인 폭력(generative violence)' 개념은 이러한 폭력의 정당화를 이해하는 데 유용하다. 지라르는 폭력을 인간사회의 가장 본질적이며 근본적인 기초, 문화 질서의 창립자(founder)로 본다. 즉, 어떤 사회도 폭력의 근본성에 대한 종교적 믿음을 가지고 있어서 사회질서의 구축에 폭력 행위가 필연적으로 개입하며, 그러한 질서는 희생양 메커니즘에 의해 구축되는 '희생적 질서'라고 정의했다(Girard, 1977: 142-143). 희생양 메커니즘에서는 파괴와 창조의 작용이 동시적으로 일어난다. 파괴의 작용은 성스러움의 아우라를 입고 창조의 작용으로 인식되기 때문에 희생적 질서에 대한 믿음을 가진 사회성원에게 폭력은 공포를 넘어서서 성취하는 평화와 비폭력의 상태를 마치 무상의 선물인 것처럼 보이게 한다(Girard, 1977: 390-391).

구총독부 건물의 폭파 해체는 그 파괴의 위력으로 정기가 가득 채워진

'민족' 팔루스를 신성화하는 민족적 승리의 스펙터클이었으며, 해방 후 근대적 민족사회를 건설하기 위한 '근원적 폭력'이었다. 근대화의 희생적 질서는, 1970년대 말까지 중앙청으로 사용되었고 정부 청사의 이전 이후에는 국립박물관으로 사용됨으로써 해방 이후 역사의 장에서 이미 자연화된 구총독부 건물을 희생양으로 필요로 했던 것이다.

그러면 민족 팔루스는 근대화의 희생적 질서가 낳은 무상의 선물인가? 구총독부 건물 폭파 해체의 공식적인 명분은 일제 식민주의 권력의 상징물을 없애버리고 경복궁의 시계(視界)를 확보하기 위함이었다. 과연 구총독부 건물을 폭파시킴으로써 일제 식민주의 기억이 지워지고 새로운 건국이 이루어지는가? 이런 의문은 오히려 그 사건 이후 더 증폭되었을 따름이다. 이 사건은 일제로부터 해방된 이후 아직도 완전한 민족국가를 이루지 못한 한국의 미완의 근대성을 보완하기 위한 것이라고 볼 수도 있지만, 구총독부 건물 폭파 사건 자체가 불러일으키는 식민주의 기억의 주술적 환영은 다시금 근대성의 과업에 대한 불안감을 증폭시킬 뿐이다. 오히려 근대성의 과업에 대한 불온한 의혹이 무의식 구조에 더욱 깊이 뿌리내리게 되는 결과를 가져왔다. 식민주의 기억은 구총독부 건물의 부재(不在)로 인해 끊임없이 상상계에 되살아나고 그 이미지의 크기는 역사적 실재보다 더 과장되게 허구화될 수 있는 것이다.

바타이유(Georges Bataille)에 의하면 폭력은 에로티시즘의 근본이다(1986: 74). 분단 상태의 반쪽 민족국가에서 민족 팔루스는 그 신성한 아우라 때문에 사실 금기의 대상이다. 민족적 존재의 연속성을 기원하는 유토피언적인 꿈은 민족 팔루스에 대한 지나친 선망을 야기했으며, 이러한 민족주의적인 욕망은 희생제물의 파괴와 민족정기의 신성화를 정당화한 것이다. 구총독부 건물은 식민 지배로 인한 민족적 존재의 불연속성을 상징하는 실체였다. 구총독부 건물 폭파 해체 사건은 이러한 불연속적인 민족적 존재의 상징물을 파괴함으로써 존재의 연속성을 실현하려 한 것이다.

그러나 식민지 말뚝을 뽑아버림으로써 새로이 생겨난 것은 '역사의 공백'이다. 물론 공식적으로 그 빈 공간은 복원될 경복궁이 채울 수 있겠지만 복원된 경복궁, 즉 왕조의 기억을 되살리는 건축물을 근대적 의미로서의 민족 팔루스라고 보기는 어렵다. 구총독부 건물의 폭파 해체를 통해 바로 세우려고 했던 민족 팔루스는 민족적 존재의 연속성에의 도취와 환영에 지나지 않았다. 이 사건은 민족정기를 바로잡기는커녕 오히려 민족정기의 상실이라는 역사적 사실을 공공연하게 드러내고 근대적 민족국가의 취약성을 드러낼 뿐이었다. 결국 한국인의 상상계에서 복원되는 것은 근대적 민족국가의 그로테스크 바디(grotesque body)일 뿐이다. 역사의 파괴와 창조의 국면이 뒤엉켜 한 몸에 새겨진 변종 하이브리드 국가와 민족의 기괴한 몸이 생겨나는 것이다.

그러나 새로이 탄생한 민족의 몸이 식민주의의 몸을 완전히 대체할 수 있었는가? 이것은 정치적 예언에 지나지 않는다. 또 다른 역사의 주술이다. 다른 무엇으로 변모될 수 있다는 정치적 예언은 마치 조선시대 말『정감록』의 비사가 민중에게 끊임없이 희망을 갖게 했던 허구적 유토피아처럼 그야말로 허구인 채로 남는다. 구총독부 건물 폭파 해체 사건은 오히려 식민주의와 민족주의 사이의 균열을 드러낼 뿐이었다. 금기 대상에 대한 성적 욕망의 표상을 이용한 민족의 몸의 생성되는 과정이 돌출된 것에 지나지 않는다. 식민지 말뚝이 뽑힌 후에 세워진 민족 팔루스는 바로 이러한 파괴 행위를 통해 새로운 근대적 질서를 생성할 수 있다는 환상이며 유토피아적 민족주의의 재현물이다.

이러한 환상적 민족주의의 허약한 토대는 식민시대의 모든 말뚝이 민족정기 말살을 위한 단맥 말뚝이 아니었다는 간단한 사실에서도 쉽게 허물어질 수 있다. 1997년 5월 7일《중앙일보》의 기사「옛 조선총독부건물지하 말뚝 9천여 개 안 뽑는다」는 '뽑느냐 마느냐'를 놓고 생긴 논란을 소개하고 있다. 기사는 구총독부건물 부지의 땅속에 박혀 있는 나무말뚝 9천여 개를 그대로 둔 채 경복궁이 복원될 전망이라고 밝히면서, 민족정기 바로잡기 차원에서 말뚝을 제거할 것을 요구해온 시민단체들의 반발을 우려하고 있다. 이 말뚝들은 일제가 1916년 조선총독부 건물 착공에 앞서 '지반을 다진다'는 이유로 건물부지 지하 4.2미터 깊이에 가로·세로 각각 60센티미터 간격으로 박아놓은 것으로 9,399개에 달한다.

문화재관리국은 당초 총독부 건물을 철거하면서 이들 말뚝도 모두 제거한다는 방침에 따라 1996년 12월 말 건물 철거를 마친 뒤 1월부터 말뚝 제거를 위한 기초조사에 들어갔다. 그러나 문화재관리국 관계자들은 협의 끝에 민족정기 말살 차원이 아닌 지반 다지기용인 이 말뚝들을 공연히 뽑을 필요가 없다는 결론을 내렸다. 말뚝을 제거하지 않은 이유로 일제가 민족정기 말살 차원에서 곳곳에 박은 쇠말뚝과는 박은 위치와 재질면에서 다르고 10억 원의 추가부담이 생기는 점을 들고 있다. 이 사례에서 볼 수 있듯이 역사적 실재인 나무말뚝을 상상의 식민지 말뚝과 구별하지 못하게 된 탈식민시대의 유토피언 민족주의는 그야말로 환영적 실재에 지나지 않는다.

과거 식민지시대의 상징물인 구총독부의 파괴를 통해 완성하려 했던 한국의 근대화 프로젝트는 민족 팔루스의 환영적 실재에 의존하는 한 미완으로 남아 있을 것이다. 더욱이 일제의 식민 질서를 극복한 것으로 믿었던 민족사회의 질서는 구총독부 건물을 해체한 같은 해인 1995년, 거의 동시에 일어난 삼풍백화점과 성수대교의 붕괴 그리고 IMF 구제금융 위기로 다시 한 번 그 취약성이 노출되었다. 민족적 자긍심에 부풀고 포스트모던 시대의 지구촌 시민으로서의 자격조건에 갖췄다고 굳게 믿었던 한국 사회는 한국의 근대성에 대한 깊은 회의에 빠져들 수밖에 없다. 한국의 근대성이 기념비로 세운 민족 팔루스는 적어도 상상계에서는 아직 완전한 남성이 되기에는 허약한 것이었다. 이러한 현상에 대해 최정무는 '식민적 근대성' 문제라고 지적하고 있다. 즉, 한국인의 근대화는 '근대성 없는 근대화', 달리 말하면 근대적 주체성이 결여된 황홀경 같은 그림자 근대화라는 것이다. 그는 식민적 근대성의 작동을 상품 물신주의에 비유하고 있다.

> 상품은 생산관계를 감추면서 욕망을 생산하는 마술적인 후광 또는 황홀경을 구사한다. 지식 생산이든 식민 행정이든 간에 근대성의 시각적이고 물리적인 구체화가 일종의 마술을 걸어 표상되는 권력에 대한 욕망을 생산했다. 이러한 관계에서는 한국인들은 근대성의 창조자·참여자가 아니라 관객이라는 한정된 위치로 밀려난다. 포스트모던 세계의 관객으로서 주체성이 발전한다면 식민화된 한국인의 근대화는 근대성 없는 근대화였다 할 수 있다. 남한의 근대화는 물신화된 시각적·물질적 근대성을 모방하는 데 집중했으나 이는 이를 밑받침하는 하부 구조까지 포함한 것은 아니었다. 이러한 과정에서 현대 한국은 식민지 과거를 극복했다기보다는 일본의 복사물이 되어왔다(Choi, 1997).

최정무(Chungmoo Choi)가 지적하는 한국의 식민적 근대성의 허약한 구조는 일제 단맥설의 허구적 각본과 그 환영적 실재의 산물이었다. 그러나 일제 단맥설의 진위와 상관없이 구총독부 건물 폭파 해체 사건을 일제 식민 정부가 취한 풍수정책의 주술적 에로티시즘과 연관해 보면, 한국의 허약한 식민적 근대성의 구조는 일제 식민주의에 대한 피학적 기억에 기인함을 알 수 있다.

이제 한국을 여성의 몸으로 인식했던 대표적인 식민주의 학자 무라야마 지준(村山智順)의 한국 풍수관을 살펴보고, 계속해서 최정무 연구의 일부 내용을 요약 소개하면서 한국의 허약한 식민적 근대성이 일제 풍수정책의 유산이었음을 논하고자 한다.

5. 식민주의 주술과 에로틱 풍수

구총독부 건물은 독일인이 설계한 화강암 모놀리스 건축물이며, 비스마르크 및 제3제국 시기의 건축물과 유사한 남성적인 건축 스타일로, 인도 식민 정부 건물이나 대만 총독부 건물과 마찬가지로 식민 지배자의 권력과 권위를 상징하기에 부족함이 없는 웅장한 건물이다. 1993년 8월 11일 김영삼 정부가 구총독부 건물을 철거한다고 발표하자 이를 둘러싸고 격론이 벌어졌다. 식민지 굴종의 상징인 건물을 영구제거하자는 제거론자나 굴욕의 역사를 후세에게 상기시키기 위해 건물을 이전·보존해야 한다고 주장했던 이전론자 모두 현재의 위치에서 건물을 제거해야 한다는 점에서는 의견이 일치했다.[21] 구총독부 건물 철거 논쟁은 식민 지배의 총본산으로서 또한 '식민지 말뚝'으로서 이 건물이 지닌 위압적인 힘에 대한 한국인의 믿음에서 비롯된 것이다.

일제에 의한 단맥 말뚝 가운데 가장 큰 '식민지 말뚝'으로서 구총독부가 가지는 풍수적 상징성은 1931년에 나온 『조선의 풍수』의 저자 무라야마 지준의 한국 풍수관에 잘 나타난다. 식민지 경찰총수였던 무라야마 지준은 이 책에서 풍수를 한국 문화의 근본적 현상으로, 묘지풍수를 한국 문화의 핵심적 신앙으로 간주했다.[22] 무라야마 지준은 한국인이 여성의 성기 모양을 띤 자연환경을 풍수지리상 길한 위치로 믿는다고 보았다. 이러한 한국인의 풍수관에 의거하여 그는 묘지를 음양 조화의 기가 축적된 곳으로서 성적인 재생(sexual reproduction) 관념을 구체화한 공간으로 해석했다. 묘지가 묘혈의 모양뿐만 아니라 관이 들어가는 입구나 통로 같은 묘지의 내부 구조도 여성의 성기 특히 '어머니의 성기'를 명백히 표상하고 있다고 본 무라야마 지준의 해석은 한국인의 풍수관을 식민주의자의 관점에서 재해석한 것이라 볼 수 있다.[23]

일본에서 풍수지리학은 한국이나 중국만큼 압도적이지는 않았지만 일제 총독부는 한국 문화에서 풍수지리가 차지하는 중요성을 잘 알고 있었고, 식민 지배 기간 내내 이러한 토속문화의 코드를 충분히 활용했다. 무라야마 지준의 한국 풍수지리론을 따르면, 1926년에 지어진 총독부 건물은 한국의 주권, 더 나아가 한민족의 몸을 대표하는 경복궁, 즉 자궁 입구에 세워졌다고 할 수 있다.[24] 무라야마 지준의 견해대로 해석한다면, 식민 정부는 민족의 질 입구에 정복의 낙인을 새김으로써 한민족을 강간한 것이다. 이러한 상징적 강간은 모방주술의 테크닉을 구사한다. 쇠말뚝을 박아 한국의 풍광을 고정시킴으로써 민족의 몸 전체를 부동화시키는 이러한 주술을 통해 한민족의 몸은 식민주의 폭력을 용인하는 '여성적인' 몸으로 성별화된다. 또한 총독부 건물이 화강암으로 건축된 것은 민족의 몸 전체를 석녀화시키겠다는 의미를 함축한다. 질 입구를 석조 건물로 봉쇄하는 것은 여성화된 한민족의 불모성(infertility)을 유도하는 유감주술의 상징적 연출이라고 볼 수 있다.

이와 같이 풍수지리를 동원한 총독부 건물은 식민화된 민족의 상징적 자궁을 돌로 막음으로써 조선의 정복을 주지시키는 식민주의 주술로 작동했다. 또한 전근대적 궁궐 입구에 건설한 독일식의 건축양식은 일본의 근대성을 재현하는 주술이기도 했다. 한국을 여성화시키는 주술은 식민지 통치를 위한 국가기구의 필수적인 부분이었다. 총독부 건물은 민족 말살의 함축을 담은 식민 정복의 기표이자 식민주의 원형 감시체계(판옵티콘)이다. 총독부 건물의 시각성 자체가 한국 민중의 생활을 감시하는 식민국가의 훈육적 권력을 행사할 뿐만 아니라 전근대적 한국의 풍광에 위치함으로써 그 자체로 피식민지인의 시선에 스펙터클이 되는 데 유리했다. 그렇다면 식민화된 한국인은 식민지 현실을 다루는 데 어떤 종류의 조망 위치와 관객성(spectatorship)을 취했는가?

여기서 중요한 것은 식민화된 한국인의 주체성이 식민주의 이중 담론에 갇혀 있다는 점이다. 한국인은 일제의 일부분으로 구현되면서도 식민화된 민족적 타자로서 일제로부터 탈각된다(dis-membered). 탈식민 시기에 식민주의 기억에 의한 억압의 다른 차원은 피학적인 식민주의 근대성과 우울증 투사 문제와 관련된다. 한국의 민족적 주체성에 대해 애도를 표하는 우울증은 반(反)식민 민족주의의 중심 주제이다. 가부장제하에서 한국의 민족적 자아는 남성적이라 볼 수 있고 민족주체성에 대한 애도는 일제 식민 지배 이전의 중국에 대한 사대주의에 기반하고 있다. 중화주의 질서에서 일본은 한국보다 낮은 지위를 지니며 문화적으로 여성적인 위치에 머문다. 그러나 새로운 일제의 식민주의 질서에서 식민지 경험은 한국의 남성성을 제거하고 여성화되는 것, 프로이트적 용어를 빌리면 거세되는 것이었다. 이러한 거세가 그동안 여성적인 것으로 여겼던 일본의 식민주의 권력에 의해 행사된다는 것은 심각한 자아상실의 문제가 되었고 따라서 한국의 민족주의자들이 죄의식을 갖게 된 것이다.[25]

구총독부 폭파 해체 사건에서 한국의 남성적 민족주의자는 여성 코드로 기표화된 식민적 자아와 남성 코드로 기표화한 탈식민적 자아 사이에서 정신분열적인 자아를 구성한다. 그리고 이 폭파 해체의 사건은 이러한 정신분열적 자아 구조 속에서 과거 역사에 대한 죄의식을 폭력과 파괴 행위를 수반하는 자기부정의 네거티브 노동으로 표현한 것이다. 이러한 네거티브 자아인식은 역사의 희생자를 다시금 '신성화함으로써' 비로소 과거 식민주의 역사에서 상실된 민족의 자리를 되찾는 것이다. 상징계에 갇혀 있던 '여성의 몸'을 파괴함으로써 상상계의 남성적 민족의 몸은 해방되어 새로 태어나는 것이다. 민족정기와 민족적 자아의 진실은 지금까지 공공연한 비밀로 간직되어왔으나, 상징에 대한 폭력적 파괴 행위에서 파괴 대상으로부터 발산되는 네거티브 에너지는 비밀의 신비를 재신성화하는 것이다(Taussig, 1998: 234).

해방 후 한국은 거세를 피하기 위해 또 다른 초자아인 미국과 자신을 동일시했다. 오이디푸스 플롯을 따른다면 한국의 민족주의 담론은 일제 식민주의 기억을 반드시 억압해야만 했다. 그러나 여기서 더 복잡한 문제는 한국의 민족주의가 한국을 새로운 세계 질서와 강하게 동일시하는 '초남성성(hypermasculinity)'을 구성하면서 발생한다. 식민주의 기억이 전이한 거세 콤플렉스와 수치가 여전히 남아 있고 그 상처에서 피를 흘리고 있기 때문이다.[26] 이러한 상처받은 역사 감각이 한의 미학적 영역에서 축적되어 일제 단맥설의 환영으로 나타난다. 일제 단맥설의 진원지로서 구총독부 건물은 식민 지배의 총본산이었을 뿐만 아니라 피식민지 한국의 땅을 여성화하여 성적으로 유린한 거대한 '식민 역사의 팔루스'였다.

그러나 탈식민 시기에 이를 대체한 '민족 팔루스'는 식민주의 기억을 환기할 때마다 남성성의 기는 꺾이고 허약해지기를 반복해왔다. 묘지 훼손 사건과 구총독부 폭파 해체 사건은 이러한 일제 단맥설의 환영을 역사적 사실로 실체화함으로써 가족과 민족·국가의 생성과 재활을 꾀한 것이었다. 그러나 민족 '팔루스'의 돌출과 민족정기의 흐름을 유도하는 식민주의 기억의 에로틱 주술은, 한국인이 근대화의 관객으로 머물러 있는 한 성적 불평등의 식민적 위계질서를 계속 응결시킬 수 있는 위험을 안고 있다.

6. 근대성의 주술

지금까지 한국의 풍수신앙과 일제 식민주의 기억의 '특이한 역사' 맥락에서 무속인 묘지 훼손 사건과 구총독부 폭파 해체 사건이 함축하고 있는 주술적 에로티시즘을 살펴보았다.

묘지 훼손 사건은 1999년 4월 20일에 언론에 알려지고 5월 16일 무속인 양순자 씨가 문화재관리법 위반으로 구속되기까지 짧은 기간 동안이지만 광범한 계층의 사람들로부터 다양한 반향을 일으킨 사건이다. 양씨는 내림굿을 받기는 했으나 사찰에서 불경을 공부한 불교신자라고 자신의 종교를 밝히고 『남무묘법연화경』을 늘 곁에 두고 읽었다고 진술했다. 그런데 일반 신자들은 이 경전을 '법화경'이라고 부르기 때문에 아마 양씨가 일본에서 유래된 특정 종파의 영향을 받았을 가능성이 크다며 일본과의 연계성에 대한 의혹을 떨쳐버리지 않고 있다. 양씨가 부산에 살기 때문에 일제 식민주의자 후예들의 사주를 받아 이들 대신 전국을 돌아다니며 민족정기를 말살하는 묘지 훼손 범행을 했다고 추측하는 언론도 있었다.

이러한 황당한 추측은 일제 단맥설에서 기원하는 식민주의 기억의 상상계에서 발생한 것이다. 여기서는 묘지 훼손 사건을 언론에서 다루듯이 시대에 뒤떨어진 미신이나 범죄 행위, 또는 풍수가들이 평가하듯이 비윤리적인 그릇된 풍수 행위로 예단하기 않았다. 대신, 이 사건이 탈식민시대의 상상계에서 점유하고 있는 특별한 위치와 의미를 무교적 저주 행위의 에로틱 정치학을 중심으로 고찰해보았다. 묘지 훼손 사건은 마치 환각처럼 탈식민적 현실의 표면에 홀연히 튀어나와 반세기 전 일제 식민주의 역사의 기억을 환기시키고, 한국이 이룩한 근대성에 대한 확고한 믿음체계를 균열시키더니 또다시 망각될 운명에 처해 있다.

필자가 고찰한 이 사건의 역사적 함의는 사실 무교적 종교 전통과는 상관이 없다. '묘지 훼손 사건'의 의미는 이 사건과는 이질적인 시공간성을 가진 '구총독부 폭파 해체 사건'과 연결되어 '일제 단맥설의 모방주술'이라는 의미체계 안에 포괄될 때에만 존재하는, 다시 말해서 이 글 텍스트 안에서만 존재한다.

일제 단맥에 대한 풍수론은 역사적 상상력의 유산이다. 그리고 상상력의 힘은 한 개인의 생애사가 민족과 식민주의 역사에 대한 알레고리로 접합될 때 발휘된다. 충무공의 묘와 과거 왕조와 봉건질서의 기억이 배태되는 장소가 명당이라면, 구총독부는 일제 식민주의 기억이 배태되는 장소이다. 조상의 명당과 식민주의 건물인 구총독부는 우리의 근대성과 민족적 주체의 비밀이 있는 타자의 몸이다. 타자의 몸은 언제나 주체를 생성하는 모태이며 그곳으로부터 역사의 흐름을 추동시키는 주술적 에너지가 발산되는 신비의 몸이다. 이것이 바로 역사의 주술이 갖는 치유력이다.

명당의 정기와 민족정기의 풍수적 신비에 대한 주술적 신앙은 그릇된 신비주의나 단순한 현세적 실용주의, 일회성 정치적 상징 조작이 아니다. 그것은 '표상적 인식론(imageric epistemology)'을 구성한다(Taussig, 1987, 1993). 명당과 구총독부, 조상과 민족의 이미지들을 하나의 풍수적 의미체계로 연결하는 표상적 인식론은 개인과 가족, 민족과 국가의 현실을 분열시키고 있는 불연속성과 연속성, 확실성과 의혹 등을 접합시키며 전근대 세계와 근대 세계를 하나로 봉합한다.

전근대와 근대의 이질적인 역사를 봉합하는 핵심 기제는 '민족'이라는 이미지이다. '민족' 이미지는 개인과 국가가 하나의 상상된 생명체로 연결되는 연속성의 은유이다. 두 사건에서 민족 이미지는 분단 상태에서 민족과 국가를 통합하는 근대성의 담론을 창출해야 하는 '불안한 현재'를 지배하는 식민주의 기억과 단절할 수 있는 유일한 수단으로 활용된다. 민족적 존재의 연속성을 복구해야 한다는 근대의 명령은 필연적으로 과거와의 폭력적 단절을 요구하는 것이다. 충무공을 비롯한 민족적 성인의 명당 훼손과 구총독부의 폭파 해체는 과거 봉건질서와 식민주의의 '특이한 역사'에 대한 신성 모독이며 터부의 위반이다. 그리고 신성 모독과 위반의 폭력성은 근대의 시간성에서 정당화되어왔다.

그러나 한국인에게 근대의 시간성은 주체적인 민족적 존재를 창조해내지 못하고 식민주의 기억이 환기시키는 유령들에게 휘둘리는 허약한 토대를 드러낼 뿐이다. 전근대와 근대의 이질적인 역사와 그 재현물을 봉합하는 '비동시성의 동시성'은 한국의 근대성의 허약함을 반증한다. 식민주의 유령은 근대성의 거울에 반사된 허약한 민족적 자아의 이미지이며 그것은 여성화된 민족의 몸으로 형상화되었다. 과도한 남성성을 표상하는 민족 자아와 허약한 반(反)자아는 쌍방향적으로 복사하면서 서로 다른 무엇이 되고자 하는 충동과 욕망의 순환을 통해 가족과 국가의 몸을 재생산했다. 근대성의 주술은 바로 이런 모방 욕구에 의해 추동된다. 모방 욕구는 한국의 근대성과 민족주체성의 허약한 토대 위에서 끊임없이 새롭게 민족적 자아의 환영 곧 민족 팔루스를 생성하는 것이다.

그러나 여성화된 식민주의 유령들과 힘겨운 투쟁을 하는 민족 팔루스의 초남성성은 오히려 한국의 근대성의 권력에 대한 불안감을 증폭시킨다. 그럼에도 불구하고 근대성의 허약한 토대 위에 우뚝 서 있는 민족 팔루스가 근대라는 통합체의 이면에 있는 이질적인 시간들을 환기하여 다시 봉합하는 능력은 근대성의 모방주술에서 나온다.

이와 같이 식민주의 기억이 유령처럼 한국인의 상상계를 지배하고 과거 봉건 왕조의 선조들과 일제의 식민지 말뚝이 뒤엉켜 단일한 초월적인 존재 곧 민족 팔루스로 통합되는 한국의 근대성은 '근대도 전근대도 아닌' 그림자 근대성, 식민적 근대성이다.[27] 민족 팔루스가 과거와의 단절과 동시에 미래의 생성을 기획해야 하는 힘겨운 과제는, 식민적 근대성에 내재하는 모순이다. 묘지 훼손 사건과 구총독부 폭파 해체 사건은 이 모순을 표면화한 것이다.

제15장

기복신앙의 윤리와 자본주의 문화

한국의 무교는 일반적으로 기복신앙으로 인식되어왔다. 문자 그대로 기복신앙을 신령에게 정성을 들이고 복을 구하는 신앙이라고 정의할 때 재수굿은 무교적 기복신앙을 가장 잘 표현한다. 재수굿은 글자 그대로 '금전이나 건강·장수를 위한 좋은 운수'를 기원하는 굿이다. 이러한 '좋은 운수'에의 욕구를 구체적으로 실현시키는 재수굿은 '복을 빌고 재앙을 물리치는' 무교신앙의 궁극적인 목적에 가장 잘 부합한다. 사령제인 진오귀굿이나 새남굿의 궁극적인 목적이 사령천도가 아니라 집안의 안녕과 재수의 기원인 것을 보더라도 모든 무교 굿은 재수굿의 성격을 갖는다고 할 수 있다.

현재 도시에서 행해지는 굿 가운데 가장 빈번하게 행해지는 것은 재수굿이다. 무교인들은 그들을 찾아오는 단골들의 부와 재물에 대한 탐심을 당연한 인지상정으로 보고 있으며, 무교인들의 신통력은 단골들의 그러한 기대를 얼마만큼 충족시켜주느냐에 따라 판단되기도 한다. 도시에서 행해지는 재수굿의 주요 고객은 지난 30년간 재벌과 대기업을 주축으로 한 압축적인 경제성장 과정에서 소외된 중소기업과 소규모 자영업자 같은 서민계층이다. 1992년 서울과 근교에서 행해지는 재수굿의 사회·경제적 측면에 대한 켄달(Laurel Kendall)의 연구에 의하면, 이러한 서민계층은 정부나 은행의 금융 지원에서 대부분 배제된 자들이며 사업에 필요한 재정 확보의 불확실성으로 인해 일상적으로 부도의 위기 상태에서 살고 있다(Kendall, 1996: 516). 또한 소규모 자영업자들은 자본주의 시장과 사업 성공의 '변덕스러운 운수'를 그들이 신봉하는 무교 신령들의 성격이나 행동과 매우 유사한 것으로 인식하고 있다. 따라서 이들의 기복신앙은 상황적으로 정당화된다고 켄달은 해석한다. 그러나 1997년 말의 IMF 위기는 소규모 자영업자들뿐만 아니라 그동안 경제성장의 주요 수혜자였던 대기업 기업인들조차 총체적인 부도의 위기 상황으로 몰아넣어 우연한 귀인의 도움이나 신령의 복 같은 초현실적인 힘에 기대는 기복신앙에 의존하게 만들었다.

이와 같이 IMF 구제 금융과 같은 한국 자본주의 경제의 위기 상황에서 활성화되고 있는 무교적 기복신앙의 문화적 논리는 무엇인가? 한 개인이나 집안의 재수와 기업의 기사회생을 목표로 하는 무교적 기복신앙은 이러한 경제적 위기 상황을 어떠한 나름대로의 논리로 설명하고 해결하려고 하는가?

흥미로운 것은 재수굿을 의뢰한 부도 위기의 기업 단골들은 경제적 위기에서의 탈출을 종교적·윤리적 방법에서 찾고 있다는 점이다. 'IMF가 어제 끝날 것 같으냐', '우리나라 운세가 어떻게 돌아갈 것 같으냐' 등의 대국적인 질문을 하는 단골의 진지함에 비해 무교인들의 액땜 처방은 실제로 빈약한 것이다. 부적을 써주거나 돼지머리나 소갈비 따위의 제물을 차려놓고 신령의 은덕에 보답하기 위해 정성을 들이거나 집안 조상의 원한을 풀어주는 것이 고작이다.

재수굿에서 무교인들은 자본주의 경제의 위력을 '욕심 많고 탐심 많은' 대감신들의 권위와 조상의 분노로 대치시키고, IMF의 위기를 대감신들과 조상의 은덕에 대한 무지에서 결과한 신의 벌과 조상의 한(恨)으로 해석하고, 그 위기 극복을 위해 신령과 조상의 은덕에 보답하는 정성을 요구한다. 재수굿은 신령과 조상이 베풀어주는 은혜, 즉 재수와 복에 대한 보답의 의례적 표현이며 그 효험은 단골과 자손의 정성에 따라 결정된다. 이와 같이 무교 신령과 단골, 조상과 자손 사이에 이루어지는 '은혜와 보답'의 윤리는 한국의 자본주의 문화 속에서 어떠한 기능을 하는가?

이 장에서는 재수굿에서 나타난 재수 및 복의 개념과 의미에 대한 분석을 통해 1998년 IMF 위기 국면과 한국 자본주의 문화의 맥락에서 실천되고 있는 무교적 기복신앙의 윤리를 해명하고자 한다.

1. IMF 위기와 재수굿

먼저 1997년 12월 16일 서울 약수암에서 하루 동안 연행된 재수굿 사례를 통해서 IMF 위기에 대한 무교적 이해방식을 살펴보자. IMF 한파가 들이닥친 급박한 시기에 부도 위기에 내몰린 K기업(형제들이 운영하는 5개 계열회사 소유)의 운영자 김씨 집안의 세 며느리와 여형제들은 답답한 심정에 생전 처음 굿을 했고 실제로 굿 덕을 보았다고 한다. 신발을 만들어 수출하는 회사이기 때문에 회사의 운수를 관장하는 신은 공장군웅대감이었다. 무녀는 다른 어느 거리보다 집중하여 대감거리에서 다음과 같은 공수를 주었다.

> 우리 공장대감 공장 잘 돌아가게 해 달라매?
> 오늘 내가 천신대감 도깨비대감[1]이야!
> 작년에 불로 한번 혼나게 했지.
> 내가 한번 쉬이 저어놨지.
> 이렇게 내가 (소갈비를 들고) 받으시니,
> 우리 마흔 여섯 생전 처음이야.
> 옛날 옛적에 할머니가 있을 적에 이렇게 굿 안 해보고
> 명산대천에 가서 불공드리러 다니드니, 그래도 폭삭 했다나(웃으면서).

내가 고장을 좀 쳤지.

그러니 너희 그런 줄 알고

오늘 내가 욕심 많은 대감에 탐심 많은 대감에, 내가 동기간에 진정들어서

이것 받으시니 얼마나 좋은지.

오는 길에 명을 주고 가는 길에 복을 줘서

재수를 열어주고 운수[2]를 열어주고 신사덕[3] 입혀주고 영천덕[4] 돋아주고

내 신애기(무당 자신을 가리킴) 이름나게 도와주는 거야

아니 내가 그런 조화가 아니고 할아버지 조화에서.

걱정하지 마라 이렇게 생전에 처음에 했는데

굿 덕 안 입고 어디로 가겠느냐?

어허 허허허 여보 (장구재비에게 크게 웃으며)

걱정하지 마라 어허 내 오늘 일꾼들 일 잘하게 도와주고

공장에서 오늘 부도가 좀 난 것 같고

어음이 좀 부도가 난 것 같은데, 내 재수 열어 줄게 걱정하지 마라.

이번에 내가 먹고 남게 도와주고 (기주가 돈을 머리에 꽂아준다)

이것 주고 안 줄래?

내가 산소바람도 재워줘야지.

어느 대감이 모르시랴, 내가 지어다주고 이어다 주니

아 여보 내가 이번에 우리 대감에서 얼마나 부러운지

내가 공장에 부러운 만큼 주겠어. (장구 장단과 함께 대감타령 시작)

우리 대감님들 노시나 할 적에

욕심 많은 내 대감이요 탐심 많은 내 대감인데

먹구 남구 도와를 주마 쓰고 남게 도와주마

공장이 잘 돌아가서

먹고 놀고 먹고 놀적에

…후략…

이 재수굿을 주도한 무녀는 K기업의 부도 위기는 매장을 하지 않고 화장을 한 할머니의 '산소바람'과 평생 동안 절에 다니며 불공을 드린 할머니의 정성이 며느리 대에 이르러 끊어진 데 원인이 있다고 공수를 주었다.[5] 무녀는 단골들이 조상거리에서 조상의 저승 노잣돈을 충분히 건네주고 대감거리에서 소갈비와 많은 돈으로 대감신에게 인정을 걸어주어 굿 덕을 보았다고 흡족해했다.

무녀는 3주 안에 기업이 망하느냐 흥하느냐 점괘를 내걸었고 작은 가지를 잘라내어 몸통을 살려야 한다며 자회사를 정리하라고 과감하게 제안했다. 예언한 대로 3주 안에 일부러 부도를 낸 작은 회사들은 팔리고 핵심 회사의 화의신청이 통과되어 K기업은 기사회생했다. 어떤 귀인이 나타나 50억 부도를 막아주었고 무녀 자신도 기적과 같은 일이라며 스스로 대견해하는 일이 일어난 것이다. 하루 동안의 재수굿의 비용은 1천만 원이었으나 50억 부도를 막아서 기업이 살아났으니 김씨 집안의 이 이야기는 그야말로 기적의 드라마처럼 들리기도 한다.

1997년 12월 이후 수개월 동안 IMF 구제 금융의 극심한 위기 속에서 많은 한국 기업이 도산되고 시시각각으로 도산 위기에 몰렸을 때 삼성경제연구소가 펴낸 『IMF와 기업경영』(1998) 보고서는 기업이 도산할 수 있는 위기 요소에 대해서 매우 흥미 있는 분석을 했다. 기업 위기 요소 체크리스트의 30개 항목에 경영자에 해당되는 10가지가 있는데 그중에는 경영자가 '전문가의 충고보다 점쟁이의 말을 더 신뢰한다'는 항목이 들어 있다(삼성경제연구소, 1998: 228). 이 항목은 당시 기업 경영자들이 IMF 위기 상황에 대해 어떻게 감지하고 있었는지를 대변한다. 상황 예측의 불확실성을 넘어 거의 불가항력에 가까운 절망감을 안고 기업인들은 실제로 점쟁이를 많이 찾았고 이러한 안타까운 행태는 신문이나 잡지, 방송매체를 통해 계속 보도되기도 했다. 과거 여자들이 많이 찾던 점집에 남자들이 몰리기 시작하면서 점쟁이와 무교인들은 때 아닌 호황을 누렸다. 한 TV 프로그램에서는 부도에서 벗어날 묘책을 찾기 위해 족집게 점쟁이를 찾는 기업인들에게 그야말로 묘책을 줄 수 있다고 장담하는 점쟁이와 무교인의 숫자를 40만 명으로 추산하면서 이들에게 쏟아진 복채와 굿 경비만 해도 한 해에 수천억 원이 넘는다고, 그 돈이면 IMF 구제 금융 빚을 갚을 수도 있을 것이라고, 이러한 현상의 비현실성을 꼬집어 말하기도 했다.[6]

K기업처럼 다행히 재수굿을 한 번 하고 기업을 되살린 경우는 정말 다행이었지만 아마 대부분은 '굿 덕'을 보지 못했을 것이다. 왜냐하면 중소기업·대기업 구별 없이 수많은 기업의 도산이 몇 달 동안 계속되었기 때문이다. 남의 불행을 빌미로 떼돈을 벌고 사기를 친다는 대중적 혐의로 인해 무교인들은 광범한 사회적 지탄을 받았고 무교는 경제적 위기에 대해 부적절하게 대응하는 한국인의 비합리적 태도를 대변하는 것으로 인식되었다. 일종의 마녀사냥처럼 무교신앙은 IMF 위기의 원천적인 범죄자로 취급되기도 했다. 그러나 이러한 대중적인 힐난에도 불구하고 일상적인 부도 위기에서 살고 있는 사람들은 여전히 무교인들을 찾아가 위기를 모면할 방책을 묻고 재정적인 문제 해결을 위한 조언을 구하고 있다.

2. 후기 자본주의 소비문화와 기복신앙

기존의 무교 연구에서 기복신앙에 대한 관점은 긍정적 시각과 부정적 시각으로 나뉜다. 긍정적 시각에서는 기복신앙을 한국인의 종교적 심성의 뿌리로 간주하고 현대에도 기복신앙의 종교적 실천은 재수굿의 형태로 이어져왔다고 본다(김승혜, 1998). 더 나아가 재수의 종교적 의미를 인간의 삶에서 '잃어버린 조화' 내지 부조화의 상태를 회복하여 '궁극적인 구원'을 실현하는 것으로 보는 견해도 있다.[7] 부정적 시각은 현실적 복락을 추구하는 무교적 기복신앙은 초현세적·형이상학적 이상이나 가치의식이 결여되어 있어서 종교성이 없으며, 또한 인간의 이익을 위해 신을 조종할 수 있다고 믿는 인간 중심적 의식은 상황에 따라서 수단의 윤리적 가치를 도외시하는 무분별한 목적제일주의를 추구하기 때문에 비윤리적 신앙이라고 비판한다(김인회, 1987: 210-214; 정진홍, 1984). 기복신앙에 대한 긍정적 시각보다는 부정적 시각이 대중적으로 더 널리 확산되어 있어서 기복신앙은 근대적이고 합리적인 사회와 종교문화의 구축을 저해하는 요소로 자주 비판의 대상이 되기도 한다.[8]

무교적 기복신앙에 대한 이러한 사회적 우려와 비판은 기복신앙을 자본주의 문화의 물질적 이익을 추구하는 현세적 공리주의와 연관시킬 때 더욱 증가한다. 현세적 공리주의를 "개인주의적인 기준에 입각하여 행복을 최대화하고 불행을 최소화하려는 행위의 성향"(최종철, 1996: 168)이라고 했을 때, 이러한 비판은 오늘날 무교신앙의 현실을 어느 정도 반영하고 있다. 1970년대 이후 30여 년 동안 이루어진 한국 경제의 기적은 종교계에도 양적 성장주의와 세속적 공리주의의 추구를 가져왔고 최근의 무교적 기복신앙도 이러한 변화의 한 양상이며 그 산물이라고 볼 수 있다(최종철, 1996: 169-170).

IMF 구제 금융 사태는 한국의 경제가 전 지구적인 자본주의 체제에 전면적으로 편입되는 계기였다. 이 과정에서 '한국적' 자본주의 시장경제의 특유한 불투명성과 예측불가능성은 그 어느 때보다 세계 시장경제의 합리성 원리에 두드러지게 대비되었다. 일상적인 불확실성과 시장의 불투명성은 한국의 자본주의를 '고도의 위험을 감수하는 자본주의'로 특징지을 수 있게 했다. 거의 와해 위기에 당면한 한국 자본주의 국면에서 오히려 번성한 무교적 기복신앙은 고도의 위험을 극복하는 기적이나 신령한 조화로서 작용했음에 틀림없다.

기복신앙은 의례적인 언어와 축원 행위를 통해 자본주의 문화의 목표인 부와 성공의 약속을 제공한다(Kendall, 1996: 522). 여기서 자본주의 문화의 맥락 안에서 기복신앙이 작용하는 문화적 논리와 기능에 대해 살펴볼 필요가 있다. 베버(Max Weber)가 자본주의 정신을 프로테스탄티즘 윤리에서 찾는 사회학적인 방법론은 기복신앙과 자본주의 문화의 상호 연관성을 고찰하는 데 아직도 유용하다(Roberts, 1995: 16). 베버는 『프로테스탄트 윤리와 자본주의 정신』에서 청교도적 금욕주의와 노동에의 소명의식을 경제적인 이윤과 부를 추구하는 물질주의적 욕망과 확연히 구분하고, 이러한 금욕주의가 서구 자본주의를 성립시킨 정신적 토대이며 또한 자본주의 경제를 합리화했다고 보았다(Weber, 1930). 그러나 베버가 다소 비관적으로 예견했듯이 후기 자본주의 문화에서는 초기의 금욕주의 정신이 점차 사라지고 오히려 물질주의적 추구가 중심을 이룬다.

후기 자본주의 문화에서 재화와 물질적 풍요로움은 노동이나 생산과정의 결과로서 체험되는 것이 아니라 '기적(miracle)'으로 체험되는데, 이것을 보드리야르(Jean Baudrillard)는 "소비의 은혜"(보드리야르, 1991: 22)라고 표현한다. 소비의 '기적을 대망하는 사고방식(miraculous mentality)'이 지배하는 소비사회에서 모든 소비재에는 신비한 힘이 부여되며 그것은 상징적 가치를 갖게 된다. 종교 또한 물상화되어 신성과 초월성은 '영적 상품'으로서 새로운 의미를 갖게 된다. 소비사회에서 물질과 비물질(영적인 것) 사이의 구분은 없어진다(Taylor, 1999: 147). 테일러(Mark Taylor)가 적절하게 비유하듯이, 소비문화에서 신의 의미는 '비물질적인 물질성'을 갖게 되는 한편,

돈이 교환의 도구 이상의 의미를 갖는 교환가치의 화신이 되는 '돈의 심미화(aestheticization)' 현상이 일어난다(Taylor, 1999: 162). 마찬가지로 무교적 기복신앙에서 돈이나 자본의 교환은 탈물질화되어 신령이 베풀어주는 재수와 복의 의미로 전환된다.

후기 자본주의 문화에서 기복신앙의 번성은 소비의 '기적을 대망하는 사고방식'의 반영이라고 볼 수 있다. 특히 현실적으로 자본주의 시장경제가 합리적 원칙에 의해 움직이지 않는 한국의 자본주의 사회에서는 자본의 기적을 일으키는 주술적 힘에 대한 의존이 더욱 심화되었다 하겠다. 기복신앙은 자본주의 경제의 합리성의 낙관주의와 이성의 힘을 신령의 재수와 복의 의미로 전환하고 소비의 윤리를 재수굿의 양식으로 제의화함으로써 자본주의 문화에 생기를 불어넣어준다. 다음에는 실제 재수굿의 구조와 과정에서 재수와 복의 의미가 어떻게 구성되는지 살펴보자.

3. 재수와 복의 개념과 의미

'지금 여기'의 일상적인 현실에서의 문제를 과제로 삼아 종교적인 힘에 의존하는 무교신앙은 현재의 삶을 살고자 하는 욕구의 표현이다. 이 욕구가 바로 '복(福)'이며 '재수(財數)'이다(김인회: 1979: 171). 그래서 무교 굿의 모든 절차는 '되도록 많은 복을 얻어 삶을 풍요하게 하고, 그 삶을 파괴하거나 복을 잃게 할 가능성이 있는 모든 위협과 재화를 막자'는, 즉 기복양재(祈福禳災) 또는 제액초복(除厄招福)을 실질적인 목표로 한다(정진홍, 1986: 82). 여기서 사람들에게 액을 막아주고 복을 내리는 주체는 신령이다. 굿의 12거리마다 신령과의 만남이 이루어지며, 신령으로부터 복과 재수를 받기 위한 다양한 소통방식이 연행된다. 신령과의 소통은 언어적 공수(verbal oracle)와 '복과 재수를 불러들이는' 다양한 비언어적 행위, 예컨대 무녀가 부채나 오방 신장기를 들고 무엇인가 문 밖에서 안으로 불러들이면 단골이 치마나 옷자락에 그것을 받아들이는 행위 등을 통해 이루어진다.

재수굿거리에서 가장 중심이 되는 거리는 '대감거리'이다. 대감신은 집안의 재수를 관장한다고 믿는다. 앞의 재수굿 사례에서 대감신은 스스로 '욕심 많고 탐심이 많은' 신령임을 밝히고 있다. 단골의 소갈비 정성을 받아 흡족해하는 대감신은 이에 대한 보상으로 단골 집안에 '재수와 운수를 열어주고 신령의 덕을 입혀준다'는 약속을 했다. 대감신은 무엇이든지 집을 위해서라면 집 안으로 가져오는 신령이다. 대감신에 들린 무녀는 가족을 위협하고 요구하고 간청하고 여러 가지로 비위를 맞추는 행위와 내용의 담화를 한 후에 '먹고 남게 도와준다'고 공수를 주었다. 이 사례 외에도 "높은 산에 눈 날리듯, 얕은 산에 재 날리듯, 재수 소원을 섬겨주마"라는 무당의 노래 가사는 대감거리에서 흔히 듣는 구절이다.

소대감거리에서 무녀가 부채로 바람을 일으켜 안으로 들이는 동작을 할 때 '재수'는 눈이나 재처럼 바람에 날리는 가벼운 것이지만 눈에 보이지 않는 영적인 것으로 인식되고 있다. 다른 한편 대감놀이에서 무녀가 '소의 다리'를 들고 갈퀴로 긁듯이 긁어 들인다든지 '소갈비'를 등에 업는 연기를 하는 것은 '재수'를 형체가 있는 물체, 즉 '재물'로 인식하고 있음을 뜻한다.

이를 종합하면 재수는 형체가 없는 것으로서 재물을 바람처럼 재처럼 일으키는 원동력으로 인식되고 있음을 알 수 있다. 굿에서 무녀가 재수를 부채로 '불러들이고' 굿을 의뢰한 주인이 치마로 '받는' 연극적 행위는 재수가 집과 인간세계의 밖에 위치하며 보이지 않는 초자연적인 힘을 의미한다는 것을 상징적으로 보여준다. 재수가 '눈이 날리듯 재가 날리듯' 많이 들어오도록 도와주겠다는 대감신의 약속은 이러한 초자연적인 힘을 물질화하며 그 힘에 대한 믿음을 현실화하는 기능을 한다고 볼 수 있다.

굿의 공수에서 공통적으로 나타나는 신령의 모습은 "내가 제일이다. 나를 잘 섬겨야 한다"면서 신령으로서의 절대적 권위를 강조한다. 앞의 사례에서 공장대감 천신대감 도깨비대감은 단골의 공장을 잘 돌아가게 해주기도 하고 불을 질러 혼을 내기도 하는 길흉화복의 주체이다. "내가 제일이야. 내 집안에 액을 막아주구. 내가 잘 놀아야 싹 걷어주지" 하며 신령은 자신의 위치를 강조하고 신령의 영험함을 스스로 부각시킨다.

이처럼 자신의 권위를 강조하는 것은 그만큼 인간에게 대접받고 싶어하는 신령의 바람을 반영한다. 이러한 바람이 이루어지면 그것에 감사하는 마음의 표현으로서 "너희들에게 내가 대접받았으니 내 힘껏 도와주마, 염려마라"는 공수를 내리게 된다. 단골들은 이러한 축원의 약속을 들음으로써 불안과 비관을 떨쳐버리고 긍정적인 삶의 전망을 갖게 된다. 만일 자신들의 기대에 미치지 못하면 인간을 향해 대접이 소홀했다고 불평하는데, 때로는 위협을 하지만 결국에는 인간과 타협하고 인간에게 선심을 쓰고 돌아가는 것이 공수의 기본 형식이다.[9] 대감신은 욕심 많고 탐심 많은 신이지만 '이해심이 많아서' 굿의 크기와 상관없이 재수를 열어주고 복을 입히는, 덕을 베푸는 신령인 것이다.

재수굿의 목적은 '굿 덕(德)'을 입어 재수를 확보하는 것이라 할 수 있다. 인간의 복은 조상신을 비롯한 수많은 신령의 보살핌이 있어야 하는데 신령이 내려주는 복은 사실상 인간에 대한 신령의 바람을 인간이 충족시켜 주었을 때 이에 대해 신령이 감사하는 마음의 표현으로 되돌려 준 것으로서 상호성을 갖는다. 공수에서 복과 재수를 내려주는 신령의 역할을 강조하는 것은 다른 한편 그에 상응하는 단골의 정성이 기대되기 때문이다.

4. 단골의 정성과 신령한 돈

앞에서 제시한 재수굿 사례에서 무녀는 굿의 효험이 굿을 의뢰한 사람의 정성(精誠)에 달려 있다고 해석한다. 기적이 일어난 3주 동안 기업가 김씨를 비롯한 온 가족이 매일 무녀의 신당에 와서 기도 정성을 드렸다. 모두들 그 기도 정성의 덕으로 기업이 살아난 것으로 믿고 있다. 물론 굿을 의뢰한 단골의 정성은 문자 그대로라면 마음의 기원을 뜻하는 것이지만, 실제 의례적 연행과정에서의 정성은 주로 음식과 돈을 매개로 표현된다(쟈넬리·임돈희, 2000: 153). 정성은 굿을 할 때 쓰이는 비용, 소갈비와 돼지 한 마리, 온갖 과일과 떡 등 제물의 양과 질, 그리고 굿거리마다 신령이 받는 '인정(人情)'[10]에 따라 그 크기가 가늠되는 것으로서 경제적 의미를 가진다.

여러 제물 가운데서도 돈은 특별한 의미를 갖는다. 재산은 신의 세계에서도 필요한 것으로 생각되기 때문에 돈도 중요한 제물이다. 굿에서 제물로서 사용되는 돈은 돈 모양으로 오린 종이돈인 지전과 실물 현금이 있는데, 지전은 태운다. 단골이 실제 현금으로 신령에게(실제로는 무녀에게) 바치는 굿돈에는 몫돈과 별비가 있다. 굿에서 무녀가 얼굴이나 치마끈, 가슴, 잔등에 돈을 달고 춤추는 모습을 볼 수 있는데 이것이 별비(別費)이며 신령의 기분을 돋우기 위한 일종의 뇌물이나 팁과 같은 것이다. 별비의 액수를 미리 약정하는 경우도 있는데, 재수굿에서는 특히 별비가 많다. 재수굿의 묘미는 바로 이 별비를 쓰는 데 있다 할 만큼 중요하다. 무녀의 능력에 따라 굿을 잘하면 별비가 많이 생길 수 있기 때문에 별비는 무녀의 연행능력을 발휘시키는 기능을 한다고 할 수 있다.

굿에서 지전을 태우고 현금을 이마에 붙이고 허리끈에 매는 익살스러운 행위는 돈의 가치를 세속적 것에서 초자연적인 것으로 전환하며 또한 천상의 경제와 지상의 경제를 연결시킨다. 과거 자급자족적인 농촌 공동체사회에서는 굿의례에서 돈이 차지하는 비중은 그리 크지 않았다. 떡, 술, 고기 등 음식물보다 돈이 제물로서 더 큰 가치를 갖게 된 것은 돈이 사회적 관계의 보다 중요한 교환가치재로서 의미를 갖게 되면서부터라고 볼 수 있다. 즉, 돈이 다른 제물의 가치를 대체할 수 있는 상징적 가치를 추가로 갖게 되었다(짐멜, 2014).

굿에서 돈의 상징성은 시장경제가 심화되고 사회적 관계가 물상화되는 자본주의 문화 속에서 더욱 증대되었다 할 수 있다. 자본주의 시장경제에서 돈은 마치 살아 있는 물체처럼 스스로 재생산하는 주술적 능력을 가진다. 실질적인 재물과 부(wealth)를 결과한다고 믿어지는 '재수'와 '복'의 개념이 갖는 상징적 주력(呪力)은 기복신앙의 본질적인 것이라기보다는 자본주의 시장경제의 환영적 성격에서 기인한다.[11] 재수굿에서 돈의 상징적 사용은 단순하게 재산의 증식을 기원하기 위한 것이 아니다. 신령과의 거래에서 사용되는 제물로서의 돈은 현물 가치로 환산할 수 없는 것으로서, '지금 여기의' 현실적인 고난으로부터의 '구원을 위한 수단'으로서 재수와 복의 상징일 뿐이다.[12]

5. 재수와 복의 도덕적 경제: 영적 증여교환체계

종교적 차원에서 이루어지는 신령의 재수와 복은 경제적 차원에서 획득되는 부와 재산과 과연 서로 양립할 수 있는 것인가? 이 질문은 종교적 행위가 순수하게 신에 대한 자기헌신의 의미를 가진 순수한 종교적 목적을 달성하기 위한 것이냐, 아니면 비종교적 목적을 달성하기 위해, 즉 행위자의 세속적 이해관계를 극대화하기 위한 수단이냐 하는 종교적 행위의 미시경제학적인 의미에 관련된 것이다(Kehrer, 1998).

일단 종교적 차원과 경제적 차원은 굿의례의 상징적 실천을 통해서 양립될 수 있다고 전제하고 이 질문을 재수굿의 구체적인 연행의 맥락에 비추어 재구성해보면, 신령의 은덕으로 주어지는 재수와 복은 세속적인 부와 재산과 등가적인 의미를 가지는가, 신령이 공수로 내려주는 재수와 복의 약속이 인간의 본성적인 이해추구의 욕구를 실현하기 위해서 사고팔 수 있는 경제적 재화와 비교 가능한 것인가라는 질문이 된다. 그리고 만약에 가능하다면, 종교적 '재화'로서 신령의 약속은 경제적 한계효용의 법칙에 따라 유한한가 아니면 무한한가? 만약 무한하지 않다면 종교적 재화는 거래가 가능한 상품적인 가치를 가지는 것이 된다.

부적이나 개업 고사 등의 종교적 서비스는 점술과 굿의 의뢰인이 일정한 값을 치르는 것이기 때문에 확실하게 상품적 재화로서의 의미를 갖는다. 이 경우 종교적 수단으로 비종교적 목적을 달성하는 것이라 할 수 있다. 무교의 기복신앙을 부정적으로 보는 견해는 이와 같이 재수와 복의 의미를 상품적 가치에 한정하는 해석에 해당된다. 종교적 초월성과 경제적 합리성이 등치될 수 없다는 종교-경제 분리주의적인 입장에서는 무교를 미신과 비합리적인 주술로 평가한다. 그래서 기복신앙은 현대인의 물질주의 신봉의 전형이며 초월적인 정신주의적인 신앙을 표방하는 기독교나 불교 등 기성 종교를 타락시키는 악의 원천으로 타파 대상이 되기도 한다.

재수굿을 표면적으로만 보면 굿의 의뢰인이 건강, 혼사, 사업적 성공, 입시 등 특정한 세속적 목표를 얻기 위해 특정한 종교적 재화를 구매하는 것으로 보일 수도 있다. 그러나 실제로 굿 연행과정에서 종교적 재화의 구매자와 신령 사이에 오가는 공수 내용을 보면, 굿에는 일회적인 상품 거래 이상의 종교적 성격의 목표, 예컨대 '신령의 은총과 구원'이라는 종교적 지향이 명확히 드러난다. 기독교 역사에서 면죄부와 같은 것이 비종교적 수단으로 종교적 목표를 얻는 좋은 예이다. 앞의 재수굿 사례에서 대감신의 공수처럼 "먹고 쓰고도 남게 부러울만큼 도와준다"는 신령의 '넘치는 무엇'에 대한 약속은 종교적 재화의 상품적 교환가치 이상의 상징적 가치를 가진다. 기복신앙에서 재수와 복의 의미는 바로 이러한 상징적 가치를 가진 신령의 은혜를 함축한다.

여기서 신령과 신도 사이에 이루어지는 종교적 재화의 순환·교환관계는 '영적 증여교환(gift exchange)의 도덕적 경제'라는 도식으로 해석해볼 수 있다(그림 3). 굿에서 제물로 사용되는 돈과 음식은 신도가 신령의 은덕에 대한 감사의 뜻으로 바치는 '증여(gift)'이며, 이에 대한 고마움의 뜻으로 신령이 신도에게 베푸는 재수와 복은 신령의 '되갚는 증여(return gift)'로 오인될 수 있다. 그러나 실제로 **증여교환의 호혜적인 관계를 유발하는 주체는 신도가 아니라 신령이다**. 신도가 '남아돌도록 먹고 입고' 할 수 있는 모든 재화는 신령의 은덕에 의해 기왕에 주어지는 것이기 때문에 실제로 신도가 제물로 바치는 증여는 신도가 뒤늦게나마 신령의 은덕에 감사하여 '되갚는 증여'에 지나지 않는다.

그러므로 신령이 베푸는 재수와 복은 영적인 증여교환의 새로운 주기를 유발하는 첫 번째 증여이다.[13] 이와 같이 신령과 신도 사이에서 이루어

〈그림 3〉 신령과 신도 사이의 영적 증여교환 체계(무한지속)

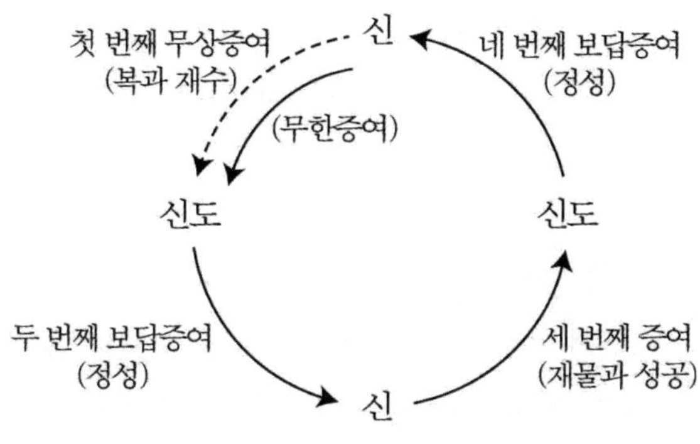

지는 호혜적 증여교환은 일회적인 사건이 아니라 신령으로부터 신도에게로, 신도로부터 신령에게, 다시 신령으로부터 신도에게 끝이 없이 재수와 복을 순환시키며 영속화하는 기제이다. 신령의 무한한 선물로서 영험을 기원하는 무교인도 신도에 포함된다.

〈그림 3〉에서 증여교환의 기제는 음식과 돈과 같은 외형적인 제물로 표현되고 재물과 성공이라는 실질적 효과로 나타나지만, 각각의 내적 의미는 신령의 은덕에 대한 신도의 '보답(gratitude)'과 신령의 '은혜(grace)'이다. 신도의 정성은 돈을 비롯한 음식 제물에 깃들인 보답의 정신이지 그 경제적 가치나 수량과는 무관하다. 여기서 무교적 기복신앙은 '은혜와 보답'이라는 신과 인간 사이의 '도덕적 관계'를 지속시키기 위한 상징적 실천임이 분명해진다.[14] 기복신앙의 이러한 윤리의식은 실제로 신도들의 도덕적 행위를 유도한다.

앞서 제시한 K기업의 재수굿 사례에서 무녀는 신령의 은혜를 받기 위해서는 불우이웃 돕기에 2천만 원을 희사해야 한다는 공수를 내렸고, 김씨 형제들은 그렇게 하기로 약속을 했다. 실제로 굿을 한 이후 부도 위기에서 벗어나고 기업이 회생하게 된 것을 신령의 은덕으로 해석한 단골들은 신령에 대한 약속을 실행했다.[15]

6. 기복신앙의 윤리: 정성과 은덕의 품앗이

재수굿에서 실행되는 영적인 증여교환의 도덕경제는 균등한 가치와 쌍무적인 이해관계를 전제로 하는 상품교환이나 무역거래의 시장경제체계와 다르다(Gregory, 1994: 923). 재수굿에서 신령과 신도 사이의 영적 증여교환은 재물과 부(富)의 전이와 물질적 욕망의 충족을 목적으로 하지 않는다.

재수굿에서 신령과 신도 사이에 이루어지는 영적 증여교환을 가능케 하는 원리는 무엇인가? 『증여론』의 저자 모스(Marcel Mauss)의 말을 빌려 다시 질문한다면, 신령으로부터 받은 재수와 복의 "증여에 대해 다시 되갚아야 하는 기본 원리는 무엇인가? 증여의 수혜자로 하여금 되갚도록 의무적으로 강제하는 어떤 힘이 증여 안에 있는가?"(Mauss, 1990: 3)

그것은 호혜성(reciprocity)이다. 한국 촌락사회의 전통적인 협동 관행인 품앗이는 전형적인 호혜성의 원리이다. 품앗이는 노동교환과 같은 경제적인 관계뿐만 아니라 사회적 관계, 그리고 종교생활에서 이루어지는 많은 행위의 근본 동기로서 작용한다. 인류학자 김주희에 의하면, "품앗이는 호혜적 행위를 가리키는 순수 우리말로서 주는 행위, 받는 행위, 그리고 갚는 행위를 동시에 포함하는 의미를 지닌다. 따라서 품앗이가 행해지는 상황은 언제나 베푸는 측과 받은 베풂을 보상하는 측 두 개인의 존재를 조건으로 한다. 이때 베풂의 대상은 일반적으로 호의·은혜·자비 등의 형태를 취하며 물질적일 수도 비물질적일 수도 있다. 그리고 품앗이 행위는 통상적으로는 균형적 호혜성을 전제한다"(김주희, 1991: 85).[16]

대인관계의 사회적 규범으로서의 품앗이는 '역할'과 '정서'의 두 측면으로 구분할 수 있다. 역할 품앗이가 당사자들에게 요구되는 사회적 의무의 수행이 주된 동기가 된다면, 정서 품앗이는 당사자들 간의 감정적 만족의 획득이 그 주된 동기가 된다(김주희, 1991: 24). 역할 품앗이가 예(禮)라고 하는 사회적 의무의 이행이라면, 그것이 제대로 이행되지 않는 경우 사회적 비판을 초래한다. 정서 품앗이는 당사자 사이의 감정적인 끈으로서 정(情)의 관계이며, 품앗이가 제대로 이루어졌을 때는 '고마움'의 감정이 나타나고 그렇지 못한 경우 '섭섭함'의 감정으로 표현된다(김주희, 1991: 95-96).

품앗이의 원리를 재수굿의 증여교환체계에 적용시켜보았을 때 신령과 신도 사이에 오가는 은혜와 보답의 관계는 '예(禮)의 품앗이'와 '정(情)의 품앗이' 모두 성립된다.[17] 신령과 신도 사이의 상호 의존성은 '받는 것은 되돌려 갚는다'는 품앗이의 기본 명제에 따라 지속적으로 유지된다. 특히 '정의 품앗이'는 신령이 신도에게 갖는 고마움과 섭섭함과 같은 감정적인 표현에서 잘 드러난다. 품앗이의 윤리는 신령과 신도 사이의 관계가 조상과 자손의 관계로 대체되어 나타나는 무교적 조상 숭배 의식에서 전형적으로 나타난다.

앞의 재수굿 사례에서 IMF 위기와 K기업의 부도는 조상들의 '산소바람'이 주요 원인으로 해석되고 있다. 조상이 자손에게 해를 끼치는 두드러진 이유로 무언가 요구하는 사항이 있거나 묘자리가 나쁜 경우를 들 수 있다(자넬리·임돈희, 2000: 165). 사실 조상들이 자손에게 악의를 품거나 해를 끼칠 수 있다는 관념은 유교적인 조상 숭배 의식에 위배된다. 그러나 무교적 맥락에서 조상의 악의(惡意) 또는 해코지는 산 자와 죽은 자 사이의 품앗이 개념으로 설명할 수 있다.

악의를 품은 죽은 자는 자신의 고통과 유사한 고통을 산 사람에게 준다고 믿는데 이것이 종교적인 호혜성이다. 조상들이 자신의 후손들이나 가까운 친족에게 해를 끼치는 이유는 그들로부터 가장 잘 돌보아질 수 있고 가장 큰 제물, 즉 효성을 받을 수 있기 때문이다. 생전의 부모와 자식 간에 이루어지는 효의 관계는 사후에도 계속되어서 나타나는데, 자손에게 생기는 불상사는 조상의 보호의 중단이나 철회를 의미하며 이것은 자손의 품앗이 의무, 즉 정성을 소홀히 한 결과로 해석된다(김주희, 1991: 175-176). 자손이 조상에게 제사라든지 적절한 공경의 예를 이행하지 못한 경우, 즉 효를 행하지 않은 경우 조상은 '섭섭함'과 분노의 감정을 갖게 되어 자신의 후손과 친족들에게 악의를 품으며 결과적으로 자손에게 불행을 가져다주는 것이다. 흔히 '조상 탓'으로 돌리는 불행한 일의 배후에는 자손의 품앗이의 불이행, 즉 효의 배신에 대한 조상의 '섭섭한' '정의 품앗이' 윤리가

작용한다. 한편 '조상 덕'이란 표현은 자손의 효에 대한 조상의 고마움의 정을 나타내는 것이다.[18]

여기서 신령과 신도, 조상과 자손 사이에 이루어지는 품앗이관계에서는 실제로 교환되는 물질적 내용을 가지고 따지고 계산하는 이해타산적인 행위가 철저히 배제된다. 품앗이의 윤리는 '내 것 네 것 없다'는 교환관계에 있는 쌍방의 정서적 친밀성과 상호의존성에 기초한 윤리이다(김주희, 1991: 98). K기업의 재수굿 사례에서 IMF의 위기를 가져온 자본주의 경제의 위력을 '욕심 많고 탐심 많은' 대감신들의 권위와 조상의 분노로 해석하고, 그 위기 극복을 위한 방안으로써 할머니의 묘자리를 옮기고 신령과 조상의 분노와 섭섭함을 풀어드리는 재수굿을 하는 무교적 기복신앙의 윤리는 다름 아닌 품앗이의 윤리인 것이다. 이와 같은 맥락에서 재수굿의 효험은 신령과 조상이 베풀어주는 재수와 복, 그리고 신도와 단골과 자손의 정성 사이에 이루어지는 품앗이의 윤리적 실천의 효과라 할 수 있다.

7. 재수와 복의 종교적 승화

이제 자본주의 경제의 맥락에서 기복신앙의 품앗이 윤리가 실천되는 의미과정을 살펴보자. 무교적 기복신앙에서 재수와 복 개념은 신령과 단골 사이에 '주고' '받고' '되돌려주는' 증여의 교환 주기를 통해 축적·보존·소비 가능한 "상징적 자본"의 의미를 가진다(Bourdieu, 1990: 112-121). 재수굿에서 사용되는 '돈과 음식물'은 그러한 물질을 제물로 바치는 사람의 인성을 상징하며, 단골이 굿 덕으로 얻게 되는 부와 번영은 영적인 증여의 물질적 표명이며 '증여의 혼이 육화한 것'이다.

상징적 자본으로서 재수라는 개념이 갖는 의미는 무녀 김모씨의 다음과 같은 진술에서 잘 드러난다. "사업을 크게 하는 사람은 공장대감의 욕심도 그만큼 크기 때문에 정성을 크게 해야 한다." "재수가 붙은 사람은 더 불려주는 것이 신령의 뜻이다." "사람 욕심이라는 것은 아흔아홉 섬을 가진 사람이 한 섬을 더 채워서 백 섬을 만들려는 것과 같다."[19] 여기서 '아흔아홉 섬을 가진 사람이 한 섬을 더 채워서 백 섬을 만들려는' 인간의 욕망은 상징적 자본으로서 자기증식적이며 자기충족적인 성향을 나타낸다. 이러한 성향은 무녀의 다음 진술에서 더욱 잘 나타난다. "정성을 들여 손해 볼 것 없다. 정성을 들인 만큼 복을 받는 것이다. 그러니까 부자가 정성을 더 들이게 되고 날로 발전하는 거다. 잘사는 사람이 더 잘살게 해달라고 오는 데가 무당이다."

그러나 상징적 자본으로서 재수와 복의 자기증식성과 자기충족성은 역설적으로 굿의 맥락에서 '의례적 소비'의 형식으로 달성된다. 부도 위기에 몰린 기업가가 '분수에 넘치게' 돈과 제물을 신령이 요구하는 대로 굿에 쏟는 정성이나, 평소에 신령의 은혜에 대해 무시했음에도 불구하고 '먹고 쓰고도 남게' 재수를 베풀어주겠다는 신령의 약속은 '극도의 지출을 통해 발생하는 에너지의 저변을 드러내는' 이른바 바타이유(Georges Bataille)의 '극치(consummation)'의 행동과 같은 것이다(Richman, 1982: 21. Bataille, 1991). 재수굿의 과도한 비용은 시장경제의 합리성을 위반하는 비합리적 관행이다.

바타이유는 자본주의 경제의 공리주의적인 원리와 다르게 자본의 축적보다는 비생산적인 소비에 중점을 두는 원시사회 경제를 '의례적 경제'로 설명한다. 자신의 재산을 공개적으로 파괴함으로써 호혜적인 증여교환의 의지를 표명하는 북미의 콰키우틀 인디언 부족의 포틀라치(Potlatch) 의식이나 신에 대한 자기 헌신의 표현으로 행해지는 종교적 희생제의는 '의례적 경제'의 전형이다. 바타이유는 합리적이고 타산적인 이해관계가 배제되고 재산의 축적을 목표로 하지 않는 '의례적 경제'가 진정으로 추구하는 것은 재물의 소비가 아니라 자기희생과 소진을 통한 '완전한 극치'에 이르는 것, 즉 미학적·종교적 승화에 있다고 보았다.

바타이유의 논리에 따르면 재수굿에서 신령과 단골의 영적 증여교환은 단골에게는 위기 탈출과 부(富)라는 소망을 동시에 성취하며, 신령에게는 신령으로서의 위엄과 권위를 성취하는 종교적 승화의 경지를 가능케 한다. 재수굿의 경제적 논리는 '손으로 비는 정성에 무쇠도 녹는다'는 신령의 무한한 이해심 곧 아량에 대한 믿음에 기초한다.

'소례(小禮)를 대례(大禮)로 받고 반가이 받으시는' 신령의 아량은 단지 정성을 받으니까 기쁨에 겨워 베풀어주는 것이 아니다. 신령의 약속은 인간의 먹고 쓰는 것이 모두 신령의 덕인지 모르고 사는 인간의 무지와 정성의 부족을 일깨워주기 위한 목적으로 주어진다. 즉, 응당 받아야 할 정성을 받지 못한 것에 대한 신령의 노여움의 표시와 신도의 사죄가 있은 다음에 주어지는 것이 신령의 약속이다. 그리고 사죄의 명목으로 신령에게 진 은혜의 빚을 갚는 것이 바로 단골의 정성이다.[20]

단골의 정성은 당장의 물질적 이익과 횡재를 얻기 위한 이기적인 투자가 결코 아니다. 대신 불가피하게 되돌려 줘야 하는 빚이다. 한편 무녀의 입을 빌려 신령이 "신사덕(神事德)·영천덕(靈薦德)을 입혀주겠다(굿을 한 덕을 보게 해주겠다)"고 약속한 것은 정성들인 '만큼의 크기대로' 재수와 복을 되돌려주는 것이 아니라 "부러워할 만큼 먹고 쓰고도 남을 정도로 넘치게" 단골이 소원하는 것 '이상으로 보답하는' 증여이며 신적 은혜이다.[21]

신령의 은덕은 인간의 정성에 비해 모든 삶의 영역에 미치는 관대한 것이지만, 인간의 정성은 위기에 몰린 사정이 있기 때문에 늘 모자라며 신령의 기대에 미치지 못한다. 그러나 그 위기의 상황을 통해 신령과 인간 사이의 호혜적인 관계가 유발되며, 비로소 인간은 신령의 존재와 은덕을 깨닫게 되고 그 은덕에 보답함으로써 그동안 무지와 외면에 의해 지연되었

던 상호 의존관계를 회복하는 계기가 재수굿이다.[22]

재수굿은 부지불식간에 조장된 인간과 신령의 갈등을 해결하고 화해에 이르는 과정을 연극적으로 재현한다. 여기서 '연극적'이라 함은 신령의 한량없는 아량이나 단골의 과도한 정성이 "이해타산을 따지지 않는 무사무욕의 교환이라는 진지한 허구"의 각본에 따른 상징적 의례 행위이기 때문이다(Bourdieu, 1990: 112). 그러나 사실 신령과 단골 사이의 '이해타산을 따지지 않는 무사무욕의 교환'이라는 믿음은 재수굿의 의례 구조 안에서 허용되는 "제도적으로 조직되고 인정받은 오인(misrecognition)"에서 기인한다. 신령이 넘치는 재수와 복을 베풀어줄 것이라는 단골의 확신에 찬 '오인'은 일상의 생존을 위해 문화적으로 고안된 상징적 장치라고 볼 수 있다.

그러나 신령과 단골 사이에 있을 수 있는 오인은 신령의 은혜와 신도의 정성 사이에 지연된 시간이 개입하면서 '상호 신뢰의 경제'가 구축된다(Bourdieu, 1990: 114). 상호 신뢰의 경제는 시간의 지연이라는 요소에 의해 도덕적 윤리성을 획득한다.[23] 신도들이 신령의 은덕을 망각하고 있다가 굿이 계기가 되어 다시 그 사실을 기억하고 응분의 정성으로 보답하는 의례 과정에서 나타나는 '지연된 시간'이라는 요소는 신령의 은덕을 입고 사는 사람에게 항구적인 도덕적 채무감을 부여한다. 도덕적 채무감은 지속적인 단골관계로 실현되며, 신령의 은덕에 대한 감사와 믿음인 기복신앙으로 승화된다.

8. 공감의 윤리

종교적 기복 행위는 한국 사회에서 금기시되고 부정적 행위로 인식되어왔으나, 기복에 대한 신앙인의 구체적인 삶의 맥락에서 보았을 때 나름대로의 정서 구조와 문화적 논리를 발견할 수 있다. 기복신앙은 건강과 부의 행운을 기원하는 개인에게 절실한 문제이며, 재수굿은 그러한 문제를 이해하고 실제적인 삶의 질적인 변화를 가져오는 효과적인 의례이다. 기복신앙은 불확실한 세상에 대한 설명체계이며, 무당의 공수와 굿 연행은 현재와 미래에 대한 확실성을 부여하는 과정으로 볼 수 있다. 기복신앙은 궁극적으로 현세적 복락을 기원하는 것이지만, 물질주의적이거나 공리주의적인 것이 본질은 아니다. 엄연히 신령에 대한 믿음을 기반으로 하는 하나의 종교현상이다. 또한 재수굿은 신령의 은총으로 경제적·물질적 목적을 성취하려는 공리주의적 목적을 넘어서 신과 인간 사이의 '은혜'와 '보답'이라는 상호 신뢰의 관계를 통해 서로간의 자기충족을 추구하는 종교의례이다.

그러나 무교신앙의 현세적 기복주의는 후기 자본주의 소비문화의 맥락에서 보았을 때 그 현재적인 의미를 제대로 이해할 수 있다. 소비사회에서는 물질주의적 욕망을 극대화하는 소비 윤리가 지배한다. 프랑스 사회학자 마페졸리(Michel Maffesoli)는 후기 자본주의 소비문화에서 일어나는 이러한 가치관의 변화를 '공감의 윤리(ethic of the aesthetic)'로 설명한다(마페졸리, 1997). 그에 따르면, 공감의 윤리는 보편적 도덕을 추구하는 것이 아니라 특수한 한 집단의 정서적 유대를 추구하는 것을 뜻한다. 공감의 윤리는 인간의 노동이 가치재의 생산과 재생산을 목표로 하지 않고 가치의 완전한 소진, 즉 쾌락적 소비와 한 집단의 정감적인 동감을 도모하는 데 기여한다. 후기 자본주의 소비사회에서는 이제 더 이상 미래를 위해 쾌락을 유예하는 청교도적인 금욕주의가 아니라 현재 존재하는 바대로의 세계관, 즉 현재주의가 지배적 윤리로 자리 잡게 된다.

여기서 후기 자본주의 소비사회의 현재주의적 윤리는 기복신앙의 현세적 기복주의와 일맥상통하는 면이 있다. 종교에 대한 관심을 축적된 전통에서 '현재'로 돌렸을 때 현대 한국의 자본주의 문화에서 번성하고 있는 무교적 기복신앙에 대한 '지금 여기' '있는 그대로의' 이해가 가능할 것이다. IMF 위기와 함께 한국 자본주의 문화의 표면에 부상한 기복신앙은 자본주의 시장의 공리주의적 가치를 '재수'와 '복'이라는 종교적인 상징으로 대체하고 그것을 '신령의 은혜'라는 무한한 상징적 자본으로 극대화하는 방식으로 소비의 기적을 일으킨다.

자본주의 경제와 기복신앙의 호혜성과 상호 신뢰의 도덕적 경제가 혼재하는 이러한 현상은 '경제의 혼성(hybridity of economies)'이라 할 수 있다.[24] 무교적 기복신앙은 자본주의 경제의 합리성을 위협하기보다는 합리성과 공존하면서 그 이면에 항존하는 소비의 욕망과 '기적을 대망하는 사고방식'을 '있는 그대로' 표상하고 있다. 기복신앙은 한국의 자본주의 문화의 변방에 남아 있는 미신적이거나 전근대적인 잔존물이 아니다. 무교적 기복신앙은 물질적 풍요로움과 소비 욕구의 충족을 목표로 하는 후기 자본주의 문화의 한가운데에서 활성화되고 있는 '지금 여기의' 종교이며, 또한 자본주의 시장경제의 합리성 논리에 대항하는 민중적 종교의 표현이라 할 수 있다.

결론적으로, 신도와 신령 사이에 이루어지는 '정성'과 '보답'의 호혜적 품앗이의 실천을 통해 상호 신뢰의 경지를 추구하는 무교적 기복신앙의 윤리는 자본주의 문화의 합리성의 논리에 표면적으로 대응하는 한편, IMF 위기를 겪은 한국인에게 세계 자본주의의 전면적인 포섭과 가혹한 경쟁 환경에서 생존하는 데 필요한 대안적 윤리로 작용하고 있다 하겠다.

제16장

사이버 공간의 가상 샤머니즘

1. 사이보그 무당 '사이샤'

1998년 9월 '사이샤(Cysha)'라는 이름의 사이보그 무당의 출현이 대중매체의 폭넓은 관심을 받았다.[1] 이 캐릭터는 한국의 한 인터넷 서비스회사에서 개발한 것이었다. 엘지 인터넷의 발표에 따르면, 사이보그 무당 '사이샤'는 도제관계를 마치고 산을 내려와서 9월 말부터 '채널 i'라는 인터넷 서비스를 통해서 활동할 계획이었다. '사이버'와 '샤먼'의 합성어인 '사이샤'는 열 살 정도의 애기동자로 형상화되었다.

이 가상의 사이버 샤먼을 창조한 이유는 컴퓨터 바이러스와 유해 포르노 사이트를 근절하고자 하는 컴퓨터 사용자 또는 네티즌을 돕고자 하는 '구제자' 역할 때문이었다.[2] 더불어 사이샤는 네티즌에게 부적의 사용법을 가르쳐주고 운세를 제공하는 기능을 하도록 되어 있었다. 사이보그 무당 사이샤의 탄생은 무교의 가상현실화(virtualization)를 예측하는 것이었다.

그러나 사이샤가 소개되고 몇 주도 되지 않아서 엘지 인터넷은 대중의 강한 반대에 직면했고 애초의 계획을 포기하라는 압력을 받았다. 어떤 네티즌은 사이샤 같은 미신적 캐릭터는 시대착오적인 것이며 하이테크놀로지시대의 사이버세계에는 자리할 수 없다고 믿었기 때문에 사이보그 무당이라는 아이디어에 반대했다. 또 다른 네티즌은 사이버 신비주의에 대해 걱정했다. 그러나 이 아디이어의 참신함을 지지하던 네티즌 역시 있었다.

이들은 '디지털' 부적 같은 것이 진짜 무당이 만든 구식의 '아나로그' 부적을 대체할 수 있으며, 네티즌의 마음에 위안이 될 수 있다면 사이보그 무당의 효과는 충분히 받아들일 만한 것이라고 했다.

사이보그 무당 '사이샤'의 탄생 계획은 그것이 미신이라는 대중의 비난 때문에 폐기되었지만 요즘 한국 무당들은 사이버 공간에서 활발하게 활동하고 있다. 2000년 기준으로 20개의 무당 사이트가 'shaman' 또는 'mudang'이 포함된 주소로 개설되어 있었다. 필자는 이러한 웹사이트를 가지고 있는 무당들을 사이보그 샤먼 사이샤와 대조하여 '사이버 샤먼' 또는 '인터넷 무당'이라고 부르고자 한다. 한국 사람들의 온라인 활동이 증가하면서 사이버 스페이스 무당의 사이트 수가 빠르게 증가하리라는 점은 쉽게 예측된다. 한국의 샤머니즘 유산은 첨단 미디어 기술과 정보사회의 뒷마당으로 사라지는 대신, 이제 시작 단계이기는 하지만 사이버세계에서 생존하면서 중요한 변화를 경험하고 있다.

물질적인 풍요와 기술적인 진보에도 불구하고 인간은 여전히 불안과 삶의 불확실성에 대한 궁극적인 해답을 찾고 있다. 종교적 상상력은 정보기술의 시대에서도 현실을 넘어서고자 하는 인간의 욕망에 계속해서 자양분을 제공하고 있는데, 그것은 범세계통신망(World Wide Web) 또는 일반적인 의미의 인터넷과 같은 전자통신과 하이퍼미디어 환경을 통해 구성되는 가상현실을 말한다. 그리고 이러한 현상은 "테크그노시스(techgnosis)"(Davis, 1998), "전자 LSD"(Rheingold, 1991: 353) 또는 "전자 엑스터시"(Baudrillard, 1983) 등으로 개념화되기도 한다.

사이버 공간에서 이루어지는 무당의 활동이 비록 2000년까지는 소규모일 뿐이며 주류의 전통적 무당과 무교 연구자들에게는 소홀하게 취급되고 있지만 한국 무교의 유산이라는 관점에서 검토할 가치가 있다. 이 장에서 필자는 사이버세계에서 무교의 유산에 일어난 변화들을 검토하고 이러한 변화가 무교 유산 그 자체에 어떤 영향을 미치는지 고찰하고자 한다. 먼저, 사례 연구를 통해서 사이버 공간에서 이루어지는 무교적 활동의 유형과 특징을 검토할 것이다. 다음으로, 가상 종교성(virtual religiosity)에 대해서 논의한 뒤 무교의 가상적 변화에 대한 전망을 제시하고자 한다. 사이보그 사이샤의 시대가 아직 오지는 않았지만 새로운 삶의 환경, 즉 하이퍼미디어 환경에서는 그 출현을 예견할 수 있을 것이다.

이 장은 2000년의 연구 내용을 바탕으로 하고 있어서 시점이 2000년에 맞춰져 있음을 밝힌다. 당시의 인터넷 무당 사이트 대부분은 현재 폐쇄되었다. 그러나 2018년 현재 유튜브나 페이스북 등의 활동은 더욱 활성화되고 있다.

2. 사이버 공간의 샤먼 활동: 사례 연구

1996년 이래 한국에서는 인터넷 사업과 컴퓨터 사용자가 증가하는 경향에 따라 사이버 샤먼의 활동 역시 급증했다. 1996년에 인터넷 홈페이지를 최초로 열었던 무당은 40세의 박수무당 부채도사이다. 그의 홈페이지는 2000년 2월에만 16만 3천 건의 조회수를 기록했다. 인터넷 무당 사이트의 인기는 젊은이들의 파산과 고용문제가 극심했던 1998년 IMF 시기에 폭발적으로 증가했다. 홈페이지를 열었던 인터넷 무당들은 대개 전자통신과 사이버 라이프스타일에 익숙한 20대와 30대였다. 이들에게는 손님을 인터넷상으로 만나는 것이 직접 손님을 대면하는 과거의 상담 유형보다 더 자연스러운 것이었고 선호되었다.

사이버 스페이스 무당의 웹사이트는 두 가지 유형, 즉 정보전달형과 상업형으로 나뉜다. 정보전달 유형의 사이트는 주로 한국 무교의 역사와 종교적 전통에 대한 일반적인 정보를 전달하는 데 초점을 맞추고 있다. 이런 유형의 사이트는 보통 인간문화재로 지정된 무당들이나 전국적인 무교 연합체에 의해 운영된다. 그러나 대부분의 사이버 스페이스 무당 사이트는 상업적인 유형에 속하며, 여기에서는 온라인 부적을 판매하거나 유료로 이메일 상담 서비스 등을 제공한다.

1) 정보전달형 사이트: 한국 무교에 대한 일반적 정보 제공

정보전달형 무교 사이트에서는 사이트 개설의 목적이 한국 무교에 대한 일반적인 정보 제공임을 명시하고 있다. 대중, 특히 젊은 세대의 네티즌이 이런 정보에 쉽게 접근하기 어렵기 때문이다. 또 하나의 목적으로 미신이나 유사종교로 무교를 이해하는 시각을 교정하려는 의지를 갖고 있음을 밝히고 있다. 전형적인 사이트로서 경기도당굿 사이트(http://www.mudang.com. 현재 운영폐쇄)를 들 수 있다. 도당굿보존회에서 운영하고 있는 이 사이트에는 도당굿의 연행과정에 대한 상세한 기술과 아울러 전승과 교육을 담당하고 있는 인간문화재 오수복 선생의 생애사가 소개되어 있다. 무교 관련 용어를 설명하는 참고 메뉴와 함께 외국인을 위한 영어 설명도 제공하고 있다.

일종의 포털사이트로서 전국토속종교연합(National Asscociation of Indigenous Religion)이 운영하는 'Korean Shamanism(http://shamanism.view.co.kr.현재 운영폐쇄)' 역시 정보전달형에 속한다.[3] 이 사이트는 '굿의 조화와 엑스터시를 추구하는 한국 무속의 세계' 부분과 '한국의 유명한 무당들' 부분으로 구성되어 있다. '한국 무속의 세계' 부분은 한국 무교의 역사, 굿의 구조, 굿의 다양한 장르, 무교 신령이라는 네 개의 하위 섹션에서 다소 학문적인 글쓰기 양식으로 한국 무교에 대한 일반적인 정보를 제공한다. '한국의 유명한 무당들' 부분은 전국토속종교연합회 주요 회원 무당들의 개인적 프로필과 특장점을 소개한다.

'한국의 유명한 무당들'에는 수백 명의 무당 이름이 무당들의 신당과 사무실 지역 순으로 소개된다. 소개된 무당들은 인격, 영험함, 사회봉사, 예술적 능력 같은 종교 사제의 덕목과 관련해서 충족된 기준에 따라 세심하게 선택된 것이다. 개별 무당의 홈페이지에는 무당의 개인사와 특장점 및 찾아오는 길과 같은 정보들이 제공된다. 웹사이트의 매니저는 게시판(BBS)을 설치·운영하여 무당들의 굿 스케줄을 알리기도 하며 무교에 대한 질문에 답을 제공하기도 한다. 어떤 방문자라도 웹사이트의 매니저에게 질문을 하거나 관련된 의제를 토론할 수 있다. 1999년 12월에는 방문자의 수가 9,524건이었으며, 사이트 매니저가 새로운 무당들을 업데이트함으로써 조회 건수가 점차 증가하고 있다.

정보전달 유형의 사이트에 사이트를 개설한 배경 이야기나 원래의 의도가 제공되고 있는 섹션이 있다는 점은 언급될 필요가 있다. 이런 서사들의 공통된 주제는 무교에 대한 사회적 편견에 대해 무당들이 애통해 하며, 무교가 한국의 토속 종교이자 전통 문화라는 주장이다. 상업적 유형의 사이트에서도 무교에 대한 일반적인 정보뿐만 아니라 사회적 편견을 향한 비슷한 억울함과 분노의 서사가 포함되어 있다.

2) 상업적 사이트: 부적 판매와 상담 서비스

상업적 유형의 무교 활동에는 부적 판매와 유료 상담 서비스가 있으며, 정보전달 유형의 사이트보다 더 인기가 있다. 서비스에 대한 가격 책정 방식 때문에 유사 무교라는 의심을 받기도 하며 유명 무당들이 벌이는 자기 정화 캠페인의 대상이 되기도 했다. 부정적인 선입견에도 불구하고 사이버 공간에서 이루어지는 부적 판매와 상담 서비스는 무교의 활동을 대중화시키는 일반적인 방법이 되었다. 전형적인 몇 가지 사례를 소개해본다.

사례1. 돌마니 집

- 여기에 행운 부적이 있습니다. 현대 사회에서 이것을 낯설게 여길 수도 있을 것입니다. 그러나 지금 여러분의 나쁜 운이 좋은 운으로 바뀔지 누가 알겠습니까? 나이에 맞춰서 부적을 선택하십시오. 게다가 돌마니께서는 매일매일 필요한 다양한 부적을 제공하고 있습니다. 필요하시다면, 이메일을 보내시거나 방문자란에 이름을 남겨놓으십시오.
- 매일 사용하는 부적: 매월 1일부터 30일까지 유용한 30개의 행운부적.
- 이사, 대학입시, 결혼, 연애, 새 가구, 새 옷, 새 차, 새 직업, 승진, 우정, 출산, 여행, 사업, 학교 시험, 생일, 부, 학교성적 등에 유용한 18개의 부적.
- 가격: 48종의 부적 가격이 4,800원

사례2. 백암관 집

- 상세한 것을 알고 싶다면 부적을 클릭하시오.
- 먼저, 원하는 아이템을 선택하시오. 아이템 상자를 클릭하시오. 클릭하시면, 부적이 먼저 보입니다. 결제하시기 전에 먼저 가격표가 나옵니다.

  소원성취부 가격: 10,000원

  삼재예방부 가격: 10,000원

  행운부 가격: 10,000원
- 아울러, 상담 서비스도 있습니다: 개인문제(요금: 5,000원), 궁합(요금: 10,000원), 작명(50,000원), 등
- 둘째, 하단에 보이는 계좌번호로 결제하시오. 입금이 확인된 후 세세한 상담 내용이 발송됩니다.

이들 두 사례는 부적과 상담의 사이버 거래의 전형적인 양상이다. 개인의 사주 정보를 보내고 무당의 계좌에 온라인으로 입금한 뒤 웹사이트에서 원하는 부적 아이템을 클릭하면, 컴퓨터를 켤 때마다 스크린에 부적이 나타나는 것이다.

『주역』 같은 중국 철학의 원리를 따르는 사이버 점 서비스 종류도 있다. 백화점과 놀이공원에서 컴퓨터를 발견하는 것이 더 이상 낯선 일이 아니다. 컴퓨터 점은 대중이 모이는 장소에서 광범위하게 사용돼왔지만, 인터넷 덕택에 그 능력이 급격하게 확대되었다. 사이버 공간에서는 실시간으로 점을 보는 것이 가능해졌으며, 사람들은 사이버 공간을 항해하면서 우연히 또는 호기심으로 점술 사이트에 방문할 수 있다. 점술가의 사이트는 누구에게나 개방되어 있으며 무교에 대한 사회적 편견으로부터 자유롭기 때문에 사이버 부적 판매나 상담이 증가할 가능성은 매우 높다.

온라인상의 무교활동은 무당이 사이트를 개설하는 데 필요한 인원이나 장비의 측면에서 쉽고 저렴하기 때문에 발전했다. 정보 전달과 상업적 목적을 위해 인터넷이 가진 여러 가능성의 혜택을 보았던 최초의 사이버 무당은 김광수라는 본명을 가진 부채도사이다. 그는 자신의 홈페이지(http://members.iworld.net/moodang. 현재 운영폐쇄)를 1996년에 개설했다.

40세의 박수인 그는 무당이 되기 전에는 작은 규모의 회사에서 영양사로 짧게 근무했다. 그러나 여러 환영이 꿈에 나타나는 신병이 심해지자 직장을 그만두었다. 꿈속에서 할아버지가 나타나 산으로 올라오라고 했고 나중에는 신령과 조상이 나타났다. 어머니 또한 무당의 고단한 삶을 잘 알고 있는 무당이었지만, 결국에는 아들의 운명을 받아들였다. 그리고 내림굿을 준비해주었다. 무당이 된 뒤 그의 인생은 부침의 연속이었으며 사회로부터도 소외되었다. 가볍게 술 한 잔을 하거나 사람들을 만나고 집에 돌아오면, 몸주신령인 대신할아버지가 매섭게 꾸짖곤 했다. 그래서 그는 더 이상 외출을 하지 않게 되었다. 그는 아직 젊고 연애에도 관심이 있다. 그러나 모든 세속적 관심과 감정이 금지되었다.

그래서 고독한 밤이 되면 소일거리로 컴퓨터를 켜고 웹서핑을 했다. 그 당시는 미디어에서 미래의 인터넷 확산을 홍보하기 시작되던 초기였다. 그는 자신만의 웹사이트를 개설한 개인적 동기를 다음과 같이 설명한다.

> 한번은 종교 사이트를 우연히 방문한 적이 있어요. 기독교, 불교, 통일교, 다른 종교들을 제외하고 무속에 대해서는 아무런 정보가 없었습니다. 그래서 무속이 무엇인지 사람들이 이해할 수 있는 사이트를 개설해야겠다고 생각했습니다.

그러나 그의 인터넷 사이트는 개설한 즉시 무교에 대한 뿌리 깊은 사회적 편견에 부딪혀야 했다. 부채도사가 사이버 공간을 수단으로써 세상을 속이고 사람들을 현혹한다는 것이었다. 초창기의 부정적인 반응에도 불구하고 이 사이트는 네티즌 사이에서 인기를 얻었다. 개설하고 3개월이 되었을 때 1만여의 조회수를 기록했다. 인터넷세계에서 명성을 얻게 되자 주간 잡지나 월간 잡지사들이 경쟁적으로 그의 개인사와 온라인 점술에 대해 보도했다. 그의 홈페이지는 부채도사 다음에 등장한 인터넷 무당들에게 모델이 되었다.

부채도사는 홈페이지를 개설한 최초의 동기가 무교에 대한 정확한 정보를 제공하는 것이었다고 말한다. 두 번째 목적은 다른 종교단체들이 무교에 대해 가지고 있던 편견을 변화시키고 다른 종교에 대해 열린 자세를 가지도록 설득하는 것이었다. 요약하면, 그가 인터넷 서비스를 시작한 것은 보다 광범위한 대중과의 종교적 대화에 대한 기대에서 비롯되었던 것이다. 그는 사람들이 일상적인 어려움을 극복할 수 있도록 도와주는 영혼의 상담자로서, 그리고 조화의 종교로서 무교를 이해할 수 있도록 가르치는 무당의 주된 기능을 강조한다.

그의 인터넷 사이트는 '이메일 상담('영혼 상담')', '한국 무속', '신비한 부적', '한국의 민속문화', 그리고 '신문기사' 등의 하위 메뉴로 구성되어 있다. 부적과 이메일 상담을 제외한 모든 메뉴는 일반적인 정보로 구성된다. 신비한 부적 메뉴는 디스플레이용일 뿐 다운로드나 판매용은 아니다. 만약 특정한 부적이 필요한 경우에는 부채도사와 이메일 상담 메뉴를 통해서 상담을 할 수 있다.

이메일 상담 메뉴는 네 가지 아이템을 가지고 있는데, 개인관계 및 가족관계의 문제부터 사업 투자와 부동산 매매 등과 관련된 상업적 거래문제를 아우르고 있다. 한 가지 특별한 아이템이 있는데, 이것은 굿과 기도에 대한 상담이다. 이 경우에는 상담료가 정해져 있지 않다. 실제로 부채도사와 손님들 사이에 오프라인 접촉이 있음에 틀림없다. 부채도사는 인터넷 서비스를 시작한 처음 2년 동안에는 홍보를 위해 무료 상담을 제공했지만 사이트가 유명해진 뒤에는 유료 상담으로 전환했다. 상담료는 사례에 따라서 2만 원부터 5만 원까지 책정되었다.

'영혼 상담' 메뉴에서는 손님과 온라인과 오프라인을 결합한 소통방식으로 상담을 진행한다. 손님들이 자신의 문제에 대한 개인적인 메시지를 보내면, 부채도사는 그 메시지를 읽는 순간 떠오르는 영감에 따라 장문의 답신 이메일을 보낸다. 처음에는 부채도사 스스로도 손님을 대면하지 않고 점을 치는 것이 가능한가에 대해 의구심을 가졌다. 타이핑을 할 수 있는 무교 신령이 없기 때문에 확신하지 못했던 것이다. 그러나 머지않아 자신의 망설임과 의구심이 잘못되었다는 것을 알게 되었다. 이메일 메시지를 받을 때마다 몸주신령은 즉시 올바른 점괘를 내주었다. 한 사례로 직장을 그만두고 대학원 공부를 위해 유학을 갈지 말지를 고민하던 한 남성을 상담한 적이 있었다. 이메일 메시지를 읽는 순간 부채도사는 그 남성이 국내에 남아 있는 게 낫다는 점괘를 받았다.

사이버 공간에서의 부채도사 활동 사례에서 오프라인에서 이루어지는 일반적인 무교활동이 계속되고 있음을 발견할 수 있다. 부채도사의 사이트는 한국 무교의 관례들을 넘어서지 않는다. 그는 손님들과의 사적인 접촉을 선호하며 온라인 부적 판매에 대한 생각을 거부하는 것으로 보인다. 사이버 부적은 영험함이 없는 유사 부적이라는 생각 때문이다. 그는 무교 부적은 무당이 기도를 하면서 노란 종이 위에 주사(朱砂)로 쓴 경우에만 효과가 있다고 주장한다. 사이버 부적은 사기라는 것이다. 그래서 그는 농담처럼 사이트 유저들에게 70가지의 부적을 화면 보호기용으로 다운로드하라고 제안한다. 또한 종종 새로운 부적을 제작하여 사이트 유저들에게 무료로 배포한다. 그에 따르면, 사이버 부적은 사람들의 호기심을 만족시키는 수단일 뿐 판매용은 아니다. 즉, 실제 무교 부적을 광고하는 효과만을 가지는 것이다. 부채도사는 자신이 이미지만을 가진 유사 부적을 제작·배포하는 의도는 사이트 유저를 환대하는 것이자 무교 자체에 대한 일반적인 이해를 증진시키고자 하는 것이라고 명시하고 있다.

3. 가상 샤머니즘의 사회적 함의

무당의 상담과 부적 판매에 한해서 볼 때 인터넷 무당과 현실 속 무당 사이에는 약간의 차이점이 있는 것으로 보인다. 이들의 공통적인 특징은 상업적 활동이라는 점이다. 무교의 상업화 과정에서 1980년대 초반 전화 상담이 유행했는데, 이것은 무당과 손님이 직접 대면하지 않고 하는 것이다. 전화 상담은 무당 개개인이 대중 잡지를 통해 자신의 활동을 광고하기 시작하면서부터 광범위하게 확대되었다. 모든 것이 상품으로서 가치를 가지며 교환될 수 있는 소비문화의 환경에서 종교적 영역 역시 예외일 수 없다. '오늘의 운세', '동양철학', '토정비결', '점성술과 운세', '연애결혼궁합', '운세철학' 등의 제목을 단 '칠공공(700)' 전화상담 서비스가 가정과 사무실에서 광범위하게 이용되었다. 전화 운세 서비스는 인터넷 사용자의 증가에 따라 인터넷 서비스로 급속히 대체되었다. 인터넷 무교 서비스가 이루어진 초창기에는 여러 인터넷 사이트가 광범위한 종교적 서비스를 제공하는 데 활용되었지만, 얼마 되지 않아 사이버 상담에 집중했을 것으로 생각된다.

사이버 스페이스 무당의 출현은 무교의 가상적 변화(virtual transformation)를 예고하며 무교 연구의 새로운 패러다임을 요청한다. 점증하는 사이버 공간 내 무교활동은 내부로부터 무교의 변화를 가져왔다. 사이버 공간에서 무교활동은 종교적 의례의 서비스보다는 개인적 엑스터시를 체험할 수 있는 힘의 획득과 심리적 상담에 치중하는 경향이 있다. 하너(Michael Harner)의 용어를 차용하면 네오 샤머니즘으로 불릴 수 있는 이런 경향이 전통적인 한국 무교를 대체하고 있다.[4] 필자는 한국의 사이버 스페이스 무당을 네오 샤먼의 한 유형으로 본다.

사이버 공간에서 네오 샤먼은 원치 않았지만 어쩔 수 없이 수용해야 하는 입무과정과 신병이라는 무당의 일반적인 길을 따른다. 그러나 무당으로서 커리어를 쌓아가는 다음 단계에서는 각각의 개성을 갖는다. 인터넷 사이트에 기술된 자기소개에 따르면, 네오 샤먼들은 '신선생'이나 '신부모'의 지도 아래에서 장기간의 도제관계라는 고전적인 방식보다는 자기들 스스로 뉴에이지 심리학 서적이나 종교 서적으로부터 지식을 습득하여 커리어를 형성해가는 경향이 있다. 그래서 대부분의 네오 샤먼은 무교의례인 굿에 대해 잘 알지 못하거나 굿을 할 수 있는 기술을 갖지 못한다. 이들은 자신들이 중요하게 여기는 일을 '영적 상담'이라 부른다.[5] 게다가 손님들 역시 이런 상담을 굿이나 고사보다 선호하는데, 상담이나 부적 구입비용이 훨씬 덜 들기 때문이다. 상담하는 데 드는 비용 3만 원과 굿의례를 하는 데 드는 최소 비용 300만 원을 비교해보라.

네오 샤먼은 행운 부적이나 건강 또는 연애 부적 같은 개별화된 전문 영역을 가지고 있다. 이런 종류의 특화된 활동은 개별 손님과의 상담에 보다 쉽고 편리한 접근성을 의미한다. 전통적인 무당들은 개인 사무실이나 신당에서 특정한 집단 또는 성격의 손님을 상대하며, 주된 손님 집단은 보통 개인이나 가족 문제에 초점을 맞추고 관심을 가진 가정주부나 중·하층계급의 사람들이다. 최근에는 이 손님집단에서 사업가들의 비율이 높아지고 있다.

그러나 네오 샤먼은 다양한 사회·경제적 배경을 가진 더 광범위한 범위의 손님을 상대하며 나이, 성별, 직업 또는 종교에 따라 제한되지 않는다. 네오 샤먼의 손님은 기본적으로 사이버 공간을 항해하는 사람이면 누구나 될 수 있다. 그래서 샤먼과 손님 사이의 온라인 관계는 언제나 즉시적이고 편하게 이루어진다. 어떤 경우에는 온라인 무교 서비스가 오프라인의 직접 대면관계로 확대되기도 하지만, 사이버 네오 샤머니즘 활동에서 주된 강조점은 온라인 상담에 있다.

인터넷상의 무교활동의 인기는 사이버 공간의 순수한 특성, 즉 가상화(virtualization)와 탈영역화(deterritorialization)에서 비롯된 것일 수 있다. '사이버 공간'은 디지털 정보로 구성되며 전자 장비에 의해 운용되는, 전 지구적인 통신망을 가진 인공적이고 가상적인 공간으로 정의할 수 있다.[6] 사이버 공간에서 인간의 감정과 경험은 어떠한 참여자도 접속할 수 있는 정보로 변환된다. 그래서 여기에서는 실제 시공간, 실제 인간 주체와 물질적 대상의 가상화가 일어난다. 가상화는 '외면화(becoming other)'를 의미하며,

탈영역화는 이와 관련된 '시공간적 현상'을 의미한다(Levy, 1998: 17). 사이버 공간은 내적인 경험적 실재를 외재화하고 외적인 실재를 내재화한다. 이처럼 실재와 경험의 위치가 바뀌기 때문에 사이버 공간에서는 통일성, 정체성, 장소성 등의 관념이 모호하게 되며, 또한 정보의 흐름이 우주적으로 개방된다. 바로 이것이 사이버 공간의 탈영역화이다.

사이버 공간에서의 가상화와 탈영역화는 인간의 의식과 생활양식에서 패러다임의 변화를 가져온다. 사이버 문화는 단순히 사이버 공간에서 이루어지는 국지화된 특정 영역의 문화만을 의미하지 않는다. 그것은 시간과 공간의 측면에서 탈영역적이고 초월적인, 전적으로 새로운 생활양식의 패러다임을 예시한다.

관습적인 소통의 장벽은 사라진다. 누구나 언제든 모든 정보에 접속할 수 있다. 컴퓨터 네트워크를 클릭하고 사이버 공간을 항해하면 누구든 개인적인 목적을 위해 정보를 수집하고 활용할 수 있다. 인터넷 항해사들은 정보의 전달자이자 동시에 수신자이다. 정보의 원(原)지점은 존재하지 않는다. 상호간의 정보 교환을 평등화시키는 효과는, 최초의 정보가 복제 정보가 되며 복제 정보가 다시 최초의 정보가 되는 방식으로 끝없이 배열된 정보의 연결고리들을 생산한다. 중심과 주변의 경계는 모호해지며, 그래서 둘 사이의 상호 침투가 이루어진다.

사이버 공간 내 무교활동과 관련하여 의미심장한 가상화의 영향은 사이버 공간이 주변 집단과 소수 종교의 성장을 촉진하는 민주적인 환경을 조성한다는 점에 있다. 인터넷은 정보 처리 속도와 확장력이라는 측면에서 신문과 텔레비전 같은 다른 어떤 매체보다 우월하다. 사이버 매체는 실시간으로 이루어지는 피드백 과정 때문에 대중의 의견을 형성하는 데 그 무엇보다 효과적이다. 사이버 공간에서는 즉각적인 질문과 답변이 용이하다. 한국인은 시공간의 제약과 노출에 대한 염려로 현실세계에서는 직접 무당을 방문하는 일을 꺼린다. 그러나 사이버세계에서는 이와 같은 한계나 주저함은 문제되지 않는다. 물리적·도덕적 장벽이 사이버 공간에서는 붕괴된다. 마찬가지로 사이버 스페이스 무당들도 보다 쉬운 방식으로 방문 손님을 응대하고 사회적 편견으로부터도 자유롭다.

전형적인 사이버 스페이스 무당인 부채도사는 사이버 공간 내에서 이루어지는 상호 소통의 사회적 효과를 잘 알고 있는 것으로 보인다. 그는 무교 그 자체의 진정성(authenticity)을 강조하지 않는다. 대신, 겸손하고 편안한 어조로 종교에 대한 다소 균형 잡힌 시각을 표현한다. 컴퓨터 스크린 위에서 자신의 인터넷 사이트의 목적을 다음과 같이 말하고 있다.

> 문명의 이기를 이용해서 나는 무속에 대한 편견을 바꾸고, 우리 민속문화에 대한 적절한 이해를 확산시키고 싶었습니다. 나는 이것(인터넷 서비스)이 무속이 무엇인지 모르는 사람들을 가르칠 수 있는 가장 효과적인 방법이라고 생각했습니다. 그리고 내 계획은 지금까지는 꽤 성공했다고 볼 수 있을 것 같습니다.(웃음)
>
> 저는 여러분이 터무니없어 보이는 제 계획을 도와주실 거라고 믿습니다. 무속을 미신이나 유사 종교라고 멸시하는 것은 개인의 자유일 것입니다. 그러나 제발, 무속이 살아 있는 종교현상이며 지금도 한국인의 정맥 안에 생생하게 살아 있는 원초적인 종교 신앙이라는 점을 일부러 무시하지는 말아주십시오. 비록 우리가 과학이 지배하는 세상에 살고 있지만, 무속 말고도 과학적 논리가 설명할 수 없는 신비한 영역이 존재합니다. 저는 진짜로 다른 종교인들이 무속을 멸시하는 일을 멈춰달라고 요청합니다. 저는 여러분이 제 사이트에 그냥 가벼운 마음으로 들러 아 이런 것이 있구나 정도만 해주셔도 좋습니다. 저는 여러분이 마음을 열고 편견을 버려주시기를 바랍니다.

일반적인 인터넷 대중에 대한 그의 호소는 단언적이거나 강제적이라기보다는 다소 변론적이고 겸손하다. 그는 사이트 방문자들이 사이버세계에 무교가 현존하고 있음을 확신시키고자 하며, 나아가 자신이 가진 무교 점술의 철학을 다음과 같이 정당화한다.

> 사이버 점은 재미나 호기심 만족을 위한 것이 아닙니다. 우리의 인생은 너무도 값진 것이어서 세상 그 어떤 다른 것으로도 대체할 수 없습니다. 비록 운명이 정해졌다고 하더라도 그것과 조화를 이루고 개선되도록 노력해야 합니다. 우리의 노력 여하에 따라서 운명은 변할 수도 있습니다. 이메일로 하는 제 점을 주역점에 기반을 둔 다른 사이버 운세와 비교하지 말아주세요. 인터넷 부채도사는 점쟁이가 아니라 '강신무당'입니다. 부채도사의 상담은 책임감을 가지고 이루어지며, 당신의 운명을 변화시키고 삶을 개선하는 데 도움을 줄 것입니다.

이렇게 부채도사는 도덕적 감수성을 지닌 강신무당으로서 자신의 정체성을 강조한다. 그는 사이버 공간에서 매매되는 부적의 영적인 효과를 무시하면서 자신의 사이버 점이 가진 진정성을 전하고 있다. 그러나 그 역시, 비록 자신의 인터넷 서비스에서 소소한 부분만을 차지하고 있지만 오프라인으로 부적을 판매하고 있다. 온라인 부적 판매와 자신의 오프라인 부적 판매를 문자 그대로 차별화시키면서 그는 전통적인 무교의 마지막 보루에 기대고 있는 것처럼 보인다. '상업주의는 진정한 한국 무교의 특징이 아니다'라는 것이다. 그럼에도 불구하고 부채도사의 인터넷 활동은 가상의 무교로 자기변형 중인 한국 무교의 한 끝에 위치하고 있다.

4. 가상적 종교성의 본질

무교활동의 가상적 변화는 사이버 공간과 가상적 종교성의 특성에서 연유한다고 할 수 있다. 사이버 공간에서는 '실제 현실(real reality)'의 헤게모니가 없으며 가상현실이 지배한다. 가상세계는 '실제 현실'의 가치체계만을 가진 채 교차로에서 머뭇거리며 서 있는 사람들에게는 미지의 영역으로 남아 있다. 가상현실은 우리의 의식을 확장시켜줄 뿐만 아니라 사람과 세계에 대한 우리의 이해를 근본적으로 변화시킨다.

인터넷 정보 제공자와 소비자는 사실 사이보그(cyborg), 즉 신체를 가진 인간과 인공적인 지식의 혼성물로 변화된다. 사이보그는 정신과 신체, 인간과 로봇, 인간과 초자연적 존재의 이원론에 근거해서는 쉽게 식별할 수 없는 지적인 기계(intelligent machine) 또는 "사이버네틱 포스트휴먼(cybernetic posthuman)"(Hayles, 1999: 2)이다. 이는 또 다른 인간 주체성의 구축을 의미한다. 여기서 정보가 실체를 잃는 경우 "인공지능을 가진 포스트휴먼을 구축하는 체화(embodiement)는 경시되거나 삭제된다"(Hayles, 1999: 5). 현실의 자아와 사이버 공간에서 만들어지는 포스트휴먼 사이에는 연속성과 불연속성이 끊임없이 교차하는 가운데 자유로운 인간 주체가 가상현실의 맥락 안에서 구성된다. 사이버 공간에 거주하는 네티즌은 모두 사이보그가 된다(Taylor, 1999: 132).

개인적이고 사회적인 정체성(젠더, 연령, 인종, 국적, 지역, 공동체) 또는 종교적 신앙의 애매함으로 인해서 사이보그 네티즌은 가상적 소통의 효과와 즐거움을 누릴 수 있다. 모두가 모든 정보를 어디에서든 접속할 수 있다. 모두가 어디에나 있게 된다는 것은 가상현실의 꿈이다. 전지전능함이 아무데도 없는 것이 아니라 어디에나 있다. 레인골드(Howard Rheingold)가 주장하듯이, 하나 안에 모든 것을 담고 있는(all-at-oneness) 인터넷은 '유체이탈 경험의 형식' 또는 '원격현실(telepresence)'이다(Rheingold, 1991: 256). 소통매체로서 원격현실은 원래 의료 수술을 위한 원격탐사용으로 발명되었지만 사이버 공간이나 가상현실의 전형적인 소통체계를 예시한다.

먼 지역에서도 현전의 경험을 가능케 하는 원격현실은 '기술의 숭고함'에 대한 인식을 불러일으키는데, 보드리야르는 이 인식의 순간을 '커뮤니케이션의 엑스터시'라고 표현한다(Baudrillard, 1983). 이 표현을 통해서 보드리야르가 의미하는 것은 소멸의 양식, 해체의 경로, 형식의 초월이다. 그래서 엑스터시는 단순히 종교경험의 실제 형태일 뿐만 아니라 가상적 종교성의 본질적인 특성이기도 하다.[7]

최초의 영적 사이보그는 아마 성스러움의 접신술사(ecstatic technician) 샤먼이었을 것이다(Davis, 1998: 132). 고대적 접신술이라는 엘리아데의 명쾌한 샤머니즘 정의에 따르면, 샤머니즘은 가상현실 그 자체로 구성되기 때문에 사이버 문화의 영역에 손쉽게 진입한다. 고통스러운 신체 변화를 수행하는 샤먼의 엑스터시와 사이버 공간의 엑스타시를 비교하면서, 레인골드는 사이버 공간의 엑스타시에 내재한 순수한 기쁨을 다음과 같이 언급한다.

> 가상현실은 천상의 아폴론 문명으로부터 오랫동안 억압된 디오니소스적 에너지를 **안전하게** 해방시킬 수 있는 최초의 건전하고 통합적이며 **병리적이지 않은 형태의 엑스터시**가 될 수 있다(Rheingold, 1991: 356. 필자 강조).

가상현실이 지배하는 사이버 문화는 본질적으로 샤머니즘적이다. 가상현실은 일상적 현실의 틀(frame)을 깬다. 사람들은 사이버 공간에서 자신의 육체뿐만 아니라 정신에서도 벗어난다. 사이버 공간에서 사물과 정보의 세계는 '테크노코스모스(technocosmos)'를 창조한다. 이 테크노코스모스는 정보기술에 의해 구축된 보편적인 컴퓨터 연결망이며, 끊임없이 유동하는 정보가 흐르는 투명한 소통공간이다(Levy, 1998: 60). 테크노코스모스 안에서는 이전의 모든 장벽과 경계의 범주가 무너지고 새로운 범주들이 끊임없이 생성·소멸하면서 끝이 닿지 않는 가상의 존재정보(beings-information)의 바다로 통한다. 이와 같이 테크노코스모스는 개방적이고 다원적인 문화를 창조하면서 존재의 변증법처럼 성장한다. 가상현실의 바다에서 개별적인 사이버 항해사들은 다원적 정체성 및 주체성으로서 구성된다.

사이버 공간에서 이루어지는 종교활동에서는 사제와 평신도, 지배 종교와 주변 종교 사이의 위계적인 관계가 더 이상 배타적으로 적용되지 않는다. 또한 평등의 정신이 모든 삶의 영역에 관습적으로 존재하는 불평등 구조를 압도한다. 한 명의 사이버 항해사가 정보의 제공자이자 수신자로서 이중적 역할을 하기에, 인터넷 사이트의 어떠한 종교적 스승이라 할지라도 방문자에 대해 우월한 지위를 주장할 수 없다. 종교적 스승은 이러한 사이버세계의 민주적인 환경에 민감해져야 할 필요가 있다. 영적인 세계에 대해 종교적 스승이 가진 비의적인 지식은 손상되지 않은 채 남을 수도 있지만, 사물과 사건들이 끊임없이 스스로를 초월해서 성장하고 확장하는 '커뮤니케이션의 엑시터시' 안에서 그 지식의 지속적인 수정은 예정되어 있다.

더욱이 수평적인 정보망은 실제 종교와 가상 종교의 동시발생적(synchronous)이고 다원적인 모태(matrix)를 예시한다. 사이버 공간의 종교활동이 막 시작되던 단계에서는 사이버 스페이스가 주로 실제로 이루어지는 종교적 의례나 선교활동을 확장하는 데 보조의 수단으로 활용되었다. 그러나 사이버 종교는 내·외적으로 기성 종교들의 근본적인 변화를 초래할 수 있다. 사이버 공간에서는 정보에 대한 접근의 편리성으로 인해 사람들은 웹사이트에 소개된 모든 종류의 종교를 통해서 더 많은 종교의 자유와 선택을 누릴 수 있기 때문이다. 사이버 공간은 신앙의 원칙과 실천이라는 측면에서 종교 다원주의를 촉진시킬 수도 있다. 특정 종교의 교리와 신앙은 정보로 변환되며, 그 정보는 소속된 종교 전통과 무관하게 누구라도 접근 및 활용이 가능하다.

새로운 형태의 종교는 그러한 다양한 정보의 원천들의 조합으로 쉽게 창조될 수도 있다. 종교적 신앙이 개인적인 이유에 따라 편리하게 형성되고 폐기될 수 있기 때문에, 개종 역시 교회나 성직자들과 갈등 없이 쉽게 일어날 수 있다. 사이버 공간에서 사이버 불자가 동시에 사이버 '샤머니스트'이거나 사이버 기독교인이 되는 것은 쉬운 일이며, 그 반대 역시 마찬가지다.

사이버 종교 내에서 체화(embodiment)와 자기동일성(identification)의 삭제는 들뢰즈(Gilles Deulueze)와 가타리 (Felix Guattari)가 '기관 없는 신체(body without organs)'라고 불렀던, 다시 말해 '다양한 욕망의 기계 안에 산발적으로 분산되어 존재하는 주체성의 해방적 잠재력'을 구축하는 데 도움이 된다(Hayles, 1994: 4에서 재인용). 종교 다원주의의 대의와 종교적 통합의 꿈은, 사이버 스페이스라는 다원적 모태의 해방적 잠재력으로 성취될 수 있다.

5. 가상적 무교를 전망하며

도입부에 소개했던 에피소드로 돌아가보자. 폐기된 사이보그 무당 사이샤와 비교했을 때, 사이보그 그리스도 또는 사이보그 붓다가 인터넷 서비스에 출현한다고 해도 사람들은 그처럼 격렬한 혐오감을 표출할까? 사실, 이미 여러 개의 사이버 불교사찰 및 기독교 교회가 사이버 공간에 출현하여 활동해왔다. 불자 네티즌은 그 안에서 사이보그 붓다를 숭배할 수 있으며 석가탄신일 법회에도 참석할 수 있다. 만약 하나의 종교로서 무교에 대한 완강한 반감이 사라지고 무교활동이 많은 사이버종교 가운데 하나로 인정받는다면, '사이샤' 같은 사이보그 무당과 사이버 무교 신당이 나타날 수도 있다.

사이버 문화는 종교적 다원주의가 가능할 수 있는 모태를 활성화하고 무교신앙의 가상화를 촉진할 것이라 생각한다. 사이버 스페이스 무교는 실제 무교와는 근본적으로 다른 특징들을 가질 수도 있다. 그러나 실체로서 실제 무교가 사이버 스페이스 무교의 가상현실로부터 완전히 분리될 수는 없다. 가상적인 것들은 정보 처리운용을 통해서 수많은 주관적 영역의 실제 경험과 감정의 끈들을 연결하고, 새로운 틀의 진리와 심미적 차원들을 탐색하는 기능을 한다. 가상적인 것들을 조각하는 사람인 사이보그 무당은 정보 연계의 광활한 바다, 즉 범세계통신망(WWW)이라고 알려진 광범위한 하이퍼텍스트 안에서 이루어지는 다양한 종류의 삶의 사건들을 조정할 것이다.

사이보그 무당은 새로운 유형의 예술가로서, 개별적인 사이버 항해사들이 개종에 대한 두려움이나 분노 없이도 정보를 전유할 수 있도록 돕기 위한 새로운 유형의 '환대'를 제공할 수 있다. 물론, 사이보그 무당이 현실 속의 무당을 대체할 수는 없을 것이다. 인간의 이름과 성격이 부여되었다고 하더라도 사이보그 무당은 실제 무당의 모방 또는 시뮬레이션이다. 그러나 그것은 진정한 의미에서 해롭지 않은 가상적 존재이다.

이런 맥락에서 볼 때 미신이라는 이름으로 사이보그 무당 사이샤를 비난했던 한국 네티즌의 입장은 정당화될 수 없다. 이들이 사이샤를 일종의 실제 무당으로 오해했던 이유는 무당과 무교에 대해 역사적으로 형성된 경멸의 태도에서 기인한다. 사이보그 무당 사이샤를 둘러싼 논쟁은 급속히 컴퓨터에 의존하게 된 대중문화 속에서 한국 무교가 어디에 위치해야 하는지를 드러낸다.

한국 무교는 공적으로는 다음 세대로 보존·전승될 문화재로서 가치를 지니고 있다. 실제로 정부에서는 몇 명의 무당을 인간문화재로 지정했으며, 이들은 문화예술인으로 존경을 받는다. 그러나 인간문화재로 지정된 소수의 무당을 제외한 다수의 일반 무당은 여전히 대중으로부터 사기꾼으로, 그리고 이들의 무교활동은 미신으로 인식된다. 일반 대중은 무교 전통을, 한국인의 일상생활에 뿌리 깊이 침투해 있지만 궁극적으로는 사라지게 될 전근대적인 전통으로 여긴다. 이런 이유들 때문에 사람들은 긴급한 문제 상황에 처했을 때 조언을 구하거나 신점을 보기 위해서 남몰래 무당을 찾는 것이다. 무교 전통은 현대 한국인의 삶의 은밀한 영역에 놓여 있는 것으로 믿어진다. 이것이 바로 한국의 네티즌들이 사이보그 무당 사이샤의 출현에 보였던 격렬한 반응의 문화적 배경이라 할 수 있다.

인터넷 공간이 최근에는 비록 소수의 무당들에 의해 부적 판매나 이메일 상담 같은 제한적 목적으로만 활용되고 있다 하더라도, 한국의 무교 전통은 가상적 종교성으로서의 본질로 인해서 사이버 공간의 활동에 유리한 점이 있다. 사이샤 같은 사이보그 무당과 더불어, 실제 사이버 스페이스 무당들이 만약 가상현실 내에서 자신들의 정확한 위치를 깨닫는다면 훨씬 더 광범위한 손님들과 네티즌을 만날 수 있을 것이다. 뿌리 깊은 사회적 편견에 노출되어왔기 때문에 한국 무교 전통은 사이버 공간에서의 개방적이고 민주화된 활동을 통해 대중에게 더 효과적으로 다가갈 수 있다. 한국의 무교인이 가상 환경에 스스로를 기꺼이 적응시킬 수 있을 때, 즉 무교인 스스로 기꺼이 사이보그가 될 수 있는 준비가 되어 있느냐에 따라 한국 무교 전통의 미래 향방이 결정될 것이다.

주

서론

1. 켄달(Laurel Kendall)은 무교의 종교 전통이 한국의 근대화 과정에서 사라지지 않고 글로벌리제이션에 대응하는 대중적 로컬문화의 한 양상으로 재활성화되고 있는 현상에 주목했다. 한국 문화의 본질에 대한 향수의 정서로 인해 무교 전통이 재현되는 현상과, 1990년대 말 IMF 위기와 신자유주의 경제 위기의 상황에서 오히려 번성하는 현상에 대해 논의하고 있다.
2. 무교를 한국의 '기층문화'로 접근하는 전형적인 연구로는 최준식의 연구서 『한국의 종교, 문화로 읽는다 1』(2005, 사계절)이 있다. 바로 이 기층성이 도교, 유교, 불교, 기독교, 신종교에 이르기까지 한국의 종교문화에 '뿌리'를 형성한다고 보았다.
3. 한국 무교의 강신무와 세습무의 개념과 유형론에 대한 본격적인 학술적 논의는 한국무속학회에서 2002년부터 2004년까지 단계적으로 학술대회에서 이루어졌고 그 연구 성과물은《한국무속학》7집(2003. 12), 8집(2004. 8), 9집(2005. 2)에 게재되었다. 나중에 단행본 『한국무속의 강신무와 세습무 유형구분의 문제』(한국무속학회 편, 민속원, 2006)으로 묶여 나왔다.
4. 조흥윤은 『한국의 샤머니즘』(서울대출판부, 1999)에서 "버림받은 바리공주, 우리의 무당들에게" 책을 헌정하고 있다. 묘사한 대로 무당들이 '버림받은' 존재라는 주관적 인식을 하고 있는지는 현지조사를 통해 검증해보아야 한다. 한국 무교의 사상을 보편적인 샤머니즘의 세계관에 비추어 접근한 최근의 연구는 양종승 책임편집, 『샤머니즘의 사상』(민속원, 2013)이 있다.
5. 예를 들어 아프리카의 샤머니즘적 종교 현상을 '포제션'이라는 용어로 통칭하고 있고, 시베리아 샤머니즘은 '엑스터시'라는 말로 표현하며, 발리 섬 등 동남아 지역에서는 이러한 일시적인 신들림 현상을 '트랜스'라는 용어로 표현한다. 같은

현상을 어떠한 입장에서 설명하느냐에 따라 용어 사용이 다르게 된다. 아울러 이러한 현상은 비단 샤머니즘 전통에서만 발견할 수 있는 것이 아니라 이슬람이나 그리스도교 등의 다른 종교 전통에서도 발견할 수 있는 보편적인 현상이라고 할 수 있다.

6. 이러한 시대적 필요에 부응하여 1997년 창립된 한국샤머니즘학회와 한국무속학회의 활발한 학술활동을 통해 실현되고 있다. 한국샤머니즘학회는 1999년에 학술지《샤머니즘연구》를 창간하고 2003년까지 5집을 발간했으나 현재 종간되었다. 한국무속학회 또한 1999년부터 학술지《한국무속학》을 창간했고 현재까지 계속 학술지를 발간하고 있다. 학술지에서 다루는 주제는 종교학, 민속학, 역사학, 인류학, 사회학, 신학, 음악학, 무용학 등 다양한 분야에서 무속 또는 무교와 관련된 것이다.

7. 아시아 내륙 국가의 국가 성립 시기에는 샤머니즘이 중심을 이루다가 일단 지배적인 제국으로 발전하면 불교의 위세에 밀려 주변으로 밀려난다 해도, 국가권력의 중심부에서는 제국 황실의 조상숭배 의례(트랜스 없이) 형태로 남게 된다 (Humphrey, 1996).

8. 여기서 '고살미' 마을 이름과 모녀 심방 '큰심방'과 '미조'의 이름은 모두 가명이다. 연구대상의 인격을 보호하는 윤리지침을 따른 것이다. 필자에게 이 모녀 심방을 소개해준 한림화 작가님께 감사드린다. 한림화 작가는 제주 4·3과 여성의 경험 이야기를 토대로 중요한 소설『한라산의 노을』(한길사, 1991)을 저술했다.

9. 필자는 4·3에 관해 추가조사를 하기 위해 1986년 7월부터 8월까지 제주에 다시 돌아갔으나, 육지에서 온 '외부인'에게 4·3의 경험에 대해 진술하는 것은 매우 위험한 사회적 금기였다. 빈손으로 미국 미시간대학(앤아버)으로 돌아가서 박사논문을 작성하기 시작했다. 1987년 민주화 투쟁 이후 1988년에서 1989년 초반까지 4·3 사건의 역사기술과 자료집으로『제주민중항쟁 1』(아라리연구원 편, 소나무, 1988)과 학술논문「제주도 4·3 민중항쟁에 관한 연구」(박명림, 고려대 정치학 석사논문, 1988)가 나왔고, 4·3 피해자의 증언집으로『한라의 통곡소리』(오성찬, 소나무, 1988),『이제사 말햄수다 1·2』(제주4·3연구소, 한울, 1989)가 발행되어 4·3에 관한 전반적인 지식을 얻게 된 후 박사논문을 완성할 수 있었다(Seong Nae Kim, 1989).

10. 1995년 김영삼 문민정부 치하에서 제주도 도의회가 처음으로 4·3 피해 신고를

받기 시작하여 2003년『제주4·3사건진상보고서』에 공식적으로 '희생자' 로 등록된 숫자는 15,000정도이지만, 여러 가지 사유로 미신고된 희생자도 상당하여 대충 3만여 명으로 추산한다.

11. 권헌익은 4·3과 유사한 냉전체제의 제노사이드로서 1968년 베트남전 희생자들에 대한 추모의 인류학 연구를 한 바 있다(Kwon, 2006).

12. 제주4·3연구소에서 1989년 4월 3일 발행한 4·3 증언집『이제사 말햄수다 1』의 맨 처음 증언자는 심방이다. 이 증언집 첫 장의 제목이 '4·3 내력굿'이다. 제주에서는 4·3사건과 관련한 죽음이 많았기 때문에 4·3 희생자를 위한 굿에 그러한 명칭이 생긴 것이다. 심방의 증언에 의하면 "어느 집을 가 봐도 4·3 사태에 죽은 원혼이 있는데, 산 쪽도 아니고 아래쪽도 아닌 사람들, 즉 애매하고 억울한 죽음이 대부분이었다. 영게울림에서는 산에 올라가 고생한 일, 산에서 활약한 경우는 저승에 가니 죄가 깊어졌다고 영혼이 울음을 운다. 4·3의 원혼들은 사상도 모르는 사람이 대부분이었다"고 심방은 증언한다(『이제사 말햄수다 1』, 21쪽).

13. 심진송(『신이 선택한 여자』, 백송, 1995)을 비롯한 나랏만신 김금화(『복은 나누고 한은 푸시게』, 푸른숲, 1995)의 자서전은 그 이후 발간된 많은 무교인의 자서전의 전범이 되었다. 김금화 만신은 무엇을 믿느냐보다 어떻게 믿느냐가 중요하다고 진술하며 무교인으로서의 자각과 고뇌를 실토하고 있다. 이런 부류의 자서전은 물론 무교인 자신이 기록한 것은 아니고 구술한 것을 연구자가 책으로 엮는 것으로서, 무교인 자신의 종교적 소명을 인식하는 정체성 형성의 과정에 대한 진술이고 또한 무교전통 자체에 대한 나름대로의 지식체계를 드러내고 있어서 학술적 연구 자료로서 충분하다고 평가할 수 있다. 근래에 나온 자서전 가운데 주목을 끄는 것은 만신 이해경의『혼의 소리, 몸의 소리』(솔과학, 2003)이다. 이해경 만신은 김금화 만신 세대보다 한 세대 아래의 무교인으로서 자신의 종교 행위를 대중예술과 접목하여 새롭게 변신하려는 노력을 하고 있는 탈근대적 무교인의 모습을 보인다. 차옥숭과 황루시는 장기간에 걸쳐 시행된 현지조사와 인터뷰 자료를 가지고 무교인과 신도의 종교 경험에 대한 사례 연구를 했는데 무교인의 생애사뿐만 아니라 굿 현장의 생생한 광경을 기록하고 증언하고 있다(차옥숭,1997; 황루시, 2000).

14. 다큐 〈무당〉(박기복 감독, 2013), 이해경 만신과 신딸의 관계를 다룬 다큐 〈사이에서〉(이창재 감독, 2007), 김금화의 자서전을 바탕으로 만든 다큐영화 〈만신〉(박찬경 감독, 2015), 일반 영화관에서 상영할 만큼 큰 대중적 인기를 끌었다. 무교를 소재로 한

상업 영화는 최근의 〈곡성〉(나홍진 감독, 2016)을 비롯하여 무수히 많다.

제1부 서문

1. 한국의 종교 전통을 대표하는 무교, 불교, 유교, 도교, 민족종교, 그리스도교에 대한 지난 100년간에 걸쳐 축적된 국내외 연구 성과를 총괄적으로 고찰하고 쟁점의 소재를 파악하여 앞으로의 전망을 모색하는 3년간의 공동 연구 프로젝트('한국종교 문화의 역사적 성찰')가 1997년 학술연구재단의 대학 부설 연구소(서강대학교 인문과학연구원) 지원 사업으로 진행되었다. 그리고 그 연구 결과물로 김성례·김승혜·길희성·김낙필·이찬수, 1999이 출간되었다.
2. 무교 연구사는 해방 후 무속에 대한 현장 연구가 무가집 출간으로 결실을 맺기 시작한 1970년대부터 시작하여 민속학·인류학·종교학 등 다양한 학문분야에서 나름대로 연구 성과가 축적된 1980년대를 거쳐 보다 심화된 전문 영역의 무교 연구를 위해 새로운 도약을 위한 준비로 촉발된 1990년대의 자기 평가에 이르기까지, 특정한 목적에 따라 단일 논문으로 혹은 논문의 일부분을 할애하여 기술되었다. 대표적인 것으로 임석재, 1970; 최길성, 1970; 최길성, 1979a; 김인회, 1981; 조흥윤, 1984; 윤이흠, 1990; 김성례, 1990; 최길성, 1994; 서영대, 1994; 박일영, 1998 등을 들 수 있다. 대부분의 연구사 기술은 내용이 서로 중복되거나 각기 학문 분야의 특정 주제에 따른 연구 성과를 중심으로 연대기적인 나열에 그치고 있다.

제1장

1. 김태곤을 비롯한 민속학자들은 통상적으로 무속을 토속종교로 보는 입장을 취하고 있다. 황루시는 무속을 "무당이라는 사제가 신도들을 위해 제의를 베풀어 그들의 마음을 위로하고 안심시키는 우리의 토속종교"라고 정의하며 무속을 이른바 놀이의 맥락으로 풀이하고 있다(황루시, 1989: 11). 굿이라는 제의를 인간관계의 소통 현상이나 놀이로 해석하는 풍조는 1970년대의 민속학계에 풍미한 현상이었다(윤이흠, 1990에서 재인용).
2. 조흥윤의 이러한 주장은 『한국의 巫』(정음사, 1984)에서 비롯되어 『巫와 민족문화』(민족문화사, 1990), 『무—한국 무의 역사와 현상』(민족사, 1997)에 이르기까지 일관되게 나타나며, 『한국의 샤머니즘』(서울대 출판부, 1999)에서 관점의 변화를 보

이고 있다. 이러한 변화는 1997년 한국샤머니즘학회 (초대 회장 조흥윤)의 창립과 더불어 한국 무교의 연구를 중국과 만주·몽골 등 다른 지역의 샤머니즘과 비교하는 등 연구영역을 세계적인 차원으로 확장하고 있는 최근의 경향을 반영하고 있다고 볼 수 있다.

3. 임석재, 1970, 「한국무속연구서설 I」, 《아세아여성연구》 9집, 숙명여대 아세아여성연구소; 임석재, 1971, 「한국무속연구서설 II」, 《아세아여성연구》 10집, 숙명여대 아세아여성연구소. 임석재는 한국 무속의 주체적 고유한 문화로서의 성격을 강조하며 무속 연구자의 자세도 주체적이어야 한다고 주장한다. 임석재는 주체적인 연구 태도를 견지하기 위해 무속을 Korean shamanism이 아니라 Mouism으로 번역해야 한다고 주장한다. 박태범은 임석재의 이러한 명칭에 대한 논의를 심도 있게 다루고 있다(박태범, 2000).
4. 한국 무교의 기원을 중국의 무당과 관련하여 설명하는 입장은 헐버트뿐만 아니라 일제강점기 손진태의 무속 연구에서도 나타난다. 손진태는 중국 문헌에 나오는 무당의 역사적 분화 과정을 한국 무당의 경우와 비교하면서 한국 무당의 기원을 기자조선까지 소급하지는 않지만 무당이라는 칭호가 한국과 중국에 공통적으로 존재했다는 역사적 사실만을 가지고 이렇게 주장한다(손진태, 1948).
5. 한국 샤머니즘의 남방적 요소에 대한 인식은 엘리아데의 『샤머니즘』(1964: 462)에서도 엿볼 수 있다. 그는 한국 무당들이 대개 여성이라는 점은 시베리아 목축민 사회의 무당이 남자 중심이라는 점과 대립되는 것으로, 한국 샤머니즘이 북방 샤머니즘의 변형이거나 남방으로부터의 영향일 것이라고 보았다.
6. 해방 후 창립된 한국민속학회가 재정사정으로 계속 펴내지 못하다가 속간한 《한국민속학보》 3호(1994)에는 시베리아 야쿠트족 역사와 종교문화에 대한 답사보고가 특집으로 게재되어 있다.
7. 황필호, 1997에 이러한 논의가 잘 정리되어 있다.
8. 엘리아데의 샤머니즘 유형론에 대한 논의는 Lewis, 1986: 81 참조.
9. 김태곤의 이러한 관점은 부르귀뇽(E. Bourguignon)이나 루이스(I. M. Lewis) 같은 인류학자들의 샤머니즘 연구와 뜻을 같이하고 있다. 엘리아데가 엑스타시를 중심으로 샤먼이 트랜스 상태(의식변화 상태)에서 혼이 몸 밖으로 나가 신령이 있는 천상계나 지하계로 가는 영혼 여행을 중시하는 반면, 부르귀뇽이나 루이스는 샤먼의 트랜스 상태에서 신령이 샤먼의 몸 안으로 들어오는 포제션 개념을 중심으

로 샤머니즘을 정의한다(Bourguignon, 1976; Lewis, 1989).

10. 이러한 두 유형 이외에 제주도 심방의 경우 세습무와 강신무의 절충형으로 평가된다. 제주도 심방은 무당의 역할이나 영적인 능력을 세습을 통해 계승하는데 개인적으로 '당주'라고 하는 집안의 신당을 모신다.

11. 현용준은『濟州道 巫俗 硏究』의 결론에서 제주도 무속이 무격의 유형이나 직능, 신격의 직능, 무속 신화의 모티브, 무속 의례의 구조 등 외형적인 면에서 한국 본토와 북방 샤머니즘의 영향을 많이 받았으나 우주관 등 신앙 내부에는 남방 샤머니즘의 영향을 받아 양측의 교차점에 위치한다고 보았다. 이러한 남방계와 북방계 샤머니즘의 지역적 분포와 전파에 관한 논의는 좀 더 명확한 비교의 근거 제시와 함께 이루어져야 한다.

12. 그레이슨은 한국 무교를 'Korean shamanism'이라고 서술하고 있다. 원저 James H. Grayson, 1989, *Korea: A Religious History*, Clarendon Publisher.

13. 한국의 종교로서 무교의 종교적 특성을 나타내는 용어로 조흥윤은 '무(巫)'를 선택했다. 그 이유는 '무교'라고 했을 때 '敎'라는 용어가 근대에 도입된 '그리스도교'를 중심으로 한 종교 정의를 답습한다는 이유 때문이다. 따라서 그는 한국 무교의 문화적 고유성과 종교적 전통성을 강조하기 위해 '敎'를 제외하고 '巫'를 사용한다.

14. 조흥윤의 무교의 구원관에 대한 자세한 해석은 김성례, 1999: 149-152 참조.

제2장

1. '한국 종교(Korean Religion)' 항목을 쓴 프란시스카 조(Francisca Cho)의 관점은 그레이슨의『한국 종교사』의 논지를 그대로 따르고 있다. 그레이슨은 무속은 "한국 종교전통 가운데 가장 본래적이고 오래된 종교전통"이며 고대의 원시 종교로서 "한국인의 종교 심성의 기층"을 형성하며 외래 종교의 역사적 전개에 영향을 미친다고 보았다. 이러한 이유에서 그는 한국 종교사의 맨 마지막 장에 이르러서야 무속을 '현대 사회의 민간신앙'으로 다루고 있다. 기존의 한국 종교사 연구에서 무속을 한국 종교사의 출발점, 즉 고대 종교의 위치에 두었던 연대기식 기술방식과는 파격적으로 다른 정반대의 기술방식을 취한 그레이슨은 무속을 현대 한국인의 삶의 맥락에서 고대로부터 '현재까지 살아 있는 종교현상'으로 보는 관점을 분명히 하고 있다(그레이슨, 1995: 347-348).

2. '미신'은 영어로 'superstition'의 번역어이고 일제강점기에 만들어진 개념이다. 서구의 근대를 선도한 계몽주의 사상에 의해 'superstition' 개념은 근대의 '어두운 얼터 에고(dark alter ego)'로서 '근대적' 지위를 얻게 된다. 'superstition'으로서 '미신'은 전근대적 개념이 아니고 오히려 지극히 '근대적' 개념이며 근대적 유산이라는 것이다. 서구에서 '미신'은 문자 그대로 '그릇된 믿음(false belief)'의 의미 외에도 '나쁜 종교(bad religion)'나 '삿된 과학(bad science)'이라고 하여 우상 파괴의 대상이 되는 등 이데올로기적 의미를 강하게 내포하는 개념으로 활용되었다. '미신'은 근대의 영향으로 소멸되기는커녕 '무엇이 미신인가'라는 논쟁을 통해 미신의 실제적 본질이 무엇이든 간에 상관없이 지속적으로 타자화되고 새롭게 창출되는 담론적 존재이다.
3. 이용범은 현재 한국 사회에서 무속에 대한 두 가지 모순된 시각이 병존하고 있음을 지적한다. 하나는 무속을 불합리하고 혹세무민하는 미신으로 보는 시각이며, 다른 하나는 무속을 한국 전통문화를 대표하는 민속전통으로 보는 시각이다. 그런데 후자처럼 무속을 긍정적으로 보는 시각은 상당히 최근의 일이라고 한다. 1980년대 무속이 무형문화재로 지정되는 등 공공의 한국적 전통문화로 인정받으며 일부 무당들이 '인간문화재'로 대중의 관심을 끌면서 긍정적 시각이 우세해지고 있으나 이것은 어디까지나 무속을 '문화'로 인정하는 것이지 '종교'로 인정하는 것은 아니다. 무속이 '문화'로서 공적 지위를 인정받음으로써 무당의 공공연한 의례활동이 예전보다 더 활발해지고 있으나, 무속을 여전히 '미신'으로 규정하는 근대의 시각은 모더니티의 양가성(ambivalence)을 잘 보여준다(Kendall, 2001: 35).
4. 국조신화는 역사적 문헌에 기록됨으로써 전승되어 역사적 담론이 되지만 무속신화는 제의과정에서 구송되는 만큼 제의적 담론이라고 구별하고 있다. 단군이 천손의 신분을 갖는 것은 신성하고 고귀한 출생을 통해 그가 세운 국가의 정통성을 확보하기 위한 역사의식에서 비롯된 것이며, 죽음으로 그 역할은 끝난다. 단군이 죽은 뒤 산신이 되었다는 기록은 위대한 삶의 과정에 대한 부연이지 중요한 사항이 아니다. 그러나 바리공주와 같은 무속신화의 주인공은 출생이 비천하며 외부에서 오는 시련의 극복에 대한 보상으로 신직이 주어지기 때문에 죽음이라는 매개가 없다.
5. 단군신화를 기호학적으로 분석한 송효섭은 단군을 역사적 인물이나 관념이라

기보다 담론 안에서 어떤 위상으로 존재하는 '담론적 존재'로서 접근한다(송효섭, 2005).

6. 무속 연구사를 이러한 연대기적 패러다임의 변천과정으로 접근하는 방식은 김성례, 1999에서 채택한 것이다. 제2장의 내용은 김성례, 1990; 2002; 2008을 주어진 주제에 맞게 발췌하고 새로 쓴 것이다. 지난 20년 동안 이루어진 이 분야 연구서를 가능한 한 광범하게 섭렵하여 쟁점을 세련하고 그동안 지적받은 비판을 고려하여 결정적 오류를 수정했다. 예컨대 일제강점기의 무속론을 식민 담론과 민족 담론으로 나누고, 식민 지배와 저항이라는 '소박한 이분법적 구도'로 담론의 정치적 관계를 설명했다는 비판이 대표적이다. 나는 다음과 같이 해명한다. 나의 진짜 의도는 양자를 이분법적으로 분리하는 데 있지 않고, 오히려 양자가 경합하고 상호 협력하는 이중성을 '식민적 모방(colonial mimicry)'의 개념으로 설명하는 것이었다. 여기서 식민 담론과 민족 담론의 구분은 실제로 그렇다는 것이 아니라 식민적 모방의 관계를 설명하기 위해 담론의 장이라는 제3의 공간에서 분석적 도구로 설정된 것이다. 또한 식민적 모방의 관계도 지배와 저항의 선후관계와 상관없다. 식민지 조선을 통틀어 식민 지배주체이든 피식민 주체이든 무속 담론이 민족 또는 문화 범주를 각기 다르게 '선택'한다고 전제하고, 민족 담론과 식민 담론의 경합을 '선택적 차이'에 포커스를 맞추어 양면적이고 모호한 식민적 모방의 관계로 설명한 것이다. 1920년대 최남선의 불함문화론이 1930~1940년대 아키바의 조선무속론을 시대적으로 앞서기 때문에 최남선의 민족 담론이 식민 담론을 모방할 수 없다는 남근우의 비판에 대해 이와 같이 해명하는 바이다. 민족 담론과 식민 담론의 경합은 '무속'을 재현하는 식민지 조선의 담론정치의 장에서 이루어지는 것이지 실제 역사적 공간에서 이루어지는 것은 아니다. 식민 모방은 두 담론 주체의 상호관계의 맥락에서 쌍방향적으로 일어난다. 1930년대의 무라야마 지준(村山智順), 아키바 다카시(秋葉隆), 아카마스 지조(赤松智城) 등 조선 무속과 민간신앙에 대한 집중 조사와 연구서의 연속간행은 1919년 3·1운동 이후 민족의식이 고조된 가운데 전개된 반식민 저항적 민족주의 운동으로 인한 충격에 대한 대응이었다고 할 수 있다. 이러한 사실에 대한 상세한 논의는 남근우, 2008 참조.

7. 앤더슨(Benedict Anderson)은 유럽 역사의 해석에서 근대 민족국가가 종교와 제국의 공동체적 기반이 모두 사라진 시대에 새로운 공동체적 기반으로서 '세속적 민

족'이 상상되었다고 본다. 그러나 반 데 비어는 '세속적 민족주의' 외에도 '종교 민족주의'가 있음을 언급하면서, 종교정체성이 여전히 근대적 역사에서 작동하고 있음을 보이고자 한다.

8. 민간에서 단군을 신앙한 것은 최소한 고려시대까지 거슬러 올라간다. 13세기 고려시대에 편찬된 일연의 『삼국유사』와 이승휴의 『제왕운기』에 최초로 기록된 이래 19세기 근대에 이르기까지 외국의 침략으로 국가 존망의 위기 때마다 한민족을 결집시키는 문화적 공동체 의식의 근원으로서 재현되었다. 단군신앙은 16세기 이후 조선 중기에 사대모화사상에 기반한 기자 숭배가 강화되면서 쇠퇴하다가 1880년대 평안도 지역에서 형성된 단군교(檀君教)와 이를 계승한 나철의 대종교(大倧教) 운동을 통해 교조와 교리를 갖춘 민족종교로 발전했다(서영대, 2000: 157-182).

9. 『巫黨來歷』은 작은 책과 큰 책 두 권으로 구성되어 있는데, 서대석이 해제를 붙이고 두 책을 묶어 간행했다(서울대학교 규장각, 1996). 이 책의 서문 말미에 있는 "시을유중춘(時乙酉仲春) 난곡파적이(蘭谷破寂耳)'을 근거로 서대석은 제작년도를 1885년으로 추정한다. 난곡의 신교 담론은 논거를 제시함이 없는 주장에 그친다는 이유로 무속 연구사에서조차 제외되어왔으나, 이 책의 위서 여부는 실제로 문제가 되지 않는다. 담론의 문제는 진위와 같은 본질적인 문제를 다루는 것이 아니라 어떤 인식체계 안에서 생성된 텍스트를 다루기 때문이다. 단군신화와 관련된 또 다른 근대의 위서는 1920년대에 저술되었다고 알려진 『규원사화(揆園史話)』가 있는데 이것은 일제 지배에 대항했던 민족주의적 대응의 한 사례로서 담론적 가치를 인정할 수 있다.

10. 『巫黨來歷』의 제작시기와 관련한 쟁점들은 서영대가 잘 정리하고 있다. 1885년설부터 1945년설까지 여러 이견이 있지만, 이 책이 무속의 단군기원론을 주장하고 있는 저작임에는 이의가 없다(서영대, 2015).

11. 이러한 주장은나카 미치요(那珂通世), 1894; 시라토리 구라키치(白鳥庫吉), 1894; 이마니시 류(今西龍), 1929가 대표적이다. 신종원 엮음, 2009, 『일본인들의 단군 연구』, 민속원 참조.

12. 고대의 신정일치(神政一致)시대를 문헌적으로 고증하려 한 신채호는 '정신상 국가'(추상적 국가)가 있은 후에야 '형식상 국가'(구체적 국가)가 생겨난다고 보았다. 여기서 '정신상 국가'는 바로 수두교를 뜻한다. 수두교는 비록 실제적인 정

치적 여건은 가지고 있지 않으나 민족의식 속에 잔존해 있는 신정일치시대의 기억을 되살릴 수 있는 '살아 있는 상징'으로서 역사적 의의를 갖는다. 신채호, 1909, 「정신상 국가」, 《대한매일신보》 4월 29일.

13. 그러나 제1차 세계대전 이후 동아시아에서는 일본의 대국의식을 드러내는 이러한 새로운 제국주의적 아시아주의에 대해 급속하게 반발이 커져갔다. 인종의 동원보다는 인종의 충돌이 빈번해지자 아시아주의는 연대의 사상이라기보다는 침략과 식민지 지배의 사상으로 변해버렸다(사아러, 2008).

14. 최근 최남선 연구가 식민지 조선시대 연구와 함께 민속학과 역사학계에서 붐을 이루고 있다. 그중에서도 류시현, 2009를 많이 참고했다. 또한 최석영, 1999; 이영화, 2003; 전성곤, 2005; 강해수, 2006; 김현주, 2004 등을 참조했다.

15. 한영우는 최남선의 일제 협력을 신채호 등 다른 민족주의자와 구별하여 '타협적 민족주의'라고 평가한다.

16. 1931년 만주사변 이후 일제의 내선일체와 황민화 담론에 타협하여 최남선이 주창하는 '조선학'의 중심이 흔들렸으나 해방 후에도 납북되기 전까지 저술활동을 통해 '민족적인 것'에 대한 탐구는 지속되었다. 최남선의 사학에 대한 평가에서 그의 친일 이전과 이후로 나누어 민족주의와 반민족주의 두 진영으로 양분되는 양상을 보이지만, 1925년에 탈고한 「불함문화론」에서 주장하는 단군론은 그의 민족주의적 면모를 가장 잘 드러낸다. 신화적 존재가 아니라 역사적으로 실재하는 정치적 군장으로서 단군을 논증하려 했던 최남선의 단군론은 당시 일본 학자들의 단군 부정론을 비판하고 '민족정신'을 탐구하기 위한 역사적 과업이었다고 평가할 수 있다. 이영화, 2003: 133-150 참조.

17. 최남선의 불함문화론이 동시대의 역사학자 손진태에게 인정받지 못하고 후대의 역사가 이기백으로부터 객관성이 결여되고 신비주의적 종교적이라고 비난받는 것은 치밀한 현지조사와 문헌검증을 바탕으로 하기보다 문학적 상상력과 대중교화를 목적으로 글쓰기를 추구한 결과이다(이기백, 1987: 63-69). 손진태는 (1928년 추정) 1925년 작성된 최남선의 「불함문화론」을 "유치한 원시문화에 불과한 것"으로 또한 "산악을 중심으로 한 종교적 원시 문화"이며 "저급의 문화"라고 부정적으로 평가하고 있다(전경수, 2010: 99).

18. 최남선의 불함문화론이 주장하는 단군 유토피아는 1920년대에는 조선 신궁에 단군을 함께 모셔 제사하는 문제와 관련된 논쟁으로, 1930년대 이후에는 조선

과 일본 그리고 만주 일대를 하나로 보는 대동아공영을 위한 동화주의 제국 지배이데올로기로 변질되어갔다는 사실은 남근우·강해수·최석영의 연구에서도 밝혀졌다(남근우, 2003a; 강해수, 2006; 최석영, 1999).

19. 필자는 손진태의 토속학이 당시 일본 민속학계의 대부인 야나기타 구니오(柳田國男)의 향토생활 연구의 영향을 받았다고 해석한 바 있는데(김성례, 1990), 이 부분이 오류임을 인정한다. 손진태 연구가인 남근우는 '토속'이란 용어가 당대의 어용민속학자 무라야마 지준도 쓰지 않은 손진태 고유의 것임을 밝혔고, 전경수는 손진태의 '토속'은 ethnography의 뜻으로 사용한 것이며 필자가 분석하듯 '민족 담론'과 아무 상관이 없기 때문에 손진태와 야나기타 구니오의 민속연구를 민족 담론과 식민 담론의 이원적 대립구도로 비교할 수 없다고 신랄하게 비판했다. 굳이 변명하자면, 필자의 1990년 연구는 손진태나 야나기타 구니오의 학문세계 전체에 대한 이해를 바탕으로 한 것이 아니고(이 분야 전문가가 아니기 때문에), 주로 이차자료를 활용하여 부분적인 개념이나 주제의 유사성에 착안하여 담론 분석을 했기 때문에 이와 같은 오류가 생긴 것임을 밝힌다. 남근우, 2003b: 129-165; 전경수, 2010: 91-93 참조.

20. 남근우는 손진태의 토속 담론이 식민주의에 저항하는 투쟁력이 결여되어 있다고 평가한다. 충분히 '민중적'이지 않다는 의견도 있다(남근우, 2003b).

21. 전경수는 손진태의 '조선'에 관한 관심을 민족 담론으로 볼 수 없다고 주장한다(전경수, 2010: 91).

22. 여기서 다루는 조선 민속의 식민지적 변용에 관한 내용은 이지원의 연구를 참조했다(이지원, 2007: 166). 무라야마는 1891년생으로 도쿄대학교를 졸업하고 1919년 총독부 촉탁으로 부임하여 1941년까지 조선의 민속 조사, 특히 민간신앙과 의례전승 조사를 수행했다. 그는 1929년부터 1933년까지 조선의 민간신앙에 관한 4부작, 『조선의 귀신』(1929), 『조선의 풍수』(1931), 『조선의 무격』(1932), 『조선의 점복과 예언』(1933)을 총독부에서 출간했다.

23. 유럽의 제국주의가 팽창되는 시기인 18세기에 북유럽의 변경 극지방과 시베리아, 아메리카 대륙의 원주민의 고유 신앙을 '샤머니즘' 개념으로 설명하고자 했던 당시의 기록을 보면, 그리스도교 교의와 근대적 합리주의의 시각에 입각하여 샤먼을 악마 숭배자, 주술적 사기꾼으로 묘사하고, 샤먼 의례를 혹세무민을 위해 그럴듯하게 꾸며대는 괴기스런 연기로 폄하하고 있다. 또한 샤머니즘은

'고대의 접신술' 정도로 정의되기 때문에 음악과 춤을 중심으로 하는 샤먼 의례의 연극성에 초점이 맞추어져 있다.

24. 아키바의 연구에 대한 비판적인 분석은 1990년 처음 이 논문에서 다루었다.
25. 최길성은 무속을 조선의 고유 신앙과 민간전승으로 접근한 아키바의 학문은 비교적 과학적·객관적이었고 해방 이후 한국 민속문화 연구에 뚜렷한 영향을 미쳤다고 평가한다. 그러나 한국의 탈식민시대에도 지속적으로 영향을 미치고 있는 아키바의 식민주의 무속 담론이 표방하는 '과학성'·'객관성'은 오히려 조선의 식민주의 지배와 내선일체를 정당화하는 도구로 활용되었다 할 수 있다. 식민지 조선을 '미개한 원시적 정체된 사회'라는 고정된 부정적인 이미지로 재현하는 아키바의 '과학적 방법론'의 이면에 있는 비합리성, 이념적 편향성을 탈식민 담론의 관점에서 비판적으로 평가할 시점이 오지 않았나 생각한다.
26. 심전 개발에 대한 논의는 남근우의 저서 나머지 부분 참조.
27. 남근우는 필자의 분석을 '소박한' 이항대립 구도라고 비판적으로 보고 있다(남근우, 2003a: 130). 필자는 이와 같은 비판에 대해 소명하는 차원에서 고심해서 이 글을 작성했다.
28. 식민지 시대 '조선 민속학'과 조선 무속 연구의 연구 주체가 일본인이나 조선인이건 간에 식민 담론이든 민족 담론이든 연구 주제의 선택이나 접근방식, 담론양식에서 크게 다르지 않다. 남근우는 이를 '위험한 동거'로 보고 있으나 제국주의 질서의 존재양식을 저항과 협력의 상호 관련성이라는 측면에서 보면 당연한 동거라고 봐야 할 것 같다(남근우, 2003a: 201 각주 23).
29. 여기서 제3의 공간을 윤해동의 이른바 식민지 조선의 '회색지대'라고 볼 수도 있을 것이다(윤해동, 2003: 35).
30. 이하 미신타파 과정에 대한 설명은 모두 이용범의 글을 인용했다.
31. 현대 대중화된 무속 '문화 프로젝트' 행위자들은 '전통종교', '민족종교', '단군' 등 제국주의 지배 담론의 언어들을 차용한다. 이것은 1960년대 이후 문화재 제도가 도입되면서 무속신앙이 문화권력을 얻게 된 이후 무속 행위자들이 일제강점기에 형성된 근대적 담론을 차용한 결과라고 볼 수 있다.

제3장

1. 이부영, 2012은 이부영의 연구를 집대성한 저서이다.

2. 이상일 외, 1976의 필자들(이상일, 김열규, 이부영, 김태곤)은 민간전승과 무속, 풍수지리, 통과의례, 부락제에서 '한국적인 것'의 원형을 탐구하고 있다. 현대에 잔존 문화의 형식으로 남아 있는 것들에서 한국의 원시와 원형을 찾는 이러한 연구태도는 1970년대에 한국 사회의 근대화와 서구화에 위기를 느낀 지식인들의 한국적 전통과 문화적 정체성에 대한 탐구의 한 단면이라 할 수 있다. 이부영, 1969; 1970 등도 참조.
3. 1960년대의 출간물로는 진성기, 1960; 임석재·장주근, 1965; 임석재, 1966; 장주근· 최길성, 1967 등이 있다. 김태곤, 1966은 한국인 학자에 의한 최초의 무속 연구 단행본이었다. 1970년대의 주요 무속자료집으로는 김태곤, 1971·1976·1978, 최정여· 서대석, 1974 등을 꼽을 수 있다.
4. 이러한 비판은 무속의 기원을 고대 단군신화나 국조신화에서 모색하는 이능화를 비롯한 최남선 등 일제강점기에 이루어진 무속 연구의 관점에 대한 문제제기에서 시작한다. 임석재의 비판은 다음과 같다. "고대 부족국가시대의 祭天事神 행사는 巫俗이라 할 수 없다. 그 이유는 오늘날 무속 의례에서 事神의 행사는 있어도 祭天의 행사는 없기 때문이다.…무속의 기원을 단군에다 두고 그 유풍이 오늘의 무속에 전승되었다고 추정하는 것은 수긍이 가지 않는다.…단군의 가르침이 무속의 기원이라고 함에는 많은 실증이 있어야 할 것이다."
5. '부락제'는 최길성이 직접 사용한 용어로 일제강점기의 잔재이다. 1970년대까지만 해도 이러한 용어들이 자주 사용되었음을 알 수 있다. 1980년대 문화운동 이후에는 '마을제', '당제', '마을굿'이라는 표현을 사용한다.
6. '무속지'라는 이름하에 출판된 일련의 저서들이 있으나 무속현상과 사회구조의 관련성에 대한 총체적 연구라 볼 수 없고 굿 공연의 단순 기술의 수준에 머물고 있다. 최길성, 1992; 최덕원, 1983 등을 들 수 있다. 이외에 무속 신화와 무가·무의에 관한 자료집은 최근까지도 계속 나오고 있다. 이 저술들은 보다 기능이 좋은 녹음기로 채록하여 1960년대에 나온 자료집보다 자료로서의 정확성을 신뢰할 수 있으며 저자의 주석과 해석이 곁들어져 있어서 무속 연구에 기여하는 바가 크다. 황루시, 1992; 서대석·박경신, 1990; 김헌선, 1995; 김금화, 1995; 문무병 편, 1998 등을 꼽을 수 있다.
7. 이를 수정·보완하여 한국 문화인류학회 편, 1997, 『성, 가족, 그리고 문화—인류학적 접근』, 집문당에 수록.

8. 켄달은 이 책에서 김 하비 영숙과 마찬가지로 무당의 생애사 분석을 시도했다.
9. 한국민속학이 과거학에서 현재학으로 연구의 시각과 방법론이 변천해온 과정을 명쾌하게 해석하고 있는 남근우의 연구에 비추어보면, 무속의 민중 전통론은 '현재주의적 민속학' 범주에 속한다. 현재주의적 민속학적 연구는 민속을 과거로부터 전승되어 남아 있는 잔존 문화가 아니라 민속의 '주체'인 '민간인'이 생산하고 있는 현재의 문화로 접근한다.
10. 1962년 문화재 보호법이 제정되고 1964년 처음으로 무형문화재가 선정되었다. 무속은 무형문화재의 한 분야로 선정되었는데 첫 번째 무속 축제로서 동해안의 강릉단오제가 1967년 제13호 문화재로 지정되고 1980년까지 무속 분야 지정이 없다가 1980년에 제주도 칠머리당굿이 제71호, 진도 씻김굿이 제72로 추가 지정되면서 무속은 국가 차원에서 전통을 상징하는 문화재로 인정받게 되었다. 1985년 4개의 무속의례가 풍어제라는 이름 아래 추가로 문화재 제82호로 지정되었다. 동해안 별신굿, 전라도 위도 띠뱃놀이, 서해안 별신굿, 남해안 별신굿이 그것이다. 1990년에는 경기 도당굿이, 1999년에는 서울새남굿이 문화재로 지정됨으로써 각 지역의 무속의례는 모두 문화재로 지정받게 되었다.
11. 샤머니즘 연구의 과학적 성격을 보여주는 이 용어는 이 저널의 명예편집장인 Ake Hultkranz가 "Introductory Remarks on the Study of Shamanism," *Shaman Journal of the International Society for Shamanistic Research* 1.1. pp.3-14에서 제안했다.

제4장

1. 무속의례 가운데에는 주기성을 띤 당제와 같은 공동체의례가 포함되며 의례과정의 형식상 개인적인 치유의례와 구별된다. 내가 뜻하는 '치유의례'는 개인적인 질병 치유만을 위한 것이 아니라 위기에 당면한 사회질서에 대한 성찰과 회복을 위한 실천적 연행이라는 포괄적 의미를 가진다(Turner, 1980).
2. 4·3 사건이 사건은 같은 해 10월에 일어난 여순반란 사건과도 직접적인 관련이 있다. 4·3 사건이 점점 심화되자 미군정은 전라도에 주둔해 있던 국방경비대의 한 사단을 제주도로 충원하라는 명령을 내렸는데, 바로 그 사단에서는 오히려 제주의 공산 게릴라 봉기에 찬동하는 반란이 일어났고 그것이 여순반란 사건이다 (Merrill, 1980).
3. 여기서 '민중'의 개념은 그람시의 'people' 또는 'subaltern group'과 같이 엘리트

나 지배집단에 대응하는 개념으로서 엄밀한 의미의 마르크스주의적 계급 개념과는 구별된다. 이 장이 지향하는 민중기억의 연구는 '민중적 상황(subaltern condition)', 즉 '민중성(subalternity)'의 역사학·정치학·경제학·사회학뿐만 아니라 태도, 이념체계 모두를 포괄하는 연구를 의미한다(Guha, 1982: 35).

4. '돗제'는 제주도 동북 지역의 주로 해안 마을에서 행하는 당제로서 원래 마을 공동체의례이다. 하지만 4·3 사건 때 마을의 공동집회를 금지한 이래 돗제는 개별 가구에서 돼지 한 마리를 훈제하여 보통 3년에 한 번 지내게 되었다. 때로는 마을 사람들 개인이나 집안에 불상사가 일어났을 때 당신(堂神)에게 '죄'가 있다고 판단되면 3년 안이라도 '돗제'를 지낸다.

5. '푸다시'는 잡귀를 쫓는 푸닥거리를 제주 방언으로 표기한 것이다.

6. 영게울림은 죽은 영혼이 심방에게 의사빙의(pseudo-possession)하여 일인칭으로 자손에게 여러 가지 훈계를 일러주는 무속의례의 한 부분이다. 빙의된 무당이 돌아가신 분의 목소리와 버릇을 재현하는 육지의 굿에서와 같은 극적인 효과는 없으며, 제주 심방이 말하듯이 이 제차는 '영혼의 분부 문안'이라고 하여 영혼과 자손 사이에는 충분히 짐작이 갈 만한 가족 간의 대화가 다소 의례적으로 행해진다.

7. 미조 어머니의 첫 남편은 4·3 당시 폭도에게 죽임을 당했고 미조는 그 후에 다른 남자와 낳은 딸이다. 미조 어머니인 '큰심방'의 생애사는 제6장에 자세히 소개되어 있다.

8. 1976년 3월 24일 아르헨티나 군부는 '국가 재조직 과정'이라는 명분으로 쿠데타를 일으켜 1983년 민주화 이전까지 반대자들에게 전복을 꾀한다는 혐의로 납치·유괴·고문·처형을 자행했다.

9. 콜롬비아 남서 지방의 푸투마요(Putumayo) 원주민의 치유의례를 연구한 타우시히(M. Taussig)에 따르면, 샤먼의 치유의례는 단순한 병을 치유하는 것일 뿐만 아니라 식민주의에 대항하는 서사적 역사이다. 식민 지배의 공포는 단지 이데올로기의 산물이 아니라 이야기(narration)와 의례적 연행을 매개로 보다 생생하고 감각적인 것이 되는데, 이러한 의례적 행위들이 공포를 실재화한다. 이를 가리켜 '공포의 문화'라고 한다.

제5장

1. 민보단은 4·3 사건 당시 한라산에서 활동하던 게릴라 '무장대'의 공격에 대비하

기 위해 당시 마을에 주둔하던 경찰을 보조하고자 마을 주민으로 조직된 군경의 원조 집단이다. 공식적으로 민보단원은 군경과 같은 위치로 인식되었다. 큰심방의 남편이 민보단의 일원이었기에 전쟁 피해자로 인정받고, 큰심방은 '전쟁 미망인'으로서 원호연금을 받았던 것이다. 당시 "원호 정책은 전쟁 피해자에게 국가가 보상하는 정책으로 물질적 지원을 비롯한 교육이나 취업 등 다양한 지원으로 전쟁 피해자가 자활할 수 있는 길을 열어주는 제도이다"(이임하, 2010: 357). 큰심방은 이 정책의 덕택으로 죽은 남편이 운영했던 정미소를 계속 운영할 수 있었다.

2. 일반적으로 제주도에서는 무속의 신령을 '조상'이라고 부른다. 따라서 여기서 '조상'은 일반적인 무속의 몸주신령과 같은 위치이다. 제주도에서는 특별히 지위가 높은 관직을 했거나 침술과 같은 의료활동을 했던 선조가 있으면 그 연줄로 해서 후손 가운데 심방이 나올 확률이 높다고 한다. 그리고 그런 조상을 '책불일월'이라고 한다.
3. 남편의 죽음과 관련하여 그 사건의 진위에 대한 의견은 여러 가지이다. 1981년 큰심방의 딸이 심방이 되는 신굿을 할 때 심방의 무가를 통해 진술된 사실은 그녀의 남편이 무장대원들이 쏜 총에 맞아 죽은 것으로 알려져 있다. 이러한 사실은 큰심방이 전몰자 미망인으로 원호 대상이 되는 자격 기준과 부합하는 것으로서 공식적으로 그 진실성을 인정받은 것이다.
4. 이러한 신령들의 범주에 큰심방의 남편이 포함될 수도 있다는 것은 흥미롭다. 제주도 무가에서 '삼천군병'은 이름 없이 전쟁터에서 죽은 병사의 영혼을 가리키는데, 일종의 잡귀이다. 사령 천도를 목적으로 하는 시왕맞이굿의 '삼천군병 지사범'이라는 거리에서 특별한 대접을 받는다. 만약 이 거리를 빼먹으면 예기치 않은 불행이 닥친다고 한다.
5. 4·3 당시 마을의 소개와 대량학살 이후 산악과 중산간 지대에서 활동하는 무장대를 마을과 격리시키기 위해 제주도 전역에 걸쳐 마을을 빙 둘러가며 돌담을 쌓은 축성공사가 진행되었고, 나중에는 일부 중산간 마을에도 인근 마을 주민을 한 곳에 집중 이주시켜 전략촌이 만들어졌다. 돌담에는 드나드는 문을 만들고 민보단을 구성해 보초를 서게 했다. 남자가 절대 부족한 상태에서 여자들과 고령자도 많이 동원되었다(조성윤, 1998).
6. 이것은 현기영의 단편 이야기들 속에 서술돼 있다. 『순이 삼촌』 참조.
7. 프라이스는 그리스인의 꿈에 대해 프로이드와 다른 해석을 하고 있다. 그리스인

의 꿈은 제주도 사람의 경우와 마찬가지로 인간의 내면에 위치한 무의식의 산물이 아니라 '신이 보낸' 계시로 해석된다.

제3부 서문

1. 재니스 보디(Janice Boddy)는 아프리카 수단의 여성 중심 짜르 포제션 컬트(Zar possession cult)를 가부장제 질서에 대항하는 젠더 의례로 해석한다. 짜르 컬트는 미신적·반사회적 행위가 아니며 오히려 '온전한 사회적 실재(holistic social reality)'라고 해석한다(Boddy, 1989: 136).

제6장

1. 필자는 샤먼에 대한 정의와 관련해 엘리아데(M. Eliade)보다는 루이스(I. M. Lewis)의 입장을 따른다. 루이스에 따르면 샤먼은 '황홀경(ecstatic)' 속에서 신령과 만나는데, 이 상태는 "일반적으로 '신들린' 상태로 알려져 있다.…신들림 때문에 샤먼은 신령에 대한 직접적이고 경험적인 지식을 주장할 수 있으며, 인간과 초자연적 존재들 사이를 매개할 수 있는 특권을 부여받는다"(Lewis, 1971: 18). 필자가 루이스의 정의를 택한 이유는 엘리아데의 정의보다 더 넓은 함의를 가지기 때문이다. 엘리아데는 『샤머니즘』에서 샤먼을 황홀경 속에서 천계로 상승 여행을 하는 사제로 정의한다. 엘리아데의 주장에 따르면 신들림은 샤머니즘의 본질적인 특성이 되지 못한다. 하지만 실제로 샤머니즘과 신들림은 동시에 발생한다. 제6장에서 소개되는 척치 샤머니즘과 한국 무속에서 이런 점이 확실히 드러난다. 이 주제와 관련해서 보다 상세한 논의는 Lewis 1971: 49-51 참조. 아울러 트랜스(trance)에 빠진 상태는 신들림의 행위 기호이며, 신적인 영감과 분리할 수 없다는 주장도 있다. 샤머니즘 정의와 관련한 상세한 논쟁은 Hultkranz, 1993 참조.
2. 수원 만신은 자신이 오빠의 영혼에 '점지되었다'고 믿는다(Harvey, 1979). 수원 만신의 사례는 3절에서 상세하게 소개될 것이다.
3. 샤먼의 트릭은, 샤먼이 인간에게 빛과 어둠을 주기 위해 태양을 포획하고, 또는 질투심 많은 신령들로부터 불의 비밀, 사냥 또는 농경의 비밀을 훔쳤던 신화적 시간까지 소급된다. 그러나 샤먼은 자신의 트릭에 대해 확신을 갖지 못하기도 한다. 이 점은 콰키우틀 샤먼이었던 퀘살리드의 사례에서 잘 묘사된 바 있다. 퀘살리드는 자신의 트릭을 불확실하다고 느꼈지만, 다른 샤먼들보다 더욱 창의적이

었던 자신의 공연 기법에 대한 비밀을 감출 수 있었기 때문에 명성을 얻고 성공한 샤먼이 되었다. 어쩌면 그를 도왔던 신령이 있었을 수도 있지만, 최소한 그는 환자의 믿음을 만족시키기 위해서 사람들이 만질 수 있는 무엇을 통해 환자의 질병을 드러내 보였다. 이와 관련한 상세한 서술은 Vitebsky, 1995: 88-90; Levi-Strauss, 1967 참조.

4. 이것은 "굉장한 모방의 주술로서 인간 행위를 더 거대한 힘의 수준으로 확대하고 강화한다"(Taussig, 1998: 235). 동물과 신령이 인간과 정확히 등치된다고 믿어지는 한 샤머니즘에서 발견될 수 있는 진정한 역설은 없다.

5. 루이스(I. M. Lewis)는 샤먼을, 치유의례나 공동체의 복지를 위해 능숙하게 신령에 들릴 수 있는 신들린 사람으로 정의하기 때문에 샤먼의 커리어(shamainc career)보다 신들림의 커리어(possession career)라는 개념을 선호한다. 그는 이 커리어의 발달과정을, 처음 즉흥적으로 신에 들리게 되는 환자 상태로부터 직업적인 치유전문가의 단계까지 다섯 단계로 구분한다. 신들린 환자가 치유되고 난 후 다른 사람을 치유할 수 있게 되었을 때 그는 '신령에 대해 통달한 사람(master of spirits)'이 된다(Lewis, 1986: 91).

6. 굿을 연행하기 위해서는 여러 명의 무당이 필요하다. 수원 만신처럼 다른 무당이 주재하는 굿에서 단순한 일을 돕는 무당을 '수발이'라 부른다. 한편 굿을 주재하는 무당을 서울 지역 무속 전통에서는 '당주무당', 황해도 전통에서는 '경관만신', 제주도에서는 '수심방'이라 부른다. 단순히 굿을 뒤에서 도와줄 뿐 아니라 굿거리까지 맡아서 하는 무당은 '청배만신' 또는 '청성만신'이라 부르며, 제주도에서는 '소미'라 부른다.

7. 에티오피아의 자르(Zar)의례(Lewis, 1971)와 마요테 사회에서 벌어지는 트랜스 행동(Lambek, 1981)에서는 '이름을 짓는' 의식을 통해 신령의 정체성에 변화가 일어나는데, 이것은 의례 공연의 중요한 효과로 간주된다. 한편 라파포트는 의례 공연이 가진 정보전달을 의례의 중요한 기능으로 강조한다(Rappaport, 1979b).

8. 다른 무당들 역시 일반적으로 이런 사회적 고립감과 외로움을 느낀다고 한다.

9. 라파포트는 이와 다른 견해를 주장한다. 그에 따르면, 사실적인 것은 진실에 대한 정보를 전달함으로써 진실을 지시하며, 그래서 사실적인 것은 진실한 것의 지표(index)이다. 만약 이 주장을 따른다면, 투하미의 신들림은 악귀 아내가 가진 영험의 지표라 할 수 있다. 그리고 그의 신들림은 "신령 또는 악귀가 가진 영험

의 일부이거나 또는 실제로 그 영험에 의해 영향을 받는다"(Rappaport, 1979b: 180)고 할 수 있다. '지표로서 투하미의 신들림'이라는 라파포트의 주장은, 신령의 현전을 드러내는 목소리와 제스처의 변화, 피땀 흘리기, 황홀경, 마비 또는 신병 등과 같은 신들림 현상에 수반되는 행위적·생리학적 측면에 대해 시사하는 바가 있다. 이 같은 행위적 기호(signs)라는 매개체를 통해 청중과 환자는 신령이 '실재하는' 또는 '현전하는' 것으로 지각한다. 이 글에서 내가 '사실적인 것은 진실한 것의 은유'라고 하는 까닭은 신령과 신들림 경험의 상징적 의미를 고찰하고 있기 때문이다. 치유의례는 온전히 신령의 영험이나 샤먼의 능력으로 귀속되지 않는 영험에 대한 관념을 상징적으로 표현한다. 영험은 쉽게 파악될 수 원천에서 기인하는 것이라기보다는 사람의 상태를 변화시키는 과정에서 발생하는 것이라 할 수 있다. 신령의 진실성은 신령의 정체성이나 신령이 가진 절대적인 영험, 즉 '신령에 내재된' 영험에 있지 않다(Rappaport, 1979b; Lambek, 1981: 146). 샤먼이나 의례적 연행이 이 영험에 접근할 수 있다는 것을 신령이 입증하지는 않는다. 의례의 효과는 상징적 틀 안에서 영험을 활성화시키는 샤먼의 연행 기술이나 자질에 의존한다. 은유로서 신령의 기능은 외부 세계로 확장하는, 심지어 신격의 상태 또는 은총의 상태로까지 고양되는 자아)의 의미를 풍부하게 해준다. 이것이 바로 라파포트가 "의미가 존재의 상태가 된다"(Rappaport, 1979a: 128)고 한 말의 의미이다.

제7장

1. 서사적 텍스트는 이야기와 담화로 구별된다. 텍스트로 묘사되는 내용이 이야기(story)이며 그것을 특정한 형식으로 표현하는 것이 담화(discourse)이다(채트먼, 1990: 26). 여성이 자신의 이야기를 말하는 행위는 자아의 글쓰기 행위이며 담화이다.
2. 물론 이 글을 쓰는 동안 권위 있는 목소리로서 나의 섣부른 전형화를 우려하지만 문심방의 목소리와 나의 목소리가 일으키는 불협화음을 굳이 감출 필요는 없다고 본다.
3. 호스킨스(Janet Hoskins)은 동인도네시아 숨바 섬의 서쪽 끝에 사는 코디(Kodi)족인 마루 다쿠의 생애사를 분석했는데, 화자가 자신의 생애사를 전통적인 제의적 언어, 특히 만가(挽歌, lament) 형식인 호요(hoyo)의 규범을 따라 대구법적(parallel)

운문으로 구성했음을 밝혔다(Hoskins, 1985). 그의 이야기는 인터뷰 상황에 참여한 인류학자에 대한 의식과 함께 자기폭로·자기정당화·자기표출의 충동을 모두 조합한 것으로 자신의 개인적 경험을 제의적 언어의 틀에 맞추어 재구성한 것으로 해석된다.

4. 옹(Walter J. Ong)은 이와 같은 유사한 사건의 병렬 반복법은 화자의 사고 흐름을 돕기 위한 기법으로, 반복 기법은 운율 구성의 경계성을 위한 것이기도 하지만 청중에게는 구술된 경험을 제대로 기억하도록 도와주는 구비문화의 상투적 양식이라고 말한다(Ong, 1982: 35-36). 이 경우 서술된 사건 사이에는 운율적인 담론이 형성되며 소설의 글쓰기에서와 같은 분석적 담론이 나타나지 않고 대신 과장되거나 수다스러움을 느끼게 한다. 이것은 화자에게는 사고의 지속성을, 청자에게는 이야기에 대한 기억의 보존을 꾀하는 전술이다.
5. 세르토(Michel de Certeau)는 이러한 서사 기법은 민중의 일상언어 화법에서 쉽게 볼 수 있는 이상향적 담론 전략이라고 지적한다(Certeau, 1984: 16-18).
6. 19세기말 갑오경장을 전후하여 출가가 허용되었고 일제강점기에는 일본의 쓰시마를 비롯한 연안 포구 중심으로 도쿄를 거쳐 지바(千葉)에 이르기까지, 그리고 중국으로는 산둥성의 칭다오와 랴오둥반도의 다롄, 심지어는 러시아의 블라디보스토크까지 출가했다고 한다. 그 수는 5천에 이르렀다(김영돈, 1983: 104).
7. 그들이 출가할 때는 흔히 이용하는 돛배의 노 젓는 동작에 맞추어 노래를 불렀는데 그 사설은 잠수 작업 출발의 노래, 해녀 작업의 노래, 출가와 출가생활의 노래, 사랑노래 등으로 나눌 수 있다. 그중에서도 출가과정과 출가생활에 관한 내용이 41.7%를 차지하고 상사와 연정을 나타내는 노래는 18.7%로서 잠수들의 삶의 중요한 부분이 출가과정 및 출가생활과 관련되어 있다(김영돈, 1983: 86-89).
8. 이 사설의 종결어미를 서술형보다 흔히 반문법, 즉 의문형 '놈주리아'나 앞서 사설에서 '탄생하든가'를 씀으로써 억양은 드세어지고 생동감을 불러일으키는 데 효과적이라 한다(김영돈, 1983: 110). 해녀 노래는 물질 오갈 때 노를 젓는 동작과 밀착되어 구연되는데 선·후창과 교창을 하는 게 보통이고 독창은 드물다.
9. 스팩스(Patricia Spacks)는 보부아르를 비롯하여 선구적 여성주의 자서전을 분석하면서 구조적으로 주어진 남성 지배적인 세계에 참여하는 두려움과 남성에의 의존성 같은 여성 체험이 글쓰기 행위 자체를 통해 어떻게 윤리적 미덕으로 전환되는지 설명하고 있다(Spacks, 1977: 46).

10. 심상대의 「양풍전」(1991)에서 서사적 인물은 그 인물의 특징적인 사건과 관련하여 묘사되며 이러한 기법은 구술 서사의 전형적인 기억술로서 인식되고 있다(Ong, 1982). 예를 들면, 다음의 발췌에서 진한 글씨 부분이 그 경우이다. "그 **몽칭기 던지던 양반**은 벌써 죽었고 그거 아들이 있는 기 이름이 효자야. 아버지가 그래가지고는 이재는 낯이 뜨거워 못 쓰거든. 그래니 아들 따라 송정 내려갔잖아. 그래 인재 **몽칭기 냉게 던지던 기** 또 뭐 몇 해를 앓았대요."

11. 맹진국따님애기로서 일곱 살 때 천리만리 하늘 아래를 굽어보며, 단수육갑과 오행육갑을 잘 짚었고 열다섯에 옥황으로 불려가 산신이 된다. 옥황으로부터 가위·실·꽃씨를 얻어 인간으로 내려와 불법당을 마련한 후 서천 꽃밭에 꽃씨를 심어 여기에서 생불꽃을 따가지고 다니며 잉태를 점친다(현용준, 1980; 이수자, 1989: 27).

12. 가믄장아기는 어느 부자의 셋째 딸로서, 아버지가 누구 복에 사는가라는 질문에 '자기 배꼽 밑 선그믓줄 덕분에 산다'고 대답한 죄로 쫓겨나지만 부모를 문지방에 넘어뜨려 장님이 되게 하여 복수하고 마소 키우는 마퉁이와 결혼하여 부자 되었다가 나중에는 걸인 된 부모를 맹인 잔치에서 눈을 뜨게 한다.

13. 절에서 정성 들여 난 딸로서 열다섯 살 때 하늘에서 내려온 문도령에 반해 남장을 하고 서당에서 삼 년, 문도령이 여장을 하고 삼 개월을 동거하다 문도령이 다른 여자와 결혼하려고 하늘로 올라간 후 자신을 겁간하려는 집안 남종 정수남을 죽인 죄로 집에서 쫓겨난다. 남장을 하고 서천 꽃밭에 들어가 부엉새 잡아주는 공을 세우고 그 집 사위가 되었다가 생명꽃을 얻어와 남종을 되살리나, 여자가 사람을 죽였다 살렸다 한다고 해서 다시 부모로부터 내쫓김을 당한다. 자청비는 머리 깎고 중이 되었다가 선녀들을 도운 공으로 하늘에 올라가 문도령을 만난다. 시험에 통과하여 문도령과 결혼한다. 나라에 변란이 있자 그녀는 자원하여 나가 난을 진압하고 그 공으로 오곡씨를 얻어 문도령과 함께 지상으로 내려온다. 굶어 죽어가는 정수남을 목축신으로 좌정시키고 자신은 세경신으로 좌정한다.

14. 자지명아기씨는 불당에 정성을 들여 낳은 딸이다. 열다섯 살에 황금산 도단땅의 주자대선생(중)이 집에 와서 잉태를 시킨 후 부모로부터 쫓겨난다. 주자선생을 찾아가 쌍둥이 세 아들을 낳는다. 성장한 아들들은 과거시험에 장원했으나 삼천 선비의 시기와 농간으로 중의 자식이라 하여 불합격을 당한다. 집에 오는

도중 선비들에 의해 삼천천제석궁에 갇혀 있는 어머니를 찾아 나서고 부친에게서 얻은 무악기를 울려 갇혀 있는 어머니를 구해낸다. 아들들은 큰길가에 법당을 지어 무구와 제기를 보관하는 임무를 어머니에게 맡기고 자신들은 저승삼시왕으로 좌정하여 삼천 선비의 머리를 베어 어머니의 원수를 갚는다.

제8장

1. 성별 또는 젠더(gender) 개념은 보통 '여성'과 동의어로 사용되는데, '여성'을 의도적으로 '젠더'로 대체하는 용법에는 여성과 남성을 분리해서 보지 않고 남성과 여성의 사회적 권력관계라는 맥락에서 여성문제를 인식하겠다는 여성주의 학자들의 정치적 함의가 있다(Scott, 1989: 84). 젠더 개념은 성차에 대한 기존의 관념에 기초한 사회적 권력관계의 구성 요소로서 여성과 남성 범주를 모두 포괄하는 성별체계를 의미한다(Scott, 1989: 94). 한국 학계에서는 젠더를 생물학적인 성(sex)이나 여성(women) 또는 여성다움(feminity)과 구별하여 성별 또는 성별체계라고 번역하거나 그냥 젠더라고 표기한다(위던, 1993: x).
2. 필자는 제주도 무속의례와 4·3의 기억 정치에 관한 박사학위 논문 준비를 위해 1984년부터 1985년까지 18개월간 현지조사를 하면서 약 8개월 동안 문심방의 집에 기거하며 가족의 일상생활에 참여했고 그녀의 무당으로서의 활동을 관찰할 수 있었다. 문심방의 딸도 심방인데 모녀 심방의 생애 이야기는 황루시의 책에 수록되어 있다(황루시, 2001).
3. 제주도에서는 무당을 '심방'이라 부른다. 마을에서 문심방은 '여든이 어멍'이라고 불렀다. 필자의 현지조사 당시(1984년) 64세로 집에 '당주'라는 신당을 가지고 있었고, 심방인 딸과 함께 매년 음력 3월에 마을의 어촌계에서 주관하는 '잠수굿'(일반 대중에게는 '해녀굿'으로 알려져 있다)을 수행하는 '당매인 심방'이었다. '당매인 심방'은 마을의 주요 공동체 의례를 수행하도록 임명을 받는 공식적인 사제의 직분을 의미한다. 문심방도 젊었을 때는 마을의 다른 여성들과 마찬가지로 해녀일을 했지만 심방이 된 이후에는 마을의 공식적인 종교적 직능자로서의 일만 했다.
4. 제주도에서는 심방의 길에 입문한 것을 '전승 그르치다'라고 표현한다. '전승팔자(前生八字)'가 험악하게 되었다는 뜻이다. 그러나 심방의 운명을 서사 무가 형식으로 서술하고 있는 〈초공본풀이〉에서는 이러한 운명의 변화를 다음과 같이 우화적으로 풀이한다. "정승(政丞)의 팔자가 험악하니 전승팔자라 합네다"(현용준,

1980: 174). 이러한 풀이는 발음의 유사성에 착안하여 '전승(前生)'을 '정승(政丞)'으로 유추한 것으로서 현실에서는 비록 천대받는 무당이라도 본래 전생에서는 지위가 높은 정승이었기 때문에 무당은 사회적으로 존경받을 수 있는 존재라는 인식을 암암리에 천명하고 있다.

5. 문심방과 마찬가지로 무녀 '용수엄마'도 자신의 운명을 '불길한 시간'에 태어났기 때문이라고 이해하고 있다. 켄달은 용수엄마를 천부적인 이야기꾼이라고 묘사하고 있다. 무당으로서의 용수엄마의 자질은 이야기꾼으로서의 능력과 밀접하게 연결되어 있다. 용수엄마의 분노는 바람둥이 술꾼으로 가족 부양에 소홀했으며 오빠보다 공부를 잘했지만 딸이라는 이유로 학교에 다니지 못하게 했던 아버지에 대한 분노이며, 나이와 결혼 경력을 속여 결혼한 남편과 남편이 일찍 죽고 나서 무당 일을 하여 부양해야 했던 끊임없이 갈등을 일으키는 전처소생 자식들에 대한 분노이지만, 용수엄마의 분노의 뿌리는 가부장적 가족관계에서 발생하는 모든 갈등 문제에 대한 근원적인 분노라 할 수 있다. 무당이 된 용수엄마는 굿의 금기를 어긴 아버지의 죄로 천연두로 일찍 죽은 여동생, 남편의 죽은 전처, 나중에 죽은 남편의 영혼과 남편 집안의 주부들이 섬긴 감악산 산신에 이르기까지 가부장적 관계의 업보에서 생겨난 원혼들을 몸주신으로 모시고 있다. 용수엄마의 몸주신들은 친정과 남편 집안의 조상신들과 함께 그녀의 생애 이야기에 자주 등장하는 서사적 요소인데, 이러한 영적 존재들은 적어도 이야기 속에서는 마치 살아 있는 듯이 행동하며 삶의 드라마를 공연한다(Kendall, 1988: 30).

6. 제주도의 무속 전통에는 〈바리공주〉와 비슷한 서사 무가 〈초공본풀이〉가 있다. 아들을 낳기 위해 부모가 절에 한 시주가 백 근이 되지 못해 딸로 태어난 〈초공본풀이〉의 자지명아기씨는 순결에 대한 금기를 위반함으로써 혹독한 시련을 겪고 급기야 죽음에 이르게 되나, 나중에 세 아들의 효행 덕분에 무당의 신당을 지키는 무조신으로 재생한다(현용준, 1980: 142-177). 서사 무가 〈초공본풀이〉에 나타나는 젠더 경험의 해석에 관한 자세한 논의는 김성례, 1991 참조.

7. 〈바리공주〉 서사 무가는 바로 이 서사성 때문에 문헌 신화의 한 부류인 것처럼 '바리공주 신화'라고 불리며, 때로 무속문화에 익숙하지 않은 사람들에게는 굿 의례와 무관한 설화로 오해받기도 한다. 그러나 신화는 설화가 아니며 본래 종교 의례에서 노래 형식으로 연행되는 구술 서사로 볼 수 있다. 레비스트로스가 지적하듯이 "모든 신화는 이야기를 말한다"(Levi-Strauss, 1966: 26). 즉, 이야기로서

신화는 이야기를 듣는 청중과의 관계 속에서 의미를 갖기 때문에 모든 신화는 서사성을 갖는다. 이러한 맥락에서 <바리공주> 서사 무가를 '바리공주 신화'라고 해도 결국 동일성을 유지한다 하겠다.

8. 학계나 대중에게 널리 알려진 이름은 '바리공주'가 아니라 '바리데기'이다. 그러나 실제 굿판에서는 무속 신에 대한 존칭으로서 '바리공주'라고 부르기 때문에 '바리공주'라는 존칭을 사용한다(홍태한, 1998: 13).

9. 서사 무가 〈바리공주〉는 한국 서사 무가의 대표라 할 수 있을 만큼 전국적인 분포를 보이며 가장 널리 알려져 있는 무가이다. 지금까지 채록 보고된 〈바리공주〉 자료는 50여 편이 있다. 그 가운데 최초의 채록본은 1930년대 초 아카마스와 아키바(1937)가 경성 무녀 배경재의 구전을 채록한 것이다. 아카마스와 아키바의 〈바리공주〉본은 1960년대 김태곤(1971)이 채록한 것에 비해 내용이 풍부하고 실제 구송하는 양식으로 기록되어 있어서 구술 연행성을 연구하는 데 적합하다. 무엇보다도 아카마스와 아키바 본에서는 서술 주체로서 바리공주의 면모가 두드러지게 나타난다. 일제강점기 관학자인 두 사람은 서사 무가를 '전설'이라고 기록하고 있는데 이러한 입장은 당시 식민지 조선을 '신화가 없는' 아직 문명화되지 않은 나라로 인식하고 있는 식민주의적 태도라고 볼 수 있다.

10. 김열규는 바리공주가 두 번째 저승 여행을 감행하여 부계 왕권을 회복하고 스스로 무신이 될 수 있는 신권을 획득하는 것을 대모신(大母神)의 면모라고 해석하고 있다(김열규, 1985: 111).

11. 엄밀하게 말하면, 구술사는 증언과 구별된다(Beverly, 1992: 94). 구술사의 경우 데이터를 수집하고 편집하는 과정에서 구술자보다는 연구자의 의도가 지배적이라면, 증언은 특정한 개인적 경험에 대한 증인(witness)로서 증언자 자신의 의도성이 지배적으로 작용하며 자료에 대한 통제력도 증언자에게 있다. 그러나 구술사 역시 구술자 자신이 경험하는 정치적 억압과 가난, 생존 투쟁의 현실적 고통을 외부에 알리기 위한 긴박한 상황에서 이루어지기 때문에 증언으로서의 성격 또한 가진다. 실제로 대부분의 증언이 구술 형식으로 이루어진다고 보면, 포괄적으로 증언을 구술사 범위 안에 포함할 수도 있을 것이다. 또한 여성이나 민중 계층의 증언에서 구술성(orality)이 우위를 점하는 것은 책을 통한 지식보다는 직접적인 경험을 중시하는 구술문화의 전통을 반영하는 것이기도 하지만, 개인적 경험을 엘리트 지식인의 언어로 표현하는 것에 대한 전략적인 거부이며

저항이라고 볼 수 있다(Beverly, 1992: 106).

12. 펠만(Shoshana Felman)은 란즈만(Claude Lanzmann) 감독이 홀로코스트 생존자들의 증언을 소재로 만든 증언 다큐멘터리 〈쇼아(Shoah)〉(1985)에 대한 분석에서 역사와 증언 사이의 미묘한 긴장과 갈등을 증언자의 각기 다른 경험적 층위와 홀로코스트 사건의 의미를 인식하는 다층적인 입장의 차이로 설명하고 있다. 다큐멘터리는 해설자 없이 홀로코스트의 희생자·가해자·방관자의 증언을 병렬하여 보여주고 있는데, 이러한 기법은 세 부류의 입장들은 이들 사이의 견해의 차이를 말하는 것이 아니라 각기 다른 위치의 비교불가능성(incommensurability)을 의미한다고 분석하고 있다(Felman 1992: 207). '군 위안부 경험'에 대한 증언에서도 피해자 할머니들뿐만 아니라 가해자 일본 경찰이나 일본군의 증언과 함께 여성의 경험에 대해 무지한 방관자 식민지 남성과 민족주의자의 증언이 함께 채록된다면 피해자 할머니들의 증언의 진실성이 오히려 더 분명하게 드러나리라 기대된다.

13. 제주 4·3 사건의 경험에 대한 여성들의 생애사를 여성학적으로 고찰한 이정주의 연구도 위안부 할머니들의 증언과 마찬가지로 역사적 폭력의 여성 피해 경험에 대한 증언의 기록으로 볼 수 있다(이정주, 1999). 이정주의 연구가 주로 할머니들의 증언을 토대로 한 것이라면 같은 마을에서 동시에 이루어진 인류학적 공동연구는 할머니들의 증언활동의 의미를 4·3 사건 이후 제주도 마을 공동체의 구조적 변화와 관련하여 고찰하고 있다(김성례·유철인·김은실·김창민·고창훈·김석준, 2001).

14. 여성주의 구술사의 네 가지 문제영역은 1983년부터 1986년까지 미국 미네소타 대학의 여성연구소에서 역사학, 문학, 사회학 등 다양한 분야의 여성주의 학자들이 모여 여성의 자서전, 생애사, 전기 등 다양한 개인적인 서사 양식들에 관하여 발표하고 세미나를 했던 The Personal Narratives Group(1989)의 공동작업의 결과물을 참조했다. 위안부 할머니들의 증언집도 이와 같은 부류의 여성주의 연구자와 활동가의 공동작업의 결과이다.

15. '강제로 끌려간 조선인 군위안부들'의 증언집 가운데 1993년 발간된 증언집 1집과 1997년의 2집은 할머니들의 생애사를 연대기적으로 엮은 것으로서 강제로 끌려갈 당시의 상황과 위안소에서의 고통스런 경험에 대한 사실적 증거를 찾는 데 집중했다. 그러나 1999년에 나온 증언집 3집부터 2001년 나온 4집과 5

집은 증언자 할머니가 직접 증언하는 내용을 대화체로 제시하고 있기 때문에 증언자 자신의 목소리를 들을 수 있다. 이와 더불어 증언채록자의 증언과정에 대한 진술이 덧붙여짐으로 해서 할머니들의 증언활동이 증언자 할머니와 채록자의 공동작업으로 이루어졌으며 또한 한국의 현대사를 살고 있는 여성으로서 공유하는 동시대적인 고통과 분노에 대한 또 다른 증언을 들을 수 있다(한국정신대연구소·한국정신대문제대책협의회 엮음, 1993, 1997, 1999, 2001a, 2001b).

16. 일본 도쿄에서 개최된 2000년 일본군성노예전범 여성국제법정은 바로 군위안부 할머니들의 증언이 국제적으로 파급시킨 담론 정치의 효과를 입증하고 있다.

17. 레비나스(Emmanuel Levinas)는 고통의 연대를 보다 급진적인 방식으로 '타인을 위한 볼모가 되어주는 대리적 고통'이라고 설명한다. 고통의 연대는 단지 '타자를 위한 것'이라는 이유로 타인과 마찬가지로 자신도 '상처 입을 가능성'에 노출시킴으로써 비로소 이루어진다고 보았다. 제주 4·3 사건의 여성 피해 경험에 대한 증언의 형식 중에는 원혼에 의한 빙의(spirit possession)현상도 포함할 수 있다. 4·3 당시 죽은 사람의 영혼이 살아남은 가족에게 빙의하여 억울함을 호소하는 경우가 많은데, 이 경우 억울한 죽음의 상태가 그 당시 그대로의 모습으로 빙의된 사람의 몸에 재현된다(Kim, 2001: 282).

18. 차학경(Teresa Hak Kyung Cha)는 그녀의 시집『딕테(Dictee)』(1995)에서 역사에서 쓰여지지 않았기 때문에 기억의 속에 깊이 매장되어 있는 어머니의 말을 낭송자 딸이 복원하여 잉크가 말라버리기 전에 기록해야 한다고 명령조로 외치고 있다. 잉크가 마르기 전에 어머니의 기억을 기록해야 하는 낭송자 딸의 긴급한 상황은 여성주의 구술사가 과거의 증거물이라기보다는 '지금 여기서' 이루어지는 현재적 구성물임을 대변하고 있다. "죽어버린 말. 말라버린 혀. 쓰지 않았기에. 시간의 기억 속에 매장됨. 사용되지 않음. 침묵됨. 역사. 과거. 여성 낭송자여, 아흐레 낮밤을 기다린 어머니 그녀를 찾아내라. 기억을 복원하라. 여성 낭송자 딸이여, 대지 깊숙한 곳에서 그녀가 떠오를 때마다 샘을 복원하라. 쓰기를 완전히 멈추기 전에 말라버리기 전에 잉크는 가장 진하게 쏟아진다"(Cha, 1995: 133). 이 시는 1995년 8월 '또하나의문화'에서 주관한 페미니스트 캠프에 참가한 김성례·김은실·신경숙이 공역한 것이다.

19. 구술사가로서 페미니스트의 경계적 주체성에 대해 비하르(Ruth Behar)는 "I listened, entranced"라고 표현한다(Behar, 1993: 7). 비하르가 멕시코 여자 꽃행상

에스페란자의 생애 이야기를 듣고자 했을 때 에스페란자는 친절하게 비하르를 그녀의 부엌에 초대했으며, 그녀로부터 삶과 종교 경험과 민담이 뒤섞인 생애 이야기를 들으면서 비하르는 백인 지식인 인류학자과 무식하고 가난한 멕시코 원주민 사이의 인종적·계급적 경계를 넘어서는 경험을 했다. 그리고 그것을 이렇게 표현했다.

20. 벤하비브(Seyla Benhabib)는 매우 독창적인 방법으로 근대주의자의 보편적 이성에 대한 신념을 페미니즘과 포스트모더니즘, 공동체주의 이론과 접목시켜 '상호적인 보편주의(interactive universalism)'와 '전망의 가역성(reversibility of perspectives)'에 기초하는 담론의 윤리와 소통의 윤리를 창안했다(Benhabib, 1992: 8). 여성주의 방법론으로서 구술사의 유효성에 대한 논의는 기본적으로 담론의 윤리에 대한 그녀의 입장을 따르고 있다.

제9장

1. 서사 무가의 연행성에 주목한 연구로 홍태한, 1997가 좋은 예이다.
2. 김명자에 의하면, 집의 5대 주요 가신인 성주·삼신·조상·조왕·용단지의 신격 명칭에 모두 '할머님'이 뒤따르는 것으로 보아 적어도 가정신앙에서는 여성이 우위에 있다는 것을 알 수 있다.
3. 가족이 거주하는 건물의 마루에는 성주신이 있다(대들보에 백지로 신체를 만들어 걸어놓음). 성주신은 건물을 수호할 뿐만 아니라 집주인 대주의 건강과 재수를 수호한다. 주부는 매년 안택굿이나 성주받이로 그 공간을 신성화하는 의식을 한다. 마루가 굿이나 제사를 지내는 신성한 공간이라면, 방은 가족이 일상생활을 하는 세속적 공간이다. 특히 안방은 여성의 출산과 육아를 관할하는 삼신과 제석신이 머무는 곳이다. 부엌에는 조왕신이 있고 대문에는 수문신장이, 변소에는 측신이, 마당에는 터신이 머문다.
4. 서울 근방의 굿을 보면 집 안에 있는 사람을 모두 밖으로 내보내고 무당이 바깥마당에서 부정을 가시는 '주당물림'으로부터 시작한다. '가시문'을 세우고 금줄을 치고 황토를 뿌려 집 밖에서 잡귀·잡신이 들어오지 못하도록 표시한다.
5. 가부장제와 가족 내 여성의 성역할에 대한 인류학적 연구는 조혜정·김진명·이돈희·박부진·김주희·문옥표·김은희, 1997 참조.
6. 이러한 관점에서 바리공주 신화를 분석한 이경하, 1997 참조.

7. 이 책에서 요약되는 바리공주본은 아카마스와 아키바가 채록한 것이다(아카마츠 지조, 아키바 타카시 공편, 1991: 15-47). 바리공주 무가는 황해도와 제주도를 제외한 전국에서 발견되며, 죽은 자를 저승으로 천도하는 진오기굿에서 구송된다. 진오기굿의 연행적 맥락에서 바리공주를 분석한 연구로 김헌선, 2011를 들 수 있다.

8. 이러한 바리공주의 선택에 대해 불교적 해석을 하고 있는 조흥윤, 1999; 이경하, 1997 참조.

9. 제주도에서는 신화를 본풀이라고 하는데, 장주근은 본풀이를 다음과 같이 정의한다. "본풀이의 어의는 글 그대로 '본을 푼다'는 뜻이다. 예를 들어 '초공본풀이', '차사본풀이' 식으로 그 신의 '본을 푸는' 것이며, '신의 근본을 해설하는 것이다"(장주근, 2001).

10. 서사 분석 텍스트는 현용준, 1980과 장주근, 2001을 참고했다. 여성주의 관점에서 초공본풀이를 해석한 이경하, 2000 참조.

11. 제주도 무속에서는 일반 사람이 죽으면 저승의 십대왕에게 가지만, 무당이 죽으면 삼시왕에게 간다는 믿음이 있다. 그리고 '삼시왕'이란 무조신인 젯북이 삼형제를 말한다.

12. 제주도 무당 심방은 당주 조상에게 바치는 공물로서 돈, 쌀, 실, 술 3잔을 큰굿하러 나갈 때마다 갈아준다. "조상님 덕으로 먹고 사니까." 그리고 매일 아침 냉수 한 대접 올리고 향 피운다.

제4부 서문

1. 인류학의 새로운 조류인 '존재론적 선회'는 비베이로스 드 카스트로(Eduardo Viveiros de Castro)의 브라질 아마존 지역 원주민의 샤머니즘 신화 연구에서 도출한 그의 '관점주의(perspectivism)'에서 시작되었다. 인류학의 최신의 메타이론이 샤머니즘 연구에서 도출되었다는 것은 한국 무교 연구의 새로운 방향성을 제시한다는 면에서 매우 고무적이다. 마틴 홀브라아드(Martin Holbraad)는 쿠바의 점술 연구에서, 모르텐 페더센(Morten Axel Pedersen)은 포스트-사회주의 몽골리아의 사회적 혼란을 체현하는 샤머니즘 현상 연구를 통해 '샤먼적 존재론(shamanic ontology)'을 규명했다. Holbraad and Pedersen, 2017; Holbraad, 2012; Pedersen, 2011; Abramson and Holbraad ed., 2014.

2. 원래 제주도 굿에서는 조상굿이라는 제차가 따로 없다. 죽은 영혼들의 저승길을 닦아주는 '시왕맞이굿'이 바른 명칭이지만, 이 장에서는 조상 영혼들의 살아생전의 고통스런 이야기와 '영개울림'에 초점을 맞추고 있기 때문에 조상굿이라 부르겠다.
3. 이 글은 해방 이후 제주인의 밀항과 영토 밖(일본과 북한) 생활권의 형성은 동아시아의 냉전적 위계질서와 함께 한·일 간 격차와 육지와 섬의 위계질서 아래에서 제주도가 겪은 이중적 주변성이 전제조건이라고 분석한다.
4. 선호를 위한 '추는굿'은 제주도 제주시 다끄내 마을에서 1984년 3월 13일부터 3월 17일까지 나흘 밤낮으로 계속되었고 모두 24번의 트랜스 춤과 서우젯소리(한석)가 연행되었다. 이 굿의 전 과정에 대한 기록과 해설은 당시 같이 현지조사 했던 민속학자 고광민 박사의 기증 자료(국립문화재연구소 편, 2006) 참조.

제10장

1. 여기서 다루는 기본적인 문제들에 대한 이론적 접근은 Rappaport, 1979에 많이 의존하고 있다.
2. 공연(供宴)은 '잔치를 드린다'는 뜻이다.
3. 이후 제주 무교 신화와 의례과정에 대한 자료는 모두 현용준, 1980을 토대로 한다.
4. 초감제는 굿하는 장소를 신에게 설명하여 신의 하강을 기원하는 제차(祭次)인데 우주 창생까지 확대시켜 설명함으로써 의례적 시간과 공간을 성화하는 의례적 기제라 할 수 있다. 베포도업침 순서에서 구송하는 다음 무가는 아주 단순한 내용이지만 천지개벽 신화의 일종이라 할 수 있다. "(사방을 향해 사배하고 나서) 천지혼합으로 제이르자. 천지혼합시절 하늘과 땅에 경계가 없어 천지가 한 묶음이 되옵니다. 천지개벽시 도업(사물의 시초, 창업)으로 제이르자. (무악) 갑자년 갑자월 갑자일 갑자시에 하늘 땅 사이 떡징같이 금이 나옵데다. 삼경개문도업(삼경이 열려 새날이 시작되듯 천지혼합이 열리기 시작함) 제이릅니다. 하늘로 청이슬, 땅으로 흑이슬, 중앙 황이슬 내려 합수될 때 천지인왕 도업으로 제이르자. (무악)"(현용준, 1980: 33).
5. 김열규는 '본풀이'를 무속 신화의 속성으로 간주하고, 신의 전기적 이야기 유형으로서 '본풀이(性)'이란 개념을 다른 민간 전승이나 구비 시가의 분석에 적용하고 있다(김열규, 1977: 241).

6. 이러한 사실은 본토의 굿과 다른 제주 굿의 특유성이기도 한다. 12거리로 구성되는 큰굿의 의례적 구조는 본토의 굿과 크게 다를 바 없으나, 현존하는 본토의 굿 연행과정에서 구송되는 신화의 종류가 그리 많지 않고 그 서사적 구성의 완성도가 빈약한 데 비하면 제주의 본풀이는 서사적 원형성이 온존해 있고 제주 사회의 문화적 특수성을 뛰어넘어 한국인의 보편적인 우주관과 윤리의식을 보여주고 있다. 따라서 제주 굿과 신화의 이해를 통해 한국의 무교 전체에 대한 이해가 가능하다고 본다.

7. 대체로 지금까지 무속 신화에 대한 연구는 두 가지 부류로 대별할 수 있다. 하나는 신화를 무교 신앙의 고유한 형태를 보유하는 구전 시가로서 분석하는 민속학적 연구이고, 다른 하나는 신화가 무교 신들의 영웅적 내력담이라는 사실에 주목하여 종교성보다는 문학 텍스트로서의 서사성에 초점을 맞추는 문학적 연구이다. 이 글에서는 기존의 연구 성과를 모두 참조하면서 무속 신화를 의례적 연행의 한 양식으로 접근하며 문학성보다는 종교성에 초점을 맞춘다.

8. 이와 같은 발화의 연행적 행위는 자기최면적인 설득력이 강하다. 이것을 탐바야(Stanley Tambiah)는 '언어의 주술적 힘'이라고 보았다(Tambiah, 1968: 175-208).

9. 엘리아데(Mircea Eliade)는 샤머니즘 의례의 목적을 "죽은 자가 살아나고 산 자가 죽어서도 거듭나는 무엇이든 가능할 것 같아 보이는 세계의 창조"(엘리아데, 1992:432)라고 진술한다. 샤먼의 접신 체험은 일상적인 경험세계에서는 볼 수 없는 초자연적 존재와 죽음의 세계, 사후세계를 '보여주는' 것이라는 그의 지적은 샤머니즘 의례의 연행성을 중요시하고 있음을 말한다. 신화는 바로 접신의 성스러운 체험의 진술이며 그 이야기 자체가 신성성을 획득하는 것은 샤먼이 탈혼·망아 상태에서 신화를 구송하면서 비롯된다. 샤먼은 신화를 구송하면서 생명과 건강, 풍요와 광명의 세계를 지키는 무사로서 악령과 질병, 죽음과 기근, 재난으로 가득 찬 암흑의 세계에 맞서서 싸우기 위해 천상계로 올라가고 지하계를 내려가는 모험을 감행하는 연기를 한다. 이러한 연행과정에서 펼쳐지는 극적인 장관을 '보면서' 의례 참가자 또한 신성의 체험을 하는 것이다.

10. 왜 신화에서는 생명이 죽음 이후에 나타나는가를 인류학자 리치(Edmund Leach)는 이렇게 설명한다. 태어나면 죽어야 하는 일상적 시간의 비가역성을 종교의 중심 과제인 '죽음 이후에 다시 시작하는 생명'이 의미하는 시간의 반복성에 동화시킴으로써 인간이 시간을 '다스리게(taming)'되었다는 것이다. 생명의 영속

성에 대한 종교적 믿음은 사실 사회의 재생산과 영속을 기원하는 인간의 실용적인 바람을 상징화한 것이다(Leach, 1961).

11. 인간의 생과 사의 원리를 꽃에 비유하는 것은 피고 지고 다시 피는 꽃의 순환적 삶을 인간 생명의 지속성에 비추어 생각하는 유추적 사고의 표현이라고도 볼 수 있다(Tambiah, 1968).
12. 서천꽃밭은 시왕맞이굿에서는 사자가 저승으로 가기 위해 통과해야 하는 주천강 연화못 또는 서천강, 저승 열두 대문과 함께 저승과 이승의 경계에 위치하는 공간이다. 서천꽃밭을 '특수한 생명 원천의 신화적 공간'으로 또한 그곳에서 자라는 번성꽃과 검뉴울꽃을 주술적 힘을 가진 주화로 보는 이수자의 해석은 신화의 '주술적' 효과를 자명한 사실로 간주하고 있다(이수자, 1992: 250). 이 글에서는 신화의 주술성 대신에 종교성을 부각시키는 데 역점을 두려고 한다. 사실 주술과 종교의 구분은 구분하는 입장에 따라 임의적으로 만들어지기 때문에 신화의 주술성과 종교성은 동일한 현상을 다르게 정의하는 데서 오는 차이에 지나지 않는다. 그러나 '주술'이란 용어가 다른 역사종교와 구분하여 무교의 원시성과 비종교성을 강조하는 데 사용되기 때문에 무교를 여느 종교와 마찬가지로 종교현상으로 이해하려는 필자는 되도록이면 '주술' 또는 '주술적'이라는 용어를 쓰지 않을 것이다.
13. 칠원성군의 이름은 있으나 내력을 설명하는 신화가 없는 게 특징이다. 그 이유는 도교 신의 일방적 수용이라 그렇지 않은가 추측한다. 이 신은 불도맞이굿 외에도 개별 의례인 칠성제의 신앙 대상이 된다(현용준, 1986: 153).
14. 원불수룩침은 부처님께 명복을 비는 불교의 수륙제(水陸齋)와 같은 것인데, 의례 형식도 다르고 의미도 다르다고 보아야 할 것이다.
15. 이와 같이 불도맞이굿은 상당히 규모가 크기 때문에 12거리 큰굿의 일부이면서 단독적인 의례로 연행된다. 이공본풀이는 원래 이공맞이굿과 함께 연행되는 단독 신화였는데 죽음을 상징하는 신화 내용이 생명의 탄생을 상징하는 불도할망본풀이와 대비적인 한 쌍을 이루기 때문에 불도맞이굿에서 함께 공연되어온 것으로 추측된다(이수자, 1992: 248).
16. 실제 굿 공연에서는 천왕불도(天皇佛道)할마님, 지왕불도(地皇佛道)할마님, 인왕불도(人皇佛道)할마님 세 분을 청하지만 신의 직능은 한 가지이기 때문에 통칭으로 '불도할마님'이라 부른다. 세 분 불도할망의 이름을 부르는 것은 생명 신으로

서 불도할망의 영향력이 천·지·인 삼계에 걸쳐 전 우주에 광범하게 미친다는 뜻으로 보인다.

17. '생불(生佛)'의 의미는 생명, 즉 아기를 낳게 해준다는 행위를 말한다. 그래서 '생불을 시겨주고'라고 표현한다. 여기서 '불'은 불교와는 상관이 없는 순수 우리 고유어로서 남성의 신체 부분을 가리키는 신체어이다(이수자, 1992: 257).

18. '명진국 따님애기'란 명칭을 한자로 표기하면 '命長國 處女'라 할 수 있다. 즉, 수명이 긴 특성을 가진 처녀라는 뜻으로 수명을 길게 해주는 직능을 가리킨다고 보인다. 이와 같이 신의 명칭이 신의 직능과 관련되는 경우가 많다(현용준, 1980 참조).

19. 아카마츠 지조, 아키바 타카시 공편, 1991: 313(이수자, 1992: 246에서 재인용). 아카마스와 아키바는 서천꽃밭을 춘하추동 따뜻한 극락지라고 묘사하고 있다.

20. 여기서 제인장제는 석보상절에 이공본풀이와 매우 비슷한 안락국 설화가 있는데 거기에 나오는 자현장자(子賢長者)와 동일한 것으로 보는 학자가 많다. 현재까지 이공본풀이가 본토의 안락국(安樂國) 설화를 수용하여 형성된 것으로 알려져 있으나 이수자는 이러한 학설에 반론을 제기했다. 이공본풀이가 제주 굿 구조에서 차지하는 위상을 보면 이 신화가 무속 제의가 형성될 때 창조된 것이며 오히려 이공본풀이가 모태가 되어 다른 설화가 형성되었다고 보고 있다(이수자, 1993: 13-66). 본풀이 내용의 역사적 기원에 대한 물음은 무교와 다른 종교의 교섭과정에 대한 논의로 이어질 수 있는 중요한 문제이다.

21. 청사(淸邪)록·흑사(黑邪)록은 대구법적 표현이며 사(邪)록은 사기(邪氣)를 뜻한다.

22. 제주 굿에서 석(穸)살림은 굿 한마당을 이른다. 이 말은 굿 한 거리마다 신과 인간이 하나가 되어 함께 어울리는 신성한 공동체가 이루어짐을 의미한다. 12거리 큰굿에서는 12석을, 작은 굿에서는 6석을, 앉아서 비는 앉은제에서는 3석을 푼다(현용준, 1980: 67).

23. 오스트레일리아 중부에 사는 아란다족의 츄링가(churinga)는 돌이나 나무로 된 물체인데 그 위에 상징기호가 조각되어 있다. 외양이 어떻든 츄링가는 조상의 육체를 나타낸다. 그리고 대대로 그 조상의 환생이라고 생각되는 사람에게 엄숙히 수여된다. 인적으로부터 멀리 떨어져 있는 동굴 속에 숨겨놓고 정기적으로 그것을 꺼내어 조사하고 만져본다. 츄링가에 기원하며 주문을 외우는데 그 역할은 고문서와 비슷하다고 레비스트로스는 해석하고 있다. 츄링가는 그것을

소유한 개인뿐만 아니라 집안·친족·씨족의 집단적 형성 역사의 산 증인으로서 순수 역사성, 즉 통시성(시간의 지속성)의 기호이다. 제주 굿에서 본풀이는 츄링가 같은 통시성의 기호로서 작용한다고 볼 수 있다. 오직 신화의 맥락 안에서 인간은 시공간을 초월하여 이승과 저승을 왕래하고, 죽어서 저승 좋은 곳으로 가며, 조상으로 재생하는 것이다.

24. 사람에게는 3혼이 있는데, 하나는 무덤에 묻힌 시체에 머물고, 또 하나는 (영혼 또는 영계)저승으로 가며, 나머지 혼백은 기일 제사 때 쓰는 위패에 깃들어 있다고 한다(현용준, 1980: 372).

25. 무교에서는 모든 사령이 결국 '저승 좋은 곳'으로 갈 것이라고 믿는 것 같다. 그러나 사령이 그 좋은 곳으로 가는 저승길 여정에는 차사의 안내가 필요하기 때문에 자손들은 차사를 맞이하는 굿을 하게 되는 것이고 차사는 시왕의 명을 수행하는 사자이기 때문에 시왕을 청해 시왕맞이굿을 하는 것이다.

26. 김치(金緻)는 광해군 때 제주판관을 지낸 실제 인물이다.

27. 적패지는 명왕의 명을 기록한 문서로 저승문서라고 불린다. 붉은 종이에 흰 글씨로 사자의 이름과 나이를 쓴 것이다(현용준, 1980: 215).

28. 본풀이에서 '저승 좋은 곳'은 '시왕 상마을 중마을 하마을 줄렴당 말렴당, 섹휴산, 노상대, 죽성도, 상시당'으로 묘사하는데 그곳에도 나무, 성, 물, 감옥, 왕, 계급이 있다고 하는 것을 보면 저승 역시 이승과 같은 곳으로 저승은 이승의 투사물이라고 할 수 있다(이수자, 1991: 62).

29. 새와 나비가 하늘과 관련된 성스러운 범주라면 뱀·지네·소·말·초목은 지상과 관련된 세속적인 범주이다. '좋은 것'은 하늘에 가깝고 '나쁜 것'은 지상에 가깝다(이수자, 1991: 66).

30. 한 또는 원한의 정서를 한국인의 고유한 심성으로 보는 관점에는 여러 입장이 있다. 여기서의 논의는 한을 한의 원인이 되는 외부적 요인인 구조적 불의에 대해 대항하는 사회적 에너지로 보는 입장이다. 한풀이 과정에서 나타나는 보복 행위는 사실 궁극적인 목표가 아니다. 원한은 스스로 풀 수 있는 내면적인 문제가 아니고 사회구조적인 문제이기 때문에 제삼자의 참여를 필요로 하는 것은 정당하다. 그래서 한풀이는 공동체적 사회윤리로서 발전될 가능성이 있다. 그러나 한풀이의 응보 논리를 부정적이고 파괴적인 것으로 간주하는 그리스도교 신학자들은 한풀이가 개인의 내면의식 안에서 소망으로 변형될 수 있는 가능성에

대해 이론적으로 탐색하고 있다(강영옥, 1996; Jae Hoon Lee, 1989). 또한 원한(怨恨)이 내부에 침전하여 타인의 고통에 애통해하는 정한(情恨)과 원한(願恨. 소망)으로 변형되는 내적 역동성을 '삭임의 기능'으로 해석한 천이두, 1993 참조.

31. 시왕맞이굿의 제차를 보면 차사본풀이를 하고 나서 사령이 지옥의 열두 문에 도착하기까지 갖가지 난관을 제시하고 있다. 저승차지 높은 신인 시왕에게 액을 막아달라고 비는 '액막이'로 시작하여 시왕과 저승의 16사자(使者), 그리고 각종 하위 잡신을 큰 시루떡으로 대접하며 잘 사귀고('지사빔') "지장만보살 신풀어 올리자"며 본을 푼다. 그러고 나서 전쟁 때 죽은 이름 없는 삼천군병을 잘 사귀고 닭 한 마리를 대살(代殺)하여 백정 일을 보다가 죽은 사령을 잘 사귀고 심방 일을 하다가 죽은 사령을 불러내어 술 한 잔을 대접한다. 모두 사회적으로 천대받거나 억울한 인생들이므로 그들의 원한을 여러 선물과 희생제물을 바쳐 위무하려는 일련의 액막이 굿이라 할 수 있다(현용준, 1980: 287-302).

32. 본토의 무속 신화 가운데 바리공주 신화에서도 유사한 이야기 플롯을 볼 수 있다. 15세 이전에 바리공주는 원치 않는 딸이라는 이유로 버림을 받지만, 죽어가는 부모를 살리는 약수를 구하기 위해 남장을 하고 서천서역 땅으로 위험한 여행을 해서(즉, 죽었다는 뜻) 그곳의 대왕과 혼인하여 자식 낳고 살다가 아홉 해를 채우고 남편과 일곱 아들과 함께 이승으로 돌아와 약수와 꽃으로 부모를 소생시키는 지극한 효녀로 변신한다(아카마츠 지조, 아키바 타카시 공편, 1991: 15-47). 바리공주의 첫 번째 죽음이 미성년자의 통과제의였다면, 두 번째 죽음은 부모를 살리기 위한 적극적인 효행의 결과였기 때문에 그녀는 되살아나 죽음을 초월한 만신의 몸주, 즉 무조신으로 신직을 받게 된다. 여기서 중요한 것은 효 이념의 희생자가 서사과정에서 왕생천도하는 신격으로 변화한다는 것이다. 이러한 변화는 여성과 남성의 성적 구분과 불평등관계를 초극하는 선의 가치를 구현하는 것이다(송효섭, 1992: 168). 그러나 바리공주가 신적인 권능을 쟁취할 수 있게 된 계기는 혼인으로 얻게 된 성인 자격이며 역설적으로 효 이데올로기에 순응한 결과이다.

제11장

1. 故 안사인 심방은 1984년 현지조사 당시 인간문화재로 지정되어 있었다.

2. 일제강점기와 이후 4·3 사건을 전후로 세 시기에 걸쳐 밀항이 진행되었다. 먼저

일제강점기의 밀항은 밀항이라기보다 노동이주가 더 적합할 것이다. 밀항이 본격적으로 이루어진 두 번째 시기는 해방 이후 일본에서 귀환했던 재일조선 청년들에 대한 미군정과 우익세력의 탄압 그리고 검거 때문에 이루어진 밀항이 있다. 세 번째 시기는 4·3 봉기 이후 해안이 미군정에 의해 봉쇄되고 계엄령이 선포되었음에도 불구하고 이루어졌던 밀항이다. 이 시기에 이루어진 탄압 때문에 청년들뿐만 아니라 여성과 아이들까지 포함된 수많은 제주도민이 밀항을 했다(박찬식, 2012 참조). 한편 커밍스(Bruce Cumings)에 따르면, 세 번째 시기에는 일본에서 귀환했던 6만 명 가운데 일본으로 다시 밀항을 통해 돌아간 조선인이 4만 명에 이른다(Bruce Cumings, 2016). 재일조선인의 밀항 문제에 대한 상세한 연구는 권혁태·이정은·조경희 엮음, 2017 참조.

3. 여기서 '분부문안을 여쭈어 드린다'고 하는 이유는 무엇인가? 조상과 자손 사이에 오가는 대화는 서로에게 '분부문안'을 전해준다고 하는데, 쌍방의 분부문안이 각각 조상과 자손에게 전달되지만 그 말을 하는 심방은 굿에 참여하는 청중을 대상으로 하기 때문에 분부문안은 존댓말을 쓰는 것이다.
4. 현용준(2005: 229-241)의 조사에 따르면, 혈연조상 가운데에서도 한이 맺히고 억울한 영혼이 있는 경우 이를 일월조상으로 선정해서 위하며, 제사를 못 받는 영혼도 일월조상으로 간주하기도 한다. 예를 들어, '구실할망본풀이'에는 딸만 낳아서 제사를 받지 못한 영혼이 딸의 시댁에서 일월조상으로 간주되며 제사 때 대접받는다는 내용이 있다.
5. 이를 '서우젯소리'라고 한다. 한 집안 또는 씨족 수호신 '조상'을 놀릴 때 부르는 노래의 곡명이다. 큰굿이나 작은 굿에서 석살림 때 부르게 되는데 심방들이 부르면 굿을 의뢰한 가정의 주부가 먼저 나와서 춤을 추고 다른 가족과 친척도 참여한다. 이들 자손들의 춤은 조상의 기꺼움을 상징하기 때문에 심방은 춤판을 흥겹게 하기 위해 애쓴다. 이 춤은 조상신이 빙의하여 추는 것으로 보기도 한다. 문씨 집안 굿에서 계주가 갑자기 쓰러져 울기 시작했는데 가장 먼저 계주의 시어머니와 동서들이 와서 "지금 춤추는 영신이 누구입니까? 일본에 가서 죽은 작은어머니입니까" 하고 확인하려 했을 때 계주는 "아이고, 우리 조상이여 조상. 위했으면 나 살걸, 아이고 나 가슴아 나 가슴에 엉켜지고 답답하여, 아이고 요 성님아 나 살려주려고 왔구나!" 하고 대답하면서 크게 울었다. 동서들은 그녀 옆에 둘러앉아 "그러니까 이제 막 풀어주고, 다 가슴 풀어져서, 저승옷도 살라줄 테니까, 할

말 있으면 다 해보라, 다 안다, 어떻게 살았는지 다 안다고. 남편이 못하게 하니까 그래서 죽은 것 아니야?" 하며 위로한다. 한참을 서로 주고받다가 계주는 찬물을 마시고 나서 제자리로 가서 앉았다. 한판 조상과의 진지한 놀이가 끝난 것이다. 여기서 계주에게 빙의한 조상은 집안 조상 아기씨 선앙뿐만 아니라 일본에 이민 가서 가난하게 살다 죽은 작은어머니이다.

6. '낭낭선 패도목'은 제주를 향해 항해하던 선박이 난파하여 조각난 배의 일부를 말한다. '아기씨 서낭'을 집안 조상으로 가지는 경우는 제주에 상당히 많다. 우연히 바닷가에서 주은 난파선의 조각이 집안을 수호하는 조상으로 신앙 대상이 되는 과정은 개인이 한 집안의 성원으로서 공동체적 인격을 형성하는 과정으로 해석할 수 있다. 한편 현용준에 따르면 '낭낭선'은 '낙남선(落南船)', '패도목'은 '배를 만든 재목의 이름'으로 해석된다(현용준, 1980: 546). 흑산도를 포함한 서남 해안 도서 지방에서는 '아기씨서낭'을 집 안이나 어선에 모시기도 한다(정연학 외, 2018: 359).
7. 사전적인 의미로는 어떤 일이 이루어지는 것에 대한 보답의 의미를 가진 고어이며, 특히 주고받는 행위자 사이의 의무적 관계를 표시하는 용어라 할 수 있다.
8. 이 문씨 집안 조상굿은 부모 조상의 왕생천도가 목적이기 때문에 시왕맞이굿이 중심을 이룬다. 그러나 문씨 가족 중에 15세 이하 어린아이가 둘 있었으므로 불도맞이를 먼저 하고나서 시왕맞이굿을 했다.
9. 미조는 자손들의 이 잘못을 죄라는 개념으로 표현한다. 제주 문화에서 전통적인 '죄' 개념은 원죄라든지 죄 많은 인간의 보편적인 본성을 의미하는 것이 아니다. 이것은 조상들과 자손들 간의 통시적 결속(diachronical bond)이라는 관계적 맥락에서 정의되고 해석되어야 한다.

제12장

1. 제주도 방언을 본문에 거의 그대로 사용한 이유는 의례적 서사의 수사 양식을 되도록 살려내기 위함이다. 독자의 이해를 돕고자 괄호 안에 표준말로 표기했다.
2. 미국의 인류학자 로잘도(Renato Rosaldo)는 인류학자의 해석 양식은 현지조사의 맥락에 따라 주어지고 상황적으로 다양하게 '위치지워진 주체(positioned subject)'의 입장에 의해 정해진다고 말한 바 있다(Rosaldo, 1984). 필자는 인류학자의 문화 해석은 '돌트망(돌틈)'처럼 의미 해석의 맥락에서 상황적으로 위치지워진 바로

그 정해진 자리에서 시작한다고 본다.

3. 마을 수호신은 이러한 성격을 모두 가지는데, 본향당은 토지신으로서 마을 경내의 토지·산수·나무·자연의 주인이며 호적·출산·사망·생업을 관장한다. 이들 조상은 정중히 모시지 않으면 질병이나 흉작, 우마가 피해를 입는 등 재앙이 뒤따른다. 당신을 처음 모시기 시작한 것 자체가 이러한 앙화 때문이라고 추측된다(현용준, 1986).
4. "어기엿차 닷감기로 놀자"는 뱃노래 비슷한 민요조의 무가로, 석살림 때 한 집안 또는 씨족신인 '조상'을 놀릴 때 부르는 노래의 곡명이다(현용준, 1980: 880).

제13장

1. 제주도에서 도채비는 질병을 일으키는 신격으로 알려져 있다. 그러나 육지에서 도깨비는 부를 가져다주는 신이면서 음란한 성격의 남성 신으로 묘사된다. 또한 악마나 유령은 아니지만 외발에 외눈박이의 괴물로 알려져 있다. 도깨비는 부와 풍요에 대한 인간의 욕망을 상징하기도 한다. 부와 질병을 동시에 가져다주는 도깨비신의 모호한 성격은 부 자체의 허약함에 대한 사람들의 인식을 나타낸다.
2. 기술된 서우젯소리는 현대 표준 한국어 표기에 맞지 않지만, 노래 가사이기 때문에 운율에 맞춘 실제 무가를 그대로 옮겨놓았다.
3. 3월 16일 세 번째 날 오후 2시 30분부터 3시 13분까지 연행.

제5부 서론

1. 강력한 엑스타시와 환각 체험을 중요시하는 하는 마이클 하너의 '코어 샤머니즘'은 사회적 생태적 맥락과 무관하게 개인적인 심리치료나 신비 추구의 성격을 가지기 때문에 샤머니즘의 부흥이라 볼 수 없다는 비판이 있지만, 포스트모던 영성 운동의 특성을 가지고 있음에 틀림없다.
2. 샤머니즘 부흥에 초점을 맞춘 또 다른 필자의 논문도 참조. 김성례, 1995b.
3. 서구의 네오샤머니즘에서는 샤먼적 치유와 카운슬링에 초점을 맞추고 있다. 다른 한편, 샤먼 의례의 폭력적 행위는 신령에게 동물을 희생제물로 바치는 봉헌 행위에도 있으며, 악령이나 적을 퇴치하기 위한 영적 전쟁에서도 수행된다.
4. 무속인의 충무공 묘지 훼손 사건이 식민주의 역사를 의미화하는 방식은 남아메리카 아마존 지역의 샤먼이 치유의례와 축귀의례·재수의례의 연행을 통해 남아

메리카 식민주의 역사의 모순-치유와 공포가 교차하는 인식론적 음울(epistemic murk)의 상태로 나타나는-을 해석하고 또한 해소하는 방식과 유사하다.

5. 이와 대조적인 신정론인 '고통의 신정론(theodicy of suffering)'에 의하면 고통은 신의 증오와 자신의 숨겨진 죄의 징표로 다루어짐으로 정당화 욕구가 충족된다.
6. 사이버스페이스 무당이나 만신 사이트는 현재는 폐쇄되었으며, 이와 같은 유형의 사이트들은 폐쇄와 개설이 반복된다.

제14장

1. 이 장에서 '무속인' 호칭은 당시 언론이 사용했던 용어를 그대로 사용한다.
2. 1999년 4월 22일 《중앙일보》 사설에서는 그러한 단맥 행위가 "효과가 있을 턱이 없고 쓸데없는 일인데도 끊이지 않고 행해지는 미신"이라고 한탄했으나, 제14장에서는 현대 한국 사회에서 미신적인 일이 왜 끊이지 않고 계속 행해지는지 그 역사적 함의를 문제 삼는다.
3. 묘지 훼손 사건에 연루된 무속인 양씨는 협조자인 아들 문씨와 함께 근래에 베스트셀러가 된 풍수서를 탐독하고 거기에 언급된 대부분의 명당에 가서 훼손 행위를 했다고 한다. 이들이 참고한 책은 육관도사로 알려진 풍수사 손석우의 『터』(도서출판 답게, 1993)와 문화재 전문가인 고제희의 『한국의 묘지기행』(자작나무, 1996)였다. 이 책들은 사건 발생 이후 더욱 많이 팔렸다 한다. 이러한 풍수서의 대중적 인기는 현대 한국인의 의식세계에 주술적 풍수신앙이 얼마나 깊이 뿌리박혀 있는가를 대변한다.
4. 풍수는 중국에서 먼저 발달했고 신라 말 도선의 도참설과 결부되어 우리나라에 도입되었다. 지세를 사람 또는 짐승 모양에 비유하여 설명하는 형국론이 특히 발달한 것이 한국 풍수의 특징이라 한다. 이러한 특징이 풍수사상이 명당에 대한 집착으로 이끌었고 미신적 운명론에 빠지게 했다고 한다(이기동, 1994: 131).
5. 풍수 설화 가운데에는 덕을 쌓거나 지관의 전문지식이나 하늘의 도움 없이 우연히 얻게 된 명당 이야기가 많이 있는데 이러한 역사적 사실은 신분이나 효행과 관련 없이 명당이 누구에게나 있을 수 있는 행운이라는 평등주의적 민중의식과 함께 도덕에 대한 실용적 접근을 반영한다. 또한 조선시대 후기에 민중들 사이에서 끊임없이 『정감록』과 같은 비서가 유행한 것은 명당의 행운을 믿는 풍수신앙의 한 단면이라 할 수 있다. 이와 같이 민속적 풍수사상에 나타나는 실용적이고

평등주의적인 도덕관은 기존 사회 지배체제에 대한 비판과 도전을 간접적으로 표현하는 반왕조적 의지를 반영하는 것이었다(신월균, 1994).

6. 중국의 풍수 관행에 대해 인류학적 연구를 한 프리드만(Maurice Freedman)은 풍수를 한정된 행복과 번영을 쟁취하기 위한 경쟁하는 관행으로 보았고 그러한 현상을 도덕에 대한 실용적인 접근이라고 해석했다(Freedman, 1979). 더글라스(Mary Douglas)는 이러한 중국 풍수를 개인주의적이고 경쟁적인 사회에서 생긴 '경쟁적 우주론(cosmology of competition)'이라고 해석한다(Douglas, 1973: 159-160).
7. 조선총독부 촉탁 민속학자인 무라야마 지준(村山智順)은 조선의 문화와 사상을 이해하려면 민간 신앙을 먼저 알아야 한다고 전제하고, 민간신앙 1부로 1929년에 『朝鮮의 鬼神』을 발간하고, 민간 신앙 2부로 1931년에 『朝鮮의 風水』을 발간했다. 풍수에 대해 그가 기울인 깊은 관심이 일제 식민지 정책에 어떤 영향을 미쳤는지 이 장의 후반부에 다룰 것이다.
8. 조상의 영혼을 불러내어 넋을 위무하는 굿보다 경비가 덜 들고 그 효과는 좋다 하여 당면한 문제 해결 방법으로 방제법이 많이 활용되는 현상은 요즘 더욱 간소화되어가는 한국 무속의 현실을 잘 대변하고 있다.
9. 그 밖에도 두려움을 일으키는 사람이나 권세를 누린 사람, 그리고 기적을 일으킨 역사적 인물의 이름이나 물건이 이러한 양귀 방법으로 사용되었다. 예컨대 일제강점기에 우체국 소인이나 경찰서 등 관공서의 기관장 이름을 적은 종이를 환부에 붙이는 방법도 있었다(무라야마 지준, 1990: 234-235).
10. 경찰 수사에 의하면 1995년부터 그때까지 모두 묘역 48기에 칼 158개와 쇠말뚝 125개를 박았다고 한다. 한 언론에서는 양씨와 문씨 두 모자가 훼손한 율곡 묘소 일대에서는 칼 51개, 쇠말뚝 45개가 나왔고, 1개에 3킬로그램 가량 나가는 쇠말뚝 수십 개를 배낭에 나눠 지고 갔다는 이야기는 납득할 수 없다면서 '풀리지 않는 미스터리'로 남겨놓았다(《중앙일보》 1999년 5월 16일).
11. 한국인의 귀신에 대한 믿음체계에 의하면 양기와 음기의 정해진 양에 따라 가감이 가능하며 기의 이전이 가능하다. 무라야마 지준, 1990: 412-414 참조.
12. 철주 제거 작업에 참여했던 최어중은 백운대 철주 하나하나가 가리키는 방향의 의미를 풍수적으로 분석했다. 그는 각 철주의 방향이 경복궁을 비롯하여 주요 명산을 향해 있음을 확인하고 철주가 단맥을 목적으로 한 것임을 확신하고 있다. 그러나 그는 일제의 단맥에도 불구하고 조선의 기맥은 이런 방법으로 조금

도 다칠 수 없다고 주장한다(최어중, 1985).

13. 일제 단맥설에 대한 자료는 일본인 학자 노자키 미츠히코(野崎充彦)의 『韓國の風水師たち』(京都: 人文書院, 1994)에 잘 정리되어 있다. 1984년 백운대 철주 발견 이후 조직된 '올내림 산악회'는 철주 제거 운동을 전 국민적으로 확산하기 위해 1988년 '우리를 생각하는 모임'으로 재편했다. 이 모임에서는 시인, 신문기자 등 다양한 계층의 사람이 활동했는데 전국 명산을 돌며 이들이 발견한 철주만 해도 150개가 넘는다. 이 모임에서는 1987년 10월 3일 개천절을 기해 《민족혼》이라는 잡지를 창간하고 매년 개천절에 전국 명산에 올라가 민족대제를 지냈다. 《민족혼》 창간호에는 이 모임의 주창자인 서길수 교수의 특별기고문 「풍수침략사 시론」이 실려 있다. 1984년 처음으로 발견한 북한산 백운대 철주 22개(길이 45cm, 직경 2m 정도)는 이 모임에서 기증하여 독립기념관에 전시되어있다. 전시 설명문은, 일제가 식민 지배의 한 방법으로 "한국의 걸출한 인물이 명산 정기를 받아 태어난다는 민간신앙에 착안해서" 민족적 희망을 말살하려고 북한산 등 명산 정수리에 철주를 박았다고 진술하고 있는데 여기서 일제 단맥설에 대한 확신을 엿볼 수 있다. 이러한 일제 단맥설에 대한 대중적 확신은 1993년 광복절에 김영삼 대통령이 구총독부 건물 철거 결정을 선포하고 2년 후 실제 행동으로 옮기기까지 민족주의적 감정을 고양시키는 중요한 계기가 되었다.

14. 식민지 시대 일본인이 철주 박는 것을 목격한 일본인 80세 노파와 개성의 송악산에 철주 박는 작업에 종사했다는 경찰 2인의 증언이 출처가 불분명한 『한국의 명당』에 수록되어 있다고 하며, 지리학자 이몽일의 경북대 박사학위논문 「한국풍수사상연구」에 출전이 밝혀지지 않은 일제강점기의 관혼상제 실용서 『가례 및 서식 백과』에서 언급된 단맥 일화 정도가 문헌자료이다. 이 일화에 의하면, 식민 정부는 조선인 역리학자 13명을 선정하여 '十三人 위원회'를 조직하고 이들로 하여금 명당을 물색하고 혈맥을 절단하도록 했다고 한다. 노자키 미츠히코는 지리학자 이몽일이 일제 단맥 일화에 대하여 실증적인 확인 없이 역사적 사실로 당연하게 인정하고 있는 태도를 일제 단맥에 대한 한국인의 일반적인 접근방법으로 평가하고 있다(野崎充彦, 1994: 156).

15. 서울시립대 교수이며 서울시 시사편찬 위원장 손정목의 「조선총독부 청사, 경서부청 건립에 관한 연구」에 의하면 일제가 전국적 규모로 단맥을 하려면 예산이 상당했을 텐데도 실제로 그런 예산 지출 사실에 대한 공적 문헌이 남아 있지

않다고 한다. 손정목은 백운대 철주와 일제 단맥의 관련성에 대해 회의적으로 보고 있다(野崎充彦, 1994: 176).

16. 『택리지(擇里志)』에 나타난 풍수사상에 대한 해석은 최영준, 1994 참조. 최영준은 『택리지』를 풍수와 분리하여 전통 지리학의 조종으로 보고 있다. 풍수사들이 이 책을 많이 활용하는 이유는 『택리지』에서 땅과 인간의 상호 영향을 인과론적으로 설명하고 있는 지인상관론(地人相關論)이 예언적 유사과학의 특성을 지닌 풍수를 합리적으로 논설하는 데 도움을 주기 때문이라고 보고 있다.

17. 인류학자 타우시히(Michael Taussig)는 남아메리카의 식민주의 역사는 인디언 원주민과 유럽 정복자의 첫 번째 접촉 사건에서 빚어진 권력의 구조가 종교적 환상이나 치병의례의 일상적 문화의 맥락에서 지속적으로 복사되어온 역사라고 보고 있다. 원주민과 유럽인의 첫 번째 접촉 사건이란 1832년 찰스 다윈이 남미 여행 중에 기착한 칠레의 남극단 티에라 델 푸에고에서 야만적으로 살고 있던 그곳 원주민을 처음으로 만났을 때 그들이 백인인 자신의 행동을 빼어 박듯이 모방하는 탁월한 능력을 보고 놀라워했던 사건을 이른다. 불과 몇 십 년 후인 20세기 초에 원주민은 백인 식민 지배자의 우월한 힘이 갖는 신비를 자신의 일상생활에서 복사하여 활용하고 있는 사실에 대해 스웨덴 인류학자가 보고하고 있다. 파나마 운하와 콜롬비아 사이에 있는 다리엔 반도의 인디언 남성들이 유럽 백인의 형상을 한 인형을 토착 신인 지모신의 자궁에서 생성하는 주술적인 힘에 접근하는 수단으로 사용하고 있었다. 이 두 사건을 화두로 하여 타우시히는 프레이저의 유감주술론에 입각해 남아메리카의 식민주의 역사가 원주민에게 어떻게 모방주술의 '특이한 역사(particular history)'로 작동하는가, 그리고 역사가 자연화하고 자연이 역사화되는 역사의 주술성이 남아메리카의 식민사와 유럽의 근대사의 상호 반사적 관계에 어떻게 작용하고 있는지 기술하고 있다. 타우시히에 의하면 20세기 중반부터 공식적 식민 지배가 종식되면서 원시와 문명의 접촉 상황은 반전되는 '제2의 접촉'(즉, 원시 문화가 서구 문명의 중심에 잠입하는 역방향의 접촉)이 일어나는 탈식민시대에는 서구와 타자, 문명과 야만의 경계는 점차 모호하고 비현실적인 것이 되며 오히려 쌍방향적인 상호 반사와 복사를 통해 경계의 환영적(phantasmic) 특성은 더 가속화된다.

18. 묘지 훼손 사건이 식민주의 역사를 의미화하는 방식은 남아메리카 아마존 지역의 샤먼이 치유의례와 축귀의례·재수의례의 연행을 통해 남아메리카 식민주의

역사의 모순—치유와 공포가 교차하는 인식론적 음울(epistemic murk)의 상태로 나타나는—을 해석하고 해소하는 방식과 유사하다. Taussig, 1987 참조.

19. 풍수신앙에서 민족 개념이 중심 상징으로 위치하고 있는 현상은 1984년 대단한 반향을 불러일으킨 한국풍수 연구서 『한국의 풍수사상』과 『한국의 풍수지리』(1993)를 쓴 최창조의 다음과 같은 신념에 잘 드러난다. "우리 풍수의 아버지 도선도 그러했고 고려 태조 왕건이나 조선 태조 이성계도 그러했다시피 그들은 국토를 명당화하겠다는 생각으로 혁명을 꿈꾸었고 혁명을 성공시켰다. 홍경래나 전봉준도 당대의 일급 풍수가들이었는데 그들 역시 사회적으로는 대동사회를, 사상적으로는 개벽을, 그리고 지리적으로는 풍수적 명당사회를 꿈꾸었다고 나는 믿는다"(최창조, 1984: 92). 그가 말하는 '전국토의 명당화'나 한국의 중세사에서 현대사에 이르기까지 뭇 민족영웅에 의한 사회변혁을 '풍수지리적 명당사회의 구현'으로 보는 관점은 풍수신앙의 민족주의적 특성을 이해하는 데 시사하는 바가 많다.

20. 한국역사연구회의 인터넷 홈페이지(www.koreanhistory.org)에는 「헐리는 총독부」라는 제목하에 조선총독부 청사가 좌우 대칭의 석조건물로서 배후에 있는 경복궁의 양끝 경계를 넘어서는 위압적인 건물로서 1995년 11월 17일 건물이 완전히 해체된 사실을 기념하는 글을 싣고 있다. 이 글은 "그런 건물이 없어지니 우선은 시원하지 않을 수 없다"면서 끝을 맺고 있다. 이 글이 5년이 넘은 시점에도 홈페이지에 남아 있다는 사실은 일제의 식민 통치에 대한 기억이 얼마나 끈질기게 우리를 붙잡아놓고 있는지를 대변하고 있다.

21. 1995년 광복 50주년 기념일에 중앙돔의 꼭대기 부분 철거 예정을 앞두고 당시 국립중앙박물관으로 사용하고 있던 구총독부 건물의 폭파 해체에 대해 선철거 후건설의 문제점들을 우려하는 목소리가 높았다. 1995년 이즈음에 나온 《월간조선》의 「국립중앙 박물관(옛 중앙청, 그전 조선총독부), 꼭 이런 식으로 철거해야 하나」라는 기사는 "일제의 흔적과 함께 건국과 호국의 흔적도 날아간다"는 우려와 함께 "건물은 완전 파괴하여 건설현장의 골재로 쓸 계획"에 대해 상세하게 서술하고 있는데, 이 사건의 중첩적인 의미에 대한 언론의 인식을 엿볼 수 있다. 그러나 조선총독부 건물 철거 논쟁의 불꽃에 기름을 부은 것은 풍수학자들이었다. 최창조는 백두산의 정기가 경복궁으로 이어지는 자리(옛 청와대 본관터)에 왜인 두령의 잠자리를 만들었고, 국기의 출발점인 경복궁 남쪽에 조선총

독부를 지어 그것이 흘러가는 것을 차단했다고 주장했는데(《경향신문》 1992년 7월11일), 청와대와 총독부 건물이 철거되어야 한다는 의견이었다. 과연 조선총독부 건물을 철거한다고 시들었던 민족정기가 되살아 날 수 있을까. 그 정도 건물 하나와 산의 쇠말뚝에 질식할 만큼 우리의 민족정기는 허약한 것일까. 이러한 질문에 대해 최창조는 구총독부 건물의 철거는 상징성 회복 차원에서 검토될 문제이며 일본 사람들이 기맥의 흐름을 짚어서 그 자리를 선택한 것이 아니라 조선왕조를 단절시킨다는 상징성이 필요했던 것이라고 설명한다. 한편 철거 논쟁이 진행되는 동안 신용하(한국사회사연구회장) 등 한국학 관련 10개 단체 대표와 한글학회장, 광복회장 등은 1993년 8월13일 조선총독부 건물 철거촉진회를 결성했고 이들은 해체된 건물의 복원을 단호히 반대했다. 그러나 이러한 완강한 철거론자에 대응하여 10월 27일에는 문화재위원회, 국립민속박물관장 등이 참여한 '우리의 문화유산을 사랑하는 사람들'이란 단체가 5,117명의 서명을 받아 문화재의 임시이전 보관은 극히 위험한 일이라면서 철거 반대하는 공개서한을 대통령에게 보내기도 했다.

22. 무라야마 지준은 그 이유에 대해 서론에서 다음과 같이 설명한다. "조선은 혈족 중심의 사회이며 운명주의 신앙과 혈족 중심의 사회성과 가장 중심의 가족제도가 한국의 오랜 역사의 일관된 특성이며 이 특질이 가장 잘 표현하는 것이 풍수신앙, 특히 묘지풍수신앙이다"(무라야마 지준, 1990: 17).

23. 무라야마 지준은 묘지 형태를 처녀형과 모성형을 구분하고 묘의 태실이 모체의 산도(産道)를 형상화한 것으로 해석하고 있다(무라야마 지준, 1990: 188-193. 묘지 형태 도형 참조).

24. 서울은 1394년 조선의 수도로 풍수지리학에 따라 건립되었다. 경복궁은 서울의 지형과 풍수지리학에 걸맞은 중국 서안식 모델을 본떠 서울의 북쪽 경계에 자리 잡았다. 일자형의 석조로 된 조선총독부 건물은 남성적인 건물로서 전근대적인 목조 건축물인 경복궁의 정면을 가로막고 위압적으로 서 있음으로 해서 식민 지배를 상징하는 대표적 건축물이었다(한동환, 1993: 208). 일제의 명당 파괴에 대한 이러한 견해는 최창조를 비롯한 풍수학자들의 공통된 인식이다.

25. 김은실은 한국의 민족주의 담론이 구성해내는 여성의 주체가 일제 식민주의에 대한 피학적 기억 의 산물이며, 여성화된 민족적 자아를 표상하고 있다고 보았다(김은실, 1994: 18-50).

26. 난디(Ashis Nandy)는 식민주의는 피식민자들에게 동일화의 유혹을 불러일으킨다고 전제하고, 인도의 간디를 비롯한 민족주의자들이 재창조한 '진정한 인도인'의 민족적 자아가 서구 식민 지배자의 위압적인 남성성을 모방한 초남성적 자아로 형성되는 과정을 기술하고 있다(난디, 1993: 14).

27. 김소영은 한국의 공포영화에서 남성들과 힘겨루기 갈등을 벌이는 여성 유령들과 흡혈귀들이 출몰하는 지난 30년간의 한국의 근대를 '유령의 공간' '근대도, 전근대도 아닌' 비동시성의 구조로 보고 이러한 현상이 한국의 근대성의 허약함을 반증한다고 해석하고 있다(김소영, 2000).

제15장

1. 천신 도깨비대감은 벼슬대감, 사업대감, 문전대감, 재물대감, 공장대감, 성수대감, 몸주대감, 직성대감 등 사회적 신분이나 생업에 관련된 모든 일을 관장하는 신격이다.

2. 여기서 재수와 운수는 동일한 의미를 가진다. 무가의 구송을 운율적으로 만들기 위해 대귀로 사용되었다.

3. 신사덕(神事德)은 신령의 높은 덕으로 단골이 신령을 위하는 굿을 행함으로써 얻게 되는 복과 재수를 의미한다. 상덕(上德)이라고도 한다. 무당은 신령에게 정성스럽게 청원하여 신령의 상덕을 얻어내어 단골들에게 전달해주는 역할을 한다.

4. 영천덕은 저승 좋은 곳으로 가는 좋은 운수를 뜻한다. 이것도 신령이 내려주는 복이다.

5. 기업의 부도 위기를 가져온 원인들에 대한 해석 가운데에는 할머니의 '산소바람' 외에도 선대 조상의 숨겨진 가족사(조부가 두 번 결혼하여 두 할머니를 모셨다)와 회사 내의 내분(오씨 성을 가진 자의 배신), 외국 출장에서 사온 기념품 그림에서 생긴 동토 등 일상생활의 맥락에서 경험할 수 있는 모든 사항이 나열되었다.

6. SBS, 〈그것이 알고 싶다〉 1998년 2월, '불안한 시대의 점집 성황.'

7. 기복신앙의 신학적 의미를 강조하는 박일영은 무교와 그리스도교를 비교하면서 무속의 기복신앙이 신과의 화해와 구원을 지향하는 신앙으로 긍정적으로 평가하고 있다(박일영, 1989, 1990).

8. 조흥윤은 기복신앙에 대한 기존의 부정적 인식이 무속의 본질을 제대로 이해하는 데 걸림돌이 되었다고 보고, 한국의 무는 기복신앙이 아니라고 주장한다(조흥

윤, 1997: 129).

9. 박일영은 공수의 기본 형식에서 나타나는 정신을 고난 극복의 낙천적인 신념으로 보고 있다(박일영, 1990: 131).

10. 별비(別費)라 하여 수시로 신령이 굿거리에서 예기치 않게 요구하는 돈인데, 일종의 뇌물이다.

11. 돈의 주술적 능력과 자본주의 시장경제의 환영적 성격에 대한 타우시히의 사례 연구는 기복신앙의 현대적 의미와 관련하여 많은 시사점을 준다. 남미 콜롬비아 카우카 계곡의 사탕수수 대농장(라티푼디아)의 임금노동자들은 노동생산성을 높이기 위해 악마와 비밀계약을 하는 악마숭배 의식을 한다. 악마숭배는 밀가루 반죽으로 만든 인형을 노동하는 장소에 비밀리에 묻어놓으면 일을 하지 않아도 돈을 벌게 된다는 주술에 대한 집단적 믿음이다. 실질적으로 자본주의 생산물인 돈이나 상품으로부터 소외된 농장 노동자들에게 돈과 상품을 생산하는 교환가치 경제는 스스로 증식하는 또 다른 우주와 같은 것으로 인식된다. 자본주의세계의 엄청난 재생산능력을 '시기'하는 노동자들은 자신들이 본래 속해 있던 사용가치 경제의 문화적 논리('인간이 현실의 창조자'라는 믿음에 기초한)에 따라 돈과 상품으로 상징되는 자본주의 현실을 '창조'할 수 있다고 믿으며, 그 믿음을 실천하는 방법이 악마와의 계약이며 반죽 인형을 사용한 주술의례인 것이다. 라티푼디아 노동자의 악마숭배는 자본주의 경제를 모방한 주술이라 할 수 있다(Taussig, 1980).

12. 재수굿에서 사용되는 돈의 상징적 의미는 게이츠(Hill Gates)가 연구한 타이완의 민간 신앙의례에서 사용되는 종이돈의 경우와 매우 유사하게 나타났다(Gates, 1987: 259-77).

13. 이문웅은 한국의 사회관계에서 작용하는 호혜성의 두 가지 기능을 통합적 메커니즘과 유발적 메커니즘으로 나누고 있다. 호혜성의 통합 메커니즘은 상호부조나 계(契)처럼 교환에 참여하는 쌍방이 평등한 관계이며, 유발 메커니즘은 단골이나 뇌물에서처럼 교환의 상대자들이 권력과 부를 상호 보충하는 관계로 서로 은혜를 주고받는 관계이다. 재수굿에서 나타나는 신과 인간의 호혜적 관계는 유발적 메커니즘이 기능하는 경우이다(이문웅, 1977: 153).

14. 여기서 '도덕적 관계'는 상식적인 의미의 도덕적 행위라기보다는 호혜적 관계 유지를 위한 행위규범을 따르는 것을 의미한다.

15. 1998년 4월 서울 연강홀에서 제주 4·3 사건 50주년 기념 희생자 진혼굿이 열렸는데, 이 불우이웃돕기 성금이 사용되었다.

16. 한국 고유의 경제적 관행인 품앗이 개념을 종교적 신앙에 적용시켜 설명한 김주희의 연구는 '종교와 경제'라는 주제를 다루는 매우 독창적인 연구이며, 필자에게 많은 영감을 주었다(김주희, 1991: 175-176 참조). 이 외에 부르디외의 증여 교환의 영적 차원에 대한 연구도 도움이 되었다(Bourdieu, 1990: 112-121).

17. 여기서 필자는 '예(禮)'를 사회적 관계의 기술이라는 의미로 사용한다. 이것은 중국의 전통적인 사회관계의 관행을 지칭하는 '관시(关系)'와 비슷하다. 중국의 '관시' 개념에 대해서는 메이페어 양, 1994 참조.

18. 쟈넬리는 산 사람과 죽은 사람의 사회적 관계에 따라 조상에 대한 인식이 서로 긍정적('조상 덕')이거나 부정적('조상 탓')으로 인식된다는 점을 잘 설명하고 있다(쟈넬리·임돈희, 2000: 153-183).

19. 서울 거주 무녀 김모씨 면담. 1998년 6월.

20. 신령의 은덕을 모르고 사는 인간들을 나무라는 신령의 노여움은 다음과 같이 표현된다. "너희들은 먹으면서 신령인 나를 왜 받들지 않았느냐.…먹는 것이 뉘 것이며 쓰는 것이 뉘 것이냐 모두 우리 대감님 수위에서 도와주신 것 아니냐" (이용범, 1989: 31).

21. 타이완의 민간 신앙을 연구한 게이츠(Hill Gates)는 신령과 신도 사이에 존재하는 빚(original debt)의 관계 대한 종교적 관념이 친지나 동료 사이의 호혜적인 우정과 같이 유교적인 예(禮)의 가치관을 나타낸다고 보았다. 번영을 신의에 대한 대가로 보는 타이완 민중에게 종이돈을 태우는 의례 행위는 사실상 신령에게 진 빚을 갚는 것이며, 개인적인 구원을 얻기 위해 천상 은행에 저축하는 것과 같다는 것이다(Gates, 1987: 271).

22. 1999년 11월 21일 서울 어느 굿당에서 행해진 재수굿 사례는 신령과 단골의 상호관계가 시간차를 두고 형성되는 과정을 잘 보여준다. 기주 이모씨(31세)는 1997년 IMF 사태 이후 남편의 사업(미곡상과 악기점)이 부진하자 김모 만신에게 우연히 점을 치러 갔다가 만신의 단골이 되었다. 1998년 한 차례의 재수굿을 했고, 이후 남편 사업이 원활해지고 나서 더욱 신령에게 의지하게 되었다. 1999년 봄철에는 고사를, 가을에는 규모가 큰 재수굿을 했고, 2000년 봄에는 친정아버지의 진오귀 굿을 할 예정이었다. 이 사례는 1999년 서강대에서 필자의 수업 '한

국 무교의 이해'를 수강한 학생들의 현지조사 집단연구(이상헌, 이윤미, 박형곤, 김용휘)의 보고서에 토대를 두고 있다.

23. 호혜성의 윤리적 실천에서 시간성의 중요성은 살린스(Marshall Sahlins)의 '일반화된 호혜성(generalized reciprocity)' 개념에서 잘 나타난다(Sahlins, 1967: 192-94).
24. 인류학자 메이훼이 양(Mayfair Mei-hui Yang)은 중국에서 시장 개방화 이후 새로 활성화된 농촌의 의례적 경제는 자본주의, 국가사회주의, 경제개발의 원칙 등과는 전혀 다른 목표(예컨대 조상숭배와 마을공동체의 자치)를 추구하는 대안적 경제로서 세계적인 자본주의 팽창에 대항하는 민중적 양식의 경제라고 해석하고 있다(Yang, 2000: 477).

제16장

1. '사이보그'는 인공두뇌학에 의해 창조된 인간의 성격을 가진 기계, 즉 인공지능과 가상의 육체를 가진 존재를 말한다. 따라서 사이보그 자체는 구체화된 가상성(embodied virtuality)을 대표한다(Hayles, 1999: xiii).
2. 한국에서는 웹 유저를 가리켜 네티즌으로 표현하는데, 문자 그대로 보면 '인터넷세계의 시민'을 뜻한다. 이러한 대중적인 표현과 용법은 사이버공간의 민주적인 환경을 함의한다.
3. http: //www.shaman.co.kr는 또 다른 무속 포털사이트이다. 이 사이트는 '세계무속신문'이라는 주간지 회사가 운영하고 있다. 이 사이트에서는 매일운세와 한국무속에 대한 기본적 지식이 제공된다.
4. 하너는 최첨단의 기술사회인 서구 사회에서 샤머니즘의 부활을 예견하고, 이러한 현상을 네오샤머니즘이라 명명한 최초의 학자이다(Harner, 1980). 네오샤머니즘은 일종의 뉴에이지 여성으로 받아들여졌다. 상이한 지역 및 유형의 영적 실천과 치유의례를 통합하면서 형성되고 있는 네오샤머니즘 운동은 개인의 엑스터시 체험을 위해 다양한 매뉴얼을 책으로 출판한다. 이러한 현상에 대한 인류학적 연구는 Doore, 1988; Townsend, 1988 참조.
5. 35세의 여성 무당인 유명옥은 자서전『집없는 무당』에서 영적 상담자로서 자신의 정체성을 명확히 하고 있다. 매우 유명한 '전통 무당'으로부터 내림굿을 받았음에도 불구하고, 그녀는 굿을 하지 않고 대신에 상담과 점사에 집중한다.
6. 협의로 사이버공간은, 컴퓨터를 매개로 한 소통 환경 내에서 새롭게 창조된 소통

공간이라 할 수 있다. 그러나 이것의 함의는 인터넷에 의해 매개되는 모든 영역의 일상적 삶의 스타일로 확장된다. 이와 관련해서는 Haken, 1992: 2; Featherstone & Burrows, 1995: 5-7 참조.

7. 엑스터시와 관련시켜 포스트휴먼 사이보그를 해석한 Livingston, 1995 참조.

참고문헌

강진옥, 1995, 「무속신화와 일상의례를 통해본 여성의 종교성」, 《여성신학 논집》 1, 이화여대 여성신학연구소.

강영옥, 1996, 「고통에 대한 그리스도교의 이해」, 서강대학교 종교학 박사학위 논문.

강은해, 1990, 「한국 신화와 여성주의 문학론」, 《한국학 논총》 17, 계명대학교.

강진옥, 2012, 「바리공주와 지장보살의 제의적 기능과 인물형상 비교: 서울지역 진오기, 새남굿을 중심으로」, 《구비문학연구》 35.

강해수, 2006, 「최남선의 '만몽'인식과 제국의 욕망」, 《역사비평》 76호.

고광민, 1982, 「제주도 처녀당 본풀이 연구」, 제주대학교 석사학위 논문.

고광민·강정식, 2007, 『제주도 추는굿』, 도서출판 피아.

고정희, 1991, 「여성주의 리얼리즘과 문체혁명」, 《또하나의문화》 월례 논단.

고제희, 1996, 『한국의 묘지기행』, 자작나무.

고창훈, 1988, 「4·3 민중운동을 보는 시각과 연구과제」, 《실천문학》 10호.

권헌익, 2016. 『베트남 전쟁의 유령들』, 박충환·이창호·홍석준 옮김, 산지니.

권혁태·이정은·조경희 엮음, 2017, 『주권의 야만: 밀항, 수용소, 재일조선인』, 한울.

그레이슨, 제임스 헌틀리, 1995, 『한국 종교사』, 강돈구 옮김, 민족사. 원저 James H. Grayson, 1989, *Korea: A Religious History*, Clarendon Publisher.

김광억, 1988, 「조상숭배와 사회조직의 원리」, 『한국인류학 30년, 민족과 문화 1』, 정음사.

김광억, 1991, 「저항문화와 무속의례」, 《한국문화인류학》 23집.

김광일, 1984, 『韓國 傳統文化의 精神分析』, 시인사.

김교헌, 1923, 『神檀民史』. 고동영 옮김, 1986, 한뿌리.

김금화, 1995a, 『김금화의 무가집』, 문음사.

김금화, 1995b, 『복은 나누고 한은 푸시게』, 푸른숲.

김남식, 1984, 『남로당연구』, 돌베개.

김동규, 2017, 「현대 무속 세계관의 설득구조: '운세'와 '신령'의 결합」, 《한국학연구》 제61집, 고려대학교 한국학연구소.

김명자, 1984, 「가신신앙의 성격과 여성상」, 《여성문제연구》 13집, 효성여대 한국여성문제연구소.

김민주·김봉현, 1963, 『濟州島人民들의 4·3武裝鬪爭史一資料集』, 大阪: 文友社.

김성례, 1990, 「무속 전통의 담론 분석: 해체와 전망」, 《한국문화인류학》 22집, 한국문화인류학회.

김성례, 1991a, 「제주 무속: 폭력의 역사적 담론」, 《종교 신학 연구》 4집, 서강대학교 종교신학연구소.

김성례, 1991b, 「한국 무속에 나타난 여성체험: 구술 생애사의 서사분석」, 《한국여성학》 7.

김성례, 1994, 「여성의 자기진술의 양식과 문체의 발견을 위하여」, 김경수 엮음, 『페미니즘과 문학비평』, 고려원.

김성례, 1995a, 「시베리아 소수 유목민의 민족자결운동과 문화부흥」, 《지역연구》 4(1), 서울대학교 지역종합연구소.

김성례, 1995b, 「시베리아·극동 소수 유목민의 전통문화와 현대적 변화」, 《러시아연구》 2(1), 대륙연구소.

김성례, 1995c, 「한국 무속의 인격 이해: 제주굿을 통해 본 인격의 개념과 구조」, 《司牧》 192, 한국천주교중앙협의회.

김성례, 1998, 「제3강 한국무교와 샤머니즘」, 김승혜·김성례 편, 『그리스도교와 무교』, 바오로딸.

김성례, 1999, 「한국 무교 연구의 역사적 고찰」, 《한국종교연구》 1집, 서강대학교 종교연구소.

김성례, 2000, 「풍수와 식민주의 기억의 에로틱 주술」, 《한국종교연구》 2집, 서강대 종교연구소.

김성례, 2002a, 「한국 무교의 정체성과 종교성: 쟁점분석」, 《샤머니즘 연구》 4집, 한국샤머니즘학회.

김성례, 2002b, 「여성주의 구술사의 방법론적 성찰」, 《한국문화인류학》 35권 2호.

김성례, 2002c, 「기복신앙의 윤리와 자본주의 문화」, 《종교연구》 27집.

김성례, 2008, 「무속전통론의 창출과 유용」, 이상현 외, 『동아시아의 근대와 민속학의 창출』, 민속원.

김성례, 2013, 「일제시대 무속 담론의 형성과 근대적 재현」, 윤해동, 이소마에 준이치 엮음, 『종교와 식민지 근대: 한국 종교의 내면화, 정치화는 어떻게 진행되었나』, 책과함께.
김성례·김승혜·길희성·김낙필·이찬수, 1999, 『한국종교문화연구 100년』, 청년사.
김성례·유철인·김은실·김창민·고창훈·김석준, 2001, 「제주 4·3의 경험과 마을 공동체의 변화」, 《한국문화인류학》 34(1).
김소영, 2000, 『근대성의 유령들: 판타스틱 한국영화』, 씨앗을 뿌리는 사람들.
김수남·현용준·이남덕, 1989, 『제주도 신굿』, 열화당.
김승혜, 1986, 「유가적 여성이해」, 《司牧》 106, 한국천주교중앙협의회.
김승혜, 1998, 「1강」, 김승혜·김성례 공저, 『그리스도교와 무교』, 바오로 딸.
김열규, 1977, 『韓國神話와 巫俗硏究』, 일조각.
김열규, 1985, 「한국여성의 전통적 내외의 의미로 본 종교심성의 원형」, 김열규 외, 『한국여성의 전통상』, 민음사.
김영돈, 1983, 「제주도 민요연구」, 조약돌.
김영일, 1996, 『한국무속신화의 서사모형론』, 세종출판사.
김은실, 1994, 「민족담론과 여성: 문화, 권력, 주체에 관한 비판적 읽기를 위하여」, 《한국여성학》 10집, 한국여성학회.
김인회, 1979, 『한국인의 가치관』, 문음사.
김인회, 1987, 『韓國 巫俗思想硏究』, 집문당.
김인회, 1981, 「한국무속연구사」, 『한국무속의 종합적 고찰』, 고려대학교 민족문화연구소.
김주희, 1991, 『품앗이와 情의 人間關係』, 집문당.
김태곤, 1966, 『황천무가연구』, 창우사.
김태곤, 1971, 『한국무가집』 1, 집문당.
김태곤, 1976, 『한국무가집』 2, 집문당.
김태곤, 1978, 『한국무가집』 3, 집문당.
김태곤, 1981, 『韓國巫俗 硏究』, 집문당.
김태곤, 1995, 「한국 샤머니즘의 정의」, 《한국민속학보》 6호, 한국민속학회.
김택규·성병희 공편, 1986, 『韓國民俗硏究論文選』 I·II, 일조각.
김헌선, 1995, 『경기도 도당굿 무가의 현지연구』, 집문당.
김헌선, 2011, 『서울 진오기굿: 바리공주연구』, 민속원.

김현주, 2004, 「문화, 문화과학, 문화공동체로서의 '민족'—최남선의 '단군학'을 중심으로」, 《대동문화연구》 47권, 성균관대학 동아시아학술원.
김혜순, 2002, 『여성이 글을 쓴다는 것은』, 문학동네.
난곡, 『무당내력(巫黨來歷)』, 서울대학교 규장각, 1996.
난디, 아쉬스, 1993, 『친밀한 적—식민주의 시대의 자아의 상실과 재발견』, 이옥순 옮김, 신구문화사.
남근우, 2003a, 「'민속'의 근대, 탈근대의 민속학」, 《한국민속학》 38호, 한국민속학회.
남근우, 2003b, 「'土民'의 '土俗' 발견과 '新民族主義'」, 한국역사민속학회 편, 『南滄 손진태의 역사민속학 연구』, 민속원.
남근우, 2008, 『'조선민속학'과 식민주의』, 동국대학교출판부.
다나카, 스테판, 2004, 『일본 동양학의 구조』, 박영재·함동주 옮김, 문학과지성사.
레비-스트로스, 클로드, 1990, 『야생의 사고』, KBS사업단
로빈슨, M., 1990, 『일제하 문화적 민족주의』, 도서출판 나남.
류시현, 2009, 『최남선 연구: 제국의 근대와 식민지의 문화』, 역사비평사.
르끌렉, 안니, 1990, 『이제 여성도 말하기 시작한다』, 정을미 역, 열음사.
마커스, 조지, 마이클 피셔, 2005, 『인류학과 문화비평』, 유철인 옮김. 아카넷.
마페졸리, 미셸, 1997, 『현대를 생각한다: 이미지와 스타일의 시대』, 박재환·이상훈 옮김, 문예출판사.
무라야마 지쥰(村山智順), 1990, 『朝鮮의 鬼神』, 노성환 옮김, 민음사.
문무병, 1993, 「濟州道 堂信仰 硏究」, 제주대학교 대학원 국어국문과 박사학위 논문.
문무병, 2001, 『제주도큰굿자료집』, 제주전통문화연구소.
문무병 편, 1998, 『제주도 무속신화—열두본풀이 자료집』, 칠머리당굿보존회.
민족굿회, 1987, 『민족과 굿』, 학민사.
바흐, 요아킴, 1985, 「종교의 보편적 요소들」, 김승혜 편저, 『종교학의 이해』, 분도출판사.
바흐, 요아킴, 1988, 『비교종교학』, 김종서 옮김, 민음사.
박명림, 1988, 「제주도 4·3민중항쟁에 관한 연구」, 고려대 정치학 석사학위 논문.
박은식, 1915, 『韓國痛史』, 독립기념관 한국독립운동사 연구소 편, 1998, 국학자료원.
박일영, 1989, 「종교간의 갈등과 대화」, 《종교신학연구》 2, 서강대 종교신학연구소.

박일영, 1990, 「무속의 대동잔치」, 《종교신학연구》 3, 서강대 종교신학연구소.
박일영, 1992, 「무속의 사후세계와 사령제」, 《司牧》 166.
박일영, 1995, 「무(巫)의 구원관—개인적 차원 논평」, 『이성과 신앙』, 수원가톨릭대학출판부.
박일영, 1998, 「해방 후 반세기의 한국무교 연구사」, 한국종교학회 편, 『해방 후 50년 한국종교 연구사』, 도서출판 창.
박일영, 1999, 『한국 무교의 이해』, 분도출판사.
박일영, 2000, 「무교적 종교성의 구조와 특징—가톨릭 신앙심과의 관계를 중심으로」, 《한국무속학》 2집, 한국무속학회.
박찬식, 2008, 『4·3과 제주역사』, 제주: 도서출판 각.
박찬식, 2012, 「제주 4·3 사건의 전개과정」, 제2기 4·3 역사문화아카데미 발표문.
박태범, 2000, 「한국무속의 명칭에 관한 연구」, 《한국종교연구》 2집, 서강대 종교연구소.
버지니아 울프, 1990, 「1929」, 『자기만의 방』, 이미애 역, 예문.
베버, 막스, 2002, 「3장 세계종교의 경제윤리—비교종교사회학적 시도」, 전성우 역, 『탈주술화 과정과 근대: 학문, 종교, 정치』(막스 베버 사상선집 1), 나남출판.
보드리야르, 장, 1991, 『소비의 사회』, 이상률 옮김, 문예출판사.
비텝스키, 피어스, 『샤먼』, 김성례·홍석준 옮김, 2005(Vitebsky, Piers, 1995, *The Shaman: Voyages of the Soul Trance, Ecstasy and Healing from Siberia to the Amazon*, London: Macmillan).
사아러, 스벤, 2008, 「국제관계의 변용과 내셔널 아이덴티티 형성—1880년대~1920년대의 아시아주의의 창조」, 《한국문화》 41집, 규장각한국학연구원.
삼성경제연구소, 1998, 『IMF와 기업경영』, 삼성경제연구소.
서대석, 1988, 『한국무가의 연구』, 문학사상.
서대석·박경신, 1990, 『안성무가』, 집문당.
서영대, 1993, 「이능화의 『조선무속고』에 대하여」, 《종교연구》 9집, 한국종교학회.
서영대, 1994, 「무속 및 고유종교」, 『한국인의 종교관 1: 한국종교 연구사 및 연구방법』, 서울대 종교문제연구소.
서영대, 2000, 「전통시대의 단군인식」, 노태돈 편저, 『단군과 고조선사』, 사계절.
서영대, 2015, 「巫黨來歷 소재 단군 기사의 검토」, 《民族文化論叢》 59집, 영남대학교.
쇼왈터, 엘레인, 1988, 「황무지에 있는 페미니스트 비평」, 『페미니즘과 문학』, 김열규

공역, 문예출판사.
손석우, 1993, 『터』, 도서출판 답게.
손진태, 1927, 「朝鮮上古文化의 硏究—朝鮮古代宗教의 宗教學的 土俗學的 硏究」, 《東光》 3-8호.
손진태, 1948, 『朝鮮民族文化의 硏究』, 을유문화사.
송효섭, 1992, 「무속신화와 문화기호 체계」, 《비교민속학》 8.
송효섭, 1998, 「한국신화의 두 담론—그 구조와 문화적 의미」, 『국어국문학연구』(남정박준규박사정년기념논총).
송효섭, 2000, 『설화의 기호학 』, 민음사.
송효섭, 2005, 『탈신화시대의 신화들』, 도서출판 기파랑.
신월균, 1994, 『풍수설화』, 밀알.
신종원 엮음, 2009, 『일본인들의 단군연구』, 민속원.
신채호, 1909, 「정신상 국가」, 《대한매일신보》 4월 29일.
신채호, 1931, 『朝鮮上古史』. 단재 신채호전집 편찬위원회, 1972, 『丹齋申采浩全集』 上, 을유문화사.
심상대, 1990, 「양풍전」, 『묵호를 아는가』, 민음사.
심진송, 1995, 『신이 선택한 여자』, 백송.
아라리연구원, 1988, 『제주민주항쟁 I』, 소나무.
아카마츠 지조(赤松智城), 아키바 타카시(秋葉隆) 공편, 1991, 『朝鮮巫俗의 硏究』 上·下, 심우성 역, 동문선.
아키바 타카시(秋葉隆), 1986, 『朝鮮巫俗의 現地硏究』, 최길성 역, 계명대출판부.
양정심, 2008, 『제주4·3항쟁-저항과 아픔의 역사』, 선인.
양종승 책임편집, 2013, 『샤머니즘의 사상』, 민속원.
양한권, 1987, 「제주도 4·3 폭동의 배경에 관한 연구」, 서울대학교 석사학위 논문.
양현아, 2001, 「한국인 '군위안부'를 기억하는 것」, 일레인 김, 최정무 편저(박은미 옮김), 『위험한 여성』, 삼인.
엘리아데, 멀치아, 1983, 『성과 속: 종교의 본질』, 학민사.
엘리아데, 멀치아, 1992, 『샤머니즘: 고대적 접신술』, 이윤기 옮김, 도서출판 까치.
역사문제연구소·역사학연구소·제주4·3연구소·한국역사연구회 편, 1999, 『제주4·3 연구』, 역사비평사.

오성찬 채록·정리, 1988,『한라의 통곡소리』, 소나무.
유동식, 1975,『韓國巫敎의 構造와 歷史』, 연세대학교출판부.
유명옥, 2000,『집 없는 무당: 존재의 수레바퀴를 찾아 떠나는 영혼 여행』, 새로운사람들.
윤이흠, 1990,「한국무속 연구의 쟁점」,《종교연구》6집, 한국종교학회.
유철인, 1990,「생애사와 신세 타령—자료와 텍스트의 문제」,《한국문화인류학》22.
유철인, 1996,「어쩔 수 없이 미군과 결혼하게 되었다: 생애 이야기의 주제와 서술 전략」,《한국문화인류학》29.
윤택림, 1994,「기억에서 역사로—구술사의 이론적, 방법론적 쟁점들에 대한 고찰」,《한국문화인류학》25.
윤해동, 2003,『식민지 근대의 회색지대』, 역사비평사.
윤해동, 2007,『식민지 근대의 패러독스』, 후마니타스.
위던, 크리스, 1993,『여성해방의 실천과 후기 구조주의 이론』, 조주현 옮김, 이화여자대학교출판부.
이경하, 1997,「바리공주에 나타난 여성의식의 특징에 관한 비교고찰」, 서울대 국문학 석사학위 논문.
이경하, 2000,「제주도 본풀이에 나타난 여성서사시의 양상과 의미」, 한국구비문학회 편,『구비문학과 여성』, 도서출판 박이정.
이기동, 1994,「현대 한국사회와 풍수지리설」,『한국사 시민강좌』14집, 일조각.
이기백, 1987,「단군신화의 문제점」, 이기백 편,『단군신화논집(증보판)』, 새문사.
이남호, 1991,「심상대, 이문열, 최명희의 소설」,《세계의 문학》59(봄호).
이능화, 1927,「조선무속고(朝鮮巫俗考)」,《啓明》19호. 이재곤 역주, 1976, 백록출판사.
이문웅, 1977,「한국사회에 있어서 호혜관계의 몇가지 측면」,《진단학보》43, 진단학회.
이부영, 1969,「입무과정의 몇 가지 특징에 대한 분석심리학적 고찰」,《문화인류학》2호.
이부영, 1970,「사령의 무속적 치료에 대한 분석심리학적 연구」,《최신의학》13권 1호.
이부영, 1976,「귀령현상의 분석심리학적 이해」, 이상일 외,『한국사상의 원천』, 박영사.
이부영, 2012,『한국의 샤머니즘과 분석심리학: 고통과 치유의 상징을 찾아서』, 한길사.
이상일 외, 1976, 『한국사상의 원천』, 박영사.
이수자, 1989, 「제주도 무속과 신화 연구」, 이화여자대학교 박사학위 논문.
이수자, 1990, 「제주도 큰굿의 구조적 원형과 문화사적 위상」, 《제주도 연구》 7집, 제주도연구회.
이수자, 1991, 「저승, 이승의 투사물로서의 공간」, 한국종교학회 편, 『죽음이란 무엇인가』, 도서출판 창.
이수자, 1992, 『삼신신앙의 기원과 성격—불도맞이 및 생불할망본풀이와 관련하여』(제주도언어민속논총. 현용준교수 화갑기념논총), 도서출판 제주문화.
이수자, 1993, 「무속신화 이공본풀이의 신화적 의미와 문화사적 위상」, 《제주도 연구》 10, 제주도연구회.
이수자, 2004, 『큰굿 열두거리의 구조적 원형과 신화』, 집문당.
이순옥, 1932, 『李在守實記』, 大阪: 中島文華堂.
이영화, 2003, 『최남선의 역사학』, 경인문화사.
이용범, 1989, 「제의를 통해서 본 무속의 신념체계에 대한 연구—서울의 재수굿을 중심으로」, 서울대학교 석사학위 논문.
이용범, 2005, 「무속에 대한 근대 한국사회의 부정적 시각에 대한 고찰」, 《한국무속학》 9, 한국무속학회.
이용범, 2006, 「강신무·세습무 개념에 대한 비판적 고찰」, 한국무속학회 편, 『한국무속의 강신무와 세습무 유형구분의 문제』, 민속원.
이은봉, 1984, 『韓國古代宗敎思想』, 집문당.
이임하, 2010, 『전쟁미망인, 한국현대사의 침묵을 깨다: 구술로 풀어쓴 한국전쟁과 전후 사회』, 도서출판 책과함께.
이정재, 1997, 「Eliade와 Jung의 원형이론과 김태곤 원본 이론의 비교」, 김태곤 외, 『민속문학과 전통문화』, 도서출판 박이정.
이정주, 1999, 「제주 '호미'마을 여성들의 생애사에 대한 여성학적 고찰—'4·3' 경험을 중심으로」, 이화여대 여성학 석사학위 논문.
이중환, 1992, 『擇里志』, 이익성 옮김, 한길사.
이지원, 2007, 『한국근대 문화사상사 연구』, 혜안.
이해경, 2003, 『혼의 소리, 몸의 소리』, 솔과학.

임돈희, 1988, 「한국 조상의 두 얼굴: 유교와 무속의 조상의례의 비교」, 《한국민속학》 21집.
임돈희, 로저 자넬리, 1995, 「최남선의 1920년대의 민속연구」, 《민속학 연구》 2호, 국립민속박물관.
임석재, 1966, 『관서무가』, 문화재관리국.
임석재, 1970, 「한국무속연구서설 I」, 《아세아여성연구》 9집, 숙명여대 아세아여성연구소.
임석재, 1971, 「한국무속연구서설 II」, 《아세아여성연구》 10집, 숙명여대 아세아여성연구소.
임석재·장주근, 1965, 『관북지방무가』, 문화재관리국.
임재해, 1986, 『민속문화론』, 문학과지성사.
자넬리, 로저, 임돈희, 2000, 『조상의례와 한국사회』, 김성철 옮김, 일조각.
장덕순, 1995, 『한국설화문학연구』, 도서출판 박이정.
장주근, 1995, 『한국 신화의 민속학적 연구』, 집문당.
장주근, 2001, 『제주도 무속과 서사무가』, 역락.
장주근·최길성, 1967, 『경기지역무가』, 문화재관리국.
전경수, 2010, 『손진태의 문화인류학—제국과 식민지 사이에서』, 민속원.
전성곤, 2005. 「동아시아문화권 재구성과 최남선의 종교문화론」, 《한국종교연구》 7집, 서강대학교 종교연구소.
정병훈, 1994, 「인문학과 패러다임」, 경상대학교 인문학연구소 엮음, 『현대의 새로운 패러다임과 인문학』, 백의.
정수진, 2003, 「한국 무형문화재 제도의 성립: 그 사회적 조건에 관한 연구」, 서강대학교 사회학 박사학위 논문.
정연학 외, 2018, 『한일해양민속지』, 국립민속박물관.
정영훈, 2000, 「단군의 민족주의적 의미—근대기 민족교육과 관련하여」, 노태돈 편저, 『단군과 고조선사』, 사계절.
정진홍, 1986, 『韓國宗教文化의 展開』, 집문당.
제주도, 1982, 『제주도지』, 제주.
제주4·3사건진상조사위원회 편, 2003, 『제주4·3사건진상보고서』, 선인.
제주4·3연구소, 1989, 『이제사 말햄수다 1·2』, 한울.

조경희, 2017, 「불안전한 영토 밖의 일상: 해방 이후 1970년대까지 제주인들의 일본밀항」, 권혁태·이정은·조경희 엮음, 『주권의 야만: 밀항, 수용소, 재일조선인』, 한울.
朝鮮總督府, 1914, 『合邦以後朝鮮行政三年』, 京城: 朝鮮總督府.
조성윤, 1998, 「서장: 잃어버린 마을과 4·3의 현재성」, 제주 4·3 제50주년 학술문화사업추진위원회 편, 『잃어버린 마을을 찾아서』, 학민사.
조혜정, 1991, 「박완서 문학에 있어 비평이란 무엇인가」, 《작가세계》 봄호.
조혜정, 1998, 『한국의 여성과 남성』, 문학과지성사.
조혜정·김진명·이돈희·박부진·김주희·문옥표·김은희, 1997, 『성, 가족, 그리고 문화: 인류학적 접근』, 집문당.
조흥윤, 1983, 『한국의 巫』, 정음사.
조흥윤, 1984, 「무(샤머니즘) 연구에 대하여」, 《동방학지》 43집, 연세대학교국학연구소.
조흥윤, 1990, 『巫와 民族文化』, 민족문화사.
조흥윤, 1992, 「무교사상사」, 김홍길·김상일·조흥윤, 『한국종교사상사 IV—증산교·대종교·무교 편』, 연세대학교출판부.
조흥윤, 1995a, 「무(巫)의 구원관—개인적 차원」, 『이성과 신앙』, 수원가톨릭대학교출판부.
조흥윤, 1995b, 「한국사회의 원형적 도덕률과 그 변동」, 《민족학 연구》 1집, 한국민족학회.
조흥윤, 1995c, 「한국사회의 원형적 도덕률과 그 변동」, 《민족학 연구》 1집, 한국민족학회.
조흥윤, 1997a, 『한국 巫의 세계』, 민족사
조흥윤, 1997b, 『巫—한국 巫의 역사와 현상』, 민족사.
조흥윤, 1999a, 「한국지옥연구—무의 저승」, 《샤머니즘연구》 1집.
조흥윤, 1999b, 『한국의 샤머니즘』, 서울대학교출판부.
죤즈, 앤 로잘린드, 1990, 「몸으로 글쓰기」, 한국여성연구회 문학분과 편역, 『여성해방문학의 논리』, 창작과비평사.
주강현, 1992, 『굿의 사회사』, 웅진출판사.
주강현, 1994, 『마을신앙의 사회사』, 웅진출판사.
주영하, 2003, 「민속종교의 종교성과 문화성」, 이상훈 외, 『한국문화와 종교적 다양

성: 갈등을 넘어서』, 한국정신문화연구원.
진성기, 1960, 『남국의 무가』, 제주도민속박물관.
짐멜, 게오르그, 2014, 『돈의 철학』, 김덕영 옮김, 도서출판 길.
차옥숭, 1997, 『무교ㅡ한국인의 종교경험』, 서광사.
채트먼, 시모어, 1990, 『영화와 소설의 서사구조』, 김경수 역, 민음사.
천이두, 1993, 『한의 구조연구』, 문학과지성사.
최길성, 1970, 「한국무속연구의 과거와 현재」, 《한국문화인류학》 3집.
최길성, 1978, 『韓國巫俗의 硏究』, 아세아문화사.
최길성, 1979a, 「해방 후 무속연구의 경향」, 《한국학보》 14집.
최길성, 1979b, 「한국무속의 엑스타시 변천고」, 《아세아연구》 22호, 아세아연구소.
최길성, 1980, 『한국무속의 연구』, 집문당.
최길성, 1981a, 「한국 무속의 엑스타시 변천고」, 『한국무속론』, 형설출판사.
최길성, 1981b, 『한국무속론』, 형설출판사.
최길성, 1986, 『한국의 조상숭배』, 서울: 예천사.
최길성, 1989a, 「가정신앙의 구조」, 『한국 민간신앙의 연구』, 계명대학교출판부.
최길성, 1989b, 「고려 조선조의 풍수사상」, 『한국민간신앙의 연구』.
최길성, 1989c, 『한국민간신앙의 연구』, 계명대힉교출판부.
최길성, 1990, 「한국 샤머니즘의 기원과 특징」, 《한국문화인류학》 22집, 한국문화인류학회.
최길성, 1992, 『한국무속지 I: 전남, 전북, 경남 편』·『한국무속지 II: 경북, 강원, 제주, 서울, 황해도 편』, 아세아문화사.
최길성, 1994, 「한국무속의 연구」, 최인학 외 편, 『한국민속연구사』, 지식산업사.
최길성, 1999, 「동북아세아 샤머니즘의 비교」, 《비교문화연구》 5호, 서울대학교 비교문화연구소.
최길성, 2004, 「아키바 다카시(秋葉隆)의 식민주의 朝鮮觀」, 《한국민속학》 40집.
최길성, 2011, 「무라야마 지쥰(村山智順)과 아키바 다카시(秋葉隆)의 무속연구」, 《한국무속학》 23집.
최남선, 1927a, 「살만교차기(薩滿教箚記)」, 《啓明》 19호.
최남선, 1927b, 「불함문화론(不咸文化論)」, 《조선급조선민족(朝鮮及朝鮮民族)》 1집, 조선사상통신사. 高大亞細亞問題硏究所 편, 1974, 『六堂崔南善全集』 2, 현암사.

최덕원, 1983,『다도해의 당제—신안지역을 중심으로』, 학문사.
최석영, 1999,『일제하 무속론과 식민지 권력』, 서경문화사.
최어중, 1985.「온 산에 쇠못 박아도 음양의 기는 불변한다: 백운대 정수리에 박혔던 철주는 일제의 얄팍한 풍수적 주술」,《월간 산》10월호.
최영준, 1994,「風水와『擇里志』」,『한국사 시민강좌』14, 일조각.
최정무, 2001,「한국어판 서문」, 일레인 김, 최정무 편저,『위험한 여성』, 박은미 옮김, 삼인.
최정여·서대석, 1974,『동해안무가』, 형설출판사.
최종철, 1996,「종교의 일상사회학」, 일상문화연구회 엮음,『한국인의 일상문화』, 한울.
최준식, 1998,『한국의 종교, 문화로 읽는다 1』, 사계절.
최창조, 1984,『한국의 풍수사상』, 민음사.
최창조, 1990,『좋은 땅이란 어디를 말함인가』, 서해문집.
최창조, 1993,『한국의 풍수지리』, 민음사.
최창조 외, 1993,『풍수, 그 삶의 자리 생명의 자리』, 푸른나무.
켄달, 로렐, 2016,『무당, 여성, 신령들』, 김성례·김동규 옮김, 일조각(Kendall, Laurel, 1985, Shamans, Housewives, and Other Restless Spirits: Women in Korean Ritual Life, University of Hawaii Press).
쿤, 토머스, 1980,『과학혁명의 구조』, 조형 옮김, 이화여자대학교출판부.
키스터, 다니엘, 1986,『무속극과 부조리극: 원형극에 관한 비교연구』, 서강대학교출판부.
키스터, 다니엘, 1994,「굿의 연극적 특성」,《한국민속학보》4, 한국민속학회.
키스터, 다니엘, 1995,「굿의 신성한 상징」,《종교연구》11, 한국종교학회.
키스터, 다니엘 A., 1997,『삶의 드라마-굿의 종교적 상상력 연구』, 서강대출판부.
프리쉬, M. H., 1981,「구술역사가 우리에게 줄 수 있는 것은 무엇인가」, 이상신 편,『문학과 역사』, 민음사.
한국무속학회 편, 2006,『한국무속의 강신무와 세습무 유형구분의 문제』, 민속원.
한국민중사연구회,『한국민중사 II』, 풀빛, 1986.
한국역사민속학회 엮음, 1990,『역사 속의 민중과 민속』, 이론과실천.
한국정신대문제대책협의회, 2001,『일본군 '위안부' 증언통계 자료집』, 전쟁과 여성인권센터.
한국정신대연구소·한국정신대문제대책협의회 엮음, 1993, 『강제로 끌려간 조선인 군위안부들 증언집 1』, 한울.
한국정신대연구소·한국정신대문제대책협의회 엮음, 1997, 『강제로 끌려간 조선인 군위안부들 2』, 한울.
한국정신대연구소·한국정신대문제대책협의회 엮음, 1999, 『강제로 끌려간 조선인 군위안부들 3』, 한울.
한국정신대연구소·한국정신대문제대책협의회 엮음, 2001a, 『강제로 끌려간 조선인 군위안부들 4:기억으로 다시 쓰는 역사』, 풀빛.
한국정신대연구소·한국정신대문제대책협의회 엮음, 2001b, 『강제로 끌려간 조선인 군위안부들 5』, 풀빛.
한림화, 1991, 『한라산의 노을』, 한길사.
한영우, 1993, 『한국민족주의역사학』, 일조각.
해주, 1993, 「불교의 여성관」, 『불교교리 강좌』, 불광출판부.
현기영, 1979, 『순이 삼촌』, 창작과비평사.
현길언, 1981, 『제주도 장수설화』, 문학과지성사.
현용준, 1980, 『濟州島 巫俗資料사전』, 신구문화사.
현용준, 1982, 「넋들임 考—제주도무속의 탈혼주입의례」, 『북천 심여택 선생 회갑기념논총』, 형설출판사.
현용준, 1986, 『濟州道 巫俗 硏究』, 집문당.
현용준, 1992, 『巫俗神話와 文獻神話』, 집문당.
홍태한, 1997, 「서사무가 바리공주 연구」, 경희대 국문학 박사학위 논문.
홍태한, 1998, 『서사무가 바리공주 연구』, 민속원.
황루시, 1992, 『한국인의 굿과 무당』, 문음사.
황루시, 2000, 『우리 무당 이야기』, 풀빛.
황필호, 1997, 「한국 무교 연구의 네 가지 문제점」, 《종교와 문화》 3집, 서울대 종교문제연구소.
황필호, 2001, 「샤머니즘은 종교인가」, 《샤머니즘 연구》 3집, 한국샤머니즘학회.
홀트크란츠, A., 1992, 「샤머니즘에 대한 생태학적·현상학적 접근」, 디오세지와 호팔 편, 『시베리아의 샤머니즘』, 최길성 역, 민음사.

野崎充彦, 1994,『韓國の風水師たち』, 人文書院.

張籌根, 1973,『韓國の民間信仰ー濟州島の巫俗と巫歌』, 東京: 金花舍.

村山智順 編, 1927,『朝鮮人の思想と性格』調查資料第二十輯, 朝鮮総督府.

秋葉隆, 1933,「村祭の二重組職」,《朝鮮民俗》二號, 朝鮮民俗學會.

Abramson, Allen and Martin Holbraad ed., 2014, *Framing Cosmologies: The Anthropology of Worlds*, Manchester: Manchester University Press.

Agar, Michael, 1980, "Hermeneutics in Anthropology: Problem of Validation," *Ethos* 8(3):253-272.

Alberts, Thomas Karl, 2015, *Shamanism, Discourse, Modernity*, Ashgate.

Alonso, Ana Maria, 1988, "The Effect of Truth: Re-presentation of the Past and the Imagining of Community," *Journal of Historical Sociology* 1(1): 58-89.

Anderson, Kathryn, Susan Armitage, Dana Jack, and Judith Wittner, 1990, "Beginning Where We Are: Feminist Methodology in Oral History," Joyce McCarl Nielsen ed., *Feminist Research Methods*, Boulder: Westview Press, pp.94-114.

Asad, Talal, 1993, *Genealogies of Religion: Discipline and Reasons of Power in Christianity and Islam*, The Johns Hopkins University Press.

Asad, Talal, 2003, *Formation of the Secular*, Stanford: Stanford University Press.

Bakhtin, M. M., 1981, "Discourse in the Novel," C. Emerson and M. Holquist (trans.), *The Dialogic Imagination*, Austin: University of Texas Press.

Barthes, Roland, 1970, "Historical Discourse," Michael Lane ed., *Introduction to Structuralism*, New York: Basic.

Bataille, Georges, 1986, *Erotism: Death and Sensuality*, Mary Dalwood(trans.), San Francisco: City Lights.

Bataille, Georges, 1991, *The Accursed Share Vol. 1: Consumption*, Robert Hurley (trans.), New York: Zone Books.

Bateson, Gregory, 1972, *Steps to and Ecology of Mind*, New York: Ballentine Books.

Baudrillard, Jean, 1983, "The Ecstasy of Communication," Hal Foster ed., *The*

Anti-Aesthetic: Essays on Postmodern Culture, Seattle, Washington: Bay Press.

Baudrillard, Jean, 1993, *The Transparency of Evil*, London: Verso.

Benhabib, Seyla, 1992, *Situating the Self: Gender, Community and Postmodernism in Contemporary Ethics*, New York: Routledge.

Behar, Ruth, 1990, "Rage and Redemption: Reading the Life Story of a Mexican Marketing Woman," *Feminist Studies* 16(2), pp.223-258.

Behar, Ruth, 1993, *Translated Woman: Crossing the Border with Esperanza's Story*, Boston: Beacon Press.

Benjamin, Walter, 1936, "The Storyteller: Reflections on the Works of Nikolai Leskov," Hannah Arendt ed., 1968, *Illuminations*, New York: Schocken Books.

Benjamin, Walter, 1940, "Theses on the Philosophy of History," Hannah Arendt ed., 1968, *Illuminations*, New York: Schocken Books.

Benjamin, Walter, 1978, *Reflections*, New York: Harcourt Brace.

Benjamin, Walter, 1979, "Surrealism," *Reflections: Essays, Aphorisms, Autobiographical Writings*, ed. Peter Demetz, trans. Edmund Jephcott, New York: A Harvest/HBJ Book.

Benjamin, Walter, 1983-1984, "N[Theoretics of knowledge: Theory of progress]," *Philosophical Forum* 15.

Berry, Philippa, 1992, "Woman and space according to Kristeva and Irigaray," Philippa Berry and Andrew Wernick eds., *Shadow of Spirit: Postmodernism and Religion*, New York: Routledge.

Beverly, John, 1992, "The Margin at the Center: On Testimonio(Testimonial Narrative)," Sidonie Smith and Julia Watson eds., *De/colonizing the Subject: the Politics of Gender in Women's Autobiography*, Minneapolis: University of Minnesota Press, pp.91-114.

Bhabha, Homi, 1994, "Of Mimicry and Man: The Ambivalence of Colonial Discourse," *The Location of Culture*, London: Routlege.

Black, Peter W., 1985, "Ghost, Gossip, and Suicide: Meaning and Action in Tobian Folk Psychology," Geoffrey M. White and John Kirkpatrick eds., *Person, Self, and Experience: Exploring Pacific Ethnopsychology*, Berkeley: University of

California Press.

Boddy, Janice, 1989, *Wombs and Alien Spirits: Women, Men, and the Zar Cult in Northern Sudan*, Madison: University of Wisconsin Press.

Boddy, Janice, 1994, "Spirit Possession Revisited: Beyond Instrumentality," *Annual Review of Anthropology*, Vol. 23.

Bogoras, Vladimir, 1907, *The Chukchee,* Memoir of the American Museum of Natural History, Publication of the Jessup North Pacific Expedition. Vol. 7.

Bourdieu, Pierre, 1977, *Outline of a Theory of Practice*, Cambridge: Cambridge University Press.

Bourdieu, Pierre, 1990, *The Logic of Practice*, Richard Nice(trans.), Stanford: Stanford University Press.

Bourguignon, E., 1976, *Possession*, San Francisco: Chandler and Sharp.

Boyer, Pascal, 1993a, "Cognitive aspects of religious symbolism," Pascal Boyer ed., *Cognitive Aspects of Religious Symbolism*, Cambridge: Cambridge University Press.

Boyer, Pascal, 1993b, "Pseudo-natural kinds," Pascal Boyer ed., *Cognitive Aspects of Religious Symbolism*, Cambridge: Cambridge University Press.

Boyer, Pascal, 1994, *The Naturalness of Religious Ideas: A Cognitive Theory of Religion*, Berkeley: University of California Press.

Bruno, Antonetta, 2007, "Transactions in Korean Monetary Spiritual Realm," *Sungkyun Journal of East Asian Studies*, 7(1).

Buck-Morss, Susan, 1983, "Benjamin's Passangenwek: Redeeming Mass Culture for the Revolution," *New German Critique* 29.

Bullough, Edward, 1912, "'Psychic Distance' as a Factor in Art and an Aesthetic Principle," *British Journal of Psychology* 5(Part 2), pp.87-118.

Capps, Walter H., 1995, *Religious Studies: The Making of a Discipline*, Minneapolis: Fortress Press.

Casanova, Jose, 2000, *Public Religions in the Modern World*, Chicago: University of Chicago Press.

Cha, Theresa Hak Kyung, 1995, *Dictee*, Berkeley: Third Woman Press.

Chatman, Seymour, 1978, *Story and Discourse: Narrative Structure in Fiction and Film*. Ithaca: Cornell University Press.

Choi, Chungmoo, 1989, "The artistry and ritual aesthetics of urban Korean shamans," *Journal of Ritual Studies* 3(2).

Choi, Chungmoo, 1997a, "Sorcery and Modernity," presented for the conference 'Unmapping the Earth', Kwangju.

Choi, Chungmoo, 1997b, "Hegemony and Shamanism: The State, the Elite, and Shamans in Contemporary Korea," L. Lancaster and R. K. Payne eds., *Religion and Contemporary Society in Contemporary Korea*, Berkeley: University of California Press.

Clark, Charles Allen, 1932, *Religions of Old Korea*, New York: Fleming H. Revel.

Clifford, James, 1982, *Person and Myth: Maurice Leenhardt in the Melanesian World*, Berkeley: University of California Press.

Clifford, James, 1986, "On Ethnographic Allegory," James Clifford and George E. Marcus eds., *Writing Culture*, Berkeley: University of California Press.

Clifford, James, 1989, *The Predicament of Culture*, Chicago: University of Chicago Press.

Crapanzano, Vincent, 1977, "Introduction," Vincent Crapanzano and Vivian Garrision eds., *Case Studies in Spirit Possession*, New York: John Wiley & Sons.

Crapanzano, Vincent, 1980, *Tuhami: Portrait of a Moroccan*, Chicago: The University of Chicago Press.

Cumings, Bruce, 2016, "American Responsibility and the Massacres in Cheju Conference on Overcoming the Past: Healing and Reconciliation -- Cheju and the World in Comparison," *WEIS(World Environment and Island Studies)*, Vol. 6, No.4, December 30, pp.203-209.

Cumings, Bruce and John Halliday, 1988, *The Unknown War*, New York: Pantheon Books.

Davies, Carole Boyce, 1992, "Collaboration and the Ordering Imperative in Life Story Production," Sidonie Smith and Julia Watson eds., *De/colonizing the Subject*, Minneapolis: University of Minnesota Press, pp.3-19.

Davis, Eric, 1998, *Techgnosis: myth, magic+mysticism in the age of information*, New York: Three Rivers Press.

de Certeau, Michel, 1984, *The Practice of Everyday Life*, Chicago: University of Chicago.

Delueze, Gilles-Guattari, Felix, 1983, *Anti-Oedipus: Capitalism and Schizophrenia.* Minneapolis: University of Minnesota Press.

Desjarlais, Robert R., 1992, *Body and Emotion: The Aesthetics of Illness and Healing in the Nepal Himalayas*, Philadelphia: University of Pensylvania Press.

Door, Gary ed., 1988, *Shaman's Path: Healing, Personal Growth & Empowerment*, Boston, London: Shambhala.

Douglas, Mary, 1973, *Natural Symbols*, Vintage Books.

Douglas, Mary, 1975, "The Meaning of Myth," *Implicit Meanings: Essays in Anthropology*, London, Routledge & Kegan Paul.

Duara, Prasenjit, 1991, "Knowledge and power in the discourse of modernity: the campaigns against popular religion in early twentieth-century China," *Journal of Asian Studies* 50, pp.67-83.

Durkheim, Emile, 1995[1912], *The Elementary Forms of Religious Life*, Karen Fields ed. and trans., New York: The Free Press.

Eliade, M., 1964, *Shamanism: Archaic Technique of Ecstasy*, New York: Pantheon.

Em, Henry, 1999, "Minjok as a Modern and Democratic Construct: Sin Ch'aeho's Historiography of Korea," Gi-Wook Shin and Michael Robinson eds., *Colonial Modernity in Korea*, Cambridge, MA: Harvard University Asia Center.

Featherstone, Mike, Roger Burrows, 1995, *Cyberspace, Cyberbodies, Cyberpunk*, London: Sage.

Felman, Shoshana, 1992, "The Return of the Voice: Claude Lanzmann's Shoah," Shoshana Felman and Dori Laub eds., *Testimony: Crises of Witnessing in Literature, Psychoanalysis, and History*, New York: Routledge, pp.204-283.

Fernandez, James, 1976, "The Performance of Ritual Metaphors," D. Sapir and J. Crocker eds., *The Social Use of Metaphor: Essays on the Anthropology of Rhetoric*, Philadelphia: University of Pennsylvania Press.

Finnegan, Ruth, 1977, *Oral Poetry*, Cambridge: Cambridge University Press.

Firth, Raymond, 1959, "Problem and Assumption in Anthropological Study of Religion," *Journal of the Royal Anthropological Institute of Great Britain and Ireland* 89(2), pp.129-148.

Foucault, Michel, 1975, "Film and Popular Memory," *Radical Philosophy* 11, pp.24-29.

Foucault, Michel 1980a, *History of Sexuality* vol. 1, New York: Vintage.

Foucault, Michel 1980b, *Power and Knowledge*, New York: Pantheon Books.

Frazer, James, 1890[1990], *The Golden Bough*, London: Macmillan.

Freedman, Maurice, 1979, *The Study of Chinese Society*, Stanford University Press.

Freud, Sigmund, 1914, "Recollection, Repetition and Working Through," Joan Riviere(trans.), *Therapy and Technique*, New york: Collier Books.

Gadamer, H. S., 1982, *Truth and Method*, Garret Barden and John Cumming (trans.), New York: Crossroad.

Gates, Hill, 1987, "Money for the Gods," *Modern China* 13, p.3.

Geertz, Clifford, 1968, *Islam Observed*, Chicago: University of Chicago Press.

Geertz, Clifford, 1973, *Interpretation of Cultures*, New York: Basics.

Geertz, Clifford, 1973, "Religion as a Cultural System," *Interpretation of Cultures*, New York: Basics.

Geiger, Susan, 1986, "Women's Life Histories: Method and Content," *Signs* 11 (Winter), pp. 334-351.

Gimbutas, Marija, 1999, *The Living Goddess*, University of California.

Girard, Rene, 1977, *Violence and the Sacred*, Patrick Gregory(trans.), Baltimore: Johns Hopkins University Press.

Graham, Harvey, 2003, "General Introduction," Graham Harvey ed., *Shamanism: A Reader*, London: Routledge.

Gregory, C. A., 1994, "Exchange and Reciprocity," Tim Ingold ed., *Companion Encyclopedia of Anthropology*, London: Routledge.

Gregory, Steven and Daniel Timerman, 1986, "Rituals of the Modern State: The case of Torture in Argentina," *Dialectical Anthropology* 11(1), pp.63-72.

Griffis, William, 1911, *Corea, The Hermit Nation*, New York: Charles Scribner's Sons.

Gross, Larry, 1973, "Art as the communication of Competence," *Social Science Information* 12(5), pp.115-141.

Haken, David, 1999, *CYBORGS@CYBERSPACE,* New York: Routledge.

Halberstam, Judith and Ira Livingston eds., 1995, *Posthuman Bodies*, Bloomington: Indiana University Press.

Hamayon, Roberte N., 1993, "Are Trance, Ecstasy, and Similar Concepts Appropriate in the Study of Shamanism?" *Shaman*, Vol. 1, No. 2, Molnar & Kelemen Oriental Publishers.

Hamayon, Roberte N. ed., 2003, *Chamanismes*, Revue Diogene, Paris: Quadrige Puf.

Hankiss, Agnes, 1981, "Ontologies of the Self: On the Mythological Rearranging of One's Life-History," Daniel Bertaux ed., *Biography and Society: The Life History Approach in the Social Sciences*, Beverly Hills and London: Sage Publications.

Harner, Michael, 1982, *The Way of the Shaman: A Guide to Power and Healing*, New York: Bantham New Age.

Harvey, Graham ed., 2003, *Shamanism: A Reader*, London: Routledge.

Harvey, Youngsook Kim, 1979, *Six Korean Women: The Socialization of Shamans*, St. Paul: West Publishing Co.

Harvey, Younsook Kim, 1980, "Possession Sickness and Women Shamans in Korea," Nancy A. Falk and Rita M. Gross eds., *Unspoken Worlds: Women's Religious Lives in Non-Western Cultures*, San Francisco: Harper & Row Publishers.

Hawkes, Terence, 1972, *Metaphor*, London: Methuen.

Hayles, N. Katherine, 1999, *How We Became Posthuman: Virtual Bodies in Cybernetics, Literature, and Informatics,* Chicago: The University of Chicago Press.

Hobsbawm, Eric and Terence Ranger eds., 1983, *The Invention of Tradition*, Cambridge: Cambridge University Press.

Holbraad, Martin, 2012, *Truth in Motion: the Recursive Anthropology of Cuban*

Divination, Chicago: University of Chicago Press.

Holbraad, Martin and Morten Axel Pedersen, 2017, *The Ontological Turn: An Anthropological Exposition*, Cambridge University Press.

Hoskins, Janet, 1985, "A Life History from both Sides: The Changing Poetics of Personal Experience," *Journal of Anthropological Research* 41(2), pp.147-169

Huizinga, Johan, 1950, *Homo Ludens: a Study of the Play Element in Culture,* Boston, The Beacon Press.

Hulbert, H. B., 1903, "The Korean Mudang and Pansu," *Korea Review*, April, p.146.

Hultkrantz, Ake, 1993, "Introductory Remarks on the Study of Shamanism," *Shaman*, Vol. 1, No.1, Molnar & Kelemen Oriental Publishers.

Humphrey, Caroline, 1996, "Shamanic Practices and the State in Northern Asia: Views from the Center and Periphery," Carolyn Humphrey and Nicholas Thomas eds., *Shamanism, History & The State*, Ann Arbor: University of Michigan Press.

Humphrey, Caroline, 1980, "Theories of North Asian Shamanism," Ernest Gellner ed., *Soviet and Western Anthropology*, London: Duckworth.

Jacobus, Mary, 1986, *Reading Woman*, New York: Columbia University Press.

Janelli, Roger L., 1986, "The Origins of Korean Folklore Scholarship," *The Journal of American Folklore*, Vol. 99, No.391(Jan.-Mar.).

Janelli, Roger L. and Dawnhee Yim Janelli, 1982, *Ancestor Worship and Korean Society*, Stanford University Press.(김성철 옮김, 2000, 『조상의례와 한국 사회』, 일조각.)

Jelinek, Estelle ed., 1980, *Women's Autobiography: Essays in Criticism*, Bloomington: Indiana University Press.

Jones, Linsay ed., 2005, *Encyclopedia of Religion*(Second Edition), Macmillan Library Reference.

Kapherer, Bruce, 1979, "Introduction: Ritual Process and the Transformation of Context," *Social Analysis* 1, pp.3-19.

Kapherer, Bruce, 1983, *A Celebration of Demons: Exorcism and the Aesthetics of Healing in Sri Lanka*, Bloomington: Indiana University Press.

Kapherer, Bruce, 1986, "Performance and the Structuring of Meaning and Experience," Victor Turner and Edward Bruner eds., *The Anthropology of Experience*, Urbana: University of Illinois Press.

Kaplan, Caren, 1992, "Resisting Autobiography: Out-law Genres and Transnational Feminist Subjects," Sidonie Smith and Julia Watson eds., *De/colonizing the Subject*, Minneapolis: University of Minnesota Press, pp.115-138.

Kehrer, G., 1998, "Microeconomic Analysis of Religious Action," presented in Religion and Economy in East Asia, International Workshop(Eberhard-Karls-University, Tubingen, Germany, Mar 16-19).

Kendall, Laurel, 1981, "Wood Imps, Ghosts, and Other Noxious Influence: The Ideology of Affliction in a Korean Village," *The Journal of Korean Studies* 3, pp.113-145.

Kendall, Laurel, 1988, *The Life and Hard Times of a Korean Shaman: Of Tales and The Telling of Tales*, University of Hawaii Press.

Kendall, Laurel, 1996, "Korean Shamans and the Spirits of Capitalism," *American Anthropologist* 98:3.

Kendall, Laurel, 2001, "The Cultural Politics of 'Superstition' in the Korean Shaman World: Modernity Constructs Its Other," Linda H. Connor & Geoffrey Samuel eds., *Healing Powers and Modernity*, Westport, CT: Bergin and Garvey.

Kendall, Laurel, 2008, "Of Hungry Ghosts and Other Matters of Consumption," *American Ethnologist* 35(1).

Kendall, Laurel, 2009, *Shamans, Nostalgias, and the IMF: South Korean Popular Religion in Motion*, University of Hawaii Press.

Kim, David, 2005, "Knives and Shamanic Fissures: Fate, Character, and Face Reading," 《한국무속학》 제10집.

Kim, Seong Nae, 1984, "Healing Rite of Cheju Simbang in Korea: A Preliminary Analysis(제주도 심방의 치병의례에 대한 연구 시론)," 《제주도연구》 제1집, 제주도연구회.

Kim, Seong Nae, 1989, "Chronicle of Violence, Ritual of Mourning: Cheju Shamanism in Korea," unpublished Ph.D Thesis, University of Michigan, Ann

Arbor, U.S.A.

Kim, Seong-nae, 1992, "Dances of Toch'aebi and songs of exorcism in Cheju shamanism," *Diogenes* 158.

Kim, Seong-nae, 1995, "Iconic Power of Modernity: Reading a Cheju Shaman's Life History and Initiation Dream," Kenneth M. Wells ed., *South Korea's Minjung Movement: The Culture and Politics of Dissidence*, Honolulu: University of Hawaii Press.

Kim, Seong-nae, 2001a, "Sexual Politics of State Violence: On the Cheju April Third Massacre of 1948," *Traces*, 2, pp.259-291, Hongkong University Press.

Kim, Seong-nae, 2001b, "Korean Shamanic Heritage in Cyber Culture," 《샤머니즘 연구》 3집.

Kim, Seong-nae, 2004, "Shamanic Epics and Narrative Construction of Identity on Cheju Island," *Asian Folklore Studies*, Vol. 63, No. 1.

Kim, Seong-nae, 2005, "The Psychology and Aesthetics of Spirit Possession," 《한국무속학》 9권 2호.

Kim, Seong Nae, 2013, "The Work of Memory: Ritual Laments of the Dead and Korea's Cheju Massacre," Janice Boddy and Michael Lambek eds., *A Companion to the Anthropology of Religion*, New York: John Wiley & Sons, Inc.

Koh, Sungman, 2018, "Trance-Border Rituals for the Dead: Experiential Knowledge of Paternal Relatives after the Jeju 4·3 Incident," *Journal of Korean Religions*, Vol. 9, No. 1.

Kristeva, Julia, 1980, *Desire in Language: A Semiotic Approach to Literature and Art*, New York: Columbia University Press.

Kristeva, Julia, 1984, *Revolution in Poetic Language*, New York: Columbia University Press.

Kristeva, Julia, 1987, "Talking about Polylogue," Toril Moi ed., *French Feminist Thought: A Reader*, Oxford: Basil Blackwell.

Kwon, Heonik, 2006, *After the Massacre: Commemoration and Consolation in Ha My and My Lai*, Berkeley: University of California Press.

Kwon, Heonik and Jun Hwan Park, 2018, "American Power in Korean Shamanism," *Journal of Korean Religions*, Vol. 9, No. 1.

Lacan, Jacques, 1970, "Of Structure as an Inmixing of an Otherness Prerequisite to Any Subject Whatever," R. Macksey and E. Donato ed., *The Structuralist Controversy*, Baltimore: The Johns Hopkins University Press.

Lacan, Jacques, 1977, "On a question preliminary to any possible treatment of psychosis," *In Ecrits*, Alan Sheridan trans., New York: W.W. Norton & Comp.

Lacan, Jacques, 1978, "The Freudian Unconscious and Ours," *In The Four Fundamental Concepts of Psychoanalysis*, Alan Sheridan trans., New York: W.W. Norton Comp.

La Fontaine, J. S., 1985, "Person and individual: some anthropological reflections," Michael Carrithers et.al. eds., *The Category of the Person*, Cambridge: Cambridge University Press.

Lambek, Michael, 1981, *Human Spirits: A cultural account of trance in Mayotte*, Cambridge: Cambridge University press.

Lambek, Michael, 2003, "General Introduction," Michael Lambek ed., *A Reader in the Anthropology of Religion*, Oxford: Blackwell Publishers Inc.

Leach, Edmund, 1961, "Two essays concerning the symbolic representation of time," *Rethinking Anthropology*, London: Athlone Press.

Leach, Edmund, 1976, *Culture and Communication*, Cambridge, Cambridge University Press.

Lee, Jae Hoon, 1989, "A Study of 'han' of the Korean people: a depth psychological contribution to the understanding of the concept of 'han' in the Korean Minjung theology," Ph.D Thesis, Union Theological Seminary.

Leenhardt, Maurice, 1979, *Do Kamo: Person and Myth in the Melanesian World*, Basia Miler Gulati(trans.), Chicago: The University of Chicago Press.

Levi-Strauss, Claude, 1967, "The Sorcerer and His Magic," Claire Jacobson and B.G. Schoff.(trans.), *Structural Anthropology*, New York: Anchor Books.

Levy, Pierre, 1998, *Becoming Virtual: Reality in the Digital Age,* Robert Bononno (trans), New York: Plenum Press.

Lewis, I. M., 1971, *Ecstatic Religion: A Study of Shamanism and Spirit Possession*,

Routledge.

Lewis, I. M., 1986, "The Shaman's Career," *Religion in Context: Cults and Charisma*, Cambridge: Cambridge University Press.

Mannheim, Bruce, 1987, "A Semiotic of Andean Dreams," Barbara Tedlock ed., *Dreaming: Anthropological and Psychological Interpretations*, Cambridge: Cambridge University Press.

Mannheim, Bruce, 1989, "Discursive and Presentational Form in Language: Subliminal Patterning in a Quechua Folksong," unpublished manuscript.

Mauss, Marcel, 1972, *A General Theory of Magic*, Robert Brain(trans.), New York: W.W. Norton & Company. Inc.

Mauss, Marcel, 1985(1939), "A category of the human mind: the notion of person; the notion of self," *The category of the person: Anthropology, Philosophy, History,* Michael Carrithers, Steven Collins and Steven Lukes eds., Cambridge: Cambridge University Press.

Mauss, Marcel, 1990, *The Gift*, W. D. Halls(trans.), London: Routledge.

Merrill, John, 1980, "The Cheju Rebellion," *Journal of Korean Studies* 2, pp.139-197.

Minh-ha, Trinh T., 1989, *Woman, Native, Other*, Bloomington: Indiana University Press.

Mitchell, Timothy, 1988, *Colonizing Egypt*, Berkeley: University of California Press.

Myerhoff, Barbara, 1976, "Shamanic Equilibrium: Balance and Mediation in Known and Unknown Worlds," Wayland Hand ed., *American Folk Medicine: A Symposium*, Berkeley: University of California.

Nietzsche, Friedrich, 1980, *On the Advantage and Disadvantage of History for Life*, Peter Preuss(trans.), Indianapolis: Hackett Publishing Company, Inc.

Ong, Walter J. 1982, *Orality and Literacy: The Technologizing of the Word*, London and New York: Methuen.

Oppenheim, Robert, 1995, "Authorizing Shamanism: Religious Discourse and the Missionary Project in Korea," *M. A. Paper, Department of Anthropology*, University of Chicago.

Ortner, Sherry, 1978, *Sherpa Through Rituals*, Cambridge University Press.

Ortner, Sherry, 1989, *High Religion: A Cultural and Political History of Sherpa Buddhism*, Princeton University Press.

Ortner, Sherry, 2006, *Anthropology and Social Theory: Culture, Power, and the Acting Subject*, Durham and London: Duke University Press.

Pai, Hyung Ill, 2000, *Constructing "Korean" Origins: A Critical Review of Archaeology, Historiography, and Racial Myth in Korean State Formation Theories*, Harvard East Asian Monographs, Harvard-Hallym Series on Korea, Cambridge, Mass. and London: Harvard University Asia Center.

Park, Myung-Lim, 2018, "Towards a Universal Model of Reconciliation: The Case of the Jeju 4·3 Incident," *Journal of Korean Religions*, Vol. 9, No. 1.

Patai, Daphne, 1988, *Brazilian Women Speak: Contemporary Life Stories*, New Brunswick: Rutgers University Press.

Pedersen, Morten Axel, 2011, *Not Quite Shamans: Spirit Worlds and Political Lives in Northern Mongolia*, Ithaca, NY: Cornell University Press.

Price, S. R. F., 1986, "The Future of Dreams: From Freud to Artemidorus," *Past and Present* 113.

Rappaport, Roy A., 1979, "The Obvious Aspects of Ritual," *Ecology, Meaning, and Religion*, Richmond: North Alantic Books.

Rappaport, Roy A., 1999, *Ritual and Religion in the Making of Humanity*, Cambridge University Press.

Rheingold, Howard, 1991, *Virtual Reality*, New York: A Touchstone Book.

Richman, Michele, 1982, *Reading Georges Bataille: Beyond the Gift*, Baltimore: Johns Hopkins University Press.

Ricoeur, Paul, 1978, "The metaphorical process as cognition, imagination and feeling," *Critical Inquiry* 5, pp.417-450.

Ricoeur, Paul, 1981, *Hermeneutics & the Human Sciences*, John B. Thompson ed. & trans., Cambridge: Cambridge University Press.

Roberts, Richard H., 1995, "Introduction: Religion and Capitalism—A New Convergence," *Religion and the Transformations of Capitalism*, London and New York: Routledge.

Robinson, Michael, 1986, "Nationalism and the Korean Tradition, 1896-1920: Iconoclasm, Reform, National Identity," *Korean Studies* 10.

Riboli, Diana and Davide Torri ed., 2013, *Shamanism and Violence: Power, Repression and Suffering in Indigenous Religious Conflicts*, Burlington, VT: Ashgate.

Rosaldo, Renato, 1984, "Grief and a Headhunter's Rage: On the Cultural Force of Emotions," *Text, Play, and Story: The Construction and Reconstruction of Self and Society,* E. Bruner ed., Washington, D.C.: American Ethnological Society.

Sahlins, Marshall, 1967, *Stone Age Economics*, Chicago: The University of Chicago.

Said, Edward, 1978, *Orientalism*, New York: Pantheon.

Scarry, Elaine, 1985, *The Body in Pain*, Oxford: Oxford University Press.

Schieffelin, Edward L., 1993, "Performance and the Cultural Construction of Reality: A New Guinea Example," *Creativity/Anthropology*, Wmadar Lavie, Kirin Narayan and Renato Rosaldo eds., Ithaca: Cornell University Press, 1993, pp.270-295.

Schiller, Friedlich, 1967, *On the Aesthetic Education of Man: In a Series of Letters*, Elizabeth M. Wilkinson and L. A. Willoughby(trans.), Oxford: Clarendon Press.

Schmid, Andre, 2002, *Korea Between Empires 1895-1919*, New York: Columbia University Press.

Scott, Joan, 1989, "Gender: A Useful Category of Historical Analysis," Elizabeth Weed ed., *Coming to Terms: Feminism, Theory, Politics*, New York: Routledge, pp.81-100.

Scott, Joan, 1992, "Experience," Judith Butler and Joan W. Scott eds., *Feminists Theorize the Political*, N.Y.: Routledge, pp.22-40.

Severi, Carlo, 1993, "Talking about souls: the pragmatic construction of meaning in Cuna ritual language," *Cognitive Aspects of Religious Symbolism*, Pascal Boyer ed., Cambridge: Cambridge University Press.

Shin, Gi-Wook, 2006, *Ethnic Nationalism in Korea: Genealogy, Politics, and Legacy*, Stanford, CA: Stanford University Press.

Smith, Sidonie, 1987, *The Poetics of Woman's Autobiography, Marginality and Fiction of Self-Representation*, Bloomington: Indiana University Press.

Sorensen, Clark, 1995, "Folk Religion and Political Commitment in South Korea in the 1980s," Sabrina Petra Ramet and Donald W. Treadgold eds., *Render Unto Caesar: The Religious Sphere in World Politics*, Washington D.C.: American University Press.

Spacks, Patricia Meyer, 1977, "Women's Stories, Women's Selves," *The Hudson Review* 30, pp.29-46.

Stanton, Domna ed., 1987, *The Female Autograph*, Chicago: University of Chicago Press.

Stoller, Paul, 1980, "The Epistemology of Sorkotarey: Language, Metaphor and Healing among the Songhay," *Ethos* 8(2), pp.117-131.

Tambiah, Stanley, 1985, "Form and Meaning of Magical Acts," *Culture, Thought, and Social Action*, Cambridge, MA: Harvard University Press.

Tambiah, Stanley, 1968, "The Magical Power of Words," *Man* 3, pp.175-208.

Tanaka, Stephan, 1993, *Japan's Orient: Rendering Pasts into History*, Berkeley: University of California.

Taussig, Michael, 1980, *The Devil and Commodity Fetishism in South America*, Chapel Hill: The University of North Carolina.

Taussig, Michael, 1984, "Culture of Terror-Space of Death: Roger Casement's Putomayo Report and the Explanation of Torture," *Comparative Studies in Society and History* 26(4), pp.467-487.

Taussig, Michael, 1987, *Shamanism, Colonialism, and the Wild Man: A Study in Terror and Healing*, University of Chicago Press.

Taussig, Michael, 1993, *Mimesis and Alterity: A Particular History of the Senses*, London: Routledge.

Taussig, Michael, 1998, "Viscerality, Faith, and Skepticism: Another Theory of Magic," Nicholas B. Dirks ed., *Near Ruins: Cultural Theory at the End of the Century*, Minneapolis: University of Minnesota Press.

Taylor, Mark, 1999, *About Religion: Economies of Faith in Virtual Cultures*, Chicago: The University of Chicago Press.

Tedlock, Dennis, 1983, "On the translation of style in oral narrative," *The Spoken Word and the Work of Interpretation*, Philadelphia: University of pennsylvania Press.

The Personal Narratives Group, 1989, *Interpreting Women's Lives*, Bloomington: Indiana University Press.

The Popular Memory Group, 1982, "Popular Memory: Theory, Politics, Method," R. Johnson et al., *Making Histories*, Minneapolis: University of Minnesota Press.

Thomas, Nicholas & Caroline Humphrey ed., 1996, *Shamanism, History & The State*, Ann Arbor: The University of Michigan Press.

Toren, Christina, 1993, "Sign into symbol, symbol as sign: cognitive aspects of a social process," *Cognitive Aspects of Religious Symbolism*, Pascal Boyer ed., Cambridge: Cambridge University Press.

Townsend, Joan, 1988, "Neo-Shamanism and the Modern Mystical Movement," Gary Door ed., *Shaman's Path*, Boston: Shambhala, pp.73-83.

Turner, Victor, 1967, *Forest of Symbols*, Cornell University Press.

Turner, Victor, 1977, "Frame, Flow and Reflection," N. Benamou and Charles Caramello eds., *Performance in Postmodern Culture*, Madison: Coda Press.

Turner, Victor, 1980, "Social Dramas and Stories about Them," W. J. T. Mitchell ed., *On Narrative*, Chicago: University of Chicago Press.

Turner, Victor, 1982, *From Ritual to Theatre*, Cornell University Press.

Underwood, Horace, 1910, *The Religions of Eastern Asia*, New York: The Mac-Millan Company.

Van der Veer, Peter, 1994, *Religious Nationalism—Hindu and Muslim in India,* Los Angeles: University of California Press.

Vitebsky, Piers, 1995, *The Shaman: Voyages of the Soul Trance, Ecstasy and Healing from Siberia to the Amazon*, London: MaCmillan.

Viveiros de Castro, Eduardo, 1998, "Cosmological deixis and Amerindian perspectivism," *Journal of Royal Anthropological Institute* 4(3).

Viveiros de Castro, Eduardo, 2013, "The Relative Native," *Journal of Ethnographic*

Theory, Vol. 3, No. 3.

Wallis, Robert J., 2003, *Shamans/Neo-Shamans: Ecstasy, Alternative Archaeologies and Contemporary Pagans*, London: Routledge.

Walraven, Boudewijn, 2009, "National Pantheon, Regional Deities, Personal Spirits? Mushindo, Songsu, and the Nature of Korean Shamanism," *Asian Ethnology* 68(1): 55-80.

Weber, Max, 1930, *The Protestant Ethic and the Spirit of Capitalism*, London: George Allen and Unwin.

Williams, Raymond, 1966, *Modern Tragedy*, Stanford University Press.

Williams, Raymond, 1977, *Marxism and Literature*, Oxford: Oxford University Press.

Winnicott, D. W. 1965, *The Maturational Process and the Facilitating Environment: Studies in the Theory of Emotional Development*, London: The Hogarth Press.

Yang, Mayfair, 1994, *Gifts, Favors and Banquets: The Art of Social Relationships in China*, Ithaca: Cornell University Press.

Yang, Mayfair Mei-hui, 2000, "Putting Global Capitalism in Its Place: Economic Hybridity, Bataille, and Ritual Expenditure," *Current Anthropology* 41, p.4.

Yi, Yong Bhum, Kyung Yup Lee, Jong Seong Choi, and Boudewijn Walraven eds., 2015, *Korean Popular Beliefs*, Seoul: Jimoondang.

Zhiru, 2007, *The Making of a Savior Bodhisattva: Dizang in Medieval China*(Kuroda Studies in East Asian Buddhism 21), University of Hawaii Press.

Znamenski, Andrei A. ed., 2004, *Shamanism: Critical Concepts in Sociology*, Vol. I·II·III, London: Routledge.

Zumthor, Paul, 1990, *Oral Poetry: An Introduction*, University of Minnesota Press.

찾아보기

ㅂ

ㅌ

ㅍ

ㅎ